KB204133

예수님과 열두 제자는 기독교의 원형입니다. 기독교 기초 공동체(basic community)로 불렸습니다. 이 처음 공동체의 생존 방식은 제자훈련이었습니다. 저자는 '하나님나라 제자훈련'이었다고 주장합니다. 그런데 이 제자훈련이 심각한 위기를 만나고 있습니다.

제자훈련의 회복은 기독교 공동체의 생존 문제입니다. 저자는 1세대 제자훈련에 대한 반성에서 출발합니다. 무엇보다 하나님나라 복음을 되살리고자 합니다. 그 나라의 총체적 전망에서 복음을 적용하고자 합니다. 교회의 울타리를 넘어선 그 나라 영역 주권을 회복하고자 합니다.

김형국 목사님과 나들목 공동체의 제자훈련은 진행형입니다. 아직 이 공동체의 실험을 총체적으로 평가하기에는 이를지도 모릅니다. 그래도 이런 시도만으로 이 책은 관심을 받아 마땅하다고 믿습니다. 지난 세대 제자훈련의 부족함이 훈련을 포기할 이유는 못 됩니다. 역사는 과거를 보완하고 일어서는 프런티어들에게 미래를 열기 때문입니다.

오늘의 교회가 좌절에 빠져 있도록 버려두는 것은 무책임한 일입니다. 작금의 한국 교회에 대한 무성한 비판은 홍수를 이루고 있습니다. 그러나 새로운 출구를 여는 대안 제시가 없음이 더 큰 고통입니다. 이와 같은 때에 이 책은 한국 교회의 새벽을 여는 한 줄기 빛과 같습니다. 이 빛을 따라 제자도 회복의 길을 다시 걷는 제자들의 행렬을 기대합니다.

종교개혁 그 처음 문을 연 루터를 넘어서는 칼뱅이 필요했던 것처럼 한국 교회 처음 제자도의 길을 더 깊고 넓게 여는 수고의 땀이 가득한 이 책을 진지한 제자도의 미래를 고민하는 모든 이에게 천거합니다.

종교개혁 500주년 한국 교회 제자도의 회복을 함께 기도하며.

이동원 지구촌교회 원로 목사·국제 코스타 이사장이 책은 《풍성한 삶의 기초》를 비롯한 저자의 앞선 저작들을 이미 읽은 독자들을 위한 심화 학습용 매뉴얼이다. 이 책은 성경에 뿌리를 내리고 제자들의 재생산에 능하며, 적용 범위가 온 세상으로 확장된 제자훈련만이 한국 교회의 미래를 담보할 수 있다고 강조한다. 저자는 주로 개인 구원론의 고전적 전거로 오해받아온 로마서 1-8장과 공적인 하나님나라복음을 연동시킨 2부 논의에서 한국 교회의 이전 제자훈련이 결여한, 성경에 토대를 둔 하나님나라 복음을 추적한다. 저자는 지극히 비관주의적인 현실 인식을 배경으로 성경과 교회사, 그리고 자신의 목회사역에서 도출한 여러 사례를 근거로 하나님나라 복음으로 무장된 제자들을 배출하면 한국 교회에 벅찬 미래가 열릴 것이라고 역설한다.

이 책은 저자 자신이 목회 현장에서 부딪힌 구체적 쟁점과 현안을 먼저 제시하고 그에 대한 성경적 응답, 즉 하나님나라 복음으로 단련된 제자도를 제시한다. 1부 한국 교회의 영적 침체 현상의 원인에 대한 저자의 분석은 이론의 여지없이 동의할 만하다. 하나님나라 복음으로 단련된 제자도를 실천할 수 있는 용기를 북돋우는 3부도 목회자적 감수성이 짙게 묻어난다. 그동안 개인구원론의 전거로 알려진 로마서 1-8장과 하나님나라를 연결한 2부 논의는 이 책의 독특한 기여이다. 어떻게 이신칭의 복음과 십자가 복음이 하나님운동의 견인차가 될 수 있는지를 보여준다. 2부를 읽을 때는 결코 급하게 읽지 말고 저자가 인용하거나 인증하는 성경구절을 천천히 묵상하며 정독한다면 큰 깨달음을 얻을 것이다.

전체적으로 이 책은 한국 교회를 막연하게 부정적으로 혹은 비관적으로 바라보는 교회 안팎의 냉담자들을 감동시킬 수 있는 책이다. 외국에서 번역된 부흥 시리즈나 제자도 시리즈 도서와는 결이 다르다. 한국 사회에서 성도로 살아가면서도 하나님나라와 교회의 미래에 확신을 갖지 못하는 외로운 성도들에게 따뜻한 부축이 되면서 격려가 될 것이다. 저자가 인용하거나 인증하는 구체적 삶의 딜레마에 빠져 있는 성도를 향한 저자의 목회자로서의 권념과 격려는 독자의 마음을 설복시키기에 충분하다.

김회권 숭실대학교 기독교학과 교수

2001년, 마흔을 바라보는 나이에 나들목교회에 처음 발을 들였다. 그해 세례도 받았다. 막연하지만 삶에 긍정적인 변화가 시작될 것 같았다. 수요 예배 때 "풍성한 삶의 기초"(이하 풍삶기)라는 시리즈 설교를 듣기 시작했다. 엄청난 양과 질을 담은 도전적 메시지였다. 그 엄청난 메시지가 어떻게 내 삶의 변화를 이끌 수 있을까라는 고민이 생겼다. 우리는 망각과 게으름의 존재가 아니던가? 설교 시리즈가 끝나는가 싶더니 CD와 MP3 파일로 제작되어 책과 함께 내 손에 들렸다.

성도와 성도가 이끄미와 따르미로서 '풍삶기' 강의를 듣고 삶을 나누고 격려하고 지지하고 함께 회개하는 12주간의 격렬한 '영적 기경'이 일어나는 시간이 지속되었다. '풍삶기'를 반복해서 이끌수록 내 안과 밖에서 엄청난 변화가 일어나기 시작했다. 교회로서 소명이 분명해졌고, 어떻게 아이들을 키워야 할지가 선명해졌고, 어떻게 인생을 디자인해야 할지가 보이기 시작했다. 단순히 설교를 듣고, 강의를 듣는 차원이 아니라 지속적이고 반복적인 훈련을 통해서 하나님나라 백성으로 사는 실전의 삶이 분명해지기 시작했다.

가정교회 목자기 되어 교회 가족들이 겪는 일상의 고민을 상담할 때도 '풍삶기'는 놀라운 능력을 발휘했다. 고민하는 부분이 하나님과의 관계인지, 자신과의 관계인지, 세상과의 관계인지, 공동체와의 관계인지를 분류해서 해당 강의를 충분히 듣고, 다시 함께 듣고 상담을 시작했다. 목양 실전에서 '풍삶기'는 엄청난 통찰력을 서로에게 제공했다. 가끔씩 '풍삶기' 다음에 어떤 제자훈련이 필요하지 않느냐는 질문을 받고는 한다. 나는 스스럼없이 말한다. '풍삶기'라는 보약은 백 번쯤 달여 먹어야 하는 보약이라고.

최고의 타자가 되기 위해 하루에 천 번 이상 스윙을 반복하는 야구선수 이야기가 감동을 주는 것은 훈련 자체의 위대함 때문이다. 기독교의 제자훈련은 신비주의적인 어떤 것이 아니라, 일상에서 만나는 복잡하고 두려운 문제들에 하나님나라 방식으로 대응하는 법을 배우는 것이다. 그 과정에서 기독교의 진리는 우리 삶의 온 영역에서 온전하게 발현된다. 자본주의와 개인주의, 다원주의가 판치는 세상에서 이 진리를 불잡고 최선을 다해 훈련하는 것만이 이 땅에서 그리스도인이 살아남는 유일한 생존 방식이 아닐까 생각한다.

이 책은 단순한 책이 아니다. 읽고 따라 하고, 만나서 전수하고, 함께 인생의 전략을 세우는, "예수라면 어떻게 하실까?"라는 물음에 온 삶으로 답하게 만드는 놀라운 훈련 교본이다. 《풍성한 삶의 기초》를 백 번 인도하면 예수가 보인다." 내게 이 책은 영원한 생명을 찾아가게 만드는 나침반이요, 길잡이다.

김현일 나들목교회 목자·바하밥집 대표

제자훈련, 기독교의 생존 방식

※ 일러두기

• 이 책에서 인용한 성경은 대한성서공회의 《성경전서 새번역》을 따랐다. 책 내용에 따라 다른 역본을 인용한 곳도 있으며, 해당 성경 구절에는 따로 표기를 해두었다. 출처는 다음과 같다.
'개역개정': 《성경전서 개역개정판》, 'KHKV': 저자의 사역(私譯).

• 본문에 나오는 성경의 서명과 약칭은 《성경전서 개역개정판》을 따랐으며 다음과 같다.
창세기(창), 출애굽기(출), 레위기(레), 신명기(신), 여호수아(수), 사사기(삿), 룻기(룻), 사무엘상(삼상), 사무엘하(삼하), 역대하(대하), 이사야(사), 예레미야(렘), 다니엘(단), 요엘(욜), 하박국(합), 스바냐(습), 스가랴(슥), 말라기(말), 마태복음(마), 마가복음(막), 누가복음(눅), 요한복음(요), 사도행전(행), 로마서(롬), 고린도전서(고전), 고린도후서(고후), 갈라디아서(갈), 에베소서(엡), 빌립보서(빌), 골로새서(골), 데살로니가전서(살전), 데살로니가후서(살후), 디모데전서(딤전), 디모데후서(딤후), 디도서(딛), 빌레몬서(몬), 히브리서(히), 야고보서(약), 베드로전서(벧전), 베드로후서(벧후), 요한일서(요일), 요한계시록(계)

• 일대일 제자훈련에서 인도하는 이를 '이끄미'로, 따르는 이를 '따르미'라고 적었다. 아직 그리스도인이 되지는 않았으나 기독교의 진리에 관심을 가지고 탐구하는 이를 '찾는이'라고 적었다.

제자훈련, 기독교의 생존 방식

하나님나라 복음의 제자도 신학

김형국

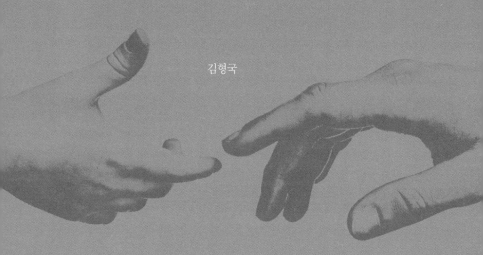

비아
토르

하나님나라를 살아내고,
다른 한 사람에게 하나님나라 복음을 전수하는 일이
교회를 살리는 길이라 믿으며, 자신의 삶을 헌신하고 있는
모든 성도와 목회자에게 이 책을 드립니다.

감사의 글

이 책은 내가 목회했던 교회의 성도들이 없었다면 불가능했다. 시카고고려한인장로교회와 나의 첫 번째 개척교회인 뉴시카고커뮤니티교회(New Community Church of Chicago) 성도들은, 이 자료를 만들던 초기 단계에 함께했다. 나들목교회 성도들은 이 신학과 방법론의 실제적 수혜자이며 또한 동역자였다. 이 책에 담은 내용을 15년간 수십 차례 강의했으니, 그 내용을 경청해주고 함께 그 진리를 살아낸 성도 동역자 수백 명에게 특별한 감사를 표하고 싶다. 다른 책들과는 달리 이 책은 3년 여에 걸쳐 쓰고 매만졌다. 매년 연구월을 한 달씩 배정해 이 책을 조금씩 쓸 수 있도록 허락해준 나들목교회 성도와 지도자들에게 거듭 감사를 표한다. 그들이 없었다면 이 책은 여러모로 불가능했다.

 "하나님나라복음DNA네트워크" 동역자 김기동, 김창동, 이지일, 장재우 목사가 이 책의 초고를 두고 꼼꼼하게 지적해준 내용과 유쾌했던 토론은 잊을 수 없다. 특히 주석 작업을 위해 조금 더 애쓴 이찬현 목사의 수고도 잊을 수 없다. 완성된 원고를 읽고 마지막 논평을 해준 평생의 동역자, 김건주, 박혜영, 양승훈 목사, 정성국 교수, 황병구 형제의 우정에도 감사를 드리고, 추천사를 위해 이 책을 정독해주신 김회권, 이동원 박사와 김현일 대표에게도 감사를 드린다. 그리고 늘 변함없는 후원자가 되어주는 비아토르 김도완 대표와 이 책의 책임 편집자로 수고하고 애쓴 박동욱 형제와 이파얼 북 디자이너에게는 고마움을 두 배로 표하고 싶다.

 이렇게 오랜 세월 강의하고 쓴 책은 가족들의 희생이 전제되지 않고는 불가능하다. 교회 사역과 하나님나라복음DNA네크워크 사역에 아빠와 남편을 뺏겼지만, 늘 자랑스러워하는 아이들 지원, 지인, 지안과, 누구보다도 내가 하는 일의 가치를 알아주는 아내 신소영에게 깊은 감사를 표한다. 평생 기도로 아들을 후원하시는 어머니 이정호 권사와 지금은 하늘 아버지 품에 안겨 계신 육신의 아버지 김정철 장로로부터 받은 은혜가 없었다면, 이 책은 불가능했을 것이다.

0.

들어가며

한국 교회,
살아남을 수
있을까

한국 교회가 위태롭다. 교회 비리, 목회자 일탈, 세상 속 그리스도인의 반사회적·탈역사적 모습은 어제오늘 일이 아니다. 안타깝고 부끄러운 소식이 너무 자주 들려오다보니 일반인은 물론이고 이제 그리스도인조차 별로 놀라지 않는다. 처음에는 자괴감도 들고 비판과 자성의 목소리도 있었지만 이제는 놀라는 사람도 많지 않은 것 같다. 교회에 문제가 있는 줄은 다 알지만, 다른 교회 문제일 뿐 자기 문제는 아니라며 치열하게 성찰하지 않는다. 바다 건너에서 '성공한 비법'을 한국 교회에 소개하려는 시도는 여전하지만, 한국 교회의 심각한 위기를 해결할 비법은 없어 보인다. 중대형 교회의 성도 수는 그런대로 유지되는 듯하지만, 새로운 교회 개척은 이미 힘들어졌고, 청년과 청소년 그리스도인 비율은 현저히 줄고 있다.

한국 교회는 살아남을 수 있을까? 10년 전만 해도 이런 질문은 '불신앙'(?)의 표지였다. 하지만 하나님의 섭리만을 외치기에는 상황이 너무나 심각해서, 한국 교회를 염려하는 사람들은 입 밖으로 꺼내지 않을 뿐 대개 마음속에 비관적 전망을 품고 있다. 지난 10여 년간 한국 교회의 심각한 상황을 타개하고자 이런저런 분석과 시도가 있었다. 하지만 제대로 '먹힌' 대안은 없는 것 같다. 건물만 덩그러니 남은 유럽 교회가 남 이야기 아니라고 입을 모은다. 모두들 이러지도 저러지도 못하며 천천히 침몰하는 배에 함께 탄 기분이다.

한국 교회가 살아남을 길은 정말 없을까? 나는 있다고 믿는다. 기독교는 늘 척박한 토양에서 자라났다. 어려운 현재 상황을 극복할 방법도 새로운 목회 기법이나 전략이 아닌, 기독교가 원래부터 견지해온 메시지 그 자체에 있다. 예수께서 전한 메시지는 척박한 토양에 뿌려진 씨앗처럼 도저히 뿌리 내리지 못할 듯 보였지만, 지난 2천 년간 끊임없이 놀라운 열매를 거뒀다. 씨앗 자체에 생명력이 있었기 때문이다. 그 생명력에 의지할 때 교회는 늘 부흥과 변혁을 경험했다. 하지만 씨앗이 아닌 다른 요소에 마음을 뺏길 때 교회는 시들시들해지다가 세상과 결국 하나가 되어버리곤 했다. 한국 교회가 살아남는 길은 다른 데 있지 않다. 예수께서 전한 원래 메시지를 제대로 이해하고, 그 진리 위에 뿌리를 내리고, 그 진리를 살아내는 것이다.

기독교는 지난 2천 년간 수많은 장애 요소는 물론이고, 갖은 박해를 뚫고 살아남은 생존 전략을 이미 지니고 있다. 그것은 하나님나라 복음을 전수하는 제자훈련이다.

한국 교회가 살아남을 길은 있다

고등학교 1학년 때 회심한 이후로, 나는 그리스도인으로서 어떻게 살아야 할지와 교회가 교회다우려면 무엇을 해야 하는지에 대해 줄곧 질문을 품어왔다. 처음에는 지극히 개인적 탐구였지만 시간이 지나면서 점점 내 주변 사람들과 공동체로 확대되었다. 신학 공부를 마치고 귀국한 마흔까지 탐구는 이어졌고, 내가 배우고 확신한 진리를 교회 공동체를 개척해 그 속에서 연구하고 실험했다. 신약학으로 박사

학위를 취득했지만 신학교로 진로를 잡지 않은 이유는, 신학 공부를 시작할 때부터 한국 교회에서의 내 몫은 이론 연구가 아니라 사례를 만드는 것이라고 생각했기 때문이다. 신학 이론을 정리하고 가르치는 일도 무척 귀하지만, 적어도 내게 시급해 보였던 것은 이론을 실상으로 드러내는 사례였다. 진리를 배우고 가르쳐야 할 내게 사례를 만드는 일은 일생의 과제이자 사역을 지속할 근거였다.

나들목교회를 개척하고 세워나가면서 여러 가지를 신학적으로 검토하고 실험했지만, 그 핵심 중 하나는 '어떻게 사람을 세울 것인가'였다. 나와 함께 신앙생활을 한 성도가 10년 후에 어떤 모습으로 바뀌어 있어야 할까? 이들이 모여 살아가며 세우는 공동체는 어떤 모습이어야 할까? 내게는 매우 중요한 질문이었다. 그래서 한 사람 한 사람을 세우는 일에 온 마음과 정성을 쏟을 수밖에 없었다. 공동체 세우기는 또 다른 중요한 주제이지만, 사람의 변화 없이는 공동체, 곧 교회의 변화를 기대하기란 불가능하다. 나는 시간이 지나면 지날수록 성도들이, 그리고 한국 교회가 본질적 진리를 놓치고 있다는 사실을 깨닫기 시작했다. 뿌리를 내려야 할 진리가 불분명하니, 그 진리를 살아내기란 도저히 불가능했다. 이제는 일상이 되어버린, 부끄러운 그리스도인과 교회 이야기는 피할 수 없는 결과였다.

우리가 잃어버린 진리, 뿌리내려야 할 진리, 살아내야 할 진리는, 다름 아닌 메시아 예수께서 전하신 '하나님나라 복음'이었다. 나는 하나님나라 복음에 기초해서 어떻게 살아야 할지를 놓고 성도들과 씨름했다. 배우고 익힌 하나님나라 복음을 성도들이 어떻게 자신의 것으로 받아들여 누릴 뿐 아니라, 다른 사람에게도 전수하게 할 것인지가 핵심이었다. 실인즉, 기독교는 지난 2천 년간 예수께서 전해주신 메시지를 자신들이 살아내고, 다른 사람들을 살아낼 수 있도록 섬겼기 때문에 오늘날까지 이른 것 아닌가? 하나님나라 복음으로 자신을 훈련하고 다른 사람을 섬기는 것이 바로 '제자훈련'이다. 교회 공동체를 개척할 때부터 이러한 시도에 열매가 맺히면 형제 교회와 나눌 수 있게 해달라고 기도했다. 감사하게도 사람들이 변화하고 공동체가 세워지고, 이제는 우리의 문제의식과 열매를 공유하는 성도와 목회자, 동역 교회들이 일어나고 있다.

제자훈련, 이미 실패한 것 아닌가

어떤 이는 이미 실패한 제자훈련을 이 시점에 들고 나오는 것이 너무 시대착오적이지 않느냐고 반문할지 모른다. 한국 교회는 지난 수십 년간 교회 성장을 위한 다양한 프로그램을 소개해왔는데, 그중 하나가 제자훈련이다. 그런데 제자훈련으로 세워졌다는 대형 교회들이 그렇지 않은 교회들과 별반 다르지 않고, 오히려 더 큰 문제들을 노정하는 것을 보면서, 요즘은 제자훈련 '폐기론'을 대세처럼 받아들이기도 한다. 그러나 나는 제자훈련만이 한국 교회를 살리는 길이며, 기독교가 지난 2천 년 동안 살아남은 생존 전략이라고 확신한다.

그렇다면 이미 실패한 듯 보이는 제자훈련을 이제 와서 다시 꺼내는 것이 무슨 의미일까? 제자훈련은 대학 캠퍼스에서 사역하는 선교단체를 통해 처음 널리 알려졌다. 일부 대형 교회가 그 훈련 내용을 지역교회에 맞추어 발전시켰다. 이를 '1세대 제자훈련'이라 부를 수 있다. 1세대 제자훈련은 한국 교회에 적지 않게 기여했다. 이 훈련을 통해 많은 그리스도인이 자신이 믿는 복음을 선명하게 이해했고, 적어도 그리스도인으로서 어떻게 살아야 하는지, 그 기본적 삶을 배웠다. 그리고 교회나 자신이 속한 공동체에서 자기 역할을 기꺼이 감당하도록 해서, 한국 교회 성장에도 일정 정도 기여했다. 그러나 1세대 제자훈련에는 심각하게 부족한 면이 몇 가지 있었다. 나는 그 한계를 극명하게 관찰했다. 허약한 성경적 뿌리, 재생산에 취약한 방법론, 교회 공동체 내로만 국한되는 적용 범위 등…. 나는 그 한계를 극복하고, 성경이 원래 가르쳤던 '제자훈련'을 되찾아오고 싶었다.

하나님나라 복음에 기초한 제자훈련

이 책을 통해 소개하려는 제자훈련은 종교개혁의 정신으로 돌아가 '오직 성경'의 원리에 기초한다. 그렇다면 지금까지 해온 제자훈련이 성경에 기초하지 않았다는 말인가? 아니다! 성경에 기초했다. 그러나 불행히도 성경 전체의 메시지가 아니라 한 부분에 기초했으며, 그것마저도 결코 깊지 않았다. 복음을 끊임없이 이야기하고 십자가를 주장했지만, 그 복음이 예수께서 선포하신 하나님나라와 연결되지 않았다. 우리가 예수의 제자로 살아가려면, 예수께서 사역 시작부터 하늘로 돌아가실 때까지 전적으로 가르치고 선포하신 '하나님나라 복음'에 기초를 놓아야 한다. 그러나 불행히도 지금까지 우리의 제자훈련은 '복음'에는 기초했으나, 복음의 맥락인 '하나님나라'를 붙들지 못했다. 하나님나라에 대한 선명한 이해가 없는 복음에 기초해 제자훈련이 이루어지면 애초부터 한계가 있을 수밖에 없다. 제자훈련을 통해 소위 '구원의 확신'은 가졌지만, 삶이 전인격적으로 변화하지 않았다. 목회자를 도와 교회 운영(!)은 잘 할지 모르나, 자신의 삶터와 일터에서 소금과 빛으로 살아내기에는 턱없이 부족했다. 결국 지금까지 해온 제자훈련의 가장 큰 문제는 신학에 있다. '하나님나라 복음의 제자도 신학'이 절실하다.

제자훈련의 본질적 특성은 재생산이다. 어떤 이는 모든 성경 공부와 소그룹, 설교조차도 제자를 훈련하는 방법 아니냐고 질문한다. 맞다! 넓은 의미에서 교회에서 하는 모든 사역은 사람을 세우기 위한 것이고, 예수의 제자를 삼기 위한 것이므로 제자훈련이라고 할 수 있다. 이는 광의의 제자훈련이다. 그러나 이 책에서 차차 밝히겠지만, 예수께서 우리에게 제자를 삼으라고 하신 말씀에는 특별한 의미가 담겨 있다. 제자를 만든다는 것은 학생을 만드는 것과는 다르다. 제자와 학생은 무언가를 배운다는 면에서는 똑같지만, 학생은 '자신이 배운다'는 것에 중점을 두고, 제자는 자기가 배운 것을 '다른 이에게 전수한다'는 것에 사활을 건다. 좁은 의미의 제자훈련은 훈련을 받은 제자가 다른 사람을 제자로 세워나가는 일, 즉 재생산하는^{reproduction} 것이다. 하나님나라 복음은 나 홀로 누릴 수 없으며, 반드시 다른 누군가도 누릴 수 있도록 전수해야 한다. 전수의 결과가 바로 재생산이다. 한때 유명했던 제자훈련은 한국 교회에 제자훈련을 본격적으로 소개했고 결코 가벼이 여길 수 없는 기여를 했다. 하지만 좁은 의미에서는 제자훈련이라고 할 수 없다. 목회자가 성도를 가르치는 것으로 끝나는 제자훈련은 제자훈련이라기보다는 리더십 훈련 코스^{LTC, leadership training course}라고 불러야 한다. 훈련을 받은 사람이 배운 내용을 다른 이에게 전수하려는 목적이 없기 때문이다. 하나님나라 복음에 기초한 제자훈련은 하나님나라 복음의 전수, 즉 재생산이 주목적이다.

그러므로 하나님나라 복음에 기초한 제자훈련은 이미 세워진 교회 공동체를 관리하는 것에 궁극적 목표를 두지 않는다. 더 정확히 이야기하면, 교회 내 프로그램이 아니라, 모든 성도의 삶의 방식으로 제자훈련이 이루어져야 한다. 예수 그리스도부터 전해온 놀라운 하나님나라의 복음을 전수받아 살아내면서 다른 사람에게 전하는 것은 결코 교회 공동체라는 울타리 안에서 수행되는 프로그램이 아니라, 우리 삶 자체이기 때문이다. 물론 하나님나라 복음에 기초한 제자훈련은 교회 공동체를 세운다. 그것도 하나님의 진리에 뿌리를 내린 사람들을 재생산한다. 그래서 교회는 질적으로 양적으로 성장할 수밖에 없다. 진정한 제자훈련은 교회 공동체의 성장을 뛰어넘어 하나님나라 복음을 가지고 삶터와 일터로 나아가게 한다. 교회 공동체 자체가 세상을 변화시킬 뿐 아니라, 그 구성원도 삶터와 일터에서 하나님나라 복음을 살아내며 변화의 촉매가 된다. 하나님나라 복음에 기초한 제자훈련은 교회 공동체를 세우며, 동시에 세상에 선한 영향력을 끼친다.

이러한 제자훈련은 단순하지만 심오한 성경의 진리를 어떻게 전수하느냐에서 성패가 갈린다. 예수께서 전한 진리는 단순해서 많이 배우지 않은 사람도 충분히 이해하고 구원을 받지만, 동시에 심오해서 지난 2천 년간 수많은 석학이 붙들고 씨름했다. 그래서 단순하지만 심오한 진리를 어떻게 습득하고 심화하게 할지가 제자훈련에서 매우 중요하다. 어떤 제자훈련은 기독교의 진리를 간략화해서 암기시킨다. 어떤 제자훈련은 목회자만 가르치게 한다. 어떻게 하면 모든 성도가 제자훈련을 지속하면서 진리로 기초를 놓고 점점 더 깊이 진리를 경험할 수 있을까? 이 과업을 이루려면 초대교회와 종교개혁의 모범을 따라야 한다. 예수의 단순하지만 심오한 진리는 단지 구전과 모범으로만 전수될 수 없었다. 오용과 왜곡을 막기 위해 초대교회가 채택한 방법은 진리를 글text이라는 미디어를 통해 전달한 것이었다. 중세 교회 때는 사제가 이 놀라운 진리를 독점해 성도가 전혀 접근할 수 없는 상황이 되었다. 그러자 종교개혁가들은 성경을 자국어로 번역했을 뿐 아니라, 성도 스스로 성경을 깨칠 수 있도록 돕는 책들을 저술했다. 루터의 《소요리 문답》과 칼뱅의 《기독교 강요》가 이런 목적으로 탄생했다. 오늘날에는 글만이 아니라, 음성과 영상이라는 미디어도 존재한다. 그래서 하나님나라 복음에 기초한 제자훈련은 대상에 따라 책과 음성, 영상 미디어 중에서 적절한 것을 선택할 수 있도록 했다. 제자훈련은 모든 훈련이 그렇듯이 '반복'이 핵심이며, 이 미디어들은 성도가 진리를 반복해서 심화할 수 있도록 돕는다.

단순화해서 정리하면, 하나님나라 복음에 기초한 제자훈련은 종래의 제자훈련에 비해 다음과 같은 특징을 지닌다.

	지금까지의 제자훈련	하나님나라 복음에 기초한 제자훈련
신학	복음	하나님나라 복음
방법론	목회자 중심의 교육	성도의 재생산
목적과 결과	교회 공동체 유지	교회 공동체 세우기, 세상 침투와 변혁
심화 방식	텍스트 중심의 일회성	다양한 미디어를 통한 반복성

이 책을 최대로 누리려면

이 책은 신학 전공자들의 토론을 위한 책은 아니다. 이 책의 주 독자는 성경에서 가르치는 모습대로 그리스도인과 교회를 회복하기 원하는 성도와 목회자이다. 자신이 전해 받은 놀라운 하나님나라 복음을 홀로 누릴 수 없어, 이제는 나누어야겠다고 생각하는 이들을 위한 책이다. 조금 더 구체적으로는 이미 《풍성한 삶의 초대》와 《풍성한 삶의 첫걸음》으로 하나님나라 복음을 이해하고 받아들이고 나아가 누군가에게 복음을 전하고 초기 양육을 시도해본 사람일 수도 있고, 한 걸음 더 나아가《풍성한 삶의 기초》를 통해 하나님나라 복음을 전수받은 사람이다.

이 책은 이들을 위해 단지 어떤 이론을 설명하거나, 책상에서 고민한 가능성을 제안하지 않는다. 책 내용에 균형을 잡고 성경과 신학에 단단히 뿌리내리게 하려고 신학교 도서관을 비롯해 여러 곳의 책상에서 글을 썼지만, 실제적 내용은 모두 삶과 사역 현장에서 탄생했다. 여느 저술가들처럼 나 역시 이 책의 내용을 나의 독창적 창작물이라 여기지 않는다. 영감의 가장 큰 원천은 성경이었고, 그 영감이 하늘로 날아가지 않도록 붙든 것은 삶과 사역 현장이었다. 나만의 맥락이라는 우물에 갇히지 않도록 도운 것은 앞서 걸어간 수많은 선배들의 고민과 기도가 배인 책이었다. 그들의 놀라운 유산이 어떻게 소화되어 이런 모양의 글이 나왔는지 모를 정도로 많은 믿음의 선조에게 빚을 졌다. 그래서 내가 기억할 수 있고, 직접 차용한 내용은 가능한 미주에 적어두었다. 그렇지만 미주는 책의 내용을 좀 더 깊이 있게 전문적으로 연구하기 원하는 성도와 목회자를 위해 마련한 것임을 밝힌다.

이 책은 3부로 구성돼 있다. 1부는 '우리가 잃어버린 진리'를 다룬다. 놀랍게도 한국 교회뿐 아니라 세계 교회가 결코 잃어버리면 안되는 진리를 점점 놓치고 있다. 예수, 구원, 하나님나라, 제자훈련이그것이다. 예수와 그분께서 전한 메시지는 피상적으로 이해하면 왜곡이 일어날 만큼 심오하다. 그렇다고 이를 전문으로 연구한 학자만이 제대로 이해할 수 있는 것도 아니다. 진실한 성찰이 따를 때만이 우리는 그 놀라운 진리를 알아갈 수 있다. 그래서 2부에서는 '우리가 뿌리내려야 할 진리'를 살펴본다. 복음의 핵심을 로마서 1-8장을 통해 정리하되, 하나님나라 관점에서 바울이 전수한 복음을 고찰한다. 그리고 하나님나라에 대한 이해가 구원과 성령, 교회, 그리고 세상과의 관계에 어떤 영향을 미치는지를 살핀다. 믿고 뿌리내려야 할 진리를 제대로 파악하지 못하면, 그 진리를 전한 스승과 그의 사상에 무지한 제자가 될 것이다. 그런 사람을 제자라 부르는 것은 부끄럽고 가당치 않은 일이다. 어쩌면 그는 단지 조직에 충성한 조직원일 뿐이다. 우리는 우리가 주님이라고 부르는 분의 가르침을 배울 특권과 의무가 있는 그분의 제자들이다. 우리가 뿌리내려야 할 진리를 살펴본 다음에는, 그를 바탕으로 '우리가 살아내야 할 진리'가 무엇인지를 3부에서 다룬다. 곧 제자훈련의 신학과 방법론이다. 1장을 읽은 후, 2장과 5-6장을 이어서 읽고, 3장과 7-8장을 이어서 읽고, 4장과 9-14장을 이어서 읽을 수도 있다.

이끄미가 되려는 성도와 교회를 세우려는 목회자에게

책에서도 반복해서 강조하지만, 책을 읽고 지식을 습득한다고 사람이 변하지는 않는다. 지식을 습득하는 것은 소중한 일이지만, 그와 함께 반드시 지식을 성찰하고 실제 삶 속에 적용해야 한다. 이러한 전인격적 과정을 통해 우리는 성장하기 때문이다. 그러므로 이 책을 읽어 젖히면서 지적 동의에만 머무르지 않으면 좋겠다. 가능하면 이어서 출간되는 워크북을 옆에 두고, 우리가 누리는 진리와 영감의 원천인 성경 자체를 연구하는 것이 좋다. 물론 혼자보다는 인생의 길을 함께 걷는 성도와 동역자와 나누면서 해나가는 것도 좋다.

성도의 경우에는 《풍성한 삶으로의 초대》, 《풍성한 삶의 첫걸음》

과《풍성한 삶의 기초》를 마친 분들이, 이 책으로 '이끄미'의 삶과 사역을 준비할 수 있다. 이 책을 읽어나가면서, 앞선 세 책의 내용과 연관시키고 때로는 그 책들로 돌아가서 실제적 내용을 반추하면서 읽기를 강력히 추천한다. 많은 사람이 고백하듯 여러분의 영적 골밀도가 높아지는 경험을 할 수 있을 것이다.

목회자의 경우에는 이 책을 통해 하나님나라 복음으로 사람을 세우는 일의 긴급성과 중요성을 깨닫게 되기를 기도한다. 이 책의 내용 정도는 거뜬히 소화해서 실제로 살아낼 수 있는 성도를 키워내는 일에 인생을 걸기 바란다. 이 책을 참조해서 또 다른 책이나 자료를 만들어내는 일도 필요하겠지만, 그보다는 사람을 세우는 일에 온 힘을 쏟기를 간절히 바란다. 이 책과 앞선 세 책을 현장에 적용해서 '회심하고 성장하고 재생산하는 제자'를 길러내는 일이, 자료를 만드는 일보다 훨씬 더 본질적으로 중요하다. 책에서도 여러 번 강조하지만, 한국 교회에 필요한 사역자는 설교를 잘하고, 교회 행정에 능하고, 다양한 프로그램을 운영하는 목회자가 아니라, 하나님나라 복음으로 한 사람 한 사람을 세워가는 목회자이다.

변함없는 기독교의 생존 전략

한국 교회가 위태롭다? 그렇다! 위태롭다. 하지만 교회는 늘 위태로운 환경에서 살아남았다. 성도는 목회자를 탓하고 목회자는 성도를 탓한다. 하지만 진정한 성도는 자신이 전수받은 하나님나라 복음에 매료되어 그에 뿌리를 내리고 그대로 살아내며, 마침내 하나님나라 복음을 전수한다. 진정한 목회자는 교인 수 늘리기가 아니라, 한 사람 한 사람을 하나님나라 복음에 기초해 세워나가는 일에 삶을 바친다.

하나님나라 복음을 받아들인 성도와 목회자는 상황이나 다른 누구를 탓하지 않고, 스스로 하나님나라 복음의 진리로 무장하고 그 진리를 누구에겐가 전수한다.

한국 교회에 소망이 없다는 말은 일견 맞다. 다양한 시도가 필요하다. 그러나 하나님나라 복음 전수라는 핵심을 놓쳐버리면, 더 정확히 말하자면, 하나님나라 복음을 더욱 깊이 알아가고 그에 매료되는 일이 사라진 채로, 나를 변화시키지도 않는 껍데기 진리를 붙들고 이런 저런 새로운 프로그램을 시도한다면, 그 시도는 실패로 끝날 수밖에 없다. 그 때문에 한국 교회가 지금처럼 위태로워진 것은 아닐까? 생존하기 쉽지 않겠다는 두려움이 퍼진 게 아닐까? 그러나 예수께서 남겨주셨고 초대교회가 따랐던 겨자씨 같은 하나님나라 복음을 살아내고 살아내게 한다면, 한국 교회는 위태롭지 않다! 지금 당장은 아니어도 머지않아 메시아를 따르는 메시아 족속의 풍모를 갖춘 그리스도인과 교회가 나타나기 시작할 것이다. 우리는 이미 그 조짐을 보고 있다.

우리 인생에는 잃어버리면 안 되는 것들이 있다. 지난 2천년 기독교 역사에서 기독교가 세상과 다를 바가 없어질 때는, 잃어버리면 안 되는 것들을 상실했을 때였다. 그리스도라는 말에서 그리스도교(Christianity), 곧 기독교라는 말이 왔으니, 기독교는 그리스도 없이는 존재할 수 없다. 그런데 한국 교회는 그리스도이신 예수를 잃어버리고 있다. 그분께서 전하신 복음과 하나님나라에 대해 무지한 것이 그 징표이다. 예수와 그분께서 전하신 가르침을 잃어버렸으니, 하나님나라의 복음을 살아내고 살아가게 하는 삶의 방식인 제자훈련도 교회 프로그램으로 전락했다가 폐기 처분 대상이 되어버렸다. 1부에서는 예수(1장), 구원(2장), 하나님나라(3장), 제자훈련(4장)의 참 의미를 살핀다.

I

붙들어야 한다, 잃어버린 진리

01.

예수,
생명의 밥

고등학교 1학년 때까지 내게 교회는 별 의미가 없었다. 그저 일주일에 한 번 지루한 예배드리고, 분반 공부 하면서 간식 먹고, 동네 친구들과 어울려 노는 곳 정도였다. 그래도 교회 생활이 신앙생활이라고 생각하고 열심히 했다. 중학생 때는 중등부 임원도 했고, 지금도 잊히지 않는 성극 〈스크루지〉에서 주역을 맡아 열연(!)하기도 했다. 하지만 교회나 신앙, 예수 모두 일주일에 한 번 정도 떠올리면 그만이고, 그 이상도 이하도 아니었다. 그러다가 고등학교 1학년 때 끌려간 여름 수련회에서 온 세상과 내 인생의 주인이신 하나님을 무시하는 것이 죄 중의 죄인 줄 깨달았다. 그러자 교회만 가면 밤낮 듣던, 그리스도가 나를 위해 돌아가셨다는 이야기가 의미 있게 다가왔고, 7월 어느 밤 내 삶을 주님께 의탁했다. 그날 이후 나는 삶의 목적을 찾았다. 1970년대 국가주의와 민족주의 아래서 자란 탓에 그 전까지는 열심히 공부해서 좋은 대학 가고 훌륭한 인물이 되어 우리 민족을 위해 살겠다고만 생각했다. 그랬던 내가 내 인생과 세상의 주인이 예수라는 사실을 깨달았다. 그분을 따르는 길만이 구원 얻는 길임을 믿게 되었다.

　신앙생활 초기에는 모든 게 신기했다. 특히 예수의 말씀은 그 의미를 정확히 몰랐음에도 내 가슴을 뛰게 하기에 부족함이 없었다. "내게 오는 자는 결코 주리지 아니할 터이요 나를 믿는 자는 영원히 목마르지 아니하리라."요 6:35, 개역개정 "그 배에서 생수의 강이 흘러나오리라."요 7:38, 개역개정 "진리가 너희를 자유롭게 하리라."요 8:32, 개역개정 "양으로 생명을 얻게 하고 더 풍성히 얻게 하려는 것이라."요 10:10, 개역개정 이렇듯 대단한 약속을 접하고, 이러한 삶을 살게 될 것을 꿈꾸기 시작했다. 그리고 사도행전을 읽으면서 역동적이고 영향력 있는 교회 모습과 초대교회 그리스도인의 삶에 매료되었다. 그 의미를 충분히 알지 못했지만, 예루살렘교회에서 재산을 나누었다는 사실2:45; 4:32-37은 물론, 데살로니가에서 바울 일행이 "천하를 어지럽게 하던 이 사람들"17:6, 개역개정라는 말을 들었다는 대목에 이르러서는 전율을 느꼈다. 회심하고 성경을 읽으면서 처음 이해한 그리스도인의 삶은 매력적이었고, 그리스도인 공동체는 세상을 변화시키는 영향력이 있었다.

그러나 머지않아 의문이 들었다. 주변의 교회 어른들, 30-40년 아니 평생을 신앙생활하신 분들의 삶이 성경의 약속과는 거리가 멀어 보였다. 예수로 만족하는 삶이 아니라, 세상이 여전히 필요한 모습이었다. 생수의 강이 흐르는 모습이 아니라, 물이 고여 있거나, 아니면 바닥을 드러낸 저수지 같았다. 자유로운 모습이 아니라 이런저런 조항에 매여 있고, 다른 이들에게도 그런 율법을 강요하였다. 생명을 얻었다는 주장은 알겠는데, 풍성해 보이지는 않았다. 교회도 유무상통하는 사랑의 공동체가 아닌 듯했다. 세상과 유사한 권위 구조를 가진, 사랑은 구호로만 존재하는 종교 기관이었다. 세상에 영향을 끼치기보다는 세상에 영향 받는 모습이 역력했다. 세상에서 이야기하는 성공과 교회에서 말하는 성공이 별로 다르지 않고, 교회는 천하를 어지럽히기는커녕, 세상 권력 밑에 잘 길들여진 모습이었다. 예수께서 약속하신 삶과 초대교회가 살아냈던 공동체는 성경에나 나오는 이야기였다. 영적으로 갓 태어난 내가 이런 주제와 관련해 질문이라도 하면, 교회 선배들과 어른들은 "현실 교회는 완전하지 않아"라고 답했다. 하지만 어린 내가 원한 것은 완전성이 아니라 진정성이었다. 완전한 게 어디 있겠는가? 내가 목격하는 그리스도인과 공동체가 성경의 가르침과 다르다면, 무엇이 문제일까? 회심 이후, 이 질문은 나를 떠나지 않았다.

고등학교를 졸업하고 대학에 진학하면서 내 질문은 더욱 절실해졌다. 기독교를 바라보는 세상 사람들의 시각이 결코 긍정적이지 않다는 사실을 알게 되었다. 사회학을 전공한 나는, 친구들이 교회를 비판하는 내용에 맞설 힘이 없었다. 그들의 비판이 거칠기는 했지만, 나로 하여금 교회에 대해, 기독교에 대해, 내 신앙에 대해 여러모로 다시 생각하게 만들었다. 비록 신앙으로나 인생으로나 모두 어렸으나, 나는 주님을 사랑했고 주님의 몸인 교회를 사랑했다. 그래서 한국 교회가 사람들에게 지탄 받는 일이 참으로 힘들었다. 근거 없는 비난이고 마땅히 받아야 할 고난이라면 얼마든지 참고 견디겠는데, 그 비난들은 근거가 분명했다. 그때부터 한국 교회의 문제를 여러 측면에서 고민할 수밖에 없었다. 한국 교회가 급성장한 1980년대 초부터 한국 교회의 여러 문제를 지켜보면서 그 미래가 걱정되기 시작했다. 20대 초반 어린 나이였지만 한국 교회의 문제가 성경의 가르침에서 크게 이탈했기 때문이라는 것은 알 수 있었다. 같은 과 친구들을 보면서, 이들의 부정적 평가가 미래에 개선될 것 같지 않았고, 이들이 훗날 사회의 오피니언 리더가 되었을 때 기독교가 얼마나 부정적으로 폄하될지 두려운 마음도 들었다.

요즘은 누구나 한국 교회의 문제를 이야기하지만 과거에는 기독교 내부의 불온한(?) 몇몇만이 문제를 제기했을 뿐, 대개는 외적 성장에 도취되어 그런 말이 나오면 초 치는 소리나 '부정적 말'로 치부했다. 1989년부터 미국에서 신학을 공부했는데, 그때도 한국 교회에 큰 짐을 가지고 있었던 나는, 미국 교수들이나 학생들이 한국 교회를 칭찬하며 한국에서 일어나고 있는 부흥에 대해 감격적으로 말하면 곤혹스러웠다. 외형은 성장하고 있었지만 내적으로는 많은 문제가 적체되고 있다고 생각했기 때문이다. 나의 비판적인 분석은, 한국 교회를 자랑스러워하는 대부분의 동료 한국 유학생들에겐 불편하게 느껴졌을 것이다. 10년간 한국을 떠나 있었지만, 한국 교회의 실상은 이민 교회에서 더욱 선명하게 보였다. 1999년 공부를 마치고 귀국하던 해에 때마침 젊은 인문사회과학자들이 한국 사회의 종교 집단 권력화와 그 위험성을 지적하는 논문들을 접하게 되었다.[1] 학자들의 논문과 이어진 언론의 문제 제기들을 통해서 한국 교회의 문제가 사회적으로 공론화되고 이슈가 되기 시작했다. 한국 교회는 그때부터 여러 언론과 다양한 저술을 통해 끊임없이 비판을 받았다.

이런 비판을 뒷받침이라도 하듯 여러 통계조사 결과가 연이어 나왔고, 한국 교회의 위기가 얼마나 심각한지가 여실히 드러났다. 목회자에 대한 신뢰도, 종교 호감도와 이탈률 등 여러 지표에서 개신교는 다른 종교(천주교나 불교)에 밀렸으며, 양적 성장세도 꺾였다.[2]

사태가 심각해지자 한국 교회 내부에서도 다양한 분석이 나오기 시작했다. 통계를 이용한 분석, 교회 규모와 관련한 비평, 사회 이슈에 무관심하다는 비판, 진보적 입장에서 바라본 한국 교회 문제, 미래 사회 패러다임으로 본 예측 등 다양한 분석과 제안이 나왔으며 앞으로도 이어질 것이다.[3] 이런 분석과 평가는 매우 소중하고 반드시 필요하다. 1980년대 초반부터 한국 교회의 문제를 생각했던 나는 이러한 모든 분석을 통해 많은 것을 성찰하고 배울 수 있었지만, 한국 교회에 더욱 본질적인 문제가 있는 것은 아닌지 고민할 수밖에 없었다.

밥이 사라지다

현상적으로 드러난 문제가 아닌 근본 문제를 파고들던 어느 날, 성경이 아니라 만화를 읽다가 섬광처럼 한국 교회의 근본 문제가 선명해졌다. 허영만 화백이 그린 《식객》 1권 5화, "밥상의 주인"이었다. 만화는 한 잡지사의 일본 자매회사 간부들이 한국을 방문하면서 시작한다. 이들에게 한국의 대표 음식을 선보이려 한정식 집으로 초대한다. 그런데 밥상을 가득 채운 음식 가짓수는 놀라왔지만, 정작 음식 하나하나는 감동을 주지 못한다. 주인공 진수는 이 평가를 받아들인다. 회사 상사인 국장은 한국의 대표 음식을 다시 소개하라는 엄명을 내린다.

고민 끝에 진수는 친구 성찬의 도움을 받아, 이들을 다른 한정식 집에 초대해서는 된장찌개와 김치, 김구이와 간장만 내놓는다. 화들짝 놀란 국장은 "이게 전부야?"라며 다른 데로 옮기자고 법석을 떤다. 이때 음식 칼럼니스트인 스즈키 상이 말한다. "가만, 이 밥 냄새는 어제 한정식의 밥 냄새가 아니야. 세상에 이렇게 맛있는 냄새가 날 수 있나! 잃었던 식욕이 살아나고 있어!" 그러자 다들 밥 냄새를 맡고는 밥을 먹기 시작한다. 밥맛에 반한 모두가 한 그릇씩 더 달라고 청한다. 그리고는 합창하듯 "밥상의 주인은 밥!"이라고 외치며 이야기는 끝난다. 나는 이 만화를 보면서 요한복음 6장 35절이 떠올랐다.

예수께서 이르시되 나는 생명의 떡이니 내게 오는 자는 결코 주리지

아니할 터이요 나를 믿는 자는 영원히 목마르지 아니하리라.^{개역개정}

예수께서는 자신을 생명의 떡이라고 말씀하신다. '떡'이라고 번역한 '아르토스^{ἄρτος}'는 주식이나 양식을 가리키는 말이다. 주기도문에서 일용할 양식을 달라고 할 때 사용된 그 단어이다. 이 단어를 떡이나 빵으로 번역하면 한국인에게는 별식이나 잔치 음식, 가끔 먹어도 되는 간식으로 다가온다. '밥맛이네' '밥통' '너는 내 밥이야'같이 밥을 다소 천대하는 정서 때문에 예수를 밥이라 번역하는 데 다소 부담을 느꼈을지 모른다. 그래서인지 대다수 성경은 '아르토스'를 빵이나 떡으로 옮긴다. 그러나 이 단어의 정확한 번역은 '밥'이다.

현대 한국인이 밥맛을 잃고 밥 힘으로 살지 못하는 모습과 오늘날 한국 그리스도인의 모습은 많이 닮았다. 밥에서 다른 것들로 밥상의 주인이 바뀌었듯이 그리스도인과 교회의 주인도 예수에서 다른 것들로 대체되었다. 그리스도인도 예수의 풍미를 잃고 예수에게 얻는 힘을 잃었다. 예수를 주로 고백하고 예수를 노래하고 예수의 이름으로 기도하지만, 더 이상 예수를 알아가고 흠모하지 않으며, 세상에 영향을 끼치지도 못한다. 이런 모습을 보면서 우리가 밥맛이며 밥 힘이신 예수를 잃지 않았는지 질문하게 된다. 오늘날 그리스도인은 생명의 밥이신 예수를 어떤 식으로 잃어버렸으며, 무엇으로 대체하고 말았는가?

반찬에 묻히다

밥상에는 밥과 반찬이 있기 마련이다. 밥이 주식이고 반찬은 밥을 보조한다. 밥을 맛있게 먹기 위해 필요한 것이 반찬이다. 그런데 요즘 식탁에서 밥은 반찬에 밀린다. 반찬이 더 중요해지고, 밥은 별 관심을 받지 못한다. 반찬은 원래 밥을 위해 존재했고, 밥을 위한 찬조 출연자였다. 그리스도인과 교회에도 반찬은 많다. 예수를 더 가까이, 더 깊이 누리도록 돕는 프로그램이 현대 교회에는 넘친다. 다양한 집회와 기도회뿐만 아니라, 큐티, 성경 공부, 상담, 재정 관리, 부부학교, 결혼 예비학교, 찬양학교 등 20-30년 전에는 볼 수 없던 다양한 '반찬'이 교회에 그득하다.

이 모두는 예수를 더 잘 알고, 더 깊이 누리고, 더 제대로 따르기 위해 고안된 것이다. 그런데 언제부터 이런 것들에 밀려 예수가 점점 사라지고 있다. 물론 예수를 끊임없이 언급한다. 그런데 정작 입술로 고백하는 예수가 누군지 물으면, 너무나 얕은 고백만이 돌아온다. 온갖 프로그램과 심리학과 자기계발 자료가 예수를 대체한다. 목회자도 예외는 아니어서, 그들 역시 예수를 더 깊이 알아가고 가르치는 데 집중하기보다 성공한 교회의 프로그램을 배우기 위해 여기저기 세미나를 찾아다닌다. 훌륭한 반찬이 없어 교회가 성장하지 않는다고 여기는 것 같다.

그래서인지 누구보다 예수를 사랑하고 그 신비에 매료돼야 할 사역자들의 대화가 예수보다는 교회 프로그램과 운영에 대한 이야기로 가득 차 있다. 성도들도 마찬가지여서 예수를 알아가고 따르는 일보다는 교회 프로그램과 활동, 목사에 대한 경탄 아니면 비판, 이도 아니면 아예 여러 세상사를 세상 관점으로 이야기한다. 예수는 반찬에 가려 잘 보이지가 않는다.

외식으로 대체되다

현대인에게서 밥맛과 밥 힘을 앗아간 또 다른 주범은 외식이다. 밥 힘으로 살던 사람들이 이제는 다른 먹거리에 눈을 돌린다. 다양한 패스

트푸드가 널려 있어 굳이 밥을 안 먹어도 필요 이상의 칼로리를 공급받는다. 밋밋한 밥보다 훨씬 자극적인 음식이 즐비하다.

사실 1970년대에서 1980년대 초까지만 해도 한국 사회는 생존 자체가 중요했다. 그때는 교회에서 예수를 이야기하고 배우는 것이 세상의 어지간한 즐거움보다 더 나았다. 대략 1988년 서울올림픽 이후부터 한국 사회는 생존에서 생활로 관심을 바꿀 수 있는 물질적·문화적 기반을 쌓기 시작했다. 지금은 우리 눈과 귀를 끄는 다양한 볼거리와 즐길 거리가 너무 많다. 예전에는 영혼이 갈급하면 말씀을 읽거나 기도하거나 예배하는 것 외에 별다른 대안이 없었다. 그러나 이제는 갈급함을 해결해줄 값싼 장난감이 어디에나 존재한다. 텔레비전 채널이 서너 개였던 시대에서 수십 개 채널을 돌려가며 선택하는 시대로 바뀌었다. 극장을 가지 않아도, 비디오를 빌리지 않아도, 입맛에 맞는 영화를 집에서 바로 볼 수 있는 시대이다. 거기다가 핸드폰은 손에서 떨어지지 않는다. 우리는 이제 영혼의 갈급함을 느낄 시간조차 없다.

물론 과거에도 오락거리는 있었다. 그러나 지금은 장기, 포커, 도박, 술, 사냥 등이 주던 재미보다 훨씬 더 자극적이며 개인 취향을 고려한 재미가 세상에 널렸다. 언제부터인가 엔터테인먼트가 산업이 되더니 이제는 삶의 모든 영역에 영향을 끼친다. 음악과 코미디 등이 이종교배를 하면서 다양한 장르의 오락물을 선보이고 감동까지 선사한다. 사람들은 어느새 주일 성수하듯 '본방 사수'하고, 주일예배를 놓치면 인터넷으로 예배하듯이 오락 프로그램을 '다시 보기'로 따라잡는다. 우리의 영혼은 이제 엔터테인먼트가 인도하는 쉴 만한 물가에서 쉼을 얻는다.

오락 요소는 예배에도 어김없이 침입했다. 예배도 지루하지 않도록 한 시간을 넘지 않아야 하며 그에 맞춰 설교도 짧아져야 한다. 어쩔 수 없이 길어지면 당연히 그만큼 재미가 있어야 한다. 재미가 없다면 짧기라도 해야 한다. 설교자들은 온갖 예화로 설교를 도배해야 성도의 이목을 집중시킬 수 있다고 생각해서인지 재미있고 감동적인 예화를 찾는다. 예배의 꽃인 예수는 사라지고, 위로와 감동을 받아야 할 회중, 즉 '종교 소비자들'이 그 자리를 대신하는 것 같다. 예배 후 돌아가는 성도들의 입과 마음에 예수보다는 재미있는 예화가 남아 있지는 않은가?

당장 입맛을 당기는 자극적인 외식 때문에, 밋밋하지만 건강한 주식인 밥을 현대인은 잃어버리고 있다. 이처럼 교회도 안팎에서 포위해오는 다양한 오락 요소 때문에, 그리스도인은 영혼의 갈급함을 채우기 위해, 아니 생존을 위해 더 이상 예수를 찾지 않는다.

밥맛이 똑같아지다

전기밥솥이 나오기 전까지는 직접 밥을 지었고, 그래서 밥맛이 집마다 조금씩 달랐다. 어릴 적 어머니가 늦게 귀가하는 아버지를 위해 아랫목 이불 아래 손수 지은 밥을 묻어두시던 모습이 아직도 선하다. 누구에게나 밥에 얽힌 이런저런 사연이 하나쯤은 있다. 하지만 전기밥솥이 등장하고 보온 기능까지 갖추면서, 이제 밥은 '꾹' 누르기만 하면 알아서 지어지고 알아서 따뜻하게 보관된다.

밥맛이 천편일률이듯 오늘날 그리스도인이 고백하는 예수에서도 개인의 흔적이 희미해졌다. 오늘날 그리스도인은 "예수님은 하나님의 아들이고요, 우리 죄를 위해서 죽으셨고요, 부활하셔서 승천하셨고, 다시 오신대요"라고 고백한다. 누가 귀에 넣어준 대로 이해하고, 입에 넣어준 대로 말하는 것처럼 얕고 동일하다. 내가 믿고 경험한, 내 삶과 인격에 흔적을 남긴 예수, 오늘도 내 삶에 영향을 끼치고 계신 예수는 실종된 것 아닐까?

전기밥솥에는 보온 기능이 있으므로 매일 밥을 할 필요가 없다. 심할 때는 한 번 해놓은 밥을 며칠씩 밥통에 넣어두고 먹는다. 가끔은 누렇게 돼서 군내까지 나는 밥을 먹는다. 예수도 이와 비슷해서, 내 삶과 인격과 연관된 사연이 있다 해도 꽤 오래된 추억일 때가 많다. 김이 모락모락 나는 밥처럼 살아 있는 예수가 아니라, 언젠가 경험했던 아득한 예수를 고백한다.

즉석 밥이 나오면서 상황은 더 심각해졌다. 밥하는 일이 이렇게 쉬울 수가 없다. 간단해졌다. 전자레인지에 넣고 데우면 3분 만에 김이 모락모락 나는 밥이 나온다. 예수 믿는 일도 얼마나 간단해졌는지 모른다. 교회에 등록하고 세례 문답에 아멘 몇 번 하고는 세례를 받는다. 초대교회 성도들이 목숨을 걸고 예수의 증인이 되었다는 기록은 성경에나 나오는 좀 과장된 이야기이고, 예수를 믿는 일은 결코 어렵지 않게 되었다. 즉석 밥으로 밥맛이 규격화되었듯 그리스도인이 이야기하는 예수 역시 천편일률이다. 정답을 말하는데 생명이 없다.

식기 자랑에 밀리다

음악 애호가 중에는 음악의 내용보다는 음악을 재생하는 기기에 더 관심을 두는 사람들이 있다. 마찬가지로 휘황찬란한 식탁과 고급 식기가 밥을 밥상의 조연으로 만들어버리기도 한다. 목회자이든 성도이든 교회 건물과 교인 수, 다양한 프로그램에 마음을 자주 뺏긴다.

어느 교회에 다니는지 누가 물으면, 자기가 속한 교회와 목회자가 들어서 알 만하면 자랑스럽게 소개하고, 그렇지 않으면 "그냥 동네 작은 교회에 다녀"라며 뭔가 부족한 듯 목소리가 작아진다. 그래서 한 목사님은 교회를 새로 시작하면서 이름을 아예 "동네 작은 교회"라고 지었다고 한다. 어떤 예수를 따르는지보다 내가 속한 교회가 얼마나 크고 이름 있는지를 중요하게 여기는 현상에 대한 반작용인 셈이다.

이 현상은 목회자들한테서 어쩌면 더 분명하게 나타난다. 목회자들끼리 예수에 대해, 예수를 따르는 제자도나 영성에 대해 열을 올리며 대화하는 경우는 보기 드물다. 목회자들은 만나면 교회 규모나 성도 수를 묻고는 목회의 성공 여부를 가늠한다. 그래서 교회를 어떻게 이끌지, 어떻게 해서 교회를 (양적으로) '부흥'시킬지, 목회를 성공을 이끄는 프로그램은 무엇인지에 더 집중한다. 교회의 프로그램, 건물, 다양한 사역은 예수를 더 잘 전하고 알리기 위한, 밥을 잘 먹기 위한 식기 같은 것인데, 예수는 사라지고 이런 부수적인 것들에 더 마음을 쏟고 있다.

되찾아야 할 생명의 밥

오늘날 그리스도인은 예수 그 자체보다는 교회 프로그램, 즐겁고 의미 있는 시간, 사연 없이 획일화된 신앙, 교회 규모와 외형에 마음을 둔다. 현대인이 주식인 밥을 모를 리 없고 '밥이 뭐 밥이지'라고 생각하듯이, 오늘날 그리스도인은 '예수'라는 단어를 입에 달고 살지만 예수의 맛과 힘은 잘 모른다. 기도할 때마다 예수의 이름으로 기도하고 예배 때마다 예수를 노래하지만, 더 이상 예수를 신비해하고 흠모하고 더 알아가고 더 사랑하게 되는 분으로 여기지 않는다. 대다수 그리스도인이 이미 예수를 다 알아버렸다고 생각하는 듯하다.

교회들은 양적 부흥에 목을 매고 그렇게 '성공'해서 웅대한 건물을 세우고 거대한 예산을 집행하지만 정작 세상을 바꾸는 힘은 잃고 말았다. 이런저런 활동을 자랑하지만, 교회가 속한 지역 사회에 선한 영향력을 끼치는 교회는 많지 않다. 규모가 작은 교회는 작아서 영향력이 없다 하고, 큰 교회들은 가까운 이웃 대신에 바다 건너 큰 사역에 더 관심을 보인다. 이 모두가 자신을 '생명의 밥'이라고 하셨던 예수를 놓치면서 일어난 일들이다.

만약 한국 교회가 예수를 잃어버렸다면, 우리 교회에 문제가 생기는 것은 너무나 당연하다. 현상으로 나타나는 문제들을 해결하더라도 근본 문제를 지나치면, 지금 우리가 당면했고 앞으로 더욱 심각해질 여러 문제는 해결되지 않을 것이다. 그러나 우리가 잃어버리고 있는 예수를 되찾는다면, 지금 우리가 현상으로 경험하는 문제를 극복할 수 있는 근본적 해결이 가능하다.

생명의 밥이신 예수를 회복하는 일이 우리의 급선무이다. 그렇다면, 예수께서 자신을 생명의 밥이라고 하셨을 때 그 말은 무슨 뜻이었을까? 예수께서는 '생명의 밥'이라는 표현을 통해 다음 세 가지 의미를 우리에게 알려주신다.

- 살리는 밥
- 살아가게 하는 밥
- 살아 있는 밥

살리는 밥: 십자가의 복음

성경은 하나님과 인간의 관계 회복에 대한 책이다. 하나님과 관계가 깨진 인간은 이미 죽은 존재라고 성경은 말한다.^{엡 2:1; 롬 6:23} 인간이 지은 죄로 세상은 깨졌고, 인간은 그 망가진 세상에 살면서 자신과 이웃, 나아가 온 세상과 생태계까지 파괴하고 있다. 그야말로 곤경에 처한 인류이다. 이 문제를 근본적으로 해결하기 위해 하나님께서 보내신 분이 바로 예수이시다. 그분의 십자가 희생으로 우리는 되살아났다. 하나님이 인간이 되셔서 인간의 문제를 해결하시고, 인간이 살 수 있는 길을 여셨다. 이것이 성경이 가르치는 근본 가르침이다.

하루는 밥상을 받고 울컥했다. 김이 모락모락 나는 하얀 쌀밥을 보노라니 예수가 떠올랐다. 아마 만화《식객》과 요한복음 6장을 묵상하고 있을 때여서 그랬을 것이다. 먹음직스러운 밥이 되기 위해 볍씨는 추수 때까지 온갖 풍파와 뜨거운 여름 햇볕을 이겨낸다. 영글어 때가 되면 목 베임을 당하고 매질을 당하며 탈곡이 된다. 여기서 끝나지 않는다. 낟알이 된 볍씨는 도정 과정을 거치면서 껍질이 다 벗겨진다. 우리 손에 들어온 쌀은 물에 불려지고 박박 씻겨서 뜨거운 밥솥에서 완전히 익은 다음, 밥상에 오른다.

밥의 여행은 예수를 꼭 닮았다. 우리를 위해 세상에 와서는 온갖 고초를 겪고, 때가 되자 매를 맞고 벌거벗겨지고 고문을 당한 후, 완전히 죽임을 당했다. 그렇게 예수께서는 우리를 '살리는 밥'이 되셨다. 자신을 생명의 밥이라고 말할 때 예수께서는 이미 자신의 죽음을 염두에 두고 계셨다. 그렇기 때문에 예수께서는 자신의 살과 피를 먹지 않으면 우리 속에 생명이 없다고 하셨다.요 6:53 실제로 우리가 먹는 모든 음식은 생명의 탈취 없이는 존재할 수 없다. 예수께서는 자신을 십자가에서 희생해 우리가 그분을 먹고 마실 수 있도록 했고, 그렇게 해서 우리를 살리셨다. 우리는 십자가의 복음을 듣고 반응했고, 그래서 죽어 있다가 살아났다. 예수께서는 우리 생명의 밥, 살리는 밥이다.

그리스도인의 구원은 생명의 밥이신 예수, 우리를 살리는 예수께 인격적으로 반응할 때 분명해진다. 스스로 주인 되어 세상을 좇으며 살던 사람이 자기가 영적으로는 죽은 존재이며 하나님의 심판 아래에 있다는 사실을 깨닫는다. 그러고는 자기가 받아야 할 심판을 예수께서 십자가에서 대신 받았다는 사실을 알게 된다. 그에 반응해 지금까지 살아온 삶의 방식을 회개하고 예수를 삶의 주인으로 받아들일 때 구원이 찾아온다. 살리는 밥인 예수를 온 존재로 경험하게 된다.

그리스도인의 영성이 살아 있는지도 바로 이 지점에서 분명해진다. 생명의 밥, 즉 살리는 밥을 먹고 있는지, 매일 의지하고 있는지를 보면 알 수 있다. 예수는 우리가 구원받고 하나님께 돌아올 때만 필요한 분이 아니다. 우리는 예수를 따라 살면서 우리 속에 깊이 뿌리박힌 죄성, 이기주의와 신실하지 못함을 발견한다. 예수의 제자답지 않고 하나님나라 백성답지 않을 때마다, 우리를 십자가에서 완전히 용서하시고 완벽하게 용납하신 하나님의 사랑에 감읍感泣한다. 감사해 울지 않을 수 없다. 그래서 예수께서는 단지 우리가 처음 하나님 앞에 설 때만 우리를 살리시는 것이 아니라, 우리의 생명이 다하는 날까지 지속적으로 우리를 살린다. 예수께서는 우리를 늘 살린다. 우리의 영적 생명이 십자가의 복음을 듣고 탄생한 이후부터 우리를 늘 먹여 살리고 있다. 그는 우리 생명의 밥, 살리는 밥이다.

살아가게 하는 밥: 하나님나라

예수께서 이 땅에 와서 하신 가장 중요한 일이 십자가에서 희생해 우리 모두를 살린 것이라면, 그분께서 이 땅에 와서 처음부터 끝까지 가르친 내용은 무엇일까? 예수의 중심 가르침을 묻는 질문에, 사랑, 구원, 십자가, 섬김, 헌신, 예배, 선교 등 여러 답이 돌아온다. 이 모두를 주님이 말씀했지만, '하나님나라'라는 대답은 선뜻 나오지 않는다. 그런 한국 교회가 참 안타깝다.

예수의 가르침은 처음부터 하나님나라에 집중돼 있다. 사복음서 중에서 가장 먼저 쓰인 마가복음의 핵심은 1장 15절인데, 예수의 가르침을 한 문장으로 요약한 매우 중요한 구절이다.[4] 마태와 누가는 마가복음의 기본 뼈대를 이어받아 복음서를 쓰면서 마가복음 1장 15절의 사상을 각자의 방식으로 표현한다. 많은 이들이 요한복음 3장 16절을 기독교의 핵심 진리로 말한다. 하지만 16절을 요한복음 3장 전체 맥락에서 읽지 않으면 하나님나라 사상이 누락될 위험이 있다. 이런 면에서 예수의 중심 가르침을 단 한 줄로 요약한 구절은 바로 마가복음 1장 15절이다.

때가 찼다. 하나님의 나라가 가까이 왔다. 회개하여라. 복음을 믿어라.

이 구절은 "때가 찼다"라는 말로 시작한다. 구약성경에서 신약성경에 이르기까지 사람들은 늘 하나님께서 인간 역사에 언제 개입하시는지 궁금해했다. 악하고 깨진 세상에서 악의 일부로 살아가는 인간은 자신의 근본 문제를 결코 스스로 해결할 수 없다. 이런 상황에서 예수께서는 선포하신다. 더 이상 기다릴 수 없을 만큼 때가 찼으며, 그래서 내가 왔다고. 이 '때'는 인간보다 오히려, 악에 물들어 망가진 세상을 회복하기 원하는 하나님 입장에서 더 이상 미룰 수 없는 때이다.

바로 그때에 예수께서 선언하신다. "하나님의 나라가 가까이 왔다." 예수께서는 자신이 왔기에, 더 나아가 자신으로 말미암아, 하나님나라가 임했다고 선언하고 가르치신다. 하나님나라의 핵심은 하나님의 다스림이다. 이제 예수를 통해 하나님의 다스림이 완전히 드러나기 시작했다. 새로운 시대가 시작되었다는 것이다. 그러므로 사람들은 지금까지 자신이 믿고 따랐던 세상에서 돌이켜 회개해야 한다. 회개란 방향 전환을 뜻하며, 하나님의 다스림 아래로 들어가겠다는 의지의 표현이다.

하지만 불행히도 인간은 하나님나라에 들어갈 수 없는 존재이다. 스스로 방향을 돌이킨다고 해서 하나님의 다스림을 받을 수 없다. 하나님을 배역한 인간은 하나님의 심판을 받아야 할 '진노의 자식'이기 때문이다.[엡 2:3] 하나님을 향해 돌아서면 하늘에서 쏟아지는 하나님의 진노를 피할 수 없는데,[롬 1:18] 이를 막아내고 심판을 대신 받으려 십자가에 죽은 분이 바로 예수이시다. 세상을 회복하려 메시아로 오신 예수께서는 우리를 대신해 죽는 길을 선택했고, 우리가 감히 눈을 들어 바라볼 수도 없는 하나님나라에 들어가는 길을 여셨다. 이 놀라운 소식이 바로 복음이다. 우리가 복음을 믿는다는 것은 이 예수에 의지해 하나님나라에 들어간다는 것이다.

복음을 받아들여 하나님나라에 속한 사람은 비록 세상 가운데서 살지언정 하나님의 다스림을 삶의 전 영역에서 드러내려 애쓰게 된다. 하나님나라, 곧 하나님의 다스림을 교회 생활뿐 아니라 직장과 가정생활에서도 드러내려고 고민한다. 하나님이 인생의 주인이 되셨으니 삶의 모든 영역에서 그분의 주권을 인정하게 된다. 더 나아가 내면 깊은 곳까지 성찰해 하나님께서 영혼 깊은 곳까지 다스리시도록 스스로를 내어드린다. 예수께서 가르치신 하나님나라는 우리가 매일 하나님의 다스림 아래에서 살아가도록 만든다. 예수의 하나님나라는 우리에게 생명의 밥, 즉 살아가게 하는 밥이다.

이렇게 살면 더 이상 세상 논리와 가치관을 따를 수 없게 된다. 우리를 다르게 살도록 이끄는 것은 하나님나라에 속했다는 소속감과 하나님나라가 주는 비전이다. 하나님께서 다스리시는 대로 살기 시작하면 우리 삶에 하나님의 지혜와 생명과 사랑이 자연히 드러난다. 하나님께서 다스리는 놀라운 삶은 세상 방식대로 살지 않기 때문에 반드시 어려움을 발생시킨다. 소극적으로는 불편한 것들과 부대끼는 정도이며, 적극적으로는 불이익을 받으며 때로는 고난과 박해까지 받는다. 하나님나라는 세상 나라와 너무나 달라서 하나님나라 백성이 되어 그분께서 다스리는 대로 살면 불편과 불이익과 고난과 박해는 피할 수가 없다.^{행 14:22; 딤후 3:11}

많은 사람은 그리스도인이 되면 힘든 세상살이가 좀 편해지지 않을까 기대하며 기독교에 관심을 보인다. 많은 그리스도인조차 예수를 믿으면 인생의 어려움이 사라진다고 말한다. 하지만 이것은 거짓이다. 예수를 믿고 하나님나라에 속하면, 더 이상 세상 논리를 따라 살지 않기 때문에, 세상의 아들딸처럼 행동하지 않으므로, 어떤 면에서 세상살이가 좀 더 어려워진다. 물론 하나님께서 이런 세상에서 살 수 있는 지혜도 주시고 힘도 주시고 용기도 주신다. 그렇다고 해서 그리스도인의 삶에서 어려움이 없어지지는 않는다.

그렇다면 그리스도인은 늘 지치고 힘들게 살 수밖에 없을까? 아니다. 하나님나라는 이미 임했지만, 동시에 아직 완전하게 오지는 않았으므로, 마침내 올 그 하나님나라를 기다리며 기꺼이 인내할 수 있다. 이 소망이 부끄럽지 않은 이유는 바울 사도가 고백했듯이 하나님께서 성령을 통해 그분의 사랑을 우리 마음에 넘치도록 쏟아 부어주셨기 때문이다.^{롬 5:5}

우리가 하나님나라를 기다리며 견디며 살아갈 때 성령께서는 우리 속에 하나님의 사랑을 채워주신다. 그래서 바울 사도도 매일 도살당할 양 같은 상황에 처해도 하나님의 사랑으로 넉넉히 이긴다고 고백했다.^{롬 8:36-37} 예수께서 전하신 하나님나라는 우리가 인내하며 살아갈 수 있도록 돕는다. 따라서 하나님나라를 가르치신 예수는 생명의 밥, 우리를 살아가게 하는 밥이다.

살아 있는 밥: 부활 승천한 예수

오늘날 한국 교회뿐 아니라 세계 교회에 나타나는 매우 심각한 문제 중 하나는 초대교회부터 지금까지 고백해온 하나님의 아들, 메시아 예수에 대한 무지이다. 기독교 신앙이 없는 사람들이 예수의 부활과 승천을 믿지 않는 것은 당연하다. 이를 사실로 받아들이는 것은 예수를 하나님이라고 고백하는 것이다. 그런데 일부 신학자와 목회자들마저 사복음서가 기록한 예수는 역사적으로 존재한 예수가 아니라고 주장한다. 복음서의 예수는 후대 교회가 각색한, 다시 말해 신앙으로 고백된 그리스도라는 것이다. 이들은 성경을 통해서는 실제 존재했던 예수를 알 수 없고, 신격화되고 미화된 그리스도 예수만 알 수 있다고 말한다.[5]

이들은 대부분 신약성경의 기록 연대를 주후 100년 이후로 본다. 따라서 예수가 죽은 이후에 오랜 시간 각색되거나 윤색된 그리스도가 전승되었고 이를 성경이 기록했다는 것이다. 예수가 이 땅에 와서 가르치고 죽은 것은 사실이지만, 부활과 승천은 후대 교회가 예수를 신격화하기 위해 만들어냈다고 주장한다.

그들은 성경을 후대 교회의 산물이라고 보기 때문에, 빨라야 2세기 말에 시리아 지역에서 쓰인 "도마복음"이나, 전체적인 실체도 확보하지 못한 "베드로복음", 현대에 조작된 흔적이 역력한 "마가의 비밀 복음" 같은 자료를 성경 기록과 동일 선상에 놓고 다루면서 역사적 예수를 논한다. 성경이 기록된 시기의 문서들을 비교하는 일은 필요하다. 하지만 성경의 기록 연대를 예수의 십자가 사건에서 멀리 떨어진 때로 잡으면서 성경의 주장을 격하하는 데는 분명 문제가 있다. 신약성경 전체가 예수의 십자가 사건 이후 한두 세대 안에 쓰였다는 전통적 견해는 여전히 설득력이 있고 많은 학자의 지지를 받고 있다.[6]

뿐만 아니라 기독교의 근원을 살필 때도 신약성경의 주장을 가벼이 다룰 수 없다. 신약성경은 제자들의 부활 전후 모습을 극명하게 대조해 증언한다. 복음서가 기록한 제자들의 부활 이전 행적은 매우 부정적이다. 예수에 대한 오해와 무지, 인간적 야망과 비겁함이 뒤섞여 있다. 이런 기록이야말로 신약성경을 후대 교회가 조작했다고 보기 어려운 이유 중 하나이며, 오히려 제자들이 실제로 목격하고 경험한 내용임을 잘 보여준다.[7] 평범 이하였던 제자들은 예수의 부활 직전까지 예수가 누구인지 제대로 인식하지 못했다. 그런데 이들이 예수의 부활을 경험하고는 스스로를 '부활의 증인'이라고 주장한다.[행 1:22; 2:32; 3:15 4:2, 33; 5:32; 10:41; 13:31; 17:18; 23:6; 24:21] 이들은 예수의 부활을 경험한 후 예수에 대한 인식이 바뀌었고 생명을 걸고 그분의 증인이 되었다. '마르투스^{μάρτυς}'라는 단어는 훗날 순교자라는 영어 단어^{martyr}의 어원이 되었는데 '목숨을 걸고 증언하는 자'라는 뜻이다.

부활을 목격한 증인들이 증언하자, 이를 전해들은 다음 세대가 예수를 그리스도로 받아들였으며 그에 걸맞은 인생을 살았다. 이들도 증인이 되어 또 그다음 세대에게 예수를 증언했고, 그렇게 기독교는 오늘날까지 이어지고 있다. 다시 말해 기독교의 본령은 예수께서 역사에 등장했다가 사라진 종교 지도자가 아니라 죽음에서 부활해 지금도 살아 계신 분이라는 '증언'에 있다. 이처럼 예수를 주로 고백하는 자들에게는 예수의 영인 성령께서 함께하시고, 그로 말미암아 살아 계신 예수를 더 깊이 알아가고 사랑할 수 있게 된다. 성경은 이 점을 분명히 증언한다.

신약성경에서 그리스도인을 묘사하는 구절 중 단연 백미는 베드로 사도가 소아시아 그리스도인에 대해 적은 글이다. 예수를 직접 경험한 베드로 사도는 사도들의 전승만으로 예수를 믿은 자들을 다음처럼 소개한다.

여러분은 그리스도를 본 일이 없으면서도 사랑하며, 지금 그를 보지 못하면서도 믿으며, 말로 다 표현할 수 없는 즐거움과 영광을 누리면서 기뻐하고 있습니다. 벧전 1:8

본 적도 만난 적도 없는 예수를 이토록 사랑하는 성도들을 보면서 베드로 사도가 고백한 내용은 부활한 예수를 만난 후 기쁜 소식을 증언했던 바울 사도의 고백으로도 똑같이 등장한다. 그 고백은 주후 57년, 예수가 죽은 지 22년 정도 지난 후에 쓴 편지(로마서)에 나온다.

누가 우리를 그리스도의 사랑에서 끊을 수 있겠습니까? 환난입니까, 곤고입니까, 박해입니까, 굶주림입니까, 헐벗음입니까, 위협입니까, 또는 칼입니까?…높음도, 깊음도, 그 밖에 어떤 피조물도, 우리를 우리 주 예수 그리스도 안에 있는 하나님의 사랑에서 끊을 수 없습니다. 롬 8:35, 39

예수를 직접 경험한 사도들과 달리 그다음 세대는 역사적 예수를 만나지 못했다. 그럼에도 예수를 뜨겁게 사랑한다. 어떻게 그런 일이 일어날 수 있었을까? 성경의 약속대로 예수의 영인 성령께서 그들 인생에 오셔서 그 인생을 변화시켰고, 그들 역시 성령의 임재를 생생하게 누렸기 때문이다.

예수께서 살리는 밥이고, 살아가게 하는 밥인 이유는 그분이 단순히 성현이나 영적 지도자가 아니라, 지금도 살아 있는 밥, 즉 당신의 백성과 함께하시는 살아 계신 하나님이기 때문이다. 그리스도인이 예수를 사랑하는 것은 모차르트나 이순신 장군을 사랑하는 것과 다르다. 모차르트를 사랑한다는 것은 그의 음악을 사랑하는 것이며, 이순신 장군을 사랑한다는 것은 나라와 백성을 향한 그의 충절을 사랑하는 것이다. 그러나 그리스도인이 예수를 사랑한다는 것은 그분의 말씀과 그분이 하신 일만이 아니라, 지금도 살아 계셔서 우리 삶 가운데 일하고 계시는 하나님을 사랑하는 것이다. 예수는 지금 바로 이곳에서 살아 있는 밥이다.

'살아 있는 밥'인 예수를 잃어버리면 그리스도인이 경험하는 '살리는 밥'과 '살아가게 하는 밥'의 의미도 퇴색한다. 한때 우리를 구원하고자 어떤 행위를 하신 분(살리는 밥)이며, 하나님나라를 가르쳐주신 분(살아가게 하는 밥)으로만 예수를 알고 믿고 따르면, 그리스도인의 삶은 창백한 이론과 생기 없는 지식에 그친다. 생명의 밥인 예수께서 우리에게 주기 원했던 삶은 '살아 있는 예수'를 매일매일 따르며 누리며 살아가는 것이다.

구원의 전모를 파악하라

한국 교회와 그리스도인에 여러 문제가 있지만, 그 뿌리는 바로 '밥' 문제이다. 생명의 밥인 예수를 제대로 매일 '먹지' 않기 때문이다. 하루에 세끼면 좋겠지만, 적어도 하루에 두 번은 밥을 먹어야 밥 힘으로 살 수 있다. 그런데 안타깝게도 많은 그리스도인이 생명의 밥인 예수를 일주일에 한 번 교회에 가서 먹는다. 일주일 내내 쫄쫄 굶다가 한 번 먹는 말씀도 예수를 깊고 실제적으로 증언하지 않고, 조미료와 향신료를 잔뜩 버무린 외식 같을 때가 많다. 주일에라도 건강한 밥을 먹는다면 행복한 일이지만, 그렇다 해도 주 1회 식사로는 살아남기 어렵다. 예수께서 말씀하신 대로 생명의 밥에 담긴 참 의미와 능력을 받아들여서, 우리의 문제가 점점 변하고 치유되는 경험을 해야 한다. 그렇게 하나님나라의 건강한 백성으로 사는 것이 하나님의 뜻이다.

살아 있는 예수를 누리며 살기 위해 가장 먼저 해야 할 일은 출발점을 다시 확인하고 견고하게 만드는 것이다. 예수를 주인으로 맞아들이는 시작점은 살리는 밥인 예수와의 만남이다. 예수께서 죄인인 나를 위해 죽고 내 죄를 사하셨다는 복음은 우리에게 용서를 선물하고, 하나님 아버지 앞에 설 수 있는 영광스런 기회를 준다.

하지만 이 원초적 복음 때문에 많은 이들이 성경이 가르치는 전체 내용과 예수의 중심 가르침인 하나님나라를 제대로 이해하지 못한 채로도 그리스도인이 된다. 간단한 복음을 듣고 그리스도인의 삶을 시작한다. 감사한 일이다. 하지만 불행히도 복음의 참 의미가 심화되지 않고 초기 상태에 머무르는 경우가 많다. 예수께서 인간을 대신해 죽을 때 어떤 일이 일어났는지를 많은 그리스도인은 간과한다. 하나님께서 그리스도 안에서 이루신 구원의 역사가 얼마나 대단한지를 잘 모른다.

그 결과 처음 맛본 구원의 감격이 깊어지지 못하고, 오래전 깨달은 화석 같은 신앙이나 교회 생활에만 젖어든 문화적 신앙에 곧잘 머무른다. 복음의 기초가 분명하지 않으면 하나님과 관계를 회복하지 못할 뿐 아니라 당연히 더 깊게도 만날 수 없다. 우리가 가장 먼저 해야 할 일은 원초적 복음을 뛰어넘어 복음의 본질을 분명히 하고, 그 위에 우리 삶을 세워나가는 것이다. 이 주제는 2장에서 에베소서 2장 1-10절을 중심으로 간단히 살펴본 다음, 로마서 1-8장을 중심으로 5

장과 6장에서 더 깊이 살펴보려 한다.

하나님나라를 선명하게 바라보라

복음을 이해하고 그 기초에 자기 인생을 세워나가되 동반해야 할 일이 있다. 하나님께서 악한 세상을 어떻게 다루시며 어떻게 회복하고 계시는지를 알아야 한다. 예수께서 가르친 하나님나라를 알아갈수록 이 그림은 선명해지며 우리의 비전이 되기 시작한다. 이 비전이 없으면 그리스도인은 세상에 파묻혀 살아갈 수밖에 없다. 그러므로 예수께서 그토록 반복하고 집중해서 가르친 하나님나라를 머리만이 아니라 가슴으로도 받아들여야 한다. 하나님나라를 제대로 깨달으면, 내가 누구이며, 무엇이 가장 중요하며(누구를 섬기며 살아야 하며), 내가 어디에 속해 있으며, 이 세계가 어디로 향해 가는지가 선명해진다. 본질적인 질문이 선명해지면 당연히 우리 삶도 선명해질 수밖에 없다.

많은 그리스도인이 삶의 다양한 상황 가운데서 어떻게 살아야 하는지 끊임없이 질문한다. 예수께서 가르친 하나님나라를 이해할 때 그 문제는 풀려가기 시작한다. 성경은 우리에게 어떻게 행동하라고 알려주는 지침서가 아니다. 오히려 세상과 그 세상을 다루시는 하나님을 제대로 알려주고 그 가운데서 하나님의 뜻을 바르게 분별하도록 돕는 책이다. 성경의 어떤 구절에서 하나님의 인도를 경험했다는 고백은 아름답지만, 성경 전체의 맥을 놓치면 매우 주관적이고 작위적일 위험성이 높다.

그러므로 우리는 하나님나라를 더 깊이 배워야 한다. 이 책의 3장에서는 성경이 가르치는 하나님나라에 대한 원론적 내용을 살피고, 7장과 8장에서는 하나님나라가 구원, 교회, 성령, 세상과 어떻게 연관되는지를 살필 것이다. 예수께서 가르친 하나님나라의 비전이 선명해질 때 예수께서 우리에게 선물한 십자가의 복음이 더욱 의미 있게 다가올 것이다.

제자를 삼고 복음을 전수하라

생명의 밥이신 예수를 매일 누리며 세상 가운데서 살아가면 하나님 나라 복음의 위대함과 중요성을 다시금 깨닫는다. 우리에게 새로운 방향과 힘을 제공해 이전과는 다른 삶을 꿈꾸게 하고 또 살아내게 하는 예수의 핵심 가르침에 점점 더 매료된다. 예수께서 가르친 대로 살아가는 사람은 진리를 더 깊이 깨닫고 경험하며, 자연스레 누군가와 나누고 싶어진다. 세상에서 가장 놀랍고 가장 큰 기적이 자신의 변화인데, 그 일을 해내는 하나님나라 복음을 혼자만 알고 지낸다는 것은 거의 불가능하다.

기독교는 위대한 설교자나 사상가, 교회 조직이나 교단이나 신학교, 독지가나 권력자 때문에 오늘날까지 건재한 것이 아니다. 기독교 역사는 주님을 따라 산 인물들이 주변 사람들과 다음 세대에 자신의 삶을 보여주고, 그 삶의 비밀인 예수 그리스도를 말로 전했기 때문에 이어져왔다. 하나님나라 복음을 살아내고 전수한 인물들의 끊임없는 수고가 2천 년 전 예수의 가르침을 오늘날까지 이르게 했다. 그 과정에서 수많은 사람이 변했고 또 여러 사회와 문화에도 변혁이 일어났다. 이렇듯 예수를 따르면서 자신을 뒤따라오는 이들을 삶의 본과 진리의 나눔으로 섬기는 것이 바로 제자훈련이다.

불행히도 제자훈련이 어느새 교회의 한 프로그램으로 전락했다. 결코 과장이 아니다. 제자훈련은 평생에 걸쳐 삶의 터전에서 이루어져야 하는데, 교회에서 이수하는 프로그램이 돼버렸다. 기독교를 오늘날까지 생존시킨 비결인 제자훈련을 한국 교회는 제대로 맛도 못보고 폐기하고 있으니 무척 슬픈 일이다. 4장에서는 제자훈련의 개요를 소개하고, 9장에서 14장까지는 제자훈련의 신학과 방법론을 다루려 한다. 제자훈련을 통해 추구하는 영적 성숙이 무엇인지(9장), 하나님나라 복음 전수는 어떻게 이루어지는지(10장), 이러한 복음 전수의 최선의 방법에 대해서(11장), 평생에 걸쳐 심화되는 삶을 어떻게 추구할지(12장)를 살펴본다. 그리고 하나님나라 운동의 흐름을 간략하게 살펴보고(13장), 마지막으로 하나님나라 비전을 지닌 이들의 삶(14장)을 살펴볼 것이다.

예수로만 살 수 있다

이것저것 자극적이고 맛있는 음식을 많이 먹지만, 비만이거나 건강하지 못한 이들을 종종 만난다. 무엇보다 제대로 된 밥을 먹지 않아서이다. 오늘날 이름뿐인 그리스도인, 생명력과 영향력을 전혀 찾아볼 수 없는 개인과 공동체를 자주 만난다. 밥이신 예수를 '먹지' 않기 때문이다.

예수께서는 자신을 생명의 밥이라고 하셨는데, 가끔 먹는 음식이 아니라 주식인 밥이라는 말이다. 주식은 매일 세끼까지는 아니어도 최소 두 끼는 먹어야 한다. 살리시는 예수를 의지하여 구원의 삶을 시작하여 살아가게 하시는 예수의 지도를 받아 살며, 지금도 살아 계시는 예수와 함께 하루하루 사는 것이 그리스도인의 삶이다. 이렇게 예수를 매일 먹으며 강건해진 사람들은 세상에서 자신의 몫을 감당한다. 이러한 사람들이 지도자로 서는 공동체는 세상과는 전혀 다른 공동체, 세상에 선한 영향력을 끼치는 공동체가 될 수밖에 없다.

온갖 비본질에 예수가 가리고 여러 프로그램과 활동으로 예수가 잊혀서, 예수 이름으로 기도하고 예수를 찬양하지만 껍데기만 그럴 싸한 그리스도인의 삶과 교회 공동체에는 '생명'이 없다. 그래서 맛도 힘도 없는 그리스도인과 교회가 오늘날 넘쳐난다. 예수는 우리가 가끔 생각하고 의지하는 존재가 아니라, 매일 매순간 의지하며 생명을 제공받아야 하는 일용할 양식(아르토스)이다.

한국 교회의 많은 문제로 인해 한국 교회는 나아갈 방향을 잃은 것 같다. 수많은 비평과 이런저런 대안과 실험이 소개된다. 소중하고 필요한 일이다. 그러나 생명의 밥이신 예수를 놓친 채 진행한다면, 이 모든 것은 사상누각이다. 기독교는 결국 예수이다! 예수, 생명의 밥이신 예수를 제대로 붙들 때, 한국 교회와 우리 모두가 살 수 있다. 밥 힘, 예수의 힘으로!

02.

구원,
하나님의
뿌리칠 수 없는
사랑

미국 유학 시절, 빨리 졸업해 한국으로 돌아가야 한다는 생각이 강박 관념처럼 있었다. 아무나 쉽게 누리지 못하는 유학이기에 빚진 마음이 있었다. 그래서 목회학 석사과정을 마칠 때까지는 방학에도 학점을 이수하고 여행은 꿈도 못 꾸었다. 학교가 있던 시카고에서 그리 멀지 않은 곳에 관광지로 유명한 나이아가라 폭포가 있었지만 가볼 생각은 못했다. 그렇게 지내다가 1990년대 초에 인생의 큰 위기를 맞았다. 마음이 너무 힘들었는데 나눌 친구가 없었다. 그래서 어느 날 오후, 함께 일했던 후배 간사들이 있는 보스턴으로 무작정 떠났다.

　해가 뉘엿뉘엿 지는 고속도로를 달리다 나이아가라 폭포 근처에서 하룻밤 묵기로 하고 여관에 들어갔다. 주차하고 나가서 내려다본 나이아가라 폭포는 큰 감흥이 없었다. 사진이나 동영상으로 이미 봐 왔던 터라 특별하지 않았다. 다음 날 아침 보스턴으로 떠나려다, 그래도 관광객들이 빠지지 않고 들르는 폭포인데, 한 번쯤은 보고 가자는 생각이 들었다. 이왕 간 김에 폭포수가 떨어지는 지점까지 내려가는 '허리케인 데크'를 둘러보기로 했다. 노란색 우비를 입고 데크로 향하는 계단을 터벅터벅 내려갔다. 그러다가 점점 압도되기 시작했다.

　쏟아져 퍼붓는 폭포수의 굉음이 귀를 때렸고, 곧이어 폭포가 뿜어내는 에너지에 압도당했다. 물보라 치는 허리케인 데크에 서서 말로 표현할 수 없는 감동에 휩싸였다. 그 소리, 그 에너지, 뿜어져 나오는 그 물보라…. 몸이 젖는지도 모른 채 한참이나 서 있었다. 우비도 엄청난 폭포수 앞에서는 아무 소용이 없었다. 굉음에 묻혀 들리지도 않았지만 그 앞에서 소리쳤다. "이것이 나이아가라 폭포이다!"

그 감동을 안고 보스턴으로 차를 몰아가면서 갑작스레 나이아가라 폭포에 그리스도인과 교회가 겹쳐졌다. 사진 몇 장 보고 동영상 좀 봤다고 나이아가라 폭포를 다 안다고 생각했던 내 모습이, 예수에 대해 들었다며 다 안다고 생각하는 그리스도인과 꼭 닮아서였다. 다른 사람들이 이야기하는 예수, 구원, 복음, 풍성한 삶을 하도 많이 들어서 마치 내가 경험하고 누리고 있다고 착각하는 모습이 오늘날 우리 그리스도인 모습이었다.

들어서 지식으로는 알지만, 그 능력과 기쁨, 감격을 누리지 못하는 그리스도인이 얼마나 많은지 모른다. 하나님의 사랑을 들어도 감격이 없고, 예수의 십자가를 떠올려도 감읍하지 않는 그리스도인을 쉽게 만난다. 예수를 피상적으로 알면서도 대강 다 안다고 생각하며 살아가니, 그리스도인의 삶이 예수를 모르는 사람들과 별 다를 바가 없다. 그들의 공동체인 교회 역시 세상 여느 조직과 별 차이가 없으니 여러 인간적 문제들이 비슷하게 일어나고, 때로는 더 심각하게 번진다.

이런 모습을 보고 나면, 기독교에 관심을 보였던 이들도 멀어진다. 인생의 의미를 진지하게 질문하며 진리를 '찾는이'들은 기독교를 대안으로 여기지 않는다. 차라리 조용한 산사를 찾는데, 그쪽에서도 인간적 냄새가 너무 나니, 아예 종교는 제쳐두고 인문학 소양이나 더 깊이 쌓아야겠다고 생각하는 것 같다. 얼마나 통탄할 노릇인가? 지금은 나들목교회 목자가 되었지만, 처음 나들목교회에 왔을 때 '찾는이'였던 한 형제의 대답을 지금도 잊을 수 없다. "그리스도인이 되는 것에 무엇이 장애물인가"라는 설문에 그는 이렇게 답했다. "나는 한국의 그리스도인과 같은 부류로 취급되기가 싫었다." 균형을 잃은 신앙, 건강하지 못한 교회, 피상적 기독교가 많은 '찾는이'들의 발걸음을 하나님께로 향하지 못하게 막고 있는 실정이다.

간략하지만 심오한 구원의 도리

그렇다면 어떻게 해야 나이아가라 폭포 사진 한 장 들고 그 폭포를 다 안다고 말하는 사람처럼 되지 않고, 깊이 있는 그리스도인이 될 수 있을까? 답은 성경에서 찾을 수 있다. 성경 전체가 그 이야기를 우리에게 전해준다. 죄로 인해 죽어 있던 우리를 살리신 이야기, 곧 구원의 도리라고 말할 수 있는 놀라운 이야기가 성경의 주제 아닌가? 그러나 방대한 성경 전체의 맥을 잡고 내용을 파악하기란 쉽지 않다. 우리를 '살리는 밥'이신 예수께서 우리를 위해 무엇을 하셨는지를 간략히 한 절로 요약하라면 많은 이들이 요한복음 3장 16절을 든다. 앞서도 적었지만 요한복음 3장 전체 맥락에서 16절을 읽지 않기 때문에 기독교가 가벼워지는지도 모르겠다. 더 자세한 설명을 꼽으라면 아마도 로마서를 들 것이고, 그중에서도 1장부터 8장까지를 지목할 것이다. 하지만 로마서는 초기 교회의 여러 쟁점을 포함하고 있으며, 치밀하게 논리를 전개하기 때문에 중심 주제를 파악하며 읽어내기가 결코 만만치 않다.

그렇다면 구원의 도리를 깊이 있게 또 간명하게 설명하는 성경 본문이 있을까? 여럿 있겠지만,[1] 나는 단연코 에베소서 2장 1-10절이 놀라운 구원의 실체, 즉 예수께서 우리를 어떻게 살리셨는지를 성경의 다른 어떤 본문보다도 간략하고도 심오하게 전달하고 있다고 생각한다. 그래서 하나님나라 복음에 기초한 제자훈련 프로그램인 '풍성한 삶의 기초'[2]를 만들 때 중심 본문으로 채택한 말씀이 바로 이 구절이다. 성경 구절들을 여기저기서 가져다 쓰지 않고 한 본문에 기초를 두려 한다면, 에베소서 2장 1-10절이 가장 탁월한 본문이다. 이 본문을 통해 바울 사도는 죄의 본질이 무엇인지, 예수께서 우리를 어떻게 죄에서 살리셨는지, 그 구원의 실제가 무엇인지를 간결하면서도 심오하게 설명한다.

[1] 여러분도 전에는 허물과 죄로 죽었던 사람들입니다. [2] 그때에 여러분은 허물과 죄 가운데서, 이 세상의 풍조를 따라 살고, 공중의 권세를 잡은 통치자, 곧 지금 불순종의 자식들 가운데서 작용하는 영을 따라 살았습니다. [3] 우리도 모두 전에는, 그들 가운데서 육신의 정욕대로 살고, 육신과 마음이 원하는 대로 행했으며, 나머지 사람들과 마찬가지로 날 때부터 진노의 자식이었습니다.
[4] 그러나 하나님은 자비가 넘치는 분이셔서, 우리를 사랑하신 그 크신 사랑으로 말미암아 [5] 범죄로 죽은 우리를 그리스도와 함께 살려 주셨습니다. 여러분은 은혜로 구원을 얻었습니다. [6] 하나님께서 그리스도 예수 안에서 우리를 그분과 함께 살리시고, 하늘에 함께 앉게 하셨습니다. [7] 그것은, 하나님께서 그리스도 예수 안에서 우리에게 자비로 베풀어주신 그 은혜가 얼마나 풍성한지를 장차 올 모든 세대에게 드러내 보이시기 위함입니다. [8] 여러분은 믿음을 통하여 은혜로 구원을 얻었습니다. 이것은 여러분에게서 난 것이 아니요, 하나님의 선물입니다. [9] 행위에서 난 것이 아닙니다. 그러므로 아무도 자랑할 수 없습니다. [10] 우리

는 하나님의 작품입니다. 선한 일을 하게 하시려고, 하나님께서 그리스도 예수 안에서 우리를 만드셨습니다. 하나님께서 이렇게 미리 준비하신 것은, 우리가 선한 일을 하며 살아가게 하시려는 것입니다.^{엡 2:1-10}

이 본문은 세 부분으로 나눌 수 있다. 1-3절과 4-6절, 7-10절이다.[3] 구원 이전, 구원, 구원 이후를 선명하게 가르쳐준다. 다시 말해 그리스도 밖에 있을 때의 우리의 실체, 그리스도 안에서 받은 하나님의 은혜, 그리스도 안에서의 새로운 삶을 보여준다.

• **1-3절**   구원 이전: 그리스도 밖에 있을 때의 우리의 실체
• **4-6절**   구원: 그리스도 안에서 받은 하나님의 은혜
• **7-10절** 구원 이후: 그리스도 안에서의 새로운 삶

이 세 가지를 제대로 알면, 복음과 구원에 대해 요한복음 3장 16절 이상은 말할 게 없는 '사진 한 장'의 그리스도인을 넘어서, '나이아가라 폭포'를 경험하고 누리기 시작하는 그리스도인이 될 것이다.

구원 이전: 우리의 실체^{엡 2:1-3}

바울 사도는 우리가 그리스도 안에서 받은 구원을 이야기하기 전에 우리가 어떤 존재였는지를 거듭 먼저 이야기한다. 그래서 바울서신에는 '전에는…, 이제는…'이라는 표현이 자주 등장한다.[4] 이 본문에는 '이제는'은 등장하지 않지만 3절에 '전에는'이라는 표현을 쓰면서, '전에는' 우리가 어땠는지(1-3절), '이제' 우리가 '그리스도 안에서' 어떤 존재인지(4-6절)를 이야기해준다. 우리가 지금 어떤 존재가 되었

는지를 제대로 알려면, 그전에 우리가 어떤 상태였는지를 직면하고 절감하는 일이 반드시 필요하다. 그래서 바울 사도는 1-3절에서 우리의 상태를 회고한다.

영적 상태: "허물과 죄로 죽었다"_{2:1}

구원받기 전에 우리는 죽은 존재였다. 멀쩡히 살아 있는데 죽어 있다니 무슨 말인가? 하나님을 향해서 죽은 자라는 뜻이다. 하나님과 아무 관계가 없으니 죽은 것이며, 뿌리가 뽑힌 나무처럼 천천히 죽어가고 있었다. 하나님은 우리를 지으신 분이며, 오늘도 우리가 살아갈 수 있게 하시는 분이다. 우리 생명의 근원이다. 그 하나님과 관계가 끊어졌으므로 죽은 존재라는 것이다. 영적 죽음의 원인은 허물과 죄이다. 그렇다면, 죄란 무엇인가?

성경이 이야기하는 죄는 사회에서 일반적으로 통용되는 도덕적 죄나, 사회 규범을 어기는 정도가 아니다. 우리 마음의 상태이다. 하나님이 전 우주와 역사와 내 인생의 주인인데, 내가 그 주인 자리를 꿰차고 있는 것이 죄의 본질이다. 이런 죄의 상태가 하나님 없이 생각하고 느끼고 결정하게 만든다. 결국 이것은 행동으로 드러난다. 그래서 예수께서는 마음속 생각만으로도 죄가 될 수 있다고 이야기한다.[5] 죄는 마음속에서 일어나 우리의 생각 근저에 자리 잡은, 결국은 하나님을 몰아낸 '나 중심주의'이다.

이런 면에서 죄는 암세포와 꼭 닮았다. 암세포는 눈에 안 보이지만, 몸속으로 퍼져나가 특정 기관에 영향을 끼친다. 충분히 퍼지고 나서야 자각 증세가 나타나고 고통이 온다. 그제야 드러난다. 더 진행되면 사람은 죽음에 이른다. 죄도 이와 같아서 우리 속에 존재하며 우리 내면에서 자란다. 그러다가 행동으로 표현된다. 행동으로 드러난 것

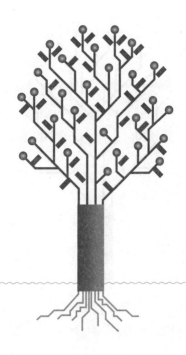

죄의 열매는
나무 잎사귀와 열매처럼 겉으로 드러난다.

만 죄라고 여기기 쉽지만, 성경은 행동을 촉발하는 마음과 그 마음의 뿌리에 있는 내적 자세를 죄로 여긴다. 행동은 죄의 열매이다. 그리고 죄의 결말은 죽음이다.

성경이 이야기하는 죄를 바로 이해하는 것은 매우 중요하다. 성경이 설명하는 죄는 단지 겉으로 드러난 행위, 즉 사회적 규범을 어기거나 잘못을 범한 정도가 아닌데도, 사람들은 잘못된 행위를 하지 않았기 때문에 스스로 큰 죄인이 아니라고 생각한다. 이것들은 죄의 열매에 해당하는 부분이다. 잎사귀와 열매로 어떤 나무인지 분명히 알 수 있듯, 겉으로 드러나는 죄는 자명하다.

기독교뿐 아니라, 대다수 고등 종교는 외부로 드러난 죄보다 마

나무 기둥과 줄기는
내면에 형성되는 죄로서 죄의 결과인 잎사귀와 열매를 제거해도 여전히 남는다.

음, 즉 우리 내면에서 일어나는 일을 더 중히 여긴다. 예수께서도 마음에서 일어나는 죄가 간음이나 살인과 방불하다고 말씀하셨다. 그래서 대다수 고등 종교는 마음 문제를 어떻게 다룰지에 집중한다. 마음공부나 수양 등을 통해 내면세계를 정돈하려 시도한다. 내면에 형성되는 죄는 나무의 기둥과 줄기라 할 수 있다. 하지만 마음을 닦아 죄의 결과인 잎사귀와 열매를 제거해도 이 나무는 여전히 같은 나무이다.

성경은 마음의 문제가 근본적으로 하나님과의 관계 문제라고 가르친다. 하나님이 세상과 우리 인생의 주인이신데, 그 하나님을 부인하고 세상과 자기 인생에서 제거한 것이 죄의 본질이다. 자기중심성

나무뿌리는
기독교에서 말하는 죄이며, 잎사귀와 열매는 물론이고 기둥과 줄기까지 영향을 준다.

self-centeredness은 하나님에 대한 반역이다. 기독교에서 이야기하는 죄는 나무뿌리에 해당한다. 마음을 완벽하게 다스리는 것도 불가능하지만, 설혹 마음수양을 철저히 해서 성현의 마음을 가졌다 해도, 천지와 자신을 지으신 하나님을 모르거나 무시한다면, 인간 존재의 뿌리가 죽은 것이다.

죄의 열매는 눈에 보이고, 죄를 일으키는 것은 우리 마음이지만, 이러한 마음 상태에 이른 까닭은 하나님과의 관계가 끊어졌기 때문이다. 죄의 본질은 나무뿌리에 해당한다. 겉으로 드러나는 삶에 도덕적 흠결이 없어도, 마음을 잘 닦아서 예전 선비처럼 수양을 해도 죄인이다. 성경의 죄는 하나님과의 관계 문제를 다루기 때문이다.

죄를 단지 윤리나 도덕, 마음의 문제 정도로 다루는 것이 일반 사회와 종교의 방식이다. 그러나 기독교는 존재의 뿌리에 대해 이야기한다. 하나님을 제거하고 나면, 세상 모든 것은 내 중심으로 돌아가야 하고, 내가 통제할 수 있는 내 것을 가능한 많이 확보해야 한다. 이 때문에 끊임없는 분쟁이 일어난다. 자기중심성은 배워서 습득하는 것이 아니라 본성이다. 어린이집에 같이 다니는 친구들을 자기 집에 초대한 아이 이야기가 생각난다. 엄마가 맛있는 쿠키를 접시에 담아 내오니, 그 집 아이가 모두 먹으려고 재빠르게 쿠키마다 침을 바르며 "이건 내 거야, 이것도 내 거야"라고 했단다. 초대받은 아이들은 못 먹게 된 쿠키 앞에서 울상이 되어버렸다. 그때 한 친구가 똑같이 쿠키에 침을 바르면서 "너 다 먹어라, 너 다 먹어라"라고 말했단다. 세상의 모든 것, 적어도 나와 관련된 것들은 '모두 다 내 거다'라고 주장하는 것이 죄의 본질이다. 그래서 사람들은 '내가 갖지 못하면 너도 갖지 못해'라는 자세를 은연중에 품고 살아간다.

"허물과 죄로 죽었다"는 선언은 인간의 가장 본질적 문제를 이야기한다. 하나님과 인간의 관계가 인간 존재에 가장 중요한데, 인간의 자기중심성, 즉 반역으로 인해 본질적 영역이 깨졌다. 그래서 인간은 다른 사람과도 제대로 관계를 맺을 수 없다. 사람은 상황이 좋을 때, 자신의 이익이나 명예와 무관할 때, 자신의 욕심이 발동되지 않을 때만 선하다. 인생과 우주의 중심에서 하나님을 몰아내면, 뿌리 뽑힌 나무처럼 잠시 살아 있는 듯 보여도 죽은 것이나 다름없다.

삶의 방식: "따랐다" 2:2-3상

자기 자신이 주인이 되어 살아가면, 주도적 인생을 살 수 있다고 생각한다. 그러나 실상은 그와 반대이다. 바울은 2-3절에서 사람들이 세상 풍조를 '따르고', 공중의 권세 잡은 자를 '따르고', 육신의 욕심을 '따라' 지내며, 육체와 마음이 원하는 대로 '따라' 살았다고 말한다.[6] 단어는 조금씩 다르지만, 모두 무언가를 따라서 사는 모습이다. 세상에, 사탄에, 육신의 욕심에 종속되어 붙잡힌 모습이다.

사람들은 '내 인생의 주인은 나'라고 주장하지만, 실제로는 자기 욕망 하나 조절하지 못한다. 담배를 끊는다거나 식습관을 바꾼다거나, 아니면 화를 자주 내거나 쉽게 침체되는 성품을 바꾸려 하지만 쉽지 않다. 우리는 우리 자신을 바꾸는 일을 잘하지 못한다. 누구를 미워하거나 증오하는 마음이 생기면 그들을 용서하고 용납하는 일이 너무 어렵다. 마음속에 부정적 생각이 움트면 그것에 너무 쉽게 지배당한다. 우리 마음을 지배하는 다른 존재의 영향을 받는다는 인상을 지울 수가 없다.

더군다나 누군가의 삶을 따라 살지 않고 나만의 삶을 추구하는 일은 매우 힘들다. 사람들이 돈을 벌고 돈을 모으고 돈을 쓰는 모습을 보면 거의 비슷하다. 연애하는 방식이나 결혼해서 아이를 키우는 방식도 세상에서 통용되는 방식을 거스르지 못하고 늘 불안해하며 곁눈질하며 산다. 세상 풍조에 종속된 모습이다. 우리 모두가 학교에서 선생님의 교과 지도를 따르지 않을 수 없고, 회사에서는 상관의 지시에 자유로울 수 없다. 세상의 구조로부터 자유롭지 못한 존재이다. 인간은 자기 주도성에 근거해서 자기주장을 강하게 하며 살고 싶지만, 종속성을 극복하기란 결코 쉽지 않다.

우리의 자기 합리화 기제가 놀랍도록 발전해 있다. 한국 사회는 대통령이 임명하는 고위 공직자를 대상으로 인사 청문회를 연다. 그때마다 문제가 없는 후보자가 거의 없다. 그들을 향해 많은 이들이 손가락질한다. 그러나 정작 손가락질하는 사람들도, 자녀를 좋은 학군에 배정하기 위해 위장 전입하고, 불법 소프트웨어를 사용하고, 영화나 음악을 불법으로 내려받고, 친구들의 과제물을 짜깁기한다. 사회 전체가 부정직에 물들어 모두 다 익숙해져 있다. 다른 사람들이 잘못하면 손가락질하면서도 내가 잘못하면 사회적 관행이라며 합리화한다.

스스로 주인이라 여기지만, 실제로는 자신의 종으로 사는 모습이다. 자기 소견에 옳은 대로 살려 하지만 결국에는 세상을 따르며 사는 것이 오늘날 사람들의 삶의 방식이다. 우리 역시 하나님을 알기 전에는 같은 모습이었다. 바울 사도는 이런 모습이 하나님과의 관계에서 어떻게 나타나는지 본질적인 면에 집중해 설명한다.

신분: "진노의 자식" 2:3하

우리가 과거에는 본질적으로 "진노의 자식"이었다고 바울 사도는 말한다. 하나님을 하나님으로 여기지 않는 자들을 향해서는 하나님의 진노가 쏟아진다. 하나님의 정의를 무시한 데 따르는 정당한 분노이다. 사실, 피조물인 인간이 하나님을 하나님으로 여기지 않는 것은 주권 찬탈이며, 정치로 말하면 쿠데타에 해당한다. 하나님을 인정하지 않겠다는 것이고 모욕하는 것이다. 세상의 중심이시며 생명의 근원이신 하나님을 이렇게 취급한 결과는 당연히 엄중한 심판이다.

하나님의 진노에는 두 측면이 있다. 하나는 현재에 관한 것이며,[7] 다른 하나는 미래, 종말에 관한 것이다. 사람들은 하나님의 심판이 미래에만 일어난다고 생각하는데 그렇지 않다. 하나님은 인간에게 인간이 살아야 할 법도를 주셨다. 동물은 본능에 따라 살지만, 인간은 '본능적'으로 동물적 본능만으로 살지 못한다. 인간 역시 동물일 뿐이며, 본능을 따르는 삶이 가장 자유롭다고 아무리 주장해도, 결국 훼손되고 고통을 겪는 것은 본능에 따라 사는 그의 인격과 인생이다. 더불어 그가 사랑하는 주변 사람들도 고통을 겪으며 상하게 된다.

전투함을 지휘하는 한 함장 이야기가 이를 잘 보여준다.[8] 함장은 어둔 밤을 항해하다가 전방에서 깜빡이는 불빛을 발견한다. 무전으로 "여기는 ○○함대다. 그대로 오면 충돌하니 우현으로 20도 꺾기 바란다. 우리도 우현으로 20도 꺾겠다"라고 말한다. 그러나 저쪽에서는 그럴 수 없다면서, 대신 그쪽 함대가 우현으로 40도 꺾으라고 한다. 함장은 화가 나서 물었다. "나는 ○○함대의 함장이다. 대체 누군데 우리 함대에 명령하는가?" 그때 저쪽에서 들려온 답은 "우리는 등대입니다"였다. 아무리 작은 등대의 등대지기라도 함장이 무시할 수 없다. 그 등대를 무시하고 방향을 바꾸지 않으면, 철갑을 두르고 최신 무기로 무장한 함정일지라도 침몰할 것이다. 이처럼 인생에는 범할 수 없는 법도가 있다. 이를 어기면 어긴 자에게 그 대가가 고스란히 돌아간다.

자주 거짓말하는 사람은 다른 사람을 속이는 것으로 끝나지 않는다. 계속해서 자기 자신을 진실하지 못한 사람으로 만들어서, 결국에는 거짓말하는지도 모를 정도로 망가진다. 오늘날 성적으로 자유로운 것이 마치 인간의 권리인 양 영화를 비롯한 여러 대중문화에서 표현한다. 그렇지 않다. 하나님이 만드신 성은 남녀가 인격적으로 또 절대적으로 서로 헌신할 때 마지막 표현으로 주고받는 것이다. 이런 성을 가벼이 여기기 시작하면, 당사자의 인격과 인생은 훼손되기 마련이다. 인간과 인간은 서로 신뢰하는 관계를 인격적으로 맺어야 하는데, 어떤 이유에서이든 최선의 인격적 관계를 맺지 않으면, 결혼 생활에는 금이 가고 부모 자식 관계에도 큰 고통이 찾아온다.

하나님이 만드신 법도를 어기면 '현재의 심판'을 삶에서 경험한다. 사람들이 십계명을 다 외운 다음에 농담 삼아 이런 이야기를 한다. "더 중요한 열한 번째 계명이 있는데, 그건 바로 '들키지 말지어다'야." 사람에게 들키지 않는다 해도 하나님께서 아실 뿐 아니라, 우리 인격에 각인되고, 또 어떤 모양으로든 죽음의 냄새를 풍기는 열매로 나타나게 마련이다. 이것이 현재의 심판이다.

하나님의 진노는 결국 미래의 심판으로 이어진다. 하나님과 영원히 분리되는 것이다. 개인의 죽음을 통해서이든 인류 전체의 종말을 통해서이든 우리는 마지막을 만난다. 이때 하나님을 부정하며 살았던 사람은 하나님과 영원히 분리되는 세상으로 들어간다. 이를 성경에서는 지옥이라고 말하는데, 그 실체가 무엇인지 우리는 정확히 알 수 없다. 우리가 알 수 있는 것은 하나님과 완전히 분리된다는 것이다. 신자이든 불신자이든 인간이라는 존재는 하나님 없이 존재할수 없기 때문에, 하나님과 완전히 분리된다는 것이 얼마나 처참하고 고통스러울지 우리는 짐작조차 할 수 없다. 하나님 없이는 무엇도 존재할 수 없기 때문에 이런 분리가 무엇을 의미하는지에 대해서는 여러 신학자가 다양한 해석을 내놓고 있다.[9] 분명한 것은 결국 하나님의 진노가 임할 것이며, 죄로 인해 죽은 존재로 살면서 세상을 따라 생활했던 이들은 하나님의 진노 아래에서 하나님과 영원히 분리된다는 것이다.

지금까지 살펴본 1-3절의 내용을 정리하면 다음과 같다.

구원 이전: 우리의 실체

- 1절　　　영적 상태: "허물과 죄로 죽었다"
- 2-3절 상　삶의 방식: "따랐다"
- 3절 하　신분: "진노의 자식"

하나님께서 우리를 위해 하신 일을 알기에 앞서, 우리가 구원 이전에, 그러니까 예수를 알기 전에 어떤 상태였는지를 먼저 알아야 한다. 그 상태가 얼마나 심각하고 절망스러웠는지를 깊이 새길수록, 구원 받은 감격과 기쁨은 커진다. 모태신앙인과 문화적 그리스도인들에게 구원의 기쁨이 드문 까닭은 자신이 얼마나 심각한 곤경에 처했는지를 제대로 직면하지 않은 채, 즉 비참한 상태를 절감하지 못한 채, 기독교 신앙을 귀로 듣고 별 고민 없이 지적으로 동의하거나 문화적으로 익숙해서 받아들였기 때문이다.

우리의 영적 상태, 삶의 방식, 신분이 어떤 처지인지를 제대로 숙지하지 않고 예수를 받아들였다면, 예수를 받아들여야 할 이유가 분명치 않았던 것이다. 만약 그랬다면, 예수를 진정으로 받아들였는지 진지하게 되묻지 않을 수 없다. 예수를 영접하는 기도를 했고 교회에 출석한다 해도, 에베소서 2장 1-3절이 묘사하는 구원 이전의 모습과 현재 모습이 닮았다면, 과연 예수를 진정으로 받아들였는지 스스로 질문해봐야 한다. 성경은 우리가 예전의 영적 상태와 삶의 방식에서, 그리고 심판에서 구원받았다고 이야기하는데, 현재 우리 모습이 구원 이전의 상태라면, 문제가 심각해지기 때문이다. 여전히 자기 인생의 주인 노릇하면서 세상에 종속된 채 살고 있는데, 예수를 받아들였다고 볼 수 있을까?

신앙이 힘 있고 생동감 넘치려면 우리가 예수를 알기 전에 얼마나 불행했고 허무했고 방향을 잃고 헤맸는지를 늘 기억하며 정직하게 직면해야 한다. 우리가 정말 '죽은' 존재와 다름없었다는 사실을 절감하지 않으면, 그 상황에서 나를 끄집어내신 하나님의 놀라운 사랑 역시 별다른 감동이나 감격 없이 받아들이기 쉽다. 오늘날 많은 교회에서는 꾸준히 교회에 다니다 보면, 또는 교리를 교육 받고 그에 지적으로 동의하면 그리스도인이 될 수 있다고 가르친다. 그래서인지 자신이 회심했는지조차 혼란스러워하는 신자들이 적지 않다. 자신이 영적으로 죽어 있었고, 세상에 종속돼 있었고, 그래서 하나님의 심판을 피할 수 없었음을 절감하지 않으면, 구원은 피상적이고 생명력 없는 죽은 교리에 불과하다. 하나님 없는 실존을 정직하게 직면하고 절감할 때에야 비로소 하나님께서 우리를 위해 무엇을 하셨는지를 살펴볼 수 있다.

고통 받는 우리를 불쌍히 여기시고 사랑하시다 2:4

하나님을 알지 못한 채 자신이 주인 되어서 세상을 따라 살며 현재의 심판 가운데 있는 사람들을 하나님은 불쌍히 여기신다. 우리가 진노의 자식인데도, 4절은 '그러나'로 시작한다. 나는 이 '그러나'를 '신적 그러나' 또는 '반가운 그러나'라고 부른다. 인간의 거절과 배역에도 불구하고 하나님은 '그러나'의 하나님이다. '그러나'의 하나님은 자비가 넘치신다. 고통을 자처하고 그 가운데서 살다가 결국에는 하나님과 영원히 분리될 인간을 보시고 불쌍히 여기셔서 구원의 손길을 내미신다. 이 '그러나'는 너무나 반가운, 자비가 풍성한 하나님의 개입이다.

목회자로서 성도를 볼 때면, 하나님의 마음을 조금은 알 것 같다. 하나님을 무시하고 스스로 주인 되어 잘못 판단하고 어긋난 삶의 방식을 고집하며 현재의 심판을 당하는 모습을 곁에서 보노라면, 참으로 그 고통이 안쓰럽다. 스스로 주인이 되어 산다지만, 뒤처지는 게 늘 두렵고, 그래서 조바심과 열등의식에 사로잡힌 채 살아가는 수

많은 사람을 본다. 사랑을 주고받아야 할 가정에서 오히려 깊은 상처를 받고 무기력과 열등감에 시달리는 사람들이 얼마나 많은지 모른다. 사랑하는 남자친구를 잃지 않으려 원하지도 않는 육체관계를 맺는 여성들, 이런 연약함을 이용하는 남성들, 더 나아가 이런 남성들을 거꾸로 이용하는 여성들까지 보게 된다. 결국 마음 깊은 곳에 수치와 모멸감, 죄책감이 자리 잡는다. 사적 영역에서만이 아니라, 불완전하고 때로는 악하기까지 한 사회 구조 안에서 생존을 위협당하는 이야기는 끝이 없다. 악을 제어하고 선을 격려해야 할 공적 권력이 기득권 세력 편에 서서 정작 보호해야 할 약자들의 사정을 아주 쉽게 무시한다. 무엇보다 사회적 고통과 아픔을 이겨낼 힘이 없어, 스스로 주저앉는 수많은 사람들…. 하나님은 이들을 긍휼히 여기시며 눈을 떼지 못하신다.

결국 하나님은 이들을 위해 위대한 사랑의 결단을 내리신다. 바울 사도는 "우리를 사랑하신 그 크신 사랑으로 말미암아"라고 기록한다. 사랑이라는 단어를 두 번 사용해 매우 강조하는 표현으로, 하나님의 일반적 사랑을 가리키는 것은 아니다. 동사 '사랑하신'의 시제는 과거에 일회적으로 일어난 일을 가리키며, '그'라는 관사(영어의 정관사 the에 해당)가 붙은 '크신 사랑'은 하나님의 구체적인 사랑을 가리킨다. 이 사랑은 바로 예수 그리스도를 통해 보여주신 하나님의 사랑이다. 하나님께서 외아들 예수를 십자가에서 죽게 하신 것, 예수께서 그 십자가의 길을 마다하지 않은 것, 이 모두가 우리를 살리기 위해서였다. 바울 사도는 이 하나님의 사랑을 로마서 5장 8절에서 "그러나 우리가 아직 죄인이었을 때에, 그리스도께서 우리를 위하여 죽으셨습니다. 이리하여 하나님께서는 우리들에 대한 자기의 사랑을 실증하셨습니다"라고 적는다. 하나님은 자신의 '그 크신 사랑'을 예수 그리스도의 죽음을 통해 증명하고 확증하고 실증하셨다.

예수께서 죽은 것은 죄 속에서 죽어가는 사람들[1-3절]의 근원적 문제를 해결하시기 위해서였다. 내가 주인이 되어 살아가며 나와 이웃과 세상을 훼손하는 인간의 죄 문제를 해결하기 위해 예수께서 오셨다. 우리 인간이 지닌 문제의 뿌리, 그 근원에 손을 대신다. 하나님을 무시하고 내가 중심이 되어 세상의 한 부분이 되고, 그리하여 거대한 죄의 네트워크 속에서 살아가는 우리를 하나님은 긍휼히 여기시고 그 모든 책임을 당신 스스로 지기로 결심하신다. 예수께서 죄의 대가를 대신 지고 우리가 서야 할 심판의 자리에 대신 서신다. 그렇게 하나님과 관계를 회복할 수 있는 자리에 우리가 감히 설 수 있도록 새로운 길을 열어주셨다. 이로써 우리는 구원을 얻었다.

많은 그리스도인이 이 같은 사실을 이해하고 또 동의한다. 감사한 일이다. 그러나 문제는 우리를 위해 예수께서 죽으셔서 우리 죄를 사하셨고 우리가 천국에 갈 수 있게 되었다는 것이 전부가 아니라는 것이다. "죄사함을 받았다," "구원받았다," "영생을 얻었다," "천당에 간다"는 말로 표현되는 영적 실체는 무엇인가? 이를 잘못 이해한 많은 이들은 우리를 구원하셨으면 왜 당장 하늘나라로 데려가지 않고 이 힘든 세상에 내버려 두느냐는 어처구니없는 질문을 한다. 우리가 받은 구원의 실체를 나이아가라 폭포 사진 한 장쯤으로 이해하기 때문이다. 바울 사도는 4-6절에서 이 놀라운 복을 자세히 설명하며, 나이아가라 폭포수가 쏟아지는 허리케인 데크로 우리를 이끈다.

'그리스도 예수 안'에서 '그리스도와 함께' 2:5-6

우리가 예수를 믿고 그분을 구주로 받아들일 때, 그리스도가 내 안에 오시고 우리는 그 안에 거하게 된다고, 많은 그리스도인이 고백한다.

하지만 그 의미를 정확히 잘 모르는 경우도 있다. 바울 사도는 우리가 그리스도 안에 있을 때 어떤 일이 일어났는지 5-6절에서 설명한다. 이 본문은 단순하고 명료하지만 우리말로 옮기기는 매우 힘들다.[10] 헬라어 어순을 고려해 우리말로 분해하면 다음처럼 요약할 수 있다. 5절 끝에 나오는 "여러분은 은혜로 구원을 얻었습니다"라는 말은 바울 사도가 너무 감격해서 8절에서 이야기할 주제를 먼저 꺼낸 것이므로, 개역개정처럼 괄호에 묶어놓는 것도 좋다.

5   범죄로 죽은 우리를

그리스도와 **함께**

          살려주셨습니다.

          (여러분은 은혜로 구원을 얻었습니다.)

6   또한 **함께 일으키셨고**[11]

     또한 **함께** 하늘에 **앉게 하셨습니다.**

그리스도 안에서

즉 이 모든 일은 6절 끝에 나오는 '그리스도 안에서' 이루어진 일이다. '그리스도 안'은 5-6절 전체를 꾸미며, 5절 앞부분의 '그리스도와'는 '**함께** 살려주셨다', '**함께** 일으키셨다', '**함께** 앉게 하셨다'에 모두 연결된다. '일으키다'와 '앉히시다'는 1장 20절에서 예수 그리스도를 묘사할 때 사용된 단어로,[12] 이 본문에서는 접두어 '함께'와 쓰여서, 우리가 예수 그리스도 안에서 예수 그리스도와 어떻게 연합하는지를 설명해준다. 5-6절은 '그리스도 안에서' '그리스도와 함께' 이루어진 일들을 설명한다. 우리가 우리 죄를 위해 돌아가신 예수 그리스도를 세상과 나의 주인으로 영접할 때 우리는 그 안에 속하게 된다.

그때 예수 그리스도 안에서 그분과 연합함으로 우리에게 어떤 놀라운 일이 일어났는지를 바울은 이야기하고 있다.

첫째, 우리가 살아났다. 죄와 허물로 죽어 있던 우리가 살아났다는 말은, 우리가 하나님에 대해서 살아났다는 것이다. 이제 우리는 하나님 앞에 설 수 있다. 하나님은 우리 기도를 들으시고 우리 예배를 받아주신다. 우리는 성경을 통해 말씀하시는 하나님을 만난다. 우리는 하나님과 인격적 관계를 맺을 수 있는 존재가 되었다. 그리스도인이 하나님을 예배하면서 감격하고 새 힘을 얻는 것은 우리가 하나님에 대해 더 이상 죽은 존재가 아니기 때문이다. 즉 우리가 그리스도 예수 안에서 그분과 함께 살아난 것이다.

그리스도인조차 때로는 예배(개인적이며 공동체적인)가 얼마나 놀라운 특권인지 잘 모른다. 보통 다른 종교에서는 신심을 전달하기 위해 신 앞에서 정성을 다한다. 하지만 자신이 드린 기도와 예배가 신에게 받아들였는지는 알 도리가 없다. 그런데 그리스도인은 그리스도 안에서 살아난 존재로 하나님 앞에 선다. 우리가 드리는 기도를 그분께서 들으시며, 우리가 드리는 찬양 또한 그분께서 들으신다. 성경을 통해 우리에게 말씀하시고, 우리가 진리를 더욱 선명하게 알아가도록 성령을 통해 이끌어주신다. 우리는 그리스도 예수 안에서 다시 살아난 존재이다!

둘째, 우리는 일으켜 세워졌다. 새번역은 5절의 단어와 같은 뜻인 듯 '살리시고'라고 번역했지만, 개역개정처럼 '일으키셨고'라고 옮기는 것이 옳다. 이 단어는 주로 예수와 신자의 부활을 가리킬 때 쓰는 단어^{에게이로,} ἐγείρω 13에 함께^{순,} σύν 라는 접두사가 붙어 있다. 예수께서 죽은 자 가운데서 일어나실 때 작용했던 능력이 우리 안에서도 이미 일어났음을 보여준다.[14] 즉 우리는 세상에 종속되어 세상을 따라 사는 존재가 아니라, 부활의 능력을 힘입고 이미 부활한 자이며, 그러한 존재로서 살아갈 수 있다는 말이다. 그리스도 예수 안에서 그분과 함께 일으켜 세워졌다는 것이다.

앞으로 이야기하겠지만, 그리스도인은 이 땅에 살면서 하나님의 다스림을 경험하는 사람들이다. 세상을 따르지 않고 하나님을 따라 살아가는 능력을 우리는 이미 받았다. 로마서의 가르침이나 하나님 나라를 전하는 가르침에 귀를 기울이면, 우리가 어떻게 살도록 하나님께서 준비하셨는지 알게 된다. 우리가 그리스도 안에서 일으켜 세워졌다는 것은, 죽음으로 대표되는 세상의 권력 앞에 무릎 꿇지 않을 수 있다는 말이다. 많은 그리스도인이 살아가면서 죄를 지을 수밖에 없고 약할 수밖에 없다고 고백한다. 하지만 이는 그리스도 예수 안에서 그리스도와 함께 일으켜 세워졌다는 놀라운 선언에 담긴 뜻을 제대로 깨닫지 못했기 때문이다.

셋째, 우리는 하늘에 앉은 존재가 되었다. 하늘에 앉았다는 것은 하나님나라의 상속자가 되었다는 뜻이다. 우리는 더 이상 하나님의 심판을 두려워하는 자가 아니라, 하나님나라를 유업으로 받을 상속자가 되었다. 우리 신분이 본질적으로 바뀌었음을 보여준다. 우리가 예수를 믿을 때 하나님은 우리 아버지가 되셨고 우리는 그분의 아들 예수와 함께 공동 상속자가 되었다. 우리는 그리스도 예수 안에서 그분과 함께 하늘에 앉는 존재가 된다.

자신을 어떤 존재로 여기는지는 그리스도인이 아니더라도 사람이라면 누구에게나 중요한 문제이다. 자기 정체성이 자신의 삶을 결정하기 때문이다. 이 본문은 우리가 예수와 함께 하나님나라를 공동 상속한다고 알려준다. 우리는 이미 그런 신분이라는 것이다. 많은 그리스도인이 이 놀라운 성취에 대해 잘 알지도 못하고, 묵상하거나 상상하지도 않는데 참으로 안타까운 일이다. 비록 상속이 완전히 이루어지지 않아 아직 그 풍성함을 전부 누리지는 못하지만, 성경은 곳곳에서 그 소망이 그리스도인의 삶의 근간이라고 선언한다. 그리스도 안에서 자신이 어떤 신분으로 완전히 바뀌었는지를 깨닫고 믿으면, 지금 이곳에서의 우리 삶은 당연히 달라질 수밖에 없다.

다시 한 번 강조하지만, 바울은 이런 일들이 미래에만 일어난다고 말하지 않는다. '함께 살리셨다', '함께 일으키셨다', '함께 앉히셨다'는 동사 시제는 4절 '사랑하신'과 마찬가지로, 이미 과거에 이루어진 일을 가리킨다. 그리스도 예수 안에서 그리스도 예수와 함께, 우리가 이 놀라운 영적인 복을 이미 받았다고 바울 사도는 선언한다. 예수께서 우리를 위해 죽으셨을 때, 우리가 그분을 주로 받아들였을 때 이 놀라운 일들이 이미 일어났다.

바울 사도는 1-3절에서 묘사한 우리 상태가, 4절의 크신 하나님 사랑으로, 5-6절에서 그리스도 예수 안에서 그리스도와 함께 어떻게 변화했는지를 잘 보여준다. 이 놀라운 변화는 하나님께서 우리를 위해 그리스도 예수 안에서 하신 일이다. 원어에는 동사들의 주어가 생략돼 있는데 우리말 성경은 '하나님이'라고 주어를 명시한다. 하나님 아버지께서 크신 사랑으로 이 놀라운 일을 우리를 위해 하셨다. 하지만 이 변화는 우리가 체험할 수 있는 종류는 분명 아니다. 우리가 지금 책을 읽거나 일을 하고 있다면, 특정 장소에 있는 것이지 하늘에 앉아 있는 것이 아니기 때문이다. 따라서 이 놀라운 변화는 하나님께서 우리를 예전과는 달리 바라보고 계시다는 말과 같다. 우리를 불쌍히 여기신 하나님께서 우리를 사랑하셔서 당신의 외아들을 십자가에서 죽게 하셨고,[4절] 그 사랑을 받아들인 우리는 그분 안에서 그분과 함께 살아나 하늘에 앉은 존재가 되었으며, 하나님께서 우리를 그런 존

그리스도 밖에 있을 때	그리스도 안에서 그리스도와 함께
허물과 죄로 죽었던	살려주셨고
세상의 풍조를 … 따랐던	일으키셨고
날 때부터 진노의 자식이었던	하늘에 앉게 하셨다

재로 여기신다는 것이다.

하나님께서는 우리를 이렇게 여기시기 위해 상상할 수 없는 대가를 치러야만 했다. 사람들은 자기 자식을 죽게 만드는 신이 어떻게 '사랑의 하나님'이냐고 묻는다. 그 정도로 인간을 향한 하나님의 사랑은 우리의 이해 범위를 넘어선다. 이렇게 우리를 사랑하셨기에, 값비싼 대가를 지불하고 우리를 살리셨기 때문에, 하나님은 한순간도 우리에게서 눈을 떼지 않으신다. 그리스도 예수 안에서 우리를 새로운 존재로 탄생시킨 하나님은 그런 우리를 극진히 사랑하시고 지금 이 순간에도 불꽃 같은 눈동자로 함께하신다.

바울 사도는 4-6절을 통해 우리 구원의 놀라운 영적 실제를 간략하면서도 심오하게 설명한다. 이를 요약하면 다음과 같다.

구원: 하나님의 은혜

- 4절   고통 받는 우리를 불쌍히 여기시고 사랑하시다
- 5-6절   '그리스도 예수 안'에서 '그리스도와 함께'

구원 이후: 새로운 삶^{엡 2:7-10}

하나님께서 그리스도 안에서 이루신 놀라운 일에는 분명한 목적이 있다. 바울 사도는 그 목적을 7절과 10절에서 설명한다. 그 구원이 너무나 놀라운 선물이라, 8-9절에서 우리가 받은 구원의 성격이 어떠한지 풀어준다. 따라서 7절부터 10절까지는 샌드위치처럼 구원의 목적이 구원의 성격을 감싼 구조로 되어 있다.

구원의 목적 2:7

하나님께서 그 놀라운 일을 하신, 구원의 목적이 7절에 먼저 나온다. 1세기 성도들에게 하나님께서 "자비로 베풀어주신 그 은혜가 얼마나 풍성한지"를 이후 모든 세대가 알기 원하셨다고 바울 사도는 기록한다. 사실 나는 이 본문을 읽을 때마다 소름 돋는 감격에 빠지곤 한다. 상상해보라. 예수께서 십자가에서 죽은 일은 팔레스타인에서 일어난 지극히 국지적인 사건이었다. 그런데 예수께서 자신의 소식이 천하 만민에게 알려질 것^{마 24:14}이며, 세상 모든 민족을 제자로 삼고^{마 28:19-20} 증인이 되라^{행 1:8}고 하신 말씀이 지금 다 이루어지고 있으니 얼마나 놀라운가. 당시 30대 초반의 한 젊은이가 팔레스타인 지역에서 가르치고 선포한 이야기가 유라시아 대륙 끝자락에 붙어 있는 한반도까지 전해져 우리에게 온 것이다.

더군다나 바울 사도는 에베소서를 쓸 당시 옥에 갇혀 있었다. 예수에 관한 소식은 여전히 유대교 아류 정도로 치부되었으며, 예수를 주로 받아들인 이들이 더러 있었지만 그리스 로마 세계 전체로 보면 극소수에 불과했다. 그런데 바울은 예수께서 십자가에서 죽은 사건이 '장차 올 모든 세대'에게 알려질 것이라고 말한다. 깨지고 상한 세상,

그래서 모두가 현재의 심판을 받고 있으며 미래의 심판도 피할 수 없는 이 세상을 위해 하나님께서 무슨 일을 하셨는지 바울은 분명히 이해하고 있었다. 그래서 확신하는 것이다. 바울이 예견했듯이 하나님께서 인류를 위해 이루신 구원의 이야기가 2천 년이라는 세월을 이기고 지금 우리에게까지 이르렀으니 어찌 감격하지 않을 수 있을까?

하나님의 놀라운 사랑, 그리스도 예수 안에서 이루신 위대한 구원은 결코 한 세대에만 머물 수 없으며, 다음 세대에서 또 그다음 세대로 이어질 수밖에 없다. 그리스도를 만나기 전 우리 상태를 직면하고 절감하면, 그 핍절한 곤경에서 우리를 구하신 놀라운 구원을 경험하면, 이 모두를 이루신 하나님의 사랑을 알게 되면, 혼자만 그 사실을 품고 있을 수는 없게 된다. 하나님의 사랑을 입어서 그리스도인이 된 사람들이 세상에 속한 사람을 위해 할 수 있는 최선의 사랑은, 아직 하나님의 사랑을 알지 못하는 그들에게 그 사랑을 전하는 것이다. 이 본문이 전도나 선교를 직접 언급하지는 않지만, 예수 그리스도의 기쁜 소식을 나누는 일은 그 사랑을 입은 자에게는 너무나 자연스럽고 당연한 것이다. 하나님께서 "그리스도 예수 안에서 우리에게 자비로 베풀어주신 그 은혜"는 지난 2천 년간 끊이지 않고 여러 세대를 거쳐 모든 족속을 향해 흘러왔다.

구원의 성격 2:8-9

바울 사도는 놀라운 구원을 경험한 사람을 향해 다시금 그 구원이 어떻게 가능했는지를 이야기하고, 구원을 누리는 자들이 어떻게 살게 되는지를 8-10절에서 이야기한다. 일반적으로 많은 종교는 인간의 행위를 통해 신을 기쁘게 하고 그로써 복을 누린다는 전제를 공유한다. 그런데 하나님께서 주시는 구원은 인간이 자랑할 만한 노력이

나 행위로 얻어지지 않고 오직 하나님의 선물이니,[9절] 이를 선명하게 설명해야만 했다. 바울은 믿음을 통해 은혜로 구원을 얻었다[8절]고 밝힌다. 구원의 성격을 설명하는 이 표현은 조금 모호해 보인다. 구원을 얻은 것이 믿음 때문이라는 말인가? 아니면 은혜 때문이라는 말인가? 무엇이 더 중요한 요소인가? 답은 5절에 이미 나와 있다. 바울은 너무 감격해서 아직 이야기도 안 끝났는데 5절에 "은혜로 구원을 얻었습니다"라고 삽입하고 있다.

맞다. 우리는 은혜로 구원을 얻었다. 그렇다면 은혜는 무엇인가? 오늘날만큼 은혜를 잘못 이해하고 오용한 때가 또 있을까? 많은 그리스도인이 은혜를 받았다거나 은혜롭다고 하면, 대개는 감동을 받았다는 뜻이다. 그러나 성경이 말하는 은혜는 하나님께서 우리에게 값없이 주신 선물이다. 하나님은 우리가 숨 쉴 수 있도록 신자나 불신자에게 동일하게 은혜를 베푸셔서, 우리가 인생을 누리며 살 수 있도록 수많은 것을 값없이 주신다. 매일 호흡하고 먹고 마시고 사랑하고 살아가게 하시는 것들이 일반 은혜이다. 이와 함께, 예배와 기도 가운데 하나님을 깨닫고 감격하는 복이 있는데, 이것은 하나님의 자녀에게만 허락된 그분의 특별한 은혜이다. 사실 우리가 경험하고 누리는 모든 것이 하나님의 은혜이다. 이런 은혜 중에서 가장 큰 은혜가 있다면 무엇일까? 하나님께서 우리 인간을 위해 베푸신 가장 중요한 은혜, 은혜의 본령은 무엇일까? 말할 것도 없이 예수 그리스도이시다. 하나님은 우리에게 가장 필요한 것을 주기 위해 하나님 자신에게 가장 소중한 분을 선물로 내어놓으신다.

그러므로 은혜로 구원을 얻었다고 할 때의 은혜는 막연한 은혜가 아니라 바로 '그 은혜'이다. 우리말 성경은 8절을 그냥 은혜라고 번역했지만, 7절처럼 '그 은혜'로 옮기면 더 좋았을 뻔했다. '그 크신 사랑'처럼 은혜도 막연한 은혜가 아니라 특별한 은혜라고 이 본문은 알려준다. 예수 그리스도를 보내신 '그 은혜'로 우리가 구원을 얻었다. 아름다운 자연을 보거나, 우리가 하루하루 살 수 있는 힘을 주시는 것과 같은 일반 은혜가 아니라, 하나님께서 우리에게 주신 특별한 은혜, 바로 예수 그리스도로 구원을 얻었다.

우리는 이 은혜로 말미암아 5-6절에서 보았던 놀라운 변화를 누리게 된다. 예수 안에서 살아나고, 부활의 능력이 우리에게 임하고, 하나님의 자녀라는 신분을 받게 된다. 즉, 구원을 누리게 되는 것은 바로 '그 은혜' 때문이다. 그래서 "예수 그리스도를 얻었으니, 이제 충분합니다"라는 고백까지 자연스레 나온다. 물론 세상살이에 여러 가지가 필요하지만, 그런 것들에 연연하지 않고 자족할 수 있게 된다. 그 이유는 가장 중요한 것, 예수 그리스도를 얻었기 때문이다.

당신이 고급 승용차를 선물 받았다고 가정해보자. 이런 일은 쉽게 일어나지 않지만, 우리가 받은 구원에 비하면 사실 별것도 아니다. 승용차를 선물 받을 자격이 있는 사람은 있겠지만, 구원 받을 자격이 있는 사람은 없기 때문이다. 어쨌든 선물로 받은 자동차에 감격해 차를 둘러보다가 트렁크에서 고급 공구함을 발견했다면, 그 공구함에 마음을 빼앗기는 사람이 있을까? 공구함이든, 자동차 오디오이든, 여러 부가 장치가 아무리 좋아도 액세서리에 마음을 빼앗겨 차를 거들떠보지 않는 사람이 있을까? 이런저런 액세서리가 아무리 좋아 보여도 그 모든 복은 자동차에 따라오는 것일 뿐이다. 선물 받은 고급 자동차는 내팽개치고 고급 공구함에만 마음을 빼앗기는 사람은 없을 것이다.

많은 그리스도인이 예수 그리스도를 더 알아가려 하지 않고, 자신이 필요한 것들만 하나님께 구하는 이유는 선물의 본체이자 은혜의 본령인 예수 그리스도를 제대로 모르기 때문이다. 그 아들을 우리에게 아끼지 않고 내주신 이가 이 모든 것을 우리에게 선물로 주시지 않겠느냐는 바울의 고백^{롬 8:32}은 절대 과장이 아니다. 죽었던 우리가 예수 그리스도로 말미암아, 그분 안에서 그분과 함께 살아나고 변화되며, 마지막에는 하나님나라를 상속받을 것이다. 이 모든 것이 바로 '그 은혜'이다.

그렇다면 믿음은 무엇인가? 믿음은 하나님께서 하신 일에 인격적으로 반응하는 것이다. 어떤 사람들은 이 본문에 근거해 믿음도 하나님의 선물이라고 주장한다. 8절 후반에서 "이것은 여러분에게서 난 것이 아니요, 하나님의 선물입니다"라고 말하기 때문이다. 그래서 믿음 역시 하나님께서 주시지 않으면 우리가 얻을 수 없다는 입장을 취한다. 다른 본문으로 그렇게 주장할 수 있을지는 모르겠으나, 이 본문만큼은 분명 그런 주장을 지지하지 않는다. 왜냐하면 '이것은'은 중성 대명사이고, 은혜와 믿음은 모두 여성 명사이기 때문이다. 그러므로 '이것은'이 지칭하는 것은 '은혜'나 '믿음'이 아니며, "믿음을 통하여 은혜로 구원을 얻었다"라는 전체이다. 믿음이 아니라 우리가 받은 구원이 하나님의 선물이라는 것이다.

따라서 믿음은 하나님께서 우리에게 주신 은혜를 전인격으로 동의하고 진심으로 받아들이는 것이다. 억지로 주어지는 선물은 선물이 아니다. 선물은 거절할 수 있다. 믿음으로 반응하지 않으면 아무리 선물을 주어도 선물이 되지 않는다.

어떤 사람은 믿는 데 힘이 든다며, 그러니 믿음도 행위가 아니냐고 질문한다. 이는 인간이 처한 상황이 얼마나 끔찍한지를 간과해서 하는 말이다. 물에 빠져 죽을 상황에서 누군가 정확히 던져준 밧줄을 잡고 살았는데, "내가 밧줄을 잘 잡은 덕에 살았다"라고 말하는 사람이 있을까? 누군가 밧줄을 던져주지 않았다면 그의 몸부림은 아무 소용이 없었을 것이다. 이처럼 믿음은 결코 홀로 존재할 수 없다. 은혜가 있기 때문에 비로소 믿음으로 반응할 수 있다.

오늘날 한국 교회가 믿음의 뜻만 성경에 근거해 제대로 가르쳤어도 기복 신앙에 이 정도로 깊이 빠지지는 않았을 것이다.[15] 한국인의 심성 깊은 곳에는 샤머니즘이 자리하고 있어서 지성이면 감천이라고 생각한다. 진실하게 빌고 믿으면 하늘이 감동해 그 뜻을 이루어 준다는 토속 신앙이 기독교 신앙으로 둔갑했다. 그래서 소원하는 바를 '지극 정성으로' '세게' 믿으면 하나님께서 들어주신다고 생각한다. 성경이 가르치는 믿음과는 전혀 다른 믿음이다. 세속 종교의 믿음이나 신심으로는 의미가 있겠으나, 성경이 가르치는 믿음은 결코 아니다. 다시 강조하지만 성경이 가르치는 믿음은 하나님께서 하신 일, 하시겠다고 약속하신 일을 전인격으로 받아들이는 것이다. 그러므로 믿음은 자랑할 수 없다. 오늘날 '믿음 좋은(?)' 사람들의 간증은 놀랍게도 9절 말씀과 상반된다. 무엇을 어떻게 믿었더니 하나님께서 들어주셨다는 간증은, 성경이 가르치는 믿음과 은혜, 무엇보다 하나님의 모습과 상충된다. 하나님 아버지는 우리가 구하기 전에 이미 있어야 할 것을 아시는 아버지[마 6:8]이시며, 외아들을 우리를 위해 이미 주신 분이며, 모든 것을 선물로 주기 원하시는 분임을 반드시 기억해야한다.

세 가지 변화 2:10

그렇다면 믿음은 단지 수동적 반응에 불과한 것일까? 그렇지 않다. 믿음은 하나님께서 하신 일과 하시겠다고 약속하신 일에 대한 적극적 반응이다. 하나님께서 보여주신 '그 크신 사랑'과 '그 은혜'를 그리스도 안에서 발견한 사람은 세 가지 변화를 경험한다.

첫째, **새로운 정체감**을 가진다. 이를 바울 사도는 10절에서 '그의 만드신 바', 곧 '하나님의 작품'이라고 표현한다. 하나님께서 우리를 예수 그리스도 안에서 그리스도와 함께 얼마나 놀라운 존재로 새로 빚으셨는가. 그래서 더 이상 우리는 자신의 정체감을 세상 기준이나 사람들 평가나 지금까지 해온 내 생각에 기대어 결정하지 않게 되었다. 이는 내적 혁명이며, 스스로를 5-6절이 묘사하는 존재로 여기기 시작하는 것이다. 1-3절의 표현대로 세속에 파묻혀 세상 방식대로 살아가던 이들이 예수 그리스도 안에서 그리스도와 함께 변화된 존재가 되었다. 이런 정체감의 변화는 하나님께서 우리를 위해 그리스도 예수 안에서 이루신 일, '그 사랑'과 '그 은혜'를 진심으로 믿을 때만 가능해진다.

그리스도인은 '그 사랑'과 '그 은혜'로 예수 안에서 완전히 받아들여져 새로운 정체감을 지닌 존재이며, 이를 스스로도 받아들이고 누리는 사람들이다. 자신을 어떻게 바라보는지는 살아가는 데 있어 핵심 관점이다. 지금까지 세상 잣대로, 다른 사람 평가로 자신을 바라보던 사람들이, 하나님의 '그 크신 사랑' 때문에 '그리스도 안에서' 주어지는 '그 은혜'로 말미암아 자신을 새로 바라보기 시작한다. 하나님께 용납되었으므로 그분께 사랑받기 위해 특별히 다른 행위를 할 필요가 없어진다. 그렇다고 우리 인격이나 생활양식이 예수를 믿어 자동으로 완전히 변하지는 않는다. 세상에 속해 살던 때의 습관과 흔적이 아직 남아 있지만, 이제 예수 그리스도 안에서 새 신분을 가지고 새 존재로 출발한다는 것이다. 이렇게 우리는 예수 그리스도 안에서 하나님께 완전히 받아들여진 사람들이다.

둘째, 새로운 정체감을 지니고 선한 일을 위해 살아가는 특별한 존재가 된다. 즉 **새로운 사명감**이 생긴다. 이 세상에서 살아가야 할 이유가 생긴다. 신약성경에서는 '선한 일'을 여러 번 강조한다.[16] 하나님은 구원받은 자가 하나님께 받은 모든 것을 사용해 다른 사람과 사회와 세상을 위해 '선한 일'을 하기 원하시고 또 기대하신다. 이는 2절에서 '이 세상의 풍조'와 '공중의 권세를 잡은 통치자를 따라' '살았던' 때와 대조된다.[17] 이제는 '선한 일을 하며 살아가는 것'으로 인생 목적이 바뀐다. 하나님의 큰 계획 안에서 특별한 존재로 자리하게 된다. 그도 그럴 것이 자동차를 선물로 받았으니, 공구함이나 자동차에 딸린 여러 것을 나누는 일은 어렵지 않게 된다. '선한 일'은 구원을 얻은 이들에게 자연스레 따라오는 새로운 삶의 방식인 셈이다.

하나님께서 베푸신 구원을 천국 입장권 정도로 여기는 사람들은 하나님이 곧장 우리를 천국으로 데려가지 않고 왜 세상에 남겨두는지 이해하기 어렵다고 말한다. 이 세상에서 살아야 하는 목적, 사명감을 깨닫지 못해서 나오는 말이다. 예수께서 살아 계실 동안 "두루 다니시면서 선한 일을 행하"셨듯이,^{행 10:38} 우리도 살아 있는 동안 최선을 다해 선한 일을 해야 한다. 때로 선한 일을 하다 지치고,^{갈 6:9} 선한 일로 오히려 고난을 당해도,^{벧전 2:20; 3:17} 낙심치 않고 하나님을 바라보며, 예수 그리스도 밖에 있을 때와는 다르게 살게 된다. 우리는 이토록 특별한 삶을 누리도록, 그리스도 예수 안에서 특별한 존재가 된 사람들이다.

셋째, 10절의 '하나님의 작품'(포이에마)이라는 단어는 단수형으로, 개개인이 모두 하나님의 작품이라는 뜻보다는 그리스도 예수 안에 있는 '우리'가 하나님의 작품이라는 뜻이다.[18] 따라서 우리는 **새로운 소속감**을 가진다. 실제로 바울 사도는 이어지는 11-22절에서 하나님께서 우리를 '한 몸'^{2:16}으로, '하나님의 가족'^{2:19}으로, '성령으로 거하실 처소'[2:20-21]로 만드셨다고 이야기한다. 분리돼 있었고, 고아와 같았고, 하나님의 영이 함께할 수 없었던 우리를 그리스도의 몸이자 하나님의 가족이자 성령이 거하시는 성전으로 바꾸셨으니, 이런 우리가 바로 하나님의 '작품'이다. 그러므로 믿음으로 산다는 것은 각자 개인으로 사는 것이 아니라, 그리스도 예수 안에서 새로운 공동체에 속했음을 깨닫고 한 공동체로 사는 것을 뜻한다.[19]

그리스도인이 된다는 것은 한 개인이 하나님 앞에서 자신의 죄성을 깨닫고 예수를 자신의 구주로 받아들이는 것이다. 하지만 예수를 받아들인 그때부터 결코 혼자가 아니라는 사실도 함께 알게 된다. 예수 그리스도 안에 함께 거하는 이들을 발견하고 새로운 소속감이 생긴다. 가족이 가정을 떠나 존재하기 힘들고, 몸의 일부가 몸을 떠날 수 없으며, 건물의 한 부분이 홀로 건물이 될 수 없듯이, 우리는 하나님의 가족, 그리스도의 몸, 성령의 전으로 함께 살아간다. 이렇게 우리는 그리스도 안에서 하나님의 공동체에 속한다.

정리하면, 믿음으로 산다는 것은 그 놀라운 사랑을 받고 그 놀라운 은혜로 말미암아, 그리스도 예수 안에서 새로운 정체감을 가지고, 새로운 사명감에 눈뜨고, 새로운 소속감을 누리며 하나님의 공동체에 속해서 사는 것이다. 그래서 그리스도인은 예배를 드리며, 또 어디서든 언제든지 이렇게 고백한다.

나는 그리스도 예수 안에서 완전히 받아들여졌습니다.
나는 그리스도 예수 안에서 특별한 존재입니다.
나는 그리스도 예수 안에서 하나님의 공동체에 속했습니다.

이 놀라운 구원을 깨닫고 믿음으로 살기 시작하면, 하나님께서 이루신 구원을 날마다 더 깊이 경험하고 누리게 된다. 물론 그렇다고 삶이 한순간에 변하지는 않는다. 우리가 해야 할 일은 하나님께서 이루신 구원의 실체를 이해하고, 이를 믿음으로 받아들여 고백하고, 그에 걸맞게 살아가는 것이다.

믿음은 번지점프와 같다. 발목을 밧줄로 단단히 묶고 안전장치까지 했기 때문에 뛰어내려도 절대 다치지 않을뿐더러 오히려 하늘을 나는 듯한 경험을 할 수 있다. 밧줄과 안전장치를 믿고 내 몸을 맡기는 것이 믿음이다. 그렇다. 믿음은 무언가를 억지로 얻어내거나 성취하려고 애쓰는 것이 아니라, 하나님께서 하신 일과 앞으로 하실 일을 전적으로 신뢰하고 그 은혜에 전인격으로 의존하는 것이다.

하지만 한순간 뛰어내리듯이 하나님을 의존하는 것도 믿음이지만, 이후 과정에도 믿음이 필요하다. 이는 마치 수영과도 같다. 물의 부력을 믿고 힘을 빼고 몸을 맡기면 뜨지만, 앞으로 나아가려면 연습과 훈련을 거듭해 손발 동작과 호흡법을 배워야 한다. 어떤 그리스도인은 물에 떴다는 것에만 만족하고 더 이상 앞으로 나아가지 않는다. 연습하고 훈련하지 않기 때문에 구원 받은 그 자리에서 별 진척 없이 떠 있기만 한 것이다.

믿음으로 산다는 것은 하나님께서 하신 일과 하실 일을 진심으로 받아들이고, 그에 걸맞게 살아가는 법을 배워나가는 과정이다. 우리는 그리스도 예수 안에서 새로운 정체감, 새로운 사명감, 새로운 소속감을 받아들고 신앙 여정을 시작한다. 정체감에 걸맞은 성숙에 이르고, 사명감을 기초로 선한 일을 구체적으로 실현하고, 소속감을 더욱 든든히 쌓아가는 공동체를 누린다. 이것이 하나님께서 그리스도 예수 안에서 우리에게 주시고자 했던 '풍성한 삶'이다.

7-10절을 통해 바울 사도는 하나님이 우리에게 선사하신 구원

의 궁극적 목적과 성격에 대해 설명한다. 요약하면 다음과 같다.

구원 이후: 새로운 삶

- 7절   구원의 목적
- 8-9절   구원의 성격
- 10절   세 가지 변화

아! 구원의 은혜

에베소서 2장 1-10절은 하나님이 곤경에 빠진 인간을 위해 얼마나 놀라운 일을 하셨고, 그 은혜를 입은 인간이 어떻게 살아야 하는지를 심오하고도 간결하게 요약한 중요한 말씀이다. 하나님 말씀을 진심으로 들은 사람들은 몇 가지 다른 반응[Response]을 보인다. 하나님 말씀은 우리의 지적 호기심을 채우기 위한 것도 아니며, 지적으로 동의한다고 해서 충분하지도 않다. 하나님 말씀을 통해 은혜를 발견하면 전인격으로 반응하지 않을 수 없다. 그런 사람 중에는, 하나님께서 우리를 위해 하신 일을 자기 이야기로 여기며 기뻐하는[Rejoice] 사람들이 있다. 또 다른 몇몇은 이 놀라운 사실이 분명 자기 것이었지만, 어떤 이유에서든지 얼마간 세상에 빠져 1-3절의 모습으로 돌아갔던 자신을 발견한다. 그러고는 주님께 다시 돌아와 재헌신한다.[Recommit] 또 다른 몇몇은 진정한 의미에서 하나님께 돌아간 적이 없다는 사실을 발견하고는, 구원받지 못한 자신의 상태[1-3절]를 불쌍히 여기시고 놀라운 사랑을 보이신 하나님의 구원[4-6절]을 선물로 받아들이겠다고 결단한다.[Receive] 물론 그중에는 이 놀라운 이야기를 아직 받아들일 준비가 안 되어 예수에 대해, 하나님에 대해 좀 더 탐구하겠다는[Research] 사람도 있다. 이 모든 것은 하나님의 강압이 아니라 선물이기 때문에 거절하는[Reject] 사람도 나올 수 있다.[20]

나이아가라 폭포 사진 한 장을 들고 다 아는 듯이 사는 그리스도인은 나이아가라 폭포를 경험하지 못한 것이다. 기독교에 대해, 예수께서 하신 일에 대해 귀에 못이 박히도록 들었어도, 하나님께서 예수 그리스도 안에서 우리를 위해 무엇을 하셨는지 잘 모른 채, 그저 죄를 사해주시고 천국 가게 해주시는 정도로만 이해하면, 성경이 가르치는 놀라운 진리를 껍질만 슬쩍 본 것에 불과하다. 하나님께서 예수 그리스도를 통해 그리스도와 함께 그리스도 안에서 이루신 놀라운 일의 본뜻을, 그 복을 마음으로 받아들여야 한다. 이 놀라운 구원에 전인격으로 반응하며 살아갈 때 구원은 더 이상 죽어 있는 교리나 입술로만 고백하는 말이 아니라, 우리의 정체감과 사명감과 소속감을 바꾸는 하나님의 선물이 된다. 그때 우리는 모두 "오! 예수 그리스도!"라고 고백하며, 하나님의 지혜이자 하나님의 사랑이신 예수 그리스도를 더욱더 사랑하며 살아가게 될 것이다.

예수를 믿고 구원을 받아 누리는 것은 나이아가라 폭포를 동영상이나 사진으로만 보고 다 안다고 생각하는 것과는 거리가 멀다. 나이아가라 폭포의 굉음과 에너지에 압도되어 물보라 속에 서 있듯이, 예수 그리스도로 말미암아 이루어진 놀라운 일을 믿음으로 받아들여 그로부터 흘러나오는 놀라운 감격과 능력과 신비를 지속적으로 알아가고 누리는 것이다. 그렇다. 우리는 그 은혜로 구원을 얻었고, 믿음으로 그 구원을 지금 누리고 있다.

03.

하나님나라,
예수의
중심 사상

내가 받은 복 중 가장 큰 복은 좋은 아버지 밑에서 자란 것이다. 아버지는 바쁜 중에도 초등학생인 내게 테니스를 가르쳤다. 비록 어른들이 쉬는 시간에만 코트에 들어갈 수 있었고, 나머지 시간에는 벽을 보고 공만 쳤지만, 아버지를 따라 다니는 것은 큰 기쁨이었다. 육신의 아버지 대신에 하늘 아버지의 뜻을 따르기로 하고 가업을 물려받지 않기로 해서 2~3년간 대화가 끊긴 적도 있지만, 그 계기를 통해 아버지는 명목적 그리스도인에서 진정한 그리스도인으로 거듭나셨다. 나와의 관계도 복원되었다. 아버지와 나는 하나님을 함께 믿으며 인생의 거의 모든 영역에 대해 이야기 나눌 수 있었다. 아버지는 특유의 겸손함과 온유함으로 아들을 어른 취급해주셨고, 때로는 영적 리더의 역할을 내게 기대하셨다. 그래서 우리의 대화는 늘 유쾌했고 즐거웠다. 단 한 가지만 빼면.

'정치'가 문제였다. 많은 가정이 그렇듯 정치 이야기만 나오면 아버지와 나는 얼굴을 붉혔다. 아무리 내가 사회과학적 지식과 역사적 사실을 말해도 이념의 차이는 극복할 수 없었다. 사랑하고 존경하는 아버지가 왜 저렇게 생각하실까 싶어 안타까운 마음에 열심히 토론하다가 결국에는 얼굴을 붉히고 쓸쓸하게 대화를 맺은 적이 많았다. 어느 시점에 이르자 아버지는 결코 바뀌지 않겠구나 하는 사실에 절망감이 들기도 했다. 다른 모든 면에서는 대화가 너무 잘 통하는데, 사회와 역사를 바라보는 눈이 다르니 얼마나 답답하던지…. 그러다가 세상을 보는 아버지의 눈이 학도병으로 참가했던 한국전쟁의 '장진호 전투'에서 굳어졌음을 알았다. 국군과 미군이 인해전술로 밀려오는 중국군에 포위되어 고립되었다가 겨우 퇴각할 때 아버지는 심각한 부상을 당하셨다. 국군이 후송을 포기하고 떠날 정도로 부상은 치명적이었다. 사경을 헤매며 죽음 문턱까지 갔던 아버지는 퇴각하는 미군에 구출되어 인천으로 후송되었고, 다시 일본으로 옮겨져 수술을 받고 살아나셨다. 전사한 줄 알았던 아버지가 전후에 상이용사로 살아 돌아온 것이다. 사회와 역사, 정치를 보는 아버지의 눈은 생사를 넘나드는 과정을 통해 형성된 것이었다. 뼛속 깊이 새겨진 그 생각을 젊은 아들이 말로 설득하려 했으니….

아버지와 나는 각자의 시각으로 세상을 보고 있었다. 아버지는 냉전 이데올로기에 기초한 세계관으로, 나는 냉전 이데올로기 이후 세대의 눈으로 세상과 역사를 읽고 있었다. 아버지와 나 사이에는 기본적 신뢰가 있었기에 논쟁은 계면쩍은 사과로 종종 마무리되었지만, 다른 많은 사람들의 경우 이런 결말을 기대하기는 어렵다. 다시 얼굴을 보지 않거나 가능한 멀리하고, 심할 때는 서로 공격한다. 세상을 보고 읽는 눈이 달라서 같은 민족이 동족상잔의 비극까지 치렀으니, 어떤 시각으로 세상을 보는지가 이토록 중요하다. 세계를 보는 눈을 세계관,world view 준거 틀,frame of reference 시각,perspective 전제presupposition라고 부른다. 세상만이 아니라 성경을 볼 때도 어떤 틀로 바라보는지는 매우 중요하다.

성경을 번영신학의 눈으로 읽으면, 하나님은 인간에게 모든 면에서 복을 주시되 특히 재물을 아끼지 않고 주시는 분으로만 보게 된다. 그 결과 성경의 어떤 본문은 무시하거나 특이한 방식으로 해석하고, 재물 복을 주시는 본문에만 집중한다. 반공 이데올로기나 해방신학, 민중 신학, 또는 자본주의적 성공주의 시각으로 성경을 읽으면, 같은 본문도 완전히 다르게 해석하고 적용한다. 이단조차 성경을 작위적으로 이용해 자신의 사상을 합리화한다. 그래서 어떤 사람은 성경은 코에 걸면 코걸이, 귀에 걸면 귀걸이라고 한다. 과연 성경은 이렇게 마음대로 해석해도 괜찮은 것인가? 지난 2천 년 동안 기독교의 핵심 문제는 '성경을 어떤 시각으로 이해할 것인가'였다. 현재 한국 교회가 겪고 있는 여러 문제의 근본 원인도 이 질문에 대한 답이 분명하지 않기 때문이다. 하나님을 믿는다고 해도 모두 같은 하나님을 믿는 것이 아니듯, 성경을 믿고 성경대로 살기 원한다고 말해도 성경을 정당하고 적절하게 읽지 않을 위험은 늘 있다. 자신이 믿고 싶은 내용만 선택적으로 해석해 취한다면, 성경이 전하려는 본래 의미를 놓칠 것이다.[1]

예수와 하나님나라

그렇다면 성경은 어떤 세계관을 가지고 있을까? 성경 전반에 흐르는, 세상을 이해하는 데 가장 중요한 시각 또는 신학이 있을까? 성경을 관통하는 진리가 있어서, 그 진리를 가지면, 세상과 내 인생을 바라보는 가장 적합한 시각을 가질 수 있을까? 이러한 시각이나 준거 틀을 발견하려면 무엇보다 예수에 집중해야 한다. 그리스도인은 예수께서 주장하신 대로, 성경 전체가 메시아이신 예수를 증언하고 있다고 믿는 사람들이다.

너희가 성경을 연구하는 것은, 영원한 생명이 그 안에 있다고 생각하기 때문이다. 성경은 나에 대하여 증언하고 있다. 요 5:39

부활 이후에도 예수 그리스도는 구약성경이 자신에 대해 증언한 내용이 자신의 삶과 사역을 통해 이루어졌다고 말씀하셨다.

예수께서 말씀하셨다. "내가 전에 너희와 함께 있을 때에 너희에게 말하기를, 모세의 율법과 예언서와 시편에 나를 두고 기록한 모든 일이 반드시 이루어져야 한다고 하였다." 눅 24:44

그러므로 예수께서 무엇을 가르치셨는지, 예수의 중심 가르침을 살펴보면, 우리가 성경과 세상을 어떻게 바라보고 살아야 하는지를 발견할 수 있다.

예수의 중심 가르침

예수의 중심 가르침은 1장에서 언급했듯이 '하나님나라'이다. 하나님 나라는 사복음서를 읽으면서 놓칠 수 없는 주제이다. 그런데 한국 그리스도인들은 개역성경이 '천국'이라고 번역했기 때문인지, 놀라울 정도로 하나님나라를 오해하고 있다. 마태복음은 유대인 독자들이 '하나님'이라는 단어에 경외감을 갖고 직접 부르기를 꺼렸기 때문에 하늘의 나라 Kingdom of Heaven라는 표현을 썼다. 이를 우리말로 번역할 때 중국어 번역을 따라 '천국'이라고 한 것이 지금까지 이어지고 있다. 불행히도 '천국'은 이미 오랫동안 한국인의 민간신앙에 뿌리박혀 있는 '천당'이라는 토속적 개념과 겹친다. 그래서 대다수 한국 그리스도인은 죽으면 가는 천당과 천국을 거의 동일한 개념으로 받아들인다.[2]

하지만 예수의 하나님나라는 죽어서 가는 곳을 포함하되, 이를 훨씬 뛰어넘는 개념이다.

하나님나라에 대한 예수의 가르침을 가장 잘 압축해서 표현한 성경 본문은, 1장에서 간략히 언급했듯이 마가복음 1장 15절이다.

때가 찼다. 하나님의 나라가 가까이 왔다. 회개하여라. 복음을 믿어라.^막 1:15

예수의 첫 선포가 짧은 몇 문장이었다는 것은 아니다. 예수의 첫 선포뿐 아니라 그분의 가르침 전반을 이 구절이 압축해 보여준다는 뜻이다. 마가복음 1장 15절은 마가복음 전체를 지배하는 핵심 구절이다. 마가가 요약한 예수의 중심 가르침을 마태와 누가는 좀 더 풀어서 표현한다. 대다수 성경학자는 사복음서 중에서 마가복음이 가장 먼저 쓰였고, 마태와 누가가 마가복음을 기본으로 해서 자신의 복음서를 서술했다는 사실에 동의한다. 마태는 마가의 짧은 구절을 풀어서, 예수께서 광야에서 시험을 받은 다음 가버나움에서 "회개하여라. 하늘나라가 가까이 왔다"^{마 4:17}라고 비로소 전파하기 시작했으며, "온 갈릴리를 두루 다니시면서, 그들의 회당에서 가르치며, 하늘나라의 복음을 선포하며"^{마 4:23}라고 쓰고 있다. 누가도 같은 방식으로, 가버나움 회당에서 예수께서 이사야서를 읽으시고^{눅 4:17-19} "이 성경 말씀이 너희 듣는 가운데서 오늘 이루어졌다"^{눅 4:21}고 말씀하시며 '때가 찼음'을 선언하신다. 그러고는 "다른 동네들에서도 하나님나라의 복음을 전해야 한다"^{눅 4:43}며 자신의 사명을 천명하신다. 마가복음을 시작으로 마태와 누가가 모두 다음 내용을 공통으로 선언한다.[3]

1. 하나님의 때가 이르렀다.

2. 하나님나라가 가까이 왔다.

3. 사람들은 회개해야 한다.

4. 예수께서 선포하신 복음을 믿어야 한다.

예수께서는 이 근본적인 메시지를 설명하기 위해서 다양한 비유를 사용하신다. 그래서 사복음서는 예수께서 가르치신 하나님나라 비유들로 가득 차 있다. 마태, 마가, 누가, 세 복음서 저자는 마태복음 13장, 마가복음 4장, 누가복음 8장에 이 비유들을 각각 모아놓았다. 마태는 24-25장에 하나님나라 비유를 더 추가한다. 특히 누가는 예수께서 "하나님나라는 무엇과 같은가? 그것을 무엇에다가 비길까?"[눅 13:18, 20]라고 물은 말씀을 기록했는데, 이는 예수께서 하나님나라의 비밀을 제자들에게 알려주시려고 적지 않게 고민하셨음을 보여준다. 예수께서는 여러 비유와 다양한 각도의 이야기를 통해 사역 초기부터 끝까지 하나님나라의 실체를 제자들에게 가르치셨다. 마태·마가·누가복음에 나타난 예수의 가르침에서 하나님나라를 빼면 그분의 가르침을 재구성하는 것 자체가 불가능하다.

하나님나라 복음과 십자가 복음

그렇다면 하나님나라와 복음은 어떤 관계일까? 예수께서 전하신 천국 복음, 곧 하나님나라 복음은 십자가와 부활의 복음과는 무슨 관계가 있을까?

사실, 신구약성경의 핵심에는 예수 그리스도께서 계시다. 예수 그리스도의 행적과 가르침과 함께 그분의 오심과 죽으심과 부활하심이 있다. 마태, 마가, 누가가 자신들의 공동체적 필요와 신학적 강조점에 따라 복음서를 기록했지만, 세 복음서는 공통의 구조를 공유한다. 예수께서 자신의 죽음과 부활을 세 번 예언하신 것이다.[4] 예수께서는 자신의 죽음의 의미를 모든 사람의 몸값을 지불하기 위한 것이라고 분명히 말씀하셨다.[마 20:28; 막 10:45]

우리가 지난 장에서 다루었듯이 에베소서 2장 1-10절과 앞으로 다룰 로마서 1-8장은 예수의 죽음과 부활의 의미를 우리에게 선명하게 전해준다. 그 의미를 담은 것이 바로 복음이다. 그 복음을 받아들이고 살아낸 역사적 기록이 사도행전이며, 그 복음을 받아들인 공동체들이 두루 읽었던 서신이 신약성경에 수록된 사도들의 편지이다. 성경은 가장 많은 양의 계시를 집중해서 복음의 의미를 선명하게 설명한다.

성경은 십자가와 부활을 중심으로 한 구원의 도리에 많은 지면을 할애해 선명하게 전달한다. 십자가를 중심으로 하나님의 계시의 빛이 가장 선명하게 빛난다고 말할 수 있다. 그런데 십자가의 복음은 성경 처음부터 마지막까지 관통하는 흐름 위에 있다. 창조에서부터 예수님의 재림으로 인한 회복에 이르기까지, 성경 전체를 관통하는 주제가 무엇인가? 바로 하나님나라이다. 성경에 창조 때와 재림과 관련된 정보는 상대적으로 적다. 그래서 불명확한 부분이 있는 것도 사실이다. 이를 다음 쪽 그림을 통해 설명할 수 있다. 예수 그리스도의 삶과 사역에 하나님의 계시가 집중되고, 창조와 회복에 대해서는 계시의 양이 상대적으로 적다.[5]

예나 지금이나 이단[heresies]은 창조 때와 만물이 회복되는 때와 관련해 성경이 충분히 이야기하지 않는 부분들을 분명하게 설명한다. 그러나 성경에서 선명하게 가르치는 부분에 집중하고, 그렇지 않은 부분은 반드시 알고 믿어야 할 부분에만 집중하는 것이 바른 자세이

하나님의 계시는
예수 그리스도의 삶과 사역 시기에 집중된다.

다. 인간의 지적·영적 이해력의 한계 때문에 창조의 신비와 만물 회
복의 경이로움을 제대로 이해할 수 없기 때문이다.

　그렇다면 창조에서부터 회복에 이르기까지 성경을 관통하는 진
리는 무엇일까? 앞에서 언급한 대로 언약, 땅, 안식, 하나님의 백성 등
중요한 주제가 많지만, 그중 하나님나라는 놓칠 수 없는 성경의 중심
사상이다. 무엇보다 예수께서 가르친 중심 사상이며, 실제로 성경 전
체를 관통하는 진리이다. 이제 예수께서 가르친 하나님나라를 좀 더
자세히 살펴보자.[6]

태초부터 시작된 하나님나라

하나님나라라는 단어는 구약성경에는 나타나지 않는다. 예수 이전
에도 쓰인 사례가 거의 없는 것으로 보아 예수께서 처음 쓰신 단어
일 가능성이 높다. 하지만 하나님나라는 구약성경의 첫 책부터 시작
해 신약성경의 마지막 책까지 면면히 흐르는 중심 사상이다. 예수의

하나님나라를 이해하려면 먼저, 구약의 출발점부터 흘러오는 중요한 주제에 집중해야 한다.

왕이신 하나님

창세기는 하나님께서 세상을 창조하셨기 때문에 하나님을 만물의 왕으로 묘사한다. 또한 자신이 창조한 세상에서 손을 떼고 멀찌감치 바라보거나 무관심한 이신론적 신[7]이 아니라 세상을 직접 다스리고 관장하기 때문에 왕이라고 표현한다. 오늘날 상황에서 왕이라는 단어는 의미가 없어졌다. 절대 왕정은 사라졌고 몇몇 남아 있는 왕도 입헌 군주제의 왕으로서 모두 상징적 존재이다. 그래서 왕을 대체할 적당한 단어를 오늘날에는 찾기 힘들다. 대통령도 정해진 임기가 있을 뿐 아니라 재임 기간에도 삼권 분립으로 견제를 받는다. 막강한 기업의 대표도 이사회를 무시할 수 없다. 오늘날 세상에는 절대 권세를 가진 왕이 없다. 하나님의 주권을 가장 잘 설명할 수 있는 위치는 바로 고대의 절대 왕정이다.

하나님은 무엇보다 세상 만물을 창조했기 때문에 온 세상을 향해 절대 주권을 가진 왕이다. 특히 한 민족을 선택해서 그 나라를 통해 전 세계를 회복하기 원하셨다. 그는 이스라엘의 왕출 15:18; 민 23:21; 신 33:5; 사 43:15이시다. 하나님은 이스라엘이라는 작은 나라의 왕이기만 한 것이 아니라 모든 나라를 다스리신다. 그는 온 세상, 모든 나라의 왕왕하 19:15; 사 6:5; 렘 46:18; 시 29:10; 99:1-4이시다. 하나님은 국가만이 아니라, 시간 속에서도 절대 주권이 있다. 현재도 왕이지만 미래에도 왕이시다.사 24:23; 33:22; 52:7; 습 3:15; 슥 14:9하 이런 하나님께서 인간을 하나님의 형상으로 만들어 사명과 능력을 주고는 당신의 주권 아래에서 세상을 다스리도록 하셨다. 구약성경은 세상을 창조하고 자신을 닮은 인간을 통해 세상을 다스리려던 하나님의 계획이 깨져나가는 과정을 보여준다.

인간의 반역과 횡행하는 악

하나님이 인간에게 주신 자유의지를 상징하는 선악과[8]를 인간이 먹고 하나님을 반역한 이후 인간에게 일어난 슬픈 일 가운데 성경이 가장 먼저 기록한 사건은 가인이 아벨을 살해한 사건이다.[창 4장] 동화처럼 많이 듣던 이야기라 그러려니 할지 모르지만, 이 사건은 오늘날 신문에도 오르내리는, 가중처벌 받는 존속살인이다. 하나님과 관계가 깨지자마자, 어떻게 이런 극악한 모습이 갑자기 등장할 수 있을까? 점진적으로 악해지는 것이 아니라, 최악의 모습이 바로 나타난 이유는 무엇일까?

가인의 패륜은 하나님과 관계가 깨진 인간에게 나타날 수밖에 없는 사건이 어떤 종류인지를 잘 보여준다. 하나님의 왕 되심을 거절한 인간은 자신이 세상의 중심self-centeredness이기를 원한다. 자기가 중심인 사람은 상황이 좋을 때는 선한 모습을 보이지만, 이익이 걸리거나 받아들이기 힘든 상황이 되면 이익을 지키기 위해, 이기적이 되는 것을 넘어서 이웃과 심할 때는 혈육까지 해치는 잔인성을 드러낸다. 빛이 사라지면 어두움이 임한다. 하나님을 두려워하지 않고, 마음과 삶에서 그분을 더 이상 '왕'으로 여기지 않을 때 인간은 자신이 '왕'이 되고, 자기중심성과 악함은 피할 수 없이 나타난다. 하나님과의 인격적 관계는 인간에게 이토록 중요하다.

창세기는 11장까지 인간의 악함이 어떻게 번성해나갔는지를 서술한다. 하나님은 인간의 악함을 바라보며 안타까워하신다. 마치 인간의 모습처럼 그려진, 노아의 홍수가 일어나기 직전의 하나님은 다음과 같다.

주님께서는, 사람의 죄악이 세상에 가득 차고, 마음에 생각하는 모든 계획이 언제나 악한 것뿐임을 보시고서, 땅 위에 사람 지으셨음을 후회하시며 마음 아파하셨다.^{창 6:5-6}

전능하신 하나님께서 인간의 죄악과 악함을 보시고는 인간을 지은 것을 후회하며 마음 아파했다고 표현한다. 눈에 보이지 않는 하나님을 인간의 모습으로 표현하는 이 방식을 통해, 하나님께서 깨지고 악한 세상과, 그 안에서 신음하며 가해자로 또 피해자로 살아가는 사람들을 얼마나 안타까워하시는지를 잘 보여준다.

우리가 사는 세상은 자기가 중심이 되어서 이익이 걸린 문제가 발생하면 이기적인 모습을 넘어서 잔인성을 드러내는 개인과 집단과 국가로 가득 차 있다. 그래서 성경은 우리가 살고 있는 '이 세대'this age 가 눈물과 한숨으로 가득 차 있다고 이야기한다. 악인이 번성하고 선인이 피해를 볼 수밖에 없는 세상이라고 말한다. 두려워할 대상인 하나님을 무시하고 자신의 힘만 믿는 강자들이 세상을 지배하고 있기 때문에, 불행히도 약육강식이 도처에서 벌어지고 있다고 증언한다. 성경은 처음부터 세상에 실존하는 악의 문제와 이로 인해 곤경에 처한 인간을 다룬다. 하나님을 찬양하는 시편을 보아도 원수를 갚아달라며 탄원하는 시와 저주하는 시가 가득하다.⁹ 한 젊은이가 물은 적이 있다. 이런 시가 어떻게 성스러운 시가 될 수 있냐고. 세상의 죄와 악이 얼마나 잔인한지, 그 고통을 경험하거나 관찰하지 않으면, 하나님의 정의로운 심판을 간절히 사모하는 기도를 이해하기 어려울 수 있다. 이 세대 가운데서 하나님의 뜻을 따라 사는 사람이라면 이런 기도를 드릴 수밖에 없다.

실제 역사를 살펴보라. 얼마나 많은 이들이 착취와 약탈과 고문에 시달리고 살해되었는가? 인류 역사는 문명의 발전사인 동시에 끊임없는 잔인성의 전시장이었다. 멀리 갈 것도 없이 한국의 근현대사만 봐도 그렇다. 열강이 나라를 침탈하는 과정에서, 그 이후에는 냉전이데올로기 갈등 속에서 말로 다할 수 없는 고통을 겪었다. 또한 산업화와 민주화 가운데 얼마나 많은 사람이 희생되고 고난을 당했는지 모른다. 고작 100년이 조금 넘는 동안 얼마나 많은 보통 사람들이 고생했으며, 선하게 살려는 자들이 불이익을 겪고 의인들이 고통을 겪었나? 아니 지금 현재 우리가 살고 있는 사회와 지구촌 곳곳을 보라. 어떤 만행이 저질러지고 있으며, 이러한 악한 모습이 사회적 구조와 문화로 자리 잡아 인간의 기본적인 존엄성조차 짓밟고 있지 않는가? 이것이 바로 성경이 이야기하는 이 세대의 민낯이다.

아브라함을 부르신 하나님의 꿈

하나님은 곤경에 빠진 인간을 구원할 계획을 세운다. 놀랍게도, 세상을 창조하실 때 아담과 하와 둘만을 지어 생육하고 번성하게 하셨듯이, 이번에도 단 한 사람을 부르서서 그를 통해 또다시 생육하고 번성하는 민족을 세우시고 그들을 통해 세상을 회복하는 계획을 세우신다. 이 원대한 계획에 '하나님의 꿈'이라는 이름을 붙일 수 있겠다.

> 주님께서 아브람에게 말씀하셨다. "너는, 네가 살고 있는 땅과, 네가 난 곳과, 너의 아버지의 집을 떠나서, 내가 보여주는 땅으로 가거라. 내가 너로 큰 민족이 되게 하고, 너에게 복을 주어서, 네가 크게 이름을 떨치게 하겠다. 너는 복의 근원이 될 것이다. 너를 축복하는 사람에게는 내가 복을 베풀고, 너를 저주하는 사람에게는 내가 저주를 내릴 것이다. 땅에 사는 모든 민족이 너로 말미암아 복을 받을 것이다." 창 12:1-3

하나님께서 아브라함에게 "큰 민족이 되게 하고", "복을 주어서…복의 근원이 될 것이며", "땅에 사는 모든 민족이 너로 말미암아 복을 받을 것"이라고 약속한다. 하나님은 아브라함을 부를 때부터 그를 통해 이스라엘을 이루고, 이스라엘을 통해 모든 민족에게 복주는 일을 하겠다고 계획하신 것이다. 하나님은 온 인류를 구원하기 위해, 하나님이 다시 왕의 자리, 주권의 자리를 회복하고 당신이 주시는 복을 온 세상 사람이 누리는 그날을 꿈꾸었다. 세상이 아직 어두움에 덮여 있을 때, 하나님은 한 사람을 불러서 한 민족을 이루게 하시고, 그를 통해 모든 인류를 구원할 계획을 세웠다.

아담이 하나님의 주권을 인정하지 않았지만, 아브라함은 하나님의 주권에 순종하고 복의 근원이 되리라는 약속을 믿음으로 받아들였다. 창세기는 아브라함에서 시작해 이스라엘 민족이 어떻게 형성되어가는지를 잘 보여준다. 민족을 이룬 이스라엘을 향해 하나님은 모세를 통해 매우 중요한 말씀을 전한다.

이제 너희가 정말로 나의 말을 듣고, 내가 세워준 언약을 지키면, 너희는 모든 민족 가운데서 나의 보물이 될 것이다. 온 세상이 다 나의 것이다. 그러므로 너희는 내가 선택한 백성이 되고, 너희의 나라는 나를 섬기는 제사장 나라가 되고, 너희는 거룩한 민족이 될 것이다. 너는 이 말을 이스라엘 자손에게 일러주어라. 출 19:5-6

이스라엘 백성이 하나님과 맺은 언약을 지키면, 그들은 '나의 보물', '내가 선택한 백성', '제사장 나라', '거룩한 민족'이 될 것이라고 말씀한다. 이 본문은 우리에게 익숙하다. 베드로 사도가 이 본문을 인용해 "너희는 택하신 족속이요 왕 같은 제사장들이요 거룩한 나라요

그의 소유가 된 백성"이라고 그리스도인을 향해 선언했다.^{벧전 2:9, 개역개}
^정 주옥같은 명칭 하나하나가 자세히 살펴볼 가치가 있지만 여기서는
'제사장 나라'에 집중해보자.[10]

　　제사장은 백성을 하나님 앞에 인도해 예배하게 하는 이들이다.
그렇다면 '제사장 나라'는 무엇일까? 말 그대로 모든 민족이 하나님
앞으로 나아올 수 있도록 가르치고 인도하는 나라이다. 하나님은 이
스라엘을 통해 모든 민족이 하나님을 알아가고 그분을 예배하는 복
을 누리기 원하셨다. 악으로 가득 찬 세상이 회복될 수 있는 길은 오
직 하나님과의 관계가 회복될 때만 가능하다는 사실을 하나님은 너
무도 분명히 알고 계셨다. 성경은 세상에 관영한 악의 문제를 정면으
로 다룬다. 하나님은 악을 간절히 해결하고 싶었다. 인간을 곤경에 빠
뜨린 악의 문제를 한 사람 아브라함과 그로 말미암아 형성된 이스라
엘 민족을 통해 해결하기 원했다. 이스라엘에게 하나님을 보여주었
고 그래서 이스라엘이 하나님을 만나고 예배하기 원했으며, 그런 그
들을 만민이 보고 하나님을 알아가고 마침내 모두 돌아와 함께 예배
하는 꿈을 꾸었다.

언약을 파기하는 이스라엘

구약성경이 그리는 장대한 역사는 놀라운 하나님의 꿈이 어떻게 거
절되는지를 보여준다. 이스라엘 백성은 광야에서도, 가나안 정복 과
정에서도, 가나안 땅에서 사사들이 다스릴 때도 지속적으로 하나님
과의 언약을 파기한다. 하나님께서 이들을 인내하며 가르치고 바르
게 하고 회복하시는 일이 반복된다. 이스라엘의 반역은 하나님께서
직접 다스리는 신정정치를 버리고 주변 국가들을 흉내 내 왕정을 세
울 때 극에 달한다. 하나님께서는 이스라엘이 선지자 사무엘을 버린

게 아니라 자신을 버렸다고 말씀하신다.^{삼상 8:7} 하나님께서 직접 왕으로 다스리시는 나라를 거절하고, 하나님 없는 족속들처럼 인간을 왕으로 세운다.

인간이 세운 왕들은 사울부터 시작해, 하나님의 마음에 합한 자로 여겨졌던 다윗조차 하나님을 실망시킨다. 결국 이스라엘은 둘로 나뉘고, 하나님의 끊임없는 경고에도 북이스라엘과 남유다는 돌아오지 않는다. 북이스라엘의 멸망^{주전 722년}을 보고도 남유다는 하나님께 돌아오지 않는다. 북이스라엘 멸망 전후에 활동한 이사야는 하나님의 말씀을 이렇게 대언한다.

> 주님께서 말씀하신다. "이 백성이 입으로는 나를 가까이하고, 입술로는 나를 영화롭게 하지만, 그 마음으로는 나를 멀리하고 있다. 그들이 나를 경외한다는 말은, 다만, 들은 말을 흉내 내는 것일 뿐이다."^{사 29:13}

이스라엘 사람들은 하나님을 입과 입술로만 섬겼지 마음으로 섬기지 않았다. 경외^{fear}라는 단어는 두려워한다는 뜻인데 흉중에 그런 마음이 없고 입술로만 흉내 낸다고 하나님은 한탄한다. 이사야보다 100년 정도 후에 활동한 예레미야는 하나님의 간절한 바람과 절망을 이렇게 표현했다.

> 오직 내가 명한 것은 나에게 순종하라는 것, 그러면 내가 그들의 하나님이 되고, 그들은 나의 백성이 될 것이라는 것, 내가 그들에게 명하는 그 길로만 걸어가면, 그들이 잘될 것이라고 한 것뿐이지 않았더냐? 그러나 그들은 내게 순종하지도 않고, 내 말에 귀를 기울이지도 않았다. 오히려 자기들의 악한 마음에서 나오는 온갖 계획과 어리석은 고집대

로 살고, 얼굴을 나에게로 돌리지 않고, 오히려 등을 나에게서 돌렸다. 너희 조상이 이집트 땅에서 나온 날로부터 오늘까지, 내가 나의 종 예언자들을 너희에게 보내고 또 보냈지만, 나에게 순종하지도 않고, 귀를 기울이지도 않았다. 오히려 너희는 조상보다도 더 고집이 세고 악하였다. 렘 7:23-26

하나님께서 이스라엘에게 요청한 것은 지기 어려운 짐이 아니었다면서, 그 길을 따르면 민족의 번성이 보증된 것 아니었냐고, 남아 있던 남유다 왕국을 향해 묻는다. 그런데 마땅히 하나님을 향해 얼굴을 돌려야 할 그들이 하나님한테서 등을 돌렸다고 그들의 패역을 고발한다. 이런 그들을 위해 하나님께서 끊임없이 예언자들을 보내셨지만, 그들은 하나님께 순종하지 않고 귀를 기울이지도 않았다고 그들의 고집과 악함을 규탄한다. 결국 남유다는 주전 587년에 바벨론에게 멸망당하여 많은 유다 백성이 바벨론에 포로로 잡혀간다.

만민 구원 계획과 '주님의 날'

구약성경은 하나님께서 악의 문제를 해결하려고 아브라함을 부르시고 이스라엘 민족을 일으키시는 과정을 잘 보여준다. 이스라엘이 얼마나 하나님께 반역했는지를 보여주고, 나머지 부분은 하나님이 이들에게 돌아오라고 끊임없이 경고하고 설득하는 이야기로 가득 차있다. 이스라엘 백성의 반역에도 하나님은 선지자들을 통해 결국 이스라엘 역사에 개입할 것이며, 그때 이스라엘만이 아니라 온 민족에게 새로운 구원의 길을 나눠줄 것이라고 예고한다.

이사야서에는 절망 가운데서도 결코 꺾이지 않는 하나님의 소망이 곳곳에 배어 있다. 대표적 예가 49장 6절이다.

주님께서 이렇게 말씀하신다. "네가 내 종이 되어서, 야곱의 지파들을 일으키고 이스라엘 가운데 살아남은 자들을 돌아오게 하는 것은, 네게 오히려 가벼운 일이다. 땅 끝까지 나의 구원이 미치게 하려고, 내가 너를 '뭇 민족의 빛'으로 삼았다."^{사 49:6}

하나님은 이스라엘의 남은 자들을 돌아오게 하여 이스라엘을 회복하는 것은 오히려 가벼운 일이라고 말씀한다. 이스라엘을 회복하는 정도가 아니라, 그들을 '뭇 민족의 빛'으로 삼아서 하나님의 구원이 땅 끝까지 미치게 하겠다고 말씀하신다. 아브라함을 부를 때 품었던, 세상을 회복하려는 하나님의 꿈은 이스라엘의 반역에도 불구하고 깨질 수 없었고, 이제 새로운 구원의 역사를 준비하고 있는 것이다.

하나님께서 역사에 개입해 새로운 일을 시작하는 날을 구약성경에서는 '주님의 날'이라고 부른다.[11] 간략하게 '그날', '그때'라고도 표현하는데, 하나님께서 악을 심판하고 세상을 회복하는 일이 그날에 일어난다. 이사야서 11장 10절은 그날이 어떻게 임하는지를 상징적으로 보여준다.

그날이 오면, 이새의 뿌리에서 한 싹이 나서, 만민의 깃발로 세워질 것이며, 민족들이 그를 찾아 모여들어서, 그가 있는 곳이 영광스럽게 될 것이다.

그날, 곧 주님의 날이 임하면, 이새의 뿌리, 곧 다윗의 자손 가운데에서 한 싹이 나서 하나님의 구원이 나타난다. 그 싹은 만민, 곧 모든 민족의 깃발로 세워지고, 모든 민족은 그분을 찾아 모여들어서 회

이 세대

This Age

오는 세대

the Age to Come

메시아가 '주님의 날'에 임할 때 새로운 세상과 시대가 열린다.

복된 영광을 보게 된다. 이새의 뿌리, 다윗의 자손, 한 싹 등으로 표현
된, 세상을 심판하고 회복하기 위해 오시는 분은 바로 메시아이다.[12]
이 '메시아'가 '주님의 날'에 임할 때 새로운 시대, 새로운 세상이 열
린다. 이를 간단한 도표로 표현하면 위와 같다.

구약성경은 악이 가득 찬 이 세대가 하나님이 왕으로 세상에 다
시 오시는 '주님의 날'에 심판을 받고, 새로 오는 세대가 시작되리라
고 말한다. 이사야서 11장은 새로 오는 세대에 대한 비전으로 가득
차 있다. 새로운 시대는 하나님의 영이 충만한 메시아가 오셔서,[1-2절]
세상의 온갖 악과 불의를 정의로 심판하실 것이며,[3-5절] 약육강식의 피
조세계가 완전한 샬롬[6-8절]을 누리고, 또한 세상 만물 속에 하나님을
아는 지식이 가득하게 될 것[9절]이며, 메시아를 중심으로 세상이 완전
히 회복될 것[10-12절]이다. 구약성경은 하나님께서 역사에 개입해, 단지
이스라엘만이 아니라 모든 민족이 하나님께 돌아오고, 피조세계가
완전히 회복되고, 그것을 넘어서 하나님을 아는 지식으로 온 세상이
가득 채워지는 비전을 보여준다.

하나님은 구약성경에서 깨지고 상한 세상을 반드시 회복하겠다
고 약속한다. 하나님은 세상에 가득한 악을 몰아내 사람이 사람답게

되고 서로 사랑하며, 인류가 하나님을 예배하고 모든 피조세계가 회복되는 세상을 만들겠다고 말씀하신다. 이것이 하나님의 꿈이다. 구약성경을 통해 윤리적 면이나 인생과 세상에 대한 통찰력도 얻을 수 있으나, 구약성경 전체가 본디 이야기하고 싶었던 것은 왕이신 하나님께서 자신을 배신한 인간과 그로 말미암아 깨진 세상에 메시아를 주님의 날에 보내서 회복하겠다는 것이다. 이것이 구약성경에 일관되게 나타나는 세상을 보는 눈, 세계관이다. 구약성경은 세상을 구원할 그분을 기다리는 말라기로 끝나지만, 어떤 면에서는 아직 끝나지 않은 책이다. 구약성경이 끝까지 기다리던 '그때'가 아직 오지 않았기 때문이다. 구약성경은 또 다른 시작을 기대하며 끝이 난다.

예수께서 선포한 하나님나라

예수께서는 마가복음 1장 15절에서 바로 이 '때가 찼다'라고 말한다. 정확하게는 '그때'라고 번역해야 하며, 구약성경 전체를 통해 기다리던 메시아가 오시는 바로 그때를 의미한다.[13] 예수께서는 그때가 이르렀고 하나님나라가 가까웠다고 선포하신다. 예수께서 가져온 하나님나라는, 하나님이 왕으로 다시 오셔서 세상의 죄와 악을 심판하고 새로운 세상을 여시기를 간절히 기다렸던 구약성경의 맥락에서 이해해야 한다. 구약성경을 무시한 채 하나님나라를 이야기하면, 구약과 신약이 한 권의 성경으로 우리에게 전하려는 중요한 메시지를 상실할 위험에 빠진다.

구약성경은 '그날'과 '그날에 오실 그분'을 간절히 기다리며 끝나는데, 마침내 고대하던 메시아 예수께서 오신 것이다.[14] 신약성경 첫 책인 마태복음은 '예수 그리스도의 계보'를 소개하면서 시작하는

데 그런 점에서 의미가 각별하다. 신약성경의 '그리스도'는 구약성경에서 아람어나 히브리어로 쓰인 메시아를 헬라어로 번역한 것이다. 그러므로 예수 그리스도는 예수 메시아로 바꿔 읽어도 무방하다. 마태복음 1장 1절은 구약성경의 대망이었던 바로 그분, 메시아가 왔음을 선언하면서 시작한다. 단순한 족보가 아니라, 그토록 기다리던 메시아의 족보이며, 드디어 그분이 오셨다는 것이다.[15]

예수께서는 구약성경이 기다리던 메시아로 오셨다. 그리고 이렇게 말씀하신다. "이제 그 기다리던 때가 임했다. 하나님이 다스리는 나라가 임하고 있으니, 모두들 자신의 죄와 악을 회개하고, 이 하나님 나라에 들어갈 수 있게 하는 복된 소식 복음을 믿어라."[막 1:15 참고] 이제 이 맥락에서 예수께서 가르치고 선포하신 하나님나라를 살펴보자.

미래의 하나님나라

예수께서는 구약의 전통을 그대로 받아들여 하나님나라가 미래에 임할 것이라고 말씀하신다. 특히 마태복음 24-25장에서는 천국, 즉 하나님나라가 언제 임할지 모르니[24:36-44] 신실한 종으로 맡겨진 집을 잘 섬기고,[24:45-51] 슬기로운 처녀들처럼 깨어 준비하고 있어야 하며,[25:1-13] 각자에게 주어진 달란트를 책임성 있게 사용하여 주님이 돌아오실 때를 대비해야 한다[26:14-30]고 권면한다. 최후의 심판 때에는 하나님께서 진정한 하나님의 종들(양)과 거짓 종들(염소)을 분리하여 영원한 생명과 영원한 형벌로 들어갈 것이다.[마 26:31-46]

예수께서는 하나님나라가 미래 어느 시점에 임할 것이라는 구약의 전통을 이어받아 사복음서 곳곳에서 미래에 임하게 될 하나님나라에 대해 가르치신다.[16]

예수께서 가르치신 하나님나라 사상의 독특성은 하나님나라가 이미
임했다고 말씀하신 데 있다. 마가복음 1장 15절에서 예수께서는 하
나님나라가 '가까이 왔다'고 말씀하신다.[17] 이를 누가는 예수께서 가
버나움 회당에서 이사야 61장 1-2절을 인용한 다음[4:17-19]에 메시아적
회복의 약속이 오늘날 그들에게 이루어졌다[4:21]고 선언하신 장면으로
소개한다.

> 예언자 이사야의 두루마리를 건네받아서, 그것을 펴시어, 이런 말씀이
> 있는 데를 찾으셨다. "주님의 영이 내게 내리셨다. 주님께서 내게 기름
> 을 부으셔서, 가난한 사람에게 기쁜 소식을 전하게 하셨다. 주님께서
> 나를 보내셔서, 포로 된 사람들에게 해방을 선포하고, 눈먼 사람들에게
> 눈 뜸을 선포하고, 억눌린 사람들을 풀어주고, 주님의 은혜의 해를 선
> 포하게 하셨다.…이 성경 말씀이 너희가 듣는 가운데서 오늘 이루어졌
> 다."[눅 4:17-19, 21]

마태는 옥에 갇힌 세례 요한이 예수에게 자신의 제자들을 보내
"오실 그분이 당신입니까?"[마 11:3]라고 물었으며 이에 예수께서 답을
했다고 소개한다. 예수께서는 이사야 35장 5-6절을 인용한다. 역시
메시아가 임할 때 일어나는 일을 예고한 구약성경의 예언이다.

> 예수께서 그들에게 대답하셨다. "가서 너희가 듣고 본 것을 요한에게
> 알려라. 눈먼 사람이 보고, 다리 저는 사람이 걸으며, 나병 환자가 깨
> 끗하게 되며, 듣지 못하는 사람이 들으며, 죽은 사람이 살아나며, 가난
> 한 사람이 복음을 듣는다. 나에게 걸려 넘어지지 않는 사람은 복이 있

다.^{마 11:4-6}

이 일이 이루어졌으니 하나님나라가 임했다는 선언이다. 더 구체적으로는 예수께서 귀신을 쫓아내는 일이 많아진다. 그러자 바리새파 사람들은 예수가 바알세불의 힘을 빌려 귀신을 내쫓는다고 폄하한다.^{마 12:22-24} 예수께서는 그들에게 이렇게 답하신다.

그러나 내가 하나님의 영을 힘입어서 귀신을 쫓아내는 것이면, 하나님의 나라는 너희에게 왔다.^{마 12:28}

놀랍게도 귀신이 쫓겨나가는 이유는 하나님나라가 임했기 때문이다. 하나님의 다스림이 나타났으니 악한 영의 영향과 지배는 무너질 수밖에 없다. 누가복음에는 예수께서 하나님나라에 대해 질문하는 바리새파 사람들에게 답하시는 장면도 나온다.

바리새파 사람들이 하나님의 나라가 언제 오느냐고 물으니, 예수께서 그들에게 대답을 하셨다. "하나님의 나라는 눈으로 볼 수 있는 모습으로 오지 않는다. 또 '보아라, 여기에 있다' 또는 '저기에 있다' 하고 말할 수도 없다. 보아라, 하나님의 나라는 너희 가운데에 있다."^{눅 17:20-21} 18

많은 사람이 이 본문을 읽고는 하나님나라가 마음속에 임한다고 생각한다. 그러나 예수의 말씀은 바리새파 사람들 질문에 답한 것이며, 예수께서는 그들을 '독사의 자식'이자 '회칠한 무덤'이라고 힐난한 바 있다. 따라서 이들 마음에 하나님나라가 임한다는 것은 적절하지 않다. '너희 가운데'^{새번역}와 '너희 안에'^{개역개정}로 번역된 단어는 '안에'나 '내부에'라고 옮길 수도 있지만, '중에'^{among}나 '한가운데'$^{in \, the \, midst}$ ^{of}로도 번역할 수 있는 전치사이다. 즉, 예수께서는 바리새파 한가운데 서 있는 자신을 통해 하나님의 다스림이 이루어지고 있으며, 이를 가리켜 하나님나라가 이미 임했다고 선언하고 있다.[19]

예수께서 이 땅에 왔을 때 빛이 어둠 가운데 비췄으며, 예수께서 계신 곳은 이미 하나님나라가 임한 곳이자 하나님의 다스림이 온전히 드러난 영역이었다. 이런 면에서 예수에게 병 고침을 받은 사람들이 예수를 향해 '다윗의 자손'이라고 고백한 것은 매우 중요하다. 이들은 예수를 '다윗의 자손'이고 마침내 오실 그분이라고 믿었으며, 그 작은 믿음이 그들을 구원했다.[20] 귀신들은 예수를 하나님의 아들로 먼저 알아보고 항복했다.[21] 하나님의 다스림을 이 땅에 오게 할 다윗의 자손이자 하나님의 아들인 예수를 믿을 때 그 나라가 임한 것이었다.

하나님나라의 종말론적 이중구조

예수께서 하나님나라를 말할 때는 깨어서 준비해야 할 미래적 하나님나라에 대해서도 말했고, 하나님나라가 이미 임했다는 현재적 측면에 대해서도 말했다. 그렇다면 하나님나라가 미래에 임한다는 것인가, 이미 임했다는 것인가? 예수의 가르침이 둘을 왔다 갔다 하는 혼란스러운 것인가? 아니다. 이것이야말로 예수께서 선포하고 가르치신 하나님나라의 독특성이다. 하나님나라는 '이미'^{already} 임했지만, '아직'$^{not \, yet}$ 임하지 않았다. 이를 흔히 '하나님나라의 종말론적 이중구조'라고 부른다. 많은 성경신학자들이 이중구조를 설명하기 위해 표를 만들었는데 아래 표가 가장 대표적이다.

구약의 전통은 메시아가 오면 하나님나라가 완전하게 시작되는

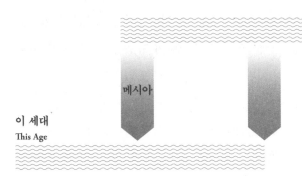

오는 세대
the Age to Come

메시아

이 세대
This Age

하나님나라는 '이미' 임했지만, '아직' 완전히 오지는 않았다.[23]

것처럼 이야기하지만,[22] 예수께서는 자신의 오심과 죽으심, 부활을 통해 이미 하나님나라가 임했고 새로운 시대가 시작되었지만, 우리가 몸담고 있는 이 세대와 세상도 당분간 지속된다고 말씀하신다. 그리고 예수께서 다시 오실 때 이 세대와 세상은 끝이 나고 오는 세대만이 남는다고, 즉 하나님나라가 온전하게 임한다고 가르치신다.

예수께서는 하나님나라의 이런 특성을 설명하기 위해 늘 씨앗을 비유로 든다.[마 13:1-43; 막 4:1-32; 눅 8:4-15; 13:18-21] 씨앗 비유는 하나님나라가 미약하게 출발하는 것 같지만 풍성한 추수로 이어진다는 사실을 보여 준다. 하지만 그 이상을 가리킨다. 씨앗은 뿌려져 자라나고 추수되는 과정을 거친다. 하나님나라도 뿌려지고 자라나고 완성되는, 비슷한 과정을 거치기 때문이다.

예수께서 또 다른 비유를 들어서, 그들에게 말씀하셨다. "하늘나라는 겨자씨와 같다. 어떤 사람이 그것을 가져다가, 자기 밭에 심었다. 겨자씨는 어떤 씨보다 더 작은 것이지만, 자라면 어떤 풀보다 더 커져서 나무가 된다. 그리하여 공중의 새들이 와서, 그 가지에 깃들인다." 예수께서 또 다른 비유를 그들에게 말씀하셨다. "하늘나라는 누룩과 같다. 어떤 여자가 그것을 가져다가, 가루 서 말 속에 살짝 섞어 넣으니, 마침내 온통 부풀어 올랐다.마 13:31-33

누룩 역시 예수께서 하나님나라를 설명할 때 같은 목적으로 사용하셨다. 이미 시작되었고 진행 중이며 결국 부대 전부를 변화시키는 결과가 나올 것에 비유하셨다. 과정의 중요성을 설명하기 위해 '씨 뿌리는 자 비유'로 네 가지 땅을 들어 풀어주셨고,마 13:1-9; 막 4:1-9; 눅 8:4-8 또한 좋은 씨앗에 이어 겨자씨도 말씀하셨다. 가라지를 언급하시면서, 좋은 씨앗은 가라지와 함께 자라는 과정을 거치다가 마지막에 알곡은 곳간에 넣고, 가라지는 불태워버릴 것이라고 가르치셨다.마 13:24-30 그물 비유도 마찬가지여서, 지금은 그물이 내려져 있지만, 후에는 끌어올려 좋은 고기와 나쁜 고기를 구별한다고 말씀하셨다.마 13:47-50

하나님나라 복음의 영향력

예수께서 선포한 하나님나라는 참으로 혁명적 사상이다. 언젠가 하나님나라가 임해서 깨지고 상한 세상을 회복한다는 것은 막연한 유토피아 사상이 아니다. 하나님의 아들 예수께서 메시아로 세상을 심판하고 회복하기 세상에 오셨고, 세상 죄를 위해 대신 심판 받고 죽었으며, 죽은 자 가운데서 부활하셔서 새로운 시대를 이미 시작하셨다는 것이다. 메시아 예수로 말미암아 하나님나라는 이미 임했다.

심판의 소식이 복음이 되다

그런데 하나님나라가 임한다는 것은 불의한 세상에서 그 세상의 일부로 살아가는 모든 사람에게 하나님의 심판이 다가왔다는 말이 된다. 따라서 하나님나라가 온다는 소식은 우리에게 결코 좋은 소식이 아니다. 앞 장에서 살펴보았듯이 우리는 이미 죽은 존재였고 본질상 진노의 자식이었다.^{엡 2:1, 3} 하나님나라가 임한다는 소식을 듣는 순간, 할 수만 있다면 심판을 피해 도망가야만 하는 존재였다.

심판과 함께 임하는 하나님나라가 복음인 이유는 지난 장에서 자세히 살폈듯이 하나님께서 예수 그리스도 안에서 우리를 위해 하신 놀라운 일 때문이다. 우리에게 쏟아지는 하나님의 심판을 예수께서 대신 받으셨다. 세상에 팔려가 노예처럼 사는 우리를 불쌍히 여기시고, '그 크신 사랑'^{엡 2:4}으로 우리를 위해 대신 몸값을 지불하셨다. 예수 그리스도께서 우리를 대신해 죽었다는 복음은 단지 나의 죄를 사하고 천국 입장권을 우리에게 주셨다는 의미가 아니다. 하나님께서 깨진 세상을 회복하려고 인간의 역사에 개입하실 때 하나님은 정의로운 심판과 함께 임하신다. 우리 모두는 하나님의 심판을 피할 수 없는 존재였는데, 예수께서 이 심판을 대신 받으시고 세상을 근본적으로 회복하기 시작하신다. 예수는 세상을 심판하러 오셔서, 자신이 대신 심판을 받으신 메시아이시다.

결국, 예수께서 대신 심판을 받았다는 소식만이 이미 시작된 하나님나라에 들어가는 길을 우리에게 열어줄 수 있다. 하나님의 다스림 아래서 살아가는 길을 예수께서 십자가 죽음을 통해 이룬 것이다. 바로 이것이 좋은 소식, 곧 복음이다. 그렇게 우리는 하나님나라에 들어가게 되었다. 앞으로 영원한 천국에 들어가는 일이 남아 있지만, 이미 하나님나라에 들어가 하나님을 아버지라고 부르며 하나님나라 백성으로 살기 시작했다. 이에 대해서는 7장과 8장에서 더 자세히 살펴보려 한다. 중요한 것은 하나님의 다스림이 이미 시작되었고, 복음을 믿고 구원을 받는다는 것은 죽어서 천당 가는 것이 아니라, 이미 시작된 하나님나라에 들어가 하나님의 다스림 아래서 살아가는 것이다. 그 나라 백성으로, 주님이 다시 오셔서 세상을 회복할 때까지, 이 세상 속에서 살아간다.

하나님나라 백성의 '상식'적인 삶

그리스도인이란 하나님나라가 죽어서 가는 곳이 아니라 예수께서 오셔서 죽고 부활하심으로 시작되었다는 사실을 깨닫고, 하나님나라에 들어갈 자격이 없고 오히려 심판 받아야 했으나, 예수 메시아의 대속적 죽음으로 그 나라에 들어간 사람들이다. 하나님나라를 분명히 이해한 사람은 자신이 더 이상 이 세대가 아닌 하나님나라에 속한 존재임을 깨닫는다. 자신의 신분이 에베소서 2장 1-10절에서 살핀 대로 완전히 바뀌었으며, 그에 따라 추구하는 바도 하나님나라의 가치로 달라진다. 내 마음에 임한 하나님의 다스림에 만족하지 않고 그 다스림이 어떻게 하면 내 삶의 구석구석까지 넓어질지를 놓고 고민한다.

이 세대의 특징이 자기중심적이고self-centered 자기를 영화롭게 하는self-honoring 것이라면, 이 세대가 아닌 오는 세대에 속한 새로운 피조물은 하나님 중심적이며,God-centered 하나님을 영화롭게 하는God-honoring 삶을 추구한다. 이처럼 삶의 중심과 지향점이 바뀐 사람들이 하나님나라를 받아들인 이들이다. 이 세대에 속한 것이 결국 하나님의 심판으로 사라질 것을 깨닫고, 영원히 존재하는 것이 무엇인지에 눈을 뜨기 시작한 이들이다. 지금까지 지배하던 이 세대를 더 이상 본받지 않기로 결단하고, 대신 새로운 시대를 시작하신 하나님의 뜻이 무엇인지 분별해 그 뜻에 따라 살기 시작한다. 바울 사도는 이 같은 삶을 너무나 선명하게 선언한다.

> 여러분은 이 시대의 풍조를 본받지 말고, 마음을 새롭게 함으로 변화를 받아서, 하나님의 선하시고 기뻐하시고 완전하신 뜻이 무엇인지를 분별하도록 하십시오.롬 12:2

그런데 세상을 따르지 않고 하나님을 따르는 삶을 어떤 이들은 '헌신'이라고 생각한다. 하지만 예수께서 가르치고 선포하고 시작하신 하나님나라를 만나면, 무엇이 망할지 무엇이 영원할지를 알게 된다. 이 사실을 깨달은 이들은 결코 멸절할 것에 인생을 투자하지 않고 영존할 것에 삶을 투자한다. 이렇게 살아가는 인생을 '헌신'하는 삶이라고 말하지는 않는다. 망할 것에 투자하지 않고 영원할 것에 투자하는 것은 오히려 '상식'이다. 하나님나라가 이미 시작되었다고 깨달은 이들은 사라질 세상 것에 더 이상 자신을 쏟아붓지 않는다. 어쩌면 멸절할 세상에 자신을 투자하는 것이 '헌신' 아닐까? 참된 그리스도인은 하나님께 자기 삶을 헌신한다고 생각하지 않는다. 진리를 깨달았기 때문에 '상식'적으로 사는 것이다.

이미 시작되었으며 예수께서 다시 오실 때 완전히 회복되어 영원까지 이어질 하나님나라를 발견했기에, 이를 얻기 위해 어떠한 대가라도 마다하지 않는다. 이것은 상식이지 헌신이 아니다. 그래서 예수께서도 하늘나라를 '밭에 숨겨놓은 보물'과 '진주'에 빗대어 설명하셨다.

하늘나라는, 밭에 숨겨놓은 보물과 같다. 어떤 사람이 그것을 발견하면, 제자리에 숨겨두고, 기뻐하며 집에 돌아가서는, 가진 것을 다 팔아서 그 밭을 산다. 또 하늘나라는, 좋은 진주를 구하는 상인과 같다. 그가 값진 진주 하나를 발견하면, 가서, 가진 것을 다 팔아서 그것을 산다."

13:44-46

자기중심적이고 자신의 영광을 위해 사는 것은 '이 세대' 방식이다. 하나님 중심적으로 하나님을 위해 살아가는 것은 '오는 세대' 방식이다. 예수의 하나님나라를 발견한 사람이 급진적으로 사는 까닭은 그들이 이미 '오는 세대'에 속하였음을 믿고 깨달아, 그에 걸맞은 상식적 삶을 살기 때문이다.

복음과 하나님나라의 이혼 [24]

그런데 불행히도 예수의 하나님나라에 대한 가르침을 빼고 복음을 받아들이는 경우가 적지 않다. 예수께서 내 죄를 대신해 십자가에 죽으셨다는 복음은, 악한 세대를 심판하고 모든 것을 회복하는 하나님나라가 시작되었다는 맥락에서 이해해야 한다. 그런데 하나님나라 없이 복음을 받아들이거나 반대로 복음 없이 하나님나라만 받아들이는 경우가 한국 교회뿐 아니라 세계 교회에서도 자주 나타난다. 이는 하나로 결합된 진리를 둘로 분리하는 끔찍한 일이다. 하나로 결합한 부부가 이혼하는 것과 같다. 모든 이혼이 불행하고 고통스럽지만, 그 중에서도 가장 불행하고 고통스러운 이혼이 바로 복음과 하나님나라의 이혼이다. 결코 나뉠 수 없는 한 진리가 우리의 어리석음으로 말미암아 분리되었다.

하나님나라에 대해 들어보지 못했거나 들어보았더라도 제대로 이해하지 못한 채 복음을 받아들인 그리스도인도 있다. 이들에게는 하나님나라가 죽어서 가는 천당이나 마음에 임하는 평안 비슷한 것에 불과하다. 그러다 보니 죄 용서만 강조한다. 세상 한복판에서 하나님이 다스리는 대로 살면서 그분의 통치를 드러내는, 하나님나라 백성의 힘 있는 삶에는 무지하다. 그래서 교회에서는 하나님 앞에서 '용서받았으니 되었다'는 값싼 은혜가 거리낌 없이 통용된다. 자신의 아들을 심판대에 대신 올릴 수밖에 없었던 하나님의 정의는 간과한 채 용서의 은혜만을 강조하는 기형적 그리스도인이 배출된다. 교회는 세상에서 분리되어 심한 경우에는 천국행을 기다리는 대합소로 전락한다. 하나님의 다스림과 그 다스림 아래서 살아가는 삶의 의미는 약화되고, 성령의 중차대한 역할도 개인의 길흉화복에 영향을 주는 무속적 존재로 둔갑한다. 더 나아가 하나님의 심판 아래 있는 세상 것들을 추구하고, 오히려 믿음을 이용해 세상 것들을 더 가지려는 탐욕적이고 세속적인 그리스도인이 넘쳐난다. 이미 시작된 하나님나라, 영원한 하나님나라를 추구하기보다 눈에 보이는 세상, 결국 멸절할 자기중심적이고 자기를 영화롭게 하는 세상을 더 얻으려 간절히 예배하고 기도한다.

불행하게도 오늘날 한국 교회와 그리스도인은 예수께서 가르친 하나님나라, 이미 임했으나 아직 온전히 임하지 않은 하나님나라라는 종말론적 이중구조를 제대로 이해하지 못하고 있다. 대신 아래 그림표처럼 믿고 있다.

예수의 대속적 죽음으로 구원을 얻어서 구원의 확신을 가졌지만 여전히 세상에 매여 살다가, 죽으면 천당(천국)에 가는 것이 기독교라고 이해한다. 이미 임한 하나님나라 사상은 증발해버린 상태이다. 예수 가르침의 독특성인 이미 임한 하나님나라가 없다. 오늘날 한국 교회와 그리스도인은 지금 여기에 임한 하나님나라를 잃어버린 채 죽

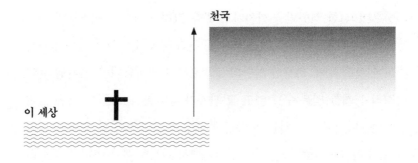

하나님나라의 현재성 없이 구원을 이해하면
하나님나라(천국)는 죽어서만 가는 곳이된다.

어서 가는 천국만을 기다리고 있다. 예수께서 가르친 가장 중요한 진리를 놓치고 마는 불행한 상황이 벌어지고 있다.

일반화를 무릅쓰고 말하자면, 이들을 보수 그리스도인이라고 부를 수 있다. 교회 안에서이든 밖에서이든 이들에게서 정의나 노동 같은 개념을 찾기란 어렵다. 이들은 기독교 신앙을 영혼을 구원하는 정도로만 받아들이며, 이들의 신앙은 철저히 사적 영역에만 머무른다. 세상을 심판하시는 '메시아'는 사라지고, 나를 구원하시는 '그리스도'만 존재한다. 이렇게 하나님나라가 빠진 복음을 강조하면, 기껏해야 개인적 경건주의자가 나온다.

이와 반대로 일부 그리스도인은 복음이 빠진 하나님나라만 주장한다. 이들은 정의와 평화를 추구하는 인간 중심적 사회 운동과 하나님나라를 동일한 것으로 간주한다. 인간이 이 세상에서 정의와 자유, 평화를 추구하면 하나님나라를 세울 수 있는 것처럼 생각한다. 역시 단순화의 위험을 무릅쓰고 말하자면, 이들은 진보 그리스도인이라 할 수 있다. 많은 진보 그리스도인이 한국 사회의 민주화에 큰 영향을 끼쳤다. 또한 이들의 정치·사회적 관심은 보수 그리스도인을 긴장시켰으며, 선한 영향력을 끼치기도 했다. 그러나 예수 그리스도의 죽으심의 의미가 선명하지 않고, 예수를 단지 공공의 유익과 선을 추구하고 이웃을 위해 희생한 사랑의 모범으로만 받아들이면, 하나님과 인격적 관계를 맺을 수도 없고 그 관계가 깊어질 수도 없다. 복음 없이 하나님나라를 추구하는 사람에게 예수는 본받을 만한 모범일 뿐이지, 우리 죄를 대속하기 위해 십자가에서 희생한 분은 아니다. 불행히도 하나님의 자녀로서 하나님과 인격적 관계를 맺는 복을 누리지 못한다. 복음을 빼놓고 하나님나라만 강조하면 결국 건전한 시민이나 사회 운동가 그 이상이 나오기 어렵다.

그리스도인의 삶이 개인주의 영성에 치우치거나, 건전한 시민으로서 진보적 사회운동을 전부인 양 여기게 되는 것은 복음과 하나님나라 중에 하나만을 선택한 결과이다. 결국 하나님나라가 없는 복음은 역사의식과 사회의식이 없는 개인주의 영성을 만들어내고, 복음이 없는 하나님나라는 예수에 대한 열정과 사랑이 없는 사회참여만을 만들어낸다. 결코 분리될 수 없는 둘이 분리되었으므로 원래 하나였던 진리의 아름다움이 파편으로 존재할 수밖에 없다. 뿐만 아니라, 부분을 전부로 여길 때 진리는 왜곡될 수밖에 없다. 진리의 이혼은 교회와 그리스도인에게 심각한 문제를 일으킨다. 우리는 복음과 하나님나라의 이혼을 불허해야 한다.

복음은 심장, 하나님나라는 척추

한 사람이 지닌 시각과 세계관은 그가 세상과 인생을 바라보는 기준을 바꾼다. 성경은 하나님께서 인간 역사를 이끌어가시며, 인간의 악함으로 인해 고통당하는 우리를 살리시고, 하나님 없이 인간이 주인이 된 세상을 회복하신다는 거대한 이야기를 전해준다. 하나님은 거대한 이야기 속에서 한 사람 한 사람을 소중히 다루시고, 우리가 그 거대한 이야기 안에서 자신의 몫을 다하며 살기를 바라신다. 거대한 역사의 흐름에 질식하는 개인을 이야기하지 않고, 또한 이러한 흐름과 관계없는 개인주의적 삶에 대해서도 이야기하지 않는다. 하나님의 거대한 역사 속에 우리 한 사람 한 사람이 소중하다고 말씀하신다. 죄인으로 죽었던 우리를 위해 예수께서 죽었으며, 개인의 결단을 통해 그 하나님나라를 받아들일 수 있다는 것도 하나님이 한 개인을 얼마나 소중히 여기시는지를 잘 보여준다.

예수께서는 깨지고 상한 세상에 자신을 통해 하나님나라가 임했다고 선포하셨다. 성경은 하나님께서 지금도 세상을 회복하고 계시며, 결국에는 완전하게 회복하신다는 '하나님나라 신학' '하나님나라 세계관'을 품고 있다. 천국은 죽어서 가는 곳이 아니라 이미 임했으며, 역사 속에서 도도히 흘러가며 격렬하게 하나님의 다스림을 드러내고 있다고 성경은 가르친다.

성경의 이런 가르침을 마음 깊이 진정으로 받아들인 사람은 세상과 인생을 다르게 바라본다. 세상을 바라보는 눈이 달라진다. 당연히 살아가는 방식도 달라지고 추구하는 바도 달라진다. 마지막 날에 온전히 드러날 하나님나라가 지금은 보이지 않지만 영원한 실체이며, 인간이 주인인 세상, 지금 시퍼렇게 우리를 압도하는 이 세상이 실인즉 머지않아 심판받아 사라진다고 믿는다. 예수 그리스도로 말미암아 이미 임한 하나님나라를 바라보는 믿음은 그리스도인으로 하여금 다른 종류의 삶을 살게 한다.

복음은 분명히 우리를 살려낸다. 그래서 복음은 심장과 같다. 심장이 멈추면 죽는다. 반면 하나님나라는 척추와 같다. 척추가 없거나 다치면 심장이 살아 있다 해도 움직이지 못한다. 생산적이고 의미 있는 일을 감당하기란 불가능하다. 오늘날 한국의 보수 그리스도인은 피 묻은 십자가만 강조하는, 심장만 살아 있는 사람들 같다. 하나님나라를 잃어버려서 세상에서 영향력을 상실한 채 힘 빠진 모습으로 살아간다. 척추를 다쳤거나 아예 척추가 없는 형국이다. 반대로 진보 그리스도인들은 사회정의를 이야기하고 사회적 이슈들에 민감하다. 세상을 변화시키기 위해 굳건한 척추를 가지고 서 있는 모습이다. 그러나 예수를 사랑하고 따르는 심장이 약하거나 아예 없어서 새로운 생명을 낳는 생명력은 가지지 못한다.

　그리스도인 한 사람 한 사람과 한국 교회가 살 수 있는 길은 하나님나라의 복음을 온전히 회복하는 것이다. 하나님나라와 복음을 분리하지 않는, 오히려 하나님나라 맥락에서 복음을 이해하는, 그래서 예수께서 전한 '하나님나라 복음'을 받아들이는 사람들이 한국 교회에 절실하다. 예수께서 전하고 선포한 하나님나라를 한국 교회가 되찾는다면, 복음의 능력은 그 진가를 발휘할 것이다.

붙들어
잃어버
진리

04.

제자훈련,
복음 전수의
비밀

대학에 들어가 도서관에서 책을 읽다가 책상을 내리칠 정도로 분했던 적이 있다. 읽고 있던 철학사 책을 제대로 이해할 수 없었기 때문이었다. 고등학교 때 나름 공부를 열심히 해서 암기 위주 입시 공부로 대학 문은 넘었지만 인문 서적은 도통 이해하기가 쉽지 않았다. 고등학교 시절 밤잠 줄여가며 무슨 공부를 한 건지 화도 났다. 하지만 거친 번역서들을 읽으면서도 역사 이래 무언가를 포기하지 않고 추구했던 인류의 여정을 살펴보는 재미와 기쁨이 컸다. 수많은 사상이 태어나 한 시대를 풍미하다가 다음 세대에 영향을 주었고 결국에는 다른 사상으로 대체되었다. 어렵게 책과 씨름하면서 세계 역사와 철학사, 예술사, 과학사 등이 서로 긴밀하게 연결되어 있음을 나중에야 알고 어렴풋하게나마 정돈해나갔다. 그 과정에서 수많은 사상과 사조가 명멸했음을 발견할 수 있었다. 그 사상을 따랐던 사람들도 길든 짧든 한때나마 강렬하게 빛을 내다가 사라져갔다.

이를테면, 산업혁명이 일어나고 자본가들이 형성되면서 자본주의가 전 세계를 뒤덮기 시작했을 때 칼 마르크스는 자본주의의 심각한 문제를 해부하면서 공산주의 이론을 설파했다. 이에 경도된 사람들이 '공산주의자'가 되어 공산혁명을 꿈꾸면서 세계는 20세기에 큰 파도를 넘었다. 2차 세계대전 이후 정치 세력으로 자리 잡은 냉전 이데올로기는 전 세계를 집어삼켰다. 냉전 이데올로기의 최고 희생양이라 할 수 있는 한국에서 태어나 한국전쟁에 휘말려 생사의 갈림길에 섰던 이들을 부모로 둔 우리 세대는 냉전 이데올로기에 갇혀 성장했다. 마르크스주의에 기초한 공산주의와 그에 대항한 자본주의의 대결은 짧은 기간에 수많은 사람을 살상했고 '냉전'은 영원히 지속될 것 같았다. 그런데 한순간 소련이 붕괴하고 나머지 사회주의 국가도 자본주의 경제 체제에 편입되면서, 영원할 것 같던 사상도 하루아침에 역사의 뒤편으로 희미해져갔다.

인류 역사를 보면 수많은 사상이 일어났다가 사라졌고, 그를 따랐던 자들도 흥망성쇠를 거듭했다. 장구한 문명의 흐름 속에서 내가 믿은 기독교가 어떻게 성장하고 존재해왔는지는 참으로 신기한 주제였다. 당대에 영향력 있는 후원 세력을 갖지 못했던 초기 기독교가 어떻게 살아남았는지, 세속 권력과 다양한 시대사조에 둘러싸여 그들과 어떤 관계를 맺었고 어떤 영향을 주고받으면서 오늘에 이르렀는지가 눈에 들어왔다. 그러면서 놀랐던 점은 예수의 근본 가르침은 지난 2천 년을 흐르면서도 초기 기독교가 주장했던 모습 그대로 유지되었고, 그 가르침을 따르는 자들 역시 그때처럼 지금도 계속 태어나고 있다는 것이다. 기독교가 장구한 역사 속에서 어떻게 살아남았는지는 다양한 각도에서 탐구할 수 있다. 기독교를 사회 현상으로 연구하고, 교회 권력이 어떤 방식으로 유지되었는지도 살펴볼 수 있다. 또한 교리의 발전과 교파의 성장으로 설명하기도 한다. 역사, 종교, 문화 등에 입각해 다층적 분석이 가능하다. 이런 모든 분석과 이해가 도움이 되었다.

그러나 역사적이고 종교사회학적인 이유만으로 기독교의 생존을 설명하기에는 힘든 부분이 많았다. 한계가 분명한 여러 접근법에 근거해 이해하기보다는 기독교 사상 자체가 주장하는 바에서 그 생존 이유를 찾아야겠다는 생각이 들었다. 기독교는 인류 역사에 나타난 수많은 사상 중에서 우연히 모든 조건이 잘 맞아서 생존한 사상이 아니다. 어쩌면 기독교 자체와 성경이 주장하듯 하나님이 살아 계시고, 그분이 인간 역사를 주관하시고 그 속에서 일하시기 때문은 아닐까? 대다수 고등종교가 인간 스스로 찾아내거나 탐구해낸 진리를 추구한다고 주장하는데, 이와 달리 성경은 하나님이 인간이 만들었거나 찾아낸 존재가 아니라, 오히려 인간을 창조하신, 스스로 존재하는 분이라고 주장한다. 그는 성경이 기록하고 있는 역사 시대는 물론이고, 세상이 창조되기 전부터 존재한다고 말한다. 그래서 온갖 어려움에도 불구하고 그분의 뜻이 지금도 인간의 역사 속에서 유유히 흐르고 있다고 주장한다. 하나님이 하나님의 역사를 하나님의 백성을 통해 이루어간다는 것이다.

기독교가 지난 2천 년간 소멸하지 않은 이유를 다양하게 설명할 수 있지만, 성경 자체가 주장하듯 하나님께서 일하시고 그분의 계획을 알아챈 사람들이 그분과 동역했기 때문임을 깨닫기 시작했다. 깨진 세상과 인간을 향한 하나님의 마음과 그 마음에 있는 계획을 전심으로 따르려 했던 사람들이 존재했기에 기독교는 오늘날까지 살아남았다. 여기에 기독교의 생존 방식이 있다. 기독교의 생존 방식을 제대로 이해한다면, 다양한 문제에 봉착한 한국 교회가 살아남을 실마리도 찾을 수 있을 것이다.

하나님의 소원, 우리의 소원

하나님 형상대로 창조된 인간

인간과 세상을 향한 하나님의 마음, 하나님의 계획을 알기 위해서는 창세기로 돌아가야 한다.

> 하나님이 말씀하시기를 "우리가 우리의 형상을 따라서, 우리의 모양대로 사람을 만들자. 그리고 그가, 바다의 고기와 공중의 새와 땅 위에 사는 온갖 들짐승과 땅 위를 기어 다니는 모든 길짐승을 다스리게 하자" 하시고, 하나님이 당신의 형상대로 사람을 창조하셨으니, 곧 하나님의 형상대로 사람을 창조하셨다. 하나님이 그들을 남자와 여자로 창조하셨다. 하나님이 그들에게 복을 베푸셨다. 하나님이 그들에게 말씀하시기를 "생육하고 번성하여 땅에 충만하여라. 땅을 정복하여라. 바다의 고기와 공중의 새와 땅 위에서 살아 움직이는 모든 생물을 다스려라" 하셨다. 창 1:26-28

이처럼 창세기 첫 부분에는 인간을 자신의 형상으로 만드시고 그 인간에게 복을 주신 하나님이 나온다. 인간을 하나님의 형상Imago Dei으로 지으셨다는 것이 무슨 의미인지에 대해서는 지난 세기 동안 수많은 논의가 있었지만,[1] 하나님의 형상에는 놓쳐서는 안 되는 하나님의 뜻이 몇 가지 담겨 있다.

먼저, 하나님의 형상으로 지어졌기 때문에 **인간만이 갖는 존엄성**이 있다. 모든 피조물이 아름답고 귀하지만, 하나님은 오직 인간에게만 자신의 형상을 부여주었다. 스스로 완전하시고 자기충족적인self-sufficient 하나님께서 왜 세상을 창조했는지를 두고 오랫동안 많은 사람이 탐구했지만 만족할 만한 답을 얻지는 못했다. 나는 예술가들이 그들 안에 있는 예술성을 분출해 작품을 창조해내는 모습을 보면서 '모든 창조성의 원천인 하나님께서도 세상을 그렇게 창조하지 않았을까'라고 상상해보곤 한다. 실제로 하나님께서 만드신 피조세계는 하나님의 창조적 예술성이 얼마나 놀라운지를 잘 보여준다. 창조성으로 가득 찬 피조세계에서 인간만이 하나님의 형상으로 지어졌다는 것은 하나님의 형상이 무엇인지를 차치하고라도, 인간만이 독특한 우월성과 존엄성을 가지고 있음을 보여준다. 하나님의 창조의 정점에 인간이 있고, 그것도 하나님의 형상을 따라 지어졌으니 인간의 존엄함은 무엇과도 비교할 수 없다. 그렇기에 하나님은 인간을 인종, 민족, 성별, 나이, 능력 등 어떤 조건으로도 차별하지 않으신다.

둘째, 하나님의 형상으로 지어진 인간은 하나님을 대신해 **세상을 다스리는 사명과 능력**을 부여 받았다.^{창 1:28} 하나님은 세상을 직접 다스리지 않고 인간을 통해 다스리기로 작정하셨고, 그렇게 할 수 있도록 인간에게 복을 주셨다. 원래 인간은 하나님께 지혜와 능력을 받아, 이 놀라운 사명을 감당할 수 있었다. 그런데 오늘날 인간은 이 사명을 거꾸로 시행하고 있다. 하나님을 섬기지도 의지하지도 않는 인간들은 피조물 중에서 유일하게 지구 생태계를 위협하고 있다. 이런 파괴적 결과는 세상을 다스리라고 하나님께서 인간에게 준 능력을 인간이 자기 소견에 옳은 대로 사용했기 때문에 비롯된 것이다. 만약 인간이 하나님께서 주신 능력을 올바로 사용했다면, 생태계는 잘 보전되고 아름답게 상생했을 것이다. 하나님의 형상으로 지어진 인간은 하나님 뜻을 따라 세상을 아름답게 만들 수도, 반대로 파괴할 수도 있는 능력을 가지고 있다.

세 번째는 앞선 특징들의 핵심을 이루는데, 인간은 **하나님과 소**

통하는 존재로 지어졌다. 하나님의 형상이라는 것은 단지 눈, 코, 입을 가졌다는 외형적 유사성을 가리키지 않는다. 피조물 중에서 유일하게 인간만이 하나님과 소통한다. 에덴동산에서 인간은 자유로웠고, 모든 것을 받았고, 모든 것을 누렸다. 하나님은 인간에게 동산에서 하나님을 대신하여 세상을 다스리라고 말씀하셨고, 단 한 가지 제약 조건만 두셨다. 하나님은 동산 한가운데 선악을 알게 하는 나무 한 그루를 두시고 그 열매를 먹지 말라고 하셨다. 동산 한가운데 단 한 그루를 두셔서 실수로 이 제약 조건을 어기지 않게 하셨고, 이것이 동산을 유지하는 유일한 제약 조건이었다.

하나님이 인간을 골탕 먹이기 위해 선악과라는 함정을 만드신 것이 아니다. 인간은 동산에서 하나님과 방불한 존재였다. 모든 자유가 주어졌다. 오직 선악과만이 하나님과 인간의 경계선이었다. 인간은 좀 더 정교하게 만들어진, 동산에서 사육되는 애완용 피조물이 아니라, 하나님의 뜻을 따를 수도 거스를 수도 있는 인격이 있는 존재였다. 선악과는 하나님을 거스르라고 주신 것이 아니라, 본능에 따라 사는 동물과 달리, 하나님을 거스를 수 있을 정도로 인간이 인격적 존재라는 사실을 웅변한다. 그러기에 인간은 하나님의 형상으로 지어진 인격적 존재이며, 하나님을 하나님으로 여기고 하나님과 인격적으로 소통하며 살도록 창조되었다.

부모가 자기를 닮은, 자기 형상을 한 아이들이 태어나면 얼마나 소통하려고 애를 쓰는지 모른다. 눈도 잘 못 마주치는 아이를 보고 온갖 '호들갑'을 떨면서 말을 건다. 그러면 아이들은 그저 아무 뜻 없이 "음…", "엄…"하다가 "음-마"나 "엄-마"가 되는데, 엄마는 아이가 엄마라고 불렀다고 감격해한다. 감격하는 엄마를 보고 아이는 엄마라는 말을 반복하며 소통하는 법을 배워간다. 인간에게 자신을 닮은 자식과의 소통이 이렇게 소중하듯, 하나님에게도 자신을 닮은 인간과의 인격적 관계만큼 소중한 일은 없다. 인간을 인격체로 창조하셨기에 소통은 하나님에게도 인간에게도 매우 소중하다.

하나님과 소통할 수 있는 존재로 지어진 인간은 인간끼리도 소통하며 살도록 창조되었다. 하나님과의 수직적인 인격적 소통은 인간들 사이의 수평적인 인격적 소통과 매우 닮았다. 우리는 소통을 통해 자신의 뜻과 마음과 감정을 나눈다. 소통하면서, 서로 사랑하고, 함께 꿈을 나누고, 더불어 협력한다. 그러나 사람들 사이에 소통이 끊어지면, 관계가 훼손되기 시작하고 결국에는 서로를 존재하지 않는 자로 여기는 데까지 이른다. 인간에게는 인간끼리의 소통이 너무도 중요하다. 인간의 행불행을 가르는 가장 큰 원인은 소통 부족과 왜곡, 단절이다. 이렇게 인간끼리 소통하며 서로 사랑하는 것이 중요한 것만큼, 아니 그보다 더 본질적으로 중요하게 하나님과도 소통하며 사랑을 나누도록 인간은 지어졌다.

그러나 불행히도 우리가 잘 알듯이 인간은 불순종했고, 하나님처럼 되려는 욕망에 넘어가 하나님과 인간 사이에 그어진 경계선을 넘었다. 이로써 하나님이 인간 안에 두신 하나님의 형상은 심각하게 훼손되고 만다. 인간의 존엄성은 인간 스스로에 의해 무너졌고,^{창 4장, 가인의 살인} 인간은 세상을 다스릴 수 있는 능력을 상실했으며,^{창 3:17-18} 무엇보다 하나님과 소통하며 하나님과 함께 있을 수 있는 특권을 잃어버렸다.^{창 3:24} 인간이 하나님의 심판을 받자 온 세상도 함께 저주를 받았다.^{창 3:18} 하나님의 형상은 심각하게 훼손되었지만, 인간에게는 여전히 하나님의 형상이 부분 부분 남아 있다.

사람은 하나님의 형상대로 지음을 받았으니, 누구든지 사람을 죽인 자

는 죽임을 당할 것이다.^{창 9:6}

노아의 홍수 이후 하나님은 가인 이후 일어난 범죄가 다시 일어
날 것을 경고하시며, 인간이 창조 때의 훼손되지 않은 하나님의 형상
은 아니더라도, 여전히 누구도 손댈 수 없는 존엄한 가치, 곧 하나님
의 형상을 지니고 있다고 선언한다. 그러나 타락 이후에 인간이 지니
고 있는 하나님의 형상은 치명적으로 훼손되었다. 하나님과의 인격
적 관계가 깨졌으니 자신의 사명을 발견하지 못하며, 또한 이를 이룰
능력도 하나님께 받지 못한다. 무엇보다 하나님과의 소통을 통해 인
격적 관계를 스스로 발전시킬 능력이 없어졌다. 인간 스스로의 지혜
로 하나님이 존재하신다는 것과 하나님이 어떠하실 것이라고 추측은
할 수 있지만, 하나님을 알아가며 관계를 발전시키는 소통은 불가능
하다. 인간은 스스로 다른 피조물과 다르다고 믿고 싶었지만, 그 특별
한 존엄성을 주장할 근거를 잃어버린 것이다.

인간을 다시 하나님 형상처럼

하나님은 인간을 지으실 때 인간에게 부여했던 하나님의 형상을 회
복하고 싶어 하신다. 스스로 주인이 되려 했지만 세상에 굴복하고 악
에 무릎 꿇고 만 인간이 하나님의 형상을 되찾기를 간절히 원하신다.
하나님은 아브라함을 찾으시고, 그를 통해 이스라엘을 형성하시고,
그 민족에게 자신을 드러내셨다. 그리고 이들이 예배하는 하나님이
열방에 전해지길 원하셨다. 구약성경에 담긴 방대한 율법을 주신 이
유는, 하나님 자신이 어떤 분인지, 하나님을 믿고 따르는 백성이 어떻
게 해야 하는지를 이스라엘에게 알려주기 위해서였다. 하나님의 형상을
지닌 자들이 마땅히 추구해야 할 삶의 모습을 알려주기 원하셨다. 그

러나 우리가 3장에서 간략히 살핀 대로, 이스라엘은 자기중심성을 드러내며 하나님을 배반한다.

그러자 하나님은 하나님나라의 도래를 계획하시고 결국은 약속하신 메시아 예수를 인간에게 보내신다. 하나님의 형상의 관점에서 이야기하면, 예수 메시아께서 오셔서 하나님나라가 시작된 것은 인간에게 원래 주신 '하나님의 형상'을 회복하시려는 것이다. 그래서 예수께서 오셔서 우리에게 하나님의 형상이 어떤 모습인지 보여주셨다. 세상이 깨진 근본 원인이 인간이 하나님을 거절하고 배반하여, 하나님의 형상이 훼손되었기 때문이다.

그 아들은 보이지 않는 하나님의 형상이시요, 모든 피조물보다 먼저 나신 분이십니다.^{골 1:15}

사람은 동물처럼 본능에 따라 사는 것이 자유라고 생각할 정도로, 하나님의 형상에 대해 무지하다. 메시아 예수께서는 무지한 인간에게 '보이지 않는 하나님의 형상'을 보여주고는, 하나님께서 인간에게 원하시는 모습, 즉 회복된 본래 모습이 어떤지를 알려주셨다. 인간으로 오신 예수께서 안 계셨다면, 인간은 신에 대해 밑도 끝도 없이 암중모색했을 것이고, 인간에 대해서도 마찬가지였을 것이다. 하나님은 성육신하신 예수를 통해 하나님 자신이 어떤 분인지, 자신의 형상을 따라 창조한 인간이 어떤 모습일 수 있는지 알려주신다. 뿐만 아니라, 하나님은 그 아들의 죽음을 통해 우리에게 하나님의 자녀라는 신분을 주시고, 더 나아가 우리로 하여금 그 아들의 형상과 같은 모습이 되도록 계획하신다.

하나님께서는 미리 아신 사람들을 택하셔서, 자기 아들의 형상과 같은 모습이 되도록 미리 정하셨으니, 이것은 그 아들이 많은 형제 가운데서 맏아들이 되게 하시려는 것입니다.^{롬 8:29}

"자기 아들의 형상과 같은 모습이 되도록 미리 정하셨으니"라는 표현에서 하나님의 소원과 계획이 엿보인다. 하나님은 우리를 당신의 아들 형상처럼 되게 해서, 예수를 맏아들로 하는 형제자매로 만드시고는, 상상할 수 없는 영적 지위를 주려 하신다. 이것이 에베소서 2장 4-5절에서 살펴본 그리스도 안에서 그리스도와 함께 우리에게 주어진 복이며, 지난 장에서 살펴보았듯이 하나님나라를 받아들여 그 다스림 아래 살아가는 사람들의 복이다. 이런 하나님의 뜻을 제대로 이해했던 바울 사도는 그리스도인을 향해 다음처럼 권면한다.

하나님의 형상을 따라 참 의로움과 참 거룩함으로 지으심을 받은 새사람을 입으십시오.^{엡 4:24}

새사람을 입으십시오. 이 새사람은 자기를 창조하신 분의 형상을 따라 끊임없이 새로워져서, 참 지식에 이르게 됩니다.^{골 3:10}

바울은 새사람은 하나님의 형상을 따라 끊임없이 새로워져 온전함에 이르게 된다고 말한다. 하나님께서 예수 그리스도를 우리에게 보낸 궁극적 목적은 우리로 하여금 하나님의 형상을 직접 목격하게 하고, 그 형상을 닮을 수 있는 신분을 받아서, 결국은 실제로 그분을 닮아가게 하려는 것이다. 하나님은 인간을 지으실 때 부여했던 하나님의 형상을 그 아들 예수를 통해 우리 속에서 회복하기 원하신다. 하나님의 소원이 얼마나 간절했는지는 이 일을 위해 당신의 외아들을 희생했다는 사실에서 강렬하게 드러난다.

창조 때에 받은 하나님의 형상을 회복하는 것, 더 구체적으로 말하면, 예수를 닮아가는 것이 진정한 영성이다. 오늘날 한국 교회에는 진정한 영성이 무엇인지를 두고 심각한 오해와 왜곡이 있다. 샤머니즘의 영향으로 뭔가 영험한 것, 신통력 있고 초자연적인 능력을 영적이라고 본다. 유교의 영향으로 도덕적으로 반듯하고 근엄한 모습을 갖추는 것이 영적이라고 생각한다. 오늘날에는 천민자본주의의 영향을 심각하게 받아서인지 '부자 되는 것'이 축복받은 영적 삶의 한 요소라고 암암리에 생각하는 듯하다. 교회 봉사를 열심히 하고 무엇이든 목회자가 가르치는 대로 순종하는 것이 영적이라고 생각하는 경우도 있다. 정말이지 진정한 영성이 무엇인지 혼란스러운 요즘이다.

하지만 성경의 가르침은 분명하다. 우리 안에 하나님의 형상을 회복하는 것이 하나님의 소원이며 하나님의 계획이다. 진정한 영성이란 하나님의 형상이 우리 안에서 회복되는 것이다. 하나님께서는 이 일을 위해 인간이 상상할 수도 없는 대가를 지불하셨다. 그렇다면 이것이 하나님만의 소원일까? 물론 아니다. 우리 마음속에는 간절한 소원이 있는데, 제대로 멋지게, 가치 있고 보람 있게 살고자 애쓴다. 하지만 그것이 무엇인지 선명하게 모른 채 세상이 가르치는 대로 성공하고 돈을 많이 벌면, 인생의 이런저런 즐거움을 찾아 누리면, 또는 이타적으로 살면 이룰 수 있지 않을까 생각한다. 그것이 무엇인지 정확히 몰라서 그렇지, 모든 인간에게는 '잘 살고 싶다'는 소원이 있다.

사실 하나님의 소원은 우리의 소원이기도 하다. 하나님의 형상으로 지어진 인간이기 때문에, 우리도 하나님 속에 있는 소원을, 그것이 무엇인지 확실하게는 모르지만 희미하게 가지고 있다. 우리가 잘 모르면서 바라고 있는, 잘 살고 싶다는 우리의 소원을, 성경은 하나님의 형상을 회복하는 것, 예수를 닮아가는 것이라고 알려준다. 이것이 하나님의 소원이며 우리의 소원이다. 우리가 신앙생활을 하는 목적은 단지 천당에 가려는 것이 아니라, 하나님의 형상을 회복하는 것, 예수를 닮아가는 것이다. 우리가 성경을 열심히 읽고 기도를 꾸준히 하고 교회 생활에 최선을 다해도, 예수를 닮아가지 않으면 그 신앙은 방향을 잃은 것이다. 예수를 닮아가는 일이 없으면, 교회 제도를 합리적으로 개편하고 유지해도, 교회를 유지할 수 있는 재산을 확보해도, 신학교를 세워서 사역자들을 배출한다 할지라도, 교회와 기독교는 무너지고 만다. 하나님의 형상을 회복해가는 것, 예수를 닮아가는 것, 이것이 진정한 영성, 곧 기독교의 생존 방식이다.

예수를 닮아가기

이제 더 구체적으로 예수를 닮는다는 것이 무엇인지 살펴보자. 먼저, 사람들이 이해하는 예수가 각각이라서 예수를 닮는 것도 그 내용이 각각이다. 선함을 추구하는 사람은 예수를 닮는 것은 착하게 사는 것이라고 모호하게 확신한다. 신비한 종교 현상에 관심이 많은 사람은 예수를 닮아갈수록 신비한 경험을 많이 하게 된다고 생각한다. 사회 정의에 몰두하는 사람은 사회 변혁의 열성분자가 되는 것이라고 생각한다. 그렇다면 성경은 무엇이 예수를 닮는 것이라고 이야기할까? 예수께서 이 땅에 오셔서 하신 사역의 의미와 가르치신 내용에서 답을 발견할 수 있다. 그 두 가지 면을 살필 때, 예수를 닮는다는 것이 무엇인지가 분명해지고 깊어진다. 첫째는 예수께서 세상에 와서 인간을 위해 하신 가장 중요한 사역의 의미가 무엇인지 분명히 깨닫고, 이를 자신의 존재와 인생의 근본으로 삼는 것이다. 둘째는 그분께서 처음부터 강조했던 가르침을 이해하고 그에 따라 순종하여 살아가는 것이다. 전자를 '예수의 복음 위에 서기'라 한다면, 후자는 '예수의 하나님나라를 살아내기'라 할 수 있다.

예수의 복음 위에 서기 엡 2:1-10

예수께서 이 땅에 오셔서 하신 일의 핵심은 십자가 죽음이다. 공관복음인 마태복음, 마가복음, 누가복음은 각기 다른 강조점으로 예수를 조명했지만, 3장에서 강조했듯이 이들이 공통적으로 채택한 강조점은 예수께서 자신의 죽음과 부활을 세 번 예고하신 내용이다. 뿐만 아니라 사복음서는 예수께서 고난 받고 죽는 마지막 한 주에 지면의 30-40%을 할애한다. 이런 면에서 사복음서는 예수의 전기가 아니다. 예수께서 고난 받고 죽은 일이야말로 예수께서 이 땅에 오셔서 하신 가장 중요한 일이다.

　왜 예수의 죽음이 그토록 중요할까? 하나님의 형상을 회복하려면 단절된 하나님과의 소통이 다시 이어져야 한다. 다시 말해, 하나님과의 관계를 회복해야 하는데, 이를 위해서는 예수의 죽음이 필수이기 때문이다. 하나님을 배반한 인간이 반드시 치러야 하는 하나님 앞에서의 심판을 예수께서 대신 떠맡으신 것이다. 하나님의 나라가 임하면서 동시에 쏟아지는 하나님의 공의로운 심판을 예수께서 십자가에서 도맡아 감당하셨다. 이것이 바로 십자가의 복음이다! 하나님의 '그 크신 사랑'으로 말미암아 어떤 일이 일어났는지는 앞서 2장에서 살펴보았다.

우리는 더 이상 진노의 자식이 아니라 하나님께서 온전히 용납해주신 존재가 되었다. 새로운 정체성^{엡 2:4-5}을 받았다. 우리는 더 이상 스스로 주인이 되어 세상을 따라 살지 않고 부활의 능력에 힘입어 선한 일을 하며 살아간다. 새로운 사명감^{엡 2:10}도 샘솟는다. 또한 지금까지 홀로 살아왔다면, 이제는 하나님의 가족에 속해 새로운 작품이 되었다. 새로운 소속감^{2:10, 11-22}도 생긴다. 우리는 예수의 죽음으로 말미암아, 새로운 정체성과 새로운 사명감과 새로운 소속감을 받아 누린다. 비로소 우리는 그리스도 안에서, 메시아 안에서 살게 되었다. 그야말로 하나님나라 백성이 된 것이다. 다시 한 번 강조하지만 우리는 끊임없이 자기 자신에게, 그리고 공동체에서 다음과 같이 고백한다.

나는 그리스도 예수 안에서 완전히 받아들여졌습니다.
나는 그리스도 예수 안에서 특별한 존재입니다.
나는 그리스도 예수 안에서 하나님의 공동체에 속했습니다.

이 놀라운 사실을 믿음으로 받아들이고 살아가는 것이 바로 그리스도인의 삶이다. 하나님과의 인격적 관계가 시작되는 것이다. 이제는 놀라운 하나님의 사랑에 근거해 하나님과 소통하며 살아간다. 그래서 그리스도인에게 하나님과 소통하는 예배가 그토록 소중하다. 개인으로 드리는 예배, 공동체로 드리는 예배, 여기에 삶으로 드리는 예배까지 이어지면서 우리 속 하나님의 형상이 회복되는 즐거움을 누리는 복을 받는다. 우리가 예수 그리스도의 복음 위에 설 때 하나님의 형상은 우리 속에서 회복되기 시작한다. 그 크신 하나님의 사랑으로 말미암아!

예수의 십자가가 하나님과의 인격적 관계를 다시 시작할 수 있도록 새로운 길을 열었다. 따라서 이에 감격하는 그리스도인은 예수의 가르침에 관심을 기울일 수밖에 없다. 앞 장에서 자세히 밝혔듯이 예수의 중심 가르침은 '하나님나라'이며, 하나님나라의 요체는 하나님의 다스리심이다. 그래서 그리스도인은 삶의 모든 영역에서 주님의 다스림을 드러내고 싶어 한다. 더 이상 삶의 주인은 자기가 아니라 예수라고 고백한다. 처음에는 내 마음의 주인이 되어달라는 고백으로 시작하지만, 곧 삶의 전 영역에서 예수의 주되심이 드러나기를 바란다.

일주일에 한 번 공동체가 함께 드리는 주일 예배에 참석하기 시작하고, 매일 성경을 읽고 묵상하는 법을 배우고, 교회 안팎에서 봉사하기 시작하고, 공동체를 세우는 일에도 참여하고, 자신의 삶의 터전, 직장이든 학교이든 가정이든, 그 안에서 예수의 뜻을 따라 살려고 노력한다. 예수를 닮아간다. 이런 변화는 내면에서 더 획기적으로 일어난다. 예수를 주로 받아들이기 전에는 내 마음대로 살았으나 이제는 하나님의 뜻을 묻기 시작한다. 예전에는 동기와 이유를 살피는 일이 크게 중요하지 않았지만, 시간이 지날수록 속사람을 보시는 하나님 앞에 서려 하기 때문에 동기와 이유를 점검하는 일이 깊어진다. 외면만이 아니라 내면 깊숙한 곳에서도 예수의 다스림이 나타나기를 갈망한다. 내면에서도 예수를 닮아가는 일이 일어나면서 전 인격이 하나님의 형상을 회복해간다.

예수께서 가르치신 하나님나라를 살아낸다는 것은 삶의 모든 영역에서 그분의 뜻을 이루고, 그분을 닮아가는 것을 의미할 뿐 아니라, 온전하게 임할 하나님의 나라를 기다린다는 것이다. 우리가 하나님의 다스림을 따라 사는 이유는 그분의 다스림이 이미 임했다는 믿음,

하나님나라가 예수 그리스도를 통해 이미 시작되었다는 믿음 때문이다. 아직 세상이 완전히 심판받고 회복되지 않았지만, 그래서 이미 임한 하나님나라가 이 세상과 함께 존재하지만, 머지않아 하나님나라가 완성될 것을 굳게 믿고 인내를 가지고 소망한다.

세상에 발붙이고 살아가는 우리에게 예수를 닮아가는 삶이 쉽지만은 않다. 우리가 사는 세상은 하나님을 부인하고 아예 인정조차 하지 않는 사상과 문화, 그에 기초한 제도로 견고하게 짜여 있다. 세상에 살면서 세상에 속해 살지 않으려는 시도는 세상을 거스르며 살아가는 것이기에 결코 쉽지 않다. 그러나 동시에 어렵지만도 않다. 그 이유는 하나님나라가 결국은 승리하고 드러날 것임을 알기 때문이다. 하나님 중심적이고 하나님을 영광스럽게 하려는 것만이 영원하며, 자기중심적이고 자신을 영광스럽게 하려는 땅에 속한 것들은 모두 지나가버린다는 것을 깨닫고 배우기 시작한다. 그러므로 지나갈 뿐 아니라 하나님의 엄위한 심판을 받을 세상의 가치관과 삶의 방식을 따르지 않고, 영원히 인정받고 영구히 존재할 가치관과 삶의 방식을 따르며 살아간다. 이런 종말론적 역사관을 가진 사람은 예수를 닮을 수밖에 없다. 하나님의 형상이 회복된다는 것은 예수를 닮아간다는 것이고, 예수를 닮아간다는 것은 우리의 인생과 인격을 그분의 가르침과 사역 위에 세워나간다는 것이다.

예수를 닮아가는 평생의 여정

그렇기에 예수를 닮아간다는 것은 평생의 여정이다. 한두 달 학습하거나, 책 몇 권을 읽거나, 훈련 프로그램에 참여하는 것이 예수를 닮아가는 일에 도움은 되겠지만, 예수를 닮아가는 것 자체가 될 수는 없다. 예수를 닮아간다는 것, 우리 안에 하나님의 형상을 회복한다는 것은 개념적이거나 모호한 종교적 상징이 아니다. 예수를 닮아가는 사람은 모든 영역에서 균형 있는 삶을 살게 된다(9장에서 예수께서 선물로 준 '풍성한 삶'과 예수를 닮아가기 위한 네 가지 관계를 자세히 다룰 예정이다). 예수께서 전하신 하나님나라 복음을 받아들이면 인생의 모든 영역에서 성숙하게 된다.

그러므로 예수를 닮아간다는 것은 우리가 살아 있는 한 끝나지 않는, 영광스런 일생의 과업이다. 존 스토트John Stott는 말년에 저술한 마지막 책《제자도》에서 급진적 제자도의 여덟 가지 특징을 들었다. 그 마지막 두 장에 '의존'과 '죽음'이라는 주제를 소개한다. 예수를 닮아가는 것은 교회에서 훈련받으면서 다루거나 끝낼 수 있는 주제가 아니다. 나이가 들어 여든이 넘어가고 죽음의 실체가 가까이 오는 시기에, 한 인생을 마감하는 과정에서도 여전히 예수를 닮아가는 일은 지속된다.[2] 그러므로,

예수를 닮는다는 것은
예수의 십자가를 통해 하나님과의 관계가 회복되고,
그분의 사랑을 누리며 살면서 우리의 전 생애 동안,
하나님의 다스림이 우리의 삶의 모든 영역에 드러나게 하며,
우리가 사는 세상의 온전한 회복을 기다리는 것이다.

다시 정리하면, 예수를 닮아가는 것은 예수의 복음 위에서 예수께서 가르치신 하나님나라를 살아내는 것이다. 예수를 닮아가면서 성품만 변하거나 성숙하는 게 아니라, 인생 자체의 변화와 성숙이 이루어진다. 이렇게 우리는 평생을 살아간다. 이렇게 살아가는 평생의 길을 '제자도'라 부른다. 이런 놀라운 삶을 누리기 위해 평생 하는 훈

련이 '제자훈련'이다. 그러므로 제자도나 제자훈련은 결코 어떤 프로그램의 일부가 될 수 없으며, 책 한두 권으로 서술할 수 있는 주제도 아니다. 평생 동안, 삶의 터전에서, 각각 다른 조건을 가지고, 그럼에도 불구하고 우리를 구원하신 하나님의 사랑에 힘입어, 그분의 아들을 본받아 가는 인생의 전 과정이 제자도이다.

예수를 닮아가게 하기

예수를 닮아가는 사람들은 예수를 닮아가는 인생이 얼마나 아름답고 귀한지 절감한다. 하나님의 소원이 이루어지고 우리의 소원이 열매를 맺기 때문이다. 그래서 예수를 닮아가는 사람들은 결코 이 놀라운 복을 혼자만 누리지 못한다. 그럴 수가 없다! 사랑하는 사람에게 이 복을 나누고 싶어진다. 내가 온 길을 알려주려 하고, 뒤이어 오는 사람이 있으면 시행착오를 줄여주려 한다.

하나님나라 복음 전수

혼자 누릴 수 없는 이 복음을 다른 사람에게 알려주는 일은 단지 교회의 전도 프로그램에 참여하거나 전도 집회에 사람들을 초대하는, 그리스도인이라면 해야 하는 의무 정도가 아니다. 복음을 받은 자들은 천국행 표를 쥐고 마지막 때만 기다리는 사람들이 아니다. 자격 없는 자신이 이미 들어가게 된 하나님나라를 다른 사람들도 들어갈 수 있도록 섬기는 사람이다. 자신이 살면서 누리고 있는 하나님나라를 다른 사람들도 누리며 살아가게끔 돕지 않을 수 없다. 무엇보다, 하나님나라가 이미 임하여 세상이 심판 아래 놓여 있다는 사실을, 그리고 자격 없는 자들이 예수 메시아를 의지해 하나님나라에 들어가 살 수 있다는 놀라운 사실을 어찌 알리지 않을 수 있겠는가.

예수께서는 복음을 전수하며 살아가라고 제자들에게 명령하셨다. 다음은 마태복음에 기록된 예수의 마지막 명령이다.

> 그러므로 너희는 가서, 모든 민족을 제자로 삼아서, 아버지와 아들과 성령의 이름으로 세례를 주고, 내가 너희에게 명령한 모든 것을 그들에게 가르쳐 지키게 하여라. 보아라, 내가 세상 끝 날까지 항상 너희와 함께 있을 것이다. ^{마 28:19-20}

지상 최대의 명령은 '가서' '제자 삼고' '세례를 주고' '가르치라'는 것인데, 그중 핵심은 '제자를 삼으라'이다.[3] 제자를 삼는다는 것은 내가 먼저 예수를 따르는 자, 제자가 될 것을 전제한다. 그런 다음 다른 이들도 예수를 따르도록 이끌라는 것이다. 예수를 따르는 삶에 완성은 없다. 즉 어떤 경지에 이르는 것이 아니라 평생 지속되는 일이다. 끊임없이 예수를 닮아가는 제자로 살면서 동시에 다른 사람들도 예수의 제자가 되도록 섬긴다.

이 일을 위해서는 누군가에게 '가는' 일이 반드시 필요하다. 누군가를 찾아가지 않는다면, 잃어버린 것을 찾아 구원하러 오신^{눅 19:10} 예수를 따르는 자가 아니다. 예수를 닮으면 닮을수록 사랑하는 사람에서 시작해 잘 모르는 사람, 더 나아가 전혀 알지 못하는 사람들한테까지 '가게' 된다. 그들에게 진심과 삶을 담아 예수를 전하고 그들 역시 예수를 따르는 자가 되면 우리는 '세례를 준다.' 복음을 받아들였다고 공개적으로 고백하는 세례는 그래서 늘 아름답다. 하지만 여기서 끝이 아니다. 예수께서 가르치신 하나님나라를 그들이 살아낼 수 있도록, 즉 '예수께서 명하신 모든 것을 지킬 수 있도록' '가르치는'

일이 뒤따른다. 예수의 가르친 바를 지키며 살려고 스스로 애쓰면서, 나를 통해 예수를 만난 사람이나 어린 그리스도인이 주의 길을 잘 갈 수 있도록 돕는 일이 일상이 된다.

이런 면에서 '복음 전도'보다는 '복음 전수'라는 말이 더 잘 어울린다. 전도라는 말은 도를 전하는 데서 그치는 느낌이 들고, 실제 전도하는 방식도 '치고 빠지는' 식이 많아서 원래 의미가 많이 퇴색했다. 전수라는 단어는 자신이 습득하지 않으면 전해줄 수 없다는 의미까지 내포한다. 인간문화재가 제자를 들이는 이유는 제자가 자신의 무형 문화를 전수받아 그 다음 세대에도 제대로 전달해주기 바라기 때문이다. 그런 면에서 모든 복음 전도는 복음 전수여야 한다. 단지 전하는 것으로 끝나지 않고, 전수받은 사람이 복음을 온전히 깨닫고 누려서 또 다른 사람에게 전할 수 있을 때까지 보살피고 섬긴다는 의미이다. 전수되지 않은 무형 문화의 대가 끊어지듯, 위대한 복음도 전수되지 않으면 대가 끊기고 만다.

예수를 닮아가는 일이 일생에 걸쳐 이루어지듯이, 이를 가능하게 하는 복음을 전하는 일도 결코 일회성으로 끝날 수 없다. 어쩔 수 없는 상황이나 환경 때문에 복음을 일회적으로 전해야 하는 경우도 있지만, 대개는 '세례'를 통해 믿음을 공개적으로 고백한 이들이 끝까지 복음대로 살아내도록 '가르치고 지키는' 일에 끊임없이 수고해야 한다. 제자를 삼는다는 것은 찾아가서, '세례를 주고 지키도록 가르치는' 일까지를 포함하는 평생의 과업이다. 더 나아가 우리가 제자 삼은 이가, 우리가 그랬듯이, 복음을 들고 또 다른 누군가를 찾아가서 세례를 주고 가르치고 제자를 삼도록 이끄는 것이다. 그러므로 제자를 삼는다는 말에는 제자를 끊임없이 재생산해낸다는 비전이 숨어 있다. 지난 2천 년간 신실한 성도들과 교회 공동체는 복음 전수를 통한 제자의 재생산에 매진해왔다. 재생산의 중요성과 그에 담긴 비밀은 11장에서 더 구체적으로 살펴보려 한다.

복음 전수에서 중요한 세 가지 요소

예수를 닮는 데까지 이끄는 복음 전수가 되려면 세 가지 요소가 꼭 필요하다. 하나님나라에 대한 **이해**, 인격적 **관계**, 진리를 담는 적절한 **형식**이다.

먼저 **하나님나라 복음을 선명하게 이해**해야 한다. 예수께서 무슨 일을 하셨고 그로 말미암아 어떤 일이 일어났는지를 확실하게 알아야 한다. 기독교는 선명한 진리 선포에서 출발한다. 막연한 종교적 개념이나 신비한 체험, 종교 제도에 편입하는 것이 아니다. 하나님께서 예수를 통해 무슨 일을 하셨는지, 그 일이 나와 우리에게 얼마나 소중한지를 깨닫고 선명하게 이해하는 것이 제자도의 출발점이다. 물론 선명한 이해는 일생에 걸쳐 깊어지는 이해로 이어진다. 성경의 진리는 3분짜리로 정리해서 전할 수도 있지만, 자세히 나누려면 3시간도 30시간도 30일도 부족하다. 우리가 평생 알아가고 누리는 진리이기에 삶을 통해서 끝없이 깊어진다.

단지 지식과 정보를 축적했다고 진리를 이해하거나 자기 것으로 만들 수는 없다. 머리로 이해한 것이 가슴으로, 다시 그것이 손과 발을 통해 세상에서 구현될 때, 진리는 비로소 자기 것이 된다. 이를 위해 꼭 필요한 것이 바로 **인격적 관계**이다. 기독교의 진리는 혼자 깨치는 경우가 거의 없다. 더 나아가 성경의 진리를 혼자 살아내기란 결단코 불가능하다. 인간에게 공동체를 지향하는 본성이 있다는 것을 차치하더라도, 인간은 마음을 열고 인격적으로 깊이 교감할 때만 진정으로 깨닫고 배우게 된다. 하나님께서 하신 일을 성경을 통해 깨닫고,

이를 함께 이야기하고 질문하고 답하고 고민하는 과정을 인격적 만남이라고 부를 수 있다.

그래서 제자훈련은 단순히 책을 읽어서 되는 문제가 아니다. 인격과 인격이 만나서, 그 가운데 계시는 성령을 의지해가며 진리의 내용을 함께 나누는 것이 중요하다. 그래서 제자훈련은 일대다로 만나는 강의실에서 이루어지기 힘들다. 사람마다 삶의 문제가 다르기 때문에, 하나님에 대한 일반 진리와 삶의 원리를 가르치는 공동체 예배나 강의나 소그룹 성경 공부에서 개인의 삶과 인격 문제를 다루는 것에는 분명한 한계가 있다.

제자훈련은 예수를 닮아가도록 이끄는 일이기 때문에, 예수를 앞서 따르는 자와 그 뒤를 따르는 자가 함께 하거나, 함께 예수를 닮아가려는 이들이 손을 잡을 때 놀라운 변화가 구체적으로 일어난다. 일대일 제자훈련을 추천하는 이유도 여기에 있다. 인격적으로 깊은 만남이 이루어질 때 개인의 여러 숨은 문제가 수면 위로 떠오르고 이에 진리가 적용된다. 그리고 그 모든 어려움을 딛고 예수를 따르려는 의지와 노력도 생겨난다. 예수를 피상적으로 믿고 따르는 것이 아니라 삶의 전 영역이, 외면뿐 아니라 내면까지도 예수를 닮아가는 사람이 되는 것이다. 내밀한 이야기를 함께 나누는 것은 청중이나 학생으로 만나서는 어려운 반면, 진실하고 신뢰하는 일대일 관계에서는 좀 더 용이하게 이루어진다(일대일로 사람을 세우는 일에 대해서는 11장에서 더 자세하게 논의할 것이다).

일대일 관계가 좀 더 큰 공동체 맥락에서 이루어지면, 더할 나위 없이 건강한 환경이 조성된다. 소그룹이나 구역, 가정교회 등이 조직을 넘어서 공동체를 이루고, 그 안에서 일대일 관계를 형성해 제자훈련을 하는 것이 최상이다. 왜냐하면 일대일 제자훈련이 한 공동체에 속한 형제자매들의 응원과 지지 가운데 진행되고, 배우고 익힌 내용을 일대일 만남만이 아니라 공동체에서 지속적으로 훈련할 수 있기 때문이다. 다시 말하지만, 예수께서 가르치신 진리는 학습을 넘어 더불어 함께 살아내는 것이다. 진리를 살아내는 공동체가 일대일 관계를 뒷받침할 때 최적의 제자훈련 환경이 마련된다.

복음 전수를 위해서는 인격적 관계와 더불어 **진리를 담는 적절한 형식**이 매우 중요하다. 일대일로 만나 제자훈련을 하는 것이 좋다는 것도 일종의 형식에 관한 이야기이다. 좋은 내용을 어떻게 담을지는 결국 형식에 관한 문제이다. 복음을 전수할 때, 특별한 형식 없이 창세기부터 읽어나가면서 이야기를 나누는 것도 한 방법, 즉 형식이 될 수 있다. 어떤 형식이 스스로 예수를 닮아가고, 더불어 다른 이까지 닮아가게 만드는 데 가장 효과적일지가 마지막 고려 요소이다.

형식은 늘 중요하다. 이상하게 믹스 커피는 종이컵에 마셔야 제맛이 난다. 핸드드립 커피는 머그잔에 마셔야 풍미가 산다. 한우에 온갖 재료와 양념을 넣어 만든 갈비찜을 양은 냄비에 담지는 않는다. 갈비찜에는 탐스런 사기그릇이 어울린다. 하지만 라면은 양은 냄비에 끓여 먹어야 더 맛이 난다. 형식은 늘 내용을 더 빛나게 한다. 이렇듯 우리가 믿는 소중한 진리를 어디에 어떻게 담을지는 매우 중요한 일이다.

예수를 닮게 만드는 내용을 어떤 틀에 담을지 이리저리 고민하며 내놓은 것이 여러 프로그램이고 제자훈련 자료이다. 평생 닮아가야 할 예수를 제대로 닮을 수 있게 돕는 자료와 프로그램들은 끝도 한도 없다. 그중에서 가장 근본이 되는 내용을 꼽으라면 두 가지를 들 수 있다. 무엇보다 중요한 것은 예수를 믿어 구원에 이르는 길을 소개하는 안내서이다. 어떻게 의심과 회의라는 수많은 장애물을 뛰어넘어 예수를 만나고 하나님나라 백성이 될 수 있을까? 다시 말해, 예수를 닮아갈 수 있는 신분을 어떻게 하면 얻을 수 있는지 알려주는, '찾는이' 수준에 맞는 자료가 있어야 한다. 두 번째는 하나님의 자녀이자 하나님나라 백성이라는 놀라운 신분을 얻은 사람들이 어떻게 하면 삶의 전 영역에서 예수를 닮아갈 수 있는지, 즉 하나님나라를 살아내는 방법을 안내하는 양육 자료가 필요하다. 전자가 예수를 믿는 것의 본질을 다룬다면, 후자는 예수를 따르는 것의 본질을 다루어야 한다.

이 같은 내용을 담아 복음을 전하고 살아내도록 가르쳐야 하는데, 그때 중요한 것이 형식이며 여기서 고려할 것은 전수 가능한 형식인지 여부이다. 나만 예수를 닮는 것은 제자훈련의 반쪽에 해당한다. 앞에서 인격적 만남을 강조한 이유 중 하나는 앞서 언급한 '재생산' 때문이기도 하다. 제자훈련이 일반 성경 공부나 소그룹과 다른 이유는, 제자로 삼은 성도가 또 다른 성도를 제자로 삼아서, 예수를 닮아가는 일이 대를 이어 지속적으로 이루어지기 때문이다. 그러므로 제자훈련 형식이 세대를 이어가며 재생산의 열매를 맺기에 적절한지를 반드시 고려해야 한다. 한 사람이 수천 명을 감화해도 그들이 자신의 다음 세대를 변화시키지 못하면, 적어도 제자훈련에서는 실패한 것이다. 복음의 맥이 다음 세대에서 끊어지기 때문이다.

한 가지 더 고려해야 할 점은 모든 학습이 그렇듯 예수를 닮아가는 일도, 즉 제자훈련도 끊임없이 반복해야 한다는 것이다. 평생 배워가야 할 진리이며, 인생 전반에 걸쳐 나타나는 진리이기 때문에 한 번에 결코 전부를 얻을 수 없다. 그래서 반복은 제자훈련이 고려해야 할 매우 중요한 형식이다. 어떤 틀을 사용해야 반복을 지속할 수 있는지, 또한 그 반복이 기계적 반복이 아니라 인격적이고 심화하는 반복이 될 수 있는지를 고민해야 한다. 이는 12장에서 더욱 자세히 다룰 내용이다.

사례 연구: 나들목교회의 예수 닮아가기와 닮아가게 하기

나들목교회는 하나님나라 복음을 기초로 교회를 개척했다. 한국 교회의 여러 문제가 결국은 신학의 부재라고 믿었기에, 한국 교회가 잃어버린 하나님나라 복음이 모든 성도, 곧 찾는이부터 오래된 신자들에게까지 뿌리를 내리도록 애썼다. 하나님나라의 복음을 제대로 **이해하**는 것이 첫 단추였다. 그래서 나들목교회를 시작하는 날부터 지금까지, 나들목교회를 찾은 사람은 누구나, 기존 신자이든 하나님을 전혀 모르는 찾는이이든 상관없이 하나님나라 복음을 들을 수 있도록 했다. 일회적으로 회심하게 만드는 복음 전도가 아니라, 평생에 걸쳐 지속적으로 생동하게 만드는 진리의 기초를 제공하기 위해 노력했다. "기독교의 기본 진리 탐구반", "풍성한 삶으로의 초대" 등으로 이름은 바뀌었지만, 하나님과 세상과 인생에 대해 자유롭게 질문하고 정직하게 답하는 과정을 나들목교회를 찾는 사람은 최소 4주간 거쳐야 했다. 교회 개척 준비 때부터 회심하는 사람이 생겨났고, 교회가 세워진 이후에는 점점 더 많아졌다. 기독교에 무지했던 사람은 물론이고, 교회를 오래 다녀 직책까지 있던 사람 가운데서도 회심이 일어났다. 매년 40-50명이 회심했으며, 현재 나들목교회 성도의 30% 정도가 나들목교회 사역을 통해 회심한 사람들이다.

복음을 받아들인 것은 신앙생활의 출발점에 섰다는 의미이다. 예수를 삶의 주인으로 영접한 사람은 영적으로 방금 태어난 갓난아이에 가깝다. 태어나자마자 어떤 양육을 받는지가 평생의 영적 여정에 영향을 끼친다. 초기 양육 과정은 하나님과 인격적 관계를 맺는 법에 집중해야 한다. 하나님의 형상이 우리 속에 회복되는 것은 단지 하나님에 대한 지식을 축적해서가 아니라, 하나님과의 인격적 만남을 통해 이루어지기 때문이다. 교회를 오래 다녔지만 삶에 변화가 없는 '나이든 영적 아이'도 본질적 축복을 누리도록 도와야 한다. 기독교가 단지 종교 제도로 머물지, 사람을 변화시켜 예수를 닮도록 할지는 하나님나라 복음을 선명하게 전하는 것과 그 복음에 기초해 하나님과 인격적 관계를 맺는 방법을 배우고 누리는 데에 달려 있다.

예수를 진정으로 닮아가려면, 하나님나라 복음에 기초해서 인생의 목적은 물론이고 삶의 전 영역을 재구성하는 일이 필요하다. 이때에야 비로소 평생에 걸쳐 예수를 닮아가는 삶을 살 수 있다. 이것이 제자의 삶이다. 하나님나라 복음을 누리며 살아내려면 2장에서 다룬 대로 그리스도 안에 있다는 의미가 선명해야 한다. '그리스도 안에 있는 나'는 하나님과 인격적 관계를 맺고, 하나님의 관점과 방법으로 자신을 대하고, 그리스도의 다스림 아래에서 공동체로 살아간다. 이런 성도는 세상 속에서 그리스도와 함께 세상살이를 한다. 하나님, 자신, 공동체, 이웃과의 관계에서 균형 있게 성장하면서 '그리스도에 이르기까지 자라가는 일'에 온 힘을 기울일 수 있다.

나들목교회는 모든 성도가 영적으로 성숙하기 위해, 즉 하나님의 형상을 회복하고 예수를 닮아가기 위해 '그리스도'가 핵심임을 강조한다. 이러한 배움은 최소 12주 동안 이루어지는데, 이 과정을 한 번 마쳤다고 해서 그리스도에 이르기까지 자랄 수는 없다. 하나님의 진리를 자신이 먼저 누리고 다른 사람에게 전수하는 이 과정을 반복할 때 진리를 점점 더 깊이 깨닫고 내면화할 수 있다. 결국 한 사람이 하나님나라의 복음을 듣고 예수를 만나 회심하여 성장하는 모든 과정에는, 하나님의 진리를 이해하는 일이 필수이다.

나들목교회는 진리의 내용을 성도가 잘 이해하도록 돕는 **형식**을 꾸준히 개발해왔고, 수백 차례 임상을 거쳐 자료로 펴냈다. 하나님나라 복음을 전하는 가장 기본 자료인《풍성한 삶으로의 초대》, 초기 양육 과정에 해당하는《풍성한 삶의 첫걸음》, 하나님나라 복음에 기초한 제자훈련인《풍성한 삶의 기초》가 탄생했다. 정리하면 다음과 같다.

하나님나라 복음 전하기	하나님나라 복음에 기초한 초기 양육	하나님나라 복음에 기초한 제자훈련
풍성한 삶으로의 초대	**풍성한 삶의 첫걸음**	**풍성한 삶의 기초**

하나님나라 복음을 잘 이해할 수 있도록 돕는 위와 같은 자료(형식)를 개발하고 오랜 기간 임상을 거쳐 다듬고 정리해 펴내는 이유가 있다. 성도들이 **인격적 관계**에 기초해 **스스로** 하나님나라 복음을 전하고, 초기 양육하고, 제자훈련하도록 돕기 위해서이다. 우리가 누리는 복을 누군가와 진실하게 인격적으로 나눌 때 그 복은 더욱 심화되고 내면화된다. 나들목교회에서는 복음을 전하고, 초기 양육하고, 제자훈련하는 일이 일대일로 일어나고 있다. 자신만이 예수를 닮아가는 것이 아니라, 예수를 닮아가게 하는 하나님나라 복음 전수가 1년 내내 교회 프로그램을 넘어서서 성도의 일상이 되고 있다.

10년 넘게 현장에서 임상을 진행하면서 많은 사람이 주께 돌아와 삶이 변하고 예수를 닮아갔으며, 다른 이들까지 예수를 닮도록 이끄는 모습을 보았다. 하지만 동시에 어떤 이들에게는 이 훈련이 큰 의미가 없었다. 중요한 것은 이런 틀을 만들었다고 복음 전수가 자동으로 되지는 않는다는 점이다. 아무리 좋은 형식을 마련해도 내용에 충실하지 않으면 틀은 의미가 없어진다. 복음을 전하며《풍성한 삶의 기초》를 이끄는 사람(이끄미)이 예수를 닮아가지 않으면, 복음을 듣고 따르는 사람(따르미)이 하나님의 진리에 진실하게 반응하지 않으면, 프로그램은 내용이 없는 빈껍데기로 전락하기 때문이다.

그런 면에서 제자훈련은 실패하고 열매를 거두지 못할 가능성에 늘 노출돼 있다. 진리에 대한 선명한 이해와 인격적 만남과 이를 담는 좋은 형식, 이 가운데 하나라도 부족하면 제자훈련은 선한 열매를 많이 거두기 어렵다.

복음 전수 공동체

물론 이 세 요소를 모두 갖췄다 할지라도 훈련에 참여하는 이들은 절대적으로 성령에 의존해야 한다. 성령의 역사를 간절히 사모하지 않으면, 사람의 내면이 변화하고 그 아들의 형상을 닮아가는 일에 실패할 가능성이 높기 때문이다. 예수를 닮아가고 닮아가게 하는 일은 평생의 과업이며, 성령을 좇아 행하는 일종의 예술 작업이기 때문이다. 이 일은 프로그램을 기계적으로 진행한다고 되지 않는다. 각각 다른 사연을 품고 다르게 사는 사람들이 서로 다르게 예수를 닮아가는 모습은 참으로 예술품이 완성되는 과정과 유사하다. 본질적 내용은 모두가 공유하지만, 다들 특이하고 별난 사람들이라 예수를 닮아도 결코 똑같은 사람으로 성장하지 않고, 하나님께서 지으신 각양의 독특함이 하나님의 형상 위에 덧칠되어 나타난다.

그렇기 때문에 예수를 닮아가고 닮게 하는 일은 책이나 강의만으로는 배울 수 없으며, 직접 보고 배우는 과정이 필수이다. 예수를 닮아가고 닮게 하는 일이 직접 보고 배워야 하고 평생에 걸쳐 이루어지는 일이라면, 당연히 일생을 함께할 수 있는 사람들이 반드시 필요하다. 이들이야말로 공동체라고 부를 수 있다. 참된 제자훈련이 일어나려면, 하나님나라 복음을 전수하고 전수받는 공동체가 필요하다. 지난 2천 년 동안 교회가 생존할 수 있었던 이유는 예수를 닮아가고 닮아가게 하는 일을 최우선 순위에 두었기 때문이다. 단지 교회 공동체 안에서만이 아니라, 교회 밖 세상에서도 어떻게 예수를 닮아가고, 또 닮아가게 할 것인지를 붙들고 고민했던 이들이 있었기 때문이다. 교회에서 앞선 이에게 배워야 할 것도, 뒤따라오는 이에게 전해주어야 할 것도 바로 이것이다.

바로 이런 면에서 바울 사도는 기독교의 생존 방식을 꿰뚫는다.

> 내가 그리스도를 본받는 사람인 것과 같이, 여러분은 나를 본받는 사람이 되십시오.고전 11:1

바울은 예수 그리스도를 따라가면서, 뒤쫓아 오는 이들에게 자신을 본받으라고 말한다. 언뜻 보면 자신이 그리스도를 완전히 본받았기 때문에 다른 이들에게 자신을 본받으라고 이야기하는 것 같다. 그러나 원문을 자세히 살펴보면, "내가 그리스도를 지금도 본받고 있으니, 너희도 나를 본받으라"라고 말하고 있다.[4] 예수를 본받고 닮아가는 일은 평생에 걸쳐 이루어지며, 바울 자신도 그 놀랍고도 거룩한 과정 중에 있으니, 그런 자신을 본받으라며 뒤따르는 이들에게 권하고 있다. 바울의 짧은 권면은 교회에서 통용되는 "사람을 보지 말고 하나님만 바라보고 믿으라"는 말과는 전혀 다르다.[5] 자신이 예수를 닮아가며 조금 앞서 나가고 있으니, 자신에게 복음을 전수받은 자들도 자신을 따라 성장하면 좋겠다며 진정성 있는 권고를 한다. 이 권고가 개인 차원이 아니라 고린도 교회라는 공동체 맥락에서 이루어지고 있다는 점도 눈여겨봐야 한다.

예수를 본받는 사람들이 함께 제자를 삼으며 살아가는 공동체는 복되다. 하나님께서 의도하신 교회가 바로 이런 제자들의 공동체였다. 자신이 제자로 살면서 다른 사람을 제자 삼으며 살아가는 공동체이다. 당연히 공동체는 시행착오를 거친다. 먼저 걷는 사람들은 시행착오를 겪기 마련이다. 뒤따르는 자들은 선배의 부족함을 반면교사 삼아 한 걸음 더 나아간다. 이렇게 세대를 넘어가면서 공동체의 영성은 더욱 깊어진다. 나는 이를 집단 영성이라 부르고 싶다. 복음을 전수하는 공동체는 개인으로가 아니라 집단으로 영성을 누린다.

예를 들어, 나들목교회를 처음 시작했을 때 우리는 가정교회가 무엇인지 잘 몰랐다. 가정교회를 시작한 목자들은 '이런 것이 가정교회겠지'라는 매우 기초적이고 피상적인 오리엔테이션만을 받고 뛰어들었다. 그야말로 원론과 원칙만 손에 쥐고 시작한 셈이다. 많은 시행착오가 있었다. 준비되지 않은 목자들이 그야말로 '싸우면서 건설하자'라며 마음을 모았다. 제자훈련도 없었고, 당시 집필 중이었던 《풍성한 삶의 기초》를 가정교회를 해나가면서 겨우 먼저 배우고는 곧장 '이끄미' 노릇을 하기 시작했다. 이런 과정을 통해 교회가 세워졌다. 나는 초기 목자들을 나들목교회의 '조강지처'라고 부른다. 온통 상처 투성이였던 그 목자들이 이제 정말 목자다운 모습을 갖추었다. 안타깝게도 소수지만 일부는 도중에 목자를 하차하거나 교회를 떠나기도 했다.

초기 목자들과 달리 안정되고 건강한 가정교회에서 성숙한 목자들의 본을 보면서 자란 이들이, 목자에게 《풍성한 삶의 기초》를 전수받고 다른 이들에게 전수하면서, 목자로 세워지기 시작했다. 10년 전에도 빠르면 서른다섯 살에서부터 마흔 살 전후로 목자가 되었고 요즘도 그렇다. 그러나 비슷한 나이에 목자가 되어도 요즘은 정말 다르다. 10년 전에는 온갖 시행착오를 겪으면서 목자로 성장했다. 이제는 10년간 시행착오를 거쳐 형성한 공동체의 유산, 집단 영성을 누리며 예수를 닮아가기 때문에, 훨씬 안정적이고 균형 있게 준비되어 리더로 선다. 준비된 리더들은 시간이 지나면서 더욱 안정적으로 변하고, 더욱 온전하게 주님의 부르심을 따라 살아간다. 예수를 조금 더 잘 닮은 사람들이 목자로 선다.

나는 소망을 품고 꿈을 꾼다. 교회가 예수를 닮아가는 일을 중심으로 세워지면, 세월이 흐를수록 교회 공동체는 더욱 깊어질 것이다. 10년 전 마흔 살보다 지금의 마흔 살이 훨씬 더 성숙하고 예수를 닮아 있듯이, 10년 후 마흔 살이 지금의 마흔 살보다 더욱 예수를 닮아 있을 것이다. 공동체가 건강하게 예수의 가르침에 집중하고 순종하면, 공동체의 리더십은 끊임없이 업그레이드될 것이다. 세월이 지나면 지날수록 성숙해가는 공동체가 될 것이다. 그렇게 되면, 다음 세대는 늘 그 전 세대를 능가할 것이다. 예수를 닮고 예수를 닮게 하는 일에서….

우리는 살아남았다!

예수의 부활 이후 2천 년간 교회는 늘 본질과 비본질의 싸움 가운데 있었다. 교회가 비본질에 집중하고 비본질적인 것에 휘둘리면, 교회 주변에는 늘 구정물이 생겨났다. 비본질적인 것들을 지적하며 기독교의 본질을 놓치는 사람들에게[6] '목욕물과 함께 아이를 버리지 마라.'Don't throw a baby with a bath water!는 미국 속담을 말해주곤 한다. 목욕하는 욕조에는 늘 그렇듯 구정물이 가득하다. 하지만 그 안에 탐스럽고 건강한 아이가 앉아 있다. 이처럼 예수 그리스도는 늘 우리 기독교와 교회 한가운데 자리하고 있다. 그리고 예수를 닮아가고 닮아가게 하며 예수를 붙든 사람들이 늘 있었다. 하나님과 세상을 겸하여 섬기거나 아예 하나님을 팔아 장사하는 사람들도 늘 있었지만 말이다. 교회가 살아남은 이유가 여기에 있다. 혹자들이 주장하듯 세속적이고 정치적인 싸움 끝에 교회가 오늘날에 이른 것이 아니다. 또한 교회가 조직과 정관을 정비했거나, 재정 후원이 충분했거나, 석학들이 신학교를 세웠거나, 훌륭한 목사가 대중을 휘어잡는 설교를 해서가 아니었다. 기독교의 맥을 이어온 것은 예수를 닮아가고 닮아가려고 수고를 아끼지 않는 성도들과 그들의 공동체였다.

우리 안에 하나님의 형상을 두셨던 하나님께서, 훼손된 하나님의 형상을 그 아들 예수 그리스도를 통해 회복하려는 소원을 품었고, 그 소원을 알아차리고 예수를 닮아가려고 애쓴 사람들이 있었기 때문에 기독교와 교회는 지난 2천 년간 맥이 이어졌다. 기독교와 교회, 그리고 그리스도인의 생존 방식은 바로 예수를 닮아가고 닮아가게 하는 일이었다. 이것이 참된 제자도이며, 평생의 훈련인 제자훈련이다.

한국 교회에 문제가 많다고 한다. 사회적으로 혐오의 대상까지 되었다고 한다. 아직도 일부 교회와 지도자들은 문제의 심각성을 느끼지 못한다. 어쩌면 문제의 핵심에 본인들이 있어서인지도 모르겠다. 우리의 상황은 최악이다. 최악의 상황을 여러 가지로 분석할 수 있지만, 가장 큰 원인은 우리가 믿어야 할 것들을 놓친 데 있다. 기독교의 존재 기반인 예수를 놓쳤다. 그분께서 전한 복음을 깊게 이해하지 못했다. 무엇보다 예수께서 처음부터 끝까지 가르치셨던 하나님 나라에 대해 무지했다. 그러면서 예수를 닮아가는 일조차 착하게 사는 것이나 교회 안에서 신앙생활 잘하는 정도가 되어버렸다. 여기에 제자훈련은 교회 안에서 거쳐야 할 프로그램으로 전락했다. 무엇을 믿고 따르는지는 결국 제자훈련의 궁극적 목적과 연결되는데, 그 본질을 제대로 이해하지 못하자, 부족한 제자훈련 정도가 아니라 별 의미가 없는 제자훈련, 나아가서는 왜곡된 제자훈련이 교회에 범람하게 되었다.

그러나 두려워할 필요는 없다. 기독교는 늘 최악의 상황에서 씨를 뿌리고 인내로 자라나 결실을 맺었다. 예수를 닮아가고 닮아가게 하는 일에 집중하는 것, 그렇게 해서 하나님나라 복음의 맥을 영광스럽게 이어나가는 것, 이것이 기독교의 생존 방식이다. 세상 천지에 하나님나라 복음을 아는 사람이 나 말고 아무도 없다 해도 우리는 절망하지 않는다. 또다시 눈물을 흘리며 씨를 뿌리면 되기 때문이다. 내가 예수를 닮아가고 예수를 닮아가는 사람들을 키워내면 되기 때문이다. 그렇게 예수를 닮아가는 공동체를 세워나가면 되기 때문이다. 그들과 그 공동체를 통해 깨지고 상한 세상을 회복해 나가면 되기 때문이다. 이것이 기독교와 교회, 그리고 그리스도인의 생존 방식이다.

성경은 곤경에 빠진 인간이 어떻게 하나님 앞에 설 수 있는지를 가르친다. 다르게 표현하면, 하나님께서 깨지고 상한 세상을 어떻게 회복하여, 죄인인 인간의 하나님이 되시는지를 보여준다. 이 놀라운 구원의 이야기는 성경 전체를 관통하지만, 그중에서도 로마서가 이 주제를 가장 자세히 그리고 논리적으로 기록한다. 2부에서는 로마서를 통해 인간이 어떻게 하나님나라에 들어갈 수 있는지(5장), 어떻게 하나님나라를 누릴 수 있는지(6장)를 살핀다. 한 걸음 더 나아가, 하나님나라 신학을 가질 때 구원의 역동성과 성령의 일하심을 어떻게 이해하고 누리게 되는지(7장), 또한 하나님나라를 받아들인 공동체인 교회가 세상에서 어떤 역할을 해야 하는지(8장)를 고찰한다.

II

뿌리내려야 한다, 하나님나라 복음

05.

하나님나라
복음

: 로마서 1-4장

교회에 젊은이들이 많아서 결혼식 주례를 자주 하는 편이다. 어느 날 결혼식장에 입장하는 선남선녀를 바라보다가, 인류의 근본 문제가 강렬하게 와 닿은 적이 있다. 결혼식은 신랑신부가 세상의 수많은 남녀 중에서 서로를 배우자로 택해서 평생 사랑하겠다고 사람들을 모셔놓고 선언하는 자리이다. 피 한 방울 섞이지 않은 사람을 선택해 평생 사랑하겠다고 다짐하는 것이다. 혈육이 아닌 남을, 인류 전체도 아니고, 우리 민족도 아니고, 동네 사람도 아니고, 직장 동료도 아닌, 단한 사람을 평생에 걸쳐 사랑하겠다고 결단하고 공개적으로 선언하는 것이다. 그런데 그 한 사람을 평생 사랑하기가 쉽지 않다.

결혼 초기에 속칭 '사랑의 유효기간'이 남아 있을 때는 사랑하는 일이 어렵지 않다. 그러나 시간이 지날수록 차이점이 부각되고 갈등이 반복되고 소통도 제대로 이루어지지 않으면서 많은 부부가 고통을 겪는다. 서로 사랑해서 결혼했어도 갈등 해결을 위한 소통이 쉽지 않은 경우가 많다. 둘은 서로 상처 주는 정도를 넘어서, 서로를 망가뜨리고 깨뜨리고 심지어 파괴한다. 그 사이에서 태어난 아이는 영문도 모른 채 내면 깊숙이 상처를 받는다. 이런 상처의 영향에서 벗어나지 못하고 그 안에서 평생 사는 사람도 있다. 사랑을 제대로 보지도,

배우지도 못한 이들은 사랑하고 싶고 사랑받고 싶어 결혼하지만, 또 다시 어려움에 봉착하곤 한다. 이것이 인간이 처한 근본 문제이다. 온 인류가 아니라, 자기가 선택한 한 사람을 사랑하기가 이토록 힘들다!

부부끼리는 물론이고 자기를 낳고 키워준 부모와도, 자기가 낳고 키운 자식과도 좋은 관계 맺기를 간절히 원하지만 무수히 많은 가정이 깨진다. 오늘날 우리가 겪는 수많은 갈등의 원인은 어쩌면 단 한 명을 사랑하고 싶어도 제대로 사랑할 수 없는 우리의 한계 때문인지도 모른다. 한 사람을 택해 사랑하겠다고 공개적으로 선언해놓고도 사랑하지 못하고, 서로 사랑해야 마땅한 가족끼리도 갈등을 피할 수 없다면, 서로 다르고 아무 연관도 없고 심지어 이해관계가 다른 사람들이 공존하는 일이 가능하겠는가? 자고 일어나면 들려오는 사회 곳곳에서 일어난 고통스런 이야기는 어쩌면 당연한 일이다.

사정이 이러하니, 사회적 약자는 물론이고 '갑'의 횡포로 힘들어하는 사람들이 넘쳐난다. 우리는 모두 '을'이라 피해를 당한다고 생각하지만, 상황이 바뀌면 우리 역시 '병'에게 '갑질'을 한다. 힘이 없어 당하는 불이익과 고통이 곳곳에서 눈에 띈다. 피고용자라서, 여성이라서, 장애인이라서, 외국인이라서 한숨과 눈물과 분노를 경험한다. 뿐만 아니라 우리 사회는 역사를 어떻게 이해할지를 놓고도 큰 갈등을 겪고 있다. 1980년 광주에서 우리는 끔찍한 일을 겪었다. 일어나서는 안 될, 참으로 가슴 아픈 사건이었다. 큰 고통을 당하고 생명까지 잃은 수많은 사람을 애도하고 두 번 다시 같은 일을 반복하지 않겠다고 다짐하는 날이 다가오면, 기념식을 누가 주관하고 어떤 노래를 부를지를 두고 최근까지 다투었다. 이 사건이 일어나고 40년 가까이 흘렀는데도, 여전히 이 사건을 해석하는 다른 시각이 존재하고, 서로 손가락질을 한다.

이뿐인가? 남북 관계는 늘 불안하다. 서로의 진정성은 믿지 못하면서, 자신만은 평화를 간절히 원한다고 주장한다. 불바다 으름장과 강경 대응을 반복하면서 평화를 논한다. 국내에서는 이런 갈등이 워낙 자주 거듭되다보니 그러려니 하지만, 외국에서는 일촉즉발의 위기라 생각하는 때가 한두 번이 아니다. 더 나아가 국제 정세를 보라. 국가 간 갈등은 물론이고, 국가와 테러 집단과의 갈등, 종족 간의 갈등, 총칼 없이 일어나는 거대 자본 간의 전쟁까지, 잔인하고 무참한 이야기를 우리는 매일 보고 듣는다. 이러는 동안 우리 후손이 누려야 할 생태계는 소리 없이 신음하며 회복이 어려울 정도로 훼손되고 있다.

도움이 절실한, 그러나 싫어하는 우리

개인 문제에서 시작해 가정에서, 우리 사회와 한반도에서, 더 나아가 국가들과 지구 생태계에 이르기까지, 우리 사는 온 세상은 갈등과 고통으로 가득 차 있다. 인류는 전체적으로나 개인적으로나 심각한 문제에 봉착해 있다. 그 문제를 풀기 위해 인간은 문명이 형성된 이후부터 지금까지 여러 방면으로 노력하고 있다. 물론 부분적인 진보도 이뤘지만, 여전히 본질적 갈등은 해결될 기미가 보이지 않는다. 개인 차원에서 다양한 소통 기술과 인간관계를 연구해서 조금씩 도움도 받지만, 인간의 갈등 문제가 점차 해결되어간다는 느낌은 들지 않는다.

이런 상황에서 참으로 불행하고 안타까운 사실은 많은 사람이 외부의 도움을 요청하지 않는다는 것이다. 인간 스스로 해결할 수 없음이 장구한 역사를 통해 증명되었지만 각 개인과 사회는 외부의 도움을 기대조차 하지 않는다. 그냥 "시간이 지나면 나아지겠지. 우리만 그런가. 다 그렇지. 어차피 사는 게 다 그렇지"라며 여러 이유를 든다. 개인부터 지구 생태계에 이르기까지 인류가 당한 곤경을 인간의 힘과 지혜로 해결할 수 있다고 막연히 생각하는 듯하다. 성경은 우리 사는 세상이 고통스럽고 아픈 곳이며, 그렇게 된 근본 원인이 있으며, 이에 대해 무지한 채 한계에 부딪히고 심각한 곤경에 빠진 인간을 직접 구출하시려고 하나님께서 개입하신다고 가르친다.

앞서 3장에서 말한 하나님나라는 하나님께서 세상을 창조하실 때 원래 의도하셨던, 인간이 그토록 원하는 정의와 사랑이 가득한 세상이다. 인간의 자기중심성이 불러온 잔인성이 끊임없이 이어지는 인간의 역사에 하나님께서 개입해 시작된 것이 바로 하나님나라이다. 하나님나라는 예수 그리스도로 말미암아 이미 시작되었고 예수께서 다시 오실 때 완성될 것이다. 그때는 눈물도 슬픔도 고통도 아픔도 더 이상 없을 것이다. 하나님 없이 자행된 모든 악과 행위와 문화가 사라지고, 하나님을 인정하고 하나님의 공의와 사랑이 모든 피조세계에 온전히 나타나는 새로운 세상이 열릴 것이다. 그때까지 그리스도인은 이미 임한 하나님나라를 '이 세대'에서 살아내도록 부르심을 받았다.

로마서, 구원의 도리를 설파한 최고의 책

그렇다면 이미 임한 놀라운 하나님나라에 자격 없는 우리가 들어갈 수 있도록 하나님께서 무엇을 하셨는지를 선명하게 이해해야 한다. 하나님나라가 임하면 악하고 깨지고 죄에 빠진 사람들은 심판을 피할 수 없다. 인간 중에 죄와 무관할 수 있는 자가 없으니, 하나님나라가 임했을 때 두려움 없이 심판 받고 하나님나라를 기쁘게 맞이할 사람이 하나도 없다. 성경은 죄인인 우리가 어떻게 하나님의 다스림 아래서 살아갈 수 있는지, 누구 때문에 무엇에 힘입어 하나님나라에 감히 들어갈 수 있는지를 자세히 소개한다. 이를 구원의 도리라고 부른다.

구원의 도리를 잘 설명하는 성경 본문이 여럿 있지만 그중에서 로마서는 독보적이다. 많은 이들이 잘 알듯이 로마서는 기독교 역사에서 매우 중요한 책이다. 아우구스티누스, 마르틴 루터, 존 웨슬리, 칼 바르트 등 교회사에서 중요한 인물들이 로마서로 인해 회심하거나, 로마서를 연구하고 가르쳤다. 로마서가 기독교의 본령을 품고 있다는 사실에는 이론의 여지가 없다. 따라서 그리스도인이라면 로마서를 어느 정도까지는 이해해야 한다. 사실 로마서에 대한 설교집은 수도 없이 많다. 가령, 마틴 로이드 존스 목사^{Martyn Lloyd Jones}가 수년간 설교한 로마서는 14권으로 출판되었으며, 그 책은 지금도 많은 이들이 읽고 연구한다. 로마서는 그야말로 보고^{寶庫}이다.

로마서 한 구절 한 구절을 현미경을 대고 보듯이 살피는 방법도 있다. 하지만 로마서 전체 그림을 먼저 이해하는 것이 무엇보다 중요하다. 바울 사도는 1-8장에서 구원의 도리를 설명하고, 9-11장에서 구원을 받아들인 이방인과 유대인과의 관계를 알려준 다음, 12-16장에서 구원받은 자들의 공동체 삶에 대해 이야기한다.

- **1-8장**　　구원의 도리
- **9-11장**　　구원을 받아들인 이방인과 유대인과의 관계
- **12-16장**　구원받은 자들의 공동체 삶

이번 장과 다음 장에서는 구원의 도리, 곧 하나님의 심판을 피할 수 없었던 죄인이 어떻게 하나님 앞에 설 수 있었는지를 로마서 1-8

장을 주마간산으로 훑으며 전체 그림을 살펴보려 한다. 전체 그림이 잡히면 로마서를 읽거나 설교를 들을 때마다 이해가 더 깊어지고 온전해질 것이다. 아직 로마서 1-4장을 읽어보지 않았다면, 이번 장을 읽기 전에 잠시 이 책을 옆으로 밀쳐두고 성경을 꺼내 로마서 1-4장을 최소한 일독하기 바란다.

시작과 끝이 하나님나라 복음 롬 1:1-16

로마서는 바울의 서신서가 늘 그렇듯 인사로 시작한다. 1장 1절부터 15절까지는 바울 자신이 어떤 사람이며 자신의 사명이 무엇인지, 왜 로마에 가고 싶어 하는지, 가서 뭘 하고 싶은지를 이야기한다. 인사말에서 바울 사도는 자기가 전하는 복음이 바로 하나님나라의 복음이라고 처음부터 설명한다.

> 이 복음은 하나님께서 예언자들을 통하여 성경에 미리 약속하신 것으로 그의 아들을 두고 하신 말씀입니다. 이 아들은, 육신으로는 다윗의 후손으로 태어나셨으며, 성령으로는 죽은 사람들 가운데서 부활하심으로 나타내신 권능으로 하나님의 아들로 확정되신 분이십니다. 그는 곧 우리 주 예수 그리스도이십니다. 1:2-4

바울 사도는 이 복음이 구약의 예언자들을 통해 하나님께서 미리 약속하신 것이라고 소개한다. 3장에서 살펴보았듯 구약성경 전체는 하나님의 종이 반역하고 깨진 세상을 심판하고 회복하러 온다고 약속한다. 그 약속을 따라 오신 하나님의 아들은 약속대로 다윗의 자손으로 태어나셨고, 고난을 받고 죽은 사람들 가운데서 부활해 하나님의 아들로 확정되셨다. 그리하여 예수께서는 우리의 주, 그리스도 곧 메시아가 되셨다. 1장 2-4절이 비록 짧지만, 바울 사도는 자신이 전하는 복음이 스스로 새로 만들어낸 사상이 결코 아니며, 구약성경 에서부터 면면히 흘러왔던 약속, 메시아가 오리라는 말씀의 성취라 고 선언한다.[1] 그렇기에 이 본문을 로마서 서론에 있는 인사말 정도 로 생각하면 큰 오산이다. 이 본문은 복음이 예수의 십자가 죽음만이 아니라, 예수에 대해 구약성경에서부터 '미리 약속하신 것', 즉 예수 께서 메시아로서 우리의 주라는 사실을 선언한다. 이어서 예수로 말 미암아 사도 직분을 받은 바울은 "모든 민족이 **믿고 순종하게**"[1:5] 하 는 일에 부르심을 받았다고 자신을 소개한다. 바울은 로마서 전체를 통해 자신이 전하는 복음을 설명하므로, 긴 서신의 마지막 헌사를 기 억하는 것은 중요하다.[2]

> 하나님께서는 내가 전하는 복음 곧 예수 그리스도에 관한 선포로 여러 분을 능히 튼튼히 세워주십니다. 그는 오랜 세월 동안 감추어 두셨던 비밀을 계시해 주셨습니다. 그 비밀이 지금은 예언자들의 글로 환히 공 개되고, 영원하신 하나님의 명을 따라 모든 이방 사람들에게 알려져서, 그들이 **믿고 순종하게** 되었습니다. 오직 한 분이신 지혜로우신 하나님 께, 예수 그리스도로 말미암아 영광이 영원무궁 하도록 있기를 빕니다. 아멘![16:25-26]

바울은 서신 초반부터 자신이 전하는 복음이 이방인까지 회복하 겠다는, 구약성경에서부터 이어온 하나님의 약속에서 비롯되었음을 강조한 후, 로마의 성도들에게 안부[1:5-15]를 전하고, 1장 16-17절에서 로마서 전체의 주제를 요약한다.

나는 복음을 부끄러워하지 않습니다. 이 복음은 유대 사람을 비롯하여 그리스 사람에게 이르기까지, 모든 믿는 사람을 구원하는 하나님의 능력입니다. 하나님의 의가 복음 속에 나타납니다. 이 일은 오로지 믿음에 근거하여 일어납니다. 이것은 성경에 기록한 바 "의인은 믿음으로 살 것이다" 한 것과 같습니다.

바울은 "복음을 부끄러워하지 않습니다"라고 선언한다. 반어적으로 무엇보다 자랑스럽다는 말이다. 그런데 복음이 유대 사람과 그리스 사람은 물론이고 모든 믿는 사람에게 차별 없이 주어지는 '구원하는 하나님의 능력'이라고 설명한다. 이는 놀라운 하나님나라 사상이다. 구약성경을 통해 끊임없이 모든 민족이 하나님께 돌아올 것이라고 약속했는데, 그 약속이 비로소 이루어졌다. 그러므로 복음은 하나님의 능력이다. 유대인뿐 아니라 어떤 이방인이라도 믿기만 하면 차별 없이 구원받을 수 있기 때문에 복음을 하나님의 능력이라고 정의한다.

이것이 가능한 까닭은 복음에 '하나님의 의'가 나타나기 때문이라고 바울은 설명한다. '하나님의 의'는 로마서 전체에서 가장 중요한 단어인데, 그렇다면 대체 '하나님의 의'가 무엇일까? 많은 사람이 '하나님의 의'를 오해한다. 유교 전통에 있는 사람들은 '의'를 의로운 행동, 착한 행위, 정의로운 행동과 연관 지어 생각한다. 그러나 하나님의 의는 하나님 앞에 설 수 있다는 관계적 의미와 심판자이신 하나님 앞에서 무죄를 선고받았다는 법정적 의미가 있다.[3] 유진 피터슨^{Eugene} Peterson은 《메시지》[4] 성경에서 '하나님의 의'를 "사람들을 바로 세워주시는 하나님의 길"이라고 번역했다. 성경적으로 또 현대적으로 잘 풀어 옮겼다고 할 수 있다. 하나님의 의는 하나님의 속성인 의라기보다,

관계로나 법률로나 자격 없는 사람들을 하나님 앞에 세우는 것을 의미한다. 이런 면에서 하나님의 의는 하나님께서 지니고 계신 의라기보다는 인간에게 주시려 했던 의라고 볼 수 있다.

바울은 하나님의 의가 복음에 나타났다고 선언한다. 넘어지고 길을 잃은 인간을, 곤경에 빠져 "도와주세요"라고 말할 수밖에 없는 인간을, 그 곤경에서 빼내서 하나님 앞에 설 수 있게 하는 것이 하나님의 의인데, 그 의가 복음에 나타났다고 설명한다. 메시아이신 예수께서 가져온 복음은, '이 세대'에 속해서 하나님의 심판을 피할 수 없었던 사람들이 심판을 피할뿐더러 하나님 앞에 설 수 있도록 만든다.

그런데 바울은 이 놀라운 복이 누구에게 주어진다고 말하는가? 모든 믿는 사람에게 주어진다고 말한다. 이스라엘 족속만이 아니라, 이방인, 곧 구약성경이 수없이 반복해서 예언한 열방도 축복의 대상이라고 말한다. 구약성경이 약속했던 메시아가 그의 회복된 나라를 시작하셨다. 이 놀라운 일은 오직 믿음에 근거해서만 일어난다. 개역개정은 "믿음으로 믿음에 이르게 하나니"라고 직역했는데, NIV는 "by faith from first to last"로 번역한다. 즉 처음부터 끝날 때까지 믿음으로 이루어진다. 믿음으로만 된다. 바울은 믿음이 너무나 중요한 원리이기 때문에 로마서 4장을 전부 할애해 믿음의 원리를 다시 설명한다.

로마서의 주제절인 16-17절을 제대로 이해하면 로마서 전체를 이해한 것과 같다. 로마서의 핵심 단어들이 이 두 절에 가득 차 있다. '복음, 유대 사람과 그리스 사람, 구원, 하나님의 능력, 하나님의 의, 믿음, 의인.' 바울은 소중한 단어들을 엮어 주제절을 제시하고, 로마서 전체를 통해 한 단어 한 단어를 설명한다. 로마서 전체, 특히 1장부터 8장까지를 공부한 다음에 1장 16-17절을 다시 읽어보라. 로마서를 제대로 이해했다면 바울 사도가 정말 대단한 사람이구나라는 생각이 들 것이다. 1장부터 16장까지의 중요한 주제들을 단 두 줄로 요약하다니! 두 구절에 로마서의 중요한 주제가 다 포함돼 있다.

전통적으로 로마서 1-16장은 로마서에서 가장 중요한 단어인 '하나님의 의'를 중심으로 정리한다. 그런데 구약성경이 약속한 메시아 예수께서 어떻게 곤경에 빠진 인간에게 하나님의 의를 가져오셨는지, 즉 심판을 피할 수 없는 유대인과 이방인이 어떻게 차별 없이 하나님나라에 들어가게 되었는지를 로마서 전체가 설명하고 있기 때문에, 비록 바울은 '하나님나라'라는 단어를 로마서 14장 17절에서 단 한 번 사용하고 있지만, 하나님나라 사상에 기초해 다음과 같이 정리할 수도 있다.

1:18-3:20	하나님나라의 의가 필요한 세상	하나님의 심판과 진노
3:21-3:31	하나님의 의가 주어지다	차별 없는 하나님나라 복음
4:1-25	하나님의 의를 얻는 길	하나님나라 복음의 중심 원리
5:1-21	하나님의 의가 주는 복	하나님나라 백성이 누리는 복
6:1-23	하나님의 의로 주어진 연합	하나님나라 백성의 메시아와의 연합
7:1-25	하나님의 의를 드러내는 율법	하나님나라와 율법의 역할
8:1-39	하나님의 의의 궁극적 목표	하나님나라를 기다리는 종말론적 삶
9:1-11:27	하나님의 의를 거부한 이스라엘	하나님나라와 이스라엘과 이방인
12:1-16:24	하나님의 의를 살아내는 새 공동체	하나님나라를 살아내는 공동체

하나님의 의를 중심으로 로마서를 이해하는 전통적 접근이 여전히 유효하지만, 로마서를 단지 개인 구원을 설명하는 책으로 이해하는 경향이 있어 안타깝다. 바울이 전하는 복음은 개인만이 아니라 깨진 세상 전체를 회복하려는 하나님의 구원의 도리이기 때문이다. 따라서 로마서를 읽을 때는 구약성경에서부터 기다려온 메시아 관점으로, 메시아가 하나님의 의를 가져와서 자격 없는 자들을 하나님나라에 들어가게 하고 하나님나라 백성으로 살게 하는 관점으로 이해하는 것이 가능할 뿐 아니라, 꼭 필요한 일이다.

하나님의 심판과 진노 롬 1:18-3:20

인간을 구원하는 하나님의 의를 이야기하기 위해 바울이 먼저 꺼낸 주제는 우리가 사는 깨진 세상이다. 1장 18절부터 3장 20절까지 자그마치 두 장에 걸쳐서, 하나님의 주권을 거절한 인간의 상태와 이에 대한 하나님의 심판을 다룬다. 로마서 1장부터 8장까지가 어떻게 구원을 받아 그 구원을 누릴 수 있는지를 다룬다면, 여덟 장 중에 두 장을 할애해 죄 문제를 다룬다. 왜 이렇게 죄 문제를 심각하게 다룰까?

죄가 우리가 살고 있는 '이 세대'의 본질적 문제이며 특징이기 때문이다. 구약성경은 우리가 살고 있는 세상이 자기중심성에 빠져 하나님을 거절했기 때문에 인간의 잔인성으로 말미암아 세상에 온갖 불의와 고통이 있다는 것을 증언하고 있다고 3장에서 살핀 바 있다. 우리가 사는 세상은 '하나님의 의가 필요한 깨진 세상'이다. 하나님을 부인하고 거절한 이 세대에 살고 있는 모든 사람은 하나님의 의, 곧 하나님의 법정에서도 옳다 인정받고, 하나님과의 관계도 회복되는 일이 간절히 필요하다. 인간의 본질적 문제는 하나님께서 개입해서 해결하지 않는 이상, 인간 스스로는 해결할 수 없다. 이 때문에 바울 사도는 하나님의 의가 어떻게 우리에게 주어졌는지를 설명하기 전에 하나님의 의가 간절히 필요한 인간의 상태를 먼저 자세히 설명한다. 에베소서 2장에서 하나님의 '그 크신 사랑'으로 말미암아 일어난 놀라운 일을 설명하기⁴⁻⁶절 전에 그리스도 밖에 있었던 인간의 상태¹⁻³절를 먼저 설명한 것과 동일한 방식이다.

깨진 세상(이 세대)의 특징: 죄의 본질 1:18-32

바울 사도는 하나님나라 복음이 절실한 세상의 일반적 상태를 1장 18-32절에서 다루면서, 가장 먼저 하나님의 진노를 소개한다.

> 하나님의 진노가, 불의한 행동으로 진리를 가로막는 사람의 온갖 불경 건함과 불의함을 겨냥하여, 하늘로부터 나타납니다.¹:¹⁸

에베소서에서는 인간의 죄의 상태를 설명하고 마지막에 '진노의 자식'이었다²:¹⁻³고 언급했는데, 로마서에서는 거꾸로 하나님의 진노 부터 선언하며 시작한다. 메시아가 오실 때 이 세대의 불의를 심판하 신다는 구약성경의 약속이 이제 예수의 오심으로 현재 임하고 있음 을 바울은 강조한다. "하늘로부터 나타납니다"는 미래 시제가 아니라 현재 시제이다. 뒤에서 살피겠지만, 바울 사도는 죄의 보응을 '현재 에' 이미 받고 있다고, 하나님 심판의 현재적 성격을 강조한다.

> 하나님을 알 만한 일이 사람에게 환히 드러나 있습니다. 하나님께서 그 것을 환히 드러내주셨습니다. 이 세상 창조 때로부터, 하나님의 보이 지 않는 속성, 곧 그분의 영원하신 능력과 신성은, 사람이 그 지으신 만

물을 보고서 깨닫게 되어 있습니다. 그러므로 사람들은 핑계를 댈 수가 없습니다. 사람들은 하나님을 알면서도, 하나님을 하나님으로 영화롭게 해드리거나 감사를 드리기는커녕, 오히려 생각이 허망해져서, 그들의 지각없는 마음이 어두워졌습니다. 사람들은 스스로 지혜가 있다고 주장하지만, 실상은 어리석은 사람이 되었습니다.[1:19-22]

먼저 바울은 "하나님을 알 만한 일이 사람에게 환히 드러나 있습니다"라고 말한다. 하나님께서 지으신 만물을 보면, 그 속에서 하나님의 보이지 않는 속성을 어렴풋하게나마 깨달을 수 있다는 것이다. 신이 어떤 분인지는 잘 모르지만, 누구나 그분에 대한 막연한 생각은 가지고 있다는 것이다. 그런데 21절에서 "사람들은 하나님을 알면서도, 하나님을 하나님으로 영화롭게 해드리거나 감사를 드리기는커녕, 오히려 생각이 허망해져서…마음이 어두워졌습니다"라고 묘사한다.

사람들은 스스로 지혜가 있다고 주장하지만, 세상 만물을 지으신 하나님을 모른다면 실상 어리석은 것이다. 하나님을 더듬어 찾기는커녕 온 우주가 우연히 존재한다고 주장하는 무신론자를 가리켜 성경은 어리석은 자라고 한다.[시 14:1] 인간은 하나님이나 진리를 어차피 알 수 없다고 말하는 불가지론자도 핑계 댈 수 없다. 인간이 하나님을 알 수 있도록 하나님이 스스로를 드러내 보이지 않았다면 불가지론자의 입장이 겸허하며 지혜롭다 할 수 있겠지만, 하나님께서 여러 모양으로 말씀하시다가 결국에는 그 아들까지 보내어 말씀하셨기 때문에[히 1:1-2] 불가지론도 설 자리를 잃고 말았다.

그들은 썩지 않는 하나님의 영광을, 썩어 없어질 사람이나 새나 네 발짐승이나 기어 다니는 동물의 형상으로 **바꾸어놓았습니다**. 그러므로 하나님께서는, 사람들이 마음의 욕정대로 하도록 더러움에 그대로 **내버려두시니**, 서로의 몸을 욕되게 하였습니다. 사람들은 하나님의 진리를 거짓으로 바꾸고, 창조주 대신에 피조물을 숭배하고 섬겼습니다. 하나님은 영원히 찬송을 받으실 분이십니다. 아멘. 이런 까닭에, 하나님께서는 사람들을 부끄러운 정욕에 **내버려두셨습니다**. 여자들은 남자와의 바른 관계를 바르지 못한 관계로 바꾸고, 또한 남자들도 이와 같이, 여자와의 바른 관계를 버리고 서로 욕정에 불탔으며, 남자가 남자와 더불어 부끄러운 짓을 하게 되었습니다. 그래서 그들은 그 잘못에 마땅한 대가를 스스로 받았습니다. 사람들이 하나님을 인정하기를 싫어하므로, 하나님께서는 사람들을 타락한 마음자리에 **내버려두셔서**, 해서는 안 될 일을 하도록 놓아두셨습니다.[1:23-28]

하나님을 제거한 세상은 뒤집힌 세상이 되었다. 하나님의 영광을 우상의 형상으로 바꾸어놓았고,[23절] 하나님의 진리를 거짓으로 바꾸었으며,[25절] 남녀의 바른 관계를 바르지 못한 관계로 바꾸었다.[26절] 죄는 하나님과 하나님의 진리, 하나님께서 의도한 관계를 모두 제멋대로 바꾸어버리는 것이다. 이것이 바로 죄의 본질이다. 인간은 우주와 인생의 중심이신 하나님을 제거하고, 섬기지 말아야 할 것을 신으로 여기며 그것을 추구한다. 오늘날에는 과거 신전에 있던 우상 대신에 돈과 명예와 쾌락과 성공 같은 현대의 우상을 섬긴다. 결코 생명을 가져다주지 못하는 우상을 섬기기 시작하면, 인간은 하나님의 진리를 왜곡하고, 그 결과 거짓이 세상과 인생을 지배하게 된다. 우상과 거짓은 우리 일상에 파고들어 비정상적 관계를 낳는다.

바울 사도는 세 번에 걸쳐 '바꾸었다'고 고발하고 곧이어 세 번에 걸쳐 하나님께서 '내버려두셨다'고 선언한다.[5] "마음의 욕정대로 하도록 더러움에 그대로 내버려두셨고",[24절] "부끄러운 정욕에 내버려두셨고",[26절] "타락한(상실한) 마음자리에 내버려두셨습니다."[28절] 하나님은 인간을 인격적 존재로 창조했기 때문에 인간이 하나님과 그 진리를 다른 것으로 바꾸어버리자, 하나님은 그들 마음이 욕정과 정욕과 타락함에 지배당하도록 내버려둘 수밖에 없었다. 하나님과의 깨진 관계는 인간의 마음에 영향을 미쳐서, 하나님이 아니라 인간이 주인이 되게끔 하고, 결국 인간의 욕정과 정욕과 상실한 마음이 인간을 지배하게 되었다.

이로 인해 "서로의 몸을 욕되게 하였고",[24절] "욕정에 불타…부끄러운 짓을 하게 되었으며",[27절] "해서는 안 될 일을 하였다."[28절] 우리 마음이 하나님을 인정하기 싫어하면, 그 마음은 우리 몸과 삶에 실제로 영향을 미친다. 죄는 근본적으로 하나님과의 관계가 깨진 것이며, 우리 마음을 굴복시키며, 결국 우리 몸을 통해 구체적으로 드러난다.

하나님께서 내버려두셨고, '그 잘못에 마땅한 대가를 스스로 받았다는 것'은 하나님이 내린 현재의 심판을 보여준다. 하나님의 진노가 어떻게 하늘로부터 나타나고 있는지 바울 사도는 구체적 모습을 들어 보여준다. 인간이 하나님을 버리자, 인간은 진리가 아닌 비진리를, 생명이 아닌 사망을, 빛이 아닌 어둠을 따라 살면서 그 안에서 스스로를 훼손하기에 이른다. 29-32절에서는 구체적으로 어떤 죄의 열매가 맺히는지 열거한다.

사람들은 온갖 불의와 악행과 탐욕과 악의로 가득 차 있으며, 시기와 살의와 분쟁과 사기와 적의로 가득 차 있으며, 수군거리는 자요, 중상하는 자요, 하나님을 미워하는 자요, 불손한 자요, 오만한 자요, 자랑하는 자요, 악을 꾸미는 모략꾼이요, 부모를 거역하는 자요, 우매한 자요, 신의가 없는 자요, 무정한 자요, 무자비한 자입니다. 그들은, 이와 같은 일을 하는 자들은 죽어야 마땅하다는 하나님의 공정한 법도를 알면서도, 자기들만 이런 일을 하는 것이 아니라, 이런 일을 저지르는 사람을 두둔하기까지 합니다.[1:29-32]

죄의 결과나 나타나는 현상보다 더 심각한 것은, 이런 죄들이 양심에 따라 고발되어 정의로운 심판의 대상인 줄 알면서도, 서로 눈감아주고 더 나아가 두둔하는 것이다. 그것이 우리가 사는, 하나님을 거절한 세상의 본모습이다.[32절] 이 성경 구절은 이 세상이 처한 심각한 문제를 신학적으로 설명한다. 부부 관계, 부모자식 관계에서 시작해 사회 갈등과 국제 정세에 이르기까지 이 세계에 깨짐과 고통이 가득한 이유는, 근본적으로 인간의 마음에 자기 욕망이 가득하기 때문이며, 그리된 까닭은 마음 중심에 하나님을 모시기 싫어하기 때문이다. 원래 주인인 하나님이 있어야 할 자리에 인간이 주인으로 앉아 자기 멋대로 세상을 움직일 때 생겨나는 고통스런 결과이다.

로마서 서두에서 바울이 이토록 세밀하게 죄를 논증하는 이유는 하나님께서 세상에 개입하셔야 하는 당위를 설명하기 위해서이다. 인간은 "도와주세요"라고 소리 지를 수밖에 없을 정도로 심각한 상황에 처해 있다. 하나님나라에 들어가기는커녕 하나님의 심판을 벗어날 수가 없다. 인간은 진노 아래 있을 수밖에 없기에, 하나님 앞에 설 수 있는 하나님의 의가 인간에게는 절실하게 필요함을 깨달아야 한다. 다시 말해, 인간이 스스로 얼마나 절박한 상황에 처한 줄 깨닫지 못하면, 하나님의 구원을 찾지도 않을뿐더러 구원의 소식을 들어도 감격하지 않을 것이다.

바울 사도는 죄의 본질과 그 심각성에 대해 논증한 다음, 오히려 다른 사람의 죄를 보며 정죄하는 이들에게로 초점을 옮긴다. "그러므로 남을 심판하는 사람이여, 그대가 누구이든지, 죄가 없다고 변명할 수 없습니다."[2:1] 이제부터는 유대인과 양심적인 이방인을 향해 하나님의 심판에서 벗어날 수 없다고 경고한다. 왜냐하면 다른 사람을 정죄하지만 자신들도 같은 일을 하기 때문이다.[2:2-5] 하나님의 공정한 심판에서 자유로울 사람은 없다고 6-12절에서 설명한다.

> 하나님께서는 "각 사람에게 그가 한 대로 갚아주실 것입니다." 참으면서 선한 일을 하여 영광과 존귀와 불멸의 것을 구하는 사람에게는 영원한 생명을 주시고, 이기심에 사로잡혀서 진리를 거스르고 불의를 따르는 사람에게는 진노와 분노를 쏟으실 것입니다. 악한 일을 하는 모든 사람에게는, 먼저 유대 사람을 비롯하여 그리스 사람에게 이르기까지, 환난과 고통을 주실 것이요, 선한 일을 하는 모든 사람에게는, 먼저 유대 사람을 비롯하여 그리스 사람에게 이르기까지, 영광과 존귀와 평강을 내리실 것입니다. 하나님께서는 사람을 차별함이 없이 대하시기 때문입니다. 율법을 모르고 범죄한 사람은 율법과 상관없이 망할 것이요, 율법을 알고 범죄한 사람은 율법을 따라 심판을 받을 것입니다.

2장 6절은 하나님의 심판 원리를 설명한다. 이 원리는 유대인과 그리스인에게 차별 없이 적용된다. 율법을 알고도 율법을 지키지 않아 죄인이 된 사람이나, 율법을 모르더라도 자기 양심을 따르지 않는다면 그도 죄인이니, 모두 동일한 죄인이다. 눈에 보이는 극악한 죄에 빠지지 않았어도 율법이나 양심에 따라 살지 않은 사람은 똑같이 죄

5

나라
복음

1-4장

인이며, 하나님의 심판을 피할 수 없다고 선언한다. 하나님을 떠난 인간은 선하게 살려고 아무리 애를 써도 양심에 거리낌 없이 살 수 있는 사람은 하나도 없으므로, 모든 인간은 하나님의 심판 아래 있다는 것이다.

사람들은 보통 죄라고 하면 밖으로 드러나서 벌을 줄 수 있는 것이라 생각한다. 좀 더 깊이 생각하는 사람은 죄가 마음에서 비롯된다고 보고 마음을 다스리면 된다고 말한다. 그러나 하나님을 떠난 인간은 외적 행동을 자제해 죄인으로 고발당하지 않을 수는 있겠지만, 아무리 마음을 잘 다스려도 양심에 반해 일어나는 숨은 죄로부터는 자유로울 수 없다. 사회적으로나 윤리적으로 별 잘못 없는 사람들은 그렇지 못한 사람들을 판단하고 정죄하는 경향이 강하다. 그런 사람들을 향해 바울 사도는 다시 한 번 강력하게 경고한다.

> 율법을 가지지 않은 이방 사람이, 사람의 본성을 따라 율법이 명하는 바를 행하면, 그들은 율법을 가지고 있지 않아도, 자기 자신이 자기에게 율법입니다. 그런 사람은, 율법이 요구하는 일이 자기의 마음에 적혀 있음을 드러내 보입니다. 그들의 양심도 이 사실을 증언합니다. 그들의 생각들이 서로 고발하기도 하고, 변호하기도 합니다. 이런 일은, 내가 전하는 복음대로, 하나님께서 그리스도를 내세우셔서 사람들이 감추고 있는 비밀들을 심판하실 그날에 드러날 것입니다.^{2:14-16}

구약성경의 율법이 없는 사람에게는 양심이 비슷한 기능을 한다고 바울은 이야기한다. 인간은 양심 때문에 마음에서 스스로를 고발도 하고 변호도 한다. 윤리적으로 살아가는 사람들은 자신이 상대적으로 낫다고 여길지 모른다. 그들의 양심이 고발하는 내용은 지금은 모두 숨겨져 있다. 하지만 마지막 날에 우리 속의 비밀이 모두 다 드러날 것이라고 바울은 선언한다. 마지막 날의 심판은 '바울의 복음'에서 매우 중요한 요소이다. 하나님나라가 이미 임했지만, 마지막 날, 즉 '그날'에 그리스도 앞에서 모든 것이 드러나고 그리스도를 통해 완전한 심판이 이루어질 것이다.

유대인도 심판 아래 있다 2:17-3:8

도덕주의자와 유대인을 함께 다룬 바울은 이제 유대인의 문제에 집중한다. 그렇다면, 도대체 유대인들의 죄는 어떻게 볼 것인가? 유대인에게는 율법과 할례가 주어졌으나, 그렇다고 해서 그들이 특별한 사람은 아니라고 말한다. 2:17-29 유대인은 율법, 할례, 안식일 준수 등을 자신들의 정체성을 나타내는 표지라 생각했고, 그래서 스스로를 특별한 존재라고 여겼다. 유대인과 오늘날 그리스도인과는 비슷한 점이 있다. "교회 다니니까, 세례받았으니까, 나는 어쨌든 구원받았다"라고 생각하는 자들을 향해 바울은 당시 유대인에게 그랬듯이 "그렇지 않다! 그건 껍데기이다!"라고 선언할지 모른다. 그는 중요한 것은 겉모양이 아니라 마음이라고 이야기한다.

> 겉모양으로 유대 사람이라고 해서 유대 사람이 아니요, 겉모양으로 살갗에 할례를 받았다고 해서 할례가 아닙니다. 오히려 속사람으로 유대 사람인 이가 유대 사람이며, 율법의 조문을 따라서 받는 할례가 아니라 성령으로 마음에 받는 할례가 참 할례입니다. 이런 사람은, 사람에게서가 아니라, 하나님에게서 칭찬을 받습니다. 2:28-29

외적 조건을 갖춘다고 하나님께서 특별히 사랑하시지 않는다.

'겉모양, 형식, 외적 조건' 같은 것에는 관심을 두지 않는다. 하나님께서 눈여겨보는 것은 '속사람, 내용, 내면세계'이다. 한국 그리스도인들이 이것만 제대로 마음에 새겨도 오늘날 한국 교회와 한국 그리스도인이 만들어내는 부끄러운 일들이 줄어들지 않을까? "나는 그리스도인이고 구원의 확신이 있다", "나는 세례받은 정식 교인이다", "나는 교회에 헌금도 하고 봉사도 많이 한다", "나는 성직자이다"라는 외적 조건이 결코 하나님의 심판을 모면하게 해주지 않는다. 하나님께서는 "사람은 겉모습만을 따라 판단하지만, 나 주는 중심을 본다"^{삼상 16:7}고 늘 말씀하신다.

목회자인 바울은 유대인에게 혹독하게 심판을 선언한 다음, 그래도 유대인에게 유익이 있다고 상기시킨다. 무엇보다 하나님의 계시가 그들에게 주어졌다.^{3:1-2} 그러나 당시 일부 주장처럼 "유대인의 불의가 하나님의 의를 드러내고, 그들의 거짓됨이 하나님의 참되심을 더욱 드러낸다면 어떻게 그들이 죄인인가"라는 주장은 어불성설이라며 일축한다.^{3:4-8}

온 인류가 죄 아래 있다^{3:9-20}

자명한 죄를 짓는 사람들, 이들을 판단하는 도덕주의자들, 외적 조건에 의지하는 유대인들 모두가 하나님의 심판 아래 있다고 조목조목 밝힌 바울은 이제 죄에 대한 논증의 결론에 다다른다.

그러면 무엇을 말해야 하겠습니까? 우리 유대 사람이 이방 사람보다 낫습니까? 전혀 그렇지 않습니다. 유대 사람이나 그리스 사람이나, 다 같이 죄 아래에 있음을 우리가 이미 지적하였습니다.^{3:9}

바울은 유대인이나 이방인 할 것 없이 모든 인류가 '죄 아래 있다'고 선언한다. 누구도 죄의 영향력에서 벗어나지 못한다. 이것이 우리가 사는 이 세대의 실상이다. 하나님을 떠나 자기가 중심인 상태로 살기 때문에 죄의 결과를 먹고 살 수밖에 없고, 결국 하나님의 준엄한 심판에 이른다.

이제 바울은 3장 10-18절에서 죄에 대한 구약성경의 중요한 구절들을 제시하고는, 결론으로 하나님의 죄에 대한 선언을 기술한다. 그들 마음에 하나님을 찾지도 두려워하지도 않아,[11, 18절] 그들은 악한 행위를 일삼으며,[12, 15-26절] 그들의 말로 악을 행하여,[13-14절] 의인은 한 사람도 없다고 고발한다.

성경에 이렇게 기록되어 있습니다. "의인은 없다. 한 사람도 없다. 깨닫는 사람도 없고, 하나님을 찾는 사람도 없다. 모두가 곁길로 빠져서, 쓸모가 없게 되었다. 선한 일을 하는 사람은 없다. 한 사람도 없다." "그들의 목구멍은 열린 무덤이다. 혀는 사람을 속인다." "입술에는 독사의 독이 있다." "입에는 저주와 독설이 가득 찼다." "발은 피를 흘리는 일에 빠르며, 그들이 가는 길에는 파멸과 비참함이 있다. 그들은 평화의 길을 알지 못한다." "그들의 눈에는 하나님을 두려워하는 빛이 없다."

이제 바울은 죄에 대한 고발을 마무리한다.

율법에 있는 모든 말씀이 율법 아래 사는 사람에게 말한 것임을 우리는 압니다. 그것은 모든 입을 막고, 온 세상을 하나님 앞에서 유죄로 드러내려는 것입니다. 그러므로 율법의 행위로는 하나님 앞에서 의롭다고 인정받을 사람이 아무도 없습니다. 율법으로는 죄를 인식할 뿐입니

다.^{3:19-20}

온 세상이 하나님 앞에서 유죄라고 선언한다. 유대인이 쥐고 있었던 율법이든, 율법 없는 이방인에게 율법 역할을 했던 양심이든, 그것들을 따라 살면서 하나님 앞에서 의롭다고 인정받을 사람은 없다. 사람들이 정직하다면 율법이나 양심을 통해 자기 죄를 인식할 수밖에 없다. 하나님을 떠난 세상에서 하나님 앞에 바로 설 수 있는 의인은 하나도 없으며, 인간이 스스로 불러온 재앙을 피할 길은 없다.

죄의 고발이 중요한 이유

바울은 에베소서 2장 1-10절에서 구원의 도리를 설명하면서 1-3절을 할애해 죄에 대해 설명했다. 또한 로마서 1-8장에서 하나님의 구원을 집중적으로 설명하면서 두 장^{1:18-3:20}에 걸쳐 죄에 대해 설명한다. 왜 바울은 이토록 죄를 심각하게 다루는가? 그 답은 첫 절인 1장 18절에 나와 있다. 불의한 행동으로 진리를 가로막는 사람에게는 하늘의 진노가 하늘에서부터 나타난다고 적었다. 하나님의 심판이 현재 임하고 있다고 선언한다. 이것이 인간이 지금 당장 처한 절박한 상황이다.

하나님을 떠나서 하나님을 무시하고 하나님의 진리를 거짓으로 바꾸어서, 하나님으로부터 내버려진 채 살아가는 것, 이것이 인간에게 이미 임한 하나님의 진노이다. 그래서 인류 역사를 들여다보면 고통과 슬픔이 가득 차 있다. 개인사도 마찬가지이다. 바울은 하나님께서 인간에게 개입할 수밖에 없는 끔찍한 상황을 먼저 선명하게 설명해주려고 애를 쓴다.

참된 신앙은 세상의 실상과 그 속에 있는 자신의 죄를 정직하게 직면하면서 시작한다. 인간이 개인적으로, 또한 인류 모두가 심각하게 "도와주세요!"라며 구원을 찾지 않는다면 하나님께서 역사에 개입하시는 것은 불필요한 일이 되고 만다. 우리는 진리를 바꾸었기 때문에 삶에서 마땅한 보응을 받고 있다.[1:18-32] '그냥 착하게 살면 됐지, 내가 뭐 특별히 문제가 있어, 나만큼만 살라고 해'라는 말까지는 안 해도, 마음속으로는 이렇게 생각하는 사람들이 많다. 그들은 하나님의 공정하고 차별 없는 심판을 기억해야 한다.[2:1-6] 종교적 외형주의에 빠져 그릇된 위로와 자만심에 빠진 사람들은 유대인을 반면교사로 삼아야 한다.[2:17-3:8]

"나는 곤경에 빠져 있습니다", "우리 인류에게 다른 살 길이 없습니다"라고 고백하기 전에는 하나님의 구원을 간절히 바랄 수 없으며, 또한 그 참된 가치를 발견하고 누릴 수도 없다. 우리가 살고 있는 이 세대의 특징, 즉 "하나님을 인정하기를 싫어하는"[1:28] 것이 모든 문제의 근원임을 직면해야 한다. 이미 그리스도인이 되었음에도 많은 사람들이 구원의 기쁨을 누리지 못하고 사는 이유도 여기에 있다. 자신들이 얼마나 끔찍한 상황 가운데 있었는지, 죄 아래 있는 삶이 얼마나 곤고한지, 더 나아가 그런 세상이 이미 심판이 임한 세상인 줄 절감하지 못했기 때문이다. 하나님을 정말 만나 그 앞에서 회복된 삶을 누리기 원한다면, 자신이 얼마나 끔찍한 죄인인지, 얼마나 하나님의 현재적 심판 아래 있는 존재인지, 그리고 우리가 사는 세상이 얼마나 악으로 가득한 세상인지, 얼마나 끔찍한 일이 끊임없이 일어나는지, 그리고 마지막 날[2:16]에 완전한 심판이 임할 것이라는 사실을 직면하고 직시해야 한다.

하나님의 의
: 차별 없는 하나님나라 복음 _{롬 3:21-31}

인간이 처한 곤경을 직시하면 절망할 수밖에 없다. 이런 인간을 위해 하나님의 의가 나타난다. 21절은 '그러나'로 시작하는데, 이 접속사는 정말 반가운 '그러나'이다. 인간의 절망적 상태를 역전시키는 하나님의 역사를 소개해주기 때문이다. 에베소서 2장 4절에서도 "그러나 하나님은 자비가 넘치는 분이셔서"라고 말한다. "날 때부터 진노의 자식"_{엡 2:3}이어서 소망이 없었던 자들의 운명을 역전시키는 하나님의 은혜는 '그러나'의 은혜이다.

> 그러나 이제는 율법과는 상관없이 하나님의 의가 나타났습니다. 그것은 율법과 예언자들이 증언한 것입니다. 그런데 하나님의 의는 예수 그리스도를 믿는 믿음을 통하여 오는 것인데, 모든 믿는 사람에게 미칩니다. 거기에는 아무 차별이 없습니다.^{3:21-22}

죄를 깨닫게 하는 율법과는 완전히 다른 종류인 하나님의 의가 나타났는데, 이것은 율법과 예언자들, 곧 구약성경 전체가 증언한 것이다. 1장 2절에서 언급한 "예언자들을 통하여 성경에 미리 약속하신 것"과 같은 맥락이다. 예수 메시아의 오심은 구약 때부터 예언된, 오랫동안 기다려온 하나님의 개입이다. 이런 놀라운 일이 '이제' 나타났다고 강조하는데, 예수 메시아로 말미암아 새로운 시대가 시작되었음을 보여준다. 비로소 하나님의 의는 메시아이신 예수를 믿는 모든 사람에게 주어진다. 이것이 바로 복음이다! 1장 17절에서 "하나님의 의가 복음 속에 나타납니다. 이 일은 오로지 믿음에 근거하여 일어납니다"라고 말한 주제를 이제 본격적으로 설명하기 시작한다.

하나님께서 메시아이신 예수를 통해 하신 일을 믿을 때 하나님 앞에 바로 서는 일이 이루어진다고 바울은 선언한다. 하나님께서는 하나님의 의를 나타내 우리를 바로 세우고 싶어 하신다. 이를 신학 언어가 아니라 일상 언어로 표현하면, "도와주세요!"라고 절규하는 사람에게 손을 내밀어 살리려는 것이다. 넘어진 자들을 일으켜 세우고, 훼손되고 망가진 사람들을 온전하게 회복시키고 싶어 하신다. 이것이 바로 하나님의 의이다. 그런데 누가 이 의를 받아들일 수 있을까? 예수 그리스도를 믿는 자들만이 받아 누릴 수 있다. 믿음을 통해서만 받아들일 수 있기 때문에 차별이 없다. 유대인과 이방인이라는 인종 차별이 없다. 무엇을 잘하거나 일정 정도 도덕성을 갖추거나 하는 조건도 없다. 하나님께서 인간을 위해 하신 일을 받아들이면, 즉 믿기만 하면 가능하기 때문에 어떤 차별도 없다.

바울은 믿음으로 의롭게 되는 일에 차별이 없는 이유로 두 가지를 든다.[6]

모든 사람이 죄를 범하였습니다. 그래서 사람은 하나님의 영광에 못 미치는 처지에 놓여 있습니다. 그러나 사람은, 그리스도 예수 안에서 얻는 구원으로 말미암아, 하나님의 은혜로 값없이 의롭다는 선고를 받습니다. 하나님께서는 이 예수를 속죄 제물로 내주셨습니다. 그것은 그의 피를 믿을 때에 유효합니다. 하나님께서 이렇게 하신 것은, 사람들이 이제까지 지은 죄를 너그럽게 보아주심으로써 자기의 의를 나타내시려는 것이었습니다. 하나님께서 오래 참으시다가 지금 이때에 자기의 의로우심을 나타내신 것은, 하나님은 의로우신 분이시라는 것과 예수를 믿는 사람은 누구나 의롭다고 하신다는 것을 보여주시려는 것입

니다.[3:23-26]

차별이 없는 첫 번째 이유는 모든 사람이 죄를 범해서 하나님의 영광에 이르지 못했기 때문이다.[23절] 모든 사람이 다 죄 아래 있다는 사실을 바울은 1장 18절부터 3장 20절에서 조목조목 밝힌 바 있다. 차별이 없는 두 번째 이유는 24-25절에서 설명하는데, 하나님의 의가 어떻게 드러났는지를 간략하고도 심오하게 요약한다. 죄로 인해 하나님의 심판을 피할 수 없었던 인간이 하나님의 법정에서 의롭다고 여겨지고 하나님과의 관계를 회복할 수 있었던 것은 "값없이" 받은 "그의 은혜" 때문이라고 바울은 선언한다. 인간의 어떤 행위나 조건도 스스로를 의롭게 할 수 없었지만, 하나님께서 인간을 위해 그 길을 열어주셨다.

이것이 바로 하나님의 은혜이다. 곤경에 빠진 우리가 의롭게 된 것은 전적으로 하나님의 은혜 때문이다. 바울은 이 은혜의 내용에 대해 "그리스도 안에서 얻는 구속으로 말미암아"라고 덧붙인다. '구속'이라는 단어를 새번역은 아쉽게도 '구원'이라고 옮겼는데, 원래는 '값을 치루고 변제했다'는 뜻의 단어이다. 예수께서 "자기 목숨을 많은 사람의 대속물로 주려"[마 20:28; 막 10:45] 이 땅에 왔다고 선언하셨을 때 몸값을 가리키는 단어인 '대속물'과 어원이 같다.[7] 우리가 하나님의 법정에서 죄가 없으며 의롭다고 판결 받은 이유는 예수 그리스도가 우리 몸값으로 대신 지불되었기 때문이다. 아, 이것이야말로 기독교의 핵심 메시지 아닌가! 죄 아래에서 심판을 피할 수 없는 우리를 되사오기 위해, 다시 살리기 위해 하나님이 자기 아들의 생명을 내려놓으셨다.

하나님께서는 우리를 위해 예수를 속죄 제물로 내어주셨다.[25절][8]

구약 시대에 죄를 속하기 위해 필요했던 희생 제물처럼, 예수 역시 인간의 죄를 짊어진 어린양(요 1:29)으로 인간의 죄를 대신해 제물이 되었다. 따라서 예수로 말미암아 우리 죄가 사해졌다, 우리 죄가 다 없어져버렸다. 이 일은 그분의 피를 믿는 것으로 가능하다. 다시 한 번 하나님의 구원의 행위를 '믿는 것'이 얼마나 중요한지를 잘 보여준다.

본문은 인간을 구원하시려 하나님께서 하신 일을 세 가지 다른 이미지로 설명한다. 노예시장에서 몸값을 지불하고 되사오는 '구속',redemption 구약성경의 제사에서 죄를 대신 지고 피를 흘리는 '속죄제물', 마지막으로 '의롭다' 선언하는 법정 용어, 바울 사도는 세 가지 이미지를 중첩해 하나님의 의가 어떻게 우리에게 왔고 우리 것이 될 수 있었는지를 설명한다. 소망 없이 넘어져 있던 인간이 어떻게 하나님 앞에 설 수 있었는지, 하나님과의 관계가 깨졌던 인간이 어떻게 그 관계를 회복할 수 있었는지 소상히 밝힌다. 이는 전적으로 예수 그리스도의 죽음을 통해 이루어진 일이다. 로마서 3장 21-25절 상반절까지가 로마서의 핵심 부분이다.

바울은 이어서 예수께서 오시기 전까지 하나님께서 오랫동안 죄에 대한 심판을 미루시며 참으시다가 드디어 하나님의 의를 나타내셨으며, 그로써 하나님의 의로움과 예수를 믿는 자들이 의롭게 된다는 사실이 드러났다고 25하-26절에서 설명한다. 27-31절에서는 그렇기 때문에 자랑할 사람이 아무도 없다고 말한다. 율법을 지키는 것으로, 할례를 받음으로 하나님 앞에 설 수 있는 것이 아니라 오직 믿음으로만 의롭게 될 수 있으니, 하나님은 유대인의 하나님만이 아니라, 이방인의 하나님도 되실 수 있다. 이는 참으로 놀라운 선언이다. 메시아가 오심으로 하나님나라가 임하여, 구약 시대 때부터 오랜 세월을 기다려온, 열방이 하나님께 돌아오는 약속이 성취된 것이다.

유대인이든 이방인이든, 자명한 죄를 지은 자이든 도덕주의자이든 모두 죄 아래 있었는데, 예수 그리스도가 죄를 속하고 몸값으로 지불되셨기에 그 놀라운 은혜로 우리 모두가 하나님 앞에 설 수 있게 되었다. 우리에게 필요한 것은 이런 놀라운 하나님의 구원의 역사를 믿는 것이다.

믿음, 하나님의 의를 누리는 유일한 길
: 하나님나라 복음의 중심 원리 롬 4:1-25

하나님의 의를 받아서 하나님의 심판에서 벗어나고 하나님과 인격적 관계를 맺는다는 것은 정말 놀라운 복이다. 이러한 일들이 믿음으로만 가능하다고 바울이 선언했으니, 당연히 많은 질문이 이어졌을 것이다. "도대체 믿음이란 무엇인가요? 언제부터 믿음이 하나님과의 관계에서 이토록 중요했나요? 구약성경은 율법을 이야기하는데, 어디에서 믿음의 중요성을 가르치나요?"

믿음으로 의롭게 된 아브라함 4:1-12
인간이 의롭게 되는 유일한 방법인 믿음, 로마서 4장은 그 믿음이 무엇인지에 대한 답이다. 바울 사도는 믿음을 설명하기 위해 독자를 이스라엘의 조상인 아브라함으로 데려간다.

아브라함이 행위로 의롭게 되었더라면, 그에게는 자랑할 것이 있었을 것입니다. 그러나 하나님 앞에서는 자랑할 것이 없습니다. 성경이 무엇이라고 말합니까? "아브라함이 하나님을 믿으니, 하나님께서 그를 의롭다고 여기셨다" 하였습니다. 4:2-3

창세기 15장 5-6절에서 하나님은 아브라함(당시에는 아브람)을 바깥으로 데려가서 밤하늘의 별들을 보여주면서 "너의 자손이 저 별처럼 많아질 것이다"라고 말씀하셨고, 아브라함은 주님을 믿었으며, 주님께서는 그의 믿음을 의로 여기셨다. 아브라함이 의로운 행위를 해서가 아니었다. 아브라함은 아내 사라 사이에서 상속자가 생기기 어려운 상황인데도 하나님의 말씀을 그대로 믿었다. 하나님은 그 믿음을 보시고 그를 의롭다고 하셨다. 사실 아브라함은 목숨을 건지려 부끄러운 행동도 서슴지 않았던 사람이었다. 그는 어떤 면에서 경건하지 않은 사람이었다.롬 4:5 그의 행위와 삶은 유교적 시각에서나 일반적으로 볼 때도 의인의 것이라 부르기는 힘들다. 그러나 성경의 의는 하나님의 인정을 받는 것이다. 하나님과의 관계가 열리는 것이다. 아무런 공로가 없어도, 즉 도덕적으로 깨끗하거나 성품이 착하거나 사회적으로 좋은 일을 많이 하지 않았어도, 하나님께서 약속하신 것을 믿을 때 하나님께서는 그 사람을 의롭게 여기신다. 다윗도 이 복을 경험했다.4:6-8

바울은 로마서 독자들에게 믿음이 무엇인지를 분명하게 설명한다. 하나님께서 하시겠다는 것을 믿는 믿음이 하나님을 향한 인간의 가장 중요한 요소이다. 인간의 착함이나 선한 일 같은 것들로는 하나님 앞에 나아갈 수 없다. 하나님께서 인간을 볼 때 가장 주목하는 것은 하나님께서 이루시겠다는 약속을 전인격으로 수용하는지 여부이다. 이것이 바로 믿음이며, 하나님은 그 믿음을 보고 아브라함을 의롭다고 여겨주셨다. 바울은 이 이야기를 더 진전시킨다. 죄 없다고 인정해주시는 복4:8은 할례한 사람만 받는 것이 아니라고 말한다. 아브라함이 의롭다 여겨진 때는 할례하기 전이었으므로, 할례를 했든 하지 않았든 믿음의 발자취를 따라가는 사람이라면 누구나 아브라함의 자

손이다.[4:11-12]

하나님의 약속을 믿고 의심치 않는 믿음[4:13-25]

바울 사도는 율법이 아니라 하나님의 약속을 믿어서 얻은 의로 상속자가 되는 것이며,[4:13-14] 율법으로는 하나님의 진노가 임하지만,[4:15] 하나님의 약속은 아브라함처럼 믿는 모든 자에게 유효하다고 천명한다.[4:16] 바울은 아브라함의 믿음을 조금 더 상세하게 설명한다.

> 그는 나이가 백세가 되어서, 자기 몸이 [이미] 죽은 것이나 다름없고, 또한 사라의 태도 죽은 것이나 다름없는 줄 알면서도, 그는 믿음이 약해지지 않았습니다. 그는 하나님의 약속을 믿고 의심하지 않았습니다. 오히려 그는 믿음이 굳세어져서 하나님께 영광을 돌렸습니다. 그는, 하나님께서 스스로 약속하신 바를 능히 이루실 것이라고 확신하였습니다. 그래서 하나님께서는 이것[그의 믿음]을 보시고 "그를 의롭다고 여겨주셨습니다.[4:19-22]

아브라함은 자기 나이나 아내의 상태를 보아 인간의 희망이 사라진 때에도 하나님의 약속을 굳게 신뢰하고 믿음이 약해지지 않았다.[4:17-19] 그는 하나님의 약속을 의심치 않고, 오히려 믿음이 굳세어져서 하나님께 영광을 돌리며,[4:20] 하나님께서 스스로 약속하신 바를 능히 이루실 것으로 확신했다.[4:21] 바로 이것을 보고 하나님께서 그를 의롭게 여겨주셨으며,[4:22] 이는 그만을 위한 것이 아니라, "우리 주 예수를 죽은 사람들 가운데서 살리신 분을 믿는 우리" 모두를 위한 것이기도 했다.[4:24]

믿음은 무엇인가? 믿음은 내가 믿고 싶은 것을 믿는 것이 아니라, 하나님께서 약속하신 것을 믿는 것이다. 믿음은 믿겨져서 믿는 것이 아니다. 믿음은 그럴 만한 이유가 있어서, 조건이 맞으니까 믿는 것이 아니다. 하나님께서 약속하셨으므로 전인격으로 동의하고 수용하는 것이 바로 믿음이다. 예수께서 우리 죄 때문에 죽임을 당하고 우리를 의롭게 하려고 살아났다는 사실을[4:25] 믿을 때 우리는 하나님 앞에 설 수 있게 된다.

하나님나라 복음의 중심 원리인 믿음

로마서 4장은 한국 그리스도인들에게 너무나 중요하다. 한국 문화는 샤머니즘에 깊이 뿌리를 내리고 있어서 우리의 종교적 심성에는 우리도 알지 못하는 사이에 샤머니즘 유전자가 새겨져 있다. 그래서 한국 그리스도인은 믿음이라는 단어를 들으면 '지성이면 감천'이라는 말을 바로 떠올린다. 진실로 강하게 믿으면 하나님께서 기도를 들어주신다고 생각한다. 샤머니즘에 기초한 신앙관이 한국 교회와 그리스도인의 영성을 심각하게 구부러뜨렸다.[9]

성경이 가르치는 믿음은 하나님을 감동시키는 신심이나 지성이 아니다. 우리가 믿고 싶은 것을 강하게 믿는 것은 믿음이 아니다. 성경의 믿음은 하나님께서 약속하신 것을, 인간의 계산과 합리성으로는 받아들이기 어렵다할지라도 신뢰하는 것이다. 하나님께서 우리에게 요구하시는 것은 바로 이 믿음이다. 하나님께서 하시겠다는 일, 또는 이미 하신 일을 전인격으로 받아들이는 것이다.

이것이 우리가 하나님께 받아들여지는 유일한 길이며, 또한 이미 임한 하나님나라를 받아들이고 그 나라가 온전히 임할 때까지 그 나라 백성으로 이 세상에서 살아가는 원리이다. 바울 사도는 고린도후서 5장 7절에서 "우리는 믿음으로 살아가지, 보는 것으로 살아가지 아니합니다"라고 말했다. '보는 것'이란 오감을 따라 사는 것으로, 하나님을 모르는 사람이 살아가는 방식이다. 하나님을 알고 또 믿는 자들은, 하나님께서 예수 그리스도 안에서 하신 일을 체험할 수 없다 할지라도, 예수 그리스도 안에서 하나님께서 이루신 일과 약속하신 일을 '믿음으로' 받아들이며 살아간다. 하나님께서 하셨고, 하시고, 하실 일을 '영적 실제'spiritual reality라 할 수 있다. 이를 내 것으로 받아들이는 것이 믿음이다. 우리는 오감으로는 알 수 없어도, 하나님께서 세상을 창조하신 것, 우리를 하나님의 형상으로 지으신 것, 깨지고 상한 세상을 심판하고 회복하시는 것, 이를 위해 메시아를 보내시고 하나님나라를 시작하신 것, 이미 시작된 하나님나라가 온전하게 임할 것을 '믿는다.'

하나님께서는 죄의 지배 아래에서 심판을 피할 수 없었던 우리이지만, 우리 죄를 속하고 우리 몸값을 지불하신 예수 그리스도의 죽음을 우리가 믿을 때 의롭게 여겨주시겠다고 했다. 하나님 앞에서 새로운 생명으로 살아나게 하신다는 것이다. 이것은 '오직 믿음'만으로 가능한 일이며, 아브라함 때부터 오늘날까지 하나님의 약속을 믿는 사람들에게 차별 없이 쏟아지는 하나님의 은혜이다. 우리는 하나님께서 이미 이루신 일뿐 아니라, 현재 하고 계신 일, 앞으로 완성하실 일까지 전인격으로 받아들인다. 이것이 믿음이다. 이렇듯 믿음은 하나님의 의롭다 하심을 입고 하나님나라 백성이 될 때만이 아니라, 주님이 다시 오셔서 하나님나라를 온전하게 회복하실 때까지 하나님을 부인하는 세상에서 살아가는 원리이다. 그러므로 "의인은 그의 믿음으로 말미암아 살리라"라는 하박국 선지자의 표현합 2:4; 롬 1:17은 "하나님나라 백성은 그의 믿음으로 말미암아 살리라"로 읽어도 무방하다.

로마서 1장부터 4장까지 큰 흐름을 살펴보았다. 로마서는 앞부분에서 하나님의 의가 간절히 필요한, 곤경에 빠진 인간의 상태를 진단한다.[1:18-3:20] 그리고 구약 때부터 오랫동안 기다려온 하나님의 의가 어떻게 우리 모두에게 주어질 수 있는지 설명한다. '의롭게 되는 것'은 우리 죄를 속하고 몸값을 지불하신 예수 그리스도를 믿을 때 가능하다.[3:21-31] 바울은 모든 사람을 차별 없이 의롭게 하는 이 놀라운 믿음의 원리를 아브라함을 예로 들며 설명했다.[4:1-25]

로마서 1-4장은 하나님을 거절하고 모든 것을 뒤바꿔버린 세상에 사는 우리에게 하나님의 심판을 피하고 하나님 앞에 서기 위해 필요한 세 가지를 알려준다.

먼저, **죄의 본질과 심각성**이다. 성경이 이야기하는 죄가 무엇이며, 그 죄로 인해 인간이 겪고 있는 현재의 고통이 얼마나 큰지를 알고 직면해야 한다. 그 죄가 한 사람 한 사람뿐 아니라, 우리 사회를, 더 나아가 지구 전체를 얼마나 심각한 곤경에 빠뜨렸는지를 보아야 한다. 이런 상황 가운데 임한 현재의 심판과 결국 완전하게 올 하나님의 공의로운 심판을 직면해야 한다. 단지 지적으로 이해하거나 동의할 문제가 아니다. 하나님을 향해 "도와주세요. 제게는 해결할 방법이 없어요."라고 진실하게 고백하고 도움을 요청해야 한다.

우리가 사는 세상이 파라다이스나 천국 비슷한 곳이 아니라, 하나님을 거역하고 무시하는 '이 세대'임을 분명히 깨닫는 것이 믿음의 첫걸음이다. 하나님의 심판과 진노를 피할 수 없는 세상의 실상을 바로 알 때, 이를 역전시키는 '그러나'의 하나님의 역사를 간절히 기다리게 된다. 그제야 예수께서 오랜 세월 기다리던 메시아로 이 세상에 오신 것이 얼마나 놀라운 소식인지 알게 된다. 수많은 사람이 교회를 다니지만, 구원의 기쁨이 없는 가장 큰 이유는 자신이 얼마나 심각한 죄에서 구원받았는지 모르기 때문이다. 바울 사도가 그리스도 안에서 얻는 하나님의 놀라운 은혜를 설명할 때마다, 구원 이전의 우리 상태를 고발하는 것은, 죄의 심각성을 모르면 구원의 소중함을 깨달을 수 없기 때문이다.

로마서가 2천 년 전에 쓰였기 때문에 현대의 독자들은 죄의 심각성을 숨 막히게 고발하는 느낌을 받기 어렵지만, 당시 독자들은 로마서를 통해 모든 사람이 죄 아래 있으며 소망이 없다는 사실을 목이 조여오듯 강력하게 도전받았을 것이다. 바울은 로마서 1장 18절에서 3장 20절을 통해 우리의 심각한 죄성과 죄인됨, 하나님의 피할 수 없는 현재와 미래의 심판을 직면하라고 요구한다. 더불어 하나님나라가 임할 수밖에 없는 이 세대의 진정한 모습을 직시하라고 도전한다.

둘째, **하나님께서 예수 그리스도를 통해 이루신 구원**이다. 로마서 3장 21-31절은 하나님께서 어떻게 인간의 죄 문제를 해결하시고, 우리를 하나님 앞에 설 수 있는 존재로 만드셨는지를 설명한다. 이는 우리가 체험할 수 있는 내용이 아니라 예수 그리스도 안에서 하나님께서 이루신 일이다. 이 일은 율법과 선지자를 통해 구약 때부터 기다려 온 것이다. 메시아이신 예수께서 속죄 제물이 되시고, 몸값으로 지불되어서, 하나님께서 우리를 의롭다 여겨주셨다. 우리가 의롭게 되는 것은 우리의 선함이나 행위가 아니라, 철저하게 하나님께서 우리에게 주신 은혜 때문이다. 이로 말미암아 하나님나라 백성은 꿈도 꾸지 못했던 이방인은 물론이고, 여전히 심판 아래 있던 유대인까지도 은혜로 하나님나라 백성이 된다.

기독교의 본질이 여기에 있다. 대다수 종교가 구원을 얻으려 무언가를 해야 하지만, 성경은 우리가 할 수 있는 일이 아무것도 없다고 말한다. 하나님께서 오랫동안 준비하시고, 때가 차서 드디어 드러내시고 일하셨다. 우리의 구원을 위해 모든 것을 하셨고, 우리가 그 약속을 믿을 때 어떤 차별도 두지 않고 구원하신다. 기독교는 무언가를 해서 신에게 호의를 얻어내는 종교가 아니다. 하나님이 우리를 위해 이루신 일 앞에서 감격하는 종교이다. 자격 없는 우리를, 하나님의 심판 아래 있는 우리를, 메시아 예수께서 우리 몸값이 되셔서 우리 대신 죽으셨다는 사실을 믿을 때, 하나님은 우리에게 당신의 의를 주셔서 의롭다고 여겨주신다. 바울은 그리스도 안에서 주어진 완벽한 구원을 선언한다.

이런 놀라운 구원은 믿는 모든 사람에게 주어진다. 그래서 마지막은 **믿음의 중요성**이다. 하나님의 심판이 이미 임한 이 세대에 살면서 의롭다 함을 받는 것은 하나님께서 하신 일을 전인격으로 수용하는 것, 즉 믿음으로만 가능하다. 이것이 하나님께서 구원을 위해 우리에게 요구하는 유일한 조건이다. 믿음은 우리가 믿고 싶은 것을 믿는 것이 아니다. 아브라함이 그랬듯이 하나님의 약속을 믿는 것이다. 자신의 여건과 상태와 관계없이 약속을 지키실 하나님의 신실함을 믿는 것이 믿음이다.

성경적 믿음은 하나님의 약속에 근거한다. 일반 종교에서 이야기하는 신심이나 의지력은 중요하지 않다. 하나님께서 하신 일, 하고 계신 일, 하겠다고 약속하신 일을 전인격으로 수용하는 것이 믿음이다. 하나님의 신실하심을 의지하는 것이 바로 믿음이며, 이를 아브라함은 믿음의 조상답게 부족함 없이 우리에게 보여주었다. 로마서 4장은 믿음의 원리를 선명하게 설명해준다.

이 세 가지 진리를 단지 머리로 이해하거나 지적으로 동의만 해서는 충분하지 않다. 자신의 실존적 삶과 인생과 연결해 진실하게 살펴야 한다. 따라서 오늘날 그리스도인은 로마서 1-4장을 다시 읽으며 깊이 묵상해야 한다. 이 진리가 나와 세상을 설명해주는가? 하나님의 심판을 피하지 못할 나를 위해 하나님께서 예수 그리스도를 통해 하셨다는 일이 나에게 무슨 의미가 있나? 내가 예수 그리스도를 믿는다는 것의 참된 의미는 무엇인가?

인간은 인류 문명이 시작된 이래로 개인과 사회, 세상의 문제를 해결해보려 애써왔다. 다양한 시도와 수고를 통해 눈부신 진보도 이뤘지만, 인간의 근본적 자기중심성은 해결하지 못했다. 하나님을 제거하고 스스로 우주와 인생의 주인이 되는 자기중심성, 즉 죄의 문제는 하나님께서 해결해주기 전까지는 헤어 나올 수 없다. 개인과 사회의 문제들을 지적하기는 쉽지만, 근원적 문제가 자신에게 있으며, 그 문제를 해결할 능력이 자기에게 없음을 직면하는 것은 진실한 용기가 필요한 일이다. 자신의 실상을 직면한 사람들이 하나님의 의를 갈구하고 믿음으로 의를 누리게 된다. 다음 장에서는 로마서 5-8장을 통해 믿음으로 의롭게 된 사람들, 즉 하나님나라에 들어가 하나님나라 백성으로 살아가는 자들이 어떤 삶을 누리는지를 살펴볼 것이다.

06.

하나님나라
복음 누리기

: 로마서 5-8장

모든 종교는 인간의 구원 문제를 다룬다. 구원에 이르기 위해 면벽 수도하고 연구하고 명상하고 선행을 하며, 때로는 고행도 마다하지 않는다. 진리나 구원을 추구하며 꾸준히 수양을 하거나, 어느 순간 득도나 깨달음에 이르려 애를 쓴다. 평생 구도의 길을 걸어가는, 경탄할 만한 종교인들이 있다. 그런데 기독교는 특별한 노력 없이도 득도하고 깨달을 수 있다고 가르친다. 구원이 값없이 주어진다고 말한다. 하나님께서 구원을 선물로 주셨다는 것이다.

　기독교의 이런 주장은 여러 종교의 보편적 특징과도 다르며, 인간의 본성에도 거스르는 면이 있다. 인간은 스스로 무언가를 성취할 수 있다고 믿는다. 특히 현대사회는 인간이 뭔가를 해낼 수 있다는 자신감을 강력하게 지지한다. 물론 1·2차 세계대전을 겪은 후 전 세계 지성은 인간에 대해 절망하긴 했지만, 여전히 사람들은 인간이 뭔가를 해낼 수 있다는 사실에 적잖은 자부심을 느낀다. 그런 면에서 나의 구원과 영적 깨달음을 내 힘으로 이룰 수 있다는 기대는 현대인에게 무척 자연스러운 일이다. 스스로 자기를 찾고, 득도할 수 있다고 가르치는 종교들이 오늘날 사람들에게는 더 잘 어울린다. "너는 그렇게 될 수 있다" "너는 그렇게 할 수 있다"라고 이야기해주는 것이다.

그런데 기독교는 인간 스스로 구원을 이룰 수 없다고 말한다. 인간은 하나님 앞에 설 자격도 능력도 없기 때문에, 하나님 앞에 설 수 있는 길, 곧 '하나님의 의'를 하나님께서 값없이 선물로 주셔야만 했다. 이 선물을 받을 수 있는 유일한 자격은 '자격 없음을 정직하게 직면하는 것'뿐이다. 이렇게 직면하면 신의 도움을 요청할 수밖에 없으며, 예수 그리스도를 통해 주어지는 구원을 은혜로 얻게 된다. 완벽한 구원을 선물로 받고, 그로 인해 신앙생활이 시작된다. 인간이 무엇을 해서 구원에 이르는 것이 아니라, 완벽한 구원을 받았기 때문에 구원을 누리며 살아간다. 이것이 기독교이다.

앞 장에서 로마서 1-4장을 통해 하나님께서 인간에게 주신 완벽한 구원을 살펴보았다. 죄로 인해 모든 가능성을 잃은 인간의 절망스러운 상황을 역전시키기 위해, 하나님은 오래전부터 약속하신 메시아 예수를 보냈으며, 우리를 위한 속죄제물로서 대신 몸값을 치르게 하셨다. 하나님의 놀라운 은혜에 믿음으로 반응할 때 인간은 하나님 앞에 감히 설 수 있다. 비로소 하나님의 의를 누리게 된다. 결코 그분의 백성이 될 수 없었던 자들이, 율법과 예언자들이 기다려온, 모든 나라가 하나님 백성이 되는 복을 받았다. 바울은 이 놀라운 복을 설명하기 위해 1-4장에서 다음 같은 주제를 다루었다.

1:18-3:20	하나님의 의가 필요한 세상	하나님나라 복음이 필요한 세상
3:21-3:31	하나님의 의가 주어지다	하나님나라 복음의 차별 없음
4:1-25	하나님의 의를 얻는 길	하나님나라 복음의 중심 원리

이제 바울은 5-8장을 통해 하나님의 의가 주어졌다는 것이 어떤

의미인지를 살핀다. 하나님나라의 관점으로 이야기하면, 하나님나라 백성이 누리는 복, 변화된 신분, 종말론적 삶을 이야기한다.

5:1-21	하나님의 의가 주는 복	하나님나라 백성이 누리는 축복
6:1-23	하나님의 의로 주어진 연합	하나님나라 백성의 메시아와의 연합
7:1-25	하나님의 의를 드러내는 율법	하나님나라와 율법의 역할
8:1-39	하나님의 의의 궁극적 목표	하나님나라를 기다리는 종말론적 삶

하나님의 의가 주는 복
: 하나님나라 백성이 누리는 복 롬 5:1-12

이제 바울은 로마서 5장에서 하나님의 의가 우리에게 주어졌을 때, 즉 우리가 의롭다 하심을 받았을 때 얼마나 놀라운 복을 누리는지 보여준다.

의롭다 하심을 받은 자가 누리는 복 5:1-5

그러므로 우리는 믿음으로 의롭다 하심을 받았으므로, 우리 주 예수 그리스도로 말미암아 하나님과 더불어 평화를 누리고 있습니다. 우리는 또한, 그리스도로 말미암아 지금 서 있는 이 은혜의 자리에 [믿음으로] 나아오게 되었으며, 하나님의 영광에 이르게 될 소망을 품고 자랑을 합니다. 그뿐만 아니라, 우리는 환난을 자랑합니다. 우리가 알기로, 환난은 인내력을 낳고, 인내력은 단련된 인격을 낳고, 단련된 인격은 희망을 낳는 줄을 알고 있기 때문입니다. 이 희망은 우리를 실망시키지 않습니다. 하나님께서 우리에게 주신 성령을 통하여 그의 사랑을 우리 마음속에 부어주셨기 때문입니다.[5:1-5]

믿음으로 의롭다고 여겨질 때 인간에게 나타나는 가장 큰 변화는 하나님과 더불어 평화를 누리는 것이다. 인간은 깨진 세상에 살면서 이미 임한 '하나님의 진노'를 피할 수 없는 존재였다. 하나님 앞에서 죄책과 심판에 대한 두려움을 벗어날 수 없었다. 그랬던 인간이 예수 그리스도를 믿음으로 하나님 앞에 설 수 있게 되었다. 하나님께서 조건 없이 인간을 전적으로 받아주셨다. 하나님의 진노 아래서 심판을 두려워하던 인간이 하나님과 평화를 누리게 된 것이다.

하나님께서는 더 이상 인간을 심판하실 필요가 없어졌다. 예수께서 인간의 죗값, 그 몸값을 다 지불하셨다. 하나님께서 인간에게 원하시는 단 한 가지, 하나님께서 하신 모든 일을 전인격으로 받아들임으로, 곧 그분을 믿음으로 하나님과의 관계가 새로워졌다. 그렇기 때문에 그리스도인은 더 이상 죄책감에 빠져 있지 않다. 과거의 불순종하던 습관 때문에 죄를 지으면, 하나님께 죄송한 일이어서 지속적으로 돌아보고 회개해야겠지만, 그럼에도 우리는 이미 용서받은 사람이다. 하나님의 심판은 메시아이신 예수께서 받았으므로, 우리는 이미 그 아래에서 벗어났다. 우리는 하나님과 평화로운 상태에 이르렀다. 우리는 이 평화를 이미 누리고 있다.[1]

이렇게 인간은 "그리스도로 말미암아 지금 서 있는 이 은혜의 자리에 나아오게 되었다."[2절] 어떻게 감히 인간이 하나님 앞에서 평화를 누릴 수 있단 말인가? 이것이야말로 놀라운 하나님의 은혜가 아닌가? 이런 놀라운 은혜의 자리에 들어와 서 있는 감격을 바울에게서 엿볼 수 있다. 또한 바울은 이런 은혜의 자리의 특성이 "하나님의 영광에 이르게 될 소망"을 품는 것이라고 말한다. 로마서 3장 23절에서 "모든 사람이 죄를 범하였으매 하나님의 영광에 이르지 못하였는데" ^{개역개정} 이제 우리는 그 영광을 바라고 기뻐한다고 말한다.

'하나님의 영광'이 무엇인지는 인간의 인지 능력과 하나님과의 깊은 친밀함으로도 온전히 알 수 없다. 그런데 예수께서 이 땅에 왔을 때 그 영광을 보여주신 적이 있다. 변화산에서 세 제자에게 하나님의 영광을 보여주셨다. 하나님의 다스림이 온전히 나타나, 하나님만이 가지고 계시는 '생명력'과 '지혜'와 '아름다움' 등이 모두 드러났는데, 그것들이 하나님의 영광 속에 있는 그 무엇이다. 우리가 이 세대 속에서 살아가면서도, 하나님과 더불어 평화를 누리며 하나님의 다스림을 받는 은혜의 자리에 거하고, 그 영광을 고대하는 소망까지 갖게 된 것이다. 이미 임한 하나님나라의 백성으로서("하나님과의 평화"와 "은혜의 자리에 서 있음") 다시 오실 하나님나라를 소망하며 기다리는 것("하나님의 영광에 이르게 될 소망")이 우리 삶이다. 이것이 그리스도인의 삶의 특징이다.

그렇기 때문에 이 땅에서 환난을 겪어도 "환난을 자랑한다"^{3절}라고 말할 수 있다. '환난을 겪는다'는 것은 완전한 하나님나라가 아직 임하지 않은 '이 세대'에 우리가 살고 있다는 사실을 증명한다. '예수 잘 믿으면 환난과 고통이 없어진다'라는 말은 성경이 가르치는 바가 아니다. 악하고 죄에 빠진 세상에서 사는 동안에는 환난을 피할 수 없다. 우리의 세상살이는 힘들 수밖에 없다.

그러나 환난을 당할 때 그리스도인은 즐거워한다. 환난은 우리가 이 세상이 아니라 이제 임할 약속의 나라에 속한 자임을 알려주는 표지이기 때문이다. 그래서 우리는 인내할 수 있으며, 그 인내를 통해 우리의 인격은 더욱 하나님을 닮아간다.^{4절} 이 과정에서 우리의 소망은 점점 더 선명해진다. 우리는 세상에서 어려움을 겪을 때 '완벽하게 회복된 나라, 하나님의 영광의 그 나라'를 소망하게 된다. 이 세상의 깨짐과 부조리와 악과 거짓과 속임이 없는, 곧 모든 것이 빛 가운데 드러날 그날을 기다린다. 그 나라에서는 약자들의 눈물이 없어지고, 불의에 짓밟힌 자들의 한숨이 사라질 것이다. 영광스러운 그날이 오리라는 소망을 품는 것, 이것이 불완전하고 악한 세상에서 살아가는 하나님나라 백성, 그리스도인의 모습이다. 그리스도인은 현재 하나님과 평화를 누릴 뿐만 아니라, 하나님의 영광에 이를 날을 소망하며 살아가는 이들이다.

오늘날 그리스도인에게 필요한 것은 하나님나라 백성으로 살아가면서 겪을 수밖에 없는 어려움과 고통을 바라보는 이러한 시각이다. 이 내용은 로마서 8장에서 다시 나오는데, 그리스도인이 세상에서 고통을 겪으며 살아가는 것은 이상한 일이 아니다. 예수를 믿으면 세상 살면서 겪는 고통이 사라질 것처럼 이야기하는데, 그것은 무당종교에 가깝다. 기독교는 실존적 고통을 직면하는 종교이다. '내 속에 고통이 있고, 내 이웃 속에 고통이 있고, 세상 속에 고통이 있다'는 사실을 정면으로 받아들인다.

바울 사도는 세상에서 고통을 당하며 소망을 갖는 것이 부끄럽지 않다고 한 이유가 "하나님께서 그의 사랑을 우리 마음 속에 부어주셨기" 때문이며, 이러한 일은 우리 안에 계신 성령을 통해5절 일어난다고 말한다. 예수의 영이며 하나님나라의 영인 성령께서는, 이미 임했지만 아직 완전히 임하지 않은 하나님나라 백성으로 살아가는 우리 마음에 하나님의 사랑을 부어주신다. 하나님께서 당신의 평화를 우리에게 주시는 정도를 넘어서 당신의 사랑을 우리 마음에 가득 부어주시기에, 우리는 환난 가득한 세상에서 기뻐하며 살아갈 수 있다. 성령께서는 이토록 우리를 간절히 도우신다.

바울 사도는 로마서 5장 6-11절에서, 성령을 통해 우리 마음에 부어지는 하나님의 사랑이 어떤 것인지를 더욱 선명하게 설명해준다.

> 우리가 아직 약할 때에, 그리스도께서는 제때에, 경건하지 않은 사람을 위하여 죽으셨습니다. 의인을 위해서라도 죽을 사람은 거의 없습니다. 더욱이 선한 사람을 위해서라도 감히 죽을 사람은 드뭅니다. 그러나 우리가 아직 죄인이었을 때에, 그리스도께서 우리를 위하여 죽으셨습니다. 이리하여 하나님께서는 우리들에 대한 자기의 사랑을 실증하셨습니다. 그러므로 지금 우리가 그리스도의 피로 의롭게 되었으니, 그리스도로 말미암아 하나님의 진노에서 구원을 얻으리라는 것은 더욱 확실합니다. 우리가 하나님의 원수일 때에도 하나님의 아들의 죽으심으로 말미암아 하나님과 화해하게 되었다면, 화해한 우리가 하나님의 생명으로 구원을 얻으리라는 것은 더욱더 확실한 일입니다. 그뿐만 아니라, 우리는 또한 우리 주 예수 그리스도로 말미암아 하나님을 자랑합니다. 우리는 지금 그로 말미암아 하나님과 화해를 하게 된 것입니다.

바울 사도의 감격이 느껴지는가? "하나님의 사랑이 우리에게 어떻게 부어졌는지를 생각해보라. 도대체 우리 같은 죄인을 위해 하나님께서 왜 죽으셔야 했단 말인가? 의인을 위해서도 희생하기 어려운데, 하나님 없이 제멋대로 사는 우리를 위해 어떻게 죽으실 수 있단 말인가?"라며 바울은 감격해한다. 하나님의 사랑에 감격하고는, 구원의 확실성에 대해 이야기한다.

9-10절은 그의 확신으로 가득 차 있다. 바울은 반복해서 "더욱 확실합니다",^{9절} "더욱더 확실한 일입니다"^{10절}라고 말한다. 그가 확실하다며 강조하는 것은 무엇인가? 죄인인 우리를 하나님께서 의롭다고 여겨주셨다면, 다시 말해, 하나님과 원수였던 우리가 그 아들로 말미암아 하나님과 화해했다면, 미래에 임할 하나님의 심판에서도 구원받을 것이 확실하다는 것이다. 우리가 아직 완전한 구원에 이르지 못했고, 이미 임한 하나님나라가 아직 완성되지는 않았지만, 하나님의 마지막 심판의 때에 우리는 분명 구원받을 것이다.

이 본문은 바울이 생각하는 '구원의 확신'이 무엇인지를 분명하게 보여준다.[2] 일반적으로 구원의 확신이라고 하면 내가 '이미 구원받았다는 것'을 확신하는 것이다. 흔히들 "내가 예전에 예수님 영접했을 때 구원 받았습니다"라고 말한다. 그런데 바울은 '구원을 받을 것'이 확실하다고 말한다. 하나님의 그 큰 사랑으로, 죄인이었던 나를 하나님께서 의롭다고 해주셨고, 하나님의 심판 아래 있었던 나를 하나님과 이미 화평케 하셨으니, 미래의 심판에서도 나를 구원할 것이 확실하다는 것이다. 바울 사도가 이야기하는 구원의 확신은 과거에 하나님께서 나를 위해 하신 일을 보니, 미래의 나를 구원하실 것이 확실하다는 것이다. 참된 구원의 확신은 하나님께서 예수 그리스도의 죽음을 통해 보여주신 사랑에 근거하는 것이지, 나의 확신이나 종교적 체험이나 결단에 근거하지 않는다. 바울이 가르치는 구원의 확신은 예수 그리스도 안에 나타난 하나님의 사랑에 근거해, 미래에 온전히 나타날 구원을 기다리는, 소망의 확신이다.

바울이 이야기하는 구원의 확신은 하나님나라 관점을 바닥에 깔고 있다. 예수 그리스도께서 십자가에서 죽으면서까지 하나님과 우리를 화해시켰다는 것은, 우리가 예수께서 시작하신 하나님나라에 들어갔다는 의미이다. 하지만 미래에 있을 심판을 통과해야 완전한 하나님나라에 들어갈 것이다. 바울은 '이미, 그러나 아직'이라는 종말론적 이중구조를 마음속에 가지고 있다. 우리는 이미 '그리스도의 피로 의롭게 되었고' '하나님과 화해'했으니, 마지막 날에 임할 '하나님의 진노에서 구원을 받아' 영원한 하나님나라에 들어갈 것을 확신하고 있는 것이다.

로마서 5장 1-11절은 오랜 역사에 걸쳐 수많은 성도가 묵상하고 애송한 구절이다. 예수를 믿음으로 의롭게 되어 누리는 복을 바울 사도가 감격에 차 기록했고, 수많은 성도가 그 깊은 깨달음과 감격을 오랜 세월 사랑해왔다.

구원의 경로와 방식 5:12-21

이제 바울은 이렇게 놀라운 복이 죄인이었던 우리에게 어떻게 주어졌는지를 설명한다. 바울은 예수 그리스도로 말미암은 놀라운 복을 설명하기 위해 우리를 아담에게로 이끈다. 믿음의 원리를 설명하기 위해 아브라함에게 데려갔던 것과 같은 방식이다. 그는 아담 한 사람 때문에 죄가 들어왔고 결국 모든 인간이 그 지배 아래 있게 된 사실을 상기시킨다. 곧 아담으로 말미암아 죄가 세상에 들어와서 모든 사람이 그 죄로 인해 죽음에 이르렀고, 율법을 통해 그 죄를 선명하게 깨달았으며, 모든 인간이 죄의 지배를 피할 수 없게 되었다.12-14절

> 그러나 하나님께서 은혜를 베푸실 때에 생긴 일은, 아담 한 사람이 범죄했을 때에 생긴 일과 같지 않습니다. 한 사람의 범죄로 많은 사람이 죽었으나, 하나님의 은혜와 예수 그리스도 한 사람의 은혜로 말미암은 선물은, 많은 사람에게 더욱더 넘쳐나게 되었습니다.5:15

아담이 가져온 결과도 심대했지만, 그리스도가 가져온 은혜는 그와 비교할 수 없이 더 크다고 바울은 말한다. 아담 한 사람의 범죄는 심판으로 이어지는 유죄 판결을 가져왔고,[16절 상] 그리하여 죽음이 우리의 왕 노릇하게 되었다.[17절 상] 그러나 하나님께서 예수 그리스도를 통해 주시는 은혜는 인간의 범죄에 무죄 선언을 내리고,[16절 하] 그 은혜와 의의 선물을 받은 사람들은 생명 안에서 왕 노릇하게 될 것이다.[17-18절] 아담으로 말미암아 죄의 종노릇하던 우리가 이제는 예수의 순종으로 말미암아 의인으로 판정받게 되었다.[19절] 인간의 죄는 죽음을 가져왔고, 그 죽음이 여태까지 인간을 지배했지만, 하나님의 은혜는 우리에게 의를 가져왔고, 우리를 이끌어 결국 영원한 생명에 이르게 하신다.[20절]

이 대목에서 바울 사도는 지나간 역사와 현재, 미래를 바라보는 눈을 우리에게 선사해준다. 아담에서 그리스도까지는 아담 한 사람의 범죄로 말미암아 죄가 지배하고 죽음이 왕 노릇하던 시대였다. 이것이 바로 이 세대의 특징이 아닌가! 그런데 그리스도가 오셔서 우리는 "넘치는 은혜와 의의 선물을 받아"[5:17] "의롭다는 인정을 받아서 생명을 얻게"[5:18] 되었다. 이미 임한 하나님나라에 들어간 백성이 받은 복이다. 그런데 우리에게 아직 남은 것이 있으니, "예수 그리스도 한 분으로 말미암아, 생명 안에서 왕 노릇하게 되리라"[5:17]는 것이다. 우리에게는 아직 완전히 임하지 않은 하나님나라가 남아 있다. 우리는 "우리 주 예수 그리스도로 말미암아 얻는 영원한 생명에 이르게 될 것이다."[5:21] 그렇다면 이미 의롭게 된 자로서, 하지만 생명 안에서 왕 노릇할 날을 기다리는 자로서 어떻게 살아야 할까? 이번 장에서는 바로 이 주제를 다루려 한다.

하나님의 의의 열매

: 하나님나라 백성의 거룩 롬 6:1-23

기독교가 가르치는 구원의 도리는 참으로 놀랍다. 우리가 뭘 해서 구원을 얻는 것이 아니라, 아무것도 한 게 없지만, 자신이 죄인이며 끔찍한 상황에 놓였다는 사실을 알고, 우리를 도우시려 내미시는 주님의 손을 붙잡기만 하면 된다. 바로 그때, 하나님과 회복된 관계, 마음속 깊이 부어지는 하나님의 사랑, 완전히 회복될 하나님나라에 대한 소망, 미래에 온전히 받을 구원에 대한 확신 같은 놀라운 복이 쏟아져 내린다.

하나님의 은혜로 완전한 구원을 받으면, 즉 바울이 로마서에서 사랑하는 표현대로 하나님의 의를 얻는 자들이 되면, 놀라운 복뿐 아니라 이에 걸맞은 열매를 당연히 맺어야 한다. 그러나 완전한 구원이 임했다고 선포하면 사람들은 종종 구원의 완전성을 오해하거나 오용한다. 이 같은 현상은 바울 시대, 곧 초기 기독교 때부터 나타난다. "죄가 많은 곳에, 은혜가 더욱 넘친다"5:20는 생각을 하고, "은혜를 더하게 하려고 죄를 짓자"6:1는 사람까지 등장한다. 어차피 예수께서 완전히 용서하셨기 때문에 죄를 지어도 용서받을 수 있고, 더 나아가 죄를 많이 지으면 더 큰 용서를 받고 더 큰 은혜를 누린다고 생각했다.

이상한 논리인가? 하지만 오늘날 복음을 받아들인 그리스도인에게서도 이런 모습은 자주 발견된다. 구원이라는 것은 철저하게, 예수 그리스도를 믿을 때 하나님께서 주신 은혜로 말미암는 것이므로, 어떤 죄를 지어도 구원이 흔들리지 않는다는 생각이 논리적으로는 맞다. 더 나아가 예수의 보혈이 우리 죄를 다 사하셨으니, 죄를 지어도 주님께서는 이미 용서하시기로 작정하셨으며, 따라서 죄를 지으면 지을수록 용서의 은혜가 더 커진다고 생각할 수도 있다. 그러자 적지 않은 그리스도인이 용서받는 은혜를 누리면서, 죄와 싸우기보다는 죄에 쉽게 굴복하는 경향을 보인다. 아이러니하게도 완전한 용서와 구원의 확실성으로 인해, 일부 그리스도인은 죄짓는 것을 별로 두려워하지 않게 되었다. 어차피 용서받게 되어 있다고 생각한다. 어떤 이들은 아예 회개할 생각을 하면서 죄를 짓기도 한다. 하나님 앞에서 율법을 지켜야 구원을 얻는 것이 아니라, 예수 그리스도를 믿음으로 죄사함을 얻는 것이니, 이제는 율법이 요구하는 바를 지킬 필요가 없다는 자세를 취하기도 한다. 이런 자세는 개인과 공동체, 사회에 죄를 짓고도 하나님께서 용서하셨기 때문에 자신은 떳떳하다는 방자한 모습으로까지 이어진다.

구원을 받은 다음에 일어나는 죄의 문제를 어떻게 다룰 것인지가 로마서 6장의 주제이다. 달리 말하면, 의롭다 하심을 받은 자들이 어떤 열매를 맺는지를 보여준다. 하나님나라 백성이 다다를 거룩에 대해 이야기한다. 하나님의 은혜로 모든 죄를 용서받아 죄 짓는 것을 두려워하지 않는 '값싼 은혜'의 시대에 6장은 해독제와 같은 중요한 진리를 알려준다. 더불어 어떻게 죄의 영향에서 벗어나 은혜로 살면서, 하나님을 닮아가는 거룩에 이를 수 있는지를 보여준다.

그리스도 안에서 이루어진 변화 6:1-11

그러면 우리가 무엇이라고 말을 해야 하겠습니까? 은혜를 더하게 하려고, 여전히 죄 가운데 머물러 있어야 하겠습니까? 그럴 수 없습니다. 우리는 죄에는 죽은 사람인데, 어떻게 죄 가운데서 그대로 살 수 있겠습니까? 세례를 받아 그리스도 예수와 하나가 된 우리는 모두 세례를 받을 때에 그와 함께 죽었다는 것을 여러분은 알지 못합니까? 그러므로 우리는 세례를 통하여 그의 죽으심과 연합함으로써 그와 함께 묻혔던 것입니다. 그것은, 그리스도께서 아버지의 영광으로 말미암아 죽은 사람들 가운데서 살아나신 것과 같이, 우리도 또한 새 생명 안에서 살아가기 위함입니다. 우리가 그의 죽으심과 같은 죽음을 죽어서 그와 연합하는 사람이 되었으면, 우리는 부활에 있어서도 또한 그와 연합하는 사람이 될 것입니다.[6:1-5]

용서해주시는 은혜가 있다고, 그리스도인이 된 다음에 밥 먹듯이 죄를 반복해 짓는 그리스도인에게 바울은 뭐라고 말하는가? 바울은 기가 막힌다며 "그럴 수 없습니다"라고 외치는데, 이는 '말도 안 되는 소리!' '물론, 아닙니다!' '있을 수 없는 일!'이란 뜻이다.[3] 왜냐하면 우리는 죄에 대해 죽었기 때문이다. 즉, 죄와 더 이상 상관없는 자가 되었기 때문이다. 1-2절에서 문제를 제기하고, 3-5절에서는 설명을 이어간다. 3절을 문자적으로 해석하면 "예수 그리스도 안으로 세례를 받았던 우리는 그의 죽음 안으로도 세례를 받았음을 여러분은 알지 못합니까?"라고 옮길 수 있다. '세례받다'라는 헬라어는 '폭 잠기다' '그 안으로 완전히 들어가다'라는 뜻이다. 바울은 우리가 예수를 믿을 때 예수 안에 들어가서 함께 장사되어 죽었고,[3-4절] 또한 부활에 있어서도 그리스도와 연합한 자가 되어서[5절] 새 생명 안에서 살아가게 되었다[4절 하]고 설명한다.

이 부분에서 에베소서 2장 5-6절이 떠오른다. "예수 그리스도 안에서 그분과 함께 살리시고, 일으키시고, 하늘에 앉게 하셨다"라고 선언한 내용을 좀 더 자세히 설명하고 있다. 바울은 2-5절에서 선언한 내용을 6-11절에서 좀 더 자세히 풀어서 설명한다. 6-7절에서는 그리스도와 그 죽음에 우리가 연합한 사실을 이야기하고, 8-11절에서는 그리스도와 그분의 부활에 우리가 연합한 사실을 설명한다. 우리가 그리스도와 함께 죽었다는 것은 죄의 영향권 아래에서 몸에 작동하던 효력이 멈췄다는 것이다.[6절] 더 이상 죄의 노예가 아니며,[6절] 죄의 세력에서 해방되었다.[7절] 더 나아가 우리는 그리스도의 부활에도 연합했기 때문에,[8절] 그리스도께서 부활해 죽음의 지배를 받지 않고,[9절] 하나님을 위해 사시듯이,[10절] 우리도 그리스도 안에서 함께 살아나 죽음의 지배를 받지 않고 하나님 앞에서 살도록 이미 변화 받았다.

예수께서 우리 죄를 위해 죽었으며 그로 인해 우리 죄가 사해졌다는 사실을 모르는 그리스도인은 없다. 그런데 그분께서 죽고 부활하신 사건이, 우리가 그분을 믿을 때 우리에게 얼마나 놀라운 변화를 일으키는지는 잘 모른다. 그렇기 때문에 '죄를 지어도 용서받고 그럴수록 더 큰 은혜를 받는다'는 허튼소리를 한다. 그리스도께서 십자가에서 죽을 때 그분을 믿는 우리도 함께 죽었고, 예수께서 부활할 때 그분을 믿는 우리도 함께 부활했다는 것이 바울의 설명이다.

예수를 믿을 때에 그리스도 예수 안에서 이런 놀라운 일이 우리에게 일어났다. 이것을 그리스도 예수 안에 있는 자들의 영적 실제라고 하며, '신분의 변화'라고도 한다. 우리는 더 이상 죄의 영향력에 굴복해 그 지배를 받을 수밖에 없는 자가 아니라, 하나님의 다스림 아래에서 죄와 싸우며 하나님을 위해 살 수 있는 존재가 되었다. 심판으로 죽을 수밖에 없는 자였는데, 이제는 새로운 생명 가운데 살아갈 수 있는 존재가 되었다. 죽음이 예수를 지배하지 못했듯이, 죄의 가장 큰 영향력인 죽음조차 우리에게 영향력을 발휘하지 못한다. 우리는 이미 그런 존재가 되었다.

이를 하나님나라로 설명하면, 지금까지 우리는 '이 세대'에 속해서 죄의 지배를 받을 수밖에 없었다. 그런데 예수께서 죽고 부활해 하나님나라를 시작하셨으며, 복음을 믿음으로 하나님나라에 들어간 우리는 이제 새로운 지배를 받기 시작한다. 자애롭고 정의로운 하나님의 지배를 받는다. 이렇게 우리는 죄의 세력에서 벗어나서 '그리스도 안에 있는 존재', 곧 하나님나라 백성이 이미 되었다. 그러니 하나님의 다스림을 받는 하나님나라 백성이 어떻게 이미 벗어난 죄의 다스림으로 다시 돌아갈 수 있단 말인가? 은혜를 더하게 하려고 죄를 짓는다는 것은 그래서 어불성설이다.

　　여기서 한 가지 더 중요한 것은 예수를 믿을 때 그와 연합한다는 영적 실제를 바울이 느끼라고 말하지 않는다는 것이다. 오히려 '알지 못하는가', [3절] '안다', [6절] '아는 대로' [9절] 라고 반복한다. [4] 기독교는 체험으로 진리에 이르는 것이 아니라 진리를 이해하면서 시작한다. 하나님께서 우리를 위해 무엇을 하셨는지를 듣고 이해하는 것이 첫 번째 필요한 일이다. 하나님께서 무엇을 하셨는지, 그 일의 의미가 무엇인지를 성경은 증언한다. 이 사실들을 먼저 아는 것이 절대적으로 필요하다.

　　성경이 증언하는 진리, 사도들이 전한 복음을 이해했다면, 그다음 해야 할 일은 그것을 사실로 여기는 것이다. "이와 같이 여러분도, 죄에 대해서는 죽은 사람이요, 하나님을 위해서는 그리스도 예수 안에서 살고 있는 사람이라는 것을 알아야 합니다[그렇게 여겨야 합니다]." [11절] [5] 이것이 믿음이다. 4장에서 살펴보았듯이, "우리 주 예수를 죽은 사람들 가운데서 살리신 분을 믿는 우리" [4:24] 는 예수 그리스도의 죽음과 부활에 연합한 우리에게 일어난 일을 그대로 받아들인다. 그렇게 여긴다. 죄에 대해서는 죽은 자요, 하나님에 대해서는 산 자로 여기는 것이다. 이것이 믿음이다.

이 믿음은 그리스도가 속죄 제물이 되시고, 또한 몸값으로 치러졌음을 믿는 것이며, 하나님 앞에서 의롭게 되었다는 사실을 믿는 믿음의 연장선이다. 우리를 의롭게 하신 궁극적 목적은 단지 천국에 들어가게 하려는 것이 아니라, 죄의 지배에서 벗어나 하나님을 위해 살아가게 하려는 것이다. 그러므로 하나님 앞에서 의롭다 여겨진 자들은, 우리를 지배하던 죄와는 무관한 자요, 하나님 앞에서 살아가는 자로 스스로를 여겨야 한다.

참으로 안타까운 것은 많은 그리스도인이 죄를 용서받고 구원받았다는 사실까지는 믿는데, 그리스도 안에서 얼마나 놀라운 존재로 변했는지는 모르고 산다는 것이다. 고아로 지내던 사람이 갑자기 위대한 가문에 입양되면 정체성에 혼란이 오기 마련이다. 처음에는 새로운 삶이 불편하고 고아로 살던 삶이 더 익숙하겠지만, 시간이 지나가면서 신분이 바뀌었다는 사실을 인식하고는 그에 걸맞게 살아가면서 삶이 변화한다. 오늘날 그리스도인이 과거에 매여 죄에서 벗어나지 못한 채 살아가는 이유 중 하나는 그들이 진리를 알되 피상적으로 알기 때문이다. 이미 받은 복이 얼마나 큰지 모르기 때문이다.

죄에 지배를 받던 때에 익숙했던 것들이 새 신분을 입고 새로운 존재가 되었어도 여전히 익숙할 수 있다. 세상의 관점에서 나를 바라보며 열등한 존재로 살아왔을 수 있다. 세상의 유혹에 어쩔 수 없이 굴복하는 존재로 살아왔을 수 있다. 그러나 이제는 아니다. 하나님은 우리를 그리스도와 연합한 전혀 새로운 존재로 만드셨다. 하나님께서 그렇게 하셨기 때문에 우리도 우리 자신을 그렇게 바라본다. 그렇게 여긴다.

이것이 기독교의 매우 중요하고 위대한 진리이다. 하나님께서 우리를 그렇게 변화시키셨고 그렇게 여겨주셨으니, 나도 내 자신을 그렇게 여긴다. 내가 이제 그리스도 안에서 다른 사람이 되었기 때문에 그 변화된 사람에 걸맞게 사는 것이다. '열심히 애를 쓰고 훈련을 하고 신앙생활을 하면 변화되겠지?'가 아니다. '이미 변화되었기 때문에 그에 걸맞게 산다'는 것이 기독교이다. 다시 한 번 11절을 기억할 필요가 있다.

> 이와 같이 너희도 너희 자신을 죄에 대하여 죽은 자요 그리스도 예수 안에서 하나님께 대하여는 살아 있는 자로 여길지어다.^{개역개정}

변화에 걸맞은 삶_{6:12-23}

바울은 이제 그리스도 안에서 이루어진 변화에 걸맞게 사는 삶을 좀 더 구체적으로 권면한다.

> 그러므로 여러분은 죄가 여러분의 죽을 몸을 지배하지 못하게 해서, 여러분이 몸의 정욕에 굴복하는 일이 없도록 하십시오. 그러므로 여러분은 여러분의 지체를 죄에 내맡겨서 불의의 연장이 되게 하지 마십시오. 오히려 여러분은 죽은 사람들 가운데서 살아난 사람답게, 여러분을 하나님께 바치고, 여러분의 지체를 의의 연장으로 하나님께 바치십시오. 여러분은 율법 아래 있지 않고, 은혜 아래 있으므로, 죄가 여러분을 다스릴 수 없을 것입니다._{6:12-14}

12절의 '그러므로'는 "우리가 예수 그리스도와 연합한 존재가 되어서 죄에 대해서 죽은 자요, 하나님에 대해서 산 자가 되었으니"라는 뜻이다. 죄는 이제 우리 몸을 지배하지 못한다. 몸의 정욕에 굴복하지 않을 수 있도록 우리는 그리스도 예수 안에 있게 되었다. 하나님나라에 속한 존재가 된 것이다. 지금까지는 우리 자신을 죄에 굴복시켜서 불의의 도구가 되었다. 그러나 이제는 부활에 있어서 그리스도와 연합한 사람이 되었으니, 그렇게 변화된 사람답게, 우리 자신을 의의 도구로 하나님께 바치는 것이 그리스도인의 삶이다.

'죽은 사람들 가운데서 살아난 사람답게', '믿음으로 의롭게 된 자답게' '그리스도 예수 안에서 변화된 자답게' 살아가는 것이 그리스도인의 삶이다. '살아 있는 동안에는 어차피 죄에 굴복하며 사는 것이고 그래도 죽으면 천당 간다'고 믿는 것이 그리스도인의 삶이 아니다. 이미 우리가 그리스도 안에서 변화된 존재이기 때문에 변화된 사람답게 살아가는 것이다. 어쩌면 기독교 신앙의 독특성은 '답게'라는 말에 있는지 모른다. 내게 일어난 구원의 놀라운 실제를 제대로 알게될 때 그것을 믿는 자'답게' 살아가는 것이 그리스도인의 삶이다.

이제 바울은, 죄를 깨닫게 하고 인간이 하나님의 심판 아래에서 살아가는 존재임을 깨닫게 하던 율법이 지배하던 시대가 지나갔다고 말한다. 하나님의 은혜가 다스리는 새로운 시대에 살고 있다고 말한다. 그 은혜로 우리는 변화된 존재가 되었으며 새로운 삶을 살아간다. 하나님과의 관계를 회복한 존재로 살아간다. 당연히 죄의 영향력이 현저하게 약화된 상황에 있게 된 것이다.[14절]

바울은 13-14절에서 정리한 내용을 15-23절에서 좀 더 구체적으로 설명한다. 그는 원래 주제를 다시 한 번 상기시킨다. '이제 은혜의 시대 아래에 있으니 마음 놓고 죄를 짓자'는 주장은 말도 안 된다[15절]고 선언한다. 바울은 누구에겐가 복종하면 그의 종이 되는, 일반적 원리를 예로 들어 설명한다. 죄에 복종해 죄의 종이 되어 죽음에 이르거나 하나님께 순종해 의에 이르는데,[16절] 놀랍게도 우리는 과거에 죄의 종이었다가 이제 '전해 받은 교훈의 본'에 마음으로 순종해 죄에서 해방되었으며 마침내 의의 종이 되었다고 선언한다.[17-18절] 다시 한 번 우리에게 전해진, 우리가 듣고 순종한 '교훈', 즉 '진리'가 얼마나 중요한지를 여기서 발견한다.

이 구체적인 권면이 너무나 중요하기 때문에 바울은 19-22절에서 다시 한 번 더 간절하게 설득한다. 과거에 우리는 우리 자신을 더러움과 불법의 종으로 내맡겨 불법에 빠져 있었고,[19절 상] 하나님과 아무 연관 없이[20절] 생활했다. 그 부끄러운 삶을 상기시키며 그 끝은 죽음에 이르는 것[21절]이라고 지적한다. 그러나 이제 우리는 우리 자신을 의의 종으로 바쳐서,[19절] 죄에 굴복되지 않고 하나님에게만 굴복한다.[22절 하] 그리하여 거룩함에 이르는 삶의 열매를 맺어 하나님을 닮아가며, 결국에는 영원한 생명에 이르게 될 것[22절 하]이라고 약속한다.

여기에 두 가지 삶의 길이 있다. 예수 그리스도를 믿기 전처럼 죄에 자신을 내맡기고 부끄러운 열매를 거두며 살 것인가? 아니면 예수 그리스도 안에서 변화 받은 자답게 자신을 하나님께 드려서 하나님을 닮아가는 삶, 즉 거룩에 이르는 열매를 맺으며 살 것인가? 비록 구원의 완전성을 주장하는 그리스도인이라 할지라도, 그리스도 안에서 이루어진 구원의 내용을 제대로 이해하지 못하면, 여전히 죄의 영향력에 굴복하며 예수 믿기 전의 부끄러운 삶을 지속할 수 있다. 그러나 그리스도와 연합해 생겨난 변화를 자기 것으로 받아들이고 그렇게 여기는 사람들은 스스로를 하나님께 드려서 하나님을 닮아가는, 전혀 다른 삶을 살아갈 것이다.

예수를 주로 받아들여 구원 받고 세례를 받는 그리스도인을 만나는 것은 참 기쁜 일이다. 그러나 그들이 구원 받은 것에만 만족하고 그 이상의 변화된 삶을 추구하지 않을 때는 안타깝기 그지없다. 예수를 오래 믿었지만 변화되지 않는다고 처음에는 좀 고민하다가, 나중에는 '예수 믿고 천국 가면 되는 거지'라며 변화와 성장이 없는 삶을 당연히 여긴다. 예수를 믿고 이미 시작된 천국 곧 하나님나라에 들어가 하나님나라 백성다운 삶을 살아가는 것이 마땅한데, 결국 천국에 갈 것이라며 현세의 삶에 타협하고 굴복하는 것은 복음을 제대로 이해하지 못한 것이다. 이런 사람을 만나면, 과연 이 사람이 예수 그리스도의 복음을 제대로 믿고 있는지 질문하게 된다. 변화된 신분은 변화된 정체감을 가져오고, 변화된 정체감은 변화된 소속감을 가져오고, 결국 변화된 삶을 가져올 수밖에 없다.

죄가 지배하는 세상에서 살 때 우리의 정체성은 노예였다. 죄의 노예! 그러나 이제 은혜가 지배하는 세상에서 살면서 우리의 정체성은 변한다. 의의 노예! 다시 말해, 하나님의 종! 하나님께만 순종하기로 결단한 사람들! 지금까지 죄에 자신을 내어주었다면, 이제는 하나님의 의에 자신을 내어드린다. 열등감 속에서 살던 사람들이 스스로를 하나님 안에서 변화된 존재로 본다. 급하면 둘러대고 거짓말이 몸에 밴 사람들이 의의 종답게 진실을 말하는 법을 배운다. 자기 이익만 생각하고 자기 합리화를 밥 먹듯 되풀이하던 사람이, 나를 사랑하시는 방식으로 이웃을 사랑하시는 하나님을 깨달아, 하나님의 사랑을 입은 자답게 이웃을 사랑하기 시작한다.

세상의 요구, 죄의 요구를 좇을 것인가? 아니면 의의 요구를 좇을 것인가? 과거에는 죄에 무릎 꿇을 수밖에 없었다 해도, 그리스도 안에서 연합한 존재가 되었는데도 여전히 과거의 습관대로 부끄러운 삶을 지속할 것인가? 아니면 그리스도 안에 있는, 즉 메시아에 속해서 새로운 정체성과 소속감을 가진 새로운 존재로서 새로운 생명을 향하는 삶을 추구할 것인가? 하나님을 알지 못해 죄 아래 있는 사람에게는 선택지가 없지만, 그리스도인에게는 두 가지 선택지가 있는 셈이다. 기억하기 바란다. 결국 죄가 우리에게 돌려주는 것은 죽음이다. 그러나 하나님은 우리 주 예수 그리스도 안에서 누리는 영원한 생명을 선물로 주신다.

> 죄의 삯은 죽음이요, 하나님의 선물은 우리 주 예수 그리스도 안에서 누리는 영원한 생명입니다.[6:23]

율법을 어떻게 볼 것인가
: 하나님나라와 율법의 역할 [롬 7:1-25]

이제 바울은 구원의 도리를 마무리하기 이전에 율법의 기능과 가치에 대해 이야기한다. 사실 율법은 로마서의 매우 중요한 주제이다. 바울은 죄를 다룰 때에도 '율법을 모르고 범죄한 사람'[2:12-15]과 '율법을 가지고 있는 유대인'[2:17-29]을 따로 다룬다. 죄에 대한 논증의 결론 부분과 하나님의 구원의 길, 곧 하나님의 의가 나타났다고 이야기할 때도 율법을 이야기한다.[3:19-21] 우리가 의롭게 되는 것은 믿음 때문이지 '율법의 행위' 때문이 아님을 지적하고,[3:28-31] 믿음의 원리를 설명할 때도 끊임없이 율법과 비교한다.[4:13-16] 죄와 율법의 관계를 간략히 설명한 다음,[5:13, 20] 율법 아래 있지 않고 은혜 아래 있다고 해서 마음대로 죄를 지을 수는 없다고 선언한다.[6:14-15] 바울의 마음속에는, 죄의 보편성,[1:18-3:20] 하나님의 의를 얻게 하는 믿음,[3:21-4:25] 그리스도 안에 있는 구원의 위대함,[5:12-21] 죄를 떠나 하나님을 닮아가는 삶[6:1-23]을 설명할 때 늘 율법이 있다.

이제 7장에 들어와서는 율법을 본격적으로 다룬다. 율법으로 하나님 앞에서 의롭게 되지 못한다면, 율법의 역할은 도대체 무엇인가?

현대 그리스도인에게 율법은 초대교회 그리스도인보다는 상대적으로 덜 중요할지 모른다. 그러나 초대교회의 중요한 이슈 중 하나는 율법을 모르던 이방인들이 그리스도를 받아들이고 회심하기 시작한다는 것이었다. 율법 없이 예수를 영접한 자들에게 유대인의 율법을 부과할지 말지는 초대교회의 중요한 쟁점이었다. 더군다나 이런 이방인 수가 점점 유대인 수를 압도하기 시작하자, 율법을 가진 유대인과 율법이 없는 이방인의 관계를 어떻게 봐야 하는지도 당시에는 심각한 질문으로 떠올랐다.[6]

율법에서 자유한 그리스도인7:1-6

바울 사도는 남편이 죽으면 결혼한 여자가 더 이상 결혼에 구속되지 않듯이,[1-3절] 그리스도인도 그리스도가 죽을 때 율법에 대해 그리스도와 함께 죽임을 당하고 예수 안에 함께 속했음[4절]을 상기시킨다. 그러므로 이전처럼 육신의 욕구를 따라 살면서 죽음에 이르는 열매를 맺지 않고,[5절] 율법의 문자적인 요구에서 풀려나 성령께서 주시는 새로운 마음으로 하나님을 섬기게 되었다.[6절]

예수와 함께 죽었고 그로 말미암아 율법에서 해방되었다는 것이 요점인데, 그렇다면 로마서 전체에서 계속 질문을 받고 있는 율법은 무가치한가? 율법에 대체 무슨 유익이 있는지를 정리해야 한다. 바울은 7-25절 전체를 통해 율법의 기능과 속성에 대해 이야기한다.

율법의 속성7:7-25

앞서 바울은 율법으로 말미암아 죄의 욕정이 드러났고 그래서 죽음에 이르는 열매를 맺었으나, 예수 그리스도 안에서는 율법으로부터 풀려났다고 선언했다. 그렇다면 "율법이 죄입니까?"라는 질문을 던지며,^{7:7} 13절까지 율법의 순기능과 역기능을 비교한다. 각각을 살펴보면 다음과 같다. 먼저 순기능은,

- 율법은 죄를 깨닫게 하는 순기능이 있다.^{7절}
- 율법과 계명의 원래의 목적은 생명으로 인도하는 것이다.^{10절}
- 율법과 계명 자체로는 거룩하며 신령하며 선한 것이다.^{12, 14, 16절}

그러나 역기능도 있는데,

- 탐욕을 일으킨다.^{8절}
- 죄를 더 선명하게 한다.^{10절}
- 결국 죽음을 가져온다.^{13절}

율법 자체로는 문제가 없다. 그렇다면 왜 율법이 죄를 드러내고 결국 죽음을 가져오는지 이상한 일이 아닐 수 없다. 이를 14-20절에서 설명한다. 인간은 욕정에 매인 존재이며 죄 아래 팔린 존재라서,^{15절} 해야 하는 일을 알지만^{16절} 그것을 하지 않는다.^{15절} 무엇이 선한지 알고, 그렇게 살고 싶지만,^{18절} 그렇게 하지 못하는 것^{19절}은 육신 속에 선한 것이 있지 않고,^{18절} 오히려 그 속에 죄가 자리 잡고 있기 때문이다.^{17, 20절}

비록 율법이 선하고 거룩하며 신령한 것이지만, 이것을 지켜서 생명에 이를 능력이 사람에게는 없다는 것이다. 결론적으로 인간은 선을 행하고 싶지만 악에 지배를 받아,^{21절} 속으로는 하나님의 법을 따르려 하지만,^{22절} 몸은 죄의 법에 지배를 받고 있다.^{22, 25절 하} 참으로 비참한 상태가 아닐 수 없다. 죽음이 다스리는 몸에서 인간이 구원 받을

길은 없어 보인다.[24절7]

여기서 질문이 하나 생긴다. 7-25절에서 주어로 등장하는 '나'는 누구인가? 사실, 많은 성경 독자들이 7장 24절을 좋아한다. 개역개정은 "오호라. 나는 곤고한 사람이로다"라고 번역했고, 새번역은 "아, 나는 비참한 사람입니다"라고 옮겼는데, 이 구절이 많은 그리스도인의 실존적 고민을 반영한다고 생각한다. 18-23절의 '나'는 선을 행하기 원하지만 실제 그렇게 살지는 못하는, 갈등에 빠진 비참한 존재이며, 이는 그리스도인의 일반적 경험처럼 보이기 때문이다.

로마서의 모든 본문에는 다양한 해석이 존재하지만, 본질적 의미에는 동의하고 강조점이나 시각차만 약간 있는 정도라서, 해석의 차이가 그리 큰 문제가 되지는 않는다. 그러나 7장 7-25절의 '나'가 누구인지에 대해서는 첨예하게 다른 해석이 존재한다.[8] 간략히 소개하면, 이 본문의 '나'를 당연히 바울이라고 생각하는 쪽도 있지만, 율법 아래 살아가는 사람을 대표하는 수사학적 '나'라고 보는 쪽도 있다. 바울이라고 해도 회심 전의 바울인지, 회심 이후의 바울인지로 나뉜다. 율법 아래 있는 사람을 대표하는 쪽도 율법 아래 있는 유대인을 가리킨다고 보는 쪽과 율법 아래 있는 모든 사람을 가리킨다고 보는 쪽으로 나뉜다.

최근 들어 이 본문을 회심한 이후의 바울의 경험이라고 보면서, 육신과 성령 사이에서 갈등하는 신자의 실존적이고 사실적인 고백이라는 해석이 인기를 얻는 것 같다.[9] 이 같은 해석이 육체의 정욕에 자주 무릎 꿇고 혼란에 빠지는 그리스도인에게 위로를 주는 듯도 하다. 이런 갈등이 그리스도인의 실존적 경험이며, 더 나아가 이 세대와 오는 세대 사이에서 겪을 수밖에 없는 '종말론적 갈등'이라고 설명하기 때문이다.[10] 그러나 로마서 7장의 주제는 '내'가 무엇을 경험하고 있는지가 아니라 '율법'이다. 로마서 시작부터 바울이 마음속에 품고 있었던, 율법이 과연 어떤 기능을 하며 그 한계가 무엇인지를 보여주는 것이 7장의 목적이다. 그러므로 로마서 6장까지 그리스도 안에서 주어지는 놀라운 하나님의 의와 능력을 확신에 차서 장엄하게 설명하다가, 갑자기 7장에 들어와서 육신에 굴복한 경험을 이야기한다는 것은 매우 부자연스럽다.

우선 7장의 비참한 '나'라는 존재를 로마서 전체 흐름 속에서 보아야 한다. 중요한 점은 하나님 앞에서 믿음으로 의롭게 되어,[3:21-4:23] 하나님과 평화를 누리며, 소망을 품고 살아가는 그리스도인, 또는 바울을 가리킬 수 있느냐이다. 더 나아가 그리스도의 죽음과 부활과 연합한 자로서 자신을 의의 병기로 드려 거룩함에 이르고 있다고 고백하는[6장] 바울과 그렇게 살 수 있다고 격려 받는 그리스도인을 지칭할 수 있느냐이다. 율법을 다룬 7장에 이어 8장에서는 "육신으로 말미암아 율법이 미약해져서 해낼 수 없었던 그 일을 하나님께서 해결하셨다"[3절]고 말하고, 이어 "육신을 따라 살지 않고 성령을 따라 사는 우리가, 율법이 요구하는 바를 이루게 하셨다"[4절]는 참으로 놀라운 고백을 한다.

바울이 로마서 외에 자신의 편지 곳곳에서 자신이나 성장해가는 그리스도인을 언급할 때, 선과 악 사이에 끼어 있는 비참한 존재는 등장하지 않는다. 오히려 자유를 위해 부르심을 입었으니, 그 자유로 육체의 기회를 삼지 말고 성령을 쫓아 살면서 성령의 열매를 맺으라고 권면한다.[갈 5:13-26] 자신은 그리스도 예수 안에서 하나님께서 부르신 상을 받으려 달려간다고 고백하며 자신을 본받으라고 한다.[빌 3:13-17] 자신이 그리스도를 본받고 있다고[고전 11:1] 고백하며, 모든 성도에게 그리스도의 장성한 분량에 이르라고 권고한다.[엡 4:13] 이전 것은 지나가고 그리스도 예수 안에서 새로운 피조물이 되었다고 감탄하기까지 한다.^고^{후 5:17}

7장 7-25절의 '나'는 회심 이후의 바울이나 그리스도인이 아니다. 이 본문에 나타나는 혼란과 무기력과 침체는 그리스도인의 실존적 경험을 묘사한 것이 아니다. 예수 그리스도 안에 있기 전에, 은혜 아래 거하기 전에, 아직도 죄 아래에서 육신이 원하는 대로 살고 있는 자를 수사학적으로 표현한 '나'이다. 2장에서도 '그대'^{1, 3, 4, 5, 6절}가 반복해 등장하는데, 이 또한 실제 존재하는 사람이 아니라 도덕주의에 빠진 가상의 논쟁 상대였다. 이처럼 7장에서도 바울은 '나'라는 수사학적 표현을 통해 율법 아래 있는 사람들의 실존적 고민과 상태를 표현하고 있다.

바울이 7장에서 무엇을 주장하는지에 주의를 기울여야한다. 바울은 율법이 본질적으로 거룩하고 선하며, 죄를 깨닫게 하고 더욱 선명하게 하지만, 결국 육신의 약함을 넘어서지 못해 죄를 가져올 수밖에 없다고 강조한다. 이런 율법에서 그리스도인은 해방되었다는 것이 7장에서 말하려는 바이다. 6장에서 죄에서의 해방을 설파했다면, 7장에서는 한계가 너무나 분명한 율법에서의 해방을 설명하고 있는 것이다. 율법의 정죄로 인해 자신이 '곤고한 자'라며 실존적으로 갈등할 수밖에 없다고 토로하는 것이 결코 아니다.

하나님나라가 임하기 전까지의 율법의 역할

바울 사도는 율법을 다루면서 하나님나라라는 단어를 직접 언급하지는 않지만, 하나님나라 시각으로 율법을 다룬다. 에베소서 2장에서도 언급했지만, 바울은 '이전에'와 '지금은'이라는 구도를 즐겨 사용한다. 이는 하나님나라가 임하기 전과 임한 후, 즉 그리스도 안에 속하기 전과 속한 후를 대조할 때 주로 사용한다. 하나님나라의 관점에서 볼 때 율법의 역할이 분명해진다.

> **이전에** 우리가 육신을 따라 살 때에는, 율법으로 말미암아 일어나는 죄의 욕정이 우리 몸의 지체 안에서 작용해서, 죽음에 이르는 열매를 맺었습니다. 그러나 **지금은**, 우리를 옭아맸던 것에 대하여 죽어서, 율법에서 풀려났습니다. 그래서 우리는 문자에 얽매인 낡은 정신으로 하나님을 섬기지 않고, 성령이 주시는 새 정신으로 하나님을 섬깁니다.[7:5-6]

이전에, 하나님의 의가 나타나지 않았을 때, 즉 하나님나라가 임하지 않았을 때는 율법이 사람을 지배했고, 육신의 탐욕을 일으켰고,[7:8] 죄를 죄로 드러나게 했고,[7:9] 죽음으로 인도했다.[7:10] 그래서 율법 아래 있던 '나'는 "율법이 신령한 것인 줄 알[면서도]…육정에 매인 존재로서 죄 아래에 팔려서",[7:14] 비록 선한 일을 원하나 그것을 하지 못하는 한계 속에서 갈등했다.[7:15-24] 바울 사도는 로마서 7장의 중심 절이라 할 수 있는 5-6절을 언급하고, 5절의 해설을 위해 7장 전체를 할애한다. 이는 하나님나라가 임하기 전까지 율법이 한 역할과 그 한계를 보여주기 위해서이다. 바울은 7장 6절에서 감격에 차서 반가운 '그러나'와 함께 '지금은'이라고 선언한다. 메시아 예수와 함께 연합해 죽고 살아난 우리가 이제는 율법에서 풀려나 성령이 주시는 새로운 마음으로 하나님을 섬긴다는 고백이다. 7장 6절은 바울이 로마서 6장까지 설파했던 내용의 결론으로, 8장에서 좀 더 상세하게 해설된다. 이제 율법이 지배하던 시대에서 성령께서 일하시는 시대로 바뀐 것이다. 우리는 그리스도와 연합한 존재가 되었고, 이제부터는 그리스도의 영, 하나님나라의 영이신 성령께서 우리를 이끌어가신다.

하나님나라가 임하기 전까지는 율법이 우리 죄를 죄로 드러냈지만 우리를 구원에 이르게 하지는 못했다. 하지만 이제는 하나님의 의가 나타나고 하나님나라가 시작되었으며, 그 의를 받아서 그 나라 백성이 된 사람은 성령의 인도를 받는다. 이 주제는 자연스럽게 8장으로 이어진다.

하나님의 의의 궁극적 목표
: 하나님나라를 기다리는 종말론적 삶 롬 8:1-39

예수 그리스도를 통해 주어지는 하나님의 의를 누리는 삶의 원리를 설명하는 마지막 부분에 이르면, 하나님으로부터 의롭다 하심을 입고 그리스도와 연합한 자들이, 여전히 죽음이 지배하는 것처럼 보이는 시대를 어떻게 살아낼 것인지에 대해 설명한다. 이는 성령을 따라 사는 삶며,8:1-17 온전한 회복을 소망하며,8:18-30 하나님의 변개치 않는 사랑으로 견디는8:31-38 삶이다.

성령을 따라 사는 삶 8:1-17

앞서 살핀 대로, 성령께서 우리에게 임하지 않았을 때는, 무엇이 선한지도 알고 그것을 하고도 싶었지만, 우리를 지배하는 죄가 육신의 약함을 이용해 오히려 우리를 악함으로 이끌었고 종국에는 죽음으로까지 밀어 넣을 태세였다. 이에 반해 예수 안에 있는 자들은 놀라운 복을 받는다.

그러므로 그리스도 예수 안에 있는 사람들은 정죄를 받지 않습니다. 그것은, 그리스도 예수 안에서 생명을 누리게 하는 성령의 법이 당신을 죄와 죽음의 법에서 해방하여주었기 때문입니다. 육신으로 말미암아 율법이 미약해져서 해낼 수 없었던 그 일을 하나님께서 해결하셨습니다. 곧 하나님께서는 자기의 아들을 죄된 육신을 지닌 모습으로 보내셔서, 죄를 없애시려고 그 육신에다 죄의 선고를 내리셨습니다. 그것은, 육신을 따라 살지 않고 성령을 따라 사는 우리가, 율법이 요구하는 바를 이루게 하시려는 것입니다. 육신을 따라 사는 사람은 육신에 속한 것을 생각하나, 성령을 따라 사는 사람은 성령에 속한 것을 생각합니다. 육신에 속한 생각은 죽음입니다. 그러나 성령에 속한 생각은 생명과 평화입니다.8:1-6

지금까지는 죄와 죽음의 법에게 지배 받았지만, 은혜 아래에서 살아가는 우리에게는 성령의 법이 있다고 선언한다. '은혜 아래'라는 표현은 '이제 그리스도 안에서' 주어지는 복을 뜻한다. 하나님나라에 들어와 하나님의 다스림 아래 있다는 것이다. 바울은 6장의 거룩에 이르는 삶에서도 성령을 언급할 수 있었겠지만, 율법 아래 있을 때의 한계를 선명하게 보여준7장 다음에 이와 대조해 성령을 소개한다. 은혜 아래 있는 자들에게는 성령이 계시고, 죄에 매인 육신과 율법의 한계로 그때까지는 도저히 충족시킬 수 없었던 율법의 요구를 이룰 수 있게 되었다.3-4절 죄 아래에서 살던 사람들은 육신을 따라 살면서 늘 육신에 속한 것을 생각하고 결국 죽음에 이르지만, 성령을 따라 사는 사람들은 하나님의 거룩한 영이신 성령께 속한 생각, 곧 평화를 따라 산다.5-6절

육신에 속하고 거기에 매인 사람7-8절과는 대조적으로, 그리스도의 사람은 하나님의 영이 그 안에 살아 있는 사람들9절이며, 그렇기에 이미 생명을 얻어 누리고 있다.10-11절 또한 서로를 형제자매라 부르는

그리스도인은 과거에 매였던 육신 대신에 성령을 따라 살면서, 아직 몸에 남아 있는, 죄에 물든 습관과 행실을 부인하며 살아가게 된다.[12-13절]

　이제 그리스도 예수 안에 속한 사람들은 새로운 삶의 원리를 소유하게 된다. 이전에는 육신이 원하는 대로 살 수 밖에 없었다. 그야말로 죄가 왕 노릇했다. 그러나 예수 그리스도와 연합해 함께 죽고 함께 살아난 이들 속에는 하나님의 영이 거한다. 하나님의 영을 따라 살면, 율법의 요구를 이룰 뿐 아니라 생명을 누리며 살 수 있다. 그런데 만약 우리가 여전히 과거처럼 육신을 따라 살면, 하나님과 원수로 지내는 삶을 지속하는 것이며, 그 마지막은 죽음이 될 것이다. 성령을 좇을 것인가? 육신을 좇을 것인가?

　오늘날 그리스도인이 "세상 살면서 죄는 지을 수밖에 없어. 그래도 예수 믿고 천당 갈 수 있으니 얼마나 큰 은혜야!"라고 말하는 것과 로마서의 가르침에는 얼마나 큰 차이가 있는가? 그리스도와 연합한 우리는 성령을 따라 행하며 거룩에 이르고, 또 생명에 이르는 놀라운 삶을 살 수 있다. 그런 면에서 로마서 6장과 8장은 연결돼 있다. 6장에서 연합의 신비를, 8장에서 우리 안에 오신 성령의 역사를 설명하고 있기 때문이다. 다시 한 번 13절을 읽어보자.

여러분이 육신을 따라 살면, 죽을 것입니다. 그러나 여러분이 성령으로 몸의 행실을 죽이면, 살 것입니다.

　바울 사도는 이제 성령을 조금 더 상세하게 설명하며 편지를 이어간다. 하나님의 영이신 성령께서 우리 가운데 계신다는 것은, 우리가 더 이상 고아 같은 존재가 아니라 하나님께 입양된 양자라는 증거이다.

> 하나님의 영으로 인도함을 받는 사람은, 누구나 다 하나님의 자녀입니다. 여러분은 또다시 두려움에 빠뜨리는 종살이의 영을 받은 것이 아니라, 자녀로 삼으시는 영을 받았습니다. 그래서 우리는 그 영으로 하나님을 "아빠, 아버지"라고 부릅니다. 바로 그때에 그 성령이 우리의 영과 함께, 우리가 하나님의 자녀임을 증언하십니다. 자녀이면 상속자이기도 합니다. 우리가 그리스도와 함께 영광을 받으려고 그와 함께 고난을 받으면, 우리는 하나님이 정하신 상속자요, 그리스도와 더불어 공동 상속자입니다.[8:14-17]

성령께서는 무엇을 하시는가? 성령은 우리가 변화된 존재임을 우리 속에서 끊임없이 증언하신다. "너는 변화된 존재이다. 너는 하나님의 자녀이다." "너는 죄에 대해서는 죽었고, 하나님에 대해서는 산 존재가 되었다." "하나님의 원수 같은 존재로 하나님의 심판을 두려워할 존재가 아니라, 하나님나라를 상속받을 자녀이다"라고 말씀해주신다.

아! 이 얼마나 놀라운 일인가! 죄인이라서 소망 없던 우리를 구원해주시고, 하나님 앞에 설 수 있는 의로운 존재로 여겨주신 것만도 감사한데, 하나님의 영을 주시고 자녀로 삼아주셨다. 자녀가 되었다는 것은 하나님나라를 상속할 사람이 되었다는 것이다. 하나님의 아들이신 예수께서 그 나라를 상속하는 것은 당연하다. 그런데 우리까지 '공동 상속자'가 되었다. 하나님나라가 임할 때 우리가 받을 영광이 얼마나 클지, 과연 우리가 조금이라도 알 수 있을까?

완전한 회복을 기다리는 소망 8:18-30

하지만 바울은 우리가 이러한 영광을 바라는 소망을 지녔다고 하면서도, 우리가 사는 세상, 우리가 견뎌내야 할 세상의 실상에 대해서 이야기하기 시작한다. 왜냐하면 장차 나타날 영광을 바라며 살아가는 우리 앞에 놓인 것은 고난이기 때문이다.

> 현재 우리가 겪는 고난은, 장차 우리에게 나타날 영광에 견주면, 아무것도 아니라고 나는 생각합니다. 8:18

이 고난은 하나님께서 세상을 온전히 회복하실 때까지 온 피조물이 겪을 일이다. 이 본문은 오늘날 그리스도인이 지금 이 세상을 어떻게 이해해야 하는지를 알려준다.

> 피조물은 하나님의 자녀들이 나타나기를 간절히 기다리고 있습니다. 피조물이 허무에 굴복했지만, 그것은 자의로 그렇게 한 것이 아니라, 굴복하게 하신 그분이 그렇게 하신 것입니다. 그러나 소망은 남아 있습니다. 그것은 곧 피조물도 썩어짐의 종살이에서 해방되어서, 하나님의 자녀가 누릴 영광된 자유를 얻으리라는 것입니다. 모든 피조물이 이제까지 함께 신음하며, 함께 해산의 고통을 겪고 있다는 것을, 우리는 압니다. 8:19-22

모든 피조물이 허무에 굴복해,20절 썩어짐에 종살이하며 사멸하고 있으며,21절 여자들이 해산할 때 내는 고통스런 신음 소리를 내며 해산의 고통을 겪고 있다.22절 그러면서 하나님의 자녀들이 세상 속에 온전히 드러날 날을 간절히 기다리고 있는데, 이때 온 피조세계도 온전하게 회복되어 하나님의 영광된 자유에 이를 것이다. 하나님나라가 완전하게 임할 때 그리스도인뿐 아니라 온 피조세계도 회복되리라는 것은 바울 사도의 새로운 사상이 아니라, 구약성경의 선지자들이 고대해왔던 메시아 나라의 모습이다.[11]

바울 사도는 온 피조물이 신음하고 있는 세상에 사는 우리 역시 같은 신음 소리를 내고 있다고 말한다.

> 그뿐만 아니라, 첫 열매로서 성령을 받은 우리도 자녀로 삼아주실 것을, 곧 우리 몸을 속량하여주실 것을 고대하면서, 속으로 신음하고 있습니다. 우리는 이 소망으로 구원을 얻었습니다. 눈에 보이는 소망은 소망이 아닙니다. 보이는 것을 누가 바라겠습니까? 그러나 우리가 보이지 않는 것을 바라면, 참으면서 기다려야 합니다.[8:23-25]

놀라운 설명이다. 우리는 온 피조물과 함께 신음하는 존재이다. 세상의 악과 부조리 속에서, 하나님의 사랑과 정의가 빚어내는 평화와는 아주 거리가 먼 세상에 살면서 신음하고 있다. 몸의 속량, 즉 몸에 남아 있는 죄성과 죄 아래 살던 습관에서 완전히 자유롭지 못한 몸의 한계조차 완전히 회복될 날을 그리스도인은 고대한다.[23절] 우리가 성령을 따라 살 때 거룩함에 이르는 의의 열매를 거두고, 분명 과거와는 완전히 다르게 살 것이다. 하지만 육신을 입고 있는 한 완전한 구원에는 이르지 못한다. 그래서 주님을 따라 살려고 참으로 애쓰는 하나님의 자녀는 영광에 이를 것을 바라며[5:2] 마지막 날을 간절히 기다리게 된다.

이런 소망을 품은 사람들, 눈에 보이지 않는 새로운 세계인 하나님의 나라를 기다리는 사람들에게 필요한 것은 인내이다. 한국 교회가 하나님나라를 온전히 가르치지 않아서 나타나는 여러 안타까운 현실 중에 하나는 인내에 대한 가르침이 사라졌다는 것이다. 하나님을 떠난 세상에서, 피조물이 신음하며 탄식하는 세상에서 성공을 추구하다보니, 온전히 임할 하나님나라를 기다리며 불편을 감수하고 더 나아가 고난까지 견뎌내는 인내를 가르칠 이유가 사라진 것이다. 바울 사도가 이야기 하는 소망은 세상의 소망이 아니라 종말론적 소망이므로, 그 소망에는 늘 인내가 뒤따르기 마련이다. 하지만 감사할 일은 인내하는 우리를 하나님께서 홀로 두지 않으신다는 것이다. 다음은 많은 그리스도인이 사랑하는 구절이다.

> 이와 같이, 성령께서도 우리의 약함을 도와주십니다. 우리는 어떻게 기도해야 할지도 알지 못하지만, 성령께서 친히 이루 다 말할 수 없는 탄식으로, 우리를 대신하여 간구하여주십니다. 사람의 마음을 꿰뚫어 보시는 하나님께서는, 성령의 생각이 어떠한지를 아십니다. 성령께서, 하나님의 뜻을 따라, 성도를 대신하여 간구하시기 때문입니다.[8:26-27]

하나님을 위해 고난당하며 신음하는 우리를 위해 성령께서 말할 수 없는 탄식으로 간구하신다. 때때로 어떻게 기도해야 할지 모를 정도로 힘들고 숨 막히는 때가 있다. 이럴 때 우리를 위해 중보하시는 분이 계시는데, 그분이 바로 하나님의 뜻을 따라 우리를 대신해 간구하시는 성령이시다. 그러므로 비록 세상에서 고난을 당해도 하나님을 사랑하고 성령을 따라 살고자만 한다면, 하나님께서는 성령의 기도를 들으시고, 우리를 가장 선한 길로 인도해주신다.

하나님을 사랑하는 사람들, 곧 하나님의 뜻대로 부르심을 받은 사람들에게는, 모든 일이 서로 협력해서 선을 이룬다는 것을 우리는 압니다. 하나님께서는 미리 아신 사람들을 택하셔서, 자기 아들의 형상과 같은 모습이 되도록 미리 정하셨으니, 이것은 그 아들이 많은 형제 가운데서 맏아들이 되게 하시려는 것입니다. 그리하여 하나님께서는 이미 정하신 사람들을 부르시고, 또한 부르신 사람들을 의롭게 하시고, 의롭게 하신 사람들을 또한 영화롭게 하셨습니다.^{8:28-30}

28절은 아마도 많은 사람이 로마서에서 가장 사랑하는 구절일 것이다. 하지만 '협력해서 선을 이룬다'는 말씀의 참 의미는 많은 이들이 암송하면서 기대하는 바와는 조금 다르다. 세상 살면서 이런저런 일들을 겪어도 결국은 주변 일이 다 잘될 것이라는 의미가 전혀 없지는 않다. 그러나 본문이 이야기하는 바는, 피조물이 신음하는 세상에서 우리가 인내하며 견뎌낼 때 우리의 약함을 성령께서 중보하시며, 그 모든 과정을 통해 결국에는 우리가 하나님의 아들의 형상처럼 될 것인데, 이를 하나님이 이미 정해놓으셨다는 것이다.^{29절} 하나님께서 우리를 불러주셨고, 하나님 앞에 설 수 있는 의를 선물로 주셨으며, 결국에는 예수께서 계신 영광의 자리에까지 이르게 하신다.^{30절} 단지 세상 살면서 모든 것이 잘 풀릴 것이라는 말씀이 아니라, 우리 속에 하나님의 아들의 형상이 완성된다는 것이 바로 '협력해서 선을 이룬다'는 말씀이 가리키는 궁극적 결과이다.

우리를 승리하게 하시는 하나님의 사랑^{8:31-39}

이제 로마서 1-8장의 결론 부분에 이르렀다. 이 본문은 정말 아름답고 확신에 가득 찬 사랑의 고백이다. 학자들이 로마서의 주제에 대해 이런저런 제안을 하지만, 내게 만약 그런 기회가 주어진다면, 나는 로마서의 주제를 하나님의 사랑이라고 말하고 싶다. 사실 로마서 첫 부분부터 바울 사도는 하나님의 사랑에 빚진 자로서 글을 시작하고, 모든 설명의 바탕에는 용암처럼 하나님의 사랑이 흐르고 있다. 가끔씩 바울 스스로 감격해 하나님의 사랑을 노래하며 감탄하다가, 이 본문에 이르러서는 용암이 폭발해 분출하듯 하나님의 사랑을 노래한다. 어떻게 미물에 불과한 죄인인 인간을 부르셔서 의롭다 여겨주시고 정체성을 바꿔주시는가. 게다가 성령을 통해 새로운 정체성으로 살아갈 수 있는 힘까지 주시고는 점점 예수를 닮아가게 만드시는가? 이 모든 것이 하나님의 사랑에서 발견된다.

> 그렇다면, 이런 일을 두고 우리가 무엇이라고 말할 수 있겠습니까? 하나님이 우리 편이시면, 누가 우리를 대적하겠습니까? 자기 아들을 아끼지 않으시고, 우리 모두를 위하여 내주신 분이, 어찌 그 아들과 함께 모든 것을 우리에게 선물로 거저 주지 않으시겠습니까? 하나님께서 택하신 사람들을, 누가 감히 고발하겠습니까? 의롭다 하시는 분이 하나님이신데, 누가 감히 그들을 정죄하겠습니까? 그리스도 예수는 죽으셨지만 오히려 살아나셔서 하나님의 오른쪽에 계시며, 우리를 위하여 대신 간구하여주십니다.8:31-34

하나님이 우리 편이시다. 하나님은 자신의 아들을 아끼지 않을 정도로 우리를 사랑하셨다. 그 아들과 함께 모든 것을 선물로 주기 원하시는 분이 우리를 택했으니, 누가 우리를 고발하며 정죄하겠는가? 더군다나 예수께서는 부활하셔서, 하나님 우편에서 우리를 위해 중보하고 계신다. 바울 사도는 하나님의 사랑에서 눈을 돌려 이제 예수 그리스도의 사랑을 노래한다. 우리를 위해 자신을 내어주셨으며, 지금은 우리를 위해 기도하고 계시며, 앞으로 끝까지 우리를 사랑하실 주님을 바라본다.

누가 우리를 그리스도의 사랑에서 끊을 수 있겠습니까? 환난입니까, 곤고입니까, 박해입니까, 굶주림입니까, 헐벗음입니까, 위협입니까, 또는 칼입니까? 성경에 기록한 바 "우리는 종일 주님을 위하여 죽임을 당합니다. 우리는 도살당할 양과 같이 여김을 받았습니다" 한 것과 같습니다. 그러나 우리는 이 모든 일에서 우리를 사랑하여주신 그분을 힘입어서, 이기고도 남습니다. 나는 확신합니다. 죽음도, 삶도, 천사들도, 권세자들도, 현재 일도, 장래 일도, 능력도, 높음도, 깊음도, 그 밖에 어떤 피조물도, 우리를 우리 주 예수 그리스도 안에 있는 하나님의 사랑에서 끊을 수 없습니다.8:35-39

바울은 세상의 어떤 것도 우리를 그리스도의 사랑에서 끊을 수 없다고 단언한다. 본문은 바울과 초대교회 성도들이 겪는 실존적 상황을 살짝 암시한다. "우리는 종일 주님을 위하여 죽임을 당합니다. 우리는 도살당할 양과 같이 여김을 받았습니다."36절 당시 위협적인 현실에 에워싸인 바울 사도의 고백이다. 하나님을 여전히 무시하는 '이 세대'를 사는 우리도 '환난과 곤고와 박해와 굶주림과 헐벗음과 위협과 칼'에 노출될 때가 있다. 그래서 때때로 도살당할 처지에 놓인 양처럼 여겨지기도 한다. 바울이 고린도후서를 쓰면서 아시아에서 겪은 일들을 소개할 때도 비슷한 상황이었다고 간증한다.

형제자매 여러분, 우리가 아시아에서 당한 환난을 여러분이 알기를 바랍니다. 우리는 힘에 겹게 너무 짓눌려서, 마침내 살 희망마저 잃을 지

경에 이르렀습니다. 우리는 이미 죽음을 선고받은 몸이라고 느꼈습니다. 고후 1:8-9상

그러나 바울 사도는 외친다. "우리는 이 모든 일에서 우리를 사랑하여주신 그분을 힘입어서 이기고도 남습니다."새번역 "넉넉히 이기느니라."개역개정 예수를 믿는다고 '죽음, 삶, 천사, 권세자들, 현재 일, 장래 일, 능력, 높음, 깊음, 그 밖의 피조물'이 없어지지 않는다. 이런 것들은 우리가 하나님의 자녀로 또 하나님나라 백성으로 살아가려 할 때, 육체를 더 이상 따르지 않고 성령을 따라 살려고 할 때, 우리를 끊임없이 괴롭힌다. 그리스도인으로서 세상살이가 힘들고, 때로 스스로에 대해 실망할 만큼 약해지기도 하고, 악이 이기는 듯 보여 다른 피조물들과 함께 신음할 때도 있다. 그래서 도살장에 끌려가는 양처럼 무기력할 때가 있다. 그렇지만 우리는 하나님의 사랑에서 결코 끊어지지 않는다.

바울은 마지막으로 하나님의 사랑이 그분의 원래 성품을 가리키는 보편적 사랑이 아니라, "우리 주 예수 그리스도 안에 있는 하나님의 사랑"39절이라고 선명하게 말한다. 앞서 5장 8절에서 "우리가 아직 죄인이었을 때에, 그리스도께서 우리를 위하여 죽으셨습니다. 이리하여 하나님께서는 우리들에 대한 자기의 사랑을 실증하셨습니다"라고 선언했던 감격 속에 있다. 이 감격은 단순히 지적 동의에서 오는 것이 아니다. 5장 6절에서 환난 가운데 소망을 갖는 것이 부끄럽지 않은 이유가 성령으로 말미암아 하나님의 사랑이 우리 마음에 부은바 되었기 때문이라고 말했는데, 그처럼 바울 사도는 지금 성령으로 충만해 있다.

바울 사도 때부터 그리 멀지 않은 주후 100년, 200년, 300년, 그

이후에도 계속 믿음의 선배들은 극단적 상황에서 순교를 선택했는데, 그렇게 할 수 있었던 이유는 그리스도 예수 안에 나타난 하나님의 사랑 때문이었다. 그 사랑을 그들에게 부어주시는 성령의 역사에 힘입어, 그들을 고통 속으로 몰아넣고 심지어 죽이는 자들에게도 "내 육체는 해할 수 있을지 몰라도 내 영혼은 손댈 수 없다"[12]고 담대하게 고백할 수 있었다.

하나님나라 복음을 누리는 삶

하나님나라의 복음이 무엇이고 왜 필요하며 어떻게 하면 그 복음을 받아들일 수 있는지를 1장부터 4장까지 이야기했다면, 5장부터 8장까지는 하나님나라 복음을 누리며 살아가는 인생에 대해 이야기한다. 로마서가 우리에게 소중한 이유가 여기에 있다. 로마서야말로 하나님께서 우리를 위해 하신 일, 하고 계신 일, 또 앞으로 하실 일을 선명하게 알려주기 때문이다. 물론 성경의 모든 책이 이와 관련한 내용을 담고 있지만, 이토록 세세하고 선명하게 진리를 다루는 책은 드물다.

믿음이란 무엇인가? 하나님께서 이미 하신 일, 지금 하고 계시는 일, 앞으로 하실 일을 알고, 그것들을 사실로 믿고, 그렇게 여기며 사는 것이다. 이때 우리는 진리 위에 설 수 있을 뿐 아니라, 진리의 영이신 성령께서 우리 가운데서 일하시는 것을 누릴 수 있다. 그런데 로마서 같은 책을 제대로 이해하지 못하면, 그리스도인의 신앙생활은 한낱 제도권 종교에 빠져서 기독교라는 조직에 몸담는 것 이상이 되지 못한다. 교회를 평생 왔다 갔다 하면서도 그저 자신의 죄를 용서받고 천당 가는 정도의 신앙에만 머무는 것이다. 복음도 하나님나라도 제대로 이해하지 못했으니, 하나님나라 복음을 누리는 것은 불가능하다. 하물며 하나님을 닮는 거룩에 이르는 것은 꿈도 꾸지 못한다.

그러나 로마서는 믿음으로 의롭게 되는 것이 단지 법적 신분만 바뀌는 것이 아니라고 말한다. 우리가 얼마나 놀라운 복을 누리고 있는지를 로마서 5장을 통해 재확인시키고, 이어서 6장에서는 우리가 그리스도와 연합한 존재임을 보여준다. 그리스도와 연합한 존재가 되었으니, 그렇게 여기고 그에 걸맞게 살아가는 것이 그리스도인의 삶이라고 설명한다. 이때 우리는 자신을 하나님께 드리고, 점점 의의 열매를 거두면서, 하나님을 닮는 거룩에 이르게 된다. 이 맥락에서 율법의 기능과 한계를 제대로 이해해야 한다. 로마서 7장은 율법 자체가 악한 것이 아니라, 육체의 한계로 인해 율법이 부정적 결과를 가져왔다고 선명하게 알려준다. 로마서 8장에서는 구원의 교리를 설명하는 대단원의 막을 내리면서, 성령을 좇아 행하는 삶이 얼마나 놀라운지, 그리고 신음하는 피조물과 함께 이 세상을 이길 수 있는 이유가 무엇인지 알려준다. 그것은 바로 무엇으로도 끊을 수 없는 하나님의 사랑 때문이다.

오늘날 한국 그리스도인과 교회가 무엇 때문에 약해졌는가? 하나님께서 하신 놀라운 일에 무지하며 그래서 무시한다. 그러고는 오히려 하나님이 없는 '이 세대'의 방식대로 소위 '교회 생활'을 한다. 바로 이 때문이다. 하나님께서 자신의 외아들을 이 땅에 보내신 목적은, 교회 다니는 것 빼고는 하나님 모르는 사람과 똑같이 살면서 천당 갈 날만 기다리게 하려는 것이 아니었다. 예수 그리스도를 믿음으로 말미암아 우리를 구원하시는 하나님의 능력을 우리가 이 땅에서 경험하며 살기 원하셨다. 세상에서 어려움과 핍박을 겪고 때로는 죽음의 위협을 당한다. 이 모든 난관을 '넉넉히 이기는 인생'을 살게 하시는 분이 하나님이시다. 그분의 사랑이 우리를 그렇게 붙든다.

바울 사도와 초대교회 성도들이, 그리고 그 이후에 진리의 말씀 위에 터를 잡았던 사람들이 의연하게 자신의 몫을 살았듯이, 우리도 진리의 말씀에 우리 삶의 기초를 놓고 진리를 따르며 살아가면, 성부 성자 성령의 사랑과 도우심이 우리와 함께할 것이다. 이런 놀라운 삶을 누리는 것, 그것이 바로 로마서가 증언하는 그리스도인의 삶이다.[13]

07.

하나님나라,
구원,
성령

나는 어릴 때부터 운동을 좋아했다. 초등학교 3학년 때 일기에는 매일 축구한 얘기뿐이다. "오늘은 15대 9로 이겼다. 기분이 좋았다. 오늘은 13대 16으로 졌다. 분하다. 내일은 더 열심히 해야겠다." 그 이후로 조깅, 수영, 테니스, 농구, 산악자전거 등 평생 운동을 하면서 살았다. 그러다가 오십대 중반에 친구의 도움으로 소위 '피티'PT, physical training에 입문했다. 나를 도와준 트레이너는 보디빌더 출신이었는데, 전성기 때는 팔 둘레가 무려 52센티미터였다고 한다. 그런데 그에게 훈련을 받으면서, 내가 지금까지 운동의 본질, 즉 그 목적과 방법에 정말 무지했다는 사실을 깨달았다. 나는 열심히 신나게만 하면 운동이 되는 줄 알았다. 그런데 그동안 내가 한 것은 몸을 보살피는 운동이 아니라 몸을 학대하는 오락이었다.

돌아보니 젊어서 운동을 한 목적은 주로 재미였다. 워낙 열정적이고 에너지가 많으니 그 기운을 발산할 곳이 필요했고, 또 각종 구기운동이 주는 즐거움과 몸만 쓰는 운동이 주는 성취감 같은 것에 흠뻑빠져 있었다. 젊을 때는 몸의 건강을 위해 운동한다는 의식이 거의 없었다. 건강하다고 생각했고, 그때는 진짜로 젊고 생생했다. 그래서 늘몸이 견딜 수 있는 최고의 강도로 운동했다. 나이가 들자 그 동안 혹사한 부분이 심장, 무릎, 어깨 순으로 하나둘 고장 나기 시작했다. 이제 나이가 더 들어 건강을 잃고보니, 운동의 목적이 더 분명해지기 시작한다. 다치지 않게 운동하면서, 건강을 유지하고 더 발전시키는 것이 운동의 가장 중요한 요소였다.

운동의 목적이 분명해지자 운동하는 방법도 달라졌다. 내 몸이라고 내 맘대로 해서는 안 되었다. 어떻게 하면 불필요한 지방을 태울 수 있는지, 그러려면 어떤 방법이 최선인지, 근육을 키우는 일이 왜 나이 들면서 중요한지, 어떻게 운동해야 근육이 자라는지 등 모두 새로 배워야 했다. 이 분야에는 이미 전문가가 있었다. 트레이너의 도움을 받으며 운동하자 점점 건강이 회복되었다. 정말이지, 운동의 목적과 방법도 잘 모르면서, 이를 잘 아는 조력자의 도움까지 없었다면, 제대로 회복되지 않은 몸으로 점점 나이 들지 않았을까 싶어 지금도 눈앞이 캄캄해진다.

본질에 대한 바른 이해는 분명한 목적의식과 적절한 방법론을 가져다준다. 그리고 어떤 영역이든 조력자가 있기 마련이다. 삶의 본질이 무엇이며, 그것을 어떻게 하면 이룰 수 있는지 아는 것은 무엇보다 중요하다. 여기에 그 모든 것을 섭렵한 전문가가 우리를 도와준다면, 이보다 더 큰 복이 있을까?

신앙생활의 본질과 조력자

앞서 로마서를 통해 하나님께서 우리에게 주신 구원을 살펴보았다. 바울 사도는 '믿음으로 의롭게 되는 복'을 우리에게 전해주었다. 그 구원이 너무나 확실해서, 그 속죄의 은혜가 너무 완벽해서, 어떤 사람들은 은혜를 더하기 위해 죄를 더 지어도 무방하다고 생각할 정도였다. 우리는 확실한 구원을 받았다. 그렇다면 확실히 구원 받은 우리는 이제부터 왜 살아야 하며, 또 어떻게 살아야 할까? 단지 구원의 확신을 가지고 세상 속에서 살면서 교회에 빠지지 않고 나가고, 십일조 헌금하고 교회 봉사 열심히 하면서, 죽으면 갈 천국을 기다리는 것이 신앙생활의 본질일까? 하나님 앞에서 그 은혜로 인해 믿음으로 의롭게 된 사람, 그의 삶은 하나님나라 사상을 바탕으로 이해해야 한다. 구원을 받았다는 것은 하나님나라 백성이 되었다는 것이며, 하나님의 다스림 아래에서 살아간다는 것이다. 그러므로 하나님의 은혜 아래에서 살아가는 새로운 존재가 되었다는 관점에서 우리 인생을 이해해야 한다.

불행히도 하나님나라의 사상 없이 속죄의 은혜만을 받아들인 사람은, 사는 동안 어쩔 수 없이 세상에 굴복하고 죄를 짓겠지만 구원 받았다는 확신이 있기 때문에 결국에는 천국에 들어간다고 믿는다. 그래서 적지 않은 사람들이 '죽으면 천국에 갈 텐데, 곧장 천국에 가게 하시지 왜 지옥 같은 세상에서 계속 살라고 하는지 모르겠다'고 말한다. 어떤 사람들은 십자가에서 구원받은 강도처럼 죽기 직전에 회개하고 예수 믿고 천국 가면 되지 않느냐고도 한다. 앞서 3장에서 살핀 대로 이미 시작된 하나님나라는 믿지 않고, 죽으면 갈 미래의 하나님나라만 믿기 때문에 일어나는 웃지 못할 현상이다. 예수께서 가르친 하나님나라의 사상의 가장 도드라진 특성인 현재의 하나님나라, 이미 시작된 하나님나라를 믿지 않아서 나타나는 일이다.

신앙생활의 본질을 이해하려면 하나님나라 사상으로 돌아가야 한다. 우리는 이 세상에 살지만 이 세상에 속하지 않고 이미 임한 하나님나라에 속한 사람들이다. 예수께서 제자들을 위해 마지막으로 기도하실 때만큼 이 사상이 성경에서 선명하게 드러난 적도 없다. 예

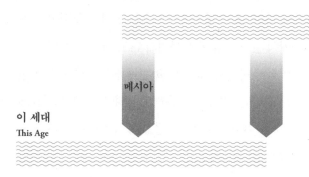

오는 세대
the Age to Come

메시아

이 세대
This Age

하나님나라의 이중구조
하나님나라는 '이미' 임했지만, '아직' 완전히 오지는 않았다.

수의 제자인 우리는 '아버지의 사람들'^{요 17:9}이다. 아버지께 속한 자들이다. 그렇기에 예수께서는 비록 우리가 세상에 있지만,^{요 17:11} 세상에 속하지 않았다^{요 17:14}고 말씀하신다. 예수께서 세상에 속하지 않으셨듯이 우리도 세상에 속하지 않았기 때문에 세상이 우리를 미워할 것^{요 17:14}이라고도 말씀하셨다.

우리는 이 세대와 오는 세대가 겹쳐진 세상에 살고 있다. 이미 임한 하나님나라에 속한 사람으로서, 이 세상에서 하나님나라를 살아가기란 결코 쉬운 일이 아니다. 그래서 이어지는 질문은 "그러면 우리는 어떻게 살 것인가?"이다. 하나님나라가 시작되었지만 아직 완성되지는 않았으며, 따라서 하나님과 그리스도인에게 결코 우호적이지 않은 세상 가운데서 하나님나라를 어떻게 살아낼 것인가? 다시 말해, 죽으면 가는 하나님나라가 아니라, 이미 시작된 하나님나라를 오늘 여기에서 살아낸다는 것이 무엇인지를 분명히 해야 한다.

이를 위해 이번 장에서는 두 가지 중요한 주제를 정리할 것이다.

먼저 구원의 본질, 또는 구원의 역동성이 무엇인지를 살펴볼 것이다. 구원은 한 번 받으면 확실히 보장된다는 그릇된 확신과 단회적 이해가 한국 교회에 팽배한 실정이므로, 하나님나라 관점에서 구원을 정확하게 이해하는 것은 매우 중요하다. 뿐만 아니라, 완전한 하나님나라가 임할 때까지 이미 임한 하나님나라를 살아내려 애쓰는 이들을 찾아오셔서 함께 하시는 조력자의 도움을 받으려면, 그분을 바르게 이해해야 한다. 조력자란 다름 아닌, 우리에게 오셔서 우리를 보호하시고 이끄시는, 하나님의 영인 성령이시다.

구원의 역동성

예수께서 가져오신 구원이 얼마나 완전한지는 아무리 강조해도 부족함이 없다. 예수께서 단번에once-for-all 지성소에 들어가 영원한 속죄를 이루셨기 때문에히 9:26, 28; 10:2; 벧전 3:18 하나님께서 이루신 구원은 누구도 빼앗지 못한다. 우리는 그 사실에 깊이 감사하며 안도를 누린다. 바울 사도가 고백하듯이, 우리는 "하나님의 사랑에서 무엇도 우리를 끊을 수 없다"롬 8:35, 39고 확신한다. 구원의 완전성과 확실성에 대한 확신은 참으로 감사할 일이지만, '구원을 받았다'는 사상을 잘못 받아들여서 한국 교회에 여러 문제가 나타났다. 그중 하나가 죄를 계속해서 짓고 더 이상 성장하지 않아도 구원의 확신이 있다며 안도하는 모습이다. 세상 살면서 죄는 지을 수밖에 없고, 그래서 주일마다 교회 와서 예배드리고 회개하면 된다고 생각한다.

초대교회 성도들도 이렇게 구원을 이해했을까? 바울와 베드로, 사도 요한을 차례로 살펴보자.

바울이 가르치는 구원

바울 사도는 우리가 '구원을 받았다'라고 가르친다. 이것은 재론의 여지가 없을 정도로 분명하다. 이미 살펴본 에베소서 2장에서 바울은 그리스도 예수 안에서 우리에게 일어난 놀라운 일을 서술했다. 그리스도와 함께 살리시고, 일으키시고, 하늘의 하나님 우편에 앉게 하셨다.^{엡 2:5-6} 모두 이미 완료된 하나님의 구원 역사에 대한 묘사였다. 그리고 에베소서 2장 8절에서 바울은 분명하게 선언한다.

여러분은 믿음을 통하여 은혜로 **구원을 얻었습니다.** 이것은 여러분에게서 난 것이 아니요, 하나님의 선물입니다.

구원은 하나님께서 베푸신 '그 은혜'를 전인격으로 수용하고 믿을 때, 우리에게 이미 주어졌음을 이미 살펴보았다. 이것은 우리에게 주신 하나님의 선물이다. 이런 표현은 바울의 다른 서신서에도 여러 번 등장한다.

하나님께서 우리를 **구원해주시고,** 거룩한 부르심으로 불러주셨습니다.^{딤후 1:9상}

그러나 우리의 구주이신 하나님께서 그 인자하심과 사랑하심을 나타내셔서 우리를 **구원하셨습니다.** 그분이 그렇게 하신 것은, 우리가 행한 의로운 일 때문이 아니라, 그분의 자비하심을 따라 거듭나게 씻어주심과 성령으로 새롭게 해 주심으로 말미암은 것입니다.^{딛 3:4-5}

구원이 이미 우리를 위해 완성되었다는 가르침은 큰 확신과 기뿜을 가져다준다. 그런데 이상하게도 다음 구절에서는 바울 자신이 아직 구원을 받지 못했다는 듯이 말한다.

주님께서 나를 모든 악한 일에서 건져내시고, 또 **구원하셔서** 그분의 하늘나라에 들어가게 해주실 것입니다. 그분께 영광이 영원무궁하도록 있기를 빕니다. 아멘.^{딤후 4:18}

바울은 현재 당하는 어려움에서 주님이 자신을 건져내실 뿐 아니라, 궁극적으로 하나님나라에 들어가게 하도록 구원하실 것이라고 고백한다. 여기서 사용된 '구원하다'는 미래 시제이다.[1] 고린도전서에서 바울 사도는 자신을 궁극적으로 구원하실 하나님을 찬양한다. 또한 자신뿐 아니라, 모든 사람의 삶이 하나님 앞에서 불로 시험을 받을 것이며, 그때 세속의 것들을 추구하며 살았던 사람들은 하나님 없는 모든 것이 다 타버리고, 부끄러움 가운데서 구원을 받을 것이라고 말한다.

어떤 사람의 작품[또는 일]이 타버리면, 그는 손해를 볼 것입니다. 그러나 그 사람은 **구원을 받을 것이지만** 불 속을 헤치고 나오듯 할 것입니다.^{고전 3:15}

고린도전서 5장 5절에서는 교회 안에서 치리하는 것은 심판이 이루어지는 마지막 날에 구원을 얻게 하려는 것이라고 말한다.

여러분은 그러한 자를 당장 사탄에게 넘겨주어서, 그 육체는 망하게 하고 그의 영은 주님의 날에 **구원을 얻게** 해야 할 것입니다.

다시 말해, 치리의 목적은 당사자를 당분간 교회 공동체에서 출교시켜 스스로 회개하고 주님의 날에는 구원을 얻을 수 있도록 마지막 기회를 주는 것이다. 바울은 이렇게 구원에 미래적 차원이 있다고 이야기한다. 구원의 과거적 차원과 미래적 차원을 혼용해서 쓰는 바울에게서 더욱 혼란스러운 점이 발견되는데, 이는 바울이 현재적 차원의 구원도 있다고 말하기 때문이다.

바울은 십자가의 메시지에 매료된 사람이었다. 그는 이 메시지로 인해 우리가 '구원을 받고 있다'고 말한다. 현재 진행형이다.

> 십자가의 말씀이 **멸망할 자들**에게는 어리석은 것이지만, **구원을 받는** 사람인 우리에게는 하나님의 능력입니다.^{고전 1:18}

십자가의 메시지를 받아들이지 않았다면 현재 멸망을 당하고 있는 것이다. 그래서 구원을 받고 있는² 우리에게는 십자가의 도가 하나님의 능력이다. 로마서의 주제절인 1장 16절이 떠오른다. "이 복음은 모든 믿는 자에게 구원을 주시는 하나님의 능력이라."이 세상에는 두 부류의 사람이 있다. 멸망을 당하고 있는 사람들과 구원을 받고 있는 사람들. 두 표현 모두 현재진행형이다. 동일한 표현이 고린도후서 2장 25절에도 등장한다.

> 우리는, **구원을 얻는** 사람들 가운데서나, **멸망을 당하는** 사람들 가운데서나, 하나님께 바치는 그리스도의 향기입니다.^{고후 2:15}

여기서도 바울은 구원을 얻고 있는 사람들과 멸망을 당하고 있는 사람들이라고 표현했다. 이들 가운데서 복음을 전하는 자신들은

II

뿌리내
하나님
복음

25

하나님께 드려지는 그리스도의 향기라는 것이다.

지난 두 장에 걸쳐 다룬 로마서에도 구원에 대한 과거 시제와 미래 시제가 등장한다. 바울은 로마서 8장 24절에서 우리가 소망으로 구원을 얻었다고 고백한다.

우리는 이 소망으로 **구원을 얻었습니다.** 눈에 보이는 소망은 소망이 아닙니다. 보이는 것을 누가 바라겠습니까?

이렇게 구원을 얻은 것을 자랑하는 바울이 5장에서는 우리가 미래에 구원을 얻을 것이 너무 확실하다고 선언한다.

그러므로 지금 우리가 그리스도의 피로 의롭게 되었으니, 그리스도로 말미암아 하나님의 진노에서 **구원을 얻으리라는 것**은 더욱 확실합니다. 우리가 하나님의 원수일 때에도 하나님의 아들의 죽으심으로 말미암아 하나님과 화해하게 되었다면, 화해한 우리가 하나님의 생명으로 **구원을 얻으리라는 것**은 더욱더 확실한 일입니다. 롬 5:9-10

바울은 장차 하나님의 진노가 온전히 임할 때 구원받을 것이라고 확신한다.[3] 로마서 후반부에서는 지금 우리가 살고 있는 때는 구원이 점점 더 가까이 오고 있는 때이기에 깨어 있어야 할 때라고 권면한다.

여러분은 지금이 어느 때인지 압니다. 잠에서 깨어나야 할 때가 벌써 되었습니다. 지금은 우리의 구원이 우리가 처음 믿을 때보다 **더 가까워 졌습니다.** 롬 13:11

바울은 구원에 대해 왜 이렇게 혼란스럽게 말하는가? 구원을 받았다는 것인가? 앞으로 받는다는 것인가? 아니면 현재에도 받고 있다는 것인가? 바울이 구원에 대해 '삼중 시제', 과거와 현재와 미래를 다 사용하는 것은 그가 일관성이 없는 사상가라서가 아니다. 그가 가지고 있는 하나님나라의 이중구조로 볼 때, 구원에는 세 가지 측면이 다 있다.

우리가 예수를 주로 고백할 때 우리의 믿음을 통해 구원을 받는다. 구원은 이미 이루어진 과거의 실제이다. 하나님께서 다스리시는 하나님나라에 이미 들어간 것이다. 그러나 우리의 구원은 예수께서 다시 오셔서 그의 나라를 완전히 회복하실 때 완성된다. 그때 완전한 구원을 받을 것이다. 그때 우리는 완전한 하나님나라를 경험할 것이다. 이런 면에서 구원은 아직 완전히 이루어지지 않은, 미래에 이루어질 약속이다. 그러므로 구원을 받은 자이면서 동시에 완전한 구원을 기다리는 자인 우리는 지금 여기에서 살아가는 동안 구원을 받고 있는 사람들이다. 구원의 현재적 실제이다.

'구원을 받고 있다'는 수동태 표현은 하나님께서 구원을 이루어가고 계시다는 점을 강조한다. 반면, 빌립보서 2장 12절은 우리의 역할에 방점을 찍는다.

그러므로, 사랑하는 여러분, 여러분이 언제나 순종한 것처럼, 내가 함께 있을 때뿐만 아니라, 지금과 같이 내가 없을 때에도 더욱더 순종하여서, 두렵고 떨리는 마음으로 자기의 **구원을 이루어나가십시오.**

이미 임한 하나님나라에 들어간 우리는 온전한 하나님나라가 올 때까지, 두 세계가 중첩된 시기를 살면서 우리 속의 구원이 점점 더 온전해지도록 구원을 이루어나가야 한다. 바울 사도가 가르치는 구원은 한 번 받고 마는 것이 아니었다. 오늘날 한국 교회에서 "구원의 확신 있습니다!" "난 구원 받았습니다!"라고 주장하는 이들에게 이런 성경 구절을 이야기하면 적지 않은 사람들이 혼란에 빠질 것이다. 그들은 불행하게도 구원을 천국에 들어가는 입장권 정도로만 생각하는 것 같다. 그러나 구원은 죄로 인해 하나님과의 관계가 깨진 사람이 하나님과의 관계를 회복하는 것이다. 하나님과 사랑하는 관계를 맺으면서, 그분의 다스림이 우리 내면에서 삶의 전 영역으로 확대되는 과정이다. 그런 면에서 구원은 명사가 아니라 동사이다. 정체되고 주어진 보증수표 정도가 아니라 역동적으로 살아 움직이는 생명력이다.

그렇다면 구원을 받은 우리가 온전한 구원을 기다리며 구원을 이루어나간다는 것은 대체 무슨 말인가? 예를 들어 우리는 하나님을 예배한다. 하나님을 아버지라고 부른다. 하나님의 사랑이 우리의 마음속에 가득 차오르는 감격과 기쁨을 누리기도 한다. 그분과의 관계가 살아나기 시작한다. 그러나 이 모든 것은 우리의 믿음을 통해 이루어지지만, 우리의 오감으로 생생하게 경험하는 것은 아니다. 하나님은 영이시기에, 오감을 통해 감동을 받는다 해도 하나님을 온전히 만날 수는 없다. 그런데 예수께서 다시 오실 때 우리에게 어떤 일이 벌어질까? 하나님을 우리 인격으로 경험하고 누리는 날이 올 것이다. 그래서 바울은 이렇게 소망한다.

지금은 우리가 거울로 영상을 보듯이 희미하게 보지마는, 그때에는 얼굴과 얼굴을 마주하여 볼 것입니다. 지금은 내가 부분밖에 알지 못하지마는, 그때에는 하나님께서 나를 아신 것과 같이, 내가 온전히 알게 될 것입니다. 고전 13:12

같은 선상에서 요한 사도는 이렇게 말한다.

사랑하는 여러분, 이제 우리는 하나님의 자녀입니다. 앞으로 우리가 어떻게 될지는 아직 밝혀지지 않았습니다만, 그리스도께서 나타나시면, 우리도 그와 같이 될 것임을 압니다. 그때에 우리가 그를 참모습대로 뵙게 될 것이기 때문입니다. 요일 3:2

완전한 구원을 누릴 날을 소망하는 사람들은 이 세상에서 살면서 그 구원을 이루어나간다. 우리 속에서 구원을 이루고 계신 하나님을 의지하여 구원을 이루어나간다. 하나님을 더 깊이 알아가며 더 깊은 사랑을 누린다. 그래서 우리도 하나님을 예배하며 사랑한다. 우리 인격과 삶에 그리스도를 닮아가는 구원의 실체가 드러난다. 바울이 가르치는 구원은 하나님나라 복음의 열매이며, 역동적으로 우리 속에서 자라고 있다. 구원을 이루어가는 과정은 9장에서 더 자세히 살펴볼 것이다.

베드로가 가르치는 구원

바울만 구원을 이렇게 설명하는 것은 아니다.[4] 바울은 앞서 살펴 본대로 그의 편지 여기저기에서 구원의 세 측면을 이야기했다. 그런데 베드로는 그의 첫 번째 편지 첫 장에서 구원의 현재·과거·미래적 차원을 다 묘사한다.

베드로 사도는 '구원받았다'는 단어를 쓰지는 않았지만, 하나님의 자비로 우리가 '중생하였음'을 기억하며 하나님을 찬양한다.

우리 주 예수 그리스도의 하나님 아버지께 찬양을 드립시다. 하나님께

서는 그 크신 자비로 우리를 새로 **태어나게 하셨습니다.**^{벧전 1:3상}

우리는 구원받아 새로 태어난 자들이다. 구원의 과거 차원이다. 그런데 몇 절 지나지 않아, 베드로 사도는 하나님께서 우리를 마지막까지 보호해주신다고 이야기한다.

하나님께서는 여러분의 믿음을 보시고 그의 능력으로 여러분을 보호해주시며, **마지막 때에 나타나기로 되어 있는 구원을 얻게 해주십니다.**^{벧전 1:5}

마지막 때에 구원이 나타나기로 되어 있다고 한다. 이미 거듭나 구원에 이른 자들에게도 완전한 구원이 나타날 때가 있다. 구원의 미래적 성격이다. 미래의 구원이 무엇이겠는가? 새롭게 태어나 누리는 새 신분과 새 생명의 실체가 온전히 드러나는 것이다. 그렇기 때문에 베드로는 이렇게 말한다.

여러분은 믿음의 목표 곧 여러분의 영혼의 **구원을 받고 있는 것입니다.**^{벧전 1:9}

마지막에 나타나는 구원의 때까지 하나님께서 우리를 보호하시는데, 우리는 그때까지 영혼의 구원을 받아 가고 있다. 구원의 현재적 성격이다.

같은 장에서 베드로는 구원에 대한 시제를 두루 다 사용한다. 베드로가 어부 출신이라서, 무식하고 문법에 너무 약해서 시제를 함부로 쓴 것일까? 당연히 아니다. 이것은 초대교회 성도들이 붙들고 있었던 '세계관', 곧 '세상과 자신들의 삶을 읽어내는 틀'이었다.

요한이 가르치는 구원

요한 사도는 마태, 마가, 누가가 영생이라는 단어를 두세 차례 사용한 것과 달리, 17회나 사용했다.[5] 사람들은 대개 영생을 시간이 끝없이 이어지는, 무한대의 시간으로 생각한다. 그러나 요한복음에 자주 등장하는 영생은 원래 히브리어로 '오는 세대의 삶(또는 생명)'the life of the age to come이라는 뜻인데, 이를 헬라어로 번역한 것이다.[6] '세대들의 생명'이라고 옮겼는데, 여기서 세대들이라는 명사를 형용사로 읽으면 '영원한'이 된다. 그래서 영어로 이것을 영원한 삶everlasting life 또는 영생eternal life 으로 번역한 것이다.[7] 다시 말해, 요한복음의 영생은 하나님나라가 도래해 시작된 '앞으로 올 세대'Age to come에 속한 생명, 또는 삶이라는 것이다.

그래서 요한 사도는 이 영생은 죽고 난 다음에 얻는 것이 아니라, 현재에 이미 주어진 것이라고 말한다. 요한복음에 나타나는 영생은 거의 모두 현재적 성격을 띠는데, 그중 대표적인 구절은 다음과 같다.

> 아들을 믿는 사람에게는 **영생이 있다.** 아들에게 순종하지 않는 사람은 생명을 얻지 못하고, 도리어 하나님의 진노를 산다.요 3:36

> 내가 진정으로 진정으로 너희에게 말한다. 내 말을 듣고 또 나를 보내신 분을 믿는 사람은, **영원한 생명을 가지고 있고** 심판을 받지 않는다. 그는 죽음에서 생명으로 옮겨갔다.요 5:24

내가 진정으로 진정으로 너희에게 말한다. 믿는 사람은 **영생을 가지고 있다.**요 6:47

세상을 심판하고 회복하기 위해 메시아가 오셨고, 메시아이신 예수를 믿으면 영생, 곧 오는 시대의 생명을 누리게 되지만, 예수를 거절하면 하나님의 심판이 그 사람 위에 있게 된다.요 3:16-21 하나님나라는 이미 시작되었고, 하나님나라의 생명은 메시아를 믿음으로 받아들인 자들에게 이미 주어졌다. 그들은 이미 사망에서 생명으로, 세상 권세로부터 하나님나라로 옮겨진 사람이다. 그들은 '앞으로 올 시대의 생명'을 누리고 있다. 거부하는 자들은 그 생명을 누리지 못하니 심판 아래 그대로 있는 것이다.

도대체 초기 교회의 사상가들, 베드로와 바울과 요한은 전부 왜 이러는가? 구원을 현재와 과거와 미래를 막 섞어서 사용한다. 요한은 앞으로 올 시대의 생명을 우리가 이미 가지고 있다고 반복해 이야기한다. 이 사람들은 정녕 왜들 이러는가? 속칭 구원의 확신이 흔들리는 사람들인가? 아니다! 이들은 예수의 제자로서, 우리가 받은 구원의 본질을 제대로 꿰뚫고 있기 때문이다. 우리가 받은 구원은 죽고 나서 천당에 가는 것 이상이다. 이미 그 구원이 우리에게 당도했고, 그것이 우리 속에서 이루어져가고 있으며, 결국에는 완성될 것이다. 구원은 이렇게 살아 움직이는 것이다. 구원은 하나님나라의 사상을 바탕으로 이해해야 한다.

자라가는 구원: 하나님나라 백성의 표지

예수께서 가르치시고 드러내신 하나님나라를 제대로 받아들이면 구원에 대한 생각이 역동적으로 바뀐다. 이미 임한 하나님나라에 들어간 것이 구원의 과거성(또는 완전성)이라면, 앞으로 하나님나라가 임할 때 완전한 구원이 오리라 기대하는 것은 구원의 미래성이라 할 수 있다. 그렇다면 '구원을 받은 것'과 '구원을 받을 것' 사이에서 우리는 무엇을 해야 할까? 구원에 있어서 자라가야 한다. 구원의 현재성을 누리고 드러내는 것이 하나님나라 백성의 진정한 표지이다.

오늘날 많은 그리스도인이 구원을 받았으므로, 구원 문제는 해결해놓았다 생각하며 '신 면죄부'를 받은 것처럼 살아간다. 종교개혁이 일어난 계기가 교회에 헌금하면 죄를 사해준다는 면죄부를 남발해서였는데, 오늘날에는 구원받았다는 확신이 새로운 면죄부 역할을 한다. 무슨 이유이든지 어느 날 구원을 받았다는 확신을 가지면, 어떤 집회나 수련회에서 일어나 하나님 앞에서 예수를 영접하면, 이런 체험이 있으면 '나는 구원받았다'고 믿는다. '구원의 확신'이 있다고 고백한다. 그러고 나서 미래에 나타날 구원은 별로 기다리지 않는다. 그러니 현재의 삶에서도 구원은 자라지 않는다. 이는 매우 심각한 문제이다. 우리가 정말 하나님의 자녀가 되었다면, 정말 하나님나라의 백성이 되었다면, 온전한 하나님나라를 기다리며 그 나라 백성답게 살아가는 표지, 곧 구원에 있어 자라가는 일이 일어날 수밖에 없다.

빌립보서 2장 12절처럼 두렵고 떨림으로 구원을 이루어나갈 때 어떤 일이 일어나는가? 고린도전서 1장 18절처럼 구원을 받고 있는 우리에게 십자가의 도가 어떻게 하나님의 능력으로 나타나는가? 이것은 그리스도인의 삶이 어떻게 성장하는지와 어떻게 그리스도를 닮아가는지, 즉 영적 형성에 관한 매우 중요한 주제이다. 그래서 9장에서 이 주제를 더 자세히 다루려 한다. 여기서는 구원이 자라갈 때 일어나는 변화만 간략히 살펴보자.

가장 큰 변화는 하나님과의 관계에서 일어난다. 하나님께서 더 이상 정죄하고 심판하는 분이 아니라 아버지가 되신다. 하나님이 옛날에는 멀게만 느껴졌는데 세월이 가면 갈수록 하나님이 가까워진다. "하나님이 내 아버지이십니다. 하나님이 나를 붙들고 계십니다. 나를 놓지 않을 것입니다"라고 고백한다. 세월이 갈수록 하나님과의 사연이 내 인생에 차곡차곡 쌓인다. 이렇듯 하나님을 알아가고 사랑하는 일에서 우리는 더 튼튼히 자란다.

하나님과의 관계가 성숙하니, 당연히 자신을 그리스도 예수 안에 있는 존재로 여기기 시작한다. 정체감이 변하면 그에 걸맞은 삶이 나오기 시작한다. 그래서 그리스도 안에 있기 전의 옛사람을 벗어버리기 시작한다. 욕망에 굴복하며 죄의 영향력 아래서 오랫동안 길러온 습관과 싸우기 시작한다. 당연히 이때 우리 속에서 일하시는 성령을 따라 살아가기 시작한다. 진정한 의미에서 자기 사랑을 하게 된다. 자기 자신을 있는 그대로 바라보고, 자신 속에서 회복될 하나님의 형상을 기대하며 살아가니, 이 어찌 놀라운 삶이 아니겠는가!

그리스도 안에서 살아가는 기쁨을 누리는 사람은 홀로 그리스도 안에 속한 것이 아니라, 다른 형제자매들도 함께 속했다는 사실을 깨닫는다. 하나님 아버지께서 그들과도 함께하시며 사랑하신다는 사실을 깨닫고, 형제자매를 섬기고 사랑하는 일에서도 성장하기 시작한다. 이 일은 결코 자연스럽게 그냥 이루어지지는 않는다. 하지만 자신이 하나님에게 어떤 사랑을 받았는지 알면 알수록, 다른 사람들을 용서하고 용납하는 일에도 놀랄 만한 변화가 생긴다. 더불어 자기가 속한 공동체에 대한 꿈이 생겨나고 그에 따라 사명감도 솟구친다. 자신만의 삶을 추구하던 사람들이 '더불어 함께' 사는 인생을 추구하는 변화가 일어난다.

이런 사람들은 세상에서 하나님나라 백성으로 어떻게 살아갈지도 고민하기 시작한다. 일주일의 대부분을 투입하는 자신의 노동에 무슨 의미가 있는지를 하나님의 관점으로 바라보기 시작한다. 직업도 하나님의 관점으로 재해석하고 때로는 조정하고 새로운 변화를 꾀하기도 한다. 더 나아가 자신의 삶과 세상에서 하나님의 다스림이 나타나길 소망하며 살아간다. 하나님의 사랑으로 사람을 대하는 것과 하나님의 정의로 세상을 바라보는 것의 균형을 찾기 시작하고, 특히 하나님의 정의가 무시되고 무너진 세상 속에서 어떤 삶을 살아야 할지 고민하고 기도하며 행동으로 옮긴다.

참된 구원을 얻은 자, 하나님나라에 들어가 그 백성이 된 사람에게는 이러한 변화가 꾸준하게 일어난다. 이것이 바로 구원이 자라는 것이다. 구원이 자라는 그리스도인은 자기 속에서 일어나는 변화를 인지할 수 있다. 그런데 작년과 재작년과 5년 전과 10년 전과 비교해 신앙에 변화가 없다면, 내 속에서 구원이 자라는 것 같지 않다면, 스스로에게 심각하게 질문을 던져야 한다. 자라는 것이 없는데, 그래서 변하는 것이 없는데, 과거 어느 시점에 구원 받았다는, 어쩌면 교회가 준, 어쩌면 기독교 문화가 준 면죄부를 붙들고, '나는 구원받았어, 어쨌든 나는 천당 갈 거야'라고 생각한다면 매우 위험해질지 모른다.

우리는 구원을 받아가고 있는 사람이다. 그 놀라운 복을 지금 누리고 있는 사람이다. 그리고 우리가 믿음으로 누리고 있던 이 복을 어느 날 주님이 오시면 온전히 경험할 것이다. 나는 주님이 오실 때 하나님 품에 감히 안길 자신은 없다. 그렇게 높으시고 거룩하시고 아름다우신 분 앞에 나아가 안길 자신은 없지만, 적어도 그분 앞에 무릎 꿇고 그분 발을 붙들고 어쩌면 입 맞출 수 있지 않을까 기대한다. 그것으로 족하다고 생각한다.

그날에 내가 겪은 고통과 내 이웃과 형제와 인류가 겪은 고통과 그로 인해 흘린 모든 눈물이 닦일 것이라 믿는다. 억울했던 사람들의 억울함이 풀리고 수많은 속임수가 다 드러나고 정의가 선포되고 사랑만이 존재하는 그날이 오리라 나는 굳게 믿는다. 내 인생에서 이해되지 않았던 일들과 이 세상에서 일어났던 불의하고 부조리했던 수많은 일들에 대해 하나님의 설명을 들으며, 하나님의 정의로움과 자애로움에 감탄할 날이 오리라 기대한다.

구원은 우리 속에서 자라난다. 완성을 향해 계속 자라난다. 그리스도 안에 속했다는 것은 단지 법적 신분만 바뀐 것이 아니며, 영적 신분이 바뀌어 변화된 신분에 걸맞게 성장한다는 것이다. 우리는 인생 전반을 통해 "그리스도의 장성한 분량이 충만한 데까지"^{엡 4:13, 개역개정} 이르러간다. 그러니 혹시 구원을 받았다는 확신만으로, 구원이 진행되는 것도 미래도 없는 상태로 신앙생활을 하고 있다면 지금 정신을 번쩍 차려야 한다. 예수께서는 그렇게 가르치지 않으셨다. 바울도 그렇게 가르치지 않았다. 베드로나 요한도 그렇게 가르치지 않았다. 우리는 지금 구원을 받고 있는 중이며, 완전한 구원이 우리를 기다리고 있다. 우리는 그날을 기다리고 있다. 이것이 하나님나라 관점으로 구원을 이해할 때 우리 속에서 일어나는 복이다.

우리 속에서 일하시는 성령

이러한 변화가 일어나는 성숙, 즉 구원이 이루어지는 삶이 자연스럽게 일어나면 얼마나 좋을까? 우리는 하나님을 부인하는 세상에서 하나님만 두려워하며, 자신의 유익과 명예를 구하는 세상에서 오직 하나님만 섬기기로 결단했다. 그러나 우리는 여전히 '이 세대'에 살고 있다. 우리를 에워싼 문화와 사회 구조는 눈에 보이는 세상을 좇으며 살라고 우리를 유혹하고 끊임없이 세뇌한다. 세상의 방식이 더 유리하고 우세하다고 설득한다. 게다가 우리 몸은 하나님 없이 살던 과거 방식에 익숙하다. 상황이 이러하니 눈에 보이지 않는 하나님나라를 믿고 그 나라 백성으로 산다는 것이 얼마나 어렵겠는가? 아무리 하나님께서 놀라운 구원의 역사를 그리스도 예수 안에서 이루셨다 해도, 과거의 습관에서 벗어나지 못한 우리가 어떻게 그리스도를 닮아 갈 수 있겠는가? 어떻게 구원이 자라가는 일이 가능하겠는가? 구원의 현재성에는 능동적인(구원을 이루어가는) 측면도 있지만, 수동적인 (구원을 받고 있는) 측면도 있다. 누군가 구원을 우리 속에서 이루어가신다. 이미 임한 하나님나라와 완성될 나라 사이의 중간기에 누가 계시는가? 보혜사이신 성령께서 우리 가운데 계신다. 구원이 이루어지게 하려고 성령께서 우리 가운데서 우리와 함께 일하신다.

인과 보증 되신 성령

성령은 우리가 예수를 믿을 때 우리 가운데 오신다. 이미 시작된 하나님나라가 완전히 임할 때까지 성령께서 얼마나 중요한 역할을 하시는지 먼저 살펴보자. 에베소서 1장 13-14절에는 성령에 대한 두 가지 설명이 나온다.

여러분도 그리스도 안에서 진리의 말씀 곧 여러분을 구원하는 복음을 듣고서 그리스도를 믿었으므로, 약속하신 성령의 **날인**을 받았습니다. 이 성령은, 하나님의 소유인 우리가 완전히 구원받을 때까지 우리의 상속의 **담보**이시며, 우리로 하여금 하나님의 영광을 찬미하게 하십니다.

이 본문도 구원을 하나님나라의 관점에서 이야기한다. 우리가 그리스도 안에서 진리의 말씀, 곧 우리를 구원하는 복음을 듣고 그리스도를 믿었으므로 복음이 우리를 구원했다. 그런데 이어서 '완전히 구원받을 때까지'라고 바울은 덧붙인다. 온전하게 받을 구원이 아직 남아 있다. 이것이 초대교회 성도들이 이해한 구원이었다. 이렇게 구원을 종말론적 이중구조 속에서 파악할 때 성령은 우리가 그리스도를 믿었을 때 '날인'(또는 인치심)이 되셨고, 완전히 구원을 받을 때까지 우리가 받을 상속의 '담보'가 되셨다고 바울은 선언한다. '날인'과 '담보'로 성령을 묘사한 것은 고린도후서 1장 22절에서도 유사하게 나타난다.

하나님께서는 또한 우리를 자기의 것이라는 표로 **인**을 치시고, 그 **보증**으로 우리 마음에 성령을 주셨습니다.

'인치다' 또는 '날인하다'라는 표현은 예수의 무덤에 돌을 인봉할 때 썼던 단어^{마 27:66}로, 요한계시록에도 여러 번 나오며, '도장을 찍다'는 의미^{계 7:3, 4, 5, 8}와 '도장으로 인봉을 한다'는 의미^{계 10:4; 20:3; 22:10}로 사용된다.[8] 고대 사회에는 녹인 고무나 납에 도장을 찍어 봉투나 서류를 위조하지 못하게 했고, 무덤 입구나 물건 등에도 도장을 찍어 봉인하는 풍습이 있었는데, 거기서 유래한 표현이다. 소유권을 표시하거나 판별 도장을 찍어, 봉인되었음을 입증하는 사람이 누구인지를 밝혔다. 성령이 우리 가운데 계시다는 것은 우리의 구원에 하나님께서 도장을 꾹 눌러 확인해주신 것과 같다. 성령이 우리 가운데 계시다는 것은, "이제 너는 내 것이다. 내가 보증을 한다. 누구도 나의 것을 훼손하지 못할 것이다"라는 하나님의 선언이다. 우리 구원의 확실성을 우리 안에 계시는 성령께서 확신시켜주신다.

'보증' 또는 '담보'라는 단어는 신약성경에서 이 두 곳과 같은 방식으로 고린도후서 5장 5절에서 사용된다. 구약성경의 70인역에도 세 번 등장하는데, 창세기에서는 '약조물'[38:17, 18, 20]로 번역되었다.[9] 고대의 사업 문서에서 이 단어는 '첫 번째 지불액'을 나타내는 데 쓰였는데, 오늘날의 계약금과 비슷한 개념이었다. 이 단어는 우리에게 주어진 구원이 마지막 날에 완전하게 주어질 것인데, 성령은 그것을 보증하기 위해 우리에게 주어진 담보, 또는 첫 번째 지불액이 되셨다는 것이다. 결국 하나님이 하나님나라를 우리에게 마지막 날에 상속하실 것이라는 약조의 표지이다. 특히 에베소서 1장 13절에서는 우리가 구원을 받을 때 상속받을 기업에 대한 보증, 즉 '계약금'이 되셨다고 말한다. 우리가 하나님나라를 상속할 텐데, 그것을 보증하기 위해 하나님께서 성령을 우리에게 보증금 또는 계약금으로 거셨다.

우리의 구원은 하나님께서 예수 그리스도 안에서 이루어주신 놀라운 '구원의 역사'로 일어난 것이다. 그래서 우리의 구원은 하나님께서 역사적으로 이루신 일이다. 하나님께서 인간 역사에 개입해 일으키신 놀라운 역사이다. 그러나 구원이 단지 역사 속에서 이루어진 객관적 진리로 우리에게 주어지는 것만은 아니다. 성령은 역사적이고 객관적인 하나님의 역사가 우리 개인의 것이 되도록 하신다. '보증'과 '인'이라는 단어를 사용하지는 않지만, 로마서 8장을 주의 깊게 다시 살펴보아야 한다.

여러분은 또다시 두려움에 빠뜨리는 종살이의 영을 받은 것이 아니라, **자녀로 삼으시는 영을 받았습니다.** 그래서 우리는 그 영으로 하나님을 "아빠, 아버지"라고 부릅니다. 바로 그때에 그 성령이 우리의 영과 함째, 우리가 하나님의 자녀임을 증언하십니다. 자녀이면 상속자이기도 합니다. 우리가 그리스도와 함께 영광을 받으려고 그와 함께 고난을 받으면, 우리는 하나님이 정하신 상속자요, 그리스도와 더불어 공동 상속자입니다.[8:15-17]

성령은 고아 같았던 우리를 양자 양녀로 삼아주시는 영이셔서, 하나님을 아버지라고 부르게 하시고, 하나님의 자녀가 되었다는 사실을 우리 속에서 증언해주신다. 성령이 아니고서는 우리는 하나님을 주님이라고 고백할 수 없다.[고전 12:3] 하나님의 자녀가 되었기 때문에 우리가 예수와 함께 공동 상속자가 되었다고 말씀하신다. 그런데 23절에서는 우리에게 아직도 자녀 삼아주실 것이 남아 있다고 표현한다.

> 그뿐만 아니라, 첫 열매로서 성령을 받은 우리도 **자녀로 삼아주실 것**을, 곧 우리 몸을 속량하여주실 것을 고대하면서, 속으로 신음하고 있습니다.[8:23]

우리는 깨진 온 세상을 회복하는 일에 첫 열매로, 성령을 받아 하나님의 자녀가 되었지만, 완전히 하나님의 자녀로 드러날 그날을 간절히 사모하고 있다. 그날에는 한계가 분명했던 우리 몸도 온전히 회복될 것이다. 몸의 속량이란 노예시장에서 값을 주고 되사오는 '구속'을 뜻한다.[10] 몸이 죄에서 완전히 회복되는 날을 고대하고 있다는 것이다. 그날을 바라보며 살아가는 자들은 신음하면서 보이지 않는 것을 참으며 기다리는데, 이때 우리를 도우시는 분이 바로 성령이시다.

이와 같이, 성령께서도 우리의 약함을 도와주십니다. 우리는 어떻게 기도해야 할지도 알지 못하지만, 성령께서 친히 이루 다 말할 수 없는 탄식으로, 우리를 대신하여 간구하여주십니다.[8:26]

성령은 하나님나라를 살아내려는, 하나님의 모든 자녀에게 없어서는 안 되는 분이다. 우리가 하나님나라에 들어갔을 때, 우리가 하나님 앞에서 의롭다 하심을 받았을 때, 성령께서는 우리 가운데 오신다. 우리의 구원이 확실히 하나님에게서 왔다고 입증하신다. 그리고 우리의 구원이 결국 완전하게 이루어져서 하나님나라를 상속받을 것이라는 보증이 되어주신다. 우리가 온전한 나라를 바라며 이 세상에서 하나님나라를 살아낼 때 우리를 위해 끊임없이 기도하시며 우리를 도우시는 분이 바로 성령이시다. 이제 성령께서 우리 속에서 어떻게 일하시는지를 좀 더 구체적으로 살펴보자.

우리 속에서 일하시는 성령

다소 거칠게 일반화해서 말하자면, 성령은 교회 역사에서 오랫동안 관심의 대상이 아니었다. 1900년에 미국 서부 아주사에서 큰 부흥이 일어나고 오순절파가 탄생하면서부터 성령은 새로운 조망을 받았다. 우리에게 오셔서 역사하시고 기적을 일으키시는 성령을 체험하면서 그동안 간과했던 성령을 재발견했다. 이는 오순절파가 교회사에 남긴 기여이다. 하지만 너무 체험을 중시하다보니, 성경에서 가르치는 성령의 일하심과 종교와 문화 속에서 일어나는 여러 영적 현상이나 체험을 혼동하는 경향이 생겨났다. 우리는 성령께서 우리 속에 오셔서, 어떻게 일하시는지를 성경을 통해 바르게 알아야 한다. 그래야 이 세상에서 하나님나라를 바르고 힘 있게 살아낼 수 있다.

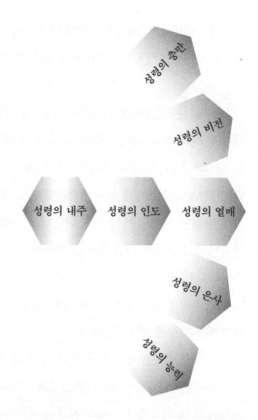

성령의 활동

우리 속에 오신 성령은 다양하게 일하신다.

성경은 성령께서 우리 속에 오셔서 일하시는 다양한 활동을 기록하고 있다. 여러 구절이 있지만 그 내용을 일목요연하게 정리하면 아래와 같다.

성령의 내주　　　　　　　예수께서 제자들을 떠나시며, 예수께서 함께 계셨듯이 그들과 영원히 함께 하라고 아버지께 구하여 보내신 분이 성령이다.

내가 아버지께 구하겠다. 그리하면 아버지께서 다른 보혜사를 너희에게 보내셔서, 영원히 너희와 함께 계시게 하실 것이다.[요 14:16]

보혜사는 보호하고 은혜를 주시는 분이라는 뜻이다. 예수를 대신해 우리와 함께 계시는 분이다. 하나님나라가 임한 후에 우리에게 온 성령은 예수 이전 시대에도, 아니 창조 때부터 활동하셨다. 그러나 구약 시대에는 성령께서 사람들에게 임하기도 했지만, 그들과 계속해서 함께 계시지는 않았다. 하나님의 특별한 사역과 목적을 위해 하나님께서 원하는 개인이나 집단에 성령께서 잠시 임했다.[11] 그런데 하나님나라가 시작된 이후로 성령께서는 우리가 구원받았다고 인치시고 상속의 보증이 되실 뿐 아니라, 영원히 우리를 떠나지 않으신다. 예수께서 그렇게 약속하셨다.

그러면 예수를 영접하면 우리 속에 계시는 성령을 느끼게 되는가? 적지 않은 사람들이 이 점을 혼돈스러워한다. 예수를 영접하고 성령께서 내 마음속에 오시면 신령한 경험 같은 것을 해야 한다고 생각한다. 특히 무속의 영향을 암암리에 받은 한국 그리스도인은 성령이 오시면, 일종의 신내림 같은 현상이 일어나지 않을까 기대한다. 그런 종류의 간증도 많이 들은 터라 쉽사리 혼동에 빠진다. 그러나 우리가 꼭 기억해야 할 것은 성령은 영이라는 사실이다. 우리의 오감을 뛰어넘는 분이시다. 성령을 오감으로 체험하는 것이 우리 가운데 성령이 계시다는 것을 증명하지는 않는다. 예수께서는 성령을 우리에게 보내겠다고 약속하셨다. 앞서 누차 강조했듯이 믿음은 하나님의 약속을 전인격으로 수용하는 것이다. 그러므로 우리는 성령께서 우리 가운데 계신다는 것을 믿는다. 우리 가운데 계셔서 우리를 보호하고 이끄신다고 여긴다. 이 부분이 매우 중요하다. 성령을 느끼려 하지 마

라. 성령은 우리에게 체험 자체를 주시려는 분이 아니다. 그렇다면 정작 성령이 하시려는 중요한 일은 무엇인가?

성령의 인도

그러나 보혜사, 곧 아버지께서 내 이름으로 보내실 성령께서, 너희에게 **모든 것을 가르쳐주실 것**이며, 또 내가 **너희에게 말한 모든 것을 생각나게 하실 것이다.** ^{요 14:26}

내가 아버지께로부터 너희에게 보낼 보혜사 곧 아버지께로부터 오시는 **진리**의 영이 오시면, 그 영이 나를 위하여 증언하실 것이다. ^{요 15:26}

그러나 그분 곧 **진리**의 영이 오시면, 그가 너희를 **모든 진리** 가운데로 인도하실 것이다. 그는 자기 마음대로 말씀하지 않으시고, **듣는 것만** 일러주실 것이요, 앞으로 올 일들을 너희에게 알려주실 것이다. ^{요 16:13}

성령께서 하시는 일 중에 가장 중요한 사역은 우리를 인도하는 것이다. 성령께서는 우리를 인도한다. 한국 그리스도인은 성령의 인도라고 하면, 점을 치듯 어느 길로 갈지를 알려준다고 생각한다. 어느 대학에 지원할지, 누구를 배우자로 만날지, 이 부동산을 살지 말지 등 화를 피하고 복을 받는 길을 인도해주시리라 기대한다. 역시나 이런 간증을 하는 사람들도 적지 않다. 속칭 '점쳐주시는 성령님'인 셈이다. 그러나 성경은 우리에게 분명히 이야기한다. 성령께서 인도하시는 것은 개개인의 사사로운 일들이 아니라 진리로 인도하신다는 것이다.

제자들뿐 아니라, 세대를 거듭해 이어지는 모든 제자에게 모든 것을 가르치시고, 예수께서 가르치신 것을 생각나게 하신다.^{요 14:26} 하나님께 원천을 둔 진리만을 우리에게 말씀하신다.^{요 16:13} 그래서 성령을 '진리의 영'이라 부른다.^{요 15:26; 16:13} 그런데 여기서 말하는 진리란 무엇인가? 진리라고 하면 우리는 너무나 쉽게 철학자들을 떠올린다. 어떤 철학 지식을 가리키는 것으로 오해하기 쉽다. 그러나 요한복음에서 진리는 매우 중요한 주제로서, 진리는 하나님께 속한 지식이며, 가장 중요한 요체는 예수 자신이라고 말씀하신다.[12] 성령께서는 우리를 하나님께 속한 모든 진리로 이끄시고, 그 진리 중의 진리이신 예수를 증언하신다.^{요 15:26}

우리가 과거 언젠가 '아! 예수님이 하나님의 아들이구나, 메시아이시구나, 세상을 회복하고 우리를 구원하기 오신 분이시구나' 하는 구원에 이르는 깨달음을 얻었다면, 그것은 성령의 도우심이다. 그리스도인이 된 이후에도 성경을 읽다가 예수를 더 깊이 알아가고, 예수에 대해 감격하고, 예수를 사랑하게 된다면, 그것은 성령께서 하신 것이다. 바울 사도가 로마서 5장 5절에서 말했듯이 "성령으로 말미암아 하나님의 사랑이 우리 마음에 부은바"^{개역개정} 되었다. 예수를 증언하고 예수의 사랑을 우리 안에 가득 차오르게 하시는 분이 성령이시다. 성령의 인도란, 점치듯 우리 길을 점지해주시는 것이 아니라, 온 우주의 중심 진리이신 예수께로 우리를 이끄는 것이다.

성령의 열매

성령의 인도를 받아 예수를 알아가고 사랑하게 되면, 우리는 변화하기 시작한다. 예수를 사랑하고 예수와 함께 있으니 자연스레 예수를 닮아간다. 이를 갈라디아서 5장 22-23절에서는 성령의 열매라고 표현했다. 우리 속에 계신 성령으로 말미암아 맺히는 것이 바로 고귀한 성품이다.

그러나 성령의 열매는 사랑과 기쁨과 화평과 인내와 친절과 선함과 신실과 온유와 절제입니다. 이런 것들을 막을 법이 없습니다.^{갈 5:22-23}

성령께서 우리 가운데 계시면서 진리이신 예수께로 우리를 인도하면, 우리는 성령의 열매를 맺기 시작한다. 우리의 인격이 변화하기 시작한다. 사랑, 기쁨, 화평, 인내, 친절, 선함, 신실, 온유, 절제 같은 덕목이 우리 속에서 자라나기 시작한다. 예수를 믿으면 성품이 변한다. 사람이 달라진다. "그 사람, 믿음은 좋은데 성격은 이상해"라는 말은 거짓말이다.[13] 예수를 따르는 믿음이 좋다면, 거친 성품도 바뀌고 점점 하나님의 형상이신 예수를 닮아간다. 하나님께서 그렇게 정하셨다.

바울은 이것들을 성령의 '열매들'이라 하지 않고, 성령의 '열매'라는 단수로 표현했다.[14] 성품의 다양한 특성은 성령으로 인해 변화된 인격, 성령의 열매의 다양한 측면이라는 것이다. 우리는 이미 몇몇 특성을 가지고 태어난다. 성령으로 맺은 열매인 성품의 변화는 타고난 성품과 달리, 모든 덕목이 조화를 이룬다. 그런 특성을 온전히 드러낸 분이 바로 예수이시다. 바울 사도는 에베소서 3장 16절에서 "그분의 성령을 통하여 여러분의 속사람을 능력으로 강건하게 하여주시라"고 기도한다. 우리의 속사람이 강건하게 되는 것에서 중요한 부분은 우리 성품이 온전해지는 것이다. 또한 에베소서 4장 13절에서는 "그리스도의 충만하심의 경지"에 우리가 이를 것이라고 말하는데, 이런 모습이 바로 성령의 열매가 가득한 모습이다.

성령의 비전　　　　　　　　성령은 우리의 내적 성품을 바꾸
시며, 더불어 우리에게 삶의 비전
을 보여주신다. 사도행전 2장 17절을 보자.

> 하나님께서 말씀하신다. 마지막 날에 나는 내 영을 모든 사람에게 부어
> 주겠다. 너희의 아들들과 너희의 딸들은 예언을 하고, 너희의 젊은이들
> 은 환상을 보고, 너희의 늙은이들은 꿈을 꿀 것이다.

　　오순절에 성령께서 임하시고 초대 교인들이 각 나라 방언으로
말하자, 사람들은 놀라 혼란스러워하며 술에 취한 것이 아니냐고 조
롱하는 사람까지 나왔다.^{행 2:1-13} 그때 베드로 사도가 일어나 요엘 2장
28-32절을 인용했다. 성령께서 마지막 날에 임할 때 사람들에게 나
타나는 현상이 예언과 꿈과 환상이라고 전한다. 너희 아들, 너희 딸
들, 젊은이, 늙은이라는 말은 모든 사람을 가리키는 표현이며, 이들와
연관된 예언, 꿈, 환상, 역시 문학적으로 다양하게 표현한 것인데, 한
마디로 요약하면 '비전'이라 할 수 있다. 성령께서 우리에게 임하면
하나님께서 무언가를 보여주신다.

　　그렇다면 비전은 무엇인가? '돈 많이 벌어서 세계 일주하는 비
전을 갖자'는 유의 개인주의적이고 기복적인 비전이 아니다. 성령께
서 주시는 비전은 이미 임한 하나님나라를 위해 어떻게 살아야 하는
지를 우리에게 보여준다.[15] 비전의 내용은 특히 사도행전에서는 하나
님나라 복음의 확장과 관련돼 있다. 하나님께서 인간의 역사 속으로
오셔서 새로운 시대를 시작하셨다. 그 나라는 완성을 향해 지금도 달
려가고 있다. 그 나라의 영이신 성령께서 우리에게 오시면, 하나님나
라 복음의 확산에 어떻게 기여할지, 자신의 역할이 무엇일지에 대해

꿈꾸기 시작한다.

하나님의 큰 그림 속에서 어떤 역할을 하는지를 모르고 살면, 삶에 진정한 기쁨이 있을 수 없다. 우리는 하나님께서 계획을 가지고 세상에 보내신 존재이다. 특별한 재능과 환경을 허락하셨으며, 우리가 사는 세상은 하나님나라가 선포되고 하나님나라가 드러나야 하는 곳이다. 그 일들이 간절히 필요한 곳이다. 이런 세상에서 자신의 돈과 명예와 권력과 쾌락—멋지게 표현해서 자기완성—을 하나님나라와 상관없이 추구하는 것은 허망한 일이 아닐 수 없다. 그러나 주님을 만난 사람들은 자기 인생을 통해 일하실 하나님을 기대한다. 성령께서는 우리가 하나님나라의 맥락에서 꿈꿀 수 있도록 도우신다.

성령의 은사　　　　　　　우리 모두는 독특하게 만들어졌고, 각각 독특한 비전을 품고 살아간다. 이런 우리에게 독특한 은사를 허락하셨다.

은사는 여러 가지지만, 그것을 주시는 분은 같은 성령이십니다.^{고전 12:4}

각 사람에게 성령을 나타내주시는 것은 공동 이익을 위한 것입니다.^{고전 12:7}

우리는 태어나면서 각각 다른 특질을 부여받았다. 하나님께서는 그리스도인이든 아니든 상관하지 않고 모든 사람에게 보편적으로 저마다의 특징을 주셨다. 신체, 정신, 기술 등 다양한 영역의 특징이 개발되려면, 그것을 발견하고 교육하고 훈련하는 성숙의 과정이 반드시 필요하다. 그런데 성령의 은사는 이런 보편적 특징과는 조금 다르다. 하나님나라를 위해 특별한 열매를 맺을 수 있도록 하나님께서 주신 것이 성령의 은사이다. 물론 인간의 다른 특질과 마찬가지로 성령의 은사 역시 발견하고 교육하고 훈련하는 과정이 필요하다. 한 인간이 자신만의 독특한 특질을 발견하지 못하는 것만큼이나, 그리스도인이 자신만의 은사를 발견하지 못한 채 살아가는 것은 안타까운 일이다.

바울 사도는 다양한 은사를 소개한다. 로마서에서는 예언, 섬김, 가르침, 위로, 구제, 다스림, 긍휼^{롬 12:5-8}을 열거했고, 고린도전서에서는 지혜의 말씀, 지식의 말씀 믿음, 병 고침, 능력 행함, 예언, 영분별, 각종 방언 말함, 방언 통역^{고전 12:8-10}을 언급한다. 그러나 이것이 은사 목록의 전체라고 생각할 필요는 없다. 시대와 문화에 따라 더 다양한 은사가 있을 수 있기 때문이다. 그리고 은사의 목록을 보면, 초자연적 현상이 수반되는 것만 은사라고 부른 것은 아니었다.

그렇다면 자신의 은사를 어떻게 발견할 수 있을까? 하나님께서는 공동의 유익^{고전 12:7}을 위해 각 사람에게 성령의 은사를 주셨다고 했다. 공동체에 속해 여러 활동으로 섬기다보면, 자신이 특별히 하고 싶고, 또 잘해서 열매가 맺히는 영역을 보게 된다. 은사를 사용해 공동체에 속한 사람들과 공동체 전체가 유익을 얻는 모습을 보면서 자신의 은사를 발견할 수 있다. 은사를 지속적으로 활용하면서 효과적으로 사용하는 방법도 알게 된다. 성령의 은사 역시 잘 활용하는 법을 반복해 훈련하는 일이 필요하다.

성령의 능력

우리 속에서 일하시는 성령은 우리에게 비전과 은사뿐만 아니라 능력도 주신다.

하나님은 여러분 안에서 활동하셔서, 여러분으로 하여금 하나님을 기쁘게 해드릴 것을 염원하게 하시고 실천하게 하시는 분입니다.^{빌 2:13}

우리가 무엇으로 하나님을 기쁘시게 해드릴지를 찾고 꿈꾸게 하시는 분이 하나님이다. 그러고는 무엇을 하시는가? 그 꿈을 실천하도록 우리를 이끄신다. 성령은 우리에게 능력을 주시는 분이다. 그래서 '성령의 능력'이라는 표현이 곳곳에서 발견된다.¹⁶ 성령의 능력은 주로 주님의 일을 감당할 때 나타났다. 빌립보서 마지막에서 바울은 비천과 풍부와 배부름과 굶주림과 풍족과 궁핍을 다 경험한 다음, 어떤 상황에도 적응할 수 있는 비결을 배웠다고 말한다. 그러고 나서 "나에게 능력을 주시는 분 안에서, 나는 모든 것을 할 수 있습니다"라고 고백한다.^{빌 4:13} 내게 능력 주시는 분은 성령이시다.

골로새서 1장 29절에서도 바울은 사역하면서 수고하고 애쓰고 있는데 이것은 "내 속에서 능력으로 역사하시는 이의 역사를 따라"^{개역개정} 하는 것이라고 고백한다. 우리도 하나님나라를 위해, 하나님 뜻을 따라 살아가며 수고하고 애쓴다. 그러나 바울은 단지 자기 힘과 능력에만 의지해 애쓰지 않았다. 자신 속에서 역사하시는 그분의 능력을 따라 일하는 법을 배워서 알고 있었다. 이것은 성령을 따라 사는 사람들의 특권이므로 배우지 못하면 큰 손해이다. 바울이 힘의 원천으로 두 가지를 이야기하는데, 이를 꼭 기억해야 한다. "나도 수고하며 애쓰고 있습니다." 성령에 의존한다는 것은 자신은 손 놓고 성령께만 기댄다는 뜻이 아니다. 그러나 분명히 할 것은, 내가 수고하고 애쓰는 것도 내 속에서 일하시는 성령을 따라서 한다는 것이다.

아! 성령의 능력을 따라 사는 것이 우리에게 얼마나 중요한 일인가? 하나님을 인정하지 않는 '이 세대'에서 사는 동안 성령의 능력마저 없다면, 그리스도인이 무슨 힘으로 살아가겠는가? 물론 성령의 능력으로 '이 세상의 복'을 받을 수 있다고 가르치고 간증하는 거짓 가르침이 교회 안에 넘실댄다.[17] 반면, 하나님나라의 참된 백성은 세상에서 당하는 여러 어려움과 고난을 극복하며 살아가는데, 그렇게 살아낼 수 있는 힘을 성령께 받는다.

성령의 충만

태어나서 죽을 때까지 자기 인생을 향하신 하나님의 꿈이 무엇인지 모르고 죽는 것도 비참하고, '하나님께서 특별한 은사를 주셔서 나만이 잘할 수 있는 것이 있다. 그것을 잘 사용하면 내 인생도 빛나고 공동체에도 유익을 끼칠 수 있다'는 사실을 발견하지 못하는 것도 불행하다. 꿈도 발견하고 능력도 발휘하며 은사도 적극적으로 사용한다면, 얼마나 복된 삶이겠는가? 하나님께서 내가 하는 작은 일을 통해 일하시며, 그 일로 세상을 치유하고 변화시킨다는 것을 깨닫는 삶이 바로 성령께서 이끌어주시는, 구원이 이루어지는 삶이다. 이런 일들이 벌어지면서, 종국적으로 우리에게 주어지는 복이 바로 성령의 충만이다. 에베소서 5장 18절을 보자.

> 술에 취하지 마십시오. 거기에는 방탕이 따릅니다. 성령의 충만함을 받으십시오.

우리에게 내주하시는 성령의 인도를 받아, 하나님의 진리, 그중에서도 진리 중의 진리인 예수를 알아가면, 그분을 닮게 되고, 그분이 주시는 비전과 능력과 은사를 가지고, 성령의 뜻을 따르며 살아가게 된다. 이렇게 성령의 뜻에 전폭적으로 순종하며 살아가는 삶을 성령의 충만이라고 한다. 어떤 사람들은 성령을 기운이나 에너지라고 생각한다. 그래서 성령을 우리에게 채워지는 무언가로 여긴다. 성령 충만하다는 것은 성령의 마음과 나의 마음이 일치하는 상태를 뜻한다. 성령과 하나가 되는 것이다. 하나님의 뜻에 걸맞게 사는 것이다. 성령의 의지와 내 의지가 충돌을 일으킬 필요가 없어진다. 그야말로 예수 그리스도의 아주 성숙하신 모습이 내 속에 나타나는 것이다. 이것이 성령의 충만이다.

이 시점에서 복음주의 그리스도인 사이에서 아직도 논쟁 중인 성령 세례를 짧게라도 언급해야겠다. 성령 세례를 강조하는 기독교 전통에서는 예수를 믿을 때 성령이 내주하지만 성령 세례로 '두 번째 복'을 받아 더욱 강력한 그리스도인으로 산다고 믿는다. 그리고 대개는 성령 세례 때 방언이 동반된다고 믿는다. 그러나 사도행전의 몇 가지 사례를 '모든 역사에서 언제나 일어나는 일'the prescriptive로 볼지, 아니면 '역사적 사건에 대한 설명'the descriptive으로 볼지에 따라 입장이 나뉜다. 모든 그리스도인이 성령 세례를 받을 수 있다는 입장(대다수 오순절파 그리스도인)도 있지만, 성령 세례를 시대와 상황에 따라 하나님께서 행하시는 특별한 사건으로 보는 입장(대다수 복음주의 그리스도인)도 있다.[18]

어떤 입장이든 성령으로 충만한 삶은 우리의 소원이며, 또한 하나님께서 우리를 향해 갖고 계신 뜻이다. 우리 속에서 그리스도의 형상이 완성되는 것, 성령과 하나가 되어 살아가는 삶!

275쪽에 있는 그림 '성령의 활동'으로 다시 돌아가보자. 하나님 나라가 시작되고, 예수께서 죽으시고 부활해 승천하시고, 약속하신 보혜사 성령이 와서 우리와 함께 계시며 우리를 인도하시고 우리 성품을 변화시키신다. 더불어 삶의 비전과 이를 이루기 위한 은사와 능력을 주셔서, 결국에는 성령의 충만에까지 이르게 하신다. 이것이 우리 속에서 구원이 이루어져가는 과정이다. 이 일을 성령께서 하신다. 이미 받은 구원을 누리면서, 구원이 완벽하게 완성될 그날을 바라보며, 우리 속에서 역사하시는 성령을 따라 사는 삶! 수많은 믿음의 선조가 이렇게 걸어왔다.

성령을 소멸하는 삶

여기서 이야기가 끝나는 것이 아니다. 성령은 인격이시며 살아 계신 하나님이시다. 우리 속에서 일하시는 성령을 따라 행하지 않으면, 그래서 구원을 이루어가지 않으면 참으로 안타까운 일이 우리 가운데서 일어난다. 다음 그림이 그 안타까운 과정을 보여준다.

성령의 근심

우리가 성령을 따라 행하지 않고, 세상을 좇아 살기를 고집하면, 성령께서 우리 안에서 슬퍼하신다고 에베소서 4장 30절은 말한다.

> 하나님의 성령을 슬프게 하지 마십시오. 여러분은 성령 안에서 구속의 날을 위하여 인치심을 받았습니다.

우리는 여전히 우리에게 영향을 끼치는 '이 세대'에 발을 딛고 살아간다. 이 세상의 가치관과 삶의 방식과 욕심이 우리를 늘 유혹한다. 그 유혹들을 물리치지 않고 따르기 시작하면 성령께서 우리 속에서 슬퍼하신다. 근심하신다. 예수를 마음속에 모셔 들인 사람들이 모두 다 평안을 누리지는 못한다. 예수를 믿고 성령과 함께하면 성령께서 주시는 평화가 우리 가운데 임하지만, 예수를 따르지 않아 우리 속의 성령께서 근심하시면 평안이 사라진다. 영적 평안이 없어진다. 하나님이 우리 속에서 근심하신다.

기쁨을 잃어버린 그리스도인을 많이 만난다. 고통스런 현실로 아픔이 극한까지 차올라도 성숙한 그리스도인은 성령으로 말미암은 기쁨이 내면에 있다. 그러나 세상을 좇아 살아가는 그리스도인은 세상이 주는 기쁨이 사라지면 마음속에서 기쁨이 사라진다. 성령께서 주시는 기쁨이 없기 때문이다. 마음속 기쁨이 세상에서 올 수도 있고 성령에게서 올 수도 있는데, 후자는 어려움과 궁핍과 환난과 핍박이 닥칠 때 더 빛난다. 그러므로 우리 속에 성령의 기쁨이 사라지면, 성령께서 우리 속에서 근심하고 계시다는 사실을 알아채야 한다.

성령의 소멸　　　　　　　　성령의 근심이 한계를 넘어서면 어떤 일이 벌어질까? 생각하기도 싫지만, 데살로니가전서 5장 19절은 그 결과가 어떨지를 알려준다.

성령을 소멸하지 마십시오.

성령이 우리 가운데서 어떻게 된다고 말하는가? 소멸한다. 이 단어는 구약성경에서 제단의 불을 꺼뜨리면 안 된다고 할 때 70인역에 등장하는 단어이다.[19] 소멸한다는 말은 성령께서 사라지지는 않지만 성령의 불이 우리 가운데서 꺼진다는 뜻이다. 성령이 우리 가운데서 근심하는 것을 넘어서서, 불이 꺼지듯 더 이상 활동하지 않는 상태가 된다. 이것은 재앙이다. 성경을 읽어도 깨닫는 게 없고, 예배를 드려도 감격이 없으며, 세상에서 죄의 유혹을 받을 때 켜지는 경고도 사라지고, 그래서 세상 것들로 마음속이 가득 차는 것, 베드로 사도는 그

성령의 소멸
인격인 성령은 근심하시고 소멸하기도 한다.

의 두 번째 서신에서 이것을 정확하고도 끔찍하게 지적한다.

> 사람들이 [우리의] 주님이시며 구주이신 예수 그리스도를 앎으로 세상
> 의 더러운 것들에서 벗어났다가, 다시 거기에 말려들어서 정복을 당하
> 면, 그런 사람들의 형편은 마지막에 더 나빠질 것입니다. 그들이 의의
> 길을 알고서도 자기들이 받은 거룩한 계명을 저버린다면, 차라리 그 길
> 을 알지 못했던 편이 더 좋았을 것입니다. 다음과 같은 속담이 그들에
> 게 사실로 들어맞았습니다. "개는 자기가 토한 것을 도로 먹는다." 그
> 리고 "돼지는 몸을 씻고 나서, 다시 진창에 뒹군다." 벧후 2:20-22

우리 속에 오신 성령을 무시하고 모욕한 결과는 비참하다. 하나
님은 우리를 사랑하시는 분이지만, 그렇다고 우리가 경외함 없이 대
할 수 있는 분이 결코 아니다. 하나님을 무시하고 하나님에 대해 무지
한 '이 세대'에서 구원을 받아, 즉 예수 그리스도를 앎으로 세상의 더
러운 것에서 벗어났다면, 이제는 하나님의 다스림을 받으면서 살아
가야 한다. 우리의 구원을 두렵고 떨림으로 이루어가야 한다. 그러나
우리가 하나님의 은혜를 값싸게 여기고, 하나님을 두려워하지 않거
나, 용서의 복음을 얄팍하게 이해하거나, 은혜를 더하게 하려고 죄에
거하는 어리석음을 고집하면, "다시 거기에 말려들어 정복당할 것이

다." 그리고 안타깝게도 "그런 사람들의 형편은 마지막에 더 나빠질 것이다." 개가 토한 것을 도로 먹고, 돼지가 몸을 씻고 다시 진창에 뒹구는 모습이다.

성령과 함께 걷는 삶: 하나님나라 백성의 표지

결국 그리스도인 앞에는 두 가지 다른 삶의 길이 놓여 있다. 예수께서 보내신 성령을 따라 행하며 성령 충만, 곧 그리스도를 닮아가는 삶을 살 것인가, 아니면 구원받아 벗어났던 세상으로 다시 돌아가 처음보다 더 끔찍한 삶을 살 것인가. 다음 291쪽에 나오는 그림은 성령이 내주하신 이후에 우리 삶이 어떻게 달라질 수 있는지를 보여준다.

이미 로마서 8장을 통해 성령을 따라 사는 삶에 대해 살펴봤지만, 성령을 따라 사는 삶은 바로, 이미 임한 하나님나라를 살아내며 다시 오실 하나님나라를 기다리는 그리스도인의 삶이다. 이를 갈라디아서 5장 25절에서는 좀 더 사실적으로 묘사한다.

우리가 성령으로 삶을 얻었으니, 우리는 성령이 인도해주심을 따라 살아갑시다.

이 구절은 성령을 매우 강조한다. 원어의 순서 그대로 번역하면, "만약 살았다면 성령으로, 성령으로 또한 따라 행하라"이다.[20] 우리가 성령으로 말미암아 거듭났다면, 이제는 성령을 따라서 걸어가라는 것이다. 성령으로 시작했으니, 그 성령을 지속적으로 따라가라고 강조한다. 이것은 앞서 살펴본 로마서 8장의 가르침과 완전히 맥을 같이한다.

이미 오신 하나님나라와 완성될 하나님나라 사이의 중간 시대를 살아가는 우리 삶의 특징이 무엇인가? 그것은 성령으로 살아가는 삶이다. 개역개정은 원문을 그대로 직역해 '또한 성령으로 행할지니'라고 번역했는데, 새번역은 '인도해주심을 따라 살아갑시다'라고 풀어서 설명했다. 영어 성경은 '성령님과 보조를 맞춥시다',[NIV] '성령을 따라 행합시다',[NAU, NKJ] '성령의 인도를 받읍시다'[NRS] 등으로 다양하게 번역했다.[21] 이처럼 다양하게 번역된 이유는 이 단어에 '동의해서 따라간다'는 뜻이 있기 때문이다. 동의하고 합의해서 같이 걸어가는 모습, 함께 발걸음을 맞추며 걸어가는 그림을 우리에게 보여준다. 이것이 구원을 얻고 있는 그리스도인의 특징이다. 끊임없이 우리 가운데 계시는 성령을 의식하고, 그분과 보조를 맞추며 걸어가는 삶이다.

그렇다면 성령의 뜻은 어떻게 알아챌 수 있는가? 성령은 먼저 성경과 우리의 양심을 통해 말씀하신다. 하나님은 우리가 알아야 할 하나님에 대한 모든 진리와 하나님의 뜻을 성경에 기록해놓으셨다. 성경은 하나님의 영감으로 쓰였다.[딤후 3:16] 성령의 사역 중 하나가 예수께서 하신 말씀을 생각나게 하고 그 모든 진리를 가르치시는 것이다.[요 14:26] 그래서 성령은 이미 계시하신 말씀을 통해 우리에게 말씀하신다. 성경을 통해 하나님의 일반적인 뜻을 이해하게 도우시고, 이를 바탕으로 하나님을 더 깊이 알아가게 하시는 것이 성령의 사역이다.

또한 성령은 하나님의 영이며, 거룩하신 영이시다. 그래서 성령께서는 우리의 양심을 통해 일하신다. 하나님은 우리가 양심을 통해 옳고 그름을 본능적으로 알아채게 만드셨다. 하나님의 거룩의 흔적은 하나님을 모르는 사람에게도 있으며, 이런 양심은 인간 사회를 약육강식이 완전히 지배하는 아귀다툼의 세상으로 몰락하지 않게 한다. 그러므로 무언가 우리의 부족한 양심을 찌르거나 이끌면, 성령께서 말씀하시는 것이 아닌지 민감할 필요가 있다. 소위 성령의 능력이

성령을 따를 것인가, 이전의 삶으로 돌아갈 것인가?

라며 초자연적 사역을 일으키는 사람들이 비윤리적일 때가 있는데, 그것은 성령의 역사가 아니다. 어떻게 이름 그대로 거룩한 영이신 성령께서 비윤리적 현장에서 일하실 수 있겠는가.

초자연적 일들, 즉 기적이 일어나면 성령께서 하셨다고 착각하는 사람이 많은데, 이것은 한국 사람들에 깊숙이 배어 있는 샤머니즘의 영향 때문이다. 영적 현상으로 기적이 일어날 수 있지만, 그것이 모두 하나님에게서 온 것은 아니다. 열매를 통해 나무를 알 수 있듯이, 인간이 생각할 때도 비윤리적인 면이 있다면, 그 기적은 하나님에게서 온 것이라 할 수 없다. 삼위 하나님은 거룩하신 분이다.

　성경과 양심을 통해 성령께 순종하는 사람, 즉 성숙하여 그리스도의 장성한 분량이 충만한 데까지 이른 사람에게는 성령께서 초자연적으로도 말씀하시기도 한다. 이끌림, 이미지, 환상, 음성으로도 말씀하시지만, 이것은 성경과 양심을 통해 성령과 동행하며 살아가는 성숙한 사람에게 주어지는 복이다. 성령의 말씀을 성경과 양심을 통해 듣지 못하는 미성숙한 사람들이 음성을 듣고 환상을 본다는 것은 신앙적으로 무척 위험한 일이다. 우리를 가장 좋은 길로 인도하시는 하나님께서 교만으로 이어지는 영적 혼란의 길로 우리를 이끄시지는 않는다. 거짓말하고 비윤리적인 행동을 서슴지 않아서 그들 속에 계신 성령이 근심하고 계시는데, 초자연적 인도와 사역이 일어난다는 것은 있을 수 없는 일이다. 무엇이 하나님에게서 왔고, 무엇이 하나님이 아닌 다른 것에서 왔는지 분별할 수 있는 데까지 이르도록 먼저 성장해야 한다. 성령과 보조를 맞추며 동행하는 법은 하나님나라를 살아내는 우리가 배워야 할, 이 세상에 함몰되지 않고 살아낼 수 있는 비법이다.

성령과 더불어 하나님나라 백성답게

그리스도인으로 살면서 기쁨도 없고, 변화도 없고, 세상에 영향력도 끼치지 못하는 사람들이 많다. 왜 그럴까? 구원이 제대로 성장하지 않기 때문이다. 구원의 본질을 하나님나라의 관점에서 건강하게 이해하지 못했기 때문이다. 게다가 구원을 이루어나가도록 도우시는 성령에 대해 무지하기 때문이다. 성장하지 않은 채로 하나님 없는 세상에서 살아남으려고 하니, 얼마나 힘겨운 싸움이겠는가?

운동을 하지 않는 사람은 쉬지 않고 10분도 달리기 어렵다. 30킬로그램은커녕 3킬로그램도 들기 힘들어 한다. 그러나 운동을 제대로 배우면, 시간이 지나면서 지구력과 근력이 모두 발달해 10분이 아니라 60분도 뛸 수 있고, 30킬로그램이 아니라 자기 몸무게보다 더 무거운 것도 들 수 있다. 근육 하나 없이 파리한 그리스도인이 허다하다. 그저 자기가 받은 구원 하나 지키기에도 힘겨운 모습이다. 하나님은 우리에게 생명을 주셨을 뿐 아니라, 풍성히 주셨다.요 10:10 구원의 본질이 무엇인지 하나님께서는 이미 분명하게 말씀해주셨다. 그리고 그 구원이 우리 속에서 성장할 수 있도록 조력자이신 성령을 우리에게 보내주셨다.

신앙생활은 열심히만 한다고 되지 않는다. 구원의 본질을 이해하고, 우리를 이끄시는 성령과 보조를 맞추는 법을 배울 때 하나님나라 백성다운 삶을 살 수 있다. 이렇게 구원이 우리 속에서 온전해져가는 것, 그래서 깨진 세상에서 자신의 역할을 감당하며 선한 영향력을 끼치는 것, 이것이 하나님 아버지께서 우리를 향해 갖고 계신 뜻이다. 이것이 바로 하나님나라 백성의 진정한 표지이다.

08.

하나님나라,
교회,
세상

유학을 마치고 한국에 돌아와 서울 강남에 있는 한 교회에서 부교역자로 일했다. 대형 교회였지만 당시만 해도 여러 교회의 모범이 되는 건강한 교회였다. 비록 1년밖에 섬기지 못했지만, 지금은 돌아가신 담임목사님의 설교를 1년이나 들을 수 있었던 것은 큰 행운이었다. 나는 성경 본문을 공부하고exegesis 설교를 구성해homiletics 전달하는communication 일에 관심이 많았던 터라, 설교 비평에 누구 못지않은 실력(?)이 있다며 자부하던 때였다. 그런데 담임목사님의 설교는 매주 놀라웠다. 교회에서 돌아오면 야구를 좋아하는 아내에게 "오늘 설교는 2루타야" "3루타야"라며 중계하듯 전달했다. 1년 동안 홈런도 몇 번 보았다. 삼진은 한 번도 없었고, 내야 뜬공 아웃과 번트 정도가 두세 번 있었다. 야구로 치면 담임목사님의 설교는 거의 10할 대에 가까웠던 것이다.

'이런 놀라운 설교를 매주 듣다니, 얼마나 복 받은 성도들인가'라는 생각을 여러 번 했다. 당시 나는 예배 시간에 교회 안내를 맡아 예배실 2층에 있었는데 예배드리는 성도들이 한눈에 들어왔다. 그런데 이런 설교를 들으면서도 조는 사람이 있었다. 한두 명이 아니라 꽤 많았다. 더 놀라운 것은 수천 명이 '각자' 하나님을 예배하는 모습이었다. 도서관 칸막이 책상에 앉아 공부하는 학생들처럼 옆 사람과 전혀 상관없이 각자 찬양하고 말씀 듣고, 어떤 사람은 자고 있었다. 그때 나는 이렇게 함께 모여 따로따로 예배드리는 사람들을 교회라 부를 수 있을지 의문이 생겼다. 그리스도인에게 예배가 물론 소중하지만, 차라리 '주일예배 집단'이라 부르는 것이 낫겠다 싶은 생각도 들었다.

　나들목교회를 시작한 초기에는 주일 설교를 하지 않을 때마다 건강하다고 정평이 난 교회들을 탐방했다. 몇 년 지나지 않아 그만두었는데, 계기가 있었다. 한번은 강해설교로 널리 알려진 교회를 찾아 예배를 드렸다. 예배 시간에 맞춰 밀물이 들어오듯 성도들이 입장하는 모습은 감동이었다. 목사님의 진실하고 정갈한 메시지 또한 큰 도전이었다. 그런데 예배를 마치고 밖에 나가보니, 이번에는 성도들이 썰물 빠지듯 빠져나왔다. 처음 받았던 감동은 큰 물음표로 바뀌었다. '이분들은 주일에 예배만 드리러, 교회라 불리는 예배당에 밀물처럼 들어왔다가 썰물처럼 빠져나가는구나! 교회란 무엇인가? 목사님의 설교를 들으러 모이는 군중인가?' 그때 이후로 주일 교회 탐방을 그만두었다. 좋은 설교라면 인터넷으로도 얼마든지 들을 수 있다. 하지만 그 교회가 어떤 공동체 특성을 가지고 있는지는 주일예배만으로 알아채기 어렵다는 사실을 깨달았기 때문이다.

　오늘날만큼 교회에 대한 혼란이 많은 시대는 없었던 것 같다. 많은 사람이 교회를 건물이라고 생각하면서 매주 교회를 가고, 교회를 다닌다고 한다. 많은 경우 교회는 주일에 한 번 모이는 주일예배 집단과 다름없다. 세상에서 지친 상한 마음을 위로받는 영적 쉼터 정도로 여겨지기도 한다. 대형 교회는 성도들에게 필요한 모든 프로그램을 제공하는 '영적 백화점' 같기도 하다. 그곳에 가면 내가 필요한 것을 얼마든지 찾아 누릴 수 있다. 교회란 정말 무엇일까? 지난 장에서 살펴보았듯, 구원받고, 구원이 성장하고, 완전한 구원을 소망하는 사람들의 공동체가 교회일 텐데, 또한 우리 속에 오셔서 구원을 이루어가시는 성령을 좇아 살아가는 사람들의 공동체가 교회일 텐데, 오늘날 교회는 이름만 공동체일 뿐 개개인이 각각 신앙생활을 하는 조직이나 단체, 또는 공간이 되어버린 것 같다.

하나님나라와 교회

교회에 대해 이렇게 혼란에 빠진 이유는, 우리가 받은 놀라운 구원을 하나님나라 관점에서 이해하지 못하는 것과 맥을 같이한다. 예수 메시아를 통해 하나님나라가 시작되었고, 그 나라가 완성될 날을 기다리는 사람들은 이 세상에서 공동체를 형성해 살아간다. 그 공동체가 바로 교회이다. '이미 임한 하나님나라'라는 차원이 사라지면, 교회는 죽어서 천당 가려고 구원을 얻는 곳, 그리고 구원을 얻는 사람들이 천당 갈 때까지 대기하는 곳이 돼버린다. 이 세상에서 대기하며 하나님께서 주시는 복을 받으려 주일마다 예배드리는 곳이 되고 만다. 하나님나라 없는 교회는 하나님나라 없는 구원처럼 본질을 상실할 수밖에 없다. 오늘날 한국 교회에 수많은 비판과 비난의 화살이 쏟아지지만, 그 원인을 현상적인 면에서 찾을 때가 많다. 하지만 교회가 자신이 하나님나라에 속한 공동체라는 정체감을 상실하고, 하나님나라를 선포하고 가르치고 살아내지 않는다면, 교회는 그 본질을 상실하고 만다. 이때 교회가 교회답지 못한 것은 당연한 이치이다. 따라서 교회는 하나님나라 관점에서 이해해야 한다.

교회, 만물을 충만케 하시는 이의 충만

성경은 곳곳에서 교회에 대해 가르친다. 그중에서 가장 많은 정보를 담은 책을 하나 고르라면 대다수 학자들과 성도들이 에베소서를 뽑을 것이다. 신학자들은 에베소서를 '바울 서신서의 왕관'이나 '바울 사상의 정수'라고 표현했는데, 그중에서도 교회에 대한 가르침이 가장 탁월하게 기록되어 있다.[1] 바울은 에베소서 1장에서 에베소 성도들에게 인사하고[1-2절] 하늘에 속한 복으로 축복한[3-14절] 다음, 그들로 인해 감사하고 기도한다.[15-23절] 그 기도의 끝에서 바울 사도는 에베소서의 주제라 할 만한 말씀을 언급한다.

> 하나님께서는 만물을 그리스도의 발아래 굴복시키시고, 그분을 만물 위에 교회의 머리로 삼으셨습니다. 교회는 그리스도의 몸이요, 만물 안에서 만물을 충만케 하시는 분의 충만함입니다.[1:22-23]

바울은 에베소서에서 하나님나라라는 단어를 '그리스도와 하나님의 나라'라는 말로 단 한 번 사용하지만,[2] 세상을 바라보는 그의 눈은 초대교회 성도들이 그랬듯이 구약 성경의 흐름을 이어받고 있다. 바울은 우리가 사는 세상을 총칭하는 '만물'이 현재 충만하지 못한 상태라고 표현한다. 하나님은 모든 만물을 존재케 하는 근원이시고 중심이시다. 그런데 인간의 죄, 즉 자기중심성은 하나님을 만물의 중심에서 몰아내고 스스로 그 중심을 차지했다. 만물은 하나님으로 말미암아 충만함을 누려야 하는데, 인간의 죄로 인해, 결코 하나님이 될 수 없는 인간이 그 중심을 차지하면서 그 충만함을 상실하고 말았다. 만물의 중심은 '뻥 뚫린 상태'가 돼버렸다.

이를 로마서 8장 20-21절에서는 "피조물이 허무에 굴복했지만···피조물도 썩어짐의 종살이에서 해방되어서, 하나님의 자녀가 누릴 영광된 자유를 얻으리라"는 소망을 품고 있다고 표현한다. '만물' 대신에 '피조물'이라는 말을 쓰면서, 모든 존재가 허무에 굴복했다고 강조한다. 모두가 생명을 누리지 못하고 썩어짐의 노예가 되었다고 말한다. 놀라운 것은 모든 피조물이 마치 인격이 있는 듯이 온전한 회복을 기다린다는 점이다. 만물이 충만함을 잃고, 다시 충만해질 날을 간절히 사모하는 모습이다.

앞서 하나님나라에서 살폈듯이, 우리가 사는 '이 세대'는 하나님 중심이 아니며, 하나님을 높이지도 않는다. 대신, 인간 중심이며, 스스로를 높인다. 하나님의 법도를 떠난 인간은 결국 하나님께서 주려 했던 충만함 대신 허무에 굴복하는 신세가 되었다. 그 결과 자기 이익과 욕망에 따라 이기적으로 행동하고, 때로는 상상 이상으로 잔인해진다. 개인만이 아니다. 사회 구조도 악에 잠식되어 약한 자들은 신음하고, 선한 자들은 불이익과 손해를 감수하고, 의인들은 고난을 받는다. 인간이 인간을 지배하고 착취하는 경향이 제도와 문화 속으로 스며들어 고착화되고, 더 나아가 지구의 자연마저도 이런 식으로 갈취되고 훼손된다. 이 모든 일이 하나님과 인간의 관계가 어그러진 데서 비롯되었다.

하나님은 이런 상태에 있는 만물을 충만케 하고 계신다. '충만'은 오늘날 언어로 옮기기 쉽지 않은 개념이지만, 간략하게 설명하면 다음과 같다. 인간이 하나님을 거역하고 떠나자 만물은 중심이 뻥 뚫린 상태가 되었다. 그런 만물을 온전하게 하는 이미지는 뻥 뚫린 중심을 충만케 하는 것이다. 중심을 회복해 깨지고 망가진 모든 것을 회복시킨다는 의미이다. 결국 하나님께서는 비어 있는 중심을 충만케 해서 깨진 세상과 만물을 회복하고 계신다.

그런데 바울이 '회복될 것이다'라는 미래형 대신에, '회복하고 계신다'는 현재형을 썼다는 점에 주목해야 한다.[3] 하나님께서는 지금 이 순간에도 회복의 사역에 몰두하고 계신다. 게다가 하나님은 만물 밖에서 멀리 떨어져서 이 일을 하는 것이 아니라, 만물 안에서 이 일을 하고 계신다.[4] 현재 만물 안에서 회복 사역을 하고 계신 분이 바로 예수 그리스도이시다. 그 그리스도의 몸이 교회이며, '만물 안에서 충만케 하시는 이의 충만'이라고 했는데, 이는 하나님께서 만물을 회복하고 계시며, 그 회복이 온전히 드러난 곳이 바로 그분의 몸인 교회라는 것이다.

하나님은, 하나님을 떠나서 깨진 세상을 회복하려는 꿈을 구약 때부터 계속 품고 계셨다. 그것이 바로 하나님나라에 대한 소망이었다. 구약 때부터 기다리던 '그때'가 차서 메시아가 오셨고 하나님나라가 시작되었다.[막 1:15] 회개하고 복음을 받아들인 사람들은 이미 시작된 하나님나라에 들어갔고, 메시아 예수를 통해 충만에 참여하고 있다. 이렇게 회복을 경험하기 시작한 사람들의 공동체가 교회이다.[5] 하나님께서는 만물을 그리스도의 주권에 복종시켰으며, 예수를 공동체의 머리로 주셨다.[엡 1:22] 예수께서는 만물을 회복하는 사역을 자신의 몸인 교회를 통해서, 머리로서 리더십을 가지고 지금 이 순간에도 이루어가고 계신다.

교회는 구원받은 자들이 단지 천당에 가기 위해 모여서 기다리는 대합소가 아니다. 이들은 깨지고 상한 세상을 회복하고 계시는 예수의 회복을 먼저 경험하고 누리는 공동체이다. 그들은 세상의 신을 버리고 주님께로 돌아와 주님의 주권에 무릎 꿇고 메시아 예수를 주라 고백한다. 그러고는 자신의 인격과 삶의 현장에서 하나님의 주되심을 드러내며 살아가려 애쓴다. 이런 면에서 교회는 예수께서 일으키신 회복 사역의 첫 열매라 할 수 있다. 뿐만 아니라 교회는 교회의 머리, 곧 최고 지도자인 예수의 뜻을 따라, 그분이 하시는 사역을 따라, 깨지고 상한 세상을 회복하는 사역, 곧 충만케 하는 사역에 동참해야 한다. 예수께서는 결국 세상 만물을 완전하게 회복하실 것이다. 그날까지 머리이신 예수를 따라 세상을 회복하는 프로젝트에 참여해 먼저 자신들이 회복을 경험하고, 세상도 그 회복을 경험하도록 섬겨야 한다. 그 일을 하는 사람들의 공동체가 바로 교회이다.

종말론적 이중구조 속의 교회

바울은 에베소서의 중심 주제를 1장 23절에서 언급한 다음, 2장에서는 '충만'이 개인과 공동체에서 어떻게 나타나는지를 이야기한다. 앞서 2장 "구원, 하나님의 뿌리칠 수 없는 사랑"에서는 에베소서 2장 1-10절에 나타난 개인의 회복을 자세히 다루었다. 죄와 허물로 죽어 세상에 종속되고, 결국 심판에 이를 수밖에 없었던 우리2:1-3가 어떻게 그리스도 예수 안에서 그리스도와 연합하여 새로운 존재가 되었는지,2:4-6 이 놀라운 구원의 목적과 성격이 무엇인지2:7-10를 바울은 심오하고도 간결하게 알려주었다. 그런데 바울은 구원의 결과와 목적을 이야기하면서, 그리스도 안에서 살았고 일으킴을 받았고 하늘에 앉은 우리를 '하나님의 작품'10절이라고 말한다. 바울은 감격에 겨워, 이 작품이 도대체 어떻게 가능했는지를 2장 11-22절에서 설명하기도 전에, 작품의 목적을 먼저 꺼낸다.

> 우리는 하나님의 작품입니다. 선한 일을 하게 하시려고, 하나님께서 그리스도 예수 안에서 우리를 만드셨습니다. 하나님께서 이렇게 미리 준비하신 것은, 우리가 선한 일을 하며 살아가게 하시려는 것입니다.엡 2:10

이 책의 2장에서 다루었듯이 작품이라는 단어는 단수여서, 그리스도인 개개인보다는 '그리스도 안에 있는 우리', 공동체를 가리킨다고 보아야 한다. 하나님께서는 선한 일을 이루려 메시아 예수 안에서 이 작품을 만들어내셨다. 따라서 하나님께서 우리에게 구원을 선물로 주신 목적은 선한 일을 하게 하는 것이다. '선한 일'이 신약성경에서 얼마나 중요한 단어이며, 또한 구원을 얻은 사람들이 살아가는 방식인지는 이미 언급한 바 있다.[6] 선한 일은 만물을 충만케 하시는 주님의 뜻을 따르며 살아가는 우리의 삶의 이유이자 목적이다. 그리스도인 개인과 공동체의 존재 목적은, 하나님을 무시함으로 하나님의 현재 심판과 마지막 심판을 피할 수 없는 만물을 회복의 자리로 이끌기 위해, 만물을 회복하시려는 하나님의 뜻을 따라 '선한 일'을 행하는 것이다.

바울은 에베소서 2장 11-22절에서, 위대한 하나님의 작품이 어떻게 만들어졌는지를 더욱 구체적으로 밝힌다. 2장 1-10절에서 구원을 설명할 때도 구원받기 전의 우리 상태를 먼저 언급했는데,[2:1-3] 이와 마찬가지로 작품이 되기 전에 에베소 사람들의 상태가 어땠는지를 바울은 먼저 설명한다. '지난날에',[11절] '그때에'[12절] 그들은 이방인이었고 할례를 받지 못한 자였고,[11절] 그리스도와 상관이 없었고, 이스라엘 공동체에서 제외되어 약속과 무관했으며, 세상에서 소망도 없고, 하나님도 없었다.[12절] 한마디로 "전에는 하나님에게서 멀리 떨어져 있었다."[13절 상] 하나님의 작품이 되기 전의 상태를 언급할 때 '이스라엘 공동체에서 제외되어서' '언약과 무관한 외인'같이 공동체 관련 표현을 반복하는 점에도 주의를 기울여야 한다.

13절은 '이제는'이라는 단어로 시작한다.[개역개정] 새로운 시대가 시작된 것이다. 예수께서 오셔서 하나님나라를 시작하심으로 '이 세대'

에 속했던 때와는 다른 때가 이르렀음을 시사한다. 이제 멀리 있던 그들이 예수 그리스도의 피로, 그리스도 안에서 가까워졌다.^{13절 하} 우리의 평화이신 그리스도께서 유대인과 이방인 사이를 갈랐던 담을 자신의 몸으로 허물고^{14절} 십자가로 소멸하셔서, 둘을 한 몸으로 만드시고 하나님과 화해시켰다고 선언한다.^{16절} 이제 이들은 한 성령 안에서 한 아버지께 나아간다.^{18절} 이제 이들은 외국인이나 나그네가 아니라, 하나님나라 시민이며 하나님을 아버지라고 부르는 하나님의 가족이 되었다.^{19절} 바울은 나라와 가족의 이미지로 공동체성을 설명하고, 이어서 건물의 이미지를 사용해 공동체가 지닌 특성을 재차 강조한다. 건물은 그리스도를 모퉁이돌로(중심으로) 하여 그리스도를 증언하는 사도와 예언자들이 놓은 기초 위에 세워졌다.^{20절} 원래는 서로를 원수처럼 여기는 다른 사람들이었지만, '그리스도 안에서' 건물 전체로 연결되고 '주님 안에서' 함께 자라가고 있다.^{21절}

자라고 있는 이 건물은 결국 하나님께서 거하실 처소가 될 것이며, 그때를 위해 성령과 더불어 예수 안에서 함께 지어지고 있다.7 22절의 '함께 지어져가느니라'^{개역개정}라는 문장은 현재 수동태 분사이다. 즉 누군가에 의해, 다시 말해, 하나님으로 인해 지금도 지어져가고 있다는 것이다. 교회 공동체는 지금도 지어져가고 있다. 하나님께서 영원히 거하실 처소가 되는 궁극적 목적을 향해, 성령의 지도를 받아, 현재도 함께 지어지고 있다. 바울은 여기에서 종말론적 소망에 가득차 있다. 마지막 날에 임할 하나님나라, 하나님과 영원히 함께 거할 그날을 사모하고 있다.

바울이 본문에서 하나님나라를 명시적으로 언급하지는 않지만, 동료-시민이라는 단어에서 하나님나라를 염두에 두고 있음을 알 수 있다. 하지만 여기서 더 중요한 것은 바울 사도가 구원을 다룰 때처럼 하나님의 작품인 교회를 다룰 때도, **첫째,** 하나님나라가 임하기 전의 상태[2:11-13상]와 **둘째,** 현재 임한 하나님나라와 완성될 하나님나라 사이에서 어떤 일이 이루어졌으며, 또 이루어지고 있는지를 짚은 다음에 [2:13하-21] **셋째,** 종국에 완성될 하나님나라의 모습이 어떨지를[2:22] 이야기한다는 점이다.

교회는 이미 임한 하나님나라를 살아내며, 완성될 하나님나라를 기다리며 함께 지어져가는, 성도들의 공동체이다.

개인의 구원은 그리스도인의 공동체로 연결될 수밖에 없다. 바울 사도는 2장 1-10절에서 '그리스도와 함께'를 강조[5, 6절]하면서 그리스도인 개개인이 어떻게 충만에 이르렀는지 설명했다. 이어지는 2장 11-22절에서는 서로 다르고 적대적인 사람들이 어떻게 함께 시민이 되고, 함께 연결되고, 함께 지어져가는지를 강조한다.[8] 우리가 예수를 믿고 하나님나라에 들어갈 때, 하나님의 가족이 될 때, 각 사람 모두는 그리스도와 '연합하여' 놀라운 복을 받았다. 그런데 하나님나라에 들어간 다음에는, 즉 그리스도 안에 터를 잡은 이후에는, 서로 달랐던 우리가 '연합하여' 공동체를 이룬다. 뿐만 아니라, 이 공동체는 영원까지 이어져 존귀하신 하나님이 거하실 처소가 될 궁극의 목적을 이루기 위해 현재 함께 지어져가는 중이다.

우리의 구원은 그리스도 안에서 이미 이루어진 영적 실제이며, 우리는 이를 믿음으로 받아들이고 그렇게 여기며 살아간다. 이와 마찬가지로 그리스도인 공동체 역시 영적 실제이며, 우리는 이 또한 믿음으로 받아들여야 한다. 바울 사도는 에베소서 4장 3절에서 "성령이…하나가 되게 해주신 것을 힘써 지키십시오"라고 하는데, 하나 되려고 애쓰기 전에 이미 그리스도 안에서 하나 되었다는 사실을 믿음으로 고백해야 한다. 앞서 2장에서도 이야기했지만, 우리는 믿어야 할 내용을 이미 풍성하게 받았다. 내가 원하는 것을 세게 믿어서 얻어 보겠다는 믿음과, 성경에서 가르치는 믿음은 정말 다르다. 하나님께서 그리스도 안에서 하신 일을 정확히 이해하고 그것을 전인격으로 수용하는 믿음은 그리스도인 공동체를 다룰 때에도 적용해야 한다. 우리는 이미 그리스도 안에서 하나님의 가족, 하나님나라의 동료 시민, 하나님의 성전, 곧 교회가 되었다.

예수께서 가르치신 교회

교회에 대한 비전은 예수 그리스도에서 시작되었다. 공관복음이 증언하는 대로 예수의 사역은 가이사랴 빌립보에서 이루어진 예수와 제자들의 문답에서 분수령을 맞는다. 예수께서는 자신이 메시아라는 사실을 제자들이 깨닫기를 간절히 원하셨다. 처음에 제자들은 예수를 랍비나 위대한 선지자 정도로 생각했으나, 예수와 함께 지내면서 그분이 누구신지를 점점 선명하게 깨닫기 시작했다. 예수께서 "그러면 너희는 나를 누구라고 하느냐?"^{마 16:15}라고 물었는데, 이는 당시 제자들뿐 아니라 예수를 따르는 모든 이들이 진심으로 응답해야 할 질문이었다. 베드로가 제자들을 대표해 이렇게 답한다.

선생님은 살아 계신 하나님의 아들 그리스도십니다.^{마 16:16}

이 놀라운 고백은 두 가지 요소로 이루어져 있다. 첫째, 예수는 인간적으로 뛰어난 현자가 아니라 신적 근원을 가진, 하나님과 동등한 존재이다. 둘째, 이스라엘 백성이라면 누구나 학수고대했던, 구약 때부터 약속된 그리스도, 메시아가 그이다. 현대의 많은 신자들은 이 고백에서 제자들이 드디어 예수의 신성을 발견하고 고백했다는 데

방점을 찍고, 그리스도라는 고백에는 그다지 무게를 두지 않는 것 같다. 그저 '기름 부음을 받은 자' 정도로 이해한다. 하지만 그리스도는 구약 때부터 예언되고 고대해왔던 메시아였다. 구약 때의 숱한 약속이 그리스도로 완성되는데, 핵심은 하나님을 떠난 '이 세대'에 대한 심판과 회복이다.

예수께서 하나님의 아들이며 메시아라는 기초적인 깨달음과 고백이 있자, 예수께서는 이를 너무 기뻐하시며,^{마 16:17} 진정 전하고 싶었던 말씀을 꺼내신다.

> 나도 너에게 말한다. 너는 베드로다. 나는 이 반석 위에다가 내 교회를 세우겠다. 죽음의 문들이 그것을 이기지 못할 것이다. 내가 너에게 하늘나라의 열쇠를 주겠다. 네가 무엇이든지 땅에서 매면 하늘에서도 매일 것이요, 땅에서 풀면 하늘에서도 풀릴 것이다.^{마 16:18-19}

예수께서는 이 고백 위에 자신의 교회를 세우겠다고 선언하신다.⁹ 예수에 대한 놀라운 신앙고백 직후에 예수께서 하신 말씀이다. 메시아이신 예수께서 이 땅에서 무슨 일을 하려는지를 선명하게 보여준다. 그는 '자신의 교회'를 '하나님의 아들이며 메시아'라는 고백 위에 세우겠다고 말하고는, 이를 위해 자신이 "고난을 받고 죽임을 당해야 하며, 사흘째 되는 날에 살아나야 한다"^{마 16:21}고 제자들에게 가르치기 시작했다. 교회는 예수의 죽음과 부활에 근거해 세워질 예수의 공동체였다. 교회의 머리는 그리스도이시며, 교회는 만물을 충만케 아시는 이의 충만이라고 바울 사도가 선언한 것의 뿌리에는 바로 예수의 이 가르침이 있다. 깨진 세상, 불의와 착취가 가득한 세상, 그 속에서 자기중심성에 빠져 심판의 대상이 된 사람들, 그들을 대신해 심판 받으시고 오히려 그들을 회복하시는 메시아 예수. 예수께서는 그런 자신을 메시아라고 고백하는 공동체를 세우시고 그들을 통해 세상을 회복해나가신다.

예수께서 그 공동체, 곧 교회에 주겠다고 한 것이 '하늘나라(천국)의 열쇠'이다. 그러면서 땅에서, 우리가 사는 세상에서 열고 닫는 것이 하늘나라에 영향을 미친다고 말씀하신다. 하늘나라 곧 하나님나라의 열쇠를 교회가 받았다는 사실을 오늘날 모든 그리스도인과 교회가 깊이 새기면 좋겠다. 많은 사람이 열쇠를 단순히 권세의 은유적 표현이라 생각한다. 하지만 예수께서 그 많은 말 중에서 굳이 '열쇠'를 선택해 은유로 사용하시고, 이어서 '매고 풀린다'고 표현하신 것은 단지 권세만을 함의하는 것이 아니기 때문이다. 예수께서는 마태복음 18장에서도 교회를 언급하면서 '매고 풀린다'는 표현을 쓰시는데, 이는 교회가 이 땅에서 하늘나라의 문을 닫을 수도 있고 열 수도 있다는 뜻이다. 열쇠는 문을 열 때만 쓰는 것이 아니다. 열쇠로 문을 닫기도 한다.

교회가 자기 정체성을 분명히 하고, 자신부터 먼저 회복되고 충만을 경험해야 한다. 그리고 이 세대를 향한 심판과 회복의 메시지를 이 세대에 선포하고, 회복의 삶을 실제로 구현해내는 공동체를 보여줘야 한다. 그러면 사람들은 교회를 통해 눈에 보이지 않는 하나님나라를 발견할 것이다. 세상 모든 사람은 삶의 참 의미를 찾는다. 교회가 하나님나라를 제대로 드러내면 그들은 우리가 믿고 선포하는 진리를 참 진리로 깨달을 것이다. 그때 교회가 가진 열쇠로 하늘나라의 문은 활짝 열릴 것이다. 지난 2천 년간 교회는 이 열쇠를 잘 사용해왔다. 그래서 수많은 사람이 하나님나라로 밀려들어왔고, 이 책을 읽는 우리 모두가 그 놀라운 복을 경험한 사람이다.

그런데 불행하고 충격적인 사실은 열쇠로 열기만 하지 않고 닫기도 한다는 것이다. '이 세대'의 영향을 받아 세상 가치가 교회 공동체를 지배하고, 예수가 메시아라는 신앙고백마저 종교적이고 형식적인 고백으로 전락하고, 교회의 머리이자 메시아이신 예수의 뜻을 더이상 따르지 않으면, 교회는 하나님나라를 이 세상에 보여줄 수 없게된다. 세상과 별반 다르지 않은, 어떤 때는 더 부도덕하고 타락하고, 때로는 악하기까지 한 교회를 보았는데, 교회가 전하는 하나님나라와 그 나라에 들어가게 하는 복음을 세상 사람들이 믿을 턱이 있을까. 당연히 그들은 교회를 비난하고 냉담해져서, 하나님나라와 복음이라는 놀라운 선물을 외면한다. 교회가 하늘의 문을 닫는 격이다.

오늘날 많은 교회에게 경종이 되는 본문이다. 만물을 회복하시는 하나님의 회복 자체가 교회이며, 교회의 머리인 예수의 지도 아래만물을 회복하라는 사명을 교회는 맡았다. 그런데 만물을 회복하기는커녕 만물을 지배하는 정신과 가치에 휘둘려, 하나님을 말로만 섬기며 종교적 행위에만 몰두한다. 이처럼 하나님의 다스림을 드러내지 못하는 교회는 차라리 존재하지 않는 편이 나을 수도 있다. 그들이하나님나라의 문을 닫아걸기 때문이다. 예수께서는 이런 끔찍한 모습을 율법학자들과 바리새파 사람들한테서 발견하고는 엄하게 꾸짖었다.

> 율법학자들과 바리새파 사람들아! 위선자들아! 너희에게 화가 있다.
> 너희는 사람들이 들어오지 못하도록 하늘나라의 문을 닫기 때문이다.
> 너희는 자기도 들어가지 않고, 들어가려고 하는 사람도 들어가지 못하게 하고 있다. 마 23:13-14

율법학자는 성경을 전문적으로 연구하고 가르치는 사람들이었고, 바리새파 사람은 예수 당대에 가장 민중 중심적이고 실제적인 개혁 성향을 가진 사람들이었다. 그들은 진리를 알고 있다고 주장했고 그렇게 가르쳤다. 하나님나라 백성이 누리는 팔복이 마태복음 5장에 기록돼 있다면, 율법학자들과 바리새파 사람들이 당할 화는 마태복음 23장에 나온다. 예수께서는 경고의 말씀 서두에서 그들이 말하는 것은 다 행하고 지키라면서도, 그들의 행실은 따르지 말라고 하신다. 그러고는 "그들은 말만하고 행하지는 않는다"마 23:3고 덧붙이신다. 그들의 이중성과 위선이 불러온 결과는 참으로 두려운 것이었다. 그들의 가르침은 선했으나, 그들의 이중성은 결국 사람들을 하나님나라에 들어가지 못하도록 방해했다. 그들의 가르침을 따랐던 이들뿐만 아니라, 그들 자신도 하나님나라에 들어갈 수 없었다.

오늘날 교회는 마태복음 23장을 주의 깊게 읽어야 한다. 예수 당대에만 존재했던 율법학자들과 바리새인들에 대한 비판을 예수의 마지막 주간 가르침에 마태는 포함시켰다. 그 이유는 예수 메시아의 공동체인 교회도 깨어 있지 않으면, 하나님나라의 열쇠로 그 나라의 문을 닫을 수 있으며, 다른 사람들뿐 아니라 자신들도 들어가지 못할 수 있다는 사실을 엄중히 경고하기 위해서였다. 오늘날뿐 아니라 2천 년 교회 역사를 통해 교회는 하나님나라의 문을 활짝 열어젖히기도 했지만, 문을 거의 닫거나 아예 꽉 닫아걸었던 적도 있었다. 한국 교회의 현재 상황을 어떻게 보아야 할까? 아니, 한국 교회 전체를 일반화할 수 없다면 내가 속한 교회는 어떻게 평가할 수 있을까?

건강한 교회의 평가 지표로 사람들은 여러 가지를 제시한다. 도덕적 모범, 건강한 재정, 민주적 정관, 적법한 절차를 거친 목회자 계승, 지역사회에 미치는 선한 영향력 등. 그러나 이런 특성은 건강한 조직이라면 어디서든 볼 수 있다. 건강한 교회의 표지는 그 모두를 포함하고도 더 나아간다. 그것은 바로 마태복음 16장 18절에 나오는 것으로, 하나님을 알지 못하던 사람들이 하나님나라에 들어가는 것이다. 하나님나라의 열쇠로 그 나라를 열어야만 일어나는 일이다. 따라서 사람들이 어떤 공동체를 통해 하나님나라를 발견하고 그 나라 백성이 되는지를 살펴보아야 한다. 즉 진정한 회심이 일어나는지가 하나님나라의 열쇠를 제대로 사용하고 있는지를 판단하는 최종 평가 지표이다.

교회가 하나님나라는 아니지만, 하나님나라의 열쇠를 가진 공동체이다.[10] 그래서 교회는 '창문' 같은 존재이다. 출구가 없고 꽉 막힌 것 같은 세상에 있는 사람들이 교회를 보고, 빛이 들어오는 창문을 보고, 다른 세상이 밖에 있다는 것을 깨달을 수 있어야 한다. 그런데 그 창문이 하나님에 대한 무지와 무시로 뒤덮여 있다면, 오히려 세속의 가치로 때가 끼어 더렵혀져 있다면, 창문은 벽과 다름없을 것이다. 창문인 줄 알았던 교회가 벽으로 다가올 때, 세상 사람들은 더 큰 배신감을 느끼고 비난의 강도를 더욱 높인다. 그러고는 하나님나라에서 더 멀리 떠난다. 그러나 교회가 하나님을 알고 그 뜻을 분별하여 하나님나라를 세상에서 살아낸다면, 교회는 점점 더 투명한 창이 될 것이다. 사람들은 그 창을 통해 답답하고 안타까운 세상에서 소망을 발견할 것이다. 엉터리 같은 세상과는 다른 종류의 삶을 살아내는 사람들과 공동체가 등장하면, 세상 사람들은 하나님나라의 놀라운 소식을 기꺼이 받아들일 것이다. 교회가 맡은 열쇠로 문을 열 수도 닫을 수도 있다.

그렇다면 왜 교회는 하나님나라의 문을 여는 것이 아니라 오히려 닫아거는, 슬프고도 두려운 역할을 하게 된 것일까? 그 근본 이유는 하나님나라 신학의 부재에서 찾을 수 있다. 하나님나라 신학은 우리가 사는 이 세대의 특성을 분명하게 알려준다. 바울 사도는 골로새서 1장 13절에 이렇게 적었다.

아버지께서 우리를 암흑의 권세에서 건져내셔서, 자기의 사랑하는 아들의 나라로 옮기셨습니다.

우리는 암흑의 권세 아래 있었다. 권세에는 지배하는 특성이 있는데, 암흑의 권세는 우리를 어두움에 가두고 그 안에서 살게 하는 지배 세력이다. 세상은 우리를 사방이 꽉 막힌 방에 가둔다. 생명의 빛이신 하나님을 모르도록, 그 생명을 누리지 못하도록 우리를 격리한 다음, 결국에는 우리를 완전한 어두움으로 끌고 들어간다. 우리를 지배하는 이 속성을 에베소서 2장 1-3절에서 살펴본 바 있다. 그리스도 안에 터를 잡기 전에 우리는 이 세상에 에워싸여 문화적으로 영적으로 그리고 인간의 욕망에 얼마나 종속돼 있었는지 모른다. 그 지배를 벗어나 하나님의 사랑하는 아들, 곧 메시아의 나라로 옮겨진 것이다.

그러므로 우리는 비록 이 세대 속에서 살지만, 이 세상의 원리와 가치를 여러 모양으로 표현하는 문화를 따르지 않고, 하나님나라의 원리와 그에 걸맞은 문화를 만들어내고 누리며 살아간다. 그런 면에서 하나님나라 백성은 태생적으로 반문화적일 수밖에 없다. 마태복음의 산상수훈을 보라. 산상수훈은 하나님나라 백성의 삶이 무엇인지 알려주는데, 그 삶은 세상 사람들로서는 도저히 받아들일 수 없는 방식이며, 세상 문화에 반하는 반문화적 삶이다. 문화는 인지하지 못할 정도로 자연스럽게 스며든다. 우리를 둘러싼 공기나 우리가 입고 있는 옷 같은 것인데, 그런 것들에서 이 세상 요소를 분별해내고 하나님나라에 걸맞은 삶의 방식을 추구하는 것이 그리스도인의 삶이다.

교회 공동체의 불가피성

세상에 살면서도 세상에 속하지 않은 그리스도인의 삶을 생각하면, 바울 사도의 유명한 권면이 떠오른다.

> 여러분은 이 시대의 풍조를 본받지 말고, 마음을 새롭게 함으로 변화를 받아서, 하나님의 선하시고 기뻐하시고 완전하신 뜻이 무엇인지를 분별하도록 하십시오. 롬 12:2

바울은 로마서 1-11장에서 구원의 도리를 체계적이고 논리적으로 설명한 다음, 구체적으로 권면하기 시작한다. 그는 이 시대의 풍조를 본받지 말고 하나님의 뜻을 분별하라고 권한다. 왜냐하면 믿음으로 이미 의롭게 된 우리에게도, 이미 시작된 하나님나라에 들어간 우리에게도, 세상에 살면서 몸에 밴 삶의 방식이 남아 있기 때문이다. 우리의 신분은 완전히 바뀌었으며, 이는 하나님께서 그리스도 안에서 이루신 놀라운 일이다. 이것이 하나님나라 복음의 내용이며 영적 실제이다. 엡 2:4-6; 롬 3:21-6:23 이렇듯 우리 신분과 영적 실제는 완전히 바뀌었어도, 우리 몸과 마음은 세상의 것들에 익숙하다. 우리의 소속은 완전히 달라졌지만, 여전히 우리는 과거의 습관과 현재의 유혹에 늘 노출될 수밖에 없다. 비록 우리가 예수를 주라고 고백할지라도, 이 세대의 중심 원리인 자기중심성과 스스로를 높이는 습관은 예수를 믿는 순간에 자동으로 사라지지 않는다. 게다가 우리는 여전히 이 세대의 원리가 완전히 지배하는 듯한 세상에 살면서, 세상 방식이 우월할 뿐 아니라 행복과 힘과 의미를 준다는 속임수에 에워싸여 있다.

이렇게 우리는 안팎에서 하나님나라를 살아내지 못하게 하는 요소들에 옥죄이고 있다. 이런 상황에 있는 우리가 그리스도인으로 살 수 있도록 하나님께서 예비하신 것이 있으니, 그것이 바로 그리스도인 공동체인 교회이다. 우리는 세상에 살지만 세상에 속하지 않고 하나님나라에 속한 사람들이다. 하지만 각 개인으로는 세상에서 살아남을 수 없다. 우리가 어둠의 권세에서 벗어나 하나님나라로 옮겨졌다면, 옮겨진 실체들의 공동체가 있을 수밖에 없다. 만약 그런 공동체가 없으면, 세상에서 하나님나라를 살아내는 반문화적 삶은 이론으로는 가능할지 몰라도 실제로는 불가능하다. 우리를 에워싼 세속의 힘에 비해 우리 각자의 힘은 턱없이 약할 뿐더러, 홀로 세상 속에서 살아남는 것은 하나님의 뜻이 아니기 때문이다.

가령, 일제강점기에 많은 사람은 일본 제국이 요구하는 대로 따르거나 따르는 척했지만, 독립을 꿈꾸는 사람들은 그 시대를 버텨냈다. 그들은 눈에 띄지 않게 민족을 계몽하고, 비밀리에 서로 지원하고 연대했으며, 나라를 되찾을 방법을 궁리했다. 독립이라는 공통 과제 앞에서 서로가 서로에게 헌신했다. 교회는 어쩌면 일본 제국의 압제 밑에서 자기 정체성을 잃지 않고 독립을 꿈꾸었던 지하 세력과 유사하다. 일본말도 배우고 창씨개명도 했으나, 절대 타협할 수 없는 선이 있었고, 결정적 순간에는 자신의 안위를 버리고 독립에 목숨 걸었다. 그들은 일본에 속한 척했지만, 실제로는 우리 민족에 속한 자들이었다.

그리스도인 역시 세상 사람들과 똑같이 사는 듯이 보인다. 그러나 우리의 소속은 하나님나라를 모르는 사람들과 완전히 다르다. 평상시 우리는 세상 사람들과 별로 다르지 않지만, 위로부터 '지령'을 받는 자들이다. 그리스도인은 세상 사람들에게 "우리와 똑같은 줄 알았는데, 알고보니 다른 사람들이네"라는 말을 들어야 한다. 불행히도 오늘날 그리스도인은 "우리와 다른 줄 알았는데, 알고보니 똑같은 사람들이네"라는 말을 듣는다. 하나님을 향한 창문이 더러워져 벽과 다름없는 상태가 되었다.

이렇게 된 이유가 여럿 있지만, 그중 하나는 그리스도인이 개인주의 영성에 의지해 살아가기 때문이다. 민족의 독립을 한 개인이 이룰 수 없듯이, 하나님을 부인하는 세상에서 하나님나라를 살아내는 일은 개인이 홀로 해낼 수 없는 과제이다. 하나님나라 백성의 공동체는 그리스도인이 이 세상에서 살아남기 위해 반드시 필요한, 없어서는 안 되는 안전장치이다. 이를 잘 아셨던 하나님은 태초부터 세상 속에 하나님나라 백성을 세우려 하셨고, 구약성경의 이스라엘을 통해 그 꿈을 꾸셨다. 하지만 끝없이 유보되는 그 꿈을 완성하고자 예수 메시아의 죽음과 부활 위에 메시아 공동체, 교회를 세우신 것이다. 공동체로 함께하는 삶 없이, 주일에 예배만 드리려 '교회', 아니 예배당을 찾는 사람들이 세상 속에서 세상의 지배를 거절하고 반문화적으로 산다는 것은 사실상 불가능하다.

"혼자 성경 읽고 기도하고 예배하면 되지, 꼭 교회를 다녀야 신앙생활 할 수 있느냐?"고 묻는 사람들을 가끔 만난다. 답답하고 참기 힘든 설교를 듣느니, 주차도 힘들고 교회에서 인간적인 꼴을 보며 견디느니, 인터넷으로 예배드리면 된다는 사람들까지 요즘은 늘고 있다. '교회'를 멀리하는 그들의 이유를 십분 이해한다 해도, 그들이 세상에서 참된 하나님나라 백성으로 살아남을 가능성은 매우 희박하다. 우리는 영적으로 하나님나라 공동체에 속했을 뿐 아니라, 실제로도 공동체의 도움 없이는 하나님나라 백성의 고귀한 부르심을 살아낼 방도가 없기 때문이다.

교회의 사명과 '사역자'의 역할

교회는, 이미 임한 하나님나라를 받아들이고 완전히 임할 하나님나라를 세상 속에서 살면서 기다리는 사람들의 공동체이며, 또한 그들을 위한 공동체이다. 그렇다면 교회의 사명은 무엇인가? 가장 중요한 사명은 우리를 당신의 나라로 부르신 하나님을 예배하는 것이다. 예배의 중요성은 아무리 강조해도 지나치지 않다. 교회가 단 하나만 해야 한다면 당연히 예배를 드려야 한다. 이것만으로도 책 한 권을 써야 한다. 하지만 지금은 세상 속에 새롭게 세워진, 세상을 거스르며 살아가는 이들의 공동체를 논하고 있다. 그렇다면 예배라는 교회의 최고 사명 이외에, 교회가 그 백성을 위해 해야 할 것은 무엇인가? 그들이 세상에서 하나님나라 백성답게 살도록 섬기는 것이 예배 다음으로 중요한 사명이다.

이 소중한 사명은 전도, 교제, 양육, 사역, 파송, 지원, 연대를 포함한다. **전도**는 단지 천국 갈 사람을 모집하는 것이 아니다. 이 세상 사람들에게 하나님나라가 이미 시작되었음을 선포하고, 이미 시작된 하나님나라를 개인의 삶과 특히 공동체를 통해 보여주는 것이다. 이렇게 '하나님나라의 열쇠'인 교회를 통해 하나님나라에 들어온 사람들이 이 세상에서 하나님나라 백성으로 살아가도록 서로 격려하고 감사와 고충을 나누는 것이 그리스도인의 **교제**이다. 하나님나라 백성은 단지 '성도의 교제'만 하는 것이 아니다. 하나님나라 백성답게 살도록 서로 돕는데, 이것이 **양육**이다. 놀라운 일을 행하신 하나님의 뜻을 신구약성경을 통해 알려주고, 이로 인해 우리가 받은 영적 소속을 선명하게 가르치고 지속적으로 상기시킨다. 또한 새로운 삶의 방식을 가르치고 전수해 그것을 제대로 누리게 해준다. 영적으로 갓 태어난 사람들이 건강한 양육을 통해 성장하면, 공동체의 다양한 **사역**에 참여하게 된다. 사역의 핵심은 교회 공동체를 통해 '복음을 전하는 것'과 '사람을 키우는 것'과 '공동체로 살아나가는 것'이다. 교회 공동체 안에서 양육과 사역을 통해 성장한 그들은 세상으로 **파송**된다. 세상 속에서 하나님나라 백성으로 자신이 맡은 바 '착한 일'을 최선을 다해 이룬다. 교회 내의 사역과 세상 속으로의 파송을 통해 세상을 충만케 하시는 이의 사역에 동참한다. 동시에 세상으로 파송된 하나님나라 백성을 지속적으로 **지원**하는 일을 교회는 감당해야 한다. 또한 여러 지역교회 성도들이 세상에서 '선한 일'을 할 때 서로 돕고 함께 일할 수 있도록 **연대**하는 일이 필요한데, 이것 역시 교회가 감당해야 할 고귀한 사명이다.

하나님나라를 제대로 이해하지 못한 채 교회를 세우거나 교회 생활을 하면, 관심이 온통 '교회 안'으로 집중된다. 어떻게 하면 더 많은 사람을 교회에 모을지가 가장 큰 관심사가 된다. 그런데 하나님나라를 제대로 이해하면 교회의 주관심사가 바뀐다. 세상 속에서 어떻게 하나님나라 백성의 공동체로 살아갈지에 집중하게 된다. 심리적 위로를 받거나 힘든 세상 살다가 천당 가는 것만 목표로 하는 교회는 세상에 별 관심을 두지 않는다. 세상을 하나님께서 회복하고 있는 곳이 아니라 심판의 대상으로만 본다. "하나님께서 세상을 이처럼 사랑하셔서 외아들을 주셨으니"^{요 3:16}라고 암송하면서도 하나님께서 세상을 얼마나 사랑하며 회복하기 원하시는지에는 관심조차 없다. 그래서 세상에서 고립된 공동체, 게토처럼 그들끼리만 모이는 '당신들의 천국'이 되고 만다.

교회는 사람들을 불러 모으는 일에 그만 마음을 쏟고, 사람들을 준비시켜 세상 속으로 보내 하나님나라를 드러내는 일에 집중해야 한다. 그런 교회가 바로, 만물을 충만케 하고 계시는 하나님의 충만 그 자체가 되는 교회이다. 어떻게 하면 이런 교회를 세울 수 있을까? 이를 위해서는 가장 먼저 성도 한 사람 한 사람을 세워야 한다. 에베소서 4장 11-12절은 그 방법을 선명하게 들려준다.

> 그분이 어떤 사람은 사도로, 어떤 사람은 예언자로, 어떤 사람은 복음 전도자로, 또 어떤 사람은 목사와 교사로 삼으셨습니다. 그것은 성도들을 준비시켜서, 봉사의 일을 하게 하고, 그리스도의 몸을 세우게 하려고 하는 것입니다.

바울 사도는 예수께서 교회를 세우실 때 중요한 역할을 할 사람을 세우셨다고 했다. 사도, 예언자, 복음 전도자, 목사이자 교사[11]가 그들이다. 이 본문의 의미는 사역자에는 네 종류가 있다는 것이 아니라, 네 가지 역할을 하는 사역자가 필요하다는 것이다. 사도는 하나님의 뜻에 따라 보내심을 받은 사람이다. 예언자는 시대와 상황을 분별하여 하나님의 뜻을 전달하는 사람이다. 복음 전도자는 말 그대로 복음을 전하는 사람이다. 목사이자 교사는 말씀을 가르치고, 그대로 살 수 있도록 목양하는 사람이다. 한 사람이 네 역할을 다 맡기는 어렵지만, 네 역할을 하는 사람이 교회 공동체에는 반드시 있어야 한다. 이들을 '전문사역자'라 할 수 있다. 해당 사역을 위해 꾸준히 준비하고 훈련을 받아 공적으로 인정된 사람들이다. '전문사역자'라고 부르는 이유는 모든 성도가 사역자로 부름 받았기 때문이다. 이에 대해서는 아래에서 더 자세히 살펴볼 것이다.

오늘날에는 준비와 훈련을 위해 신학교를 다니고, 공적으로 인정받기 위해서 신학교를 졸업하는 것이 일반적 관례이다. 그러나 초대교회뿐 아니라 제도와 조직이 구비되지 않았던 시대나 상황 가운데서도 하나님께서는 늘 '전문사역자'를 세우셨다. 그러므로 전문사역자가 그의 삶과 사역을 통해 준비하고, 그가 속한 공동체에서 자연스럽게 인정받고 드러나는 것이, 요즘의 관례보다 더 본질적인 과정이다. 전문사역자들이 하는 가장 중요한 일은 성도를 준비시키는 것이다. 성도를 준비시키는 목적은 성도로 하여금 봉사의 일을 하게 하는 데 있다. 여기서 봉사는 섬김과 사역을 뜻한다.[12] 성도가 준비가 되어 사역을 감당할 때 비로소 그리스도의 몸이 세워진다고 바울은 이야기한다.[13]

이 지점에서 바울 사도는 참된 교회가 되는 비결을 알려준다. 교회는 마땅히 만물을 충만케 하는 이의 충만이어야 하며, 이를 위해서는 무엇보다 먼저 그리스도의 몸이 세워져야 한다. 그런데 그리스도의 몸이 세워지는 것은 성도가 준비되어 각자 사역을 감당할 때에 일어난다. 사역할 수 있는 성도를 준비시키기 위해 주님은 '전문사역자'를 교회에 두신 것이다. 그러니까 교회라고 모두 다 같은 교회가 아니며, 겨우 형성된 교회가 있는가 하면, 그리스도의 몸이 세워진 교회도 있다는 것이다. 오늘날 교회들을 보라. 교회에서 누가 사역을 하는가? 일반적으로 목사와 전도사, 유급 직원들이 한다. 성도들은 사역의 대상일 뿐이다. 사역을 위해 헌금하고 기도하는 사람들 정도로 본다. 사역 일선에는 목회자가 있고, 성도는 뒤에서 지원하는 사람으로

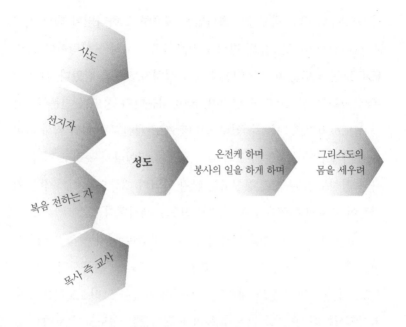

전문사역자는 성도를 준비시켜 사역을 감당하게 하고,
그 결과로 그리스도의 몸인 교회가 세워진다.

배치된다. 하지만 이런 교회는 그리스도의 몸이 온전히 세워진 교회
로 볼 수 없다. 목회자는 목회자의 역할을 하고, 성도는 성도의 역할
을 해야 한다. 불행히도 오늘날 많은 한국 교회에서는 목회자가 성도
들이 해야 할 역할을 독점하고 있다.

　이는 종교개혁이 성취하지 못한 미완의 과제이며, 구교의 '사제
주의'에서 벗어나지 못한 모습이다. 구교는 사제와 평신도를 나누고,
평신도는 사제의 도움으로 하나님의 은혜를 받고 하나님을 섬기는
존재로 상정한다.[14] 그러나 신약성경은 하나님과 사람 사이에는 중보
자나 매개자가 없으며, 모든 사람이 하나님 앞에서 제사장('전 신자 제
사장')이라고 가르친다.[15] 하나님께서는 모든 성도가 제사장 역할을 감

당하도록 하셨다. 제사장은 하나님을 예배하고, 하나님에 대한 지식과 하나님을 따르는 삶의 방식을 가르치고 권고하는 사람이다. 그러므로 모든 성도는 제사장 역할을 하는 사역자로 부름 받았다. 이런 면에서 교회는 성도로만 구성되며, 굳이 나눈다면 성도는 전문사역자와 성도사역자로 나눌 수 있다. 안타깝게도 개신교는 여러 역사적 이유로 사제주의에 물든 구교의 교회 구조를 벗어나지 못하고 있다. 목사와 평신도를 나누고, 평신도를 단지 사역의 대상으로 여기거나, 기껏해야 목사의 사역을 돕는 보조자 정도로 생각한다.

교회가 만물을 충만케 하시는 이의 충만이 되지 못하는 이유가 여기에 있다. 교회의 머리이신 그리스도는 교회에 '전문사역자'를 세우고, 이들을 통해 성도 개개인을 사역이 가능한 그리스도인으로 준비시키셨는데, 오늘날 많은 교회의 목회자들은 성도들이 사역을 감당하도록 성장시키지도 않을뿐더러, 그들이 사역을 감당할 때 제대로 지원하지도 않는다. 그래서 교회는 목회자가 가진 역량과 은사에 따라 흥하기도 하고 어려워지기도 한다. 다시 말해, 그리스도의 몸이 형성은 되었으나 자라지 않는 상태이다. 성도가 준비되지도, 성도가 사역을 감당하지도 않았기 때문이다. 이는 전적으로 오늘날 한국 교회 목회자들의 책임이다.

주님께서 한국 교회의 문제 해결을 위해 시급히 단 한 구절 말씀을 주신다면, 단연코 에베소서 4장 12절일 것이라고 생각한다. 전문사역자는 전문사역자의 사역을 하고, 성도사역자는 그들의 사역을 감당함으로 교회가 세워져야 한다. 오늘날 대다수 교회는 외적으로, 조직적으로, 재정적으로는 세워졌을지라도, 그리스도의 몸으로는 성장하지 못하고 있다. 그 이유는 목회자와 평신도를 분리하고 목회자가 사역을 독점했기 때문이다. 신약성경에 안 나오고, 복음과 하나님나라 사상에도 적합하지 않은 '평신도'라는 단어가 한국 교회 성도들과 목회자들에게는 익숙하다.[16] 평신도는 없다. 단지 성도만 있을 뿐이며 모든 성도는 사역자로 성장해야 한다. 그래서 주님의 몸인 교회를 함께 세워나가야 한다. 성도사역자 중에서 특별히 준비되고 훈련받아서 인정받는 전문사역자가 나와야 한다. 전문사역자는 특별한 소명이 있고, 성경의 가르침을 제대로 배워서 전할 수 있어야 하며, 시대와 문화를 분별해 그 속에 있는 하나님의 뜻을 전달할 수 있어야 한다. 무엇보다 사람을 이해하고 사랑하며 섬길 줄 알아야 한다.[17] 전문사역자인 성도가 일반 성도를 준비시키고, 준비된 성도들이 자신의 사역을 감당할 때, 즉 성도사역자들로 설 때 그리스도의 몸은 세워진다.

사람들은 성도가 사역을 감당한다고 하면, 제일 먼저 "일반 성도가 설교도 하고 축도도 하고 성찬식도 집례할 수 있다는 건가요?"라고 질문한다. 이런 질문 자체가 사제주의의 영향을 받아 '가르치는' 사역을 오해한 데서 비롯된 것이다. 사역의 본질은 사람을 세우는 것이다. 하나님나라 복음으로 사람을 온전하게 세우는 것이다. 이에 대해서는 다음 장에서 더욱 자세하게 다루겠지만, 13절은 성도를 세우는 사역이 어디까지 이르러야 하는지를 잘 말해준다.

그리하여 우리 모두가 하나님의 아들을 믿는 일과 아는 일에 하나가 되고, 온전한 사람이 되어서, 그리스도의 충만하심의 경지에까지 다다르게 됩니다.엡 4:13

모든 성도가 온전하게 되도록 섬기는 것이 사역의 핵심이다. 이를 위해 설교도 필요하고 성찬식도 필요하다. 그러나 정말 필요한 것은 하나님나라 복음을 전해주고, 하나님과 인격적 관계를 맺으며 살아갈 수 있도록 기초적인 양육을 해주고, 더 나아가 하나님나라 복음에 기초해 예수를 따르며 살 수 있도록 돕는 것이다. 모든 성도가 예수를 따르는 자라면, 자신이 따르고 있는 예수를 왜 따르는지 설명할 수 있어야 한다. 그리고 예수를 따르는 삶이 무엇인지도 설명할 수 있어야 한다. 바울은 이것을 '하나님의 아들을 아는 것과 믿는 일'이라고 표현했다.

성도 중에 은사가 있고 준비가 된 사람은 당연히 설교도 할 수 있다. 설교 사역은 모든 성도가 하는 사역이 아니라, 부르심이 있고 은사를 받았으며 준비된 몇몇 성도가 감당하는 일이다. 반면, 복음을 전하고, 초기 양육을 하고, 제자훈련을 하고, 공동체를 세우는 일은 모든 성도가 하는 사역이다. 물론 교회 공동체에 속한 성도들이 이런 사역을 감당하는 성도로 성장하는 일은 결코 하루아침에 이루어지지 않는다. 하지만 그렇게 준비되고 훈련 받아서 성숙해나가는 성도들이 있다면, 그 교회는 하나님나라 복음의 진리를 단지 듣거나 전하기만 하는 교회가 아닐 것이다. 그 교회는 하나님나라 복음의 진리를 살아내고 살아내게 만드는 교회일 것이며, 이런 교회가 바로 그리스도의 장성한 분량의 충만한 데까지 이른 교회이며, 곧 만물을 충만케 하시는 이의 충만인 교회이다.

'선한 일'을 하기 위해 먼저 살아내야 하는 진리

놀랍지 않은가? 교회가 하나님나라를 이 세상에 드러내며, 만물을 치유하고 회복하시는 하나님의 사역의 최전선에 선다니 말이다. 부활하신 예수께서 승천해 하나님께 돌아가면서 이런 사명을 가진 교회를 세우셨고, 자신이 그 교회의 머리가 되셨으며, 그 교회를 신뢰하셨다. 교회가 주님의 원래 계획대로 성장하고 주님의 뜻을 따라가면, 이 놀라운 사명을 충분히 감당할 것이다. 그러나 교회가 세상의 영향과 유혹에 휩쓸려 하나님의 뜻을 따르지 않으면, 주님은 그런 교회들을 정결케 하려 애쓰실 것이며, 때로는 위협에 가까운 경고도 하실 것이다. 회개를 촉구하는 이런 경종을 무시하는 교회에게는 주님이 떠나겠다고까지 말씀하신다.

요한계시록 2-3장은 아시아의 일곱 교회를 소개한다. 세워진 지 한두 세대밖에 지나지 않은 젊은 교회들이었다. 이 교회들에는 역사 속에 실존했던 예수를 만났거나 그분의 부활을 경험했던 사람들이 소수이지만 남아 있을 가능성도 있었다. 그런데 놀랍게도 예수께서는 이 교회들을 칭찬도 하시지만, 부족한 부분을 지적하며 경고도 하신다. 버가모 교회에는 주님이 가셔서 심판하겠다고 하시고,[2:16] 두아디라 교회에는 큰 환난 가운데 던져질 것이라고 하시며,[2:22] 사데 교회에는 도둑같이 주님이 임해 심판하겠다고 하신다.[3:3] 가장 먼저 언급된 에베소 교회에는 '촛대를 옮기겠다'는 말씀까지 하신다. 교회는 그리스도의 몸이니 머리이신 그리스도를 따르지 않는 교회에게 이런 결과는 어쩌면 당연하다. 그러나 오늘날 교회들은, 하나님은 사랑이시고 따라서 결코 교회를 버리지 않으실 것이라고 말한다. 하나님의 변치 않는 사랑만 앵무새처럼 되뇐다. 하나님의 용서와 은혜만 이야기한다. 그러나 세상에서 하나님나라를 드러내지 않는 교회에 하나님께서는 경고하신다. 실제적인 어려움을 허락하시고 정결케 하려 애쓰신다. 하지만 지속적으로 회개치 않을 때는 하나님께서 그 교회를 심판하고 떠나신다는 사실을 잊으면 안 된다.

예수께서 이처럼 아끼는 교회가 하나님나라를 살아낼 때 가장 중요한 공동체적 특성은 무엇일까? 예수께서는 제자 공동체에 가장

중요한 것이 무엇인지를 꿰뚫어보시고, 다음처럼 '대제사장의 기도'
를 드린다.

> 아버지, 아버지께서 내 안에 계시고, 내가 아버지 안에 있는 것과 같이,
> 그들도 하나가 되어서 우리 안에 있게 하여 주십시오. 그래서 아버지께
> 서 나를 보내셨다는 것을, 세상이 믿게 하여 주십시오. 요 17:21

　　예수의 가장 큰 관심은 하나님께서 자신을 보내셨다는 것을 세
상 사람들이 믿게 되는 것이었다. 그것이 깨지고 상한 세상을 향한 하
나님의 치유책을 받아들이는 근본적인 해결책이었기 때문이다. 그런
데 이 일이 이루어지려면 전제가 필요한데, 그것은 예수를 따르는 자
들이 하나가 되는 것이다. 사랑 가운데 하나로 연합해 삼위 하나님 안
에 있을 때, 세상 사람들은 이들이 제시하는 근본적인 해결책에 눈을
뜰 것이라고 주님은 말씀한다. 오늘날 하나님나라를 드러내는 살아
있는 교회의 가장 큰 특징을 외부 사역에서 찾으면 안 된다. 진짜 건
강하고 살아 있는 하나님의 공동체는 내적으로 하나 된 교회이다.
　　내적으로 하나 되려면 두 가지가 반드시 필요하다. 첫째는 **진리
위에 함께 서는 것**이다. 단순히 인간적 연대나 단결이 아니라, 하나님
께서 전해주신 진리가 공동체의 공통분모여야 한다. 이 진리는 인격
적인 것이며, 사실 예수 그리스도 자신이다. 메시아이신 예수께서 가
르치신 진리, 그 중심에 계신 예수 그리스도로 하나가 되어야 한다.
그리스도인이 하나 되지 못하는 이유 중 하나는 믿는 바가 다르기 때
문이다. 교리가 다르고 그 교리에 따른 실생활 규범에 차이가 있기 때
문이다. 이때 우리는 믿음의 본질과 비본질을 구별할 줄 알아야 한
다. 믿음의 본질은 모든 그리스도인을 하나로 묶어주는 진리이다. 삼

위 하나님에 대한 믿음, 죄에 대한 이해, 우리 죄를 위해 대속물이 되신 예수에 대한 믿음, 예수의 부활, 예수 메시아의 하나님나라에 대한 가르침, 우리 가운데 오셔서 일하고 계시는 성령, 다시 오셔서 세상을 심판하시고 온전하게 회복하실 주님 등은 믿음의 뼈대를 이루는 중심 내용이다.

그러나 본질적 내용조차 세세한 부분으로 들어가면 약간씩 이해하는 바가 다를 수 있다. 또한 성경에서 선명하게 가르치지 않는 부분도 있는데, 그 가르침에 관해 성경에 실린 데이터가 충분치 않아서일 때가 많다. 대표적으로 창세기의 '하루'가 24시간인지, 특정 기간을 뜻하는지, 아니면 단지 시적 표현인지에 대해서는 아직도 의견이 분분하다. 예수께서 오시기 전에 천년왕국이 오는지, 그 후에 오는지, 그 중간에 오는지, 아니면 상징적인 것인지 역시 오랜 논쟁의 역사를 가지고 있다. 지옥에 대해서도 몇몇 제안이 있다. 이런 주제들에서 어느 한 입장을 과도하게 옹호하면, 다르게 믿는 자들과 분열할 수밖에 없는데, 이는 하나 됨을 가로막는 것이다. 신앙의 비본질적 부분에 대해서는 겸손하게 서로의 믿음을 존중하는 자세가 필요하다.[18]

또한 실제 삶에서도 본질적 부분과 비본질적 부분이 있다. 술 취함이나 성적 부도덕에 빠지지 말고, 재정뿐 아니라 모든 면에서 청지기로 사는 것은 분명 우리 삶의 본질적 부분이다. 그러나 금주할 것인가, 절주할 것인가, 어떤 복장을 할 것인가, 경제적으로 얼마나 검소하게 살 것인가 등은 개인의 자유에 속하는 부분이며, 기준이나 규례를 정해 통제하는 것은 지혜롭지 못하다. 이런 부분에서는 서로의 다름을 존중하고 자유를 주는 용납이 필요하다.

많은 그리스도인이 다른 것과 틀린 것을 자주 혼동하는데, 본질과 비본질을 구별하지 못해서 그럴 때가 많다. 믿는 바와 살아가는 방식에서 본질적 면과 비본질적 면을 구별하는 지혜를 배워야 하고, 본질적 측면에는 생명을 바칠 정도로 강하게 헌신해도, 비본질적 측면에서는 서로 존중하고 서로 자유를 주는 유연성과 너그러움을 가져야 한다. 그렇게 할 때 공동체는 하나 될 수 있는 기반을 갖게 된다.

그리스도인은 진리를 따르는 자들이며, 그 진리는 성경을 통해, 그리고 무엇보다 진리 자체이신 예수를 통해 우리에게 주어졌다. 그 진리 위에서 하나 되는 것만큼 중요한 것이 **서로 사랑하는 것**이다. 우리는 서로 다른 사람들이었고, 에베소서 2장 11-22절에서 살펴본 대로 서로 적대적이었다. 이런 우리가 그리스도 예수 안에서 화목하고 하나가 되었을 뿐 아니라, 한 아버지께로 나아가는 자녀가 되었다. 그래서 우리는 서로를 형제자매로 여긴다. 우리는 머리이신 그리스도의 다스림을 받고 있으며, 또한 성령 안에서 하나님이 거하실 영원한 처소가 되기 위해 함께 지어져가고 있다. 그러므로 우리는 서로 사랑해야 한다.

기독교가 사랑의 종교인 줄 모르는 사람은 없다. 그런데 교회 공동체가 공동체성을 상실하자 '서로 사랑'은 실체 없는 공허한 말로 바뀌었고, 구체적으로 사랑을 연습하고 또 실제로 그 사랑을 실천하는 지혜를 상실한 채 '사랑하라'고 외치기만 하는 상황이 돼버렸다. 그러나 성경을 자세히 살펴보면, 성경은 우리에게 구체적으로 사랑하라고 요청한다. 초대교회의 형제 사랑은 단지 말과 혀로 하는 것이 아니었으며, 경제적으로 서로 돕고, 짐을 나누어 지고, 고난에 함께 참여했다. 요한일서는 그런 면에서 사랑을 구체적으로 설명해주는 탁월한 편지이다. 우리가 하나 되는 것은 단지 진리 때문만이 아니다. 선명한 진리 위에서 '희생하는 사랑', '구체적인 사랑', '진실한 사랑', '중심 있는 사랑'을 연습하고 실행하며, 그 사랑 속에서 함께 자

라간다.[19]

이렇게 우리가 서로 사랑할 때 우리 주변 사람들은 교회 공동체 속에 나타나는 보이지 않는 하나님을 발견하게 된다. 초대교회에서는 이런 현상이 자주 일어났다. 예루살렘교회는 세워지자마자 예루살렘 사람들한테 칭찬을 받는다.[행 2:47] 외부인의 칭찬이나 호감은 성도들의 종교적 삶 때문이 아니라 경제적 나눔 때문이었다.[행 2:44-45] 안디옥교회 역시 예루살렘교회의 아름다운 전통을 이어받았고, 그들의 독특한 삶 때문에 주변 사람들로부터 '그리스도인'이라는 별칭을 얻었다.[행 11:26] 그리스도인이라는 단어는 그리스도에게 속한 자, 작은 그리스도, 그리스도파, 그리스도 족속이라는 뜻인데, 이는 메시아 족속, 메시아주의자, 메시아 파라는 말이다. 이런 영광스러운 이름을 얻은 까닭은 그들이 희생을 아끼지 않고, 구체적으로, 진실하게, 진리에 기초해 사랑했고, 그 위에 공동체를 형성했기 때문이다. 또한 그 모든 것이 하나님나라를 이끄시는 메시아로 인해 가능해졌다고 증언했기 때문이다. 이 현상은 데살로니가에서도 일어났다. 그래서 바울은 데살로니가교회가 세워진 지 얼마 되지 않았는데도 불구하고 기뻐하며[살전 1:7-8] 더욱더 형제 사랑에 힘쓰라고 권면한다.[살전 4:9] 예루살렘과 유대와 시리아, 아가야와 마케도니아, 이탈리아와 스페인과 북아프리카까지 복음은 전해진 모든 지역에서 들판에 들불이 번져나가듯 전파되었다. 이처럼 급속하게 확산된 가장 큰 이유는 초대교회가 '실제로' 사랑하며 나누는 공동체를 형성했기 때문이다. 하나님을 모르는 사람들은 사랑하기 원하지만, 어떻게 사랑해야 하는지도 모르고 사랑할 수 있는 힘도 지니지 못했다. 어렴풋이 사랑이 중요한 줄은 알았지만 사랑을 하지도 얻지도 못했다. 그러나 그리스도인은 하나님나라의 왕이신 하나님의 본체가 사랑임을 깨달을 자들이다. 우리는 예수에게서 사랑을 배우고 하나님에게서 사랑할 수 있는 힘을 얻어, 서로 사랑한다. 예수께서 말씀하셨듯이 우리가 서로 사랑하면 우리가 예수의 제자인 줄 사람들이 알아채게 된다.요 13:34-35

진리 위에서 서로 사랑하는 공동체를 세우는 일이 무엇보다 가장 중요하다. 이를 위해서는 성도 한 사람 한 사람이 진리를 깊이 깨닫고, 그 진리에 기초해 사랑하는 법을 배워나가야 한다. 성도를 가르치고 준비시키고 그들에게 본을 보이는 전문사역자들의 도움을 받아 성도들이 세워지면, 성도들은 공동체 안에서 자신의 사역을 감당한다. 그 사역은 진리를 전하고 진리에 기초해 사랑하며 살아가는 것이며, 이를 서로 배우며 본을 보이게 된다. 이렇게 공동체 안에서 사랑을 배우고 연습하면서, 세상을 향해 나아갈 준비를 한다.

세상에서 선한 일을 하는 공동체

교회의 궁극적 목적이 세상의 회복임을 잊지 마라. 그러나 세상의 회복은 영적 갓난아이나 어린아이가 할 수 있는 일이 아니다. 진리와 사랑에 관해서 영적 근육과 힘을 기른, 영적으로 성장한 사람들이 감당하는 일이다. 물론 영적으로 어린 사람도 선한 일을 해야 하지만 한계가 분명하다. 교회 공동체 안에서 성장하고 준비된 사람은 적극적으로 '선한 일'을 시도한다. '선한 일'은 책 서너 권으로는 소화하기 힘든 넓은 영역이다. 오늘날 한국 교회가 거의 설교하지 않고 가르치지 않는 일상의 삶, 특히 노동이나 직장과 관한 것이며, 또한 문화와 사회 영역에 속한다. 여기서는 가장 기본적 개념들만 정돈하고 넘어가려 한다.[20]

그리스도인도 세상 사람들과 똑같이 노동하고 직장 생활을 한다. 그러나 우리의 노동과 직업은 하나님나라 백성으로서 도모하는

'선한 일'의 일환이다. 무엇보다 성경이 노동을 얼마나 소중하고 중요하게 여기는지를 배워야한다. 고대 사상에서 신이 노동한다는 개념은 매우 희귀했다. 그런데 성경의 하나님은 일하시는 하나님이다. 예수께서는 안식일에도 일을 했으며 "내 아버지께서 이제까지 일하고 계시니, 나도 일한다"라고 말씀했다.요 5:17 예수께서는 공생애 전에도 육신의 아버지를 따라 목수로 일했을 뿐 아니라, 공생애 사역 역시 '일'로 보았다. 그래서 하나님께서도 지금 일하신다고 말씀했다. 고대 사상 중에 기독교만큼 노동의 중요성을 선명하게 가르친 종교나 철학은 없었다. 그러므로 그리스도인은 성경의 노동관을 분명히 알아야 한다. 노동하는 근본 목적은 자기 자신과 자신이 부양해야 할 사람을 돌보기 위해서이다. '입에 풀칠이나 하려고 일한다'는 말처럼 노동을 비하하지 않아야 하며, 입에 풀칠할 수 있는 것은 바로 거룩한 부르심 때문임을 그리스도인은 알아야 한다. 더 나아가 적게 일하고 더 많이 소비 할 수 있는 삶을 복이라 말하는 천민자본주의를 '일하기를 싫어하는 사람은 먹지도 말라'살후 3:10며 단호히 거부할 수 있어야 한다. 노동이 없는 치부와 소비를 그리스도인은 부끄러워해야 한다.

그렇지만 우리의 노동과 직업은 단지 우리 자신과 가족 부양만을 위한 것이 아니다. 그 행위를 통해 지금도 세상을 다스리고 움직이시는 하나님의 경영에 참여하는 것이다. 하나님께서 천지창조 때 인간에게 만물을 다스리라고 명령하신 것은 하나님의 세상 경영에 최고 책임자로 참여하라는 뜻이었다. 그러므로 우리는 노동과 직업이 하나님나라의 관점에서 어떤 의미가 있는지를 살펴야 한다. 즉 우리의 노동과 직업이 과연 하나님 보시기에 '선한 일'인지를 분별할 수 있어야 한다. 이런 면에서 노동과 직업은 가치중립적이지 않다. 하나님나라의 가치에 더 가까운 노동과 직업이 있는가 하면, 하나님나라의 가치에 반하는 노동과 직업도 있다.

하나님나라의 중심 가치를 두 단어로 요약하면 사랑과 정의이다. 나의 노동과 직업이, 사람을 대하는 면에서, 사람 사이에서, 사람과 피조세계 사이에서, 더 나아가 사람과 하나님 사이에서 사랑을 진전시키는지 물어야 한다. 이는 매우 중요하다. 가령, 어떤 생산 활동과 그 결과물이 인체에 해롭고 생태계를 교란한다면, 그 노동과 관련 직업은 재고해봐야 한다. 사랑은 단지 성도나 이웃간의 관계만이 아니라, 노동 현장과 직장 생활에서 어떻게 실천해야 할지를 숙고해야 하는 중요한 요소이다.

사랑과 더불어 오늘날 그리스도인이 가장 취약한 부분은 아마 정의일 것이다. 하나님은 정의와 사랑을 따로 떼어 생각할 수 없는 분이다. 하나님께서 정의를 가벼이 여기셨다면, 예수에게 인류의 죄를 지우고 십자가에서 죽게 하지 않으셨을 것이다. 잘못에 대한 대가를 요구하지 않고 그냥 '사랑하는 마음'으로 다 용서한다고 선언해도 무방했을 것이다. 그러나 정의는 부인할 수 없는 하나님의 속성이다. 따라서 그리스도인은 자신의 노동과 직업이 세상 속에서 하나님의 정의를 이루고 있는지 질문해야 한다.

하지만 인간관계의 복잡성 때문에 그 안에서 정의를 추구하는 일이 그리 쉽지만은 않다. 더군다나 역사의 산물인 사회구조와 이를 유지하기 위해 만들어진 다양한 제도, 그 위에 세워진 현대 사회의 복잡성 때문에 사회에서 정의를 따르는 일은 결코 단순하지 않다. 이런 이유로 정의가 무엇인지에 대한 논의는 문명이 시작된 이래로 지금까지 이어지고 있다.[21] 정의에 대해서는 사회과학과 인문학에 기초한 다양한 논의가 필요하지만, 성경적 관점에서는 아주 단순하게 정의가 무엇인지 정의내릴 수 있다. 누군가 불의하다고 외치는데, 하나님께서 그 외침을 정당하다고 인정하시면, 정의가 무너진 상태인 것이다.[22] 하나님께서는 늘 약자 편에 서시는데, 그 이유는 세상이 하나님을 부인하고 무시할 때 약자가 생겨나기 때문이다.[23] 그러므로 어떤 영역에서든, 어떤 상황에서든 하나님께서는 약자의 외침에 귀를 기울이시고, 그 외침이 타당하면 그 편에 서신다. 그리스도인은 성경적 정의감을 발전시켜 나가야 한다. 개인적 인간관계에서, 교회 공동체에서, 세상의 여러 집단에서, 그리고 그 집단들 사이에서 하나님께서 무엇을 정의라고 하시는지, 또 무엇을 불의라고 하시는지를 늘 깨어서 질문해야 한다. 그리스도인이라 할지라도 하나님의 정의를 무시하면, 정의를 속성으로 지닌 하나님을 무시하는 것이며, 그에 따라 하나님의 정의로운 심판에서 벗어날 수 없기 때문이다.

그리스도인이 세상 속에서 이루도록 하나님께서 미리 계획하신 '선한 일'은, 노동과 직업이라는 구체적 활동을 통해, 사랑과 정의라는 실제적 원리를 통해 행해져야 한다. 이것은 단지 한 개인이 알아서 해야 할 일이 아니라, 성도들을 양육해 세상 속으로 파송하는 교회 공동체가 함께 고민해야 할 문제이다. 특히 직장을 찾으려 동분서주하는 젊은이들, 자신의 노동과 직업을 하나님나라의 시각에서 해석하지 못하는 성도들, 하나님나라를 살아내기 위해 이직이나 전직을 심각하게 고려하는 형제자매들을 교회 공동체는 적극 나서서 도와야 한다. 일주일 내내 노동하고 일하는 삶은 단지 돈을 버는 가치중립적 경제 행위가 아니라, 하나님께서 세상을 경영하는 일에 참여하는 것이기 때문이다.

노동과 직업이라는 개인 차원에서뿐만 아니라, 공동체 전체로도 세상 속에서 어떤 '선한 일'을 시도할 수 있는지 살펴야 한다. 공동체 내에서 하는 구제는 물론이고, 공동체 주위의 이웃들을 구제하는 일부터 시작해, 교회가 속한 지역사회와 더 나아가 시민사회에서도 하나님의 사랑을 증진시키고 하나님의 정의를 드러내야 한다. 이를 위해 함께 고민하고, 성경을 연구하고, 기도하고, 새로운 시도를 아끼지 않아야 한다. 세상을 위한 그리스도인의 선한 일은 사회봉사social service와 사회운동social action으로 나뉜다.[24] 전자가 사회의 필요를 직접 채우는 일이라면, 후자는 사회의 필요와 문제를 만들어내는 문화와 제도, 더 나아가 사회 구조를 개선하는 활동이다. 가난한 자들을 돌보고, 의지할 데 없는 자들의 친구가 되는 사회봉사의 좋은 예들은 어렵지 않게 발견할 수 있다. 사회 제도와 문화와 구조를 변화시키는 노력 또한, 개인적으로 노예를 풀어주었던 초대교회의 예부터, 18세기 영국에서 노예 해방을 제도적으로 이루어낸 윌리엄 윌버포스William Wilberforce의 예까지 수없이 많다.[25]

실인즉, 기독교 교회는 지난 2천 년간 다양한 사회봉사와 사회활동을 해왔다. 안타깝게도 예수와 교회 주변에는 기독교를 통해 사적 이익을 취하려는 자들이 늘 있었고, 그로 말미암아 적지 않은 문제가 역사에 누적돼왔다. 이 불행은 오늘날까지 이어지고 있다. 이로 인해 인생에서 진리를 찾는 많은 이들이 기독교를 혐오하고 삶의 대안으로 고려조차 하지 않는다. 그럼에도 불구하고 예수께서 예언하신 대로 땅 끝까지 하나님나라의 복음이 전파된 이유는, 지난 2천 년간 예수를 진심으로 따랐던 성도와 교회가, 때로는 개인으로 때로는 공동체로 '선한 일'을 치열하게 추구하며 살았기 때문이다. 그들은 삶으로는 하나님의 세상 경영에 참여하고, 입술로는 하나님나라를 설명하고 설득했다. 이들은 하늘나라의 열쇠를 제대로 사용했으며, 그로 인해 주변 사람들은 하나님나라를 상상할 수 있었으며, 그 주인이신 하나님을 궁금해 하는 마음까지 생겨났다. 이렇게 깨진 만물은, 만물 안에서 충만케 하시는 이의 충만인 교회를 통해 충만으로 나아가고 있다.

세상에 하나님나라를 드러내는 사람들

교회가 무엇인지 혼란스러운 세상에 살고 있다. 대형 교회의 문제점이 적잖게 드러나면서, 교회의 형태를 다양하게 시도하는 실험이 늘어났다. 하지만 중요한 것은 형태 이전에, 교회가 정말 무엇인지에 대한, 즉 교회의 본질에 대한 질문이다. 교회는 이미 임한 하나님나라를 받아들인 사람들의 공동체이다. 이들은 세상 속에 살면서도 세상에 속하지 않고, 그 대신 이미 임한 하나님나라에 속한 사람들이다. 이들은 깨진 세상을 치유하고 회복하시는 주님의 일하심을 자신에게서 가장 먼저 경험했으며, 회복하시는 주님을 따라 성장하고 있다. 이들은 세상 속에서의 자신의 삶과, 하나님을 아버지로 부르는 자들의 공동체인 교회를 통해 '선한 일'을 하며 살아간다.

교회는 하나님나라의 열쇠를 쥐고 있는 공동체이다. 이들이 하나님의 뜻을 따라 하나님께서 이끄시는 대로 살아가면, 아무리 악한 권세라도 하나님나라의 문을 여는 회복의 사역을 가로막을 수 없다. 주님께서 약속하신대로 '음부의 권세가 이기지 못하기'^{마 16:18, 개역} ^{개정} 때문이다. 완성될 하나님나라를 바라보며, 이미 임한 하나님나라를 살아내는 진정한 공동체가 필요하다. 이런 공동체가 세워지지 않는다면, 기독교는 그저 좋은 관념을 엮어놓은 신념 체계에 불과할 것이며, 인간이 만든 종교 그 이상이 아닐 것이다. 그러나 하나님나라를 살아내는 공동체가 세워지면, 깨지고 상한 세상은 회복되고 치유되기 시작할 것이다. 그들이 보여주는 실제 삶은 지난 2천 년간 이어온 증인들의 증언이 신뢰할 만하다는, 오늘의 산 증거가 될 것이다. 우리에게는 이런 교회가 필요하다.

뿌리내
하나님
복음

하나님나라 복음은 제대로만 이해하면, 우리 삶에 직접적인 영향을 끼친다. 3부에서는 본격적으로 하나님나라 복음에 기초한 제자도 신학을 다룬다. 성경적 관점에서 영적 성장의 의미(9장)를 먼저 살핀다. 영적 성장은 결코 개인의 영적 생활에서 머무를 수 없고, 다른 사람으로 흘러넘쳐 전해지게 된다(10장). 복음을 전수하는 중요한 방법론이 한 사람을 세우는 것이며(11장), 이러한 과정을 통해 어떻게 인격과 인생이 깊어지는지를 살핀다(12장). 하나님나라를 살아내는 일은 지난 2천 년간 이어온 살아 있는 역사이며(13장), 예수께서 다시 오실 때까지 그 소망을 바라며 살아가는 공동체가 성령의 도우심을 받아 비전과 인내를 가지고 지금도 써내려가는 역사이기도 하다(14장).

III

깊어져야 한다, 제자의 삶

09.

하나님나라
복음에 기초한
영성

2002년 월드컵은 대한민국 스포츠 역사에 기념비로 남았다. 당시 피파FIFA랭킹 40위였던 한국 축구는 4강에 오르는 기염을 토했다. 물론 주최국 프리미엄인 열렬한 응원과 다소 유리한 판정도 있었지만, 한국 축구는 2002년을 계기로 분명 한 단계 성장했다. 축구 실력도 실력이지만, 월드컵을 마친 후 '히딩크 리더십'이 주목을 받았다. 히딩크가 2001년 프랑스에게 5대 0, 체코에게 5대 0으로 대패하자 '오대영 감독'이라는 별명이 붙었고, 변덕스런 언론은 그를 경질해야 한다고 목소리를 높였다. 하지만 그는 아랑곳하지 않고 의연히 팀을 이끌었고 월드컵 4강까지 올랐다. 그가 어떻게 팀을 꾸리고 조련했는지에 사람들 관심이 쏠린 것은 어쩌면 당연한 일이었다.

수평적 리더십, 원활한 소통, 선수의 특장점 살리기, 진흙 속 인재 발굴, 외부 비판에 굴하지 않고 초지일관하는 자세 등 히딩크에게 배울 점은 실제로 참 많았다. 그중에서도 히딩크가 특별히 공들인 것은 체력을 끌어올리는 훈련이었다. 운동선수들은 가끔 '몸을 만든다'고 표현하는데, 히딩크는 당시까지 생소했던 체력 훈련에 집중했다. 결국 이렇게 '끌어올린 체력'은 실전에서 엄청난 힘을 발휘했다. 전후반 90분을 쉴 새 없이 움직이는 선수들 모습에서 정신력 그 이상이 있다는 사실을 누구나 알아차렸다. 비결은 엄청나게 보강한 체력이 었다. 강철 체력이 없다면, 개인 역량이 아무리 뛰어나도, 훌륭한 전술을 아무리 많이 준비해도, 팀원 간 소통이 아무리 원활해도, 결코 좋은 축구를 할 수 없다. 더군다나 체력 없이 우리보다 센 팀을 이기려 한다면, 행운밖에는 기댈 데가 없다. 이렇듯 운동 경기에서 체력은 무엇과도 비교할 수 없는 중요한 요소이다.

예수께서 시작하신 하나님나라 운동 역시 체력이 무엇보다 중요하다. 하나님나라 운동도 축구처럼 혼자가 아니라 여럿이 한 몸이 되어 하는 경기이다. 그리스도의 몸을 이루는 각 지체가 자신의 역할을 잘 감당하는 한편, 다른 지체들과 팀플레이를 하면서 손발을 맞추어야 한다. 온 몸의 감독이자 몸의 머리이신 예수 그리스도께 민감해야 하고, 또한 순종해야 한다. 자기 역할을 감당하고, 팀플레이하고, 리더에게 민감하고 순종하는 것 모두가 중요하다. 그런데 이 모든 요소보다 우선하는 것이 있다. 각 지체의 기초 체력이 단단하게 준비돼야 한다.

그렇다면 그리스도의 몸을 이루는 각 지체의 기초 체력은 무엇일까? 우리는 '영적이다', '신앙이 깊다', '성령 충만하다'라는 표현을 종종 한다. 그리스도인 한 사람 한 사람이 영적이지 않고 신앙이 깊지 않고 성령 충만하지 않은데, 하나님나라 운동을 잘 수행하며 그리스도의 몸을 세울 수 있을까? 초등학생도 축구를 하고 동네 축구도 축구이지만, 우리에게 감동을 주지는 못한다. 반면, 개인의 체력과 역량이 한 팀으로 어우러진 프로 축구를 보면서는 탄성을 지른다. 축구뿐 아니라 모든 팀 운동이 그렇듯, 하나님나라 운동은 개인 체력, 즉 영적 성장이 반드시 전제돼야 한다.

그렇다면 영적으로 성장한다는 것은 무엇일까? 영적 성장에 대한 오해가 적잖게 퍼져 있음을 3장에서 이미 살펴보았다. 샤머니즘과 유교, 그리고 오늘날에는 천민자본주의에 영향을 받아 진정한 영성이 무엇인지에 혼선이 빚어지고 있다. 하지만 성경은 분명하게 가르친다. 진정한 영성은 예수를 닮아가는 것, 즉 하나님께서 인간을 창조하실 때 허락하신 하나님 형상을 회복해나가는 과정이다. 하나님은 그분을 알지도 못했던 우리를 은혜로 부르셔서 사랑을 베풀고 교제하시면서, 우리 속에서 당신의 형상을 완성해가고 계신다. 이렇게 그리스도인 한 사람 한 사람이 하나님 형상을 회복하고, 다시 말해 예수를 닮아가야, 비로소 하나님나라 운동을 제대로 해나갈 수 있다.

하나님 형상을 회복하는 과정이 우리가 누리는 현재의 구원이다. 하나님나라 맥락에서 구원을 이해하지 않으면, 구원은 한 번 받으면 끝나는 것이 되고 만다. 하지만 구원은 이미 살펴본 대로 하나님나라에 들어간 사람들이 평생에 걸쳐 완성해가는 영적 실체이며, 종말에 완성된 모습으로 우리가 받을 선물이다.

그렇다면 구원은 어떤 과정을 통해, 어떤 영역에서, 어떻게 성장하는 것인가? 달리 말하면 예수를 닮는다는 것은 구체적으로 무엇을 의미하는가? 주님을 닮아가는 과정을 영성 형성 spiritual formation 이라고도 하는데,[1] 예수의 성장 과정과 예수의 계명, 바울 사도의 기도에서 구체적이며 실제적인 영성 형성의 내용을 찾을 수 있다.

예수의 성장 과정

예수야말로 우리가 잃어버린 하나님 형상을 알게 해주는 분이다. 또한 우리가 변화해 나가야 할 표상이기도 하다. 불행히도 예수께서 어떻게 '아기 예수'에서 '장성한 분량'^{엡 4:13}으로 성장했는지를 알려주는 기록은 매우 드물다. 그렇지만 예수의 성장 과정을 잘 보여주는 매우 짧지만 통찰력 있는 문장이 성경에 기록돼 있다.

> 예수는 지혜와 키가 자라고, 하나님과 사람에게 더욱 사랑을 받았다.^눅
> 2:52

우리는 이 간략한 묘사에서 예수께서 균형 있게 성장했다는 사실을 알 수 있다. 지혜와 키는 정신과 몸을 가리키는 것으로, 예수께서 전인적으로 성장했음을 잘 보여준다. 이는 **자신과의 관계**에서의 성장이라고 부를 수 있다. 전인적으로 성장하면서 하나님께 더욱 사랑받았다는 것은 **하나님과의 관계**가 깊어지고 넓어졌음을 시사한다. 더불어 사람에게도 더욱 사랑을 받았는데, 예수께서 **사람들과의 관계**에서도 성숙해갔음을 보여준다. 이렇듯 예수께서는 세 영역, 하나님과의 관계, 자신과의 관계, 사람들과의 관계에서 균형 있게 성장했다.

예수의 성장 과정을 묘사한 이 기록이 소중한 까닭은 하나님 아들인 예수조차 처음부터 완전하게 성숙한 분이 아니라는 점이다. 그역시 성장 과정을 거쳐야 했다. 중세시대 그림은 때때로 마리아 품에 안긴 예수를 어린아이가 아닌 엄숙한 모습으로 묘사하는데, 예수께서 점점 성장했다는 사실을 잘 받아들이지 못했던 시대상을 반영한다. 예수께서는 신성을 지니고 태어나셨으며 어릴 때부터 모든 것이 완벽한 하나님의 아들이었다는 생각 때문에 미성숙한 아이 얼굴로 그리지 못한 것이다.

그러나 성경은 분명히 예수의 지혜와 키가 자라났다고 말한다.

신체만이 아니라 지혜도 자라나셨다는 사실은 지적 영역과 정서적 영역에서도 성장했음을 가리킨다. 뿐만 아니라 예수야말로 하나님과 처음부터 완벽한 관계를 맺었을 법한데, 성경은 예수께서 성장하시면서 하나님에게 더 사랑스러워졌다고 전한다. 예수께서는 영적으로 성숙해갔고, 사회적 영역에서도 성장하여 사람들에게도 사랑스러워졌다. 우리의 표상인 예수께서도 **하나님과의 관계, 자신과의 관계, 사람들과의 관계**에서 균형 있게 그리고 점진적으로 성장하는 과정을 밟아나갔다.

예수의 계명

다음으로 예수의 계명, 즉 예수께서 가르치신 하나님나라를 살아내려는 이들에게 가장 중요한 삶의 원리를 살펴보자.

> 예수께서 그에게 말씀하셨다. "'네 마음을 다하고, 네 목숨을 다 하고, 네 뜻을 다하여, 주 너의 하나님을 사랑하여라' 하였으니, 이것이 가장 중요하고 으뜸가는 계명이다. 둘째 계명도 이것과 같은데, '네 이웃을 네 몸과 같이 사랑하여라' 한 것이다. 이 두 계명에 온 율법과 예언서의 본뜻이 달려 있다." ^{마 22:37-40}

사람들이 예수의 가르침에 놀라 말문이 막혔을 때,^{마 22:33} 한 율법 교사가 예수를 시험하려고 무엇이 율법에서 가장 중요한지 묻는다. 예수께서는 신명기 6장 5절과 레위기 19장 18절을 인용하며 구약성경 전체의 가르침을 요약하신다. 예수께서는 늘 감탄을 자아내게 하는데, 구약성경의 복잡하고 방대한 율법의 핵심을 정리해내는 능력 또한 대단하시다. 예수께서는 하나님나라 백성이라면 가장 먼저 하나님을 사랑해야 한다고 말씀하신다. 기독교는, 즉 예수의 가르침은 늘 하나님과의 관계를 최우선에 둔다. 그것이 인간의 존재 목적이기 때문이다. 따라서 인간은 마음과 목숨과 뜻을 다해 하나님을 사랑해야 한다. 예수께서는 우리를 어두움에서 해방시켜 하나님을 사랑할 수 있는 길을 열어주셨다.

예수께서는 수직 관계를 먼저 다룬 다음, 수평 관계의 중요성을 말씀하신다. 십계명도 그렇지만 율법의 절반이 하나님과의 관계라면 나머지 절반은 이웃과의 관계이다. 구약성경은 이웃과의 관계를 다루려 다양한 상황과 사람들을 등장시키지만, 그 모든 가르침의 핵심은 이웃 사랑이다. 구약성경은 자기중심성을 벗어나기 힘든 사람들이 어떻게 동물 같은 본능을 따르지 않고 약자들을 희생시키지 않는지, 어떻게 하나님을 닮은 존엄성을 지키는지, 그 경계선을 잘 보여준다. 구약성경의 다양하고 세세한 율법은 결국 이웃을 사랑하는 사람이 되기 위한 최후 저지선이다.

그런데 예수께서는 이웃 사랑을 말하면서 '네 몸과 같이'라는 레위기의 중요한 기준을 빠뜨리지 않으신다. 사람은 자신을 사랑하는 만큼, 그리고 자신을 사랑하는 방식으로 다른 사람도 사랑한다. 자신을 사랑하지 못하는 사람은 다른 사람을 사랑하는 마음이나 방법을 좀처럼 찾지 못한다. 흠이 있고 자주 실패하며 자기 마음에도 들지 않는 자신을 사랑할 줄 모르면서, 흠이 있고 자주 실패하고 내 마음에 안 드는 사람을 사랑하는 일은 거의 불가능하다.

예수께서는 분명 두 가지 영역, 하나님과의 관계와 다른 사람과의 관계 모두에서 사랑이 깊어지라고 가르치신다. 그런데 여기에 한 영역이 감추어져 있는데, 바로 자신과의 관계이다. 자신과의 관계까지 포함한 세 영역은 예수의 성장 과정과 예수께서 구약 전체를 요약한 계명 속에서 모두 잘 나타난다.

바울 사도는 예수를 충실히 따랐으며, 예수의 사상을 당시 국제 사회인 그리스-로마 문화 속으로 전파한 사람이다. 그래서 바울의 글을 처음 읽으면 예수의 가르침과 다소 다르게 다가온다. 하지만 그의 편지들을 자세히 살펴보면, 예수의 가르침을 충실히 따르고 있다는 사실을 발견할 수 있다.[2] 에베소서에는 바울의 기도가 여러 번 등장하는데 그중 한 대목이다.

> 아버지께서 그분의 영광의 풍성하심을 따라 그분의 성령을 통하여 여러분의 속사람을 능력으로 강건하게 하여주시고, 믿음으로 말미암아 그리스도를 여러분의 마음속에 머물러 계시게 하여주시기를 빕니다. 여러분이 사랑 속에 뿌리를 박고 터를 잡아서, 모든 성도와 함께 여러분이 그리스도의 사랑의 너비와 길이와 높이와 깊이가 어떠한지를 깨달을 수 있게 되고, 지식을 초월하는 그리스도의 사랑을 알게 되기를 빕니다. 그리하여 하나님의 온갖 충만하심으로 여러분이 충만하여지기를 바랍니다. 엡 3:16-19

바울 사도는 먼저 에베소 성도들의 궁극적 목적을 위해 기도하는데, 하나님의 충만으로 그들이 충만해지는 것이었다. 엡 3:19하 8장에서 살펴보았듯 하나님은 허무에 굴복한 만물을 지금도 충만케 하고 계신다. 엡 1:23 교회는 그 충만을 경험한 첫 번째 열매이다. 교회는 당연히 에베소 그리스도인들로 이루어져 있고, 교회가 만물을 충만케 하시는 하나님의 충만이 되려면, 성도 한 명 한 명이 충만해야 한다. 지금 바울은 그것을 기도하고 있다. 여기서 개개인의 충만은 그리스도인 한 명 한 명이 허무에 굴복하지 않고 하나님의 치유와 회복을 경험하고 온전해지는 삶을 뜻한다.

궁극적 충만에 이르기 위해 바울은 세 가지를 기도한다. 첫째, 속사람이 강건해지기를 기도한다.[엡 3:16] 속사람은 겉으로 보이는 내가 아니라, 진정한 내 자신을 가리킨다. 바울은 로마서 7장 22절에서 "속사람으로는 하나님의 법을 즐거워한다"며, 율법에 매여 있는 때에도 사람들은 자신의 내면에서 하나님의 법을 추구하는 면이 있다고 이야기한다. 이런 속사람은 비록 자신의 겉 사람, 즉 세상에 속한 존재는 낡아가지만, 예수 그리스도로 말미암아 날로 새로워진다고 고린도후서 4장 16절에서 고백한다. 예수 그리스도 안에 자리한 새로운 자아가 날로 깊어지고 온전해진다는 표현이다. **자신과의 관계**에서 성숙한다. 베드로는 이를 약간 다르게 표현한다. 여성들이 외모를 가꾸는 데 마음을 쏟지 말고[벧전 3:3] "마음에 숨은 사람을 온유하고 안정한 심령의 썩지 아니할 것으로 하라"[벧전 3:4, 개역개정]라고 권면한다. 그것이 '하나님 앞에서 값진 것'이라고 덧붙인다.[3] 성경은 인간에게 겉으로 보이는 모습보다 더 중요한 내면세계가 있다고 말한다. 이 영역에서 하나님의 영광의 풍성함을 원천으로 삼고,[4] 불순종하는 자들 가운데 역사하는 영[엡 2:2]이 아니라 성령의 도움을 받아, 능력으로 강건하기를 기도한다. '네 이웃을 네 몸같이 사랑하라'며 **자신과의 관계**를 잘 돌보라고 하신 주님의 말씀처럼, 그리스도 안에 있는 새로운 존재인 자신을 강건하게 하라고 기도하고 있다.

둘째로, 바울은 그리스도가 '너희 마음'에 계시기를 기도한다. 우리는 그리스도를 통해서만 하나님과 관계 맺을 수 있다. 우리가 예수 그리스도를 영접했을 때, 우리는 그리스도 안에 거하게 되었고 그리스도는 우리 안에 계시게 되었다. 이것은 영적 사실이다. 하지만 **하나님과의 관계**는 영적 지위를 획득하고 법적 관계로만 정리되는 것이 아니다. 그리스도가 우리 마음속에서 실제로 살아 움직여야 한다. 여기에 등장하는 '너희 마음'이란 인간의 생명과 영혼, 모든 힘과 기능의 근원을 뜻한다.[5] 달리 말하면 우리가 이해하고 생각하고 돌아보고 결단하는 부분이다. 이토록 중요한 기능을 수행하는 인간의 마음에 그리스도께서 직접 영향을 끼쳐달라고 기도하고 있다. 강조형 동사를 사용해 그리스도가 그냥 계시는 정도가 아니라, 우리 마음속에 터를 잡고 정착해달라고 기도한다.[6] **하나님과의 관계**가 그리스도로 인해 완전히 우리 존재 속에 정착하는 일은 우리의 '믿음으로' 되는 것이다. 믿음은 2장에서 이야기했듯 하나님께서 하신 일과 하고 계신 일과 하실 일을 전인격으로 수용하는 것이다. 예수께서는 결코 우리를 떠나지 않겠다고 약속하셨지만, 이를 나의 실재로 만드는 것은 나의 믿음이다. 하나님과의 관계는 하나님의 진리를 전인격으로 수용하는 나의 믿음으로 시작되고 깊어진다.

셋째로, 바울은 **사람들과의 관계**를 사랑으로 맺기를 기도한다. 그는 사랑이 자라가는 모습을 농경와 건축의 이미지로 표현한다. 사랑에 뿌리를 내리고 사랑에 기초를 놓는다는 말은 우리 삶이 '사랑하는 라이프스타일'로 바뀌는 것을 뜻한다. 사랑 없이는 아무것도 하지 않는 사람, 이웃 사랑을 삶의 뿌리요 기초로 삼는 사람이 되게 해달라고 바울은 기도한다. 그런데 놀라운 일은 이런 사랑을 통해 그리스도의 사랑이 얼마나 깊고 높고 넓은지, 그래서 어떤 지식이나 지혜와도 견줄 수 없다는 사실을 깨닫는 것이다. 하나님께 받은 사랑으로 이웃을 사랑하면서 그리스도의 사랑을 더욱더 깊이 알게 된다. 그분의 사랑은 우리의 사랑을 일깨우고, 우리는 사랑하면서 그 사랑을 더욱더 선명하게 알아간다. 이 기도가 사람들 사이에서, 특히 그리스도인 공동체, 즉 교회 안에서 이루어진다는 사실은 '모든 성도와 함께'라는 표현에서 두드러진다.

바울은 그리스도 안에서 성도라 불리며 일어나는 모든 일, 그리고 사람들과 사랑으로 더욱 깊이 맺어지는 삶을 위해 기도한다.

진정한 영적 성장: 네 영역에서의 변화

진정으로 영적인 사람spiritual being이 되는 것이 무엇이며, 하나님이 원하시는 영적인 모습으로 빚어지는 것spiritual formation이 무엇인지를 예수의 성장 과정과 계명, 바울의 기도를 통해 살펴보았다. 여기서 우리는 세 영역을 발견했다. 표로 정리하면 다음과 같다.

놀랍게도 표현은 다르지만 세 영역(하나님과의 관계, 자신과의 관계, 사람들과의 관계)이 동일하게 발견된다. 세 번째 관계는 둘로 나누어 생각할 수 있다. 모든 주변 사람이 이웃이지만, 그리스도 안에서 하나님의 가족으로 맺어진 사람들은 하나님의 충만을 처음으로 경험한 공동체이자,엡 1:23 결국 영원까지 이어질 관계이며,엡 2:22 함께 충만을 경험해나가는 관계엡 4:13이기 때문에 특별하다. 반면, 하나님을 아직 따르지 않지만 우리가 사랑해야 하는 이웃과 그들이 살고 있는 세상이 있다. 그쪽은 이미 임한 하나님나라를 알지 못하고 '이 세대'this age에 속해 있으므로 그 안에서 우리가 어떻게 행동해야 하는지는 좀 다른 영역이다. 따라서 세 번째 관계는 둘로 나누어 접근해야 한다. 사람들과의 관계는 그리스도인 **공동체와의 관계**와 **세상과의 관계**로 나눌 수 있다.

진정한 영적 성숙은 이 네 영역에서 균형 있고 점진적으로 성장하는 것이다. 성경은 삶의 모든 영역에서 성숙해가야 한다고 가르치

예수의 성장 과정	예수의 계명	바울의 기도	네 영역
하나님에게 사랑스러워져감	하나님을 사랑하라	그리스도가 마음에 계시기를	하나님과의 관계
지혜와 키가 자라감에 따라	자신을 사랑하는 것처럼	속사람이 강건케 되기를	자신과의 관계
사람들에게 사랑스러워져감	이웃을 사랑하라	사랑에 뿌리를 박고 터가 잡혀	공동체와의 관계
			세상과의 관계

9

영적 성장의 네 영역

님나라
기초한
영성
지만, 불행히도 대다수 교회와 기독 단체에서는 **하나님과의 관계**에만 치우치는 경향을 보인다. 분명히 **하나님과의 관계**가 나머지 모든 관계의 원천이다. 그런데 하나님과 관계가 무르익었는데도 나머지 영역의 성숙이 따라오지 않는 것이 문제이다. 구원은 과거에 한 번 일어난 것이고, 그래서 소위 '구원의 확신'만 가지고 살면 된다고 믿어서 구원의 현재성과 미래성이 사라져버렸기 때문이다. 결국 하나님의 형상을 닮아가며 온전해지는 과정이 현재의 다양한 삶의 영역에서 나타나지 않는다. 그리스도를 온전히 닮아가려는 소망이 없으니, 인내로 열매를 맺지 못한다. 같은 맥락에서 하나님나라는 마음에 임하는 것이며 죽은 후에 가는 곳으로 축소되니, 이미 임한 하나님나라를 '이 세대'에서 살아간다는 개념 자체가 사라진다. **하나님과의 관계**를 아무리 강조해도, 인간관계에서 성숙하지 않고, 사회생활을 하는 현장에서 삶의 변화가 일어나지 않는 이유는 구원에 대한 얕은 이해와 하나님나라에 대한 무지에서 비롯된다.

예를 들어, 기도도 열심히 하고 성경도 많이 아는데 다른 이들과 제대로 관계 맺지 못하는 이들을 교회에서 많이 본다. 교회에 분쟁이 끊이지 않고 끝내 갈등을 해결하지 못하는 경우도 많다. 갈등 없는 인간관계는 완전히 성숙한 관계든지, 아니면 형식적이거나 억압하는 관계일 때가 많다. 전자는 온전히 회복된 하나님나라에서 가능하므로, 갈등 없는 인간관계는 존재하지 않는다고 해도 과언은 아니다. 문제는 자신도 모르는 사이에 갈등을 수시로 만들어내고 갈등이 생겨도 해결할^{conflict resolution} 줄 모른다는 것이다. 교회와 그리스도인은 늘 사랑을 말하지만 갈등을 다룰 줄 모르기 때문에, 입으로만 사랑을 말하는 피상적이고 미성숙한 사랑에 머물기 십상이다. **공동체와의 관계**에서 미성숙한 사람들이 교회 공동체에 가득 차 있다고 해도 과언이 아니다. 사랑을 주고받지 못하고 갈등을 풀지 못하는 이유는 자신을 사랑하는 법을 제대로 배우지 못했기 때문이다. 주님 말씀대로 '자신을 사랑하는 것처럼' 다른 이들을 품어야 하는데 그 사랑이 비어 있다. 그리스도인 중에는 자기 부인을 자기 학대나 모멸로 받아들이는 이들까지 있다. 자신을 용납하지 못하고 자신과 평화를 누리지 못하는 사람이 다른 사람을 사랑할 수 있을까? **자신과의 관계**가 미성숙하니 하나님나라 가족인 다른 그리스도인과의 관계도 삐걱거리거나 피상적일 수밖에 없다. 이들은 세상에 나가서도 개인으로도 공동체로도 살아낼 힘을 갖추지 못한다.

더군다나 이미 임한 하나님나라에 대한 개념이 없으면, 이 세상을 앞으로 올 하나님나라, 곧 천국을 기다리는 곳으로만 여기게 된다. 지금도 만물을 충만케 하시는 하나님과 동역하는 삶은 꿈도 꾸지 못한다. 세상에서 일하고 계시는 하나님을 알지 못하니, 그리스도인의 신앙은 결국 교회라는 조직이나 건물이라는 물리적 실체에 갇히기 일쑤이다. 세상 속에서 어떻게 그리스도인으로 살아가야 할지, 즉 **세상과의 관계**에 대해 무지하고, 정직과 성실은 주장하나 세상 가치에 휘둘리는 경우가 허다하다.

네 가지 관계의 핵심은 결국 **하나님과의 관계**이지만, 서로 맞물리며 발전하고 심화한다. 오늘날 '영적이다', '거룩에 이른다', '영적으로 성숙하다'라는 말을 많이 오해하는데 이는 네 가지 관계의 상호성을 놓치면서 일어나는 문제이다. **하나님과의 관계**가 중요하지만 그것에만 과도하게 집중하고 나머지 관계들을 무시하기 때문이다. 예수께서는 우리에게 요한복음 10장 10절에서처럼 '생명을 얻어' 구원을 주실 뿐 아니라(구원의 과거성), 우리로 하여금 모든 영역에서 성장해서 '더욱 풍성히 얻게'(구원의 현재성) 하려고 오셨다. 그리스도인 가운데 풍성한 삶을 누리는 이들이 적은 이유는 균형 잡힌 성숙을 간과하기 때문이다. 다음 쪽 도표에서 왼쪽은 예수의 성장 과정이다. 당신의 성장 과정은 어떠한가? 예수께서는 어려서부터 네 영역에서 균형 있게 점진적으로 성장했으며 결국 '장성한 분량'에까지 이르렀다. 당신이 네 영역에서 얼마큼 성장했는지 평가한다면 영역마다 몇 점을 줄 수 있는가?(10점 만점) 오른쪽 표에 표시하고 그 점들을 연결한 다음, 예수의 점진적이고 균형 잡힌 성장과 비교해보자.

당신의 영적 성장은 균형 잡혀 있는가? 아니면 치우쳐 있는가? 만약 어느 한쪽으로 치우쳐 있다면 당신은 주님이 주시는 풍성한 삶을 제대로 누리지 못한 채 한쪽으로만 성장하고 있는지 모른다. 아니면 사각형이 너무 작은가? 그렇다면 당신은 영적으로 아직 미성숙한 상태라 할 수 있다. 작을 뿐 아니라 찌그러졌다면 미성숙하고 균형을

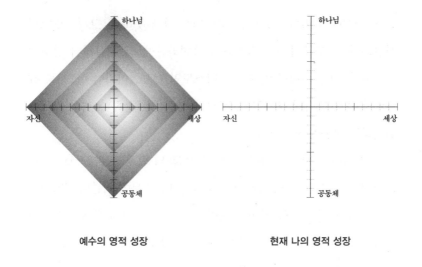

| 예수의 영적 성장 | 현재 나의 영적 성장 |

잃은 신앙 상태일지 모른다. 이런 평가는 물론 주관적이지만, 자가 진
단을 할 수 있는 기회를 제공한다. 주님이 우리에게 주기 원하는 풍
성한 삶 가운데서 어떤 영역을 놓치고 있는지를 아는 것은 매우 중요
하다.

'온전한 사람'

그렇다면 성경은 균형 잡힌 영적 성장을 어떻게 가르치고 있을까? 바
울은 그리스도 안에서 건강하고 균형 있게 성장하는 사람을 '온전한
사람'이라고 표현한다. '온전한'이라는 단어는 하나님께 속한 것들(하
나님의 뜻, 장막, 하나님의 선물, 율법 등)을 표현할 때 성경 저자들이 애용하
는 단어이다.[7] 뿐만 아니라 바울 사도는 성숙한 이들을 가리켜 '온전
한 자들', 고전 2:6, 개역개정 '온전히 이룬 자들' 빌 3:15, 개역개정이라고 표현한다.
또한 모든 사람이 성숙해야 한다면서 '지혜에는 아이가 되지 말고…
장성한 사람이 되라' 고전 14:20, 개역개정거나, 우리 모두가 '온전한 사람을
이루어' 엡 4:13, 개역개정야 한다고 말한다. 바울은 사역의 목적을 '모든 사

람을 그리스도 안에서 온전한 사람으로 세우기' 위한 것^{골 1:28}이라고
밝힌다. 같은 맥락에서 히브리서 저자는 '단단한 음식은 장성한 자의
것'^{히 5:14, 개역개정}이라 하고, 야고보 사도는 '인내를 온전히 이루[어]…온
전하라'^{약 1:4, 개역개정}고 격려하고, '말에 실수가 없는 자라면 곧 온전한
사람'^{약 3:2, 개역개정}이라고 한다. 요한 사도는 우리가 '온전한 사랑'^{요일 4:18,}
^{개역개정}을 하면, 곧 사랑하는 것에서 성숙하면 모든 두려움을 쫓아낼
수 있다고 말한다.

　　바울 사도, 히브리서 저자, 야고보, 요한 사도 모두가 온전함을
간절히 사모했으며, 스스로도 온전해지려 했고 성도들에게도 온전해
지라고 권면했다. 각각 다른 맥락에서 이 단어를 사용했지만, 공통 출
처는 예수의 가르침으로 보인다. 예수의 산상수훈에 이 단어가 등장
한다.

　　그러므로 하늘에 계신 너희 아버지의 온전하심과 같이 너희도 온전하
　　라.^{마 5:48, 개역개정}

　　놀랍게도 예수께서 하나님나라 백성에게 요청하는 것이, 하늘에
계신 하나님 아버지가 온전하신 것과 같이 우리도 온전하라는 것이
다. 여기서 온전함이 하나님 아버지의 신적 영역이 아님은 두말할 필
요가 없다. 예수께서는 우리가 하나님의 성품을 닮아서, 삶의 모든 영
역에서 하나님 닮은 모습을 드러내라고 말씀하신다. 같은 맥락에서
예수께서는 모든 것을 갖춘 듯 보이는 부자 청년에게도 이렇게 말씀
하신다.

　　네가 온전하고자 할진대 가서 네 소유를 팔아 가난한 자들에게 주라.^마

온전한 자, 곧 성숙한 사람이 되려면 자기 소유를 제 것이 아니라 하나님께서 맡기신 것으로 여기고, 예수께서 다른 이들에게 주라고 명령하면 순종할 수 있어야 한다는 것이다. 이 말씀은 모든 사람의 모든 경우에 적용되는 율법이 아니라, 예수께서 요청하면 제 것을 제 것으로 여기지 않고 주님 뜻에 순종할 수 있는 온전한 사람, 즉 성숙한 사람이 되라는 것이다.

바울, 히브리서 저자, 야고보, 요한 같은 초대교회 성도들은 예수의 가르침을 마음에 새기고 그대로 살아냈으며, 그래서 따로 상의하지 않았는데도 영적 성숙을 동일한 표현으로 기록했다. 이것이 바로 하나님의 뜻이다. 우리가 예수 그리스도를 믿고 구원을 얻어 온전한 사람이 되는 것, 우리가 하나님나라에 들어가 그 백성답게 성숙하게 사는 것, 모든 영역에서 하나님을 닮아 균형 있게 점진적으로 성장하는 것, 이것이 하나님의 온전하신 뜻이며, 초대교회 성도들이 꿈꾸고 실제 살아냈던 모습이다.

온전한 사람이 된다는 것은 어떤 면에서 영적 기초 체력을 제대로 연마했음을 의미한다. 체력 연마는 개인의 영적 성장만을 위한 것이 아니다. 하나님나라 운동도 운동원이 온전해질 때, 즉 운동원의 체력이 균형 있게 단단해져야 열매를 기대할 수 있다. 기초 체력을 연마할 때 지구력, 근력, 유연성, 균형 능력이 고르게 성장해야 하듯이, 영적 성장에서도 네 가지 관계가 고르게, 그리고 각각 단단하게 성장해야 한다. 이렇게 성장하며 건강성을 유지해야 풍성한 삶을 누릴 수 있으며, 또한 온전한 사람이 되어간다고 말할 수 있다.

성경은 늘 본질과 함께 실제적인 방법도 가르친다. 초대교회 성도들이 추구하고 누리는 법을 배웠던 '풍성한 삶'이나 삶의 궁극적 목적으로 삼았던 '온전함'은 삶의 모든 영역, 곧 네 영역에서 균형 있게 성장하는 것이다. 영적 성장을 가르치는 성경 말씀 가운데 가장 탁월한 본문은 에베소서 4장 13-15절이다.

> 그리하여 우리 모두가 하나님의 아들을 믿는 일과 아는 일에 하나가 되고, 온전한 사람이 되어서, 그리스도의 충만하심의 경지에까지 다다르게 됩니다. 우리는 이 이상 더 어린아이로 있어서는 안 됩니다. 우리는 인간의 속임수나, 간교한 술수에 빠져서, 온갖 교훈의 풍조에 흔들리거나, 이리저리 밀려다니지 말아야 합니다. 우리는 사랑으로 진리를 말하고 살면서, 모든 면에서 자라나서, 머리가 되시는 그리스도에게까지 다다라야 합니다.

이 본문은 영적 성장의 궁극적 목표, 중심 열쇠, 성장 영역, 성장 단계, 영적 성장이 일어나는 이상적 환경 등을 잘 설명해준다.

영적 성장의 궁극적 목표

앞서 언급한 대로 영적 성장의 궁극적 지향점은 온전한 사람이며, 온전함은 하나님의 인격적 성품이자 예수 그리스도를 통해 우리에게 보여주신 모습이다. 바울 사도는 온전한 사람이 되어 궁극적으로 그리스도의 충만하심의 경지에 이른다고 말한다. 이 표현을 직역하면, '그리스도의 충만하심의 키의 척도'라고 할 수 있다.[8] 여기에서 사용된 '키'라는 단어는 누가복음에서 예수의 성장 과정을 묘사할 때 등장했던 바로 그 키이다. 이 구절은 예수께서 그리스도로 온전하게 성장했던 척도나 경지를 뜻한다. 즉 우리가 성장해 이르러야 할 궁극적 목표는 예수께서 그리스도로 완전히 성장해서 보여주셨던 모습, 그 경지에 이르는 것이다. 3장과 바로 앞에서 다루었듯이 영적 성숙은 우리 안에서 그리스도 형상이 온전히 드러나는 것이다. 유진 피터슨은 《메시지》 성경에서 이런 뉘앙스를 살려서 앞의 본문을 다음처럼 번역했다. "…충분히 성숙한 어른이 되고, 안팎으로 충분히 계발되어, 그리스도처럼 충만히 살게 하시려는 것입니다."

균형 잡힌 성장의 핵심 열쇠

바울 사도가 궁극적 목표까지 성장하려는 우리에게 권고하는 것은 실제적으로 '하나님의 아들을 믿는 것과 아는 일'에 하나가 되라는 것이다. 그리스도인의 영적 성숙의 핵심은 그리스도를 믿는 일과 알아가는 일이다. 대다수 종교가 신비한 경험을 하거나 경지에 이르는 것을 중히 여기지만, 기독교는 자신의 경험이 아니라 그리스도를 아는 지식을 추구한다. 바울 사도의 다음 고백은 이런 추구가 어떠한 것인지를 잘 보여주는 백미이다.

> 그러나 나는 내게 이로웠던 것은 무엇이든지 그리스도 때문에 해로운 것으로 여기게 되었습니다. 그뿐만 아니라, 내 주 예수 그리스도를 아는 지식이 가장 고귀하므로, 나는 그 밖의 모든 것을 해로 여깁니다. 나는 그리스도 때문에 모든 것을 잃었고, 그 모든 것을 오물로 여깁니다. 나는 그리스도를 얻고, 그리스도 안에 있는 사람으로 인정받으려고 합니다. 빌 3:7-9

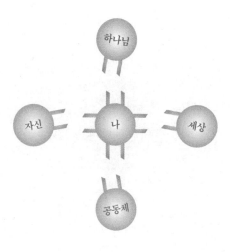

그리스도 밖에 있었을 때 나의 상태

바울 사도는 그리스도를 아는 지식이 너무나 고귀해 다른 무엇과도 비교할 수 없다면서, 그리스도를 얻고 그리스도 안에 있는 사람이 되기를 간절히 소망한다. 그리스도 밖에 있었을 때 우리 모습은 위의 그림처럼 표현할 수 있다.

하나님과의 관계가 깨져 있었고, 그로 말미암아 **자신과의 관계**, **공동체와의 관계**, 그리고 **세상과의 관계**가 모두 깨져 있었다. 우리가 예수 그리스도를 사랑하는 이유는 그리스도 안에 있을 때 이 모든 관계가 회복되기 때문이다. 그리스도로 말미암아 하나님과의 관계가 회복되고 이를 시작으로 자신, 공동체, 그리고 세상과의 관계가 회복되기 시작한다(다음 쪽 그림).

바울 사도가 그리스도를 아는 지식을 가장 고귀하다고 한 이유는 그리스도를 통해서만 만물을 회복하시는 하나님의 회복을 경험할 수 있기 때문이다. 우리가 그리스도 안에 있는 새로운 피조물이 된 것

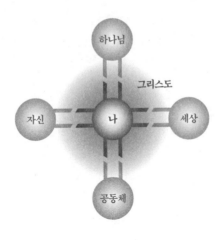

그리스도 안에서 회복되기 시작하는 관계

은 단지 신분이나 영적 실재만의 변화가 아니라, 인격과 인생이 그리스도 안에서 네 영역에 걸쳐 지속적으로 성장한다는 의미이다(다음 쪽 그림). 그리스도를 통해 하나님과 인격적 관계를 누리기 시작하며, 그리스도를 의지해 자기를 사랑하고, 그리스도의 다스림 아래에서 공동체로 살아가며, 그리스도와 함께 세상살이를 한다. 그리하여 궁극적으로 우리는 그리스도에 이르기까지 자랄 것이다. 그리스도는 삶의 기반이자 목적이시며, 영적 성숙의 중심 열쇠이시다.[9]

영적 성장의 영역

앞서 살핀 대로 영적으로 성장한다는 것은 네 가지 영역에서 점진적으로 균형 있게 성장하는 것을 뜻한다. 우리가 그리스도 안에 있게 된 놀라운 비밀은 2장에서 이미 다루었다. 그리스도 안에 있는 사람들이 성장해가는 영역인 네 가지 관계의 중심 주제들은 다음과 같다.

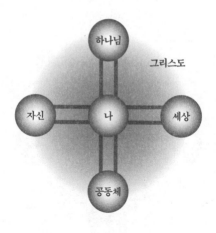

그리스도 안에서 균형 잡힌 성장을 이루는 관계

- **하나님과의 관계** 알아가기와 사랑하기
- **자신과의 관계** 자기 부인과 성령 충만
- **공동체와의 관계** 형제 사랑과 섬김의 도
- **세상과의 관계** 복음 전도와 세상 경영

네 가지 관계와 각각의 중심 주제는 다음 쪽 그림과 같이 정리할 수 있다.

**하나님과의 관계
: 알아가기와 사랑하기**

기독교의 가르침이 놀라운 점은 인간이 신을 두려워하며 숭배하는 것이 아니라, 신을 사랑한다는 것이다. 도덕적으로 흠결이 있고, 인식 능력에 한계가 있으며, 의지가 박약한 우리가 거룩하고 전지전능하신 하나님과 사랑을 주고받는다니 참으로 놀라운 사상이 아닐 수 없다. 이는 하나님께서 먼저 우리에게 손을 내미셔서 자신을 우리에게

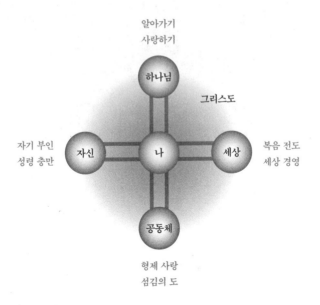

네 가지 관계에서 균형 잡힌 영적 성장

계시하시고^{revelation} 우리에게 은혜^{grace}를 베푸셨기 때문에 가능해졌다. 그리스도인이 감히 하나님을 사랑할 수 있는 이유는 하나님이 먼저 손을 먼저 내미셨기 때문이다.

우리는 성경을 통해 하나님이 어떤 분인지 알고, 성경 전체가 증언하는 예수 그리스도를 통해 하나님을 더욱 깊이 **알아가기** 시작한다. 성경은 하나님에 대한 직접적인 지식의 유일한 보고이자 최고의 보고이다. 하나님을 알면 알수록 하나님을 사랑하지 않을 수 없다. 하나님과 관계를 맺을 때, 우리 쪽에서 더 사랑이 깊어지는 이유는 하나님이 우리를 먼저 사랑하셨기 때문이다.^{요일 4:10} 불행한 것은 성경 읽기가 그리스도인으로 성장하기 위한 율법적 책무처럼 되어버린 것이다. 최고의 음식점에 초대받아 최고의 요리를 대접받는데, 그 식사를 의무라고 여길 사람은 없다. 그것은 특권이다. 성경을 읽고 하나님을 이해할 수 있는 것은 특권이다. 그 특권을 복원하기 위해 종교개혁자들은, 중세교회 성직자들이 성경을 독점하고 있을 때에 존 위클리프John Wycliffe, 1320?-1384를 필두로 성경을 자국어로 번역하기 시작했고, 체코공화국의 얀 후스Jan Hus, 1372?-1415와 영국의 윌리엄 틴데일William Tyndale, 1494-1536 등은 그 과정에서 화형을 당했다. 초기 종교개혁자들의 헌신을 바탕으로 마르틴 루터Martin Luther, 1483-1546는 독일어로 성경을 번역해 사제가 성경을 독점했던 중세 로마 가톨릭교회를 개혁한다. 성경이 소중한 이유는 그리스도를 증거하고 있기 때문이다.

하나님을 알면 알수록 **사랑하기에** 우리는 그분을 예배하고 그분께 나아가 기도하게 된다. 예배는 하나님을 만족시켜 구원이나 복을 얻으려는 것이 아니라, 그리스도를 통해 이미 완전한 은혜를 주신 하나님을 기뻐하는 것이다. 우리는 하나님에게 무언가를 얻기 위해서가 아니라, 하나님을 얻고자 하나님 앞에 나아간다. 여기서 그리스도인의 예배와 기도는 다른 종교인의 종교 행위와 완전히 구분된다. 예수께서 가르치신 주기도문을 보면, 철저하게 하나님의 이름과 나라와 뜻에 집중하고 난 다음에, 우리의 양식과 관계와 영적 싸움에 대해 기도한다.[10] 샤머니즘의 영향을 많이 받은 한국 기독교는 성경적 믿음보다는 '신심'에 가까운 신앙으로 하나님을 감동시켜 기도 응답을 받아내려 한다. 그러나 기도는 원래 하나님을 향한 사랑 고백이며, 먼저 그의 나라와 의를 구하는 행위이다.마 6:33 그렇기에 우리에게 있어야 할 모든 것은 우리가 구하기도 전에 아버지께서 이미 알고 계신다고 믿는다.마 6:8 또한 그것을 아버지로서 아낌없이 주신다고 믿는다.마 7:11 아들도 주셨는데 무엇을 아끼시겠는가?롬 8:32

하나님을 알아가고 사랑하면 결국 순종으로 이어진다. 하나님을 알고 하나님의 사랑을 받은 만큼, 삶의 각 영역에서 순종함으로써 신앙생활의 외적 열매를 맺는다. 신앙고백의 진위는 삶의 열매로 알 수 있다. 열매로 나무를 알 수 있기 때문이다.[마 7:16] 특히 하나님을 향한 사랑은 자신과 이웃을 어떻게 대하는지로 드러난다. 또한 생활 속 시간과 재물을 청지기로 어떻게 사용하는지로 알 수 있다. 특히 재화를 가장 중요시하는 자본주의 사회에서, 자신의 재물을 자기 것이 아니라 잠시 맡은 것으로 여기는 태도는 예수를 주인으로 모신 사람만이 보이는 특징이다. 자신의 시간 또한 하나님 것으로 여기고 하나님 뜻에 따라 시간을 활용하는데, 이는 생명을 매일 부여하시는 하나님을 인생의 주인으로 신뢰하는 사람만이 보이는 특별한 모습이다. 하나님께서 자신의 아들까지 주시며 우리를 구체적이고 실제적으로 사랑하셨듯이, 우리도 우리 삶을 통해 구체적이고 실제적으로 그분을 사랑한다.

자신과의 관계
: 자기 부인과 성령 충만

우리는 그리스도 안에서 새로운 신분을 얻었다. 우리는 그리스도 안에서 그리스도와 함께 이미 이루어진 일을 믿음으로 받아들였다.[엡 2:4-8, 2장 참조] 하지만 신분의 변화를 믿음으로 받아들였다고 해서 인격과 삶의 양식이 자동으로 바뀌지는 않는다. 스스로를 바라보는 자아상이나 내가 나를 다루는 방식은 쉽게 바뀌지 않는다. 우리가 비록 그리스도 안에 있긴 하나, 그리스도 밖에 있었을 때 우리 삶을 지배했던 세속의 가치와 욕망의 영향을 여전히 받는다. 오랜 기간 그 영향 아래 살았고, 그리하여 육체적 · 정신적 · 영적 습관으로 배어 있기 때문이다. 따라서 우리는 예수 그리스도 안에 있지 않았던 내 모습을 믿음으로 다루는 법을 배워야 한다. 이것이 바로 예수께서 말씀하신 **자기 부인**이다.

예수께서는 자신을 따라오려거든 "자기를 부인하고 자기 십자가를 지고 따르라"^{마 16:24}라고 말씀하셨다. '자기 부인'을 오해해서 자기를 학대하고 모멸하는 사람도 있고, 자기를 부인하면 도대체 예수를 따르는 나는 누구냐며 혼란스러워하는 사람도 있다. 자기 부인은 자기 존재 자체를 무시하라는 말이 아니다. 그리스도 안에 터를 잡기 전에 '이 세대'에 속해 어둠의 권세에 지배를 받았던^{엡 2:1-3; 골 1:13} 옛사람을 벗어버리라는 것이다.^{롬 6:6; 엡 4:22; 골 3:9} 예수 그리스도와 관계없던 삶의 모든 요소가 '옛사람'에 속한 것이다. 우리가 부인해야 할 것은 예수 그리스도와 함께 죽은 옛사람^{롬 6장}이지, 개인의 건강하고 당연한 욕구 내지는 개인의 특징과 취향 등이 아니다.

우리는 옛사람을 벗어버리고, 그리스도 안에서 새롭게 부여받은 신분에 걸맞은 삶을 추구하며 살아간다. 그래서 바울 사도는 "새사람을 입으십시오"^{엡 4:24; 골 3:10}라고 권면한다. 새사람은 "하나님의 형상을 따라 참 의로움과 참 거룩함으로 지으심을 받은"^{엡 4:24} 존재이며, "자기를 창조하신 분의 형상을 따라 끊임없이 새로워져서, 참 지식에 이르게"^{골 3:10} 되는 존재이다. 앞에서 살펴본 '온전한 자', '그리스도의 장성한 분량'과 같은 의미이다. 이것이야말로 우리를 향하신 하나님 아버지의 간절하신 뜻이다. 그분은 우리를 하나님 닮은 온전한 존재로, 하나님이 주시는 풍성한 생명을 누리는 존재로 성숙시키기 원하신다. 우리는 그리스도 안에서 이미 이렇게 성숙할 수 있는 자격을 얻었다.

그렇다면 어떻게 이러한 성숙이 가능하겠는가? 옛사람을 벗어버리는 것이 '자기 부인'이라면, 새사람을 입는 것은 무엇일까? 그리스도 안에서 우리가 온전한 사람이 되는 것은 우리 자신의 의지나 훈련만으로 이룰 수 없다. 세상에는 자기완성을 위한 온갖 자기계발서들이 난무하지만, 그리스도인의 자기완성은 예수께서 떠나시면서 교회에 보내신 성령으로만 가능하며, 그 궁극적 목표는 **성령 충만**에 이르는 것이다. 우리 속에 오셔서 떠나지 않으시는 성령(성령의 내주)의 인도로 진리에 더 다가가 그리스도를 더 깊이 알아가고(성령의 인도), 그분을 닮아 인격이 변하며(성령의 열매), 하나님이 주시는 꿈을 갖게 되고(성령의 비전), 그 꿈을 감당할 수 있는 능력(성령의 능력)과 은사(성령의 은사)를 받아, 우리 인격이 성령의 뜻과 일치할 때(성령의 충만) 우리는 진정한 의미에서 그리스도 안에서 온전한 사람으로 발돋움할 수 있다. 성경적 자기완성은 자기계발서를 읽고 이런 저런 면을 잘 구비하는 정도에 그치지 않는다. 우리를 향하신 하나님의 거룩한 뜻을 우리 인격과 인생에 온전히 드러내어, 우리 삶을 하나님의 기뻐하시는 뜻에 일치시키고, 살아 계신 하나님과 동행하는 데까지 이르는 것이다. 이것이 성경적 자기완성, 바로 '성령 충만'한 삶이다.

여기에서 다시 한 번 강조해야 할 부분은 그리스도와 성령의 관계이다. 성령을 강조하면, 한국의 특수한 문화 배경과 초자연을 사모하는 종교심이 결합되어, 초자연적 현상으로 경도되는 경향을 보인다. 그러나 성령은 늘 성경의 가르침, 곧 그리스도를 증언하는 일에 관심을 둔다는 사실을 우리는 기억해야 한다. 그리스도를 증언하는 성경의 가르침과 상관없는 성령은 아무 의미가 없을 뿐 아니라 위험하기까지 하다. 모든 종교에 초자연적 현상이 있듯이 기독교에도 유사한 사례가 있을 수 있다. 하지만 그것이 자연적이든 초자연적이든 하나님께로부터 왔는지를 가르는 기준점은 성경이다. 그리스도를 증언하는 성경이 신앙과 삶의 척도이다. 종교개혁 시기에도 예언과 환상을 설교하던 자들이 있었다. 한번은 종교개혁자 루터가 이런 설교를 듣다가 일어나 큰 소리로 외쳤다. "당신은 성경이 말씀하는 것을 단 한마디도 말하지 않았소."[11] 루터가 영적 체험에 기초한 설교를 참을 수 없었던 이유는 이런 종류의 설교가 그리스도를 증거하고 있는 성경에 기초하지 않았기 때문이다. 성령은 언제나 성경의 가르침과 맥을 같이하며, 우리를 그리스도께로 인도하신다. 그러므로 성령 충만은 그리스도와 상관없는 '옛사람'을 부인하는 동시에 그리스도 안에서 창조된 '새사람'을 적극적으로 시인하는 것이다.

공동체와의 관계
: 형제 사랑과 섬김의 도

그리스도 안에서 자신을 바라보기 시작한 사람은 스스로를 사랑하기 시작한다. 자기 긍정의 철학에 기초해 자기를 사랑하는 것이 아니라, 하나님께서 자신을 어떻게 보시는지를 알았기 때문에 자기를 사랑할 수밖에 없다. 하나님의 진리가 자기 사랑의 기초이다. 자신의 약점과 나쁜 습관, 전에 있었던 일과 지금 일어나는 많은 일을 그리스도의 관점으로 보는 법을 배우며, 그리스도께서 용서하신 대로 자신을 용서하고 용납한다. 그리고 자신의 강점과 은사, 새로운 꿈을 그리스도의 관점에서 강화하고 심화해서 진정한 의미에서 자신을 사랑한다.

이렇게 자신과의 관계에서 성숙한 사람이 다른 사람도 사랑할 수 있다. 특히 그리스도 안에서 새로운 공동체에 속했기 때문에, 주변의 모든 사람을 사랑하는 보편적 사랑을 뛰어넘어, 하나님의 가족을 사랑하는 **형제 사랑**을 추구한다. 교회는 그리스도의 다스림을 받기 시작한 사람들의 공동체이다. 그래서 공동체에서 참된 사랑을 배운다. 우리 옛사람은 여전히 다른 사람을 사랑하기보다는 이기적 욕망을 채우라고 보챈다. 하지만 하나님 사랑과 형제 사랑은 불가분의 관계임을 깨닫는다. 하나님께서 당신의 아들을 주면서까지 우리를 구해내신 사랑을 통해 사랑의 원리를 배운다. 우리는 희생하는 사랑, 진실한 사랑, 구체적인 사랑, 중심 있는 사랑^{요일 3:16-19, 23-24}을 하나님에게서 배웠기에 형제 사랑도 함께 깊어진다.

이런 개인의 관계들은 공동체 내에서 서로 섬기는 **섬김의 도**로 나타난다. 높은 자는 낮아져야 한다는, 예수께서 가르치신 원칙^{마 20:25-28}은 세상 어떤 조직에서도 발견할 수 없는, 오직 하나님나라에서만 발견되는 역전의 원칙이다. 섬김의 모습은 공동체 내에서 상호 복종으로 확인된다.^{엡 5:21} 상호 복종이 가능한 이유는 우리 모두가 그리스도께 순종하고 있기 때문이다. 머리이신 그리스도를 따를 때, 사안과 상황에 따라 서로 순종한다. 하나님의 뜻을 분별하고 상대방의 뜻에 순종하는 것이 그리스도께 순종하는 것이기 때문이다. 오늘날 교회 공동체가 세상 조직과 별반 다르지 않는 이유는 그리스도께 순종하는 것을 위계질서에 순종하는 것과 동일하게 여기기 때문이다. 공동체의 위계질서는 우리가 하나님 앞에서 동의한 것이며 소중하게 지켜야 할 가치이다. 하지만 그 위계와 질서는 그리스도를 섬기려 세운 것이므로, 그 자체가 절대적이지는 않다. 그 위계 내에서 특별한 역할을 하도록 부르심을 입은 사람에게 순종하는 이유는, 그것이 그리스도께 순종하는 것이기 때문이다.

공동체 내에는 갈등이 상존한다. 갈등 없는 사람이나 공동체가 참된 인격자나 좋은 공동체가 아니라, 갈등을 풀어낼 줄 아는 사람, 갈등을 해소하고 평화를 지키는 공동체가 성숙한 개인이며 공동체이다. 이를 위해서는 상대를 먼저 성경의 원리로 사랑하고 섬겨야 한다. 이와 함께 상대의 미성숙이나 한계 때문에 발생하는 문제들을 용납하는 법을 배워야 한다. 주님이 우리를 용납하시니 우리도 서로 용납함이 마땅하다. 또한 서로 잘못하고 피해를 준 것에 대해서는 용서를 구하고 용서하는 일이 필요하다. 용서에 대한 설교를 준비하려고 조사하다가 흥미로운 사실을 발견했다. 용서하는 것에 대한 설교는 많은데, 용서받는 것에 대한 설교는 거의 없다시피 했다. 어쩌면 세상에는 용서하고 싶은 사람만 있는지 모르겠다. 그러면 용서를 받아야 사람은 누구인가? 용서해야 하는 사람만큼 용서받아야 하는 사람도 있어야 한다. 우리는 용서하는 법만이 아니라 용서받는 법도 배워야 하지 않을까.

사랑은 결단으로 시작되고 인내로 유지되며 지혜로 성숙해간다. 형제를 사랑하며 공동체 내에서 섬기는 일은 결코 하루아침에 이루어지지 않는다. 또한 대가 없이는 얻어지지 않을뿐더러 인생이라는 긴 여정을 통해서만 열매가 맺힌다. 그리스도가 계시지 않았다면 애초에 이런 사랑은 불가능했을 텐데, 사랑을 보여주고 격려하시는 그리스도가 계셨기에 우리는 전혀 새로운 삶의 방식을 선택할 수 있었고 지금도 그에 따라 살아가고 있다.

세상과의 관계
: 복음 전도와 세상 경영

하나님나라를 제대로 이해하지 않고 복음을 받아들였을 때 나타나는 가장 큰 문제는, 세상살이를 천국에 가기까지 버텨내야 하는 '필요악' 정도로 생각하는 것이다. 이는 구원의 과거성만 강조하는, 그래서 예수께서 가르치신 하나님나라 사상의 독특성인 구원의 현재성이 사라져버린 믿음 때문이다. 우리를 어둠의 권세에서 구출하셔서 하나님나라로 옮기신 하나님의 사랑에 힘입어, '이미 임했으나 아직 완성되지 않은 하나님나라'를 지금 이곳에서 어떻게 살아낼지가 참된 하나님나라 백성의 과제이며 동시에 삶의 열매이다. 우리는 하나님나라 시민으로서 하나님나라에 속했다는 정체성을 지니고 이 세대, 곧 하나님을 부인하는 세상에서 살아간다.

하나님나라에 속했으나 세상에서 살아가는 하나님나라 백성에게 가장 소중한 사명이 있다면, 그것은 **복음 전도**이다. 하나님나라가 이미 임했다는 사실을 사랑하는 사람들에게 알리는 일이다. 하나님을 무시하고 그분 없이 돌아가는 세상에 현재 임한 하나님의 심판을 알려주는 일은 너무나 소중하다. 우리가 사랑하는 사람들의 곤고함과 허무와 고통에 공감하고 그 대안으로 예수 그리스도를 소개하는 것이 전도의 본질이다. 교인 수를 늘리기 위해, 천국 가는 입장권을 나눠주기 위해, 전도 대상자를 먹잇감 찾듯이 노리는 것은 전도의 본질을 망각한 행위이다. 비록 그런 전도를 통해서라도 하나님께서는 사람들을 주께로 돌아오게 하시며 그 또한 기뻐하시지만 말이다.

성경이 가르치는 참된 전도는 베드로전서 3장 15절에 선명하게 나온다. 우리가 '그리스도를 주로 삼아 거룩한' 삶을 보이면, '[우리] 속에 있는 소망에 관한 이유를 묻는 자'가 생긴다. 그들은 가까운 거리에서 우리 삶을 목격하는데, 그런 인격적 관계가 전도의 출발점이다. 다시 말해, 이미 임한 하나님나라를 살아내는 개인과 공동체의 삶이 전도의 기반이다. 그러면 우리 주변에서 우리 속에 있는 소망에 대해 묻는 자들을 만날 것이다. 우리는 이를 대비해 '대답할 것을 항상 준비해야' 한다. 이때 우리에게 필요한 것은 사람을 향한 '온유'와 하나님 앞에서의 '두려움'(경외), 자기 자신에 대한 '선한 양심'이다. 오늘날 전도가 제대로 이루어지지 않고, 그에 따른 회심이 드물어진 이유는 이미 시작된 하나님나라에 대한 몰이해와 인격적 관계를 등한시하는 비인격적 프로그램, 진실한 대답의 부재에 있다. 그리스도인의 최고 영광은 자신의 말과 삶의 증거를 통해 가까이 있는 사람들이 하나님나라에 들어가고, 그들과 함께 그 나라를 살아내는 것이다.

이미 임한 하나님나라를 삶과 말로 증언하는 것이 복음 전도라면, 하나님나라를 삶의 현장에서 살아내는 것은 **세상 경영**이다. 인간을 창조하신 하나님은 인간을 통해 모든 피조물을 다스리기 원하셨다.^{창 1:26-27} 많은 사람들이 창조세계를 다스린다는 말을 오해한다. 인간이 자신을 위해 창조세계를 착취해도 괜찮다는 의미가 아니다. 하나님 없는 세상에서 다스림이라는 말은 늘 가진 자의 '갑질'을 떠올리게 하며, 착취의 어두운 그림자가 따라붙는다. 그러나 하나님께서 원래 의도하신 다스림은 전혀 다른 그림이었다. 하나님은 자신의 인애와 공의로 세상을 다스리신다.^{시 89:14} 그 다스림은 다스림을 받는 존재가 최선의 모습이 되도록 이끈다. 인간은 이렇게 다스리라고 초대받은 것이지, 세상을 자기 욕망에 따라 착취하라고 부름 받은 것이 아니다. 그 다스림을 현대 용어로 바꾼 것이 세상 경영이다.¹² 하나님이 원래 의도하신 대로 세상을 가꾸고, 그 안에 담긴 가치를 발현시켜 공공의 이익을 증진하는 것이 바로 세상 경영의 핵심이다.

세상 경영에 참여하는 그리스도인이 품어야 할 가치는 어쩌면 사랑보다도 정의이다. 정의가 세워지지 않은 상태에서는 사랑이 아무 의미가 없기 때문이다. 구약성경은 하나님의 다스림을 강조하고, 또한 그 다스림이 거절된 세상의 잔인성을 폭로하면서, 끊임없이 정의를 강조한다.^{시 9:8-12; 암 5:24} 이 사상을 이어받은 야고보 사도는 사회에서 정의를 시행하는 것이 얼마나 중요한지를 강조한다.^{약 4:17; 5:1, 4} 우리는 삶의 구체적 영역, 곧 일과 직업, 일터와 삶터에서 만나는 사람들, 소외된 사람들, 불의한 사회구조나 제도, 더 나아가 세계적 불의와 잔인함 가운데서 정의를 이루는 것이 무엇인지 고민해야 한다. 분단의 역사를 고스란히 간직한 한국 사회의 고통은 민족 화합 이전에 정의의 문제로 접근해야 한다.

삶의 현장에서 정의와 사랑으로 살아가는 것이 삶의 원칙이라면, 삶의 방식은 노동이다. 고대의 여타 신과 달리 하나님만이 노동하는 신이다. 엿새를 일하고 하루는 안식하는 분이 하나님이시다. 그러므로 우리도 하나님 아버지를 따라 세상을 바로 경영하려면 노동해야 한다.요 5:17 다시 말해, 우리가 하는 어떤 종류의 노동이나 직업도 하나님의 관점에서 재평가하고 해석해야 한다. 기본적으로 노동과 직업을 통해 나와 내 가정을 부양하는 것은 하나님의 거룩한 뜻이다. 더 나아가 나의 노동과 직업은 하나님이 지으신 세상을 유지하고 회복하는 일에 쓰여야 한다.

그리스도 안에서 새로운 피조물이 된 사람들은 **하나님과의 관계**에서 '알아가기'와 '사랑하기'라는 기초를 놓고, **자신과의 관계**에서는 옛사람에 속한 '자기를 부인'하고 새로운 자기완성이라 할 수 있는 '성령 충만'을 추구하며, **공동체와의 관계**에서는 '형제 사랑'과 '섬김의 도'를 통해 주님의 다스림을 드러낸다. 나아가 **세상과의 관계**에서는 하나님나라가 임한 사실을 선포하는 '복음 전도'와 하나님의 뜻을 이 땅에 이루어가는 '세상 경영'에 참여함으로 평생 성숙해간다.

영적 성장 단계과 과정의 중요성

평생에 걸쳐 일어나는 성숙의 과정을 돕는 것이 제자훈련이다. 프로그램에 한두 번 참여하거나 책 몇 권 읽는다고 제자훈련이 완성되지 않는 이유가 바로 이 때문이다. 제자훈련은 평생에 걸쳐 성장하는 성도의 삶을 돕는 훈련이다. 성경은 이 같은 훈련에 과정이 있음을 알려준다. 우리는 그리스도의 충만하신 경지에 '다다르게 된다.'엡 4:13 '머리가 되시는 그리스도에게까지 다다라야 한다.'엡 4:15 바울은 어느 날 영적 경험을 통해 갑자기 영험한 사람이 되리라고 기대하지 않았다. 일정한 과정을 거쳐서 성숙에 이른다고 말한다. 나는 20년 가까운 임상 경험을 통해, 상대적으로 건강한 '찾는이'가 건강한 교회 환경에서 성경적인 제자훈련을 받으며 성장하면, 대략 7-10년 정도 후에 영적 지도자의 초기 단계에 이르는 것을 발견했다. 비신자가 영적 지도자라 불릴 수 있는 성숙에 이르기까지 10년 정도의 세월이 필요한 셈이다. 다시 말해, 과정을 생략하고는 영적 성숙에 이르지 못한다.

그렇다면 제일 초보 단계는 무엇인가? 에베소서 4장 14절에서 바울은 더 이상 '어린아이'로 있어서는 안 된다고 말한다. 어린아이는 "인간의 속임수나 간교한 술수에 빠져서 온갖 교훈의 풍조에 흔들리거나 이리저리 밀려다닌다"고 표현한다. 영적 어린아이는 하나님을 알았지만 세상의 영향을 받아 '요동'하는 특징을 보인다. 공동체는 이런 어린아이가 건강하게 자랄 수 있도록 보호하고 양육해야 한다. 영적 어린아이에게 가장 중요한 것은 하나님과의 인격적 교제이다. 기도와 말씀을 통해 하나님과 인격적으로 소통하는 법을 배우는 것이 이 시기에는 가장 중요하다.

영적 어린아이가 자라면 '영적 청년'으로 클 수 있다. 영적 청년은 어느 정도 성장해서 '정체성'이 흔들리지 않고, 어떤 공동체에 속했는지 '소속감'이 분명해진 사람이다. 그래서 영적 동생들을 돌보기도 한다. 더 나아가 하나님께서 자신의 삶에 어떤 일을 맡기셨는지 '사명감'도 생기기 시작한다.

영적 청년이 더 성장하면, 다른 사람이 영적으로 태어나도록 돕고, 그들과 함께 공동체를 세우는 '영적 부모'가 된다. 영적 성장은 신비한 체험을 통해 하루아침에 일어나지 않고, 주님과 동행하면서 그분의 진리를 내면화하고 심화하면서 이루어진다.

영적 아이: 하나님나라 복음으로 회심하고 하나님과 인격적 교제 시작.

영적 청년: 영적으로 자립하기 시작하고 정체성, 소속감, 사명감 형성.

영적 부모: 영적 재생산에 참여하고 공동체에서 주체적 역할.

건강한 교회 공동체에는 영적으로 재생산하고 공동체를 세울 줄 아는 영적 부모와, 영적 부모를 도우며 영적 동생들을 돌보고 하나님의 가족을 함께 세워가는 영적 청년이 존재한다. 영적 부모 없이 영적 청년이 소년소녀 가장으로 교회 공동체를 이끌어갈 때, 공동체에 얼마나 많은 고통과 혼란이 있을지 어렵지 않게 상상할 수 있다. 더 나아가 영적 청년조차 없는 공동체에는 회심했지만 성장하지 않는 '늙은 미숙아'들이 가득하다. 이런 교회는 갈등과 싸움이 끊이지 않는다. 어린아이들은 싸우기도 잘 싸우지만 그만큼 잘 화해하고 금세 잘 논다. 하지만 교회의 '늙은 미숙아'들은 싸우고도 화해하지 않은 채로 교회를 '운영'한다. 세상보다 더 세상적인 교회들의 슬픈 사연이 끊임없이 들리는 까닭은 영적으로 자라지 않는 사람들이 교회에 가득하기 때문이다. 그리고 때로는 아예 영적으로 태어나지도 않은 사람들이 교회에서 지도자 노릇을 하기 때문이다.

영적 성장에 꼭 필요한 공동체

그런 면에서 공동체의 중요성은 아무리 강조해도 부족하지 않다. 에베소서는 우리가 '그리스도의 장성한 분량'에 다다르기 위해, '우리가 다' '하나가 되어'야 한다고 강조한다.^{엡 4:13} 이 본문에는 일인칭이나 이인칭 단수가 아닌 일인칭 복수 '우리'가 유난히 많이 나오는데, 그 이유는 성숙이 홀로 하는 성숙이 아닌 공동체 내에서의 성숙이기 때문이다. 15절은 이를 더 분명하게 알려준다.

우리는 사랑으로 진리를 말하고 살면서, 모든 면에서 자라나서, 머리가
되시는 그리스도에게까지 다다라야 합니다.^{엡 4:15}

성숙은 골방에서도 이루어지지만 공동체 내에서도 이루어진다.
많은 사람이 기도와 말씀에 열심이지만 성숙하지 못하는 이유는 영
적 수직 차원만을 강조하고 영적 수평 차원을 무시하기 때문이다. 우
리는 하나님의 가족 가운데 있을 때 가장 안전하게 성숙할 수 있으
며, 그리스도의 몸을 이룰 때 다른 지체와 함께 성장할 수 있다. 또한
성령의 전에 있을 때 다른 부분과 함께 주님이 거하실 처소로 자라갈
수 있다. 다음 장에서 더 자세히 다루겠지만, 제자의 성숙은 단지 성
경의 진리를 깨닫는 것만으로 이루어지지 않고, 그 진리를 살아내는
사람들을 보고 경험하면서 가속화되기 때문이다.

이런 면에서 영적 성장은 개인 운동보다는 단체 운동에 가깝다.
도움을 주고 도전을 받으며 서로를 성장시키기 때문이다. 단체 운동
은 물론이고 개인 운동도 누군가와 함께 훈련할 때 더 효과적이다. 힘
이 부칠 때, 게을러질 때, 가끔 찾아오는 침체기에도, 혼자 훈련하면
중도에 포기하기 쉽지만, 함께하는 파트너가 있으면 여러 어려움을
극복하면서 성장해간다. 공동체는 우리의 영적 성숙에 실제적 유익
을 준다.

영적 성장에는 이정표가 필요하다

나는 예수를 만나 회심한 후 영적으로 어떻게 성장해야 하는지 몰랐
다. 영적 성장의 영역도 잘 몰랐고, 어떤 단계가 있는지도 몰랐다. 열
심히 성경 읽고 기도하고 교회 생활하면 되는 줄 알았다. 누군가 영

찾는이

결신자

성장 초신자

자립 신자

사역 준비자

사역자

지도자

영적 아이

영적 청년

영적 부모

하나님과 삶의 의미를 찾고 있는 삶

하나님나라 백성으로 태어난 삶

하나님과 백성으로 자라가는 삶

하나님나라 복음을 누리는 삶

하나님나라 복음을 나누는 삶

하나님나라 공동체를 세우는 삶

하나님나라 공동체를 이끄는 삶

영적 성장의 여정

적 성장의 길spiritual developmental path에 대해 알려주었다면 얼마나 많은 시행착오가 줄었을까. 영적으로 성장한다는 것 자체가 혼란스러웠으니, 영적으로 성장해나가는 길 같은 것이 있으리라고는 생각하지 못했다. 그러나 성경을 공부하고 영적 형성과 제자도를 연구하면서, 무엇보다 내 자신이 성장하고 다른 사람을 성장하도록 도우면서, 영적 성장에 일종의 지도 같은, 아니면 성장 단계를 설명해주는 간략한 안내가 있으면 좋겠다고 생각했다.

아직 하나님을 알지 못하는 '찾는이'가 하나님나라 공동체를 세우고 이끌어가는 지도자가 되기까지 영적 아이와 영적 청년과 영적 부모를 거치는데, 세 단계를 각각 둘씩 나누면 좀 더 세밀하게 안내할 수 있다는 사실을 발견했다. 그래서 앞 쪽에 나오는 7단계 영적 성장의 여정(길 또는 지도)이 탄생했다. 영적 아이를 결신자와 성장 초신자로, 영적 청년을 자립 신자와 사역 준비자로, 영적 부모를 사역자와 지도자로 나누고, 여기에 '찾는이'를 포함하면 7단계 영적 성장의 여정이 한눈에 들어온다.[13]

이 여정은 '찾는이'에서 지도자로 점점 낮아진다. 이렇듯 낮아지는 단계로 표현한 이유는, 영적 성숙이야말로 낮아져서 다른 사람들을 섬기는 삶이기 때문이다. 다른 이들을 위해 자기 삶을 거룩하게 소비하고 이를 오히려 기뻐하는 삶. 그것은 하늘의 영광을 버리고 낮아져 인간의 몸을 입으시고 십자가에서 죽기까지 하신 예수 그리스도를 닮는 삶이다. 영적 성장이란 높은 곳으로 올라가 다른 사람들의 인정과 존경을 받는 삶이 아니라 자기를 비우고 희생하는 삶이다. 이 기본 전제가 반드시 필요하다.

지도나 안내표에는 분명 한계가 있지만, 모호한 영적 성장을 구체적으로 살피고 우리가 섬기는 형제자매들의 영적 성장을 진단하고 발전시키는 데는 도움이 된다. 우리가 무언가를 배우고 가르치려면 단계를 만들어야 한다. 영어를 배워도, 수영이나 테니스를 연습해도, 초급과 중급과 고급이 있다. 그 과정은 학습을 더 효과적으로 만들고, 성장 단계를 스스로 알 수 있도록 고안된 것이다. 하지만 그리스도인의 영적 성장은 영어나 수영처럼 무언가를 습득하는 것을 넘어서서 인격 자체가 변해가는 과정이다. 그러므로 이 그림이 가리키는 성장을 기계적으로, 결정론적으로 이해하면 안 된다. 사람들은 위와 같은 방향으로 성장하지만, 때로는 정체하거나 퇴보도 하고, 그러다가 다시 회복하기도 한다. 영적 성장은 이런 면에서 매우 역동적이다. 안타깝게도 때로는 이러한 발전 과정을 적용하기 힘든 특이한 사례도 있다. 하지만 영적으로 성장하려는 사람과 그들을 섬기려는 사람 모두에게 이러한 발전 과정이 일반적으로는 도움이 될 것이다.[14] 각 과정에 대한 자세한 설명과 과정마다 밟아야 할 발달 과업은 다음과 같다.

찾는이: 하나님과 삶의 의미를 찾는 삶

찾는이는 단순한 비신자와는 다르다. 찾는이는 '이 세상을 살아가면서 세상에 함몰되는 것을 달가워하지 않고, 자신과 세상과 하나님에 대해 진지한 질문을 던지며 그 답을 찾는 사람'이다. '하나님과 삶의 의미'를 찾는 사람이다. 우리 주변에는 손을 흔들면서 구조를 요청하는 사람은 드물지만, 삶에 대해 진지하게 고민하는 사람은 꽤 있다. 하나님나라의 복음을 제대로 들으려면 정직한 직면이 꼭 필요하다. 우리가 사는 세상과 자기 자신에 대해 진실하게 질문하고 바라보지 않으면, 인간의 본질적 문제에 응답하는 하나님나라 복음이 특별한 의미로 다가올 수 없다.

하지만 진실하게 질문하는 찾는이가 하나님나라의 복음을 들으면, 하나님의 주권과 인간의 죄성, 그리고 이를 해결하려 오셔서 죽은 예수 그리스도가 자신에게 어떤 의미인지를 깨닫는다. 이때 죄사함의 의미를 깨닫고 하나님나라 백성으로 태어날 수 있다. 이들에게 필요한 것은 하나님나라의 복음에 대한 선명한 이해이다. 당연히 하나님나라의 복음은 사랑하고 신뢰하는 인격적 관계 속에서 전해질 때 가장 효과적이다.

결신자: 하나님나라 백성으로 태어난 삶

예수를 마음에 막 영접한 사람들, 하나님나라 복음을 듣고 갓 그 나라 백성이 된 사람들이 있다. '하나님나라 백성으로 태어난 삶'을 살기 시작한 이들을 '결신자'라 부를 수 있다. 결신자는 스스로 하나님과의 관계를 발전시켜나가기가 쉽지 않다. 영적 청년이나 부모가 이들을 지도하고 본이 되어 하나님과 인격적 관계를 맺는 법을 가르쳐야 한다. 무엇보다 회심이란 무엇이며, 그 이후에 맺는 하나님과의 인격적 관계가 무엇인지, 말씀과 기도를 통해 하나님과 소통하는 법이 무엇인지를 배워야 한다. 자신의 신앙을 개인적으로 또 공동체적으로 나누는 일 역시, 초기에 배워야 할 부분이다.

이 모두를 혼자 깨우치는 것이 아니라, 영적으로 조금 앞선 선배들이 도와주어야 한다. 안타까운 것은, 많은 교회에서 하나님나라 복음을 제대로 전하지 않아 진정한 회심이 잘 일어나지 않을 뿐 아니라, 어렵게 회심한 영적 갓난아이들도 스스로 알아서 자라도록 거의 방치한다는 것이다. 그로 인해 영적 미숙과 때로는 영적 기형까지 발생한다. 영적 아이, 특히 결신자들이 초기에 영적 성장의 핵심 요소를 배운다면 이들은 지속적으로 성장해나갈 수 있다.

성장 초신자: 하나님나라 백성으로 자라가는 삶

결신자들이 하나님과의 인격적 관계를 배우며 공동체 안에서 살아가면, 그들은 자연스럽게 '하나님나라 백성으로 자라가는 삶'을 살게 된다. 이들을 '성장 초신자'라고 부를 수 있다. 영적 성장은 전적으로 '생명의 밥'이신 예수를 먹을 때 이루어진다(1장 참조). 우리를 위해 몸과 피를 주신 예수를 매일매일 삶의 기반으로 삼고, 하나님과 교제를 나누는 것이 생명의 밥이신 예수를 먹는 것이다. 예수를 통해 하나님을 알아가고 사랑하는 법을 배우며 자라가기 시작한다. 말씀 읽기와 기도와 예배가 삶의 특권임을 조금씩 알아가는 시기이다.

결신자에서 성장 초신자에 이르는 영적 아이 시절에 하나님과 인격적 관계를 맺는 말씀 묵상과 기도가 종교적 책무가 되지 않도록 영적 청년과 부모들은 관심을 기울여야 한다. 하나님 앞에 설 수 없던 자들이 하나님께 노래를 부르고 찬양을 하고 기도를 드린다는 것, 그래서 하늘의 하나님이 그 예배를 받으신다는 것이 얼마나 놀라운 복인지 깨닫도록 도와주어야 한다. 그리고 하나님에 대한 정보를 유일하게 담고 있는 성경을 통해 하나님을 알아가는 것이 무엇과도 비교할 수 없는 복임을 알려주어야 한다. 자신에게 일어나고 있는 복과 그 이유이신 그리스도를 주변 사람들에게 자랑하는 것은 너무도 당연한 일이므로 이 시기에 격려해야 한다. 이렇게 기도와 말씀 생활과 자연스런 간증이 조금씩 자기 것이 되면서 영적 아이는 영적 청년으로 발돋움한다.

자립 신자: 하나님나라 복음을 누리는 삶

성장 초신자가 하나님나라 복음으로 성장하는 삶을 산다면, 영적 청년의 초기 단계인 '자립 신자'는 '하나님나라 복음을 누리는 삶'을 살기 시작한다. 하나님나라에 속했다는 것, 즉 그리스도 안에서 살아간다는 것이 얼마나 놀라운 삶인지를 배우기 시작하고 누리기 시작한다. 성장 초신자에서 자립 신자로 넘어가는 길목에서는 네 가지 관계를 기본적으로 이해할 필요가 있다. 성장 초신자가 하나님과의 인격적 관계에 집중하며 성장했다면, 자립 신자는 하나님나라의 백성, 예수의 제자로 살아가는 삶이 무엇인지, 그 전반을 이해하기 시작한다. 그리스도 안에서 하나님과의 관계를 기반으로 자신과 공동체와 세상 속에서 어떤 삶을 살아야 할지를 배운다. 그리고 이 변화와 성숙이 종교적 의무를 다하듯이 억지로 되는 것이 아니라, 그리스도 안에서 이루어진 놀라운 일로 가능하다는 사실을 배운다.

이러한 진리를 깊이 깨달으면서, 내면 깊숙한 곳을 변화시키는 진리의 능력을 경험하고, 삶의 모든 영역에서 성숙하기 시작한다. 하나님나라 복음이 얼마나 소중하고 실제적인지를 깨닫고, 삶의 현장에서 하나님나라 복음으로 살아가는 법을 배운다. 비로소 누리기 시작하는 것이다. 이때부터는 하나님의 가족 중에 있는 영적 아이들이 눈에 들어오기 시작하고, 그들을 섬기고 싶은 마음이 들기 시작한다. 하나님나라 복음에 대한 이해가 분명하기 때문에 찾는이에게 하나님나라 복음을 소개하고 함께 고민하며 인도하는 역할도 할 수 있고, 결신자나 성장 초신자가 영적으로 성장할 수 있도록 이끌기 시작한다. 자신도 아직 어리지만 자기보다 조금 더 어린 영적 아이들을 돌보면서, 하나님나라 복음의 능력을 경험하고, 무엇보다 하나님나라 복음이 심화되고 내면화되는 것을 경험한다. 영적 형님이나 언니가 되지 않고서 영적 부모가 되는 길은 없다.

사역 준비자: 하나님나라 복음을 나누는 삶

자신의 변화가 예수께서 가르치신 하나님나라 복음 때문임을 확신하고 그리스도의 제자로 살기 시작한 사람은, 자신보다 조금 뒤에서 따라오는 자들이 자신처럼 하나님나라 백성답게 살도록 돕고 싶어진다. 하나님나라의 복음을 누린 사람들은 '하나님나라의 복음을 나누는 삶'을 살 수밖에 없다. 이들은 하나님께서 예수 그리스도 안에서 얼마나 놀라운 일을 하셨는지, 에베소서 2장이나 로마서 1-8장 같은 말씀을 통해 더욱 깊이 알아간다. 하나님나라 사상이 예수의 중심 사상임을 알고, 하나님나라 사상으로 성경 전체를 이해하기 시작한다. 하나님나라와 구원이 어떤 관계인지 알아가고, 하나님나라를 드러내는 교회에 대해 배우고 꿈꾸기 시작한다. 세상 속에서 하나님나라를 살아내는 일에 성령이 얼마나 소중하고 필요한 분인지도 알아가고, 그럴수록 더욱 성령을 의지한다.

하나님나라 복음에 대한 깊은 이해는 영적 성숙과 맥을 같이한다. 영적 성숙은 결코 지적 영역에 머물지 않고 전인격의 변화를 동반하며, 궁극적으로는 예수를 닮아가려는 열망을 불러일으킨다. 하늘에 계신 아버지가 온전하신 것같이 온전해지는 것, 하나님의 형상을 회복하는 것, 새사람을 입는 것, 거룩에 이르는 것, 성령 충만한 삶을 사는 것의 의미가 점점 온전해진다. 자기가 이런 놀라운 삶을 누리며 푯대를 향해 점점 나아가는데, 자기 뒤를 따르는 영적 후배들에게 놀라운 하나님나라의 복음을 어찌 나누지 않을 수 있겠는가? 세상의 좋은 것도 다른 사람에게 나누는데, 삶을 바닥부터 바꾸어놓고 죽음 너머의 삶까지 사모하게 만드는 진리를 어찌 혼자만 알고 있겠는가? 그들은 놀라운 진리를 나누기 위해서 자신을 준비하며, 자신을 따르는 이들을 위해 시간과 에너지, 더 나아가 자신의 삶을 드리는 생활양식을 배운다. 이런 '거룩한 낭비'를 자랑스럽게 여기기 시작한다.

사역자: 하나님나라 공동체를 세우는 삶[15]

하나님나라 복음을 자신만 누리는 삶에서 벗어나 나누는 소중함을 깨달으면, 이 모든 놀라운 일의 기반이 하나님나라이며, 그 하나님나라가 온전히 드러나는 곳이 교회임을 알게 된다. 더 나아가 교회는 조직이나 건물이 아니라, 하나님나라 복음을 살아내는 공동체임을 알게 된다. 영적으로 조금만 자라도 사람들은 교제 공동체를 본능적으로 찾는데, 하나님께서 인간을 공동체적으로 만드셨기 때문이다. 그런데 하나님나라의 복음을 바로 이해하면, 교회가 바로 하나님나라를 살아내려는 사람들의 공동체임을 알게 된다. 그리고 그 공동체는 하나님나라 복음을 누리고 나누는 사람들에 의해 세워진다는 사실을 깨닫는다. 결코 쉬운 일은 아니지만, 그리스도의 성숙한 제자는 '하나님나라 공동체를 세우는 삶'을 꿈꾸며 그러한 삶을 추구한다.

사실 모든 교회는 하나님나라를 살아내는 공동체여야 한다. 교회 규모가 커지더라도 공동체의 유기적 본질을 놓치지 않아야 한다. 그리스도의 제자들은 교회 규모와 상관없이, 하나님나라를 살아내는 공동체를 세우고, 거기에 속해 살아가고 싶어 한다. 교회들이 이런 공동체를 추구하며 조직을 구성해야 하는데, 안타깝게도 이런 개념이 전혀 없는, 조직만 남은 교회도 적지 않다. 이런 경우에도 하나님나라의 복음을 누리며 나누는 공식적/비공식적 공동체가 그 안에 있을 수 있다(구역 모임과 다양한 소그룹, 주일학교 교사팀, 교회 내 기도모임, 큐티 나눔 모임 등). 성장하고 있는 예수의 제자들은 조직화된 교회에서도 자신이 속한 모임을 하나님나라 공동체로 세워나간다. 또한 세속 사회에서, 직장이나 학교에서 하나님나라 백성으로 연대하고 함께 자라기 위해 공동체를 세우기도 한다. 앞서 살폈듯이 하나님이 우리를 그리스도 안에서 하나님의 공동체에 속하게 하셨기 때문에, 이러한 공동체에 속하기 원하는 것은 영적 본능에 가깝다. 어느 정도 영적 성숙에 이르면, 하나님은 우리를 통해 이러한 공동체를 세워나가신다.

그런데 하나님나라 복음을 누리며 그 복음을 다른 사람과 개인적으로 나누는 일과, 하나님나라 공동체를 세우는 일은 좀 다르다. 영적 아이와 영적 청년, 때로는 찾는이로 구성된, 어떤 때는 자신의 영적 상태와 상관없이 종교적 구력(?)을 자랑하는 종교인들까지 포함된, 어리숙한 공동체를 세워나가는 일은 결코 쉽지 않다. 하나님나라를 드러내는 공동체가 무엇인지, 어떤 과정을 거쳐 성장하는지를 배워야 한다. 공동체 지도자로서 예배와 양육, 친교와 사역을 어떻게 이끌어야 하는지를 알고 준비돼 있어야 한다. 찾는이와 영적 아이와 영적 청년을 섬기며 그들이 성장할 수 있도록 도울 줄 알아야 한다. 무엇보다 다양한 조건과 상황에서 하나님나라 공동체를 어떻게 세워나가는지를 배워야 한다. 사람들은 공동체를 세우는 일이 목회자 몫이라고 말한다. 그러나 초대교회에서는 모든 성도가 제사장으로, 때가 되면 하나님나라 복음으로 공동체를 세우는 일에 참여했다.[16] 성경의 가르침을 따라가다 보면, 영적 부모로서 하나님나라 공동체를 세우며 살게 된다.

지도자: 하나님나라 공동체를 이끄는 삶

하나님나라 공동체를 세우는 일과 이끄는 일은 조금 다르다. 많은 공동체가 세워지기는 하지만, 세월이 지나고 상황이 바뀌면 변화에 적응하지 못하고 좌초한다. 일단 세워진 공동체는 변화하는 상황에 늘 새롭게 적응하며 살아남아야 한다. 변화하는 상황에서 '하나님나라 공동체를 이끄는' 사람을 '지도자'라고 부를 수 있다. 하나님나라 공동체의 지도자는 성경이 가르치는 교회가 무엇인지 잘 이해하고 있어야 한다. 우리 눈에 보이고 우리가 경험한 교회를 넘어서, 예수께서 가르치시고 바울이 꿈꾸었던 교회를 성경을 통해 선명히 알고 있어야 한다.

더 나아가 지난 2천 년간 교회가 어떤 흐름을 통해 오늘날까지 이르렀는지 역사적 배경도 개괄적으로나마 알고 있어야 한다. 우리가 속한 한국 교회의 길지 않은 역사의 맥도 잡고 있어야 한다. 구약성경과 신약성경 모두 역사로 기록되었고, 그 역사는 예수의 죽음과 부활과 승천 이후에도 지속되고 있다. 따라서 역사적 시각 없이 교회 공동체를 바른 방향으로 이끌어가기란 불가능하다.

뿐만 아니라, 교회 공동체는 허공이나 산 속에 세워진 것이 아니라, 세속의 정치, 사회, 경제, 문화로 가득 찬 세상 속에 세워졌다. 우리가 어떤 시대에 살고 있으며, 그 속에서 하나님나라 공동체로 살아가는 것이 무슨 의미인지를 고민하고 분별할 수 있을 때, 교회 공동체가 나아갈 방향을 제시할 수 있다. 그런 사람을 우리는 '지도자'라고 부를 수 있다. 유구한 교회 역사 속에서, 그리고 최근 한국 교회가 처한 현실 속에서, 교회 지도자가 공동체를 그릇된 방향으로 이끈 사례들을 수없이 본다. 성경의 가르침, 역사적 시각, 현 시대에 대한 이해, 이 세 영역에서 균형을 이루고 통합된 지혜를 가진 지도자는 공동체의 말할 수 없는 유익이다. 모든 성도가 사역자까지는 성숙할 수 있으나, 지도자는 사역자 중에서 은사와 학습, 훈련과 경험이 쌓인 일부만이 감당할 수 있을지 모른다. 이런 지도자는 모든 시대의 모든 교회가 늘 절실히 원해왔다.

하나님나라 운동은 한 사람에서 출발한다

영성이 무엇인지 매우 혼란스러운 세상에 산다. 하나님나라에 대한 성경의 가르침은 사라진 채 세속적 가치와 문화적 습관이 그리스도인의 영성관에 침투해 들어와 있다. 신앙생활을 오래할 수록 예수께서 약속했던 삶과 인격의 모습이 나타나지 않는 이유는 무엇인가? 성경적 영성, 하나님의 온전하심을 드러내는 인격과 삶, 하나님 형상의 회복, 그리스도의 장성한 분량 등에 대한 바른 이해가 없으며, 구체적인 성장 방법론이 없기 때문이다.

하나님나라의 복음을 받아들인 사람이 하나님나라를 삶의 현장에서 살아내고 공동체를 통해 드러내려 할 때, 가장 절실한 것은 하나님나라 복음에 기초한 영적 성장이다. 그리스도 예수 안에서 이루어진 놀라운 일에 기초하여, 삶의 네 영역에서 균형 있게 점진적으로 성장해나간다면, 하나님나라 운동은 교회와 세상 속에서 힘 있게 뻗어나갈 것이다.

내게 운동을 가르쳐주는 분 이야기를 앞에서 했다. 하루는 내가 팔 근육 운동을 열심히 하고 있었다. 한 손에 10킬로그램씩 들었으니 꽤 묵직했다. 그런데 평소에도 역심리 작전을 쓰는 선생님이 그날따라 "그 정도 들면서 뭐 힘들어 하냐?"며 나를 자극했다. 그래서 나는 시범을 좀 보여달라고 했다. 선생님은 마지못해 30킬로그램짜리 덤벨을 양손에 하나씩 들었다. 나는 그냥 들고 서 있기도 힘든 덤벨이었는데, 나를 보고 씩 웃더니 가볍게 그 덤벨로 팔운동을 시작했다. 보통 사람은 5킬로그램도 들기 힘들고, 약한 사람은 500그램짜리도 들기 어렵다. 그런데 보통 초등학생 몸무게에 해당하는 무게를 들고 팔운동을 하는 것이었다.

오늘날 한국 교회에는 양손으로 40-50킬로그램 정도는 거뜬히 들어 올리는 영적으로 성숙한 사람들이 필요하다. 20-30킬로그램을 들면 영적 청년이라 할 수 있겠다. 성도가 겨우 500그램을 들거나, 기껏해야 1-5킬로그램을 드는 정도의 영적 성숙을 보인다면, 그들을 통해 어떻게 하나님께서 만물을 충만케 하시는 충만함으로서의 교회를 세우실 수 있겠는가? 그들은 그리스도 안에 있지만 영적 아이들일 뿐이다. 지금 이 책을 읽는 한 사람 한 사람이 기초 체력을 가진 하나님나라 운동원으로 성장하고 있는지가 중요하다. 하나님나라를 논하는 사람도 있고, 교회의 문제점을 지적하는 사람도 있다. 그러나 하나님나라 운동을 할 수 있는 사람은 영적 아이 수준에 머물러 있는 사람이 아니라, 적어도 영적 청년을 거쳐 영적 부모로 발돋움하는 사람들이다.

10.

하나님나라
복음을
전수하는 삶

어릴 적 운동회는 내게도 소중한 기억으로 남아 있다. 하늘 가득 만국기가 날리는 가운데 달리기와 반별 대항 경기가 이어지고, 삼삼오오 운동장 주변에 모여 김밥을 먹던 추억도 생생하다. 운동회의 백미는 늘 이어달리기였다. 각 반에서 제일 잘 달리는 아이들이 네 명씩 나와 바통을 주고받으며 달리면, 운동장의 모든 시선이 숨을 죽이고 그들을 향했다. 이어달리기는 빨리 달리는 것도 중요하지만, 바통을 떨어뜨리지 말아야 하고, 바통을 전달할 때 버벅거리지 않아야 한다. 아차하면 순위가 뒤바뀐다. 우리 팀이 안 뛰어도 이어달리기는 손에 땀을 쥐게 했다. 이어달리기가 다른 달리기와 달리 긴장감이 넘치는 이유는 바통 때문이다. 바통을 떨어뜨리면 안 된다!

복음 전수가 핵심이다

하나님나라 운동에서 가장 중요한 것이 무엇일까? 하나님나라 운동의 핵심을 정의 실현과 사회 참여라고 생각하는 사람이 있다. 교회 성장이나 선교라고 생각하는 사람도 있다. 영적 성장을 지난 장에서 이야기했으니, 사람의 변화라고 생각하는 사람도 있겠다. 하나님나라를 어떻게 이해하는지에 따라 여러 의견으로 나뉘겠지만, 이 모두가 하나님나라 운동과 관련 있으며 그 열매들이다. 하지만 하나님나라 운동의 핵심은 다른 데 있다. 핵심은, 하나님나라를 가능하게 하는 하나님나라 복음을 제대로 받아서, 달음박질하고, 다음 주자에게 제대로 전달하는 것이다. 혼자 아무리 멀리 빨리 잘 달려도 바통을 전해주지 않으면 하나님나라 운동은 그 사람의 당대에서 끝날 것이다.

이렇듯 복음을 받아서 전달하는 것이 복음 전도이다. 오래전 선지자가 "좋은 소식을 전하며…산을 넘는 발이 어찌 그리 아름다운가"^{사 52:7, 개역개정}라고 했는데 그 말이 충분히 이해가 간다. 그런데 오늘날 복음 전도는 심하게 변질되어 본뜻을 잃어버렸다. 일단 복음 전도가 일회성으로 이루어지는 바람에 듣는 사람 입장에서는 전혀 '좋은 소식'이 아니다. 비인격적이며 심지어 무례하기까지 하니, 한국 기독교의 부정적 이미지를 만들어내는 첫 번째 요인으로 등극한 지 오래이다.[1] 복음은 듣는 이가 환영할 만한 좋은 소식이어야 하는데 전하는 사람에게만 좋은 소식이 되어버린 셈이다. 더구나 슬프게도 복음 전도가 많은 교회에서 교회 성장 도구로 전락했다. 비신자에게 복음을 한 번 전해서 구원 받게 하고 그렇게 교회의 일원을 늘리는, 속칭 '부흥'하는 수단으로 복음 전도를 간주한 지 오래되었다.

그러나 복음 전도의 본래 의미는, 하나님나라 복음을 먼저 받은 사람이 자신을 살리고 계속 살게 만드는 복음이 너무나 소중해서 사랑하는 사람에게, 그리고 모르는 사람에게까지도 그 비밀을 전하고, 그들도 복음을 따라 살도록 돕는 것이다. 그러므로 복음 전도는 프로그램이 될 수도 없고, 교회의 양적 성장을 위한 도구로 전락할 수도 없다. 복음 전도는 하나님나라를 지금까지 이어지게 한 가장 중요한 수단이었다. 하나님나라 복음이라는 바통은 예수에서 시작해 초대교회 제자들을 거쳐 오늘날 우리에게까지 2천 년간 이어졌다. 그런 면에서 복음 전도는 단지 복음을 전하는 데서 그치지 않고, 내가 먼저 복음을 받아들이고 살아낸 다음에, 다른 이들에게 들려주고, 그들 역시 받아들이고 살아내도록 돕는 과정까지를 포함한다. 그래서 나는 복음 전도라는 말보다는 '복음 전수'라는 말을 선호한다. 사실 둘의 뜻이 크게 다르지는 않지만, 복음 전도라는 말이 적잖게 오염되어서 '자신이 전수받은 것만을 전수할 수 있다'는 본래 뜻을 살리기에는 '복음 전수'가 더 적합하다고 생각한다.

하나님나라의 핵심은 하나님나라를 가능하게 만드는 복음을 계승하는 것, 전달하는 것, 살아내고 살아내게 하는 것, 즉 복음 전수에 있다. 10장에서는 예수께서 부탁하신 내용을 초대교회 사도들이 어떻게 이어받았는지 살펴보고, 그것이 교회 역사를 통해 어떻게 오늘날까지 이어져왔는지를 자세히 알아볼 것이다. 그리고 하나님나라 복음 전수에서 빼놓을 수 없는 두 요소, '듣고 배우기'와 '보고 배우기'에 대해 살펴보고, 현대 사회에서 복음을 전수할 때 겪는 여러 어려움을 극복할 수 있는 구체적인 방법도 찾아보려 한다.

예수께서는 제자를 삼으라고 했다

4장에서 제자훈련을 기독교의 생존 방식이라고 소개했다. 예수께서 제자들에게 부탁하셨던 '지상대명령'The Great Commission은 제자를 삼으라는 것이었다. 다시 한 번 그 소중한 명령을 살펴보자.

그러므로 너희는 가서, 모든 민족을 제자로 삼아서, 아버지와 아들과 성령의 이름으로 세례를 주고, 내가 너희에게 명령한 모든 것을 그들에게 가르쳐 지키게 하여라. 보아라, 내가 세상 끝 날까지 항상 너희와 함께 있을 것이다.^{마 28:19-20}

제자를 삼기 위해, 가서, 세례를 주고, 가르쳐 지키게 하라고 당부하셨다. 예수의 명령을 통해 제자 삼는 사역에 세 영역이 있음을 알 수 있다. 첫째는 가서 복음을 전하고 세례에 이르도록 돕는 '복음 전파'와 '회심 사역'이다. 복음을 받은 사람이 하나님나라 백성으로 태어났다면, 두 번째 사역으로 이어진다. 거듭난 그가 하나님나라 백성으로 자라갈 수 있도록 예수께서 명령하셨던 모든 것을 '가르치는 사역'이다. 세 번째는 가르침의 궁극적 목적이 지식 습득이 아니라 지키는 것, 즉 살아내는 것이니, 그렇게 살 수 있도록 '양육하는 사역'이다.

이 세 가지 사역을 통해 제자를 삼는다. 제자로 삼는다는 것은 자기 제자를 만드는 것이 아니라, 예수의 제자로 삼는다는 것이다. 예수께서는 "너희는 랍비(스승)라는 호칭을 듣지 말아라. 너희의 선생은 한 분뿐이요, 너희는 모두 형제자매들이다"^{마 23:8}라고 말씀하셨다. 제자훈련이 시작 때부터, 아니면 귀한 열매를 맺은 후에 잘못된 방향으로 흐르는 이유 중 하나는, 예수의 제자를 길러내야 할 사람들이 어느새 자기 스스로 '스승'이 되어 '자기 제자'를 길러내기 때문이다. 자신을 닮으라는 바울 사도의 말도 자기 제자가 되라는 말은 아니었다. 그리스도를 닮아가는 자신을 닮으라는 뜻이었고, 자신이 조금 앞서 닮아가고 있으니 참조하라는 말이었다. 이처럼 예수의 제자를 만드는 것이 제자훈련의 궁극적 목표이다.

이 위대한 사명을 사도 요한은 다른 방식으로 표현한다. 예수께서 부활하신 이후에 제자들 앞에 세 번째 나타나셨을 때, 예수께서는 베드로에게 "네가 나를 사랑하느냐?"고 세 번 물으신다.^{요 21:15-17} 예수를 모른다고 부인했던 베드로는 곤혹스러워하며 "내가 주님을 사랑하는 줄을 주님께서 아십니다"라고 고백한다. 이때 예수께서 "내 양 떼를 먹여라"라고 말씀하신다. 베드로는 그 이후 평생 동안 자신이 맡은 하나님나라의 양 떼를 먹였을 것이다. 그 양 떼는 베드로의 양 떼가 아니라 예수의 양 떼였다. 양 떼를 먹이고 돌보라는 일생일대의 명령을 베드로는 예수께 받았다.[2] 평생을 목자로 산 베드로는 예수의 말씀을 '화두'로 품고 살았을 것이다. 그가 만년에 소아시아 성도들에게 편지를 쓰면서, 그 장면을 떠올리게 하는 권면을 한다.

> 여러분 가운데 있는 하나님의 양 떼를 먹이십시오. 억지로 할 것이 아니라, 하나님의 뜻을 따라 자진하여 하고, 더러운 이익을 탐하여 할 것이 아니라, 기쁜 마음으로 하십시오. 여러분은 여러분이 맡은 사람들을 지배하려고 하지 말고, 양 떼의 모범이 되십시오. 그러면 목자장이 나타나실 때에 변하지 않는 영광의 면류관을 얻을 것입니다.^{벧전 5:2-4}

베드로는 요한복음과 동일한 '먹이라'^{요 21:16}라는 단어를 쓰면서, 그들이 '여러분 가운데 있는 하나님의 양 떼'^{2절}일 뿐 아니라, '여러분이 맡은 사람들'^{3절}이라고 말한다. 4절에서는 목자장이 언젠가 나타나신다고 말한다. 우리는 목자가 양 떼를 먹이듯 우리가 맡은 사람들을 섬기지만, 그들에 대한 소유권은 없다. 그들은 '하나님의 양 떼'이며 '맡겨진 사람들'이다. 베드로 사도의 고백에 비추어 보면, 제자를 삼으라는 마태복음의 명령은 자기가 맡은 사람이 그리스도 안에서 온전한 사람이 되도록, 이 일을 맡기신 분 앞에서 목자로서 책임을 다하라는 것이다.

더 나아가 내가 맡아서 제자로 이끈 사람 역시 때가 차면 한 사람을 맡아 '예수의 제자'가 되게끔 섬겨야 한다. 그렇다면 어떻게 예수의 제자인 내가 누군가를 맡아 예수의 제자가 되게 하고, 나를 이어 예수의 제자가 된 그 역시 또다시 누군가를 맡아 예수의 제자가 되게 할 수 있을까? 그 일은 예수께서 처음 사도들에게 전했던 복음을 전수해 회심에 이르도록 돕고, 진리를 선명하게 가르쳐 그대로 살아내도록 양육함으로 가능하다. 결국 예수의 제자로 살아가면서 하나님 나라 복음이라는 바통을 다음 세대에 전달하는 것이다.

바울과 베드로의 제자 삼기

바울 사도는 가르침뿐만 아니라 사역 방법에서도 예수의 전략을 따른다. 바울 사도는 하나님의 말씀이 다음 세대로 전달되도록 평생에 걸쳐 한 사람 한 사람을 '예수의 제자'로 세웠다. 그는 말년에 자신이 전한 하나님나라의 복음이 다음 세대로 계속 이어지도록 영적 아들인 디모데에게 다음처럼 권면한다.

> 그러므로 내 아들이여, 그리스도 예수 안에 있는 은혜로 굳세어지십시오. 그대가 많은 증인을 통하여 나에게서 들은 것을 믿음직한 사람들에게 전수하십시오. 그리하면 그들이 다른 사람들을 가르칠 수 있을 것입니다. 딤후 2:1-2

바울 사도는 디모데에게 자기한테 들은 것을 믿음직한 사람에게 전수하라고 부탁한다. '바울에게서 들은 것'이 무엇이겠는가? 바울이 예수 그리스도로부터 계시로 깨달은 진리이며, 사도들에게 전달받은 진리이다.[3] 즉 하나님나라 복음의 진리이다. 새번역은 이 진리를 '전

바울의 영적 4세대

수하라'고 번역했는데, 이 단어는 '옆에 놓다' '맡기다' '위탁하다'는 뜻으로 쓰인다.[4] 즉 하나님나라 복음을 제대로 전달받았으니, 이제 믿음직한 사람, 충성된 사람에게 전달하라는 것이다. 그러면 그들이 또 다른 사람에게 전달하리라는 뜻이 담겨 있다.

이 본문에서 '바울-디모데-믿음직한 사람들-다른 사람들'로 이어지는 영적 4세대를 발견할 수 있다. 하나님나라 복음을 바로 이해한 바울은, 놀라운 소식이 여러 세대를 거쳐 땅 끝까지 이르러야 한다는 사실을 알고 있었다. 복음은 결코 한 세대에만 머물거나 그 세대에만 유익을 끼칠 수 없었다. 그래서 바울은 복음을 다음 세대에 제대로 전수하는 것에 깊은 관심을 보이면서, 하나님나라 복음의 바통을 제대로 전달하라고 거듭 강조한다.

앞서 살폈던 베드로전서 5장을 보면, 베드로도 영적 4세대를 염두에 두고 사역했음을 알 수 있다.

나는 여러분 가운데 장로로 있는 이들에게, 같은 장로로서, 또한 그리스도의 고난의 증인이요 앞으로 나타날 영광을 함께 누릴 사람으로서 권면합니다. 여러분 가운데 있는 하나님의 양 떼를 먹이십시오.…젊은이 여러분, 이와 같이 여러분도 나이가 많은 이들에게 복종하십시오.[벧전 5:1-2, 5]

| 베드로 | 장로 | 맡은 양떼 | 양떼 가운데 젊은이 |

베드로의 영적 4세대

'베드로-장로-맡은 양 떼-젊은이'로 구성된 영적 4세대를 마음에 두며, 양 떼를 먹이라고 권면한다. 베드로가 겸손하게 스스로를 동료 장로라고 소개하지만, 장로들은 베드로와 사도들의 사역을 통해 세워진 사람들임이 자명하다. 베드로 역시 자기 세대만을 염두에 두는 것이 아니라, 그들이 돌보는 양 떼와 그 양 떼 속에서 자라고 있는 다음 세대 젊은이들까지 마음에 둔다. 하나님나라 복음은 결코 한 세대에 머물 수 없기 때문이다.

베드로의 4세대 언급은 바울에 비해 다소 덜 선명하지만, 그의 이해가 공동체 맥락에서 이루어지고 있기 때문에 의미가 깊다. 바울 역시 디모데에게 편지를 쓰면서 에베소 교회를 염두에 두었겠지만, 영적 4세대를 언급하는 그의 글에서 공동체 맥락은 뒤에 숨어 있다. 반면, 베드로는 소아시아에 흩어져 있는 나그네들에게 편지를 보내면서 공동체의 장로들에게 직접 권면을 하고 있어5장 공동체적 성격이 강하게 드러난다. 이렇듯 영적 4세대에 걸쳐, 아니 그 이상으로 뻗어나가며 하나님나라 복음을 전수했던 공동체가 바로 초대교회 공동체였다.

그런데 왜 예수의 제자들은 자신이 복음을 전하는 것에 만족하지 않고, 자신에게 복음을 받아들인 사람들이 다음 세대와 그다음 세대에까지 복음을 전하는 일에 마음을 썼을까? 이것이 제자 삼는 일의 핵심이기 때문이다. 제자훈련이란 단지 책을 읽고 어떤 과정을 마쳤다고 끝나지 않는다. 제자가 된다는 것은 자신이 받은 하나님나라 복음을 직접 살아내며 누군가에게 전수했을 때 반쯤 진도가 나간 것이다. 나머지 반은 내가 복음을 전하고 섬겨서 예수의 제자가 된 사람이 또 다른 사람에게 복음을 전수하고 그를 돕는 과업이 이루어졌을 때 마무리된다. 그제야 비로소 제자훈련이 열매를 맺었다고 말할 수 있다. 즉 제자훈련은 반드시 '재생산'reproduction으로 이어져야 한다. 내가 아무리 많은 사람에게 복음으로 영향을 미쳤다 해도, 나와 그들과의 관계로만 끝나면 그들은 예수의 제자가 된 것이 아니다. 어쩌면 나의 제자가 된 것인지도 모른다. 다시 정리하면, 예수의 제자가 된다는 것은 가서 제자 삼으라는 예수의 명령에 순종해서, 자신이 먼저 제자가 되고, 다른 사람에게 복음을 전수해 그 역시 제자가 되었을 때, 첫걸음을 뗀 것이라 말할 수 있다. 그렇게 적어도 나로부터 영적 3세대가 이루어져야 비로소 제자가 되는 것이다. 이런 접근이 다소 도식적일 수도 있지만, 제자 됨의 본질을 보여준다고 생각한다. 바통을 떨어뜨리면 안 된다. 내 다음 주자만이 아니라, 그다음도!

초대교회부터 이어온 복음 전수

교회사를 훑다보면, 어떻게 팔레스타인 지역에서 사형당한 한 청년의 메시지가 전 세계로 퍼져나갔는지 놀라움을 금할 수가 없다. 박해나 위협을 끊임없이 받으면서도 기독교의 메시지는 오늘날까지 전해졌으며, 이 책으로 만난 우리까지 예수 그리스도를 따라가고 있다. 종교사회학자들이 기독교의 기원과 발흥을 놓고 이리저리 설명하지만, 예수의 부활을 빼놓고는 잘 설명이 안 된다. 그런데 성경은 초대교회가 믿었던 진리가 수천 년을 거쳐 다음 세대로 이어질 것이라고 이미 예견하고 있다. 누구보다 먼저 예수께서 자신의 천국 복음이 땅 끝까지 이를 것이라고 말씀하셨고,^{마 24:14} 바울 사도는 옥에 갇혀서도 "하나님께서 그리스도 예수 안에서 우리에게 자비로 베풀어주신 그 은혜가 얼마나 풍성한지를 장차 올 모든 세대에게 드러내 보이시기"^{엡 2:7} 원한다고 선언했다. 초대교회 때부터 오늘날에 이르기까지 하나님나라가 계속 확장된 이유는 예수의 제자들이 그분께 들은 바대로 먼저 살아내고, 이웃과 다음 세대에 지속적으로 전했기 때문이다. 다시 말해, 하나님나라 복음의 대물림이 오늘날 우리를 그리스도인으로 존재하게 한 것이다.

우리는 상상해볼 수 있다. 오늘 이 자리에 그리스도인으로 서 있는 내게 누군가 복음을 전해주었다. 그에게도 누군가가 복음을 전했을 것이다. 나에게까지 흘러온 복음의 계보를 거슬러 올라가면, 2천 년 전 예수를 따른 첫 제자들 중 누군가에게 이를 것이다. 그리고 우리 모두의 계보의 정점에는 하나님나라의 복음을 가르치신 예수께서 자리하고 계실 것이다. 이렇게 예수부터 내게 이르기까지 2천 년이라는 긴 세월을 흘러온 복음 전수의 계보를 상상해볼 수 있다. 그 계보에 속한 사람들 중에는 하나님나라 복음을 전수하기 위해 일자리를 잃거나 집에서 쫓겨난 사람이 있을지 모른다. 매 맞거나 옥에 갇히거나 고문당하고 심지어 목숨을 잃은 사람도 있을지 모른다. 지난 2천 년간 '예수의 제자들'이 고귀한 희생을 치르며 전하고 또 전한 하나님나라 복음을 내가 오늘 이 자리에서 받아들고 서 있는 것이다.

또 다른 상상도 해볼 수 있다. 우리가 천국에 이르렀을 때, 놀라운 복음의 계보를 직접 확인해볼 수 있을 것이다. 그런데 우리 중 어떤 이는 "아뿔싸, 이 놀라운 계보가 내게서 끊어졌다니!"라며 탄식할 것이다. 내가 받은 복음을 나 혼자 누리고 간신히 천국에 이르렀다면, 그래서 2천 년간 흘러내려온 복음의 계보가 내게서 끊어졌다면, 얼마나 부끄럽고 통탄스럽겠는가? 2천 년간 이어진 바통을 내가 떨어뜨렸는데, 다시 줍지도 않고 그대로 이어달리기를 끝내버린 것이다. 내 세대에서….

우리가 맡은 하나님나라의 복음은 이토록 무겁다. 절대로 나 홀로 누리다가 말아도 괜찮은 복이 아니다. 현재 이미 심판받고 있는 이 세상 사람들을 살리는 유일한 치유책이다. 그런데 어찌 나 혼자 치유받고 회복되고 말 것인가? 죽음에서 구원 받은 자라면, 결코 자신만을 위해 이 복음을 쓸 수는 없을 것이다. 사실 복음 전수, 즉 그리스도에 대한 증언이 예수를 따르는 제자들의 표지이며 제자 공동체인 진정한 교회의 표지이다. 16세기 종교개혁이 일어났을 때, 진정한 교회의 표지가 무엇인지, 누가 사도성을 계승했는지에 대한 논쟁이 있었다. 중세 교회는 하나님의 은혜가 로마 가톨릭교회를 통해 평신도에게 흘러간다고 가르쳤다. 그래서 사제들이 중심이 되어 일곱 성례전을 베풀었고, 교황을 위시한 사제들이 사도성을 계승했다며 그 권위를 인정했다. 사도성은 예수께서 베드로에게 주신 '천국의 열쇠'에 있으며, 이것이 제도적으로, 조직적으로 로마 가톨릭교회의 교황에게 전해졌다고 주장했다.

그러나 성경은 결코 제도나 조직으로 사도성이 유지되고 전수된다고 가르치지 않는다. 앞서 살펴본 대로, 진정한 사도성은 예수께서 명령하신 모든 것, 예수께서 전하신 하나님나라 복음을 가르쳐 지키게 할 때 전수된다. 종교개혁자들은 진정한 교회의 표지였던 일곱 성례전을 세례와 성만찬, 두 가지로 줄이고, 그것도 목회자에 의해서 하나님의 은혜가 성도에게 흘러가는 것이 아니라, 은혜를 입은 성도들이 성례에 참여해 더 깊은 은혜를 누리는 것이라고 가르쳤다. 그리고 종교개혁자들은 교회의 표지로 무엇보다 중요한 것은 말씀 선포라고 주장했다. 말씀이 중요한 이유는 말씀이 복음을 설명하고, 이를 통해 그리스도를 드러내기 때문이다. 즉 그리스도가 전해주신 진리대로 살면서 그 진리를 전수하는지가 사도성의 핵심이다. 교회는 예수가 메시아라는 진리를 선포하고 설명하는 일을 할 때에야 참 교회이며, 그 성도들이 사도성을 계승하고 있는 것이다.

종교개혁이 일어난 지도 500년이 지났는데, 그 정신을 이어받은 개신교회가 본질을 붙잡고 씨름하기보다 제도와 조직으로 정통성을 논한다면 얼마나 안타까운 일인가. 제도나 조직으로서의 교회도 필요하지만, 교회가 하나님나라 복음을 전수하지 않는다면, 차라리 중앙에서 통제하는 종교개혁 이전의 로마 가톨릭교회보다 낫다고 할 수 있을까. 오늘날 많은 개신교회가 중세 로마 가톨릭으로 퇴행한다는 말이 과장이 아닌 이유는, 교회의 정통성, 즉 예수 그리스도로부터 전해져온 사도성이 목회자에게 있다는 듯 행동하고, 목회자에게 과도하게 의존해 교회를 세우고 신앙생활하기 때문이다. 그래서 복음을 전하고 가르치는 일은 목회자의 일이 되었고, 성도들은 사역의 수혜자로 전락했다. 성도들의 가장 소중한 의무이자 특권을 일부 목회자가 독과점한 것이다. 앞서 살폈듯이 목회자, 즉 전문사역자들은 성도를 온전하게 하고 성도들이 자신의 사역을 할 수 있도록 지원해야 한다. 성도들의 사역은 은사에 따라 다양하고 독특하게 이루어진다. 하지만 모든 성도에게 부여된 영광스럽고 보편적인 사역이 있으니, 그것은 바로 하나님나라 복음을 전수하는 것이다. 하나님나라 복음의 전수가 그리스도인 개인과 교회의 사도성, 그리고 진정성의 기준이 된다.

하나님나라 복음 전수는 예수에서 시작해 제자들을 거쳐 지난 2천 년간 교회 역사를 통해 면면히 이어지고 있다. 참된 교회와 진정한 그리스도인의 기준을 하나님나라 복음 전수에서 찾을 수 있다는 말은 과장이 아니다. 그렇다면 예수의 진정한 제자로서, 또한 제자 공동체인 교회 공동체로서 하나님나라 복음을 어떻게 전수할 수 있을까?

복음 전수는 어떻게 일어나는가

하나님나라 복음 전수는 진리와 맞물려 있다. 예수께서는 "내가 명령한 것을 가르치라"고 말씀하셨다. 초대교회 성도들은 자신들이 창작한 사상이나 가르침을 전하지 않았다. 그들은 전해 받은 진리에 충실했다. 다음 성경 구절을 살펴보자.

우리는 하나님께 검정을 받아서, **맡은 그대로** 복음을 전합니다. 우리가 이렇게 하는 것은 사람의 환심을 사려고 하는 것이 아니라, 우리의 마음을 살피시는 하나님을 기쁘게 해드리려고 하는 것입니다.살전 2:4

건전한 교훈은, 복되신 하나님의 영광스러운 복음에 맞는 것이어야 합니다. 나는 이 복음을 선포할 임무를 **맡았습니다.**딤전 1:11

하나님께서는 제 때가 되었을 때에 하나님의 이 약속의 말씀을 사도들의 선포를 통하여 드러내셨습니다. 나는 우리의 구주이신 하나님의 명령을 따라 이것을 선포하는 임무를 **맡았습니다.**딛 1:3 5

디모데여, 그대에게 **맡긴 것을** 잘 지키십시오. 속된 잡담을 피하고, 거짓 지식의 반대 이론을 물리치십시오.딤전 6:20

그대는 그리스도 예수 안에 있는 믿음과 사랑으로 나에게서 **들은 건전한 말씀**을 본보기로 삼고, 우리 안에 살고 계시는 성령으로 말미암아 **그 맡은 바 선한 것**을 지키십시오. 딤후 1:13-14 6

바울 사도는 자신이 복음을 받았고, 그 복음을 전할 사명을 맡았다고 고백한다. 그리고 영적 아들에게 자기가 맡긴 것을 잘 지키라고 권면한다. 디모데가 무엇을 맡았겠는가? 당연히 바울 사도에게 받은 하나님나라 복음이다. 이를 디모데전후서와 디도서에서는 교훈, 복음, 말씀 등으로 표현하는데,[7] 그의 서신서들은 이 단어들로 가득 차 있다. 바울은 초대교회가 스스로 전하고 가르치는 진리대로 살면서, 다음 세대에 그 진리를 잘 전달하기를 바랐으며, 그 일에 깊은 책임을 느꼈다.

듣고 배우기

하나님나라 복음은 당연히 가르치고 전해야 한다. 우리는 하나님나라 복음의 진리를 듣고 **배운다**. 개신교 예배의 특징이 설교에 많은 시간을 할애하는 것인데, 이는 종교개혁자들이 예배를 통해 그리스도와 관련된 진리를 전해주려고 했기 때문이다. 여러 번 강조했지만, 기독교는 진리의 종교이다. 체험보다 진리가 더욱 중요한 이유는, 다양한 종교적 체험이나 신비한 경험을 추구하고 따라가다 보면 극심한 혼란에 빠질 것이 분명하기 때문이다. 체험은 심리적·사회적·문화적·영적 요인이 복합해 발생하며, 때로는 병리적 요인도 작용한다. 하나님나라 복음을 체험하기 전에 먼저 듣고 배워야 한다. 사실 지금까지 이 책에서 다룬 모든 내용이 듣고 배워야 하는 내용인 셈이다.

그렇다면 하나님나라 복음을 전수하려면 어떤 내용을 잘 전달할 수 있어야 할까? 당연히 성경 전체가 이야기하는 진리이다. 우리는 이 진리를 평생에 걸쳐 알아가는데, 진리의 기초인 하나님나라 복음을 듣고서 영적 아이로 태어나고, 진리를 더 깊이 배우면서 영적 청년으로 자란다. 이런 면에서 우리가 듣고 배우고 궁극적으로 전달할 줄 알아야 하는 진리는 지식적 내용을 넘어서서 다음 세 영역과 연관된 실제적 진리이다. 첫째는 찾는이가 주님께 돌아올 수 있도록 돕고, 회심자에게 그리스도인으로 어떻게 살아야 할지 알려주려면 하나님나라 복음을 선명하게 설명해주어야 한다. **복음 전도를 통한 회심 사역과 초기 양육 사역**이라 할 수 있다. 둘째는 이들이 예수의 제자로 성장할 수 있는 기반을 하나님나라 복음으로 든든히 할 수 있도록 섬겨야 한다. 이것이 바로 **하나님나라 복음에 기초한 제자훈련**이다. 마지막은 하나님나라 복음으로 세워지는 공동체의 본질과 사명, 그 실제에 대해 나누어야 한다. 우리는 하나님나라에 들어가는 순간, 공동체적 존재가 되기 때문이다. 세 번째는 **하나님나라 복음으로 공동체를 세우고 살아가기**이다.

전문사역자는 세 영역에서 누구보다 경험과 지식이 많으며 또한 깊은 사람이어야 한다. 교회에서 이루어지는 설교, 예배, 양육, 상담 같은 모든 사역은 세 가지 과제를 위한 외형적 기능에 해당한다. 이 모든 기능을 뛰어나게 실행할지라도, 하나님나라 복음을 전수하는 일이 그 안에 담기지 않으면, 즉 그리스도를 증언하고 설명하고 따르도록 하지 않는다면, 1장에서 이야기했듯이 '생명의 밥'은 사라지고 반찬과 식기와 식탁만 번지르르한 상태가 되고 만다. 전문사역자는 그리스도를 선명하고 실제적으로 가르쳐서, 즉 선포하고 설득하여 성도를 구비시켜 세 영역에서 성장할 수 있도록 섬기는 사람이다. 전문 지식과 훈련을 받은 전문사역자뿐 아니라, 모든 성도가 다음 세대에 바통을 제대로 전달하기 위해 필요한 세 영역을 다시 한 번 간략하게 살펴보자.

하나님나라 복음의 전도와 초기 양육

하나님나라 복음을 다음 세대로 전달하려면 먼저 영적으로 태어나야 한다. 영적으로 다시 태어나는 일은 성령께서 하시는 일이다. 하나님을 알지 못하고 살던 사람이 하나님을 마음에 모셔 들이고 사랑하게 되는 것은 성령께서 이루시는 신비한 일이다.^{요 3장} 거듭남을 위해 인간이 할 수 있는 일은 하나님나라 복음을 선명하게 설명해주는 것이다. 그리스도인들끼리만 알아듣는 종교적이고 신학적인 용어로 설명하지 말고, 보통 사람들의 실존적 상황에 들어맞는 언어와 개념으로 하나님나라 복음을 들려주어야 한다. 하나님나라 복음을 이해할 수 있는 내용으로 제대로 전달해야 한다.

이를 위해 하나님나라 복음의 네 요소를 기억해야 한다. 첫째는 **세상과 인간을 창조하신 하나님**에 대한 것이다. 하나님이 세상과 인간을 만드신 주인이시며 인간을 인격적으로 창조하셨다는 사실은, 복음을 이해하는 주춧돌이다. 하나님은 온 우주의 주인이시다. 하나님나라의 왕이시다. 둘째는 **죄의 본질**에 대한 것이다. 하나님과 맺은 인격적 관계를 파기하고, 하나님이 중심인 세상에서 인간이 주인 노릇하는 것이 죄의 본질이다. 죄의 결과로 인간은 개인적·사회적으로, 더 나아가 전 지구적으로 고통을 겪고 있다. 이것이 현재의 심판이다. 메시아를 간절히 기다리는 이 세대의 특징이다. 셋째는 스스로 헤어나올 수 없는 곤경에 빠진 인간을 위해 하나님께서 **메시아이신 예수**를 보내셨다는 것이다. 메시아 예수께서는 하나님을 떠난 세상을 심판하고 또 회복하기 위해 오셨다. 메시아이신 예수께서는 십자가에서 인간이 받아야 할 심판을 대신 받고 죽으셔서, 우리가 하나님 앞에 설 수 있는 길을 여셨다. 넷째는 우리 죄의 대가를 십자가에서 대신 지불하신 **예수 메시아를 받아들이는 것**이다. 이때 회복이 시작된다. 이 모두를 받아들일 때, 우리는 스스로 주인이었던 삶에서 예수 메시아가 주인인 삶으로 첫걸음을 내딛는다. 이제 우리는 세상에 속한 자들이 아니라, 하나님나라에 속한 하나님의 백성으로 하나님나라가 완전히 임할 것을 소망하며 살아간다. 이 네 가지가 하나님나라 복음의 핵심인데, 단순하면서도^{simple} 심오하다.^{profound} 단순하게 복음을 이해해 거듭나지만, 우리는 평생 이 심오한 진리를 알아나간다.

하나님나라 복음을 제대로 선명하게 전하는 사람이 간절히 필요한 시대이지만, 찾는이가 회심할 수 있도록 함께 걸으며 산파 역할을 하는 그리스도인을 찾기는 더욱 힘들어졌다. 회심 과정 중에 생기는 의문에 진실하게 응답하고, 찾는이들의 고뇌에 동참하며, 때로는 진리를 설명하면서 그들 안에서 역사하시는 성령과 동역하는 것은 정말 아름다운 일이다. 그리스도인으로 태어나 산파 역할을 한 번도 하지 못하고 죽는 것은 자신에게는 부끄러운 일이며, 주변의 찾는이들에게는 엄청난 불행이다.

만약 우리가 하나님나라의 진리를 들려주었을 때 변화하는 사람이 생기면, 그가 영적으로 자랄 수 있도록 기본적인 안내를 해주어야 한다. 거듭남의 중요성을 알고 하나님과 인격적 관계를 맺는 것이 이 시기의 핵심인데, 이 모두를 꼼꼼히 알려주고 배우게 해야 한다. 첫걸음은 매우 중요하다. 초기에 하나님나라 복음에 기초한 삶의 방식을 배우지 않고, 세속적이며 기복적이고 율법적인 신앙 양태를 배우면, 평생의 신앙 여정에 매우 부정적인 영향이 지속된다. 반면, 초기에 하나님나라 복음에 기초한 건강한 삶의 방식을 배우면, 평생의 삶에 긍정적이고 생명력 있는 영향이 끊어지지 않는다.

하나님나라 복음에 기초한 제자훈련

앞 장에서 살폈듯이 찾는이가 거듭나서 결신자가 되고, 결신자가 하나님과 인격적 관계를 맺으며 성장하고 있다면, 그는 예수의 제자로 살기 시작한 것이다. 9장에서 다루었듯이 이들에게 필요한 것은 영적 성장이 무엇인지에 대한 바른 이해이다. 모든 종교에 영성이 있고, 그리스도인도 그중 하나를 추구하는 듯 보인다. 강조하는 바에 따라 조금씩 차이는 있을지라도, 기독교의 영성은 반드시 예수께서 가르치신 진리에 기초해야 한다. 그렇지 않다면, 그리스도인이 추구하는 영적 삶은 시대와 문화의 영향을 받아 혼합주의적 성격을 띨 수밖에 없다. 바로 이런 면에서 우리는 예수의 중심 사상인 하나님나라의 복음의 중요성을 깨닫고 이를 선명하게, 실제적으로 배워서 전해주어야 한다.

제자훈련의 신학과 방법론을 다루기에 앞서, 5-9장에서는 로마서 1-8장을 중심으로 구원의 도리, 하나님나라 신학과 구원과 성령의 관계, 하나님나라를 받아들인 사람들의 공동체인 교회와 그들이 살아가야 할 세상에 대한 성경의 가르침을 살펴보았다. 그 이유는 하나님의 진리를 바로 알고 있어야 그 진리대로 살아낼 수 있고 전달할 수 있기 때문이다. 하나님나라 복음에 삶의 기초를 놓고, 그리스도 안에 있는 새로운 정체성을 기초로 하나님과의 관계, 자신과의 관계, 공동체와의 관계, 세상과의 관계에서 풍성한 삶을 누리는 길을 우리 자신이 먼저 배우고 누리고는, 전해주어야 한다. 하나님나라 운동은 하나님나라 복음을 실제적이고 구체적으로 이해하는 데서 시작한다. 이해하고 깨달은 대로 살면서 그 진리를 다음 세대에 전수하면, 비로소 하나님나라 운동은 열매를 맺기 시작한다.

여러 번 강조했지만 제자훈련은 훈련 과정을 하나둘 이수하거나 책을 몇 권 읽는다고 끝나지 않는다. 진리를 알아가는 여정과 살아내는 여정이 함께 가는 것이므로 인생 전반에 걸쳐 일어나는 일이다. 그렇다고 반드시 오랜 세월이 지나야만 다른 사람에게 진리를 전할 수 있다는 것은 아니다. 영적 청년을 지나 영적 부모에 이르는 과정 동안 자신보다 어린 형제자매들을 섬기는 일을 평생에 걸쳐서 하게 된다. 그러므로 제자의 삶에서 중요한 것은 평생 여정의 기반이 되는 진리를 든든하게 배워서 익히는 것이다. 그 진리에 기초해 일생 동안 성숙하는 과정이 제자의 삶이다.

하나님나라 복음으로 공동체 세우기

이 책에서는 기본 개념 정도만을 살폈지만, 하나님나라 복음대로 살아가려는 이들에게 교회는 너무나 소중하다. 하나님나라 복음을 전하면 누군가는 거듭나고, 그 거듭난 사람은 영적으로 자라기 시작한다. 이들은 결국 하나님나라의 대계를 깨닫고, 균형 있는 예수의 제자로 점진적으로 성장한다. 그렇게 자라가면서 복음을 전수한다. 복음이 전수되면서 하나님나라 복음 공동체가 탄생한다. 하나님나라를 살아내며 예수를 따르는 제자들의 공동체는 복음 전수를 더욱더 건강하고 광범위하게 일으킨다.

하나님나라 복음 공동체를 세워 그 안에서 예수의 제자들을 키워내고, 그 과정에서 하나님나라 복음의 바통을 이웃과 다음 세대에 전달하는 일은 반드시 배워야 할 영역이다. 교회라고 불리는 건물이나 조직의 일원으로 살아가지 않고, 살아 있는 유기체 같은 교회에서 자신의 역할을 감당하며 그 몸이 충만에 이르도록 하는 일 역시 배우지 않고서는 습득할 수 없다. 성경은 교회에 대한 이러한 가르침을 가득 담고 있다. 하지만 불행히도 많은 교회에서 성경이 가르치는 대로 하나님나라 복음 공동체를 세우기보다, 이미 익숙한 기존 제도나 조직에 맞추어 움직이는 경향을 보인다. 이 같은 현상은 하나님나라 복음 공동체를 제대로 듣고 배우지 못하면 생겨날 수밖에 없다. 그러나 교회의 역사를 보면, 성경을 통해 교회의 본질을 깨닫고 그것을 추구한 사람에게서 제도 교회는 늘 새 힘을 얻어서 갱신했으며, 시대의 사명을 감당했다.

하나님나라 복음의 전수는 진리를 듣고 배우면서 이루어진다. 진리를 선명하게 듣고 깨달으면 구체적이고 실제적으로 살아낼 수 있다. 그래서 아직 하나님을 알지 못하는 찾는이든지, 갓 회심한 결신자든지, 하나님과 인격적 관계를 맺으며 성장하고 있는 성장 초신자든지, 누구나 하나님나라 복음을 듣고 배워야 한다. 뿐만 아니라, 하나님나라의 복음을 전수하려는 영적 청년들과 하나님나라 공동체를 세우려는 영적 부모들은 하나님나라의 제자도와 교회 공동체를 제대로 이해하고 살아내야 한다. 진리를 바로 듣고 이해해서 살아내며 전달할 때, 하나님나라 복음이 비로소 전수되기 때문이다. 하나님나라 복음의 전도와 회심, 하나님나라 복음에 기초한 제자훈련, 하나님나라 복음의 공동체, 이 셋을 잘 배우는 것이 복음 전수의 핵심에 해당한다.

보고 배우기

진리를 듣거나 읽어서 이해하고 배우는 일은 정말 중요하다. 그런데 머리로 깨닫는 것에 반드시 동반해야 할 것이 있다. 기독교의 진리는 이해하고 가르치기 위한 것이 아니라, 궁극적으로는 살아내기 위한 것이다. 그러므로 전수된 진리는 반드시 누군가의 삶으로 열매가 맺혀야 한다. 누군가 진리대로 살아낼 때, 사람들은 그 모습을 보고 진리를 더욱 견고하게 또 실제적으로 배운다. 즉, 우리는 **보고 배운다.** 바울 사도가 고린도 성도들에게 자신을 본받으라고 한 내용^{고전 11:1}은 이미 살펴보았다. 바울 사도가 짧게 사역하며 세웠던 데살로니가 교회를 극찬했는데, 그 이유는 그들이 주님을 본받고 그들 또한 본이 되었기 때문이다.

> 우리는 여러분에게 복음을 말로만 전한 것이 아니라, 능력과 성령과 큰 확신으로 전하였습니다. 우리가 여러분 [가운데서], 여러분을 위하여, 어떻게 처신하였는지를, 여러분은 알고 있습니다. 여러분은 많은 환난을 당하면서도 성령께서 주시는 기쁨으로 말씀을 받아들여서, 우리와 주님을 본받는 사람이 되었습니다. 그리하여 여러분은 마케도니아와 아가야에 있는 모든 신도들에게 모범이 되었습니다. 주님의 말씀이 여러분으로부터 마케도니아와 아가야에만 울려 퍼진 것이 아니라, 하나님을 향한 여러분의 믿음에 대한 소문이 각처에 두루 퍼졌습니다. 그러므로 이것을 두고는 우리가 더 말할 필요가 없습니다.^{살전 1:5-8}

바울은 먼저 데살로니가 성도들이 바울과 실루아노와 디모데, 그리고 주님을 본받는 사람이 되었다고 말한다. 이들은 많은 환난 가운데서도 기쁨으로 말씀을 받아들이고 본받았다. 그리고 마케도니아와 아가야의 모든 성도에게 본이 되었다. 급기야 이들의 이야기가 세상 곳곳에 전파되어 영향을 끼치고 있다고 말한다. 사도행전 17장에 나오는 바울 선교팀의 사역 기록을 보면, 데살로니가 교회는 하나님나라 복음을 전수받은 지 얼마 되지 않았을 뿐더러, 복음을 전한 바울 선교팀마저 급작스럽게 떠나야 했다.[8] 그런데 이처럼 어린 교회가 세상에 영향을 끼칠 수 있었던 이유는 무엇이었을까?

그들은 말씀을 듣기만 한 것이 아니라,[5절] 환난 속에서도 기쁨으로 말씀을 받아들였다.[6절] 듣기만 하고 받아들이지 않는, 길가에 떨어진 씨앗[마 13장] 같은 사람도 있지만, 그리스도인이라면 복음을 듣고 받아들인 사람들일 것이다. 여기까지는 많은 그리스도인도 곧잘 좋아한다. 그런데 데살로니가 성도들의 독특성은 그 다음에 있다. 본을 받고 본이 된 것이다. 복음을 전해준 바울 선교팀을 본받았고, 그들을 통해 주님을 본받았다. 급하게 데살로니가를 떠나야 했던 바울은 이들의 본받는 삶을 칭찬하면서, 복음 전파 초기에 바울 선교팀이 처신했던 바를 상기시킨다.[살전 1:5] 선교팀이 어떤 자세로 사역했는지 알지 않느냐며,[2:5-7] 이에 대해 데살로니가 성도들은 물론이고 하나님도 증인[2:10]이라고 말한다. 바울은 선교팀이 데살로니가 성도들의 본이 되었음을 재차 확인하고, 데살로니가 성도들이 보고 본받는 면에서 뛰어나다며 칭찬한다. 한걸음 더 나아가, 고난을 받으면서도 견디는 것은 "유대에 있는 하나님의 교회들을 본받는" 것[2:14]이라며 격려한다.

이 같은 연쇄 작용은 '데살로니가 현상'이라 부를 수 있다. 이 현상은 다섯 단계에 걸쳐 일어나는데 먼저 말씀을 듣는다. 그리고 받아들인다. 그다음에는 앞선 이들을 본받으며 궁극적으로는 주님을 본받는다. 그러고는 다른 믿는 이들에게 본이 된다. 그러면서 세상에 선한 영향력을 끼친다.

오늘날 한국 교회가 어린 데살로니가 교회와 달리 세상에 선한 영향을 끼치지 못하는 이유가 여기에 있다. 말씀을 듣고 받아들이지만, 본받을 사람도 없고, 그래서 누구에게도 본이 되지 않기 때문이다. 진리에 대한 설명과 가르침은 넘쳐나지만, 실제 삶의 현장에서 본이 되는 믿음의 선배들은 너무나 적다. 목회자들은 성경을 가르치기만 하고 자신을 본받지는 말라고 한다. 그것을 겸손이라 생각한다. 그러나 기독교는 자신이 완전한 경지에 이른 다음에 자신을 본받으라고 말하는 종교가 아니다. 조금 앞서 주님을 따라가는 사람이 복음을 전하고, 복음을 받은 사람에게 멀리 계신 주님을 본받아도 좋지만, 우선은 조금 앞선 나를 본받으라고 감히 말하는 것이다. 본받을 자를 찾지도 않고 자신도 본이 되지 않는 현대의 많은 그리스도인은, 복음을 이해해도 그에 비추어 어떻게 구체적으로 살아야 할지를 잘 모른다. 구체적으로 살아내지 못하면 세상에 영향을 끼쳤던 데살로니가 교회의 길은 멀어진다. '데살로니가 현상'이 성경에서나 볼 수 있는 일이 되어버린 이유이다.

오늘날 회귀해진 메시지이지만, 그리스도인이 되면 고난 받는다는 사실을 초대교회 성도들은 당연하게 받아들였다. 다들 그렇게 살았다. 늘 그렇게 보고 배웠다. 데살로니가 교회도 고난 가운데 기쁨으로 말씀을 받아들였고, 유대에 있는 교회들 역시 고난이라는 사회적 압박 속에서 하나님나라 공동체를 세웠다. 바울 사도도 인생을 마감할 무렵 디모데에게 보낸 편지에서 고난 받으면서도 견뎠던 내 삶을 보지 않았느냐고 말한다.

그러나 그대는 알고 있습니다. 나의 가르침과 행동과 의향과 믿음과 오래 참음과 사랑과 인내와 안디옥과 이고니온과 루스드라에서 내가 겪은 박해와 고난을 말입니다. 나는 그러한 박해를 견디어냈고, 주님께서는 그 모든 박해에서 나를 건져내셨습니다. 참으로 그리스도 예수 안에서 경건하게 살려고 하는 사람은 모두 박해를 받을 것입니다.^{딤후 3:10-12,}
KHKV

바울 사도는 디모데가 알고 있다고 말한다.⁹ 바울의 가르침, 행동, 의향, 믿음, 오래 참음과 사랑과 인내, 박해와 고난을 잘 알고 있다고 말한다. 바울 옆에서 들었고 또 보았다는 것이다. 이렇게 보고 알게 된 바를 기초로, "그리스도 예수 안에서 경건하게 살려고 하는 사람은 모두 박해를 받을 것"이지만, 주님께서 바울 자신을 박해에서 건져주셨듯이, 하나님을 의지하며 견뎌내라고 권면한다.

바울이 회상하는 이 사건은 바울의 1차 전도여행에서 발생한 일이다. 바울은 바나바와 함께 안디옥 교회의 파송을 받아, 키프로스(구브로)를 경유해 남부 갈라디아에서 복음을 전한다. 비시디안 안디옥을 통과해 이고니아와 루스드라에 이르렀을 때 바울은 돌에 맞아 부상을 입는다. 그 정도가 너무 심해 사람들은 그가 죽은 줄 알고 성 밖에 내다 버린다. 그때 상황을 누가는 이렇게 기록한다.

그런데 유대 사람들이 안디옥과 이고니온에서 거기로 몰려와서 군중을 설득하고, 바울을 돌로 쳤다. 그들은 바울이 죽은 줄 알고, 그를 성 밖으로 끌어냈다. 그러나 제자들이 바울을 둘러섰을 때에, 그는 일어나서 성 안으로 들어갔다. 이튿날 그는 바나바와 함께 더베로 떠났다. 바울과 바나바는 그 성에서 복음을 전하여 많은 제자를 얻은 뒤에, 루스드라와 이고니온과 안디옥으로 되돌아갔다. 그들은 제자들의 마음을 굳세게 해주고, 믿음을 지키라고 권하였다. 그리고 또 이렇게 말하였다. "우리가 하나님나라에 들어가려면, 반드시 많은 환난을 겪어야 합니다." ^{행 14:19-22}

살해되었다 여겨져 성 밖에 버려진 바울이 기적적으로 소생해 이튿날 더베로 가서 복음을 전했다. 몸도 성하지 않은 바울의 사역을 통해 더베의 많은 사람이 주께 돌아와 제자가 되었다. 바울은 더베에서 돌아오는 길에 제자들을 위로하고 격려한다. 이때 그가 한 말이 "우리가 하나님나라에 들어가려면, 반드시 많은 환난을 겪어야 한다"이다.¹⁰ 바울의 격려가 예수를 이제 막 믿고 따르기 시작한 제자들에게 얼마나 큰 도전이 되었겠는가?

그런데 그 제자 중 하나가 디모데였다. 이를 어떻게 알 수 있는가? 1차 전도여행을 마치고 안디옥으로 돌아온 바울은 마가의 문제를 놓고 바나바와 충돌했고, 그 바람에 선교팀은 둘로 나뉜다. 바나바와 마가는 배를 타고 키프로스로 가고, 바울과 실라는 시리아와 길리기아로 향한다.^{행 15:35-38} 그 지역은 바나바와 바울이 1차 전도여행 때 돌에 맞으면서도 제자들을 기르고 교회를 세웠던 곳이다. 바울은 그 교회들을 육로로 다시 방문하는데, 당연히 더베와 루스드라도 재방문했으며 거기에 디모데가 있었다. 디모데는 그때 바울 선교팀에 합류한다.^{행 16:1-3}

디모데는 바울 선교팀의 1차 전도여행 때 그리스도인이 되었다. 바울은 디모데에게 그때 보고 경험했던 사건을 상기시킨다. 디모데는 바울이 돌에 맞아 죽었다 여겨져 성 밖으로 던져진 사건도, 그런 바울을 하나님께서 소생시켜 전도 사역을 이어갔던 것을 곁에서 보아서 알고 있었다. 바울은 하나님나라에 들어가려면, 그리스도 안에서 경건하게 살려면, 환난과 핍박을 받겠지만 주님께서 지켜주신다고 말한다. 디모데가 회심할 즈음 보고 배웠던 바를 바울은 다시 상기시키면서 그 진리를 디모데의 중심에 다시 새기고 있다. 이처럼 디모데는 그리스도를 따르는 삶을 말로만 듣고 배운 것이 아니라 바울의 본을 보고 배웠다.

완전성인가,
진정성인가

보고 배운다는 것은 참으로 귀한 경험이다. 그런데 우리는 누군가의 본이 되기에는 부족한 면이 너무 많다고 생각한다. 본이 되려면 내가 먼저 완전해져야 한다고 착각한다. 그러나 완전함은 평생에 걸쳐 추구하는 것이며, 그럼에도 불구하고 이르지 못한다. 완전하지 않아도 본이 될 수 있다. 바울의 경우를 생각해보자. 영적 아버지 같은 바나바가, 자기 조카의 부족함을 품고 사역에 계속 동참시키자고 했을 때, 보통 사람이라면 마지못해서라도 순종했을 것이다. 그런데 바울은 절대로 마가를 데려갈 수 없다며 바나바와 대립각을 세운다. 결국은 마음씨 좋은 바나바도 화가 나서 바울을 포기하고 배를 타고 키프로스로 떠나버린다. '옳지 않다'는 바울의 주장^{행 15:38}을 하나님나라 사역의 위중함 때문이라고 이해한다 할지라도, 선배와 대화하고 설득하는 성숙한 모습을 발견할 수는 없다. "심히 다투어서 피차 갈라섰다"^{행 15:39}는 표현에서, 영적 아버지이자 영적 선배 앞에서 강하게 자기주장을 펴며 결코 물러서지 않는 바울의 모습이 떠오른다. 그다지 본이 될 만한 모습은 아닌 것 같다.

더욱 흥미로운 것은, 바나바가 떠나자마자 바울이 재빠르게 실라를 선택해 수리아와 길리기아의 교회로 떠났다는 점이다.^{행 15:41} 바나바와 마가도 키프로스를 통해 1차 전도여행 때 사역했던 이 지역을 방문하려 했을 것이다. 그런데 바울이 육로로 먼저 이 지역을 찾는다. 동역 관계에서는 동역자를 신뢰하고 사역이 중복되지 않게 피하는 것이 일반적이다. 그런데 바울은 경쟁적으로 1차 전도여행 사역지를 선점하려 한 것 같다. 복음을 전해야 할 곳도 많은데 앞서 복음의 씨앗을 뿌렸던 곳을 다시 찾았다. 이러한 바울에게서 불완전하고 인간적인 모습을 발견한다.

성경에 등장하는 모든 인물에게는 흠이 있다. 바울 사도도 마찬가지였고, 성숙하는 과정 중이었다. 그의 초기 서신인 갈라디아서부터 말년에 쓴 편지까지 비교해서 살펴보면, 예수의 제자로 성숙해가는 그의 모습을 알 수 있다. 1·2차 전도여행 당시에 바울은 완전하지 않았다. 그 역시 그리스도를 따르며 닮아가고 있었을 뿐이었다. 바울이 자신을 본받으라고 했던 고린도전서는 1차 전도여행을 했던 47-48년에서 6년 정도 경과한 54년 전후에 쓰였을 것이다. 당시에 바울은 꾸준히 그리스도를 향해 성장해나가고 있었다. 그로부터 다시 5-6년 후인 61년을 전후해 빌립보서를 쓸 때 바울은 이렇게 고백한다.

형제자매 여러분, 나는 아직 그것을 붙들었다고 생각하지 않습니다. 내가 하는 일은 오직 한 가지입니다. 뒤에 있는 것은 잊어버리고, 앞에 있는 것을 향하여 몸을 내밀면서, 그리스도 예수 안에서, 하나님께서 위로부터 부르신 그 부르심의 상을 받으려고, 목표점을 바라보고 달려가고 있습니다. 빌 3:13-14

바울은 무엇을 이루었다거나 높은 경지에 이르렀다고 생각한 적이 없다. 그는 계속해서 목표점을 바라보며 달려가고 있다. 본을 보인다는 것은 완전하기 때문이 아니다. 오히려 우리는 완전한 사람을 좋아하지 않는다. 매력을 못 느낀다. 완전함은 부자연스러울 뿐 아니라, 완전한 척 할 때가 많은 줄 알기 때문이다. 완전함에 가까이 이르렀다 해도 자랑하듯 드러내지 않는 모습이 우리에게 감동이 된다. 사람에게 도전을 주는 모습은 완전함이 아니라 진정함이다. 그리스도인이 본을 보여야 할 삶은 완전한 경지에 이른 삶이 아니라 그리스도를 향해 꾸준히 달려가는 삶이다. 그분을 더 알아가고 더 사랑하고 더 섬기려는 모습, 그 진정성이 예수를 따르는 참된 제자의 표지이다.

그리스도인 가운데 약점과 부족함을 보이지 않으려는 사람이 있는데, 이는 바리새인의 영성인 위선이 스며든 모습일 뿐, 약한 가운데 강해지는 주님을 찬양했던 초대교회 성도들의 모습은 아니다. 신앙심 깊은 이들의 영적 체험보다 예수를 갓 믿은 이들의 고백이 더 큰 도전과 은혜를 끼치는 이유는, 그들이 빠른 속도로 그리스도를 향해 성장하고 있기 때문이다. 사역자로서 그리스도인의 삶과 공동체를 세워왔던 경험에 비추어보면, 사람은 누군가가 성취한 단계나 위치가 아니라 그가 어떤 속도로 그리스도를 향해 성장하고 있는지에 더 큰 도전을 받고 감동한다. 영적 후배들이 보고 배워야 할 것은 불완전과 미성숙을 숨기고 완전한 척, 성숙한 척하는 모습이 아니다. 오히려 부족하고 흠이 있더라도 그리스도를 알아가며 따르고 섬기려는 모습이다.

결국 복음 전수에서 중요한 것은 하나님나라 복음에 대한 바른 이해와 복음대로 살아내며 앞서 걸어가는 사람들이다. 그들도 불완전하며 성숙하는 과정에 있지만, 그리스도를 향해 꾸준히 걸어간다. 사람들은 그들을 보며 자신이 들은 진리가 참 진리였음을 확증한다.

오늘날 한국 교회에 필요한 것은 진리에 대한 이해뿐 아니라, 그 진리대로 살면서 본을 보이는, 주님의 본을 따르며 스스로도 본이 되는 실제 삶이다.

복음 전수의 장애물 뛰어넘기

모든 그리스도인은 하나님나라 복음을 선명하게 전달하고, 그 진리대로 살면서 하나님나라 복음을 보여주고 전수하라는 고귀한 부르심을 받았다. 하나님나라 복음의 바통을 잘 쥐고 뛰면서 여러 사람에게 잘 전해야 한다. 그런데 여기에 장애물이 하나 있다. 어떤 사람은 깨달은 진리를 잘 전하는 반면, 어떤 사람은 그 일에 어려움을 느낀다. 모든 성도가 하나님나라 복음대로 살아야 하지만, 복음을 전달하는 일은 모두가 다 잘하지는 못한다. 모두가 서로 다른 은사를 받았는데, 그중 하나가 전달하고 소통하는 은사이다. 어떤 사람은 스스로도 잘 이해하고 다른 사람도 잘 이해시킨다. 성경에서는 이를 가리켜 가르치는 은사라고 한다. 누구나 이 은사를 받은 것은 아니다.

성도 열 명 중에 한 명 정도가 가르치는 은사를 받았다고 한다.[11] 그래서 제자훈련 프로그램은 대개 그 내용을 단순화한다. 누구나 가르칠 수 있게 하기 위해서이다. 기독교의 진리에는 분명 단순한 면이 있다. 그래서 누구나 이를 듣고 믿어서 거듭날 수 있다. 하지만 거듭난 이후에 꾸준히 성장하려면 더 깊은 가르침이 필요하다. 더군다나 예수의 제자로 제대로 성장하려면 진리의 심오한 부분까지 이해해야 한다. 영적 성장은 신비한 체험을 하는 것이 아니라, 하나님의 진리를 더 깊이 이해하고, 그 깊이만큼 실제로 살아내는 것이다. 그래서 기초 단계의 제자훈련은 단순한 내용만으로 가능하지만, 온전한 성숙을 담금질하는 제자훈련은 하나님나라 복음에 대한 더 깊은 이해가 필요하다. 하지만 오랫동안 제자훈련을 해오면서, 성숙했으나 진리는 잘 전하지는 못하는 성도들을 자주 만난다. 진리에 따라 살고 있으나 설명은 잘하지 못하는 성도들을 어떻게 도울 것인가? 하나님나라 복음을 전수하면서 만나는 이 심각한 장애물을 어떻게 넘도록 도울 것인가?

그러던 중에 하나님나라 복음의 진리를 적절한 미디어에 담아 성도들이 함께 듣는 방법을 우연히 발견했다. 2001년에 하나님나라 복음에 근거한 제자도를 60분씩 24회에 걸쳐 강의하고 있었다. 이를 바탕으로 제자훈련 교재를 쓰면서 지도자용 자료도 함께 만들었다. 그러면서 이 내용을 '이끄미'들이 잘 전할 수 있을까라는 질문이 생겼다. 이미 다양한 제자훈련을 받은 성도마저 교재 내용을 제대로 가르칠 수 없다며 손사래를 쳤다. 그 말을 듣고 고민하며 기도하던 어느 날, 일대일 양육에서 강의 내용은 녹음으로 같이 듣고 성도들은 나눔을 중심으로 제자훈련을 하면 어떨까 하는 생각이 들었다. 그래서 당시에는 강의를 카세트테이프에 녹음해 배포했고, 시간이 지나면서 CD로, MP3 파일로도 제작하기 시작했다. 이렇게 해서 탄생한 것이 하나님나라 복음의 제자도를 다룬《풍성한 삶의 기초》였다.

성도들은 가르치는 대신 강의를 함께 듣고, 서로 삶을 나누는 일에 집중했다. 앞서 살펴본 대로 사람은 듣고도 배우지만 보고 배우기 때문이다. 많은 교회에서는 가르치는 은사를 중시해서 모든 성도가 조금만 성장하면 다른 사람을 가르치려든다. 하지만 모든 성도가 가르치는 은사를 받은 것도 아니며, 성장하기 시작한 사람은 가르치는 일에 힘을 쏟기보다는 자신이 배운 진리를 살아내는 일에 힘을 쏟아야 한다. 이렇게 자신이 성장해나가면서, 부족하나마 그 가르침을 삶으로 본을 보일 때 오히려 하나님나라 복음은 더 활발하게 전수된다. 나는 사역 현장에서 성도들이 가르치기보다는 진리를 살아내는 일에 집중하면 할수록, 진리에 기초해 성장하기 시작하고, 더 좋은 본이 생겨나는 것을 발견했다. 삶의 본이 생기면 생길수록 제자훈련이 더욱 실제적이 되는 것은 당연한 결과이다. 하나님나라 복음 전수의 가장 큰 장애물이었던, 심오한 진리를 어떻게 전달할 것인가라는 고민은 이렇게 극복되었다.

복음 전수의 미디어

신약성경이 쓰인 배경도 같은 맥락에서 이해할 수 있다. 당시만 해도 예수께서 이 땅에 와서 가르치고 죽고 부활하신 사건을 구전으로 전달했다. 초기에는 통합된 자료가 없었고, 파편적인 자료만 존재했을 것이다. 누가가 "우리 가운데서 일어난 일에 대하여 차례대로 이야기를 엮어내려고 손을 댄 사람이 많이 있었습니다"^{눅 1:1}라고 말했듯이, 사람들은 예수에 대한 이야기를 기록하기 시작했다. 마가가 가장 먼저 썼고, 마태와 누가는 마가복음과 자신들이 가지고 있던 자료, 마태와 누가가 공통으로 사용한 또 다른 자료를 참조해 자신들의 복음서를 썼다.[12] 요한은 한 세대가 지난 이후에 공관복음이 다루지 않은 예수 관련 자료에 신학적 성찰을 더해서 요한복음을 기록했다.

초대교회 성도들은 사복음서가 완성되기 전부터 예수에 대한 말과 글을 서로 나누며, 메시아이신 예수를 따르는 삶을 격려했다. 바울, 베드로, 야고보, 요한 모두 이런 이유에서 편지를 썼다. 그들이 이해하고 살아내려 했던 하나님나라의 복음을 사랑하는 형제자매들과 나누며 격려했던 것이다. 사복음서가 그리스도를 눈으로 목격한 사람들의 증언이라면, 서신서로 전해지는 이들의 편지는 그리스도를 따랐던 사람들의 이야기이다. 이 기록과 편지는 세월이 흐르면서 교회 공동체의 인정을 받아 현재의 신약성경을 이루게 된다.[13]

우리는 신약성경을 통해 그리스도에 대한 증언을 듣는다. 신약성경이라는 매개체가 없었다면, 우리는 그리스도를 몰랐을 것이다. 중요한 것은 하나님께서 그리스도에 대한 소중한 진리를 전달할 미디어로 글text을 사용하셨다는 것이다. 이스라엘 민족을 형성하시고, 그들을 찾아오셔서 구원하시고, 그들의 왕이 되어 그들을 새로운 땅에 정착시키는 모든 과정을 '글'로 적게 하셨다. 하나님은 당신이 어떤 신인지를 계시로만 알려주시지 않고 글로 적게 하셨다. 그 글은 인쇄술이 보편화되기 전까지 수천 년의 필사 과정을 통해 전달되었다. 인쇄술이 발전하자 성경이라는 글은 더욱 광범위하게 보급되었다. 하나님은 자신의 진리를 미디어를 통해 우리에게 전달해주셨다.

종교개혁도 같은 맥락에서 이해할 수 있다. '오직 성경'Sola Sciprtura 을 주장한 종교개혁자들은 중세 교회를 통과하면서 잃어버렸던 성경을 되찾아 성도들 품에 안겨주었다. 이들은 소수만 읽을 수 있었던 라틴어 성경을 자국어로 번역해 대중의 성경을 탄생시켰다. 그들은 모든 성도가 성경을 통해 구원을 깨달을 수 있고(성경의 충분성), 글을 읽을 수 있는 성도라면 성경을 이해할 수 있다고(성경의 명료성) 믿었다. 체코어, 독일어, 영어, 프랑스어로 성경을 번역했는데, 사실 놀랄 만한 일이 아니라 초대교회의 현상을 회복한 것이었다. 성경사본학을 공부해보면, 초대교회의 헬라어 성경이 2-5세기에 라틴어뿐 아니라, 시리아, 콥틱, 고딕, 아르메니아, 에티오피아, 슬라보니아 등 다양한 언어로 번역되었다는 사실을 알 수 있다.[14]

처음부터 성경은 사람들이 읽고 이해하라고 작성된, 그리스도를 증언하는 소중한 미디어였다. 종교개혁자들은 성경 읽는 길을 다시 열었을 뿐 아니라, 성경을 강해하는 일에도 열정을 쏟았다. 루터가 시편, 로마서, 갈라디아서, 히브리서를 강해하고, 칼뱅이 성경 각 권을 강해한 이유가 여기에 있다. 또한 종교개혁자들은 성경을 바르게 이해하도록 돕는 책들을 저술했다. 루터가 저술한《소요리문답》이나 기독교 사상의 집대성으로 불리는 칼뱅의《기독교 강요》가 여기에 해당한다. 당시 구텐베르크가 발명한 금속활자 인쇄술은 성경과 성경 관련 글이 널리 보급되는 데 큰 역할을 했다.[15] 인쇄된 책이라는 미디어가 없었다면 종교개혁은 일어나지도 확산되지도 않았을 것이다. 우리 시대에도 동일하게 하나님나라 복음 전수를 위해 적절한 미디어를 개발해야 한다. 오늘날에는 글도 중요한 미디어이지만 음성과 영상도 활용할 수 있다. 과거에는 책으로만 전달되던 지식이, 이제는 듣고 보는 다양한 강의로도 전달되기 때문이다. 다양한 미디어를 활용해 그리스도와 그의 하나님나라를 알릴 수 있게 된 것이다.

그런데《풍성한 삶의 기초》를 '듣고 나누는' 방식으로 제자훈련을 한 누적 건수가 700-800건을 넘어서고 책으로도 나올 즈음 질문이 생겼다. 성도를 준비시켜 성도들이 세우는 교회를 만들라고 주님께서 부르셨는데, 교회에서 나 혼자 복음을 전하고 있다는 사실이 불편해지기 시작했다. 처음에는 성도들이 복음을 선명하게 전하고 적절하게 변증하는 일을 어려워하기 때문에, 이런 일에 은사도 있고 준비된 내가 감당해야 한다고 생각했다. 그러나 하나님나라 복음 전수는 훈련 받은 전도자만 수행해야 하는 명령이 아니므로 고민은 깊어졌다. 그러다 어느 날,《풍성한 삶의 기초》에 적용한 방법론을 복음전도에도 사용할 수 있겠다는 생각에 이르렀고, 그 결과《풍성한 삶으로의 초대》가 탄생했다. 스마트폰으로 친구와 함께 볼 수 있도록 15-20분짜리 강의를 8개 만들어, 성도들이 진리를 찾는이들과 함께

| 풍성한 삶으로의 초대 | 풍성한 삶의 첫걸음 | 풍성한 삶의 기초 | 제자훈련, 기독교의 생존 방식 |

책과 음성과 영상으로 훈련하는 '풍성한 삶의 제자도'

들으며, 예수 그리스도와 자신의 삶에 대해 인격적 대화를 나누도록 했다. 《풍성한 삶의 기초》를 통해 제자들이 세워졌듯이, 《풍성한 삶으로의 초대》를 통해 예수를 만나고 회심하는 일들이 잦아졌다. 처음에는 음성과 영상으로 만들었던 자료를 책으로도 출판했다. 이어서 예수를 갓 믿었거나 신앙의 초보가 놓이지 않은 영적 아이인 성도들이 《풍성한 삶의 기초》로 제자훈련을 하기 어렵다는 사실을 발견하고, 초기 양육 자료인 《풍성한 삶의 첫걸음》도 집필하고 영상과 음성 자료를 만들었다.

책과 음성과 영상으로 하나님나라 복음을 전하고, 초기 양육을 하고, 제자훈련을 할 수 있는 자료가 탄생했다. 본서도 같은 방식으로 제작할 계획이다. 물론 모든 책을 이렇게 만들 필요는 없다. 하지만 복음 전수의 본질을 다루는 이 내용은 반복해서 읽고 듣고 묵상해서 자기 것으로 만들어야 한다. 독서에 익숙한 사람은 책을 통해 예수를 만나고 성장할 수 있다. 그러나 책을 많이 읽지 않는 사람에게는 음성과 영상 강의가 도움이 된다. 다만 음성과 영상 강의는 누구에게나 익숙한 방법이지만, 읽기보다 선택적이라는 장단점이 있다. 자기에게 필요한 내용만 들리기 때문에 구체적인 도움도 되지만, 원하고 들리는 부분만 듣기 때문에 전체를 파악하는 데는 한계가 있다. 대신 전체 내용을 파악하는 데는 읽기가 용이하지만, 영상과 음성 강의가 더욱 도전적이고 설득력이 크다. 그래서 세 종류 미디어는 상황과 필요에 따라 혼합해 사용할 수 있다.

복음 전수를 돕는 영적 성장 프로그램

'풍성한 삶의 제자도' 시리즈는 하나님나라 복음에 기초한 영성의 심화를 돕기 위해 세 종류 미디어로 개발했다. 앞 장에서 영적 성장은 하나님나라 복음에 기초해 영성이 깊어지는 것임을 확인했다. 이 과정을 통해 하나님나라 복음을 살아내고 살게 하는 것이 하나님나라 복음 전수이다. 그러므로 '풍성한 삶의 제자도' 시리즈는 하나님나라 복음 전수를 통해 모든 사람이 찾는이에서 출발해 영적 부모로 성장할 수 있도록 단계별 디딤돌 역할을 할 것이다. 하나님나라 복음 전수에 따른 영적 성숙과 이를 돕는 프로그램에 대해 알아보자.

앞 장에서 영적 성장을 7단계로 설명했다. 찾는이-결신자-성장 초신자-자립 신자-사역 준비자-사역자-지도자까지 개념상 한 단계 씩이지만, 실제로는 하나로 연결된 연장선이다. 더군다나 영적 부모에게는 사역자와 지도자 두 단계만 있는 것도 아니다. 영적 부모 단계에 이르면, 그 단계가 수십 단계로 이루어져 있음을 깨달을 것이다. 결혼해서 이제 막 아이를 낳은 엄마아빠도 부모이지만, 자녀를 낳고 키워서 시집장가 보낸 부모야말로 진정 베테랑 부모이기 때문이다. 20-30대 부모와 50-60대 부모가 같은 단계에 있다고 할 수 없다. 그러므로 영적 부모로서 사역자가 된 이후에도 사람들을 돌보고 공동체를 세우면서 더 깊고 온전한 사역자로 성장한다. 그중 일부는 은사와 자질에 따라 교회 공동체의 시대적 사명과 역할을 분별하는 지도자로 살아가기도 한다.

사역자와 지도자는 평생 성경을 깊이 공부하고, 영적 삶을 위해 꾸준히 영성 훈련spiritual discipline을 하면서 성장해나간다. 문제는 초기 단계의 성장이다. 언어나 운동을 배울 때도 좋은 프로그램을 만나면 시행착오를 줄이며 다음 단계로 손쉽게 넘어갈 수 있다. 이처럼 영적 성장의 길spiritual developmental path에도 각 단계를 넘어가게끔 도와주는 영적 성장의 디딤돌 프로그램spiritual developmental program이 필요하다.

이는 하나님나라 복음 전수를 위해 세 영역이 필요했던 것과 맥을 같이한다. 영적 아이일 때는 '복음 전도를 통한 회심과 초기 양육'이 필요하다. 영적 청년에게는 '하나님나라 복음에 기초한 제자훈련'이 필요하다. 마지막으로 영적 부모에게는 '하나님나라 복음 공동체를 세우는 법'이 필요하다. 이 프로그램들을 다시 한 번 정리해 소개하면 다음과 같다.

찾는이에게 하나님나라 복음을 선명하게 전하기 위한 프로그램으로는 《풍성한 삶으로의 초대》와 《하나님나라의 도전》이 있다. 결신자가 초기에 건강하게 양육 받을 수 있도록 돕는 프로그램은 《풍성한 삶의 첫걸음》이다. 성장 초신자가 그리스도인의 기본적인 삶을 살고 있고, 더 나아가 제자로서의 삶을 본격적으로 배우고 훈련하고 싶다면, 이제 영적 아이에서 영적 청년으로 발돋움하려는 때이다. 이때 《풍성한 삶의 기초》를 통해 일대일로 제자훈련을 받을 수 있다. 네 가지 관계에서 조금씩 성장하며 하나님나라 복음을 누리면, 찾는이와 영적 아이에게 이 놀라운 복음을 전하고, 초기 양육을 하고, 제자로 살도록 섬기고 싶은 마음이 생긴다. 지금 읽고 있는 《제자훈련, 기독교의 생존 방식》은 자립 신자가 사역 준비자로 살아가기 위해 필요한, 좀 더 깊은 성경의 가르침을 담고 있다. 이제 영적 청년으로 하나님나라 복음을 누릴 뿐 아니라 나누는 사람으로 준비하는 것이다.

이 책을 읽고 따르미와 하나님나라 복음을 나누고, 하나님나라

영적 성장 여정에 따른 디딤돌 프로그램

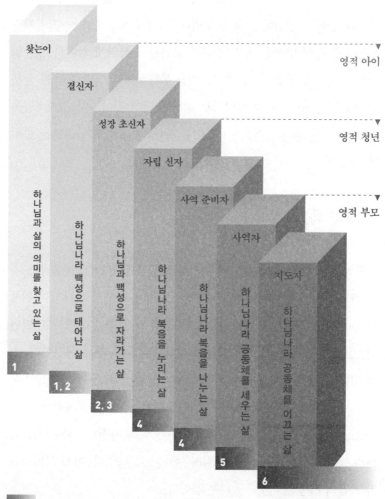

찾는이
결신자
성장 초신자
자립 신자
사역 준비자
사역자
지도자

영적 아이
영적 청년
영적 부모

하나님과 삶의 의미를 찾고 있는 삶
하나님나라 백성으로 태어난 삶
하나님과 백성으로 자라가는 삶
하나님나라 복음을 누리는 삶
하나님나라 복음을 나누는 삶
하나님나라 공동체를 세우는 삶
하나님나라 공동체를 이끄는 삶

1
1, 2
2, 3
4
4
5
6

1 《풍성한 삶으로의 초대》《하나님나라의 도전》
2 《풍성한 삶의 첫걸음》
3 《풍성한 삶의 기초》
4 《제자훈련, 기독교의 생존 방식》
5 《공동체, 기독교의 삶의 방식》
6 《하나님나라 복음으로 공동체 이끌기》

복음을 누리며 본을 보이면서 영적 청년으로 점점 더 강건해진다. 내가 변했듯이 내가 섬기는 따르미가 변하는 것을 보면서 하나님나라 복음의 능력을 절감하는 복을 누린다. 이렇게 성장하면 예수의 제자 공동체에 속해 만물을 충만케 하는 하나님의 사역에 참여하고픈 열망이 생겨나지 않을 수 없다. 이 책을 통해 하나님나라 복음을 충분히 누리고 나누면, 이제 사역자로 성장할 단계에 이른다. 그때《공동체, 기독교의 삶의 방식》(가제, 근간)를 통해 영적 부모의 역할을 준비할 수 있다.

2천 년간 멈추지 않았다

신약성경은 삶을 달리기에 빗대어 자주 설명한다. 특히 바울 사도가 그랬다. 바울은 "푯대를 향하여 그리스도 예수 안에서 하나님이 위에서 부르신 부름의 상을 위하여 달려가노라"^{빌 3:14}라고 고백하고, 말년에는 "달려갈 길을 마치고 믿음을 지켰으니"^{딤후 4:7}라고 선언한다. 그의 달려갈 길은 무엇이었는가? 하나님나라 복음을 전수하는 것이 아니고 무엇이겠는가? 바울 사도는 사도행전 20장 24절에서 에베소 장로들에게 "내가 달려갈 길과 주 예수께 받은 사명, 곧 하나님의 은혜의 복음을 증언하는 일을 마치려" 한다고 고백한다. 이제 하나님나라 복음의 바통을 이어주겠다는 것이다.

히브리서 저자도 경기장을 가득 매운 '구름같이 둘러싼 허다한 증인들' 앞에서 경주를 하고 있다고 표현했다.^{히 12:1} 우리 모두는 달리고 있다. 하나님나라의 바통을 들고 말이다. 하나님나라를 살아내면서 주변 사람에게 그 나라를 전하고 마침내 다음 세대로 흐르게 하는 일은, 초대교회 이후 지금까지 중단 없이 이어져오고 있다. 성경뿐 아니라 신약 시대 이후에 지금까지 쓰이고 있는 하나님나라의 역사는 이어 달려온 역사이다. 하나님나라 복음을 전수하며, 그 복음을 살아내는 사람들을 통해 하나님나라는 지금도 선포되고 있으며, 그 실체가 그들의 공동체와 그들의 삶을 통해 드러나고 있다.

이 놀라운 이어달리기에 우리는 구경꾼이 아니다! 우리도 허다한 증인이 되어 후배들의 달음박질을 응원할 날이 올 것이다. 그날이 올 때까지, 우리는 구경꾼이 아니라 함께 달음박질하는 사람들이다. 묵직한 책임감과 함께 축하할 만한 일이다. 이어달리기의 주자들이니 말이다. 다만 한 가지만 꼭 기억해라. 절대 바통을 떨어뜨려서는 안 된다!

11.

하나님나라
복음으로
한 사람 세우기

고등학교 1학년 때까지 내 인생의 목표는 일류대에 진학해 건축가가 되는 것이었다. 경쟁심 때문이었는지 성취욕 때문이었는지, 중학생 때는 공부한다고 6시간 이상 자본 적이 없었다. 결과도 좋았고, 그렇게 계속 죽어라 공부하면 결국 원하는 대학에 갈 것이라 생각했다. 그러다 고등학교 1학년 때 억지로 끌려간 교회 여름 수련회에서 예수를 영접하고는 인생이 드라마틱하게 변했다. 수련회 갈 때와 돌아올 때의 나는 다른 사람이었다. 비록 나이는 어렸지만 인생의 목적이 결코 좋은 대학 가는 것이 아님을 깨달았다. 천지를 지으시고 나를 이 세상에 내신 하나님의 계획을 찾아 살아가는 것이 인생의 목적임을 감지했다.

하지만 내 인생은 이미 부친의 뒤를 이어 건축가가 되는 것으로 정해져 있었다. 아주 뛰어나지는 않았지만 건축적 소양도 있어 보였고 관심도 많았다. 사람들의 삶을 담는 집을 짓는다는 것, 공간을 창조해내는 일은 참 매력적이었다. 열정적으로 일하는 아버지 모습도 참 보기 좋았고, 당시 부친의 회사는 젊었지만 전도양양했다. 그래서 예수를 만난 이후에는 하나님을 위해 좋은 건축가가 돼야겠다고 마음먹고, 열심히 신앙생활하며 학업에 더욱 매진했다. 그런데 집에서는 걱정이 많았다. 예전처럼 공부만 열심히 하는 게 아니라 교회 생활에도 꽤 열심을 냈으니 당연한 반응이었다. 신앙생활을 하면서도 마음 한편에는 이 길이 맞는 길일까 하는 의문이 들었다. 하지만 이미 고2가 되었고, 입시까지는 2년 밖에 남지 않아 깊게 고민할 여유는 없었다.

드디어 고3이 되는 해 1월 1일. 양력설을 쇠는 우리 집에서 세배를 하고 결의를 다졌다. "고3 1년은 지금까지보다 더욱 최선을 다하자." 그런데 그날 오후 갑자기 피를 토하기 시작했고 응급실로 실려 갔다. 나는 폐결핵 판정을 받고, 이후 한 달간 입원하면서 평생 맞아도 다 맞기 어려울 것 같은 많은 주사를 맞았다. 그러고는 1년간 휴학했다. 고지가 바로 저기인데 하는 아쉬움, 1년을 뒤처진다는 안타까움이 있었지만, 중학교 이후 처음 제대로 쉴 수밖에 없었다. 산 속 오두막에서 홀로 요양하며 기도도 하고 성경도 읽고 일기도 쓰면서, 처음으로 내 인생에 대해 찬찬히 생각할 수 있었다.

집을 세우고 공간을 창조하는 일을 천직으로 받아들였는데, 왜 그 길의 첫 관문 바로 앞에서 고꾸라져야 했을까 하는 의문이 들었다. 하나님의 특별한 뜻이 있을 거라는 덕담이 그 이상으로 다가왔고, 나를 향하신 하나님의 뜻을 진지하게 구하기 시작했다. 회심한 후에 인생의 목적을 하나님에게서 찾았고, 영적으로 성장하면서 큰 변화를 경험하고 있었기에, 하나님을 만나서 사람이 변하는 것이 인생에서 가장 중요한 것이라는 사실을 재확인했다. 점점 내 마음속에 '집을 세우는 일'보다, 사람들이 하나님을 만나서 그 삶이 변화되도록 '사람을 세우는 일'을 하고 싶다는 바람이 커졌다. 그때까지만 해도 한 사람의 잠재력과 소중함을 지금처럼 깊게는 몰랐지만, 내 자신의 변화가 너무 놀라워서 이 같은 변화를 모두에게 선물하고 싶었다.

결국 나는 두 번 사는 인생이라면, 한 번은 집을 세우고 또 한 번은 사람을 세우겠지만, 한 번 사는 인생이니 사람을 세우는 일에 인생을 드리자고 결심했다. 아버지는 처음에는 모질게 반대하셨지만, 결국 내 갈 길을 가도록 길을 열어주셨다. 이후 2-3년간 부자 관계를 끊다시피 할 정도로 아버지의 상심은 컸다. 나는 이과에서 문과로 옮기고, 사람을 세우려면 사람을 공부해야 한다는 단순한 생각에 사회학을 선택했다. 고등부 때도 후배와 친구들이 단순한 복음에도 변하는 모습을 봐왔던 터라, 대학에서는 아무도 알아주지 않았지만 스스로 캠퍼스 선교사 마인드로 친구들과 토론하며 복음을 변증했다. 놀랍게도 회심하는 친구들이 생겨나기 시작했다. 교회 대학부에서도 친구들과 후배들 가운데서 놀라운 변화가 일어났다. 내가 변했듯이 그들도 변화했으며, 그 과정을 곁에서 지켜보았다.

친구들과 후배들이 회심하니, 이들이 잘 성장할 수 있도록 어떻게 도울지가 큰 과제였다. 나를 세워주는 사람이 없는 상황에서 다른 사람들을 세우려다 보니 사람 세우는 방법을 스스로 터득해야만 했다. 몇몇 선교단체를 찾아가 양육 방법을 알려달라고 요청했지만, 돌아오는 말은 "들어와서 배우라"는, 시답잖다는 반응이었다. 대학교 1-2학년인 나를 보며 선교단체 간사들이 얼마나 기가 막혔을까. 나는 좌충우돌하며 사람 세우는 법을 배워나갔다. 그러다가 특이한 내 사역에 한 선교단체가 관심을 보였고, 그들의 초청으로 시험을 보고 졸업 후에 그 단체 간사가 되었다. 대학 졸업 즈음에 성경을 가득 채운 하나님나라를 발견하고는, 5년간 캠퍼스 사역을 하면서 본격적으로 하나님나라와 복음의 연관성을 탐구하며 어렴풋하게나마 알아갔다. 이를 기반으로 사람과 공동체 세우기를 연구하고 배우고 실습할 수 있었다. 유학 기간에는 사람 세우기와 공동체 세우기에 대한 신학적 기반을 좀 더 확실하게 놓을 수 있었다. 이 과정에서 내가 놀란 것은, 현대 교회 사역에서 매우 중요한 부분이 빠져 있다는 것이었다.

현대 교회가 놓친 양육 방식

먼저, 현대의 많은 교회가 사람 세우기에 큰 관심을 기울이지 않는 것 같다. 이 역시 복음에 대한 얕은 이해와 하나님나라에 대한 무지에서 기인한다. 영적 성숙을 단지 좋은 교인이 되는 것 정도로 생각하고, 앞서 살폈듯이 하나님과의 관계가 다른 여타 관계에 어떻게 영향을 미치는지를 크게 고민하지 않는 것 같다. 교회 속에 갇혀 있다시피 하는 목회자가 만들어내는 다양한 교육 프로그램은 교회 울타리를 벗어나지 못한다. 따라서 제자훈련도 결국 '좋은 교인 만들기'나 '목회자의 보조 사역자'를 만들어내는 정도로 전락한다. 목회자들을 만나면 가끔 이렇게 묻는다. "목사님은 목사님의 사역으로 10년쯤 성장한 성도가 어떤 모습이기를 기대하세요?" 충격이지만 대다수 목회자는 어떤 성도를 키워내야 할지에 대한 그림이 없다. 그러니 성도를 키워내는 방법도 모호하고 실제적이지 않다.

이런 상황에서 대다수 교회는 대중 설교를 가장 중요한 사역 수단으로 삼는다. 설교는 초대교회 사도들이 예수 그리스도에게 전수받은, 하나님나라 복음을 선포하는 방식이었다. 종교개혁은 로마 가톨릭이 약화한 말씀 선포를 되살렸는데, 이는 설교를 통해 그리스도를 증언할 수 있었기 때문이다. 개신교 역사를 살펴보아도 부흥 운동에는 위대한 설교가들의 설교 사역이 있었다. 이렇듯 개신교는 종교개혁의 정신과 전통을 이어받아 대중 설교를 사역의 중요한 수단으로 삼고 있다. 주일 예배만이 아니라, 부흥회나 사경회 같은 특별 집회도 결국은 말씀 선포가 주요한 목적이다. 일반적으로 목사의 자질을 이야기할 때나 목사의 사역에서 우선순위를 따질 때, 어느 교회 예배가 '은혜롭다'고 할 때에 설교는 가장 중요한 요소로 거론된다.

교회는 다양한 세미나와 강좌도 연다. 여기서도 기독교 진리와 관련 내용을 가르치는 일에 집중한다. 대형 교회를 방문해보면 거의 학원 수준으로 수많은 강좌를 개설하고 있다. 아예 학교를 본떠서 봄학기, 가을 학기 등으로 나누어 교육 프로그램을 진행하기도 한다.

여러 소모임도 교회 사역에서 중요한 부분이다. 구역이든 성경공부 소모임이든 기도모임이든, 대형 집회로는 채워지지 않는 인격적 교제와 친밀한 예배, 그리고 다양한 사역을 위해 필요하다. 그런데 놀랍게도 여기서도 누군가가 가르치거나 설교하는 경우가 많다. 대중 설교, 각종 세미나와 강좌, 소모임 모두가 한 사람 한 사람에게 복음을 전해서 복음에 걸맞게 살도록 지도하고 격려하려는 목적으로 이루어진다. 실제로 이러한 활동들이 교회 사역에 적지 않은 영향을 끼쳤다. 그러나 앞 장에서 살펴보았듯이 개인이든 회중이든 그들에게 선한 영향을 끼치는 궁극적 목적은 그들을 진정으로 변화시켜 그들 역시 또 다른 사람을 변화시키도록 돕기 위해서이다. 즉 재생산을 통해 하나님나라 복음을 전수하는 것이 하나님나라 운동의 핵심이다. 이 지점에서, 한 사람 한 사람이 변화하는 일이 대중 설교와 소모임만으로도 충분히 이루어지는지, 그에 걸맞은 열매를 맺고 있는지를 질문해보아야 한다. 한 걸음 더 나아가, 대중 설교와 소모임이 하나님나라 복음 전수에 적절한 열매를 거두고 있는지를 냉정하게 평가해보아야 한다.

대중 설교도 소모임도 다 중요하지만 이와 함께 놓치지 말아야 할 것이 있다. 바로 일대일로 만나 사람을 세우는 일이다. 꼭 기독교 맥락이 아니어도, 사람은 인격적으로 깊이 만날 때 가장 많이 변화한다. 가장 좋은 교육 방법 중 하나가 튜터링이나 멘토링임을 사람들은 알고 있다. 하나님나라 복음을 배우고 살아내면서 전수하고, 전해 받은 사람도 살아내게 하는 일에 일대일 만남보다 더 좋은 방법은 없다. 다시 말해, 하나님나라 복음으로 사람을 세우려면, 일대일 만남을 빼놓고는 논하기 어렵다. 그런데도 대다수 목회자와 성도는 사람들을 군중으로 앉혀놓고 가르치고 설교하는 것을 주된 사역이라고 생각한다. 소모임이나 일대일 만남은 해도 좋지만 안 해도 괜찮은 부수적 활동이라 여긴다. 놀랍게도 일대일로 만나 성도를 양육한 적 없다는 사역자도 꽤 있다. 언젠가 한 목회자가 내게 "목사님은 일대일 양육을 지나치게 강조하시는데, 선교단체의 방법론 아닌가요? 성경에 일대일 양육이 나오나요?"라는 질문을 해서 아연실색한 적이 있다. 이제 일대일로 만나 사람 세우는 일에 대해 이야기해보자.

예수와 일대일 만남

일대일 만남의 가치를 누구보다 잘 보여주신 분은 바로 예수이시다. 특히 요한복음은 예수께서 한 개인을 어떻게 만나셨는지를 섬세하게 보여준다. 공관복음처럼 요한복음도 예수께서 나눈 문답을 짧게 기록하지만, 요약된 이야기임에도 불구하고 예수께서 사람들을 어떻게 만나서 어떤 대화를 나누셨는지를 잘 보여준다. 요한복음 3장에서는 예수께서 종교적 형식주의에 빠져 있던 니고데모를 만나 거듭남에 대해 이야기를 나누신다. 니고데모와의 대화는 가르침으로 이어지고 이후 니고데모는 무대 뒤로 사라진다. 아마 니고데모는 깊은 고뇌를 품고 예수에게서 물러났을 것이다. 그러나 그는 얼마 지나지 않아 바리새인들 앞에서 예수를 옹호하고,[7:50-51] 결국 예수께서 돌아가신 후

장례를 치르기 위해 위험을 무릅쓰고 아리마대 요셉과 함께 몰약을 가지고 찾아온다.[19:38-39] 예수와의 일대일 만남을 통해 그가 새로운 영적 여정을 시작했으리라는 점은 어렵지 않게 상상할 수 있다.

요한복음 4장은 성경에 기록된 예수의 대화 중 가장 긴, 사마리아 여인과의 대화를 전해준다. 당시 유대인의 정서로 미루어 볼 때, 사마리아인이자 여인, 그것도 심각한 윤리적 결함이 있는 사람과 대화를 나누는 일은 있을 수 없는 일이며, 그 대화를 기록으로까지 남기다니 더욱 이해하기 힘든 일이다. 그러나 이 대화를 통해 사마리아 여인의 눈을 열어주시고, 메시아이신 예수를 발견하게 하시고, 동네 사람들까지 예수를 발견하게 만드신다. 요한 사도도 이 점을 부각하고 싶었을 것이다. 요한복음뿐 아니라 사복음서를 읽으면서 우리가 깊이 감동하는 이유는 예수께서 사람을 군중으로 만나지 않으시기 때문이다. 종교 지도자, 매국노 세리, 온갖 질병에 걸려 있던 병자들, 절망에 빠진 사람, 몸을 팔아 생계를 유지하는 여성, 일상에 지쳐 있는 사람, 성공을 구가하는 사람, 금수저를 물고 태어난 부자 청년 등 너무나 다양한 사람들을 만나신다. 그냥 만나신 게 아니라 그들의 깊은 곳을 만져주신다. 그리하여 이들 인생에 심대한 영향력을 끼치신다.[1]

오늘날에는 성도 한 사람 한 사람을 만나 깊은 대화를 나누는 목회자들이 드물다. 대형 교회 목회자들은 더더욱 성도들을 개인적으로 만나지 않는다. 만난다 해도 삶의 현장에서 그들이 고민하는 문제까지 파고들지 못할 때가 많다. 놀랍게도 많은 선배 목회자들이 여러 문제에 휘말릴 수 있으니 절대로 성도와 일대일로 만나지 말고, 만나더라도 일정 거리를 유지하라고 충고한다. 예수께서는 수많은 사람을 일대일로 만나 그들의 인생을 만져주셨는데, 이를 흠모하고 따르려는 목회자들은 많지 않다. 더 나아가, 사회적·영적·육체적으로 여러 장애가 있고 아예 하나님을 모르는 사람들을 예수처럼 나서서 만나며, 그들과 깊은 대화를 나누고 결국 그들을 하나님께로 이끄는 목회자는 무척 희귀하다. 사정이 이러다보니 그런 목회자를 '보고 배우며' 신앙생활을 해야 할 성도들도, 하나님의 진리에 기초해 인격적으로 깊은 대화를 나누는 사례를 보거나 배우지 못하는 상태가 되어버렸다. 사람은 진리를 가지고 깊은 사랑 가운데 만날 때 변화한다. 이런 만남 속에서 진리의 영이며 사랑의 영이신 성령께서 각자의 독특함을 만져주신다.

바울의 일대일 사역

앞에서도 이야기했듯이 바울 사도는 모든 면에서 예수 그리스도를 닮으려 애썼다. 그의 사역을 살펴보아도 그가 사람들을 온전히 세우기 위해 얼마나 애썼는지 알 수 있다. 특히 한 사람 한 사람 돌보는 일에 최선을 다했다. 안타깝게도 많은 사람이 그가 설교자로서 사역했다는 사실은 잘 알지만, 일대일 만남을 통한 양육과 권면을 주된 사역 방법으로 채택했다는 사실에는 별로 주의를 기울이지 않는다.

바울 사도가 초기에 쓴 서신인 데살로니가서는 주후 50년경에 쓰였다. 그가 회심한 때가 주후 33년이고 바나바의 부름을 받아 안디옥에서 사역을 시작한 때가 주후 45년경이니, 회심한 지 17년 정도 지났고, 공식적으로 사역을 시작한 지는 5년 정도 지났을 때이다. 사역 초기인 이때의 사역 방법을 살펴보자. 데살로니가를 황급히 떠나야 했던 바울은, 짧았던 자신의 사역을 돌아보면서 이렇게 적는다.

우리가 그리스도의 사도로서 짐이 될 수도 있었습니다. 그러나 우리는 마치 유모가 자기 자녀를 돌보듯이 여러분 가운데서 어린아이가 되었

습니다.…여러분도 아는 것같이, 아버지가 자기 자녀에게 하듯이, 우리
는 여러분 각 사람을 권면하고 위로하고 증언하는 것은 여러분을 부르
신 하나님께 합당하게 살아가서 당신 자신의 나라와 영광에 이르게 되
게 하려는 것입니다.^{살전 2:7, 11-12, KHKV}

바울 사도는 자신의 사역을 유모와 아버지 역할에 빗대어 설명
한다. 그는 스스로를 아이 돌보는 유모로 묘사한다.[2] 유모가 자기 자
녀를 돌보듯이 사역했다는 것이다. 자신들이 사도로서 짐을 지울 수
도 있었지만,[3] 오히려 낮아져서 "여러분 가운데서 어린아이가 되었
다"고 말한다.[4] 숙련된 유모가 아이들 앞에서 아이처럼 말하고 몸짓
하면서 어르는 이미지를 보여준다. 유모의 전문성에 친근함과 낮아
짐, 인격적인 온화함까지 어우러진 이미지이다. 한 아이에게 오롯이
집중하는 유모의 모습이다. 바울은 사도로서 권위를 행사할 수 있었
고, 정당한 요청도 할 수 있었다. 하지만 일대일로 그들 수준에 맞추
어 낮아졌으며 그 자세로 그들을 사랑했다고 말한다.

두 번째 이미지는 아버지의 모습이다. 바울은 자신의 자세를 언
급하면서 아버지와 같은 마음으로 사역했다고 말한다. 아버지는 아
이들을 단지 보호하고 양육하는 데서 그치지 않고 전적으로 책임지
는 존재이다. 그는 아버지로서 권면하고 위로하고 증언하는 목양 활
동을 했다고 말한다.[5] 권면은 바르게 살아가도록 격려하고 책망하는
것이며, 위로는 지쳐 있는 자를 일으켜 세우는 것이고, 증언은 하나님
의 뜻을 선명하게 선포하는 것이다. 이 세 가지가 그가 펼친 목양 활
동의 전부였다기보다는 대표적 사역이었고, 바울이 한 사람을 온전
히 세우기 위해 갖은 방법을 다 강구했다는 뜻이다. 이 본문은 사역
의 목적도 선명하게 보여준다. 아버지가 자녀를 돌보듯 바울이 데살

로니가 성도들을 보살핀 궁극적 목적은 그들을 하나님의 부르심대로 합당하게 살게 하고, 끝내 하나님나라와 영광에 이르게 하기 위해서 였다. 하나님 앞에서 합당하게 산다는 것은 인간을 향한 하나님의 선하신 뜻을 배우고 분별해서 그에 걸맞게 사는 것을 뜻한다. 이러한 삶은 궁극적으로 그의 나라에 이르게 된다. 바울의 사역은 당장의 목양을 성공하는 데 있지 않았으며, 마지막까지 하나님나라 백성답게 살게 하고, 궁극적으로는 완벽하게 임할 나라에 들어가게 하는 데 있었다. 사람들을 세우는 사람이라면, 자기가 섬기는 사람들이 온전해지기를 바라며 사역해야 한다.

이 짧은 본문에서 바울은 사람을 세우는 사역의 근본 **자세**(아버지로서), **활동**(권면, 위로, 증거), **목적**(온전한 사람으로 세우기)을 보여준다. 그런데 우리가 쉽게 간과하지 말아야 할 부분은 바울이 이러한 사역을 실행한 방법이다. 그는 사람을 세우기 위해서 '너희 각 사람'에게 사역했다고 밝힌다. 많은 사람을 무리로 모아놓고 가르치기도 했지만, 사람을 온전케 하려면 아버지가 자녀를 돌보듯 사역해야 한다는 것이다. 교사와 학생(군중)이 아니라, 함께 살면서 가까이에서 보고 배우고 각양의 사랑을 주고받는 아버지와 자녀(각 사람) 관계로 만났다고 이야기한다. 10장에서 '데살로니가 현상'을 논할 때 이미 암시되었듯, 근접한 거리에서 사람을 만나지 않으면 본이 될 수 없다. 바울 사도가 데살로니가전서에서 끊임없이 강조한 대로 자신이 한 사역을 '너희가 안다'라고 표현하기가 힘들다.[6] 데살로니가 사람들이 가까이에서 바울을 보며 본을 삼은 것은, 바울이 아버지처럼 각 사람을 만나 사역했기 때문이다.

바울은 데살로니가전서에서 유모와 아버지의 이미지로 사역의 본질과 방법론을 설명해주는데, 그는 대중적인 내용으로도 가르쳤지

깊어져야
제자의
삶

만 일대일로도 만나 양육했다. 유모는 여러 아이를 눕혀놓고 한꺼번에 젖병을 물리기보다는 한 아이에게 집중해서 눈을 맞춘다. 아버지도 자녀들을 모아놓고 한 번에 교육하기보다는 아이 하나하나에 집중해 자기 인생을 살아가게 한다. 이처럼 바울은 성도들을 일대일로 만나서 돌보았다. 데살로니가에서 일대일로 사역한 것은 이때가 사역 초기라서, 아직 사역자로서 충분히 여물지 않아서 그랬던 것이 아니다. 바울 사도가 데살로니가에서 사역한 지 6-7년이 지난 후, 주후 57년경 예루살렘을 향해 위험한 여행을 떠나면서 밀레도에서 에베소 장로들을 불러 교제하며 남긴 마지막 연설을 살펴보자. 그는 에베소에서의 약 3년간(주후 52-55년 또는 56년)의 사역을 회상하면서 이렇게 말한다.

11

장로들이 오니, 바울이 그들에게 말하였다. "여러분은, 내가 아시아에 발을 들여놓은 첫날부터, 여러분과 함께 그 모든 시간을 어떻게 지내왔는지를 잘 아십니다. 나는 겸손과 많은 눈물로, 주님을 섬겼습니다. 그러는 가운데 나는 또, 유대 사람들의 음모로 내게 덮친 온갖 시련을 겪었습니다." 행 20:18-19

바울 사도는 데살로니가전서에서처럼 자신이 어떻게 살아왔는지를 그들이 '잘 안다'고 먼저 말한다. 가르친 대로 살면서 그 모습을 보이는 것이 바울에게는 중요했다. '내 가르침은 본받되 나를 본받지는 말라'는 현대의 일부 설교자와는 사뭇 다른 모습이다. 그는 본을 보이며, 그들에게 유익한 것을 전하고 가르쳤다고 회상하며, 데살로니가전서 2장 12절에서처럼, 자신이 증언했던 내용을 다시 정리해 반복한다. 그에게는 어떻게 사역했는지, 즉 사역의 방법론보다는, 무엇을 전했는지, 즉 사역의 내용이 더 중요했다.

나는 또한 유익한 것이면 빼놓지 않고 여러분에게 전하고, 공중 앞에서
나 각 집에서 여러분을 가르쳤습니다. 나는 유대 사람에게나 그리스 사
람에게나 똑같이, 회개하고 하나님께로 돌아올 것과 우리 주 예수를 믿
을 것을, 엄숙히 증언하였습니다.…나는 여러분 가운데로 들어가서, 그
나라를 선포하였습니다.…그것은, 내가 주저하지 않고 여러분들에게
하나님의 모든 경륜을 전해주었기 때문입니다. ^{행 20:20-21, 25상, 27}

그의 주된 메시지는 '모든 사람이 하나님께로 돌아올 것과 주 예
수를 믿을 것'이었다. 이를 25절에서는 '그 나라를 선포하였다'고 말
한다. 또한 27절에서는 '하나님의 모든 경륜'을 전해주었다고 한다.
경륜이라고 번역한 단어는 의도나 의지를 가리키는 것으로 하나님
의 뜻과 계획을 의미한다.[7] 이 세 가지 내용을 종합하면, "하나님나라
가 임하였으니, 모든 사람이 회개하고 하나님께 돌아와 우리 주 예수
를 믿고, 하나님의 뜻에 걸맞은 삶을 살아, 오실 하나님나라를 준비하
라"이다. 바울 사도가 가르치고 선포하고 증언하고 전한 것을 한마디
로 요약하면 '하나님나라의 복음'이었다.

바울은 이 소중한 메시지를 두 가지 방법으로 전했다고 말한다.
20절에서 '공중 앞'에서 전하고 '각 집'에서 가르쳤다고 적었다. 공중
과 각 집에서 그가 얼마나 개개인을 붙들고 분명하게 씨름을 했으면
다음처럼 선언할 수 있었겠는가?

그러므로 나는 오늘 여러분에게 엄숙하게 증언합니다. 여러분 가운데
서 누가 구원을 받지 못하는 일이 있더라도, 내게는 아무런 책임이 없

습니다. ^행 20:26

대중 설교와 강의만 한 사람은 결코 이처럼 이야기하지 않을 것이다. 공중 앞에서뿐 아니라 각 집에서 사람들을 직접 만났기 때문에 가능한 이야기이다. 그런데 각 집에서 가족과 거기 모인 사람들을 그냥 만난 정도가 아니었다. 여기에 한 가지 방법을 덧붙인다. 그는 결론 부분에서 이에 대해 구체적으로 표현한다.

그러므로 여러분은 깨어 있어서, 내가 삼 년 동안 밤낮 쉬지 않고 각 사람을 눈물로 훈계하던 것을 기억하십시오. ^행 20:31

바울이 3년간의 사역에서 잊지 말아달라고 에베소 성도들에게 당부한 것은 밤낮 가리지 않고 각 사람을 눈물로 훈계했다는 것이다. 한 사람 한 사람을 얼마나 깊이 사랑했고, 얼마나 치열하게 각 사람을 위해 사역했는지 고백하는데, 우리 눈을 끄는 것은 그가 '각 사람'을 훈계했다는 점이다. 바울 사도는 공중, 각 집, 각 사람을 상대로 사역했다. 앞서 말한 공적 집회와 소모임과 일대일 만남이 바울의 회상에 모두 등장하는 것은 우연이 아니다. 이들이 하나님나라 복음을 받아들여 회개하고 주 예수를 믿고 하나님의 경륜에 따라 살아갈 수 있도록 바울은 공적 집회, 소모임, 일대일 등 모든 방법을 총동원해 최선을 다했다. 이 모든 사역을 요약하면서 바울은 '각 사람을 눈물로 훈계'했다고 말한다. 그에게는 일대일로 사람을 세우는 일이 중요했다. 이처럼 데살로니가교회와 에베소교회에서의 사역이 내용과 목적과 방법에서 모두 동일했다.

이제 바울의 사역과 삶의 마지막 부분으로 가보자. 예루살렘을 향하던 바울은 결국 예루살렘에 도착했다가 우여곡절 끝에 로마에 이르고, 에베소 장로들을 만난 지 3년 정도가 지난 주후 61년 즈음에 로마에서 골로새로 보내는 편지를 쓴다. 바울은 골로새서에서 그리스도가 창조1:15-17와 구속1:18-20에 있어 탁월하시다는 사실을 논하고, 그 구원이 골로새 성도들에게 값없이 주어졌다고 상기시킨다.1:21-23 이어서 바울은 이 놀라운 비밀을 세상에 전하기 위해 자신이 사역자로 부르심을 입었다1:24-26고 밝힌다. 그러면서 자신이 놀라운 부르심에 따라 어떻게 사역했는지를 이야기하는데, 다음과 같은 짧은 구절로 자신의 사역을 뛰어나게 요약한다.

> 이 그리스도를 우리는 전파하여 각 사람을 권하고 모든 지혜로 각 사람을 가르쳐서, 각 사람을 온전하게 그리스도 안에서 드리려 합니다. 이를 위하여 나도 내 속에서 능력으로 역사하시는 그의 능력을 따라 애를 쓰며 수고하고 있습니다.골 1:28-29, KHKV

다시 한 번 바울은 자신이 사역한 내용이 탁월하신 그리스도이심을 보여준다. 그리스도를 전파하고 권하고 지혜로 가르치는 것이 그가 사람을 세우는 활동들이었는데, 데살로니가전서 2장에서 보았던 바와 비슷하다. 사역의 목적은 모든 사람을 온전하게 만들어 그들을 그리스도 안에서 드리려는 것이었다.[8] 바울은 '드린다'는 단어를 마지막 날에 일어날 일로, 고린도후서 4장 14절과 11장 2절, 로마서 14장 10절, 에베소서 5장 27절, 골로새서 1장 22절 등에서 사용한다. 바울은 궁극적으로 모든 성도를 그리스도 안에서 온전하게 세워 하나님께 마지막 날에 드리려 한다.

그런데 이 본문에서 결코 간과할 수 없는 내용이 다시 한 번 나오는데, 바울이 계속 강조하는 '각 사람'이다.[9] 세 번이나 반복된 이 표현은 모든 사람에게 그리스도가 차별 없이 전해져야 한다는 의미도 있지만, 더욱 강조하는 바는 바울 사도가 한 사람 한 사람을 붙들고 사역했다는 것이다. 바울은 그리스도를 전하고 권하고 가르치는 일을 단지 대중을 상대로 했다고 말하지 않고, '각 사람'을 붙들고 씨름했다고 강조한다. 한 사람을 그리스도 안에서 온전하게 세우기 위해, 다시 말해, 하나님나라 복음에 기초해 모든 영역에서 그리스도를 닮아갈 수 있도록 세우기 위해, 곧 제자훈련은 한 사람을 붙들고 씨름할 때에야 비로소 이루어진다. 수많은 목회자들이 설교로 사람을 변화시키려 한다. 대중 설교는 꼭 필요하며, 이때 하나님나라가 강력하게 선포되고 복음이 마음 깊숙이 전해지기도 한다. 그러나 사람이 정말 변하려면 한 개인을 붙들고, 그리스도, 곧 하나님나라 복음을 전하고 권하고 가르치는 사람이 있어야 한다.

사람들을 모아놓고 하는 설교도 분명 쉽지 않은 일이다. 그러나 각 사람을 그리스도 안에서 온전케 하기 위해 한 명 한 명 붙들고 씨름해본 사람이라면, 설교는 상대적으로 어려운 일이 아니라고 말할 것이다. 사람을 세우는 일이 실제로 너무나 고되고 힘들었기에 바울도 29절에서 성령의 도움에 의지해 자신도 수고하고 애쓰고 있다고 고백한다. 설교는 대중을 향한 메시지이며, 메시지를 받을지 말지는 듣는 사람에게 달려 있다. 그러나 한 사람을 세우려는 수고는 그 한 명에게 집중돼 있다. 더군다나 한 사람을 온전하게 세우려는 시도 자체가 가능한 일이 아니다. 그러나 그리스도를 배우고 경험한 사람은 다른 사람들도 그리스도로 인해 온전해지기를 바라며 애쓰지 않을 수 없는데, 이 일은 정말 인간의 힘으로는 불가능하다. 이 일은 사람을 온전히 세우는 것을 기뻐하시며, 우리 가운데에서 역사하시며 동역하시는 성령의 도움 없이는 결코 해낼 수 없는 과업이다. 사역의 본질이 무엇인지를 경험한 바울이기에 성령의 역사를 따라 자신도 최선을 다해 수고하고 있다고 고백한다.

바울은 골로새서 1장 28-29절에서 사역의 **내용**(그리스도), **활동 사항**(전하고 권하고 가르치고), **목적**(그리스도 안에서 온전하게 드리려)과 원천(성령의 도우심과 협력하는 수고)을 정리하면서, 그 **방법**으로 각 사람과 관계를 맺으며 사역했다고 말한다. 데살로니가전서 2장, 사도행전 20장, 골로새서 1장은 바울 사도가 주후 50년, 57년, 61년에 쓰거나 말한 내용이다. 조금씩 다른 표현을 쓰지만, 사람을 세우려 했던 사역의 전반을 보여준다. 감사하게도, 사람을 세우려는 모든 사역자의 대선배인 바울 사도를 통해 이 소중한 사역을 어떻게 해야 하는지 배울 수 있다. 그런데 안타깝게도 많은 사람은 자신이 깨달은 진리를 사람들 앞에서 가르치는 것만 좋아한다. 때로는 본인이 깨닫기보다는 머리로 이해한 지식인데도 마치 자기 것인 양 가르치기를 즐긴다. 사람들 앞에서 가르치는 사역에는 사람들 앞에 서는 기쁨, 인정받는 기분, 일정 시간을 자기 뜻대로 쓸 수 있다는 자유 같은 여러 인간적 요소가 스며들어 있어서 그런 것 같다.

가르치는 사역에 자기 성취적 요소가 많은 반면, 한 사람을 세우는 일은 자신을 비워야 하는 일이다. 그래서인지 많은 목회자가 가르치는 일에만 집중하고, 바울처럼 각 사람을 세우려는 일은 자주 간과한다. 심지어 한 사람을 세우려 온갖 애를 쓴 바울의 모습을 모르는 사역자도 때때로 만난다. 일대일 양육은 교회가 아니라 선교단체의 방법론이라고 생각하는 사람들도 있다. 예수도 바울도 일대일로 사역했는데 이를 발견하지 못했다니. 아마도 설교나 강의, 세미나를 사역의 전부처럼 여기는 풍토 때문일 것이다. 사람을 세우기 원하는 사람이라면 잊지 말아야 한다. 바울은 예수처럼 많은 사람 앞에서도 가르쳤지만, 예수께서 하셨듯이 한 사람 한 사람을 하나님나라로 초대하고 하나님나라 복음으로 양육했다.

나는 예수의 가르침뿐 아니라 예수의 삶과 사역의 방식에 매료되었다. 그런데 예수께서는 3년 정도 활동하셨고, 완전한 인간이셨지만 신성을 간직하신 분이라 따라가기에는 거리감이 느껴지는 게 사실이다. 그런데 예수를 깊이 사랑하고 충실히 따르며, 사람과 교회를 치열하게 세운 바울을 만나고 공부하면서 큰 도전을 받았다. 20-30대에 사람들을 만나고 사역하면서 소모임과 일대일 사역의 중요성과 가치를 경험적으로 발견했지만, 그 방법이 예수와 바울 사도가 사역한 방법인 줄은 성경을 공부하면서 나중에야 깨달았다.

그래서 목회를 시작하면서 결단한 것이 있다. 혹시 사역 규모가 커져서 많은 사람을 섬길지라도, 교회 지도자들만 만나는 목회자는 되지 않겠다고 결심했다. 설교와 강의만 주된 사역으로 삼지 않고, 일대일로 만나 사람을 세우는 일을 빠뜨리지 않겠다고 마음먹었다. 매주 의지적으로 찾는이를 만나고, 정기적으로 영적으로 어린 성도들과 대화하고 삶을 나누며 그리스도와 그분의 진리를 전하겠다고 결심했다. 찾는이들을 꾸준히 만나면서 그들의 질문과 고뇌를 알게 되었고, 어떻게 섬겨야 그들이 예수께 나아오는지도 배웠다. 성도들을 만나 깊은 대화를 나누면서는 하나님나라 복음의 놀라운 능력도 경험하지만, 동시에 인간이 지닌 너무나 다양한 문제도 보게 되었고, 그리스도 안에 있는 우리가 이런 문제를 안고 어떻게 살아야 하는지도 함께 고민하며 배웠다. 사람을 세우는 일은 나 혼자 할 수 없으며, 내 속에서 역사하시는 성령과 동역하지 않고는 불가능하다는 사실도 배웠다. 예수를 본받는 일이 여러 영역에서 가능하겠지만, 예수를 진정

따른다면, 비신자에게서 격리되고 동료 성도와 멀어져서는 안 된다. 교회의 직제에 갇히지 말아야 한다. 이를 넘어 사람들을 무리가 아니라 가능하다면 일대일로 인격적으로 만나야 한다.

일대일로 사랑하기

놀랍게도, 사람이 성숙하는 일은 하나님나라 복음으로 한 사람을 세우려 씨름하면서 이루어진다. 전문사역자(목회자)만이 아니라, 모든 성도가 이 일에 부르심을 받았다. 하나님나라 복음은 반복을 통해 심화돼야 하는데, 가장 좋은 환경은 성도간의 나눔의 현장이다. 그래서 대중 집회보다는 소모임이 유익하다. 소모임은 나눔을 하기에 대형 집회와는 비교할 수 없는 좋은 조건을 가지고 있다. 소모임을 통해 일상을 나누는 유익을 누린다면, 일대일 만남은 소모임에서보다 한 사람에게 더 집중할 수 있어 사람을 온전하게 세우는 일에 더욱 유익하다. 소모임은 안전한 관계로 성숙하기도 어려운 면도 있고, 체면 문화 때문에 자기 약점을 잘 드러내지 못하는 한국인 특유의 한계를 극복하기도 쉽지 않다. 반면 일대일 관계에서는 이끄미가 진실하게 삶을 나누면서 만남을 이끌면 따르미가 자기 속의 고민과 아픔을 쏟아 놓고 이를 하나님의 진리로 해석하며 해결점을 찾아간다.[10]

다시 말하지만, 진리를 기반으로 삶을 나누는 일이 제자훈련의 핵심이다. 불행히도 소모임이나 일대일 만남에서도 가르치려드는 사람들이 있지만, 이 시간에는 누군가에게 진리를 배우는 것이 아니라, 각자가 진리를 살아내기 위해 어떤 씨름을 하고 있는지를 나누고 함께 고민하는 것이 중요하다. 성경 전체가 증언하는 그리스도와 그리스도께서 살아내시고 가르치신 하나님나라 복음을 반복해 들으면서, 삶의 구석구석에 적용한다. 이것이 제자의 삶을 훈련하는 제자훈련이다.

다시 말하지만, 제자훈련이 프로그램이나 자료에 기반을 둔다고 해도, 그 프로그램이나 자료를 섭렵한다 해서 제자가 만들어지지는 않는다. 하나님의 진리인 하나님나라 복음이 자기 것이 되고 그 위에 인생의 집을 지어갈 때 참된 제자훈련이 이루어진다.《풍성한 삶으로의 초대》,《풍성한 삶의 첫걸음》,《풍성한 삶의 기초》를 인도하는 사람을 교사나 지도자가 아니라 '이끄미'라고 부르는 이유도 그 때문이다. 제자훈련을 오해해 자기 제자를 길러내고 지도하는 사람이 되지 않기 위해서이다. 이끄미는 주님을 본받는 길을 조금 앞서 걸어가는 사람이다. 자신보다 한두 걸음 뒤에서 따라오는 '따르미'를 인도하며 함께 주님을 닮아가는 것이다.

가르치려는 욕구는 제자훈련에 상당한 폐해를 끼친다. 한국의 유교 전통 때문인지, 다른 사람을 주도하는 모습을 본능적으로 좋아해서인지, 설교하는 목사님이 근사해 보여서인지, 신앙생활을 조금만 하면 다른 사람들을 가르치려든다. 그런데 아이러니하게도 사람은 누가 자신을 가르치는 것을 싫어한다. 나를 가르치려들면 속으로나 아예 대놓고 "나한테 설교하지 마"라고 말한다. 제자훈련이 실패하는 이유 중 하나는 가르치려 들기 때문이다. 그리스도를 따라가기 바쁜 사람은 가르치기보다는 진리에 근거해 자기 삶을 성찰하고 고민과 진보를 함께 나누는 것을 더 즐거워한다. 그리고 따르미는 이끄미가 가르치려는 진리보다는 그가 살아내려 애쓰는 진리에 더 큰 도전을 받는다.《풍성한 삶의 기초》를 듣거나 읽고 나서 다음처럼 문의하는 사역자들이 있다. "제가 잘 소화해서 저만의 제자훈련 자료를 다시 만들면 어떨까요?" 나는 이 자료로 설교 수십 편을 만들어낼 수 있다는 사실을 알고 있다. 그렇게라도 하나님나라 복음에 기초한 설교가 많아지고 깊어지면 좋겠다. '풍성한 삶의 제자도' 시리즈를 설교와 강의에 활용하는 것에 대찬성이며, 그 때문에 책으로도 펴냈다. 그러나 자신이 연구하지도 않고 현장에서 검증하지도 않은 자료를 편집해 자기 이름의 자료를 만드는 데 시간을 쓰느니, 사람을 세우는 일에 정성을 다하는 게 더 가치 있다고 생각한다. 사람을 세우는 일에 부르심을 입은 자라면 한 사람을 붙들고 씨름하는 일을 먼저 배워야 한다. 아니, 더 정확하게는 이 진리를 내가 어떻게 살아낼지에 집중하는 일이 본질적으로 더 필요하다.

예수를 전심전력으로 따르는 선배의 모습을 보는 것이 뒤에서 따르는 후배 그리스도인에게는 가장 중요한 일이다. 제자훈련이 비판받는 이유 중 하나는 제자훈련을 지도하고 가르치는 선배들이 하나님나라 복음을 깊이 이해하지도 못하고 심지어 예수를 따르거나 닮아가지도 않기 때문이다. 이는 온갖 투자법을 가르치는 사람과 비슷하다. 자신이 그 방법대로 투자하면 되는데, 남에게 가르쳐주는 것을 보면 그 투자법이 별로 신통치 않다는 생각이 절로 든다. 예수를 배우고 따르는 일은 누구에게 가르치기 전에 자신에게 먼저 적용해 평생 깊어져야 한다. 바울 사도에게서 보았듯이 자신이 먼저 진리대로 살면서 깊어질 때, 즉 그 길을 묵묵히 걸어갈 때, 비록 온전하지 않더라도 자기 뒤를 따르는 자를 섬길 수 있다.

예수를 따르면서 해야 할 일은 자기 뒤에서 주를 따르는 사람을 사랑하는 것이다. 사람을 사랑하는 방법에는 여러 가지가 있지만, 흔히 말하듯 물고기를 주기보다 물고기 잡는 법을 가르쳐주는 일이 무엇보다 중요하다. 인생의 본질이 무엇인지 알려주는 것이 바로 고기 잡는 법에 해당한다. 주변 사람들을 경제적·심리적·정서적으로 돕는 일도 아름답지만, 그들이 하나님을 만나고 하나님나라를 발견해서 하나님의 뜻에 따라 살도록 돕는다면, 그보다 더 진하게 '사랑하는 방법'은 없을 것이다. 내가 감동하고 설득당해 누리며 살고 있는 진리, 그 진리를 나누는 것, 이것이 최고의 사랑법일 것이다. 이 모든 누림과 나눔의 중심에 그리스도께서 계시기 때문이다.

'풍성한 삶의 제자도'는 각자에게 맡겨진 따르미를 하나님나라의 복음으로 사랑하기 위해 만들어진 자료이다. 하나님나라 복음을 영적 성장 단계 맞추어 설명하고 가르치는 일은 전문가에 맡기고, 이끄미가 자신의 찾는이를 섬길 수 있게 만든 자료이다. 이를 위해 이끄미는 내용을 온전히 이해하고 실행해야 한다. 완전하지 않아도 진정성 있게 그 길을 가는 자가 이끄미가 될 수 있다. 이해와 진정성을 갖췄다면, 이끄미는 따르미가 읽거나 들은 내용을 잘 이해했는지 질문해야 하며, 자신이 이해한 내용을 기반으로 설명해줄 수도 있다. 그러나 새로운 무엇을 더 가르치거나 덧붙이려 하지 않는 것이 좋다. 더 많은 지식이 필요한 것이 아니라, 정확히 이해하고 그대로 살아내는지가 중요하다. 따르미가 잘 이해했다면, 그 진리가 그의 삶에 어떤 의미가 있고 어떤 변화를 요청하는지를 물어보고, 그런 면에서 자신에게 일어난 진보나 혹은 자신이 부족해서 겪은 고민을 나누어야 한다. 이것이 진실한 나눔이다. 우리는 이렇게 따르미를 사랑하고 섬긴다.

한 사람을 세우면 맺히는 열매들

한 사람과 씨름하며 따르미도 하나님나라 복음을 전수하도록 섬기는 일은 그 자체로도 소중하지만, 이끄미 자신에게도 많은 유익을 끼친다. 하나님나라 복음으로 한 사람을 세우는 제자훈련을 하면, 진짜 수

혜자는 따르미가 아니라 이끄미 자신이라고 많은 이끄미들이 고백하는데, 그 이유는 다음과 같다.

무엇보다 **하나님을 더 깊이 이해**하게 된다. 우리는 그리스도를 통해 하나님을 알아간다. 구약성경을 가진 유대인들이 여전히 하나님을 찾지 못하는 이유는 예수를 그리스도(메시아)로 인정하지 않기 때문이다. 그러나 우리는 하나님나라 복음의 한가운데 계신 메시아를 알아가면서, 하나님의 사랑과 정의를 더욱 깊이 깨닫는다. 하나님께서 한 사람 한 사람을 소중하게 여기시며, 나 같이 부족한 자를 사랑하시는 그 사랑으로 따르미도 사랑하신다는 사실을 깊이 깨닫는다. 《풍성한 삶으로의 초대》와 《풍성한 삶의 첫걸음》 같은 자료로 복음을 전하고 초기 양육을 할 때, 매주 1-2시간씩만 내도 서너 달이 걸린다. 《풍성한 삶의 기초》로 제자훈련을 하면, 13주 동안 준비 시간을 제외하더라도 만나서 나누는 데만 매주 두세 시간을 들이게 된다. 적지 않은 시간을 한 사람에게 투자하면서, 하나님께 한 사람이 얼마나 소중한지, 하나님께서 그 한 사람을 얼마나 깊이 사랑하시는지를 절실히 느낀다.

더 나아가 예수께서 하나님나라를 겨자씨와 누룩에 비유하신 의미를 알게 된다. 성경을 읽으면서는 이름 없이 주님을 따른 수많은 사람이 하나님나라의 역사를 썼다는 사실을 발견한다. 교회 역사의 두 번째 장인 안디옥교회 역시 이름도 없는 '키프로스 사람과 구레네 사람'이 헬라인 몇몇에게 복음을 전하며 시작되지 않았는가?[행 11:20] 누가가 그들의 이름을 찾으려고 애썼겠지만 찾지 못했다. 그러나 하나님은 그들의 이름을 알고 계신다.[10] 예수나 바울도 당대에는 알려지지 않은 사람이었고, 그럼에도 비전을 품고 자기 삶을 묵묵히 이어갔다. 이를 통해 우리는 하나님이 일하시는 방식을 배울 수 있다. 한 사람과 씨름하면서, 그 한 사람 속에 있는 하나님의 놀라우신 사랑과 뜻을 발견하게 되는 것이다.

이런 깨달음뿐 아니라 내 속에서 일하시는 하나님을 실제로 경험하게 된다. 제자훈련을 하는 사람들은 늘 한계에 봉착한다. 자신의 문제이든, 환경에 따른 제약이든, 따르미의 변하지 않는 완고함이든 여러 문제와 맞닥뜨린다. 이러한 상황에서 "각 사람을 그리스도 안에서 완전한 자로 세우려고"^{골 1:28} 애쓰다보면, 들이는 수고와 상관없이 어떤 한계에 도달한다. 바로 그때 한계 상황에 개입하시고 일하시는 성령을 경험한다. 성령을 경험하고 싶으면 기도원에 가서 소나무를 붙들고 씨름할 것이 아니라, 성령께서 강력하게 일하고 계시는 복음 전파 현장, 한 사람을 세우시는 현장에서 그 한 사람을 붙들고 씨름해야 한다. 우리는 제자훈련을 통해 하나님을 실제로 경험하게 된다.

하나님을 알아가며, **자신을 더 깊이 이해하고**, 삶이 변화하는 것이 제자훈련의 놀라운 보상이다. 다른 사람을 섬기는 일처럼 보이는 제자훈련을 반복해서 섬기는 사람들이 적지 않다. 그런데 그들은 오히려 자신이 예수를 더욱 온전히 따르기 위해서 제자훈련을 이끈다고 말한다. 진리를 반복해 듣고 읽고 묵상하면서 자신의 삶과 인격에서 부족한 부분을 지속적으로 만지시는 하나님을 경험하기 때문이다. 하나님의 형상을 회복해가는 것, 그리스도를 닮아가는 것의 실체가 무엇인지를 알아가고, 그 놀라운 복을 자기 안에서 발견한다.

따르미와 함께 진리를 나누기 때문에 영적으로 철드는 경험도 한다. 집에서도 아이가 동생 없이 자라다가 동생이 생기면 철이 들듯이, 따르미와 나누면서 그들 앞에서 완전하지는 않지만 본을 보이는 것이 얼마나 중요한지를 깨닫는다. 그리고 어떤 때는 의지적으로 순종하기도 한다. 눈에 보이지 않는 하나님께는 잘 순종하지 못하는 사람도, 눈에 보이는 형제자매 앞에서는 본을 보이기 위해, 위선이 아닌가 하면서도 말씀을 따르려 한다. 이것이 위선이라면 거룩한 위선이다. 우리는 이렇게 부족함 가운데서 성장해간다.

따르미를 섬기다보면 그 속에서 내 모습을 보기도 한다. 영적 여정을 곁에서 함께 걸어가면, 내가 보지 못한 내 모습, 내가 하나님 앞에서 취하는 마음 자세를 발견하기도 한다. 찾는이 때문에 안타까워하며 기도하다가 나를 향하신 하나님 마음도 발견한다. 사람은 다른 사람과의 관계를 통해 성장하기 때문이다. 또한 마음을 나누는 법, 다른 사람의 이야기를 들어주는 법도 배운다. 피상적 대화를 넘어서지 못했던 사람들이 진지한 대화로 시작해서 속 깊은 이야기, 더 나아가 영적 나눔에까지 이른다. 오랫동안 성도들을 관찰한 결과, 다른 사람을 영적으로 성장하도록 돕는 사람이 스스로도 성장한다는 사실을 발견했다. 따르미를 위한 제자훈련의 최고 수혜자가 오히려 자신이라고 말하는 사람들을 심심치 않게 만나는 이유이다.

하나님과 자신을 알아가면서 성장하면 **인간을 더 깊이 이해하고 사랑**하게 된다. 한 사람 한 사람이 얼마나 다르게 생각하고 살아가는지도 알고, 각각의 독특성에 눈이 열린다. 하나님께서 사람들을 얼마나 다양하게 만드셨는지도 경험하고, 하나님을 떠난 세상이 사람들에게 얼마다 다양한 문제를 떠안기는지도 발견한다. 죄가 단지 윤리 문제가 아니라, 하나님과의 관계가 어그러진 데서 출발하여 온갖 방향으로 무서운 영향을 끼치고 있다는 사실을 알게 된다. 그러면서 인간을 더 깊이 이해하는 만큼 마음도 아파온다. 사람을 더 깊이 이해할 때, 우리의 사랑도 더 깊어진다.

물론 가르치려고만 드는 사람은 이 복을 누리지 못한다. 가르치려는 사람은 가르쳐야 할 내용에 함몰되어 사람을 잘 보지 못하기 때문이다. 이끄미가 배우는 것 중 아주 중요한 것은 하나님의 사랑으로 사람을 사랑하는 법이다. 따르미의 변화를 원하는 사람은 가르치는 것만으로 충분치 않다는 사실을 금세 발견한다. 따르미를 깊이 이해하는 것이 중요하고, 그래서 따르미의 이야기를 경청한다. 경청할 줄 알고 더 나아가 심정적 이해에 이르는 사람은 인간을 깊이 이해하는 매우 성숙한 사람이다.

사람을 사랑할수록 말과 혀로만이 아니라, 실제로 사랑하는 것이 무엇인지를 배운다. 요한 사도가 행함과 진실함으로 사랑하자고 했던 것^{요일 3:18}이 오늘날에는 시간과 재정을 들여 사람을 사랑하는 것임을 깨닫는다. 참된 사랑이 희생하는 것^{요일 3:16}임을 실제로 깨달으며 점점 낮아지는 삶을 배운다. 더 나아가 하나님나라 복음으로 사람을 세우기 위해 희생하면, 조금 과장해서 고난을 받으면, 그 모든 노력이 그리스도의 몸인 교회를 위한 것임을 깨닫기 시작한다. 그리고 바울 사도의 고백이 감히 자기 것이 된다는 사실에, 하나님의 부르심에 감격한다.

이제 나는 여러분을 위하여 고난을 받는 것을 기쁘게 여기고 있으며, 그리스도의 남은 고난을 그분의 몸 곧 교회를 위하여 내 육신으로 채워가고 있습니다.^{골 1:24}

한 사람 세우기에 숨은 전략

하나님나라 복음으로 사람들을 일대일로 제자로 키워내는 일이 쉬워 보이지는 않는다. 시간이 많이 걸릴 것도 같다. 일부 목회자들은 단 시간에 교회가 '부흥'하기를 바라는데, 그들에게는 한 사람씩 붙들고 변화와 성숙을 놓고 씨름해야 하는 제자훈련이 매우 비효율적으로 비칠지도 모르겠다. 실제로 찾는이 한 사람이 건강하게 잘 성장해도 7-10년은 걸려야 영적 부모에 이르는데, 이렇게 사람을 키워내서 언제 교회가 부흥할지 알 수 없다며 적지 않은 목회자들은 일대일로 사람을 세우는 일에 의문을 제기한다. 하지만 모두가 잘 알듯이 신앙생활은 1-2년 하는 것도 아니며, 신앙 성숙뿐 아니라 세상의 모든 성숙에는 시간이 걸린다. 그렇다면 신앙생활을 통해 성장하기 원하는 성도라면, 평생 제자리만 맴도는 영적 아이로 살다 죽을지, 아니면 하나님나라 복음의 진리를 알아가고 누리고 나누며 자연스레 영적 부모로까지 성장할지를 놓고 선택해야 한다. 누가 영적 미숙아로 평생 신앙생활 하다가 생을 마감하고 싶겠는가? 선택은 자명하다. 또한 진정한 목회를 하기 원하는 목회자라면, 그리스도 안에서 각 사람을 온전케 하기 위해 부르심을 받았으니, 사역의 열매가 더디 생긴다할지라도 마땅히 옳은 길을 가려고 할 것이다.

한 사람을 세우는 일은 매우 더딘 길 같지만, 이렇게 사역하는 것이 실제로 예수께서 가르치셨던 하나님나라의 비밀이기도 하다. 예수께서 하나님나라를 늘 '씨앗'에 비유하셨음을 잘 생각해보라. 공관복음에서 하나님나라 비유를 모아 놓은 부분의 서론 격으로 '씨 뿌리는 자' 비유가 등장한다. 예수께서도 모두가 자신의 메시지를 받아들이고 열매를 맺을 거라고 보시지는 않았으며, 이 비유로 그 같은 결과를 경고하셨다. 또한 이어지는 세대에서 예수를 믿겠다는 이들에게도 같은 경고를 하신다. 길가에 떨어진 씨앗처럼 아예 듣지도 않는 사람을 제외하고는, 돌밭에 떨어졌든지, 가시덤불에 떨어졌든지, 좋은 땅에 떨어졌든지 처음에는 모두 기쁨으로 말씀을 받는다. 그러나 돌밭에 떨어진 씨는 박해로 인해, 가시덤불에 떨어진 씨는 세상 유혹으로 결국 결실을 맺지 못한다. 그러나 좋은 땅에 떨어진 씨앗은 "착하고 좋은 마음으로 말씀을 듣고 지키어 인내로 결실하는 자"^{눅 8:15, 개역개정}인데, 이들은 백 배, 육십 배, 삼십 배의 결실을 거둔다고 마태복음^{13:8}과 마가복음^{4:8}은 기록한다. 누가가 백 배만 기록한 것으로 보아, ^{눅 8:8} 백 배의 열매를 거두는 것이 당연하고, 못해야 육십 배, 아주 안 되도 삼십 배는 거둘 것이라고 말씀하시는 것 같다.

하나님나라 복음이 정말 그토록 많은 열매를 맺을까? 사람들은 이 말씀을 과장이라고 생각하거나, 예수께서 전하신 말씀이 오랜 세월동안 열매를 맺어서 결국에는 백 배까지 자란다는 말로 이해한다. 그러나 본문은 분명 씨앗, 하나님의 말씀을 받은 사람에 대한 이야기이며, 과장법으로 볼 만한 구석도 없다. 그렇다면 정말 백 배의 열매를 거둘 수 있을까? 하나님나라 복음의 씨앗이 백 배로 증식하는 일이 실제로 나타날 수 있을까?

제자훈련을 통한 하나님나라 복음 전수가 이러한 결과를 가능케 한다. 제자훈련은 복음을 전수하는 사람을 키워내는 일이다. 재생산이 가능한 제자를 키워내는 일과 자신만 믿고 다른 이에게 복음을 전수하지 않는 신자를 만들어내는 일을 비교해보자.¹¹ 가령 베드로가 복음을 전하자 하루에 3천 명이 회심했다.^{행 2:41} 엄청난 사역이다. 그런데 회심한 사람들이 다른 사람에게 복음을 전하고 제자 삼는 일을 하지 않는다면 어떤 일이 벌어지겠는가? 베드로가 복음을 전하고 매일 3천 명씩 회개한다면, 1년에 자그마치 109만 5천 명이 회심하

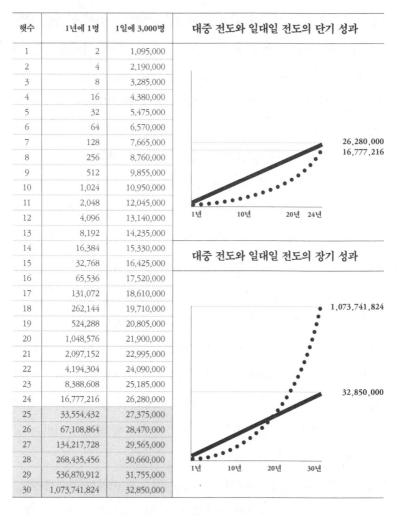

햇수	1년에 1명	1일에 3,000명
1	2	1,095,000
2	4	2,190,000
3	8	3,285,000
4	16	4,380,000
5	32	5,475,000
6	64	6,570,000
7	128	7,665,000
8	256	8,760,000
9	512	9,855,000
10	1,024	10,950,000
11	2,048	12,045,000
12	4,096	13,140,000
13	8,192	14,235,000
14	16,384	15,330,000
15	32,768	16,425,000
16	65,536	17,520,000
17	131,072	18,610,000
18	262,144	19,710,000
19	524,288	20,805,000
20	1,048,576	21,900,000
21	2,097,152	22,995,000
22	4,194,304	24,090,000
23	8,388,608	25,185,000
24	16,777,216	26,280,000
25	33,554,432	27,375,000
26	67,108,864	28,470,000
27	134,217,728	29,565,000
28	268,435,456	30,660,000
29	536,870,912	31,755,000
30	1,073,741,824	32,850,000

대중 전도와 일대일 전도의 단기 성과

26,280,000
16,777,216

1년   10년   20년 24년

대중 전도와 일대일 전도의 장기 성과

1,073,741,824

32,850,000

1년   10년   20년   30년

게 된다. 이와 달리 1년에 복음을 전수할 수 있는 사람을 한 명만 양육한다면, 1년 내내 나와 그, 단 두 명만 그리스도인이 된다. 수학적으로 계산해보면, 재생산하지 않는 신자를 만들어내는 사역은 1년 후에 100만 명을 넘어서지만, 재생산하는 신자를 키워내는 사역은 예수의 제자 단 두 명만을 남긴다. 2년째 들어서면 전자는 2백만 명을 넘어설 것이고, 재생산하는 제자들은 고작 네 명밖에 되지 않을 것이다. 그런데 이렇게 계속 계산해보면 놀라운 일이 벌어진다. 전자의 경우, 1년에 100만 명 넘게 계속 회심하여 10년째에 천만 명을 돌파한다. 후자는 해가 지나면서 2, 4, 8, 16, 32 이런 식의 승수로 늘어나 처음에는 변화가 미미하다. 10년째 고작 1,024명에 다다른다.

그러나 승수 법칙에 따라 J곡선을 그리며 24년째에는 1,677만 7,216명에 이른다. 전자의 경우는 이때 2,628만 명에 이른다. 그리고 드디어 25년째에는 역전이 된다.

재생산하는 제자 숫자는 25년째에 약 3,355만 명, 28년째에는 약 2억 6,800만 명, 그다음 해에는 5억 3,600만 명, 30년째에는 10억 명을 넘어선다. 초기에 엄청난 회심자를 얻었던, 하루에 3천 명씩 회심시켰던 사역은 30년째에 겨우 3,285만 명에 불과하다. 이 같은 단순 계산으로 보면, 재생산하는 사역이 33년째가 되면 80억이 넘게 되는데 이는 75억 명이나 되는 전 세계인을 복음화하고도 남는다.

이 계산은 물론 가상이며 기계적이다. 그러나 두 전도 방식이 시사하는 바는 무엇인가? 전도에 은사가 있는 한 사람이 복음을 강력하게 전파하는 방식보다, 복음을 전수하는 사람을 키워내는 방식이 시간이 지날수록 더 큰 열매를 거둔다는 것이다. 실제로 씨앗은 이런 방식으로 증식한다. 한 알의 씨앗이 결코 두 알의 씨앗을 만들어내지 않는다. 몇 십 배의 씨앗을 만들어내고, 그들 중에서 일부가 또다시 몇 십 배의 씨앗을 만들어낸다. 10장에서 이야기한 데살로니가 현상의 첫 번째와 두 번째 과정인 듣고 받아들이기만 하고, 오늘날 많은 교인처럼 본을 받거나 본이 되지 않아서 복음의 계보가 당대에서 끊어진다면, 베드로 사도 같은 능력 있는 전도자가 끊임없이 나타나 복음을 전해야 할 것이다.

하지만 하나님나라 복음은 데살로니가 교인들처럼 말씀을 듣고 받아들인 다음, 본을 받고 본이 되는 사람들로 인해 오늘날까지 이어졌다. 하나님나라 복음을 한 사람에게 전수하는 일이 얼마나 놀라운 결과를 가져오는가? 좋은 땅에 떨어진 씨앗이 열매를 백 배 거둔다는 예수의 말씀은 결코 과장이 아니다. 하나님나라 복음을 받아 회심하는 데에서 끝나지 않고 그것을 전수한다면, 우리 인생은 승수 법칙에 따른 열매를 거둘 것이다.

실제로 일어나는 하나님나라 복음 전수

하나님나라 복음을 전수하는 성도들을 세워야 한다. 하나님나라는 특출한 사역자 몇 명이 세우는 것이 아니다. 특출한 사역자가 있다면, 그들은 하나님나라 백성을 준비시켜 복음을 전수하는 사람으로 성장시켜야 한다. 자신만 의지하는 의존적 성도를 수천수만 키워내 거느리는 것은 하나님의 뜻이 아니다. 실제로 나들목교회에서《풍성한 삶의 기초》로 제자훈련을 시작했을 때 초기에는 모든 것이 더디 진행되었다.《풍성한 삶의 기초》를 한 번 들으면 그리스도인의 삶 전반을 이해한다. 그러나 개론을 이해했다고 삶과 인격이 자동으로 변하지는 않는다. 그래서 반드시 반복해서 익혀야 한다.

《풍성한 삶의 기초》를 통해 배우고 익힌 내용을 다시 돌아보며 점점 자기 것이 되면, 지금 읽고 있는 이 책의 내용을 공부한 다음,《풍성한 삶의 기초》의 이끄미가 되어 따르미와 함께 일대일 양육에 들어간다. 나들목교회에서 제자훈련을 시작한 지 10년이 지난 즈음에《풍성한 삶의 기초》를 이끌 수 있는 이끄미가 150명 가까이 나왔다. 15년 지난 즈음에는 출석 교인 1,300명 중에서 350명 정도가 이끄미로 성장했다. 실제로도 1년에 1회 이상 150명이 훌쩍 넘는 사람들이 기꺼이 13주라는 시간을 내어 따르미와 함께 양육 과정에 동참하고 있다. 여기에 200명 넘는 성도가 《풍성한 삶으로의 초대》와 《풍성한 삶의 첫걸음》 과정에 이끄미로 참여하여, 신자이든 찾는이이든 상관없이 나들목교회를 새로 찾은 사람들과 함께 16주간 하나님나라 복음과 그 복음대로 사는 삶을 나눈다.

하나님나라 복음을 찾는이에게 전해주고, 결신자의 초기 양육을 돕고, 성장 초신자에게 하나님나라 복음 제자도를 나누는 일이 끊임없이 일어나고 있다. 교회 프로그램이 아니라 성도들의 삶의 양식으로 복음을 전하고 전수하는 일이 삶의 현장에서 벌어지고 있다. 하나님나라 복음을 함께 나누면서 성도들은 더 깊이 복음을 이해하게 된다. 초기 양육 내용을 나누면서 성도들은 기독교 신앙의 본질을 확인한다. 하나님나라 복음의 제자도를 나누면서 영적 청년과 영적 부모들은 자신의 부족한 부분을 보완하면서 점점 더 그리스도의 장성한 분량에 가까워진다.

물론 복음을 전하고 제자 삼는 일은, 건강한 하나님나라 복음 공동체가 있을 때 더욱 활발하게 일어난다. 그렇지만 중요한 것은 내게 주어진 한 명에게 하나님나라 복음을 전수하는 것이다. 이렇게 하나님나라 복음에 기초를 둔 개인과 공동체는 점점 힘을 얻게 되고, 그래서 다양한 '선한 일'들이 공동체 안팎에서 일어난다. 선한 의도로 교회를 새롭게 하려 했던 많은 시도와 세상에 영향을 끼치려는 다양한 수고가 성공하지 못한 이유는, 교회가 사역 이전에 사람 키우는 일에 전념하지 않아서이다. 제자훈련을 오래 했는데도 변혁적 교회가 되지 않았다면, 사람의 인격과 인생을 다루시는 하나님나라 복음을 일개 프로그램으로 다루었기 때문일 것이다. 하나님나라의 복음을 바로 받아들이면 예수의 말씀대로 백 배의 열매가 맺힌다.

일대일 제자훈련만으로 사람이 세워지는가

이렇듯 일대일 만남과 이를 통한 제자훈련은 따르미는 물론이고 이끄미와 교회 공동체 전체에 엄청난 유익을 끼친다. 그렇다면 제자훈련만으로 사람이 세워지는가? 바울 사도의 사역에서 살펴보았듯이 우리는 하나님나라 복음으로 사람을 세우기 위해 대중 설교, 소모임, 일대일 만남 모두를 동원한다.[13] 건강한 공동체라면 세 요소를 모두 이용할 것이고, 세 요소는 시너지를 일으킨다.

하나님나라 복음을 주일마다 선포하고, 다양한 강좌와 특별 집회로 하나님나라 복음을 더욱 심화시킨다. 이러한 가르침을 가정교회나 소모임에서 나누면, '듣고 배운 가르침'을 서로가 일상에서 어떻게 살아내는지를 알게 되고 '보고 배우는 가르침'으로 이어진다. 이처럼 공동체 맥락에서 일대일 제자훈련을 하면, 훈련 받은 대로 살아가려는 사람들과의 관계 속에서 제자훈련은 더욱 강화된다. 또한 소모임은 일대일 제자훈련을 물심양면으로 지원할 것이며, 무엇보다 기도로 훈련을 중보한다. 소모임에 속한 사람들은 일대일 제자훈련으로 성장하는 사람들의 변화를 주시하고 관찰할 수 있으며, 이로 인해 소모임도 활력을 얻는다. 개인과 소모임의 변화는 교회 공동체 전체에 영향을 끼치고, 주일 예배 때 감사하고 경축할 구체적 제목이 된다.

하지만 일대일로 깊이 만나 하나님의 진리 앞에 진실하게 서는 일 없이, 좋은 말씀을 지속적으로 듣기만 하면 어떤 일이 벌어질까. 교회 공동체는 한 사람 한 사람이 삶의 실제 영역에서 세워지는 감격을 경험하고 누리기보다는, 좋은 설교와 감동 있는 예배로만 만족할 것이다. 소모임도 마찬가지이다. 하나님의 말씀 앞에서 개개인이 변화하는 진솔한 과정이 없으면, 소모임은 얕은 친교 모임이나 교회 사역을 위한 모임에 그칠 것이다. 일대일 제자훈련만으로 충분히 사람을 세울 수 있다고 말하는 것은 과장이다. 설교만으로 사람이 변화한다고 말하는 것과 같다. 하나님은 교회 공동체 속에 사람을 세우기 위해, 대중적 가르침, 소모임의 친밀하고 인격적 관계, 일대일로 만나 내밀한 부분까지 진리로 세워가는 제자훈련, 이 모두를 주셨다.

사람 세우기는 사람 사랑하기

나는 매우 일 중심인 사람이었다. 그래서 젊은 시절에는 사람 세우는 일조차 '일'로 여겼다. 복음을 전해서 사람들이 회심했으니 그들을 그리스도인으로 살아가게끔 초기 양육하는 일은 뒤따라야 할 '일'이었다. 그리고 차츰 성장하는 그리스도인들을 예수의 제자로 자라가게 하는 제자훈련도 당연히 필요한 '일'이었다. 더 나아가 공동체를 세우는 '일'도 중요한 과업이었다. 이처럼 과업 중심 자세로 복음을 전하고 사람을 세우고 공동체를 세워갔다. 그런데 이러한 과정을 통해 이 모든 것의 초점은 '일'이 아니라 '사람'이라는 사실을 발견했다. 목회를 시작하고 나서야 이 모든 일이 사랑하기 때문에 해야 하는 활동임을 깨달았다.

사람을 일대일로 만나 그들의 혼돈과 아픔과 고뇌를 듣고, 그 문제들을 어떻게 하나님나라 복음으로 이해하고 대안을 찾을지 고민하면서 한 사람을 사랑하는 법을 배우기 시작했다. 비신자 한 명과 앉아 그의 질문과 아픔에 귀 기울이면서, 예수께서 어떻게 그를 찾아가시는지 보았고, 예수께서 지금도 한 명 한 명을 귀히 여기시고 사랑하심을 깨달았다. 처음에는 단지 사람 세우기가 집을 세우는 일보다 더 좋아서 이 일을 택했지만, 점점 이 일이 해내야 할 과업이 아니라 '사람 사랑하기'이며, 삶 그 자체라는 사실을 조금씩 알아갔다. 내가 '일'로 시작한 사람 세우기가 결국 나를 세웠다.

뿐만 아니라 하나님나라 운동은 운동원 하나하나가 강건해지는 데 달렸다는 믿음으로 제자훈련 프로그램을 개발하고 임상하고 평가하고 개정하는 '일'을 하면서, 사람들이 이 과정을 통해 변화하는 모습을 보았다. 개인 성숙의 밀도가 높아질 뿐 아니라 이들이 세우는 공동체도 점점 더 단단해졌다. 더 나아가 성도들은 다른 사람을 가르치고 지도하려는 것이 아니라, 스스로 하나님나라 복음의 진리를 먼저 살아내려 하고, 그러면서 다른 성도들을 하나님나라 복음으로 사랑하는 법을 배워가고 있다. 일대일로 하나님나라 복음을 전수하면서 성도 개인과 가정교회와 교회 공동체 전체가 지속적으로 업그레이드되는 모습을 보고 있다.

성도들도 하나님나라 복음을 전하고, 초기 양육을 하고, 더욱 온전히 성장하고 싶은 성도를 제자훈련을 하는 일을 처음에는 교회 프로그램에 참여하는 것같이 시작했다. 하지만 이 과정에서 성도들은 하나님나라 복음을 재확인하고, 한 사람을 소중히 여기며 세워가는 삶을 배워가고 있다. 이제는 교회 프로그램이 아니라 점점 라이프스타일이 되어가고 있다. 성도들이 나들목교회를 떠나 다른 곳으로 이주한다 해도, 그곳에서도 하나님나라 복음을 전수하고 공동체를 세우는 일을 할 것이다.

더 나아가 이러한 제자훈련 신학과 방법론을 세미나와 출판물 등을 통해 동료 목회자들과 한국의 성도들과 나누기 시작했다. 누구보다 목회자들이 하나님나라 복음에 천착하여 한 사람을 세우는 일의 중요성을 깨닫고 이를 중심으로 사역하기 시작하는 것을 볼 때 얼마나 기쁜지 모른다. 또한 성도들이 여기저기에서 하나님나라 복음에 기초하여 일대일로 사람을 세우는 일들이 일어나고 있다. 매우 구체적으로 하나님나라 복음으로 교회가 개척되고 갱신되는 일들이 일어나고 있다.

하나님나라 복음으로 사람을 세우는 일은 지난 2천 년 동안 기독교를 생존하게 했던 삶의 방식이었다. 열아홉 살에 사람을 세우려고 진로를 바꾼 한 소년의 꿈을 하나님은 상상도 하지 못할 열매로 갚아주고 계신다. 100배, 60배, 30배의 열매가 이런 것은 아닐까?

12.

하나님나라
복음으로
깊어지는 삶

미국에서 10년간 신학을 공부하면서, 목회학 석사와 신학 박사 과정을 통해 많은 것을 배웠다. 석사 과정에서는 개인적으로 공부하고 실습한 내용을 체계적으로 정리할 수 있었고, 박사 과정에서는 성경을 학문적으로 연구한다는 것이 무엇인지를 조금이나마 맛볼 수 있었다. 수업에서 많은 지식을 얻었다. 하지만 유학 생활에서 얻은 가장 큰 유익은 균형 있게 성숙한 선생님들을 만난 것이다. 전공 영역에서의 실력, 한 인격으로서의 성숙, 신앙인으로서의 깊이, 이 세 가지를 다 갖추는 일은 쉽지 않다. 셋 중 한 가지나 둘을 갖춘 사람이 대다수인데, 실력과 인품과 신앙을 두루 갖춘 분들을 가끔 만날 수 있었다.

모든 선생님이 다 세 영역에서 깊이 있는 사람은 아니었다. 하지만 잊을 수 없는 몇 분은 그 모습이 지금도 눈에 선하다. 전공 영역에서 평생의 연구로 깊은 이해에 도달했음에도 학생들보다 일찍 연구실에 나오고 더 늦게 퇴근하는 선생님들이 계셨다. 이야기를 나누면 균형 잡히고 성숙한 인격에서 나오는 매력에 흠뻑 빠져들 수밖에 없었다. 실력과 인품뿐 아니라 하나님을 사랑하는 믿음의 깊이가 강의와 만남에서 배어나오는 분들도 가끔 계셨다. 이런 분들과 함께 공부한다는 것, 잠깐이나마 커피 한잔 하는 것이 기쁨이었고 도전이었다. 유학생활에서 얻은 가장 값진 선물은 실력과 인품과 신앙 모두가 균형 있게 성숙할 수 있다는 가능성, 아니 그 실체를 볼 수 있었던 것이다.

예수를 만난 후 지금까지 이어지는 고민은 어떻게 한 그리스도 인으로서 성숙할 것인가이다. 성경을 연구하고 신학을 공부하고, 영성과 제자훈련에 대해 책을 읽고 실습을 해오면서, 앞서 논한 네 관계의 성숙이 신앙과 인품과 실력을 고르게 고양시킨다는 사실을 발견했다. 하나님과의 관계에서 '신앙'이 깊어진다면, 자신과의 관계가 건강한 사람들이 다른 사람들과의 관계에서도 성숙한 '인품'을 갖추며, 세상과의 관계에서 자신이 감당해야 할 사명을 찾고 이를 위해 기량을 갈고 닦아 '실력'을 쌓게 된다. 그리스도 예수 안에서의 성숙은 이처럼 통합적이고 균형 잡힌 것이며, 이것이 기독교 영성의 본질이다.

하지만 통합적이고 균형 잡힌 삶은 하루아침에 이루어지지 않는다. 세월과 함께 깊어진다. 내가 만난 교수 중에는 20대에 박사가 되어, 내가 신학교에 입학한 나이인 스물아홉 살에 교수가 된 분도 계셨다. 나보다 한 살 위였던 그 교수를 보면서, 천재적인 사람이 10대 후반부터 공부를 하면 서른을 갓 넘어서도 방대한 지식을 소유할 수 있다는 사실에 놀랐다. 그는 인격도 성숙했고 신앙도 훌륭했다. 하지만 젊은 그에게서 깊이를 느끼기는 힘들었다. 당시 50-60대였던 몇몇 선생님들에게서 느꼈던 깊이는 없었다. 그러나 그 젊은 교수는 진리에 삶의 기초를 놓고 꾸준히 실력과 인품과 신앙을 연마하고 있었기에 훗날 균형 잡히고 통합적인, 그러면서도 깊이가 있는 선생님이 되리라 짐작할 수 있었다. 얼마 전 모교를 방문해 그 교수를 만났는데, 머리만 희끗희끗해진 게 아니라 인생의 깊이를 더해가고 있었다.

이처럼 영적 성숙은 하루아침에 이루어지지 않고 평생에 걸쳐 이루어진다. 하루 이틀 제자훈련 관련 책을 읽고 제자훈련 코스를 한두 개 밟은 다음, 예수의 제자로 출발할 수는 있다. 영적 아이도 예수를 따르기 시작했다면 예수의 제자이기 때문이다. 그러나 적어도 성경이 가르친 방법대로 건강하게 10년 이상 예수를 따라야 영적 부모의 모습이 얼핏 비치는 성숙에 다다른다. 영적 부모로서 꾸준히 살다 보면 점점 깊이 있는 사람이 된다. 그 깊이는 예수를 따라 살아온 세월에 비례한다. 하나님나라 복음을 이해하고 살아낸 시간에 비례한다. 하나님나라 공동체를 세우며 흘린 눈물과 땀을 측정할 수 있다면 그만큼 깊어진다. 오늘날 제자훈련이 실패하는 이유는 깊이 있는 사람을 키워내지 않고, 교회 일꾼을 만드는 교회 프로그램으로 제자훈련을 운영하기 때문이다. 그래서 목회자가 제자훈련을 이야기하면, 성도들은 "그거 전에도 받았는데 또 받아야 되느냐"고 반문한다. 제자훈련을 하자는 목회자나 반문하는 성도나 딱하기는 마찬가지이다.

오늘날 한국 교회에 정말 필요한 사람은 특정 사역을 잘 해내는 전문사역자나, 열심만 품고 교회 봉사에 매진하는 성도가 아니다. 목회자이든 성도이든 사역 잘하는 사람은 교회에 많다. 탁월한 설교자, 뛰어난 기획자, 여러 행사를 완벽하게 진행하는 성도, 회중을 열광하게 만드는 찬양 인도자 등 사역 잘하는 사람은 정말 많다. 그러나 훌륭한 기능을 발휘한다고 해서 사람이 변하지도, 공동체가 세워지지도 않는다. 성공적 퍼포먼스에도 불구하고 성도들 사이에 인격적 관계가 형성되지 않아서, 살면서 겪는 고통에 공감하고 함께 눈물 흘리며 극복해나가기보다 오히려 서로 오해하고 불신하며 갈등을 일으키는 경우가 적지 않다. 갈등을 풀어내야 할 사람이 정작 갈등의 원인으로 갈등을 증폭시킨다. 가끔은 상상하기 힘든 윤리적 일탈로 일반 사회의 손가락질도 받는다. 예수를 믿고 신앙이 깊어지면 세상과 역사와 사회를 더욱 온전히 이해하고 그 안의 문제를 성경적 관점으로 분별해 대안을 찾아내고 행동해야 한다. 그러나 깊이 있는 그리스도인보다 교회 사역에만 열심인 사람이 많다. 교회에서는 거인이지만 세상에서는 일반인과 별반 다르지 않은 이들에게서는 그리스도인의 깊이를 발견하기 어렵다.

오늘날 한국 교회에 정말 필요한 사람은 깊이가 있는 사람들이다. 깊이를 갖춘 사람은 진리를 따라 살아온 세월이 빚어낸 작품이다. 그러므로 흘러가는 세월 속에서 하나님나라 복음의 진리를 심화하고 내면화하는 일이 깊이 있는 사람이 되는 비결이다.

기초와 뿌리 없이는 깊어질 수 없다

단지 세월만 흘려보낸다고 깊이를 얻을 수는 없다. 그렇다면 어떻게 깊이 있는 사람이 될 수 있을까? 세상 모든 일이 그렇지만 기초가 무엇보다 중요하다. 건물뿐 아니라 어떤 사회나 조직, 공동체도 기초를 어디에 놓느냐에 따라 안전성과 미래가 갈린다. 그러므로 깊이 있는 그리스도인이 되려면 무엇보다 예수께서 전하신 진리, 곧 하나님나라 복음이라는 진리 위에 인생의 기초를 단단하게 놓아야 한다.

굳건한 기초

예수께서도 기초를 중요하게 여기셨다. 산상수훈 말미에 홍수에 무너지지 않은 집과 무너지는 집을 비교하시면서, 반석 위에 집을 '지었기' 때문에 무너지지 않는다고 말씀하셨다. 반석은 '나의 이 말', 곧 진리를 '듣고 행하는 것'이었다.[마 7:24-25] 예수의 말을 한마디로 '하나님나라 복음'이라고 한다면, 이 진리를 듣고 살아가는 것이 반석이다.

이 반석 위에 인생을 지어야 한다. 이때 사용한 '짓다'라는 동사는 '기초를 놓다,' '터를 잡다'라는 의미이다.[1] 삶의 기초를 예수의 말씀을 듣고 행하는 데 놓아야 한다는 것이다.

바울 사도는 에베소 교인들을 위한 기도에서 예수께서 쓰신 이 단어를 사용해 "사랑 속에 뿌리를 박고 **터를 잡아서**"엡 3:17라고 기도한다. 사랑이야말로 예수께서 가르치신 산상수훈대로 살아내는 모습 아니겠는가? 온전하게 임할 하나님나라를 기다리며 이미 임한 하나님나라를 살아내는 자들의 표지가 바로 사랑이다. '사랑에 근거한 삶'은 예수의 가르침을 충실히 따르던 바울이 성도들을 위해 기도하던 제목 중 하나였다. 또한 바울은 골로새 교인들에게 "믿음에 튼튼히 **터를 잡아** 굳건히 서 있어야"골 1:23 한다고 권면한다. 여기서 믿음은 단지 믿는 행위가 아니라, 구원의 메시지와 복음을 받아들이며 살아가는 모습을 총체적으로 가리킨다. 진리를 듣고 그에 인격적으로 반응하는 것 전체를 믿음이라고 불렀다. 바울은 그 믿음에 터를 잡고 굳건히 서 있으라고 권면한다.[2]

베드로 사도도 소아시아에 흩어진 나그네들을 위해 하나님께서 "잠시 동안 고난을 받은 여러분을 친히 온전하게 하시고, 굳게 세워주시고, 강하게 하시고, **기초를 튼튼하게 하여주실 것**"벧전 5:10이라고 기도한다. 베드로 사도는 이 기초가 무엇인지 본문에서 직접 언급하지는 않는다. 하지만 그는 세상에서 고난 받고 있는 성도들벧전 5:9이 예수께서 말씀하신 '홍수를 만난 집' 같다고 암시한다. 베드로 사도는 고난 받는 소아시아 성도들을 위해 주께서 그 터를 튼튼하게 해주시고, 그로 말미암아 고난이라는 홍수를 맞아서도 떠내려가지 않게 해달라고 기도하고 있다.

'터를 잡다'라는 동사의 명사형인 '기초'를 살펴보자.[3] 바울은 사도들과 예언자들의 '기초'(터) 위에 에베소 성도들이 세워졌다고 말한다.^{엡 2:20} 여기서 '사도들과 예언자들이 놓은 기초'는 그들 개인이 아니라, 사도와 예언자들이 전한 하나님나라의 메시지를 뜻한다. 이 진리에 기초를 놓은 사람들이 에베소 성도들이다. 또한 바울은 디모데에게 "우리 주 예수 그리스도께서 나타나실 때까지 그 계명을 지켜라"라고 권면하면서,^{딤전 6:14} 부자들에게는 즐겨 베풀고 나누면서 앞날을 위해 '든든한 기초'를 쌓으라고 말한다.^{19절} 든든한 기초를 쌓으려면 교만하지 말고 덧없는 재물이 아니라 하나님께 소망을 두고,^{17절} 선을 행하며 선한 사업을 많이 하고, 나누어주기를 좋아하고 너그러운 자가 되어야^{18절, 개역개정} 한다. 즉 하나님나라 복음에 기초해 재물을 제대로 사용할 때, 듣고 배운 진리에 전인격으로 반응해 구체적으로 행동할 때, 부자들도 든든한 기초를 놓을 수 있다.

또한 디모데후서에서는 다른 이들의 믿음을 무너뜨리려 "부활은 이미 지나갔다"고 말하는 자들을 경고하면서^{2:18} "하나님의 기초는 이미 튼튼히 서 있다"고 상기시킨다.^{2:19} 이 기초에는 "'주님께서는 자기에게 속한 사람을 아신다'는 말씀과 '주님의 이름을 부르는 사람은 다 불의에서 떠나라'는 말씀이 새겨져 있다"라고 말한다.[4] 다시 말하지만, 기초는 예수 그리스도로 말미암아 주어진 총체적 진리와 그 진리에 의지해 주님의 이름을 부르며 실제로 불의에서 떠나는 삶을 뜻한다.

이처럼 바울과 베드로는 예수의 가르침을 따르는 '기초'의 중요성을 강조한다. 그리스도 자신과 그리스도께서 가르치신 진리와 삶의 방식에 기초를 든든히 놓는 것이 우리 삶에서 가장 중요한 일이다. 초대교회 지도자들이 예수께서 산상수훈 결론에서 말씀하신 바를 따라 성도들을 권면하고 격려하고 기도하고 있음을 알 수 있다.

바울은 건축의 이미지를 더욱 발전시켜, 이미 놓인 기초에 집을 지어야 한다고 말하면서 그 기초가 누구신지를 분명하게 밝힌다.

아무도 이미 놓은 기초이신 예수 그리스도 밖에 또 다른 기초를 놓을 수 없습니다.^{고전 3:11}

그리스도만이 우리의 유일한 기초이다. 우리는 이 기초를 든든히 하고 그 위에 인생이라는 집을 지어야 한다. 고린도전서 3장에는 **'집을 짓는다'**는 단어가 네 번이나 나오는데, 예수 그리스도 위에 사역과 인생의 집을 짓는 것이 중요하다고 강조한다.[5] 이를 우리말 성경은 '세우다'로 번역했지만, 앞서 살핀 에베소서 2장 20절에서는 사도와 선지자의 터(기초) 위에 에베소 사람들이 **세우심**을 입은 자라고 말한다. 이 터의 중요한 부분은, 다시 한 번 강조하지만, 바로 '모퉁이 돌'이신 예수 그리스도이시다.[6] 골로새서에서는 "그분[예수] 안에 뿌리를 박고, **세우심**을 입어서" 굳게 서서 감사함이 넘치는 삶을 살라고 권면한다.^{2:7} 에베소서와 골로새서가 그리스도라는 터 위에서 '지어져간다는 사실'을 강조했다면, 고린도전서 3장에서는 그 터 위에서 우리 인생을 '지어가야 한다'고 강조한다. 후자가 우리의 능동적 노력을 뜻한다면, 전자는 하나님의 주권적 역사를 암시한다. 하나님께서 우리를 예수 그리스도라는 기초 위에서 세우고 계시며, 우리는 그 기초에 우리 인생을 최선을 다해 세워가야 한다.

든든한 뿌리
성경 저자들은 영적인 삶을 농경 이미지로도 표현한다. 재미있는 것은 에베소서와 골로새서에서는 앞에서 다루었던 건축 이미지와 농경 이미지가 함께 나타난다는 점이다. 에베소서에서는 "사랑에 기초를 놓으라"며 "뿌리를 내리라"^{3:17}라고 말하고, 골로새서에서는 "예수 안에서 세우심을 입었다"고 말할 때 "그 안에서 뿌리를 내렸다"^{2:7}라고 말한다. '뿌리를 내리다'라는 동사는 신약성경에 두 번 나오지만 명사형은 열일곱 번이나 나온다. 그중 '씨 뿌리는 자의 비유'에서 돌밭에 떨어진 씨앗을 설명할 때 '뿌리'가 없었다^{마 13:6, 21; 막 4:6, 17; 눅 8:13}고 말한다. 기초를 놓은 것과 마찬가지로 뿌리를 내리는 것도 중요한 일이다. 예수 당시에 흔했던 농경 이미지라서 바울 사도가 썼을 수도 있지만, 나는 바울이 예수의 비유에 정통했기 때문에 '뿌리를 내린다'는 이미지를 예수에게서 차용했다고 믿는다.

성경은 이처럼 기초와 뿌리를 매우 중히 여긴다. 다시 한 번 강조하지만, 무엇이 기초이며 뿌리인가? 바로 예수 그리스도이시다. 예수 그리스도께서 전하신 하나님나라 복음이다. 이 진리에 전인격으로 반응하는 것이다. 그리스도인의 성숙에는 비록 오랜 시간이 걸리지만, 기초와 뿌리를 예수 그리스도에 깊이 내린다면, 세월이 흐르는 만큼 인생은 깊어질 수 있다. 특히 기초를 놓고 뿌리를 내는 일은 신앙에 입문해 예수의 제자로 살아가기 시작할 때와 영적 청년으로 발돋움할 때 특히 중요하다. 이때 예수께서 가르치시고 초대교회가 따른 진리를 이해하고, 그 진리에 인격적으로 반응하는 법을 배워야 한다. 그에 따라 평생에 걸쳐 영적 삶의 깊이가 더해질 수 있는 건전한 토대가 형성된다. 결국 성경적 제자훈련이란 신앙생활 초기에 예수 그리스도에게 기초와 뿌리를 내리도록 도와주는 것이며, 이는 평생을 예수의 제자로 살아가며 깊어질 수 있는 기반을 만들어주는 것이다.

이러한 배경에서 '풍성한 삶의 기초'라는 제자훈련 이름이 탄생했다. 제자훈련 과정을 연구하고 집필하면서 어떤 이름을 붙일지 고민했다. '하나님나라 복음에 기초한 제자도'라는 의미를 잘 전달할 수 있는 제목을 찾다가, 예수께서 하나님나라 복음을 통해 우리에게 주고 싶어 하시는 '풍성한 삶'^{요 10:10}이 떠올랐다. 풍성한 삶은 모든 사람이 간절히 사모하는 것이기도 하다. 이 놀라운 삶을 누리려면 무엇이 가장 필요하겠는가? 그것은 하나님나라 복음에 '기초'를 든든히 놓는 것이다. 하나님나라 복음은 9장에서 살핀 대로 우리 인생의 모든 영역을 포괄한다. 예수 그리스도로 인한 네 관계의 변화를 제대로 이해했다면, 하나님나라를 살아내는 제자로서 삶의 기초를 놓은 것이다. 예수께서 주시겠다고 약속하신 풍성한 삶의 기초를 이해한 것이다. 이제 그 위에 인생이라는 집을 하나님이 세우시는 대로 열심히 세워나가면 된다. 이런 고민을 통해 새로운 제자훈련 이름이 탄생했다. '풍성한 삶의 기초!' 여기서 기초는 당연히 초보^{basic}가 아니라, 풍성한 삶을 살아가는 인생의 기초^{foundation}를 뜻한다. 하나님나라 복음으로 기초를 놓고, 그 터 위에서 인생을 풍성하게 세우도록 돕는 것이 제자훈련의 목적이다.

기초와 뿌리를 든든히 하려면

그렇다면 기초를 다지고 뿌리를 든든히 한다는 것은 무엇인가? 예수의 가르침과 중심 사상을 잘 이해만 하면 되는가? 하나님나라에 대한 신학 서적이나 《풍성한 삶의 기초》 같은 제자훈련 교재를 읽으면 될까? 아니면 특별한 집회에 참석하거나 기도 중에 특별한 경험을 해야 하는 것일까? 예수와 사도들의 가르침에서 이미 발견한 대로, 그 비결은 우리가 믿는 진리를 반복해 들으면서, 진리를 따라 살아가는 사람들을 보고 본받는 것이다. 강의나 책으로 기독교의 진리를 단지 습득한다고 인격과 인생이 바뀌거나 깊어지지는 않는다. 지식의 축적이 사람을 변화시킬 것이라는 계몽주의의 영향이 우리 가운데 깊이 침투해 들어와 있지만, 지식은 그에 전인격으로 반응할 때에만 우리를 변화시키는 기능을 발휘한다. 이해한 지식에 자신과 세상을 비추어 성찰할 때에만 사람은 성장한다. 따라서 지식을 한 번 습득하는 데서 그치지 않고, 반복Repetition하고 성찰Reflection하고 나누면서Sharing 사람은 더욱 깊어질 수 있다. 하나씩 자세히 살펴보자.

반복

피상적 이해에서 온전한 이해에 이르려면 어떤 방법이 효과적일까? 먼저, 많은 배움이 그렇듯 진리를 온전히 이해할 때까지 여러 번 **반복**해 파고들어야 한다. 그리스도인은 예수께서 전해주신 하나님나라와 그 복음을 반복해서 듣고 공부하고 묵상하면서, 내용의 각 부분이 내면에서 심화되는 경험을 한다. 예수의 제자로 더 깊어지려면, 우리를 구원하고 우리 속에서 구원을 완성해가고 있는 진리를 반복해 듣고 읽고 공부하는 일이 반드시 필요하다. 사실 반복은 제자훈련뿐 아니라, 모든 배움에서 가장 기본이 되는 기술이다. 한국 사람이라면 젓가락을 자연스럽게 사용한다. 젓가락으로 콩알을 집는 우리를 보고 서양인들은 경탄한다. 하지만 한국인이라고 해서 누구나 태어나자마자 젓가락을 자유자재로 사용하는 것은 아니다. 온갖 기괴한 방법으로 젓가락을 잡다가 어느 날 '우아한 젓가락 사용자'가 되는 것이다. 이뿐 아니라, 배변조차도 무수한 시행착오를 통해 배운다.

운동이든 악기이든 언어이든, 무엇이든 자기 것으로 만들려면 반복해야 한다. 기초 동작이나 기본 훈련을 반복해야 훗날 자연스러운 자기만의 운동과 연주와 언어 구사가 이루어진다. 태권도를 배울 때 수없이 품새 훈련을 하고, 수영을 배울 때 쥐가 날 정도로 발차기를 연습하지만, 실제 대련이나 수영에서 품새나 발차기를 기억해서 하지는 않는다. 언어도 마찬가지이다. 몸에 배면 그에 기초해 상황에 따라 자신만의 자유로운 모습이 나온다. 이런 원리에 착안해, 여러 자기계발서는 어떤 기술이나 행동 양식을 자기 것으로 만들려면 일정 횟수 이상을 반복해야 한다고 조언한다. 영적인 면에도 이 방법은 동일하게 적용된다. 하나님나라 복음의 진리를 제대로 이해하고 완전히 자기 것이 될 때까지 반복해서 학습할 때 하나님께서 그리스도 안에서 우리를 위해 행하신 놀라운 일들이 비로소 자기 것이 된다. 그리고 그 기초 위에 자신의 인생을 지어나갈 수 있다.

반복은 단순한 몸동작이나 습관을 형성할 때도 필요하지만, 심오한 진리를 알아갈 때도 필요하다. 기독교의 진리는 단순하지만 심오하다. '나는 구원받았다', '하나님나라가 임했다'는 선언은 매우 단순하지만, 거기 담긴 내용은 매우 심오하다. 처음에는 심오한 내용 중에서 일부만 받아들이는데, 자기 마음에 와 닿는 것을 먼저 받아들인다. 그런데 진리를 반복하면 할수록 그 안에 담긴 다른 내용까지 눈에 들어오면서 진리에 대한 이해가 **심화**된다. 한 목회자는《풍성한 삶의 기초》를 반복할수록 "골밀도가 높아지는 것 같다"는 표현을 하기도 했다. 왜냐하면 하나님의 진리가 그만큼 심오하기 때문이다. 나중에는 "내가 이런 것까지 발견할 줄이야" 하면서 스스로 놀라기도 한다. 그렇기 때문에 이 진리를 자기 것으로 만들고 심화하려면 진리를 구성하는 중요 개념을 반복해서 되새기는 작업이 필요하다. 이때 반복은 단순한 기계적 반복이 아니라, 내용을 계속 음미하면서 삶의 구석구석을 살피는 것이다. 진리를 머리로 반복해서 외우는 것이 아니라, 진리를 마음에 심어서 그 심긴 진리가 삶 전체를 변화시키도록 한다.

그러므로 예수의 제자로 성장하기 위해 필요한 반복은, 배운 지식의 기계적 반복이 아니라, 하나님이 전해주시는 진리의 인격적 반복이다. 이러한 반복은 우리를 깊이 있는 사람이 되도록 이끈다.

이렇게 진리를 전인격을 다해 반복하면, 성경이 가르치는 진리의 각 조각이 하나로 모여 **통합**된다. 하나님의 진리는 한 진리여서 각각 따로 존재하지 않고 전체가 하나이다. 가령 하나님의 성품에 대한 이해가 나의 구원을 이해하고 누리는 것은 물론이고, 공동체로 함께 살아가는 원리나 세상에서 살아가는 삶의 방식에까지 연결되는 경험을 한다. 성령께서는 나와 함께하실 뿐 아니라 성도의 공동체에도 임재하시고, 이미 임한 하나님나라를 살아내려 할 때도 언제나 역사하심을 알게 된다. 또한 복음 전도와 사회 참여가 별개 문제가 아니며, 하나님을 깊이 사랑하는 영성과 고아와 과부를 섬기는 영성이 맞닿아 있음을 배운다. 하나님의 진리를 반복해서 배우고 익힐 때 하나님의 모든 진리가 종과 횡으로 맞물려 있음을 깨닫는다. 그렇게 우리가 배우고 거하는 진리가 깊어지는 만큼 우리 자신도 깊은 사람이 되어 간다.

내가 성경에서 하나님나라를 발견한 것은 20대 초중반이었다. 나 역시 하나님나라를 죽으면 가는 곳이나 내 마음에 임하는 것으로 이해했는데, 하나님나라를 공부하면서 그 나라가 이미 시작되었다는 사실을 깨닫고는 성경 보는 눈이 열리기 시작했다. 신약성경이 역동적으로 이해되기 시작했다. 구약성경이 왜 필요한지 그제야 눈에 들어오기 시작했다. 무엇보다 예수께서 가르치신 기도를 공부하면서, 하나님나라 신학 없이 외우기만 했던 주기도가 기도 생활에 가히 혁명적인 변화를 일으켰다.[7] 이후에 하나님나라를 거듭 강의하고 설교하면서 하나님나라와 복음이 점점 하나로 연결되었으며, 그 둘이 결코 분리될 수 없음을 깨달았다. 사실 하나님나라와 복음의 관계는 신학교에서 박사 학위 때까지 공부하면서 정리했다기보다, 나들목교회를 시작하고 하나님나라를 계속 가르치면서 내 속에서 정리되었다. 신학계의 대선배가 나의 사역 이야기를 듣고는 잊지 못할 격려를 해준 적이 있다. "김 박사, 나는 하나님나라와 복음의 관계를 책상에서 연구해서 정리했는데, 김 박사는 사역 현장에서 이렇게 정리했군요. 고마워요." 만약 내가 믿은 진리를 반복해서 가르치지 않았다면, 그리고 진리를 적용하지 않으면 안 되는 현장이 없었다면, 많은 이들이 그렇듯 나도 하나님나라를 관념으로만 파악했을 것이다. 심오한 진리를 반복해서 연구하고 적용할수록 우리는 진리의 본령에 더욱더 가까이 가게 된다.

성찰

성경을 많이 배우고 가르치기까지 하지만, 인격적으로 깊어지지 않고 사람들과 제대로 된 관계를 맺지 못하는 사람도 적지 않다. 많은 지식을 알고 무엇을 믿어야 하는지도 잘 아는데, 그 앎이 그를 온전하게 만드는 것 같지 않다. 오히려 자신이 알거나 믿고 있는 것 때문에 더욱 배타적이 되거나 고집불통이 된다. 심각한 경우에는 신앙이라는 이름으로 반사회적·반역사적 행위를 정당화하기도 한다. 괴로운 사례를 일일이 열거하지 않아도, 기독교 역사에 그리고 오늘날에도 이 같은 일이 늘 있음을 우리는 알고 있다. 반대로 타인을 위해 희생하고 선한 일에 자기 인생을 바치고 사회 정의에 헌신하고 높은 윤리적 기준을 지키며 살아도, 정작 배우자나 자녀들과 건강한 관계를 맺지 못하는 사람도 있다.

　왜 이러한 현상이 일어날까? 원인은 자기 성찰의 결여에 있다.

진리는 연구하고 주장하고 가르치라고 있는 것이 아니다. 단지 그렇게 행하라고 하나님이 우리에게 주신 것도 아니다. 하나님은 우리 내면을 바꾸어 삶 전체를 바꾸어나가신다. 예수께서 전한 진리는 하나님과 우리의 관계를 회복시키고, 회복된 그 관계를 바탕으로 나 자신과 공동체와 세상과의 관계에 변화를 일으킨다. 그러므로 하나님나라의 복음을 다른 사람이나 자신의 외적 삶에 적용하기에 앞서 자신의 내면에 가장 먼저 적용해야 한다. 그러기 위해 필요한 작업이 바로 자기 성찰이다.

성찰reflection은 영어로는 반사라는 뜻인데, 말 그대로 거울에 비추어보는 것이다. 우리는 하나님나라 복음을 반복해서 이해하면서, 진리를 머릿속 정보로만 저장하지 말고 진리에 자신을 비춰 보아야 한다. 거울이 선명할수록 거울에 비친 내 모습도 정확해진다. 이처럼 하나님나라 복음을 선명하게 이해할수록 우리 자신을 더욱 정확하게 볼 수 있다. 사실, 자기 내면을 들여다보는 성찰은 우리가 본능적으로 싫어하는 행위이다. 우리는 부족한 부분을 직면하기 싫어할 뿐 아니라, 어떤 부분은 오랫동안 자기 합리화로 감추어져 절대 보지 못하는 맹점blind spot이 되어 있기도 하다. 이런 부분이 많을수록 사람은 깊어질 수 없다. 하나님의 진리에 내 자신을 비추면서, 다른 사람은 보는데 나는 못 봤던 내 모습을 알아가기 시작한다. 물론 다른 사람이 모르는, 나만 아는 내 모습도 진리의 거울이 선명하게 보여준다.

어떤 때는 하나님의 진리가 우리를 더욱 깊은 내면으로 이끌어, 다른 사람도 몰랐고 나도 몰랐던 내 숨은 부분을 드러내기도 한다. 하나님은 우리를 하나님의 아들의 형상이 되기까지 다듬으시며, 그 일을 멈추지 않으신다.롬 5:3-4; 8:28-30 진정한 제자훈련은 삶의 외적 방식을 바꾸거나 좋은 영적 습관을 겉으로만 형성하는 데서 멈추지 않는다.

근본적인 변화는 내면에서 시작하므로, 진정한 제자훈련은 나도 모르는 나의 내면까지 다룬다. 하나님은 내 스스로 속고 있던 '숨은 우상'을 폭로하시며, 내가 참된 제자가 되고 하나님의 형상을 회복하도록 도우신다. 부자 청년은 예수께서 "네가 가진 것을 다 팔아서 가난한 자들에게 나누어주어라"라고 하셨을 때 자기 재산이 숨은 우상임을 깨달았다. 그래서 그는 근심했다.^{눅 18:22-23} 때때로 하나님은 우리를 근심하게 만드신다.

하나님나라 복음 전수는 자신이 먼저 그 복음대로 살아내는 것을 전제로 한다. 살아낸 진리를 따르미에게 전해주는 것이다. 따라서 제자훈련 과정에서 빠질 수 없는 것이 자기 성찰이다. 이끄미는 자신이 살아내지 못하는 부분, 지난 번 훈련 때는 안 보였는데 이번에는 보이는 부분을 가지고 씨름해야 한다. 다시 말하지만, 제자훈련은 지식을 전달하는 것이 아니라, 내가 살아낸 진리를 전수하는 것이다. 이러한 자기 성찰은 주님이 우리를 부르실 때까지 끊임없이 지속된다. 하나님은 우리를 당신 앞에 '흠도 없고 점도 없게' 세우고 싶어 하신다. 하나님을 닮은 사람으로, 즉 하나님의 형상을 온전히 회복한 자로 세우기 원하신다.

나는 큐티, 성경 연구, 설교 듣기, 무엇보다 제자훈련을 통해 나의 내면을 알아왔다. 신앙 초기에는 나의 내면과 외면에 있는 매우 명백한 죄들과 부족한 부분과 대면해야 했다. 조금 성장하자 내 마음속 경쟁의식과 비교의식, 이에 따른 우월의식에서 자유로워지는 과정을 거쳤다. 아직도 완전한 자유에 이르지는 못했지만, 과거에 비하면 괄목할 만큼 변하고 있는 것도 사실이다. 자신의 동기를 살피는 일은 신앙 초기부터 죽을 때까지 이어가야 할 자기 성찰의 영역이다. 내가 무엇을 해야 하나님이 나를 기뻐하실까 하는 율법적 사고는 오래전에 없어졌다. 대신, 하나님은 내가 섬기는 교회도 '내 것'이 아님을 교회 개척 때마다 알려주시면서, 내면에 자리 잡고 있는 자기중심성을 끊임없이 경계하게 하셨다. 내가 어떤 사역을 하던 하지 않던 하나님에게는 별로 중요하지 않다는 깨달음에도 이르렀다. 하나님은 정말 내 존재 자체를 소중하게 여기신다는 감격스런 깨달음도 사역 시작 때부터 지금까지 깊어지는 깨달음이다. 따라서 내가 열심히 사역하는 이유는 단지 그분의 사랑에 보답하기 위해서이지, 무언가를 성취해 얻으려는 것이 아님이 점점 더 분명해지고 있다. 사람들은 나의 외면을 볼 뿐이지만, 나의 내면은 나를 있는 그대로 보시는 성령의 도움으로 내가 볼 수 있다. 자기 성찰 없이는 예수를 닮아갈 수 없다.

나눔

기초를 다지고 뿌리를 단단히 하는 방법에는 반복과 성찰 말고도 좋은 방법이 하나 더 있다. **나눔**이다. 바울 사도가 구원의 도리를 로마서 1-11장에서 충분히 그리고 논리적으로 다룬 다음, 12장부터는 구체적 삶에 대해 권면한다. 이때 바울은 '서로'룸 12:5, 10, 16; 13:8; 14:13와 '함께'룸 12:15, 16; 15:10, 33라는 말을 반복해 사용한다. 왜냐하면 그리스도인은 홀로 살지 않고, 형제자매들과 '서로' 관계 맺으며 '함께' 살기 때문이다. '서로' '함께' 산다는 것은 형제자매끼리 진정한 나눔을 통해 진실한 연대에 이른다는 의미이다.

사람이 만나서 '서로' '함께' 나눌 것은 무척 많다. 신변잡기부터 감정 변화와 여러 느낌, 세상살이에 필요한 정보까지 무궁무진하다. 그러나 그리스도인에게 '나눔'은 하나님과 그분의 진리를 깨달으면서 일어나는 삶의 변화를 나누는 것이다. 이러한 나눔은 진리를 가르치려는 자세와는 다르다. 머릿속 진리가 아니라 삶에 영향을 끼친 내용을 나누기 때문이다. 그리스도인의 나눔은 사회적 만남에서 이루어지는 나눔과는 내용이나 방법이 다를 수밖에 없다. 나눔을 통해 우리는 진리에 더욱더 가까이 간다. 다른 사람이 깨달은 내용을 듣고, 내가 깨달은 내용을 나누면서 그리스도를 닮아가는 길을 함께 걸어간다.

이런 나눔을 통해 자신이 깨달은 내용이 더 선명해지는 경험을 자주 한다. 서로 묻고 대답하다가 자신도 놀랄 만한 대답이 나오기도 하고, 대화 중에 깨달음에 이르기도 한다. 이때 지혜롭게 나누는 이들은 상대를 가르치려 하기보다는 예수의 본을 따라 중요한 질문을 진지하게 던진다. 각자의 내면에서 일하시는 성령의 음성에 귀 기울이게 만드는 질문을 하고, 듣는 사람이 자신에 대해, 상황에 대해, 주님의 뜻에 대해 주의 깊게 성찰해 지혜롭게 분별할 수 있도록 돕는다.

우리는 우리의 진보뿐 아니라, 우리가 경험하는 유혹과 침체도 나눈다. 우리는 하나님나라에 속한 하나님나라 백성이며 하나님의 자녀이지만, 여전히 이 세대에 발붙이고 살기 때문에 세상의 유혹을 받고 다양한 이유로 주저앉는다. 우리는 약함과 악함을 나누면서 주님을 닮아가는, 여전히 미완성인 제자로 연대한다. 자신에게만 있는 줄 알았던 약함을 다른 사람에게서도 발견하고, 내 속에 없다고 여겼던 악함도 조심스럽게 끄집어내어 나누면서, 우리는 하나님의 은혜 앞으로 함께 나아간다. 이러한 나눔을 통해 우리가 지향해야 할 바를 확인한다. 그러면서 다시금 푯대를 향해 나아가는 새 힘을 얻기도 한다. 서로 고민을 나누면서 연대감도 생기고 책임감도 생긴다. 도전도 받고 위로도 받는다.

나눔이 놀라운 방식으로 진리를 심화하고 내면화하는 이유는 성도들이 하나님의 진리 앞에 모여 마음을 나눌 때 성령께서 일하시기 때문이다. 예수께서는 "두세 사람이 내 이름으로 모인 곳에는 나도 그들 중에 있느니라"^{마 18:20, 개역개정}고 하셨는데, 그 약속대로 예수께서는 그분의 영이신 성령으로 우리 가운데 임재하신다. 그리스도 안에서 이루어진 일에 기초해 변화하고 있거나 변화하려는 삶을 나누면, 우리 가운데에서 그 일을 이뤄가고 계시는 성령께서 말할 수 없이 기뻐하신다. 성령께서는 깊은 나눔을 통해 우리가 더욱 더 진리에 가깝게 나가도록 도우신다. 또한 극한의 어려움과 혼란에 빠지거나 부족해서 무엇을 어떻게 기도해야 할지 모르겠다고 나눌 때는 "말할 수 없는 탄식으로 우리를 대신하여 간구"^{롬 8:26}하시는 성령에 의지해 서로를 중보한다. 성령의 전에 속한 우리가 그리스도 안에서 이루어진 진보를 나누고 부족함을 토로할 때, 성령께서는 기뻐하시기도, 탄식하며 기도하시기도 한다. 성령 안에서 이루어지는 성도의 나눔은 그리스도인의 말할 수 없는 특권이다.

이러한 성도의 나눔은 당연히 가족 사이에도 적용할 수 있다. 아이들은 감정이나 지성이 아직 미성숙하여 부모들이 공감하며 대화하려고 애를 써도 여전히 가르치거나 지도해야 할 때가 많다. 그런데 아이가 조금씩 크면 대화가 이루어지고 나눔도 조금씩 가능해진다. 가르치거나 지시하기보다 아이의 고민을 듣고 부모가 자기 경험을 나누면 아이와 깊은 연대가 이루어진다. 부모가 같은 고민을 어떻게 해결하며 살아왔는지를 나누면 아이는 몰입해서 듣는다. 아이는 부모를 잘 모를 때가 많다. 아이가 잘 안다고 생각해서 부모가 자기 삶을 잘 나누지 않기 때문이다. 그런데 아이와 이런 이야기를 나누면, 아이가 부모의 인생에서 궁금한 점을 묻기도 한다. 이때 하나님나라 복음대로 살려고 얼마나 애를 쓰는지 진실하게 나누면 아이와 깊은 유대감이 형성되는데, 이러한 경험이 얼마나 소중한지 모른다. 나눔을 통해 관계도 깊어지지만, 한 사람으로서 더욱 깊이 있게 살 수 있도록 하나님께서 우리를 이끄시고 복 주신다.

제자훈련을 라이프스타일로

우리는 깊이 있는 사람으로 성숙하기 위해, 진리에 기초를 두고, 진리를 반복해서 배우고 익히며, 그 진리에 자신을 끊임없이 비추어 성찰하고, 인격적 만남 안에서 진실하게 삶을 나눈다. 이렇게 살아가면서 깊이 있는 그리스도인이 되어간다. 그렇다면 하나님나라 복음을 반복해 나누는 일이 라이프스타일로 자리 잡는 방법이 있을까?

앞서 하나님나라 운동을 위해서는 하나님나라 운동원의 균형 잡힌 영적 성장이 가장 중요하며, 그들이 하나님나라 복음을 끊임없이 전수해야 한다고 강조했다. 하나님나라 복음 전수에서 일대일 만남은 예수와 사도들이 사용했던 아주 중요한 방법이었다. 하나님나라 복음에 기초를 놓고 진리를 반복해서 심화하고 나눔을 통해 실제화 할 때, 점점 더 깊이 있는 사람으로 성장해가는 것도 확인했다. 이렇게 자신이 진리를 살아내면서, 따라오는 자들을 꾸준히 섬기고, 공동의 목표인 그리스도에 대해 함께 배우는 것, 이를 반복하고 나누는 것, 그것이 참된 제자훈련이다.

물론, 예배나 집회처럼 많은 사람이 함께 모였을 때도 그리스도에 대한 진리를 반복해서 들으며 진리를 전수받을 수 있다. 그러나 이런 모임에서는 개인적 나눔이 쉽지 않다. 대신 소모임에서는 나눔이 빛을 발한다. 다양한 사람들이 복잡다단한 경험을 나눌 수 있기 때문에 큰 도움을 얻을 수 있다. 예수의 제자들은 어떤 형식이든 소모임에 속해 진리를 배우고 익히고 나누어야 한다. 그러나 소모임을 통해 한 개인을 깊숙하고 섬세하게 다루는 것에는 한계가 있다. 일대일 제자훈련을 통해서는 하나님나라 복음을 **반복**해서 깊이 새길 수 있을 뿐 아니라, 앞서거니 뒤서거니 그리스도를 닮아가도록 매우 세심하고 인격적으로 **나눔**을 할 수 있다.

하나님은 깊이 있는 성장에 반복과 나눔이 필요함을 너무나 잘 아셔서, 우리에게 하나님나라 복음을 전수하라고 명하셨다. 내가 먼저 하나님나라 복음을 받아들여 배우고 살아내며 누린 다음에, 뒤이어 오는 따르미와 하나님나라 복음의 진리를 나누면서 진리가 내면화하고 심화하는 경험을 한다.《풍성한 삶의 기초》는 한 번 읽고 마는 제자훈련 교재가 아니다. 반복해서 읽고 들은 다음에 어떻게 해야 이대로 살 수 있을지를 따르미와 함께 고민하면서 나눈다. 물론 이 책《제자훈련, 기독교의 생존 방식》을 읽으면서 성경의 더 깊은 가르침에 뿌리를 내리기도 한다. 관련 성경 본문을 더욱 깊이 공부하고, 삶의 자리에서 그 내용대로 살아가려 고민하고, 관련 서적도 읽고 강의도 듣는다.

나들목교회에는《풍성한 삶의 기초》를 열 번 이상 인도한 이끄미가 많다. 이들에게 시간과 에너지가 많이 드는 일을 왜 반복하느냐고 물으면 대답은 항상 같다. "사람이 변하는 것을 보니까요." 여기에 따르는 대답이 하나 더 있다. "제게 유익하니까요." 다른 사람이 변화하는 여정에 불러주신 은혜만으로도 대가를 지불할 만한데, 그 과정에서 본인이 성장하기 때문에《풍성한 삶의 기초》의 이끄미로 반복해서 섬긴다. 반복과 나눔의 비밀을 안 사람들에게《풍성한 삶의 기초》는 교회의 양육 프로그램을 넘어서서, 하나님나라 복음에 기초를 놓아야 할 사람들을 평생 섬기는 라이프스타일이자 제자훈련이다. 저자인 나도 따르미와 일대일로 하나님나라 복음을 나누면서, 여전히 부족한 부분도 발견하며 함께 성장해가고 있다.

반복과 성찰과 나눔은 제자훈련의 기본 열쇠이다. 하나님나라 복음을 선명하게 이해하기 시작했다면, 진리의 기초를 든든히 놓아야 한다. 그런 다음 진리가 내면에 깊이 자리 잡도록 성찰하며, 뒤따라오는 따르미와 진리를 나누며 반복한다. 우리는 그렇게 깊이 있는 인생이 되어간다.

성장은 언제나 순탄하지 않다

한 사람이 진리의 기초 위에서 깊이 있는 사람으로 성장해나가는 것과 이러한 성장을 돕는 일은 언제나 값지고 소중하다. 그런데 이런 수고와 희생에도 불구하고, 안타깝게도 내 자신이나 따르미가 성장하지 않는 경우도 있다. 성장하지 않는 생명을 보는 것은 그것이 식물이든, 동물이든, 사람이든 참으로 고통스럽고 안타까운 일이다. 하나님나라 복음을 배워서 그 위에 터를 잡고 기초를 내리면 누구나 풍성한 생명을 누리며 성장할 것 같은데 그렇지가 않다. 성장을 방해하는 장애물이 있음을 발견한다. 왜 모든 사람이 순조롭게 성장하여 깊이 있는 사람이 되지 못할까? 나 자신은 물론이고 따르미가 성장하지 않는다면 어떻게 해야 할까?

호킨스와 파킨슨에 따르면 꾸준하게 성장하지 않는 그리스도인들은 늘 있었다. 그들의 조사에 따르면 일반 회중 가운데 22% 정도가 정체된 그리스도인이라고 한다. 열 명이 모이면 그중에 두 명이 영적 침체에 빠져 생명력 있게 성장하지 못한다니, 생각보다 적지 않은 숫자이다. 정체 비율은 영적 성숙 단계에 따라 차이가 나는데, 영적으로 어릴수록 그 비율이 높았다. 찾는이는 41%, 영적 아이는 32%, 영적 청년은 15%, 영적 부모는 10% 정도로 나타났다.[8]

우선순위에 두지 않음 과한 TV 시청, 인터넷, 쇼핑 등									
의무의 충돌 직장의 요구들, 여행, 가족 의무 등									
정서적인 문제들 우울증, 분노, 감정을 담아두는 것 등									
다른 이들을 사랑하지 않음 험담, 정죄, 용서하지 않는 것 등									
중독 통제할 수 없는 소비, 도박, 술, 포르노, 폭식 등									
부적절한 관계 감정적이거나 육체적인 외도									
기타 외상 경험이나 학대									
경계선이 없음 나는 중요한 경계선이 없다									

여러가지 답이 동시에 가능함   0   10   20   30   40   50   60   70   80%

■ 정체에 빠진 사람   ■ 정체에 빠지지 않은 사람   ※ 출처: 《나를 따르라》(국제제자훈련원)

영적 성장을 방해하는 장애물
같은 장애물이라도 정체에 빠진 사람이 그렇지 않은 사람에 비해
장애물로 인식하는 비율이 높았다.

성장하는 사람이나 정체된 사람이나 성장을 방해하는 장애물로
는 비슷한 이유를 꼽았다. 하지만 그 비율에서는 차이가 컸다.[9]

성장하는 사람과 정체된 사람 모두 영적 성장을 우선순위에 두
지 않은 것을 첫 번째 방해물로 꼽았으며, 직장과 육아와 학업 등 너
무 많은 책임을 지고 있을 때 영적 성장에 문제가 생긴다고 고백했다.
이런 상황은 제자훈련 현장에서 늘 만난다. 예수 그리스도를 알아가고 따르는 일에 우선순위를 두지 않는 사람들, 삶의 무거운 짐을 지고 허덕이는 사람들은 영적으로 잘 성장하지 못한다.

하나님께 우선순위를 두지 않는 사람 중에는 하나님나라 복음을 제대로 이해하지 못한 경우가 많다. 이들에게는 하나님나라 복음을 선명하게 전해서, 하나님의 진리에 자신의 영적 실존을 비추어 직면하도록 도와야 한다. 죄의 실체와 세상의 실상을 제대로 알지 못하는 사람, 이미 임한 하나님나라와 우리 속에서 성장해가는 구원을 깨닫지 못한 사람, 삶의 궁극적 목적이 예수를 닮는 것인지 모르는 사람, 이들은 당연히 영적 성장을 우선순위에 두지 않는다. 세상과 하나님을 겸해서 섬기려는 자들에게는 진실하고도 엄중하게, 하지만 사랑으로 경고해야 한다. 그와 함께 영적으로 성장하는 사람들을 보여주는 일이 중요하다. 하나님을 우선순위에 두고 살려고 애쓰는 사람은 세상과 하나님을 겸해서 섬기는 사람과 분명 다른데, 전자를 찾기 어려운 공동체에 있다면 영적으로 성장하는 것이 무엇인지 모를 수밖에 없다. 본받을 사람이 없는 공동체에서는 영적 성장이 더디거나 아예 찾아보기 어려운데, 이는 어쩌면 당연한 결과이다.

삶의 무거운 짐을 지고 힘들어 하는 사람은 크게 둘로 나뉜다. 어쩔 수 없는 상황에서 큰 짐을 질 때도 있고, 자기 욕심으로 과도한 짐을 질 때도 있다. 이 둘은 다른 문제이지만, 영적으로 성장하기 어렵다는 점에서는 비슷하다. 그러나 어쩔 수 없는 상황일 때는, 어려운 상황에 굴복하지 않고 하나님의 긍휼을 구하면서 전진하므로 하나님을 더 극적으로 경험하고 종종 영적으로도 성장한다. 믿음의 선조가 걸어간 발자취를 살펴보면, 평안하고 문제가 없는 상황에서 신앙을 지킨 사람들보다는 오히려 적대적 환경에서 신앙이 깊어진 사람들을 자주 만난다. 이렇듯 어쩔 수 없는 환경은 사람을 세울 수 있지만, 자신의 욕심으로 과도한 짐을 지고 있는 경우에는, 자신이 선택한 어려움이라 영적 성장이 제대로 이루어지지 않는다.

예수의 제자로 성장하는 일은, 하나님을 알아가는 일을 우선순위에 둘 때 일어난다. 훈련이 안 되거나 결단 부족으로 예수 따르는 일을 뒤로 미루고, 여러 상황 때문에 예수 따르는 일이 힘들어지면, 당연히 영적으로 성숙하지 못한다. 그런데 영적 성장에 우선순위를 두어도, 그래서 제자훈련 과정까지 다 마쳐도 성장하지 않는 경우가 종종 있다.

이 점과 관련해 앞의 통계 조사에서 눈여겨봐야 할 부분이 있다. 겉으로 볼 때 자명한 원인 말고도 숨은 원인이 있다. 먼저 우울, 분노, 억압, 불안 같은 감정 문제가 있을 때 사람들은 영적으로 잘 성장하지 못한다. 뒤에서 헐뜯고 쉽게 정죄하며 용서하지 않는 등 다른 사람을 사랑하지 않을 때에도 성장에 어려움을 겪는다. 돈, 쇼핑, 도박, 술, 음란물, 음식 등에 중독되었을 때도 마찬가지이다. 또한 과거에 겪은 학대나 트라우마(성적, 육체적, 큰 사고)도 영적 성장을 방해한다. 감정적으로나 신체적으로 부적절한 이성 관계를 맺고 있을 때에도 영적으로 성장하지 못하는 것으로 나타났다.[10]

제자훈련은 하나님나라 복음에 기초를 내리고, 네 관계에서 전인격적으로 성장해나가는 것이다. 참된 제자훈련은 성경 지식 전달에 그쳐서는 안 되며, 겉으로 드러나지 않는 문제까지 다루어야 한다. 일대일로 만나 안전한 관계를 형성하고 깊은 대화를 나누지 않는 한, 이런 문제는 수면 위로 떠오르지 않는다. 종교적 개념을 주고받고 뭔가 훈련한 것 같은데 사람이 변하지 않는 이유는, 영적 가면 뒤에 숨어 있는, 앞서 언급한 문제들을 끄집어내지 않기 때문이다.

참으로 안타까운 것은 숨은 문제가 없는 건강한 사람들이 영적으로 빨리 성장하고, 주님이 더욱 절실히 필요한 건강하지 못한 사람들이 더 많은 장애물을 만난다는 것이다. 영적으로 성장하고 싶어도 그들을 붙들어 매는 내면의 문제를 제대로 다루지 않으면 건강하게 성장하기는 어렵다. '풍성한 삶의 기초'에서 자신과의 관계를 다룰 때, 내면의 문제를 특히 더 섬세하고 진실하게 나누고 다루어야 한다. 대다수 사람들이 가진 열등의식은 물론이고, 정서적 문제나 중독 문제가 드러날 수도 있다. 사실 대개 조금씩은 내면에 문제가 있으며, 이런 문제는 하나님나라 복음으로, 그리스도 안에서 이루어진 하나님의 놀라운 일을 배우고 심화하면서 극복할 수 있다. 이를 놓고 서로 기도하며 지원을 아끼지 말아야 한다.

하지만 문제가 심각한 수준일 때는 전문적으로 다루어야 한다. 문제의 심각성을 파악하고 회복 과정을 살피기 위해 관련 서적에서 도움을 받을 수도 있다.[11] 관련 서적 정도를 읽어서 도움이 되지 않는 중증일 때는 전문가의 도움을 받아야 한다. 때로는 정신의학자에게 치료약을 처방받는 일도 필요하다. 현대 사회로 들어오면서 이런 문제들을 억압하고 있던 사회적 기제가 사라지면서 더 많이 더 자주 표출되는 경향을 보인다. 깊이가 있는 사람이 되어간다는 것은, 진정으로 한 사람을 사랑하고 섬겨서 예수의 제자로 세울 수 있을 만큼, 그가 겪는 다양한 문제를 더 깊이 이해해야 한다는 것을 뜻한다.

그런데 교회 지도자 가운데도 숨은 문제가 있는 사람이 적지 않다. 목회자나 직분자가 되어 영적 리더 자리에 이를 때까지, 내면 문제를 제대로 배우고 직면할 기회가 없었을 수 있다. 사역의 책임이 과중해질수록 이 문제는 결국 여러 부정적 모습으로 터져 나오기 마련이다. 뿐만 아니라 자기 문제를 하나님나라 복음으로 치유받고 회복한 경험이 없고 실존적 문제에서 조금도 진보를 경험하지 못하면, 그의 사역은 시간이 갈수록 피상적으로 흐르고, 그가 영향력을 끼치는 공동체 역시 피상성을 넘어서지 못한다. 내면 문제는 완전하게 극복하기 어려운 경우가 대부분이지만, 영적 지도자는 이런 문제와 씨름하면서 먼저 자신에 대한, 그리고 다른 사람에 대한 깊은 이해에 이르러야 한다. 이때 관련 서적이나 강의도 도움이 되지만, 그렇게 해결할수 있으면 가벼운 문제일 가능성이 높다. 따라서 영적 지도자 자리에 있는 사람은 자신의 깊은 문제를 나눌 수 있는 동료 집단이나 상담자, 영적 멘토가 있어야 한다. 그들과 관련 전문가의 도움을 받으면서 자신의 문제를 하나님나라 복음으로 다루지 않으면, 영적 지도자 자리에 있는 사람은 깊이가 없는 채로 과중한 사역을 감당하다가 언젠가 심각한 문제를 드러낸다.

어려움을 겪는 사람을 치유하고 회복하는 일은 이끄미 한 사람의 섬김만으로는 힘들 때가 많다. 건강한 공동체에서 여러 형제자매가 한 사람을 붙들어야 한다. 사람을 세우다보면 공동체가 절실하게 필요해진다. 나들목교회에서는 누군가 문제가 있으면 공동체의 삶을 통해 드러난다. 예배만 왔다 갔다 하거나 피상적으로 교회 조직에 속해 사역하는 사람의 문제는 잘 드러나지 않는다. 그러나 공동체에 속하면 있는 그대로가 드러나고 숨은 문제도 드러나기 마련이다. 이때 가벼운 문제는 각 공동체의 지도자들, 즉 가정교회에서는 목자와 영적 청년에 해당하는 형제자매들이 해당 가족을 섬긴다. 이때 목양 사역자가 측면에서 지원하기도 한다. 그러나 문제가 심각할 때는 '목양특별소위원회'가 꾸려진다. 이 위원회는 당사자와 그의 목자나 영적리더, 관련 영역의 전문가, 목양 사역자, 때로는 교회 지도자(목자들의 목자라고 할 수 있는 마을지기과 상임위원) 등으로 구성된다. 대개는 꽤 긴 시간을 함께 씨름하면서 한 사람을 세우기 위해 애를 쓴다. 여러 문제에도 불구하고 이러한 힘겨운 과정을 통해 예수 그리스도로 말미암아 회복하시는 하나님의 은혜를 경험한다. 하나님께서 교회 공동체를 만물을 충만하게 하는 매우 실제적인 존재로 세웠다는 사실을 깨닫는다.[12] 이로써 우리는 하나님나라 복음을 살아내고 살아내게 하는 예수의 제자로서 조금 더 깊어져간다.

우리는 한 사람을 그리스도 안에서 온전하게 세우려 애쓰면서, 하나님나라 복음의 큰 능력을 새삼 발견한다. 하나님을 더 깊이 알아간다. 자기 자신도 더 깊이 이해하게 된다. 동시에 죄로 인해 깨진 세상의 실상을 직시하고, 그 속에서 살아가는 사람들에 대한 이해도 깊어진다. 깨진 세상에서 깨진 사람들을 치유하고 회복하려면 더욱 강력하고 성숙한 하나님나라 복음의 이끄미들이 필요하고, 하나님께서 나를 그 자리로 부르셨다는 사실 앞에 서게 된다. 거룩한 소명을 함께 감당할 공동체가 필요하다는 사실을 깨닫는다. 세상의 아픔을 품을 수 있는 깊이 있는 사람, 예수의 참된 제자로서 더욱 깊어지는 사람이 절실하다.

그리스도를 갈망하며 깊어지다

다시 한 번 강조하지만, 우리 시대에 필요한 사람은 진리로 기초를 든든히 하고, 그 기초에 자신의 인생을 지어가며, 다른 사람들도 인격적으로 섬기며 세워가는, 깊이 있는 사람이다. 초대교회에는 이런 사람들이 있었다. 신약성경을 통해 그들의 성장 과정을 추적하기란 쉽지 않다. 하지만 신약성경의 많은 부분을 기록한 바울의 인생을 통해 그리스도로 인해 깊어지는 삶의 단편을 추적할 수 있다. 바울 사도에 대해 공부하면서, 예수의 제자로 한 인간으로 더욱 깊어져가는 그의 모

그리스도가 누구신지를 깊이 깨달을수록 내가 누구인지 분명해지고,
더불어 어떻게 살아야 할지도 선명해진다.

습을 발견하고는 적잖게 놀랐다. 깊어지는 그의 인생의 핵심이자 기
초인 그리스도와의 관계가 어떻게 발전했고, 그에 따라 예수에 대한
그의 이해가 얼마나 깊어졌는지를 살펴볼 필요가 있다. 누구든 그리
스도라는 기초에 든든히 서면 자신을 더 잘 알게 되고 그러면서 자기
정체성도 선명해진다. 자신이 누구인지 선명해지면 어떻게 살아야
할지도 분명해진다. 비록 바울 사도의 남아 있는 편지만으로 추적하
는 데에 한계가 있지만, 그 추적을 통해 우리는 예수 그리스도와의 관
계가 깊어지면서 자신과 자신의 인생을 더 잘 이해해가는, 시간이 지
날수록 더욱 깊어지는 삶을 배울 수 있다.

그리스도와의 관계

다마스쿠스로 가는 길에서 부활하신 예수를 만난 바울은 예수가 그
리스도이심을 깨닫고는, 회심 직후부터 예수가 하나님의 아들이며
그리스도라고 주장한다.[행 9:20, 22] 그는 자신이 그리스도와 연합한 존재
가 되었음을 발견하고, 자신뿐 아니라 이를 깨달은 자들의 인생 목적
은 그분을 믿는 믿음 안에서 사는 것이라고 선언한다. 데살로니가전
후서와 함께 바울이 사역 초기에 쓴 편지로 알려져 있고, 첫 번째 서
신일 가능성도 높은[13] 갈라디아서 2장 20절이 이를 잘 표현한다.

나는 그리스도와 함께 십자가에 못 박혔습니다. 이제 살고 있는 것은 내가 아닙니다. 그리스도께서 내 안에서 살고 계십니다. 내가 지금 육신 안에서 살고 있는 삶은, 나를 사랑하셔서 나를 위하여 자기 몸을 내어주신 하나님의 아들을 믿는 믿음 안에서 살아가는 것입니다.^{갈 2:20}

그는 그리스도와 연합했으므로, 그리스도 안에서 살려 했고, 그분을 위해 사는 것을 삶의 목적으로 삼았다. 이러한 자세는 로마서의 강력한 선언에서도 나타난다.

우리 가운데는 자기만을 위하여 사는 사람도 없고, 또 자기만을 위하여 죽는 사람도 없습니다. 우리는 살아도 주님을 위하여 살고, 죽어도 주님을 위하여 죽습니다. 그러므로 우리는 살든지 죽든지 주님의 것입니다.^{롬 14:7-8}

로마서에서 바울은 단지 그분을 위해 살고 죽는 것을 넘어서서, 이제 자신은 '주님의 것'이라고 고백한다. 누구를 위해 사는 것과 누구의 것은 다르다. 전자가 선택하는 것이라면, 후자는 선택의 여지없이 그 소유가 된다. 이렇게 그는 그리스도와 연합한 존재로서 주를 위해 살며, 주의 것으로 살기 원했다.

이런 바울이 로마서보다 1-2년 앞서 쓴 고린도전서에서는 그리스도를 본받으려고 애쓰고 있다고 고백한다. 자신이 그리스도를 본받아가고 있으며 뒤이어 오는 형제들보다 조금 앞섰으니, 자신을 본받으며 궁극적으로는 주님을 본받는 삶을 살라고 격려한다. 다음 고백은 주후 54-55년에 쓰인 것이다.

내가 그리스도를 본받는 사람인 것과 같이, 여러분은 나를 본받는 사람이 되십시오. 고전 11:1

결국 바울은 그리스도와 연합한 존재로서 그분을 위해 살며 그분을 닮아가고 있었다. 그래서 로마 감옥에 갇혀서도 기뻐하며 간절한 바람을 이야기한다. 주후 60-61년의 고백이다.

나의 간절한 기대와 희망은, 내가 아무 일에도 부끄러움을 당하지 않고 온전히 담대해져서, 살든지 죽든지, 전과 같이 지금도, 내 몸에서 그리스도께서 존귀함을 받으시리라는 것입니다. 나에게는, 사는 것이 그리스도이시니, 죽는 것도 유익합니다. 빌 1:20-21

단지 그리스도를 위해 살고 그리스도를 본받는 삶을 넘어서 자신의 삶에서 그리스도께서 존귀하게 되기를 바란다. 그래서 죽는 것도 개의치 않으며, 오히려 죽음의 문턱을 지나 그리스도와 함께 있고 싶다고 말한다. 그리스도를 위해 산다고도 하지 않고, 사는 것이 그리스도 그 자체라고 고백한다. 바울 사도의 영적 깊이가 어디까지 이르렀는지 우리는 알 수 없다. 그리스도에 대한 그의 고백은 3장에 이르러 더욱 강력해진다.

[그러나] 나는 내게 이로웠던 것은 무엇이든지 그리스도 때문에 해로운 것으로 여기게 되었습니다. 그뿐만 아니라, 내 주 예수 그리스도를 아는 지식이 가장 고귀하므로, 나는 그 밖의 모든 것을 해로 여깁니다. 나는 그리스도 때문에 모든 것을 잃었고, 그 모든 것을 오물로 여깁니다. 나는 그리스도를 얻고, 그리스도 안에 있는 사람으로 인정받으려고

합니다. 나는 율법에서 생기는 나 스스로의 의가 아니라, 그리스도를
믿는 믿음으로 말미암아 오는 의 곧 믿음에 근거하여, 하나님에게서 오
는 의를 얻으려고 합니다. 내가 바라는 것은, 그리스도를 알고, 그분의
부활의 능력을 깨닫고, 그분의 고난에 동참하여, 그분의 죽으심을 본받
는 것입니다. 그리하여 나는 어떻게 해서든지, 죽은 사람들 가운데서
살아나는 부활에 이르고 싶습니다.^{빌 3:7-11}

'그리스도가 내 모든 것'이라는 찬양은 영적 아이도 할 수 있다.
그러나 바울은 복음을 전하다 상은커녕 옥에 갇혀 온갖 고초와 오해
를 받으면서도 기뻐한다. 그리스도를 아는 지식이 너무 고귀해 세상
나머지 것들은 오히려 해롭다며 오물같이 여긴다. 그리스도를 얻고
그 안에서 발견되기 원하고 있으며, 참된 의, 곧 하나님과의 올바른
관계에 들어갈 수 있는 길은 오직 믿음뿐이라고 강조한다. 다시 한 번
그는 그리스도의 고난에 동참하여 죽음을 거쳐 부활에 이르고 싶다
고 말한다. 죽음 이후에 올 부활을 소망하기에 그리스도의 고난에도
기꺼이 동참하고, 그분의 죽으심조차도 본받기 원하는 바울을 보며,
그가 얼마나 깊은 사람이 되었는지를 발견한다. 그는 그리스도로 말
미암아 최악의 환경을 뛰어넘어, 산 소망 가운데서 살아간, '깊이 있
는 사람'이었다.

자기 정체성

바울 사도에게는 그리스도가 전부였다. 그리스도와 함께 못 박히고
그분을 위해 사는 것으로 시작해, 그분을 본받으려 애썼으며, 결국에
는 그분과 연합한 실체가 드러나는, 그리스도와 함께 있게 되는 때를
간절히 소망한다. 그리스도에 대한 믿음이 깊어지면서 자신에 대한

성찰도 더욱 깊어진다. 바울 사도가 의도했는지는 알 수 없으나, 시간이 지나면서 자신에 대한 묘사가 변화한다. 주후 48년에 쓴 갈라디아서, 54년(이나 55년)에 쓴 고린도전서, 60년(이나 61년)에 쓴 에베소서, 생의 끝자락이었던 63년에 쓴 디모데전서를 차례로 살펴보자. 그는 첫 서신인 갈라디아서에서는 자신을 이처럼 소개한다.

> 사람들이 시켜서 사도가 된 것도 아니요, 사람이 맡겨서 사도가 된 것도 아니요, 예수 그리스도께서 그리고 그분을 죽은 사람들 가운데서 살리신 하나님 아버지께서 임명하심으로써 사도가 된 나 바울이.^{갈 1:1}

참으로 자신감과 자부심이 넘쳐난다. 갈라디아서에서는 베드로를 꾸짖었다는 이야기를 다소 '자랑스럽게' 언급하기도 한다.^{2:11-13} 할례 받은 사람들이 두려워 믿음으로 의롭게 되는 삶을 역행한 베드로가 잘못한 것은 맞다. 하지만 이 주제를 다루면서 굳이 당대의 교회 지도자 중에 지도자인 베드로와 자신의 영적 멘토인 바나바를 언급해야 했을까? 그랬던 그가 5-6년 후에 다음과 같이 고백한다.

> 나는 사도들 가운데서 가장 작은 사도입니다. 나는 사도라고 불릴 만한 자격도 없습니다. 그것은, 내가 하나님의 교회를 박해했기 때문입니다.^{고전 15:9}

하나님에게 직접 임명받은 사도라고 자부하며, 예수의 수제자였던 베드로조차 진리에 근거해 담대하게 꾸짖던 그가, 사도라 불릴 자격도 없다며 엎드린다. 하나님의 교회를 박해했던 과거에 대해 깊은 책임을 통감하면서, 자신이 사도에 속한다면 그중 막내라고, 가장 작은 자라고 고백한다. 또다시 5-6년이 지나 에베소서를 쓰면서는 스스로를 성도 가운데서 지극히 작은 자라고 고백한다.

> 하나님께서 모든 성도 가운데서 지극히 작은 자보다 더 작은 나에게
> 이 은혜를 주셔서, 그리스도의 헤아릴 수 없는 부요함을 이방 사람들에
> 게 전하게 하시고. 엡 3:8

베드로는 유대인의 사도이며 자신은 이방인의 사도라며 자부심이 가득했던갈 2:7-9 바울을 떠올리면 참 많이 달라진 모습이다. 바울은 그리스도의 헤아릴 수 없는 부요함에 감사하며, 자신을 불러서 이 놀라운 부요함을 이방인에게 전하게 하심에 감격한다. 자부심에서 깊은 감격으로 조금 더 깊어진 바울을 발견할 수 있다. 성도 가운데서 지극히 작은 자라고 고백했던 바울은 인생의 끝에 이르자 이렇게까지 고백한다.

> 그리스도 예수께서 죄인을 구원하시려고 세상에 오셨다고 하는 이 말
> 씀은 믿음직하고, 모든 사람이 받아들일 만한 말씀입니다. 나는 죄인의
> 우두머리입니다. 딤전 1:15

평생을 그리스도를 위해 살았으며 이제 그 과업을 마쳤다고 전하는 편지에서, 자신을 죄인의 우두머리라고 고백한다. 사람은 하나님의 영광을 알면 알수록 하나님과 자신, 자신의 부르심에 대해 깊어진다. 15년가량 세월이 흐르면서 바울은 하나님의 임명을 받은 사도에서, 사도 중에서 막내로, 성도 가운데서 지극히 작은 자로, 마지막에는 죄인의 우두머리로 자신을 다르게 표현한다. 그만큼 깊어진 모

습을 보여준다. 바울 사도의 편지에 나타난 이 표현들이 우연한 조합 같지만, 그리스도를 따른 수많은 성도의 자기 인식과 닮아 있다. 자신에게 꽂혀 있던 관심, 그래서 자기 사역과 삶이 중요하고 가치 있다고 느끼던 단계에서, 그리스도만이 소중하고 그분을 위해 살아가는 자신은 점점 작아지는 단계로 들어선다. 겸손한 척하는 모습과는 거리가 먼, 하나님의 은혜에 깊이 반응하는 삶이다. 깊어지는 성도의 모습이다.

자신의 인생

바울 사도는 그리스도를 위해 산 사람이다. 그리스도를 위해 살면서 삶이 깊어진 사람이다. 그래서 그는 자신의 삶을 그리스도를 위해, 그리스도를 향해 달려가는 삶이라 표현한다. 초기 서신인 갈라디아서와 예루살렘을 마지막으로 방문하면서 예배소 장로들에게 했던 말에서, 로마 감옥에서 쓴 빌립보서와 유서와도 같은 마지막 편지에서, 바울은 자신의 삶을 '달리기'에 빗대어 이야기하는데 내용에 적잖은 변화가 보인다.

　바울은 이방인에게 복음을 전하는 일에 부르심을 받았지만 사역 초기에는 그 길이 혹시 헛되지 않을까 염려했던 것 같다. 이방인의 회심에 부담을 느꼈고, 초대교회 역시 이방인 회심자를 유대인으로 만들어야 하는지에 대해 정리가 덜 되었던 터라 그의 길은 분명 이단아의 길처럼 보였을 것이다. 그래서 바울은 다음처럼 말한다.

　　내가 거기에 올라간 것은 계시를 따른 것이었습니다. 나는 이방 사람들에게 전하는 복음을 그들에게 설명하고, 유명한 사람들에게는 따로 설명하였습니다. 그것은, 내가 달리고 있는 일이나 지금까지 달린 일이

헛되지 않게 하려고 한 것입니다.^{갈 2:2}

그는 이미 달리고 있었고, 그때까지도 자신이 받은 사명을 위해 달리고 있었다. 그는 자신의 경주가 헛되지 않도록 예루살렘의 지도 자들과 상의한다. 그 이후에 치열하게 이 길을 달려간다. 로마로 향하는 길에 예루살렘을 방문하려 할 때 그곳에서 당할 고초를 예견하면서 에베소 장로들에게 했던 고백에는 비장함마저 느껴진다.

> 그러나 내가 나의 달려갈 길을 다 달리고, 주 예수께 받은 사명, 곧 하나님의 은혜의 복음을 증언하는 일을 다 하기만 하면, 나는 내 목숨이 조금도 아깝지 않습니다.^{행 20:24}

그는 자신이 달려야 할 길을 달린 사람이다. 에베소 장로에게 이 고백을 하고(주후 57년) 실제로 예루살렘에서 가서 고초를 겪고, 옥에 갇히고 여러 재판을 받고, 로마로 가는 길에서는 파선까지 당해 목숨이 위태로워지기도 한다. 그렇게 3-4년이 지난 다음, 바울은 로마 감옥에서 다음처럼 자신의 삶을 설명한다.

> 나는 이것을 이미 얻은 것도 아니며, 이미 목표점에 다다른 것도 아닙니다. 그리스도 [예수]께서 나를 사로잡으셨으므로, 나는 그것을 붙들려고 좇아가고 있습니다. 형제자매 여러분, 나는 아직 그것을 붙들었다고 생각하지 않습니다. 내가 하는 일은 오직 한 가지입니다. 뒤에 있는 것은 잊어버리고, 앞에 있는 것을 향하여 몸을 내밀면서, 그리스도 예수 안에서, 하나님께서 위로부터 부르신 그 부르심의 상을 받으려고, 목표점을 바라보고 달려가고 있습니다.^{빌 3:12-14}

12절에서 "목표점에 **다다른 것**"이 아니라고 고백하는데, 이 동사는 사도행전 20장 24절의 "하나님의 은혜의 복음을 증언하는 일을 **다하는 것**"과 같은 단어이다.[14] 바울은 하나님나라 복음을 사람들에게 알리는 일, 특히 이방인에게 복음을 전하는 일과 복음을 받아들인 이방인들이 복음에 걸맞게 살도록 섬기는 일을 마치려고 최선을 다해 달렸다. 그는 이미 완숙한 경지에 이르러, 앞서 살펴본 대로 그리스도를 향해 놀라운 고백[빌 3:7-11]을 하지만, 아직도 달려가고 있다고 말한다. 이렇게 열심히 자신의 삶을 살았던 바울은 그의 마지막 편지에서 다음처럼 고백한다.

> 나는 선한 싸움을 다 싸우고, 달려갈 길을 마치고, 믿음을 지켰습니다. 이제는 나를 위하여 의의 면류관이 마련되어 있으므로, 의로운 재판장이신 주님께서 그날에 그것을 나에게 주실 것이며, 나에게만이 아니라 주님께서 나타나시기를 사모하는 모든 사람에게도 주실 것입니다.[딤후 4:7-8]

드디어 그는 달려갈 길을 마쳤다고 고백한다.[15] 바울은 자신을 위해 준비된 의의 면류관을 소망하면서, 달려갈 길을 마친 자신뿐 아니라, 주님이 나타나시기를 사모하는 모든 사람이 의의 면류관을 받을 것이라고 말한다. 그의 뒤를 이어 달려가고 있는 디모데를 포함한 모든 성도를 격려하고 있는 것이다.

바울 사도는 그리스도를 아는 지식과 그리스도와의 관계를 인생의 기초로 삼았다. 그 기초 위에서 그는 세월이 흘러갈수록 점점 더 겸손해졌다. 그는 처음부터 주어진 사명을 향해 내달리며 살았고, 결국 자신의 경주를 완수했다. 바울은 깊어지는 인생을 산 사람이었다.

예수 그리스도의 죽으심과 부활을 통해 하나님나라가 시작되었고, 지난 2천 년간 하나님나라 복음의 바통을 들고 달리는 사람들이 있었다. 그들은 전수받은 하나님나라 복음을 **반복**해서 학습하고 **성찰**하며 동료들과 **나눔**을 통해 그리스도에 대한 이해가 깊어지고 삶의 기초가 더욱 단단해졌다. 그리스도에 기초해 자신을 이해했으며 자신의 인생도 선명해지는 복을 누렸다. 이렇게 그리스도를 따라가면 인생이 깊어진다. 당연한 복이다.

그런데 오늘날 한국 교회는 복음 전수를 목회자의 몫으로 돌려 버리고, 성도는 스스로를 평신도라고 부르면서 자신의 사명인 하나님나라 복음의 바통을 이어가는 일과는 무관한 듯 살아간다. 복음 전수도 가벼운 전도로 전락했으며, 복음 전수를 통해 깊은 사람이 되는 일은 기대조차 하지 않는다. 오히려 전도하는 사람은 피상적이며 반지성적이고 자기 확신에 빠져 무례해 보이기이기까지 한다. 전도는 광신자의 몫이며, 깊이 있는 사람은 자기계발서나 인문학적 소양을 키움으로 가능하다고 생각한다. 하나님나라 복음이 그리스도를 닮아가는 사람을 만들고, 그 결과 깊이 있는 사람이 탄생한다는 사실에 대해 무지하다.

목회자는 한 사람 한 사람을 돌보며 하나님나라 복음으로 온전하게 세워가던 아름답고 실효성 있는 전통과는 점점 더 무관해지는 것 같다. 사람을 인격으로 대하기보다는 군중으로 묶어서 설교와 강의와 세미나 등으로 교육하고 감화하려 한다. 목회자이든 성도이든 그리스도를 알아가며 그분과 연합하고, 그분을 위해 그분의 것이 되어, 그분의 부르심을 따르기 위해 달려가기보다는, 건물과 조직으로 전락한 교회의 종교 행사에 온 마음과 에너지를 소모하는 것 같다. 반면, '하나님나라복음 전수'에 대해 깨달은 목회자 중에는 더 이상 많은 사람을 모아놓고 설교하는 것에 목매지 않게 되었다는 목회자도 있다. 한 사람 한 사람에 집중하는 목회에 눈뜨기 시작했다는 것이다. 사역지를 찾아 여기저기 이력서를 들고 다녀도 교회에 고용되지(!) 못했던 사역자들이 목회의 본질이 하나님나라 복음을 전하고 사람을 키우며 공동체를 세우는 것임을 깨닫고, 자비량을 하며 자기 집을 오픈해 공동체를 세우기도 한다. 중대형 교회에서 사역하는 목회자들도 교회 내 프로그램으로서의 새가족반이나 제자훈련이 아닌, 한 인격에게 진정으로 복음을 전하고 세우는 제자훈련을 시도한다. 한 목회자는 내게 "솔직히 목사였지만, 제가 복음을 전해서 비신자가 회심하는 것을 처음 경험했습니다"라고 부끄러워하면서도 큰 감격으로 고백하기도 했다. 이렇게 사람을 세우는 일을 배워나가면서 목회자가 참된 목회자로 깊어지듯이 성도들도 하나님나라 복음을 전수하면서, 즉 하나님나라 복음을 살아내고 살아내게 하면서 삶이 깊어진다. 하나님나라 복음을 제대로 이해한 성도들은 자신이 그리스도를 본받는 자가 되어, 자신의 뒤를 바짝 '추격'하는 따르미에게 좋은 이끄미가 되려고 애쓰므로 삶이 깊어질 수밖에 없다.

이처럼 목회자이든 성도이든 그리스도인은 '생명의 밥'이신 예수 그리스도를 매일 먹고 마시며 그리스도로 기초가 든든해지며 뿌리가 깊어져야 한다. 그래야 깊이 있는 사람으로 성숙해나갈 수 있다. 이런 사람이 한국 교회에는 절실히 필요하다. 제자훈련은 프로그램이나 코스가 아니라, 예수 따르미의 삶 그 자체이다. 예수를 따른다는 것은 바울의 경우처럼 끝이 없고, 그 과정을 통해 바울과 믿음의 선조들처럼 인생이 깊어진다. 그리스도를 본받기 위해 자신의 길을 걸어가면서, 자기 뒤에 오는 따르미를 섬기는 자, 그들이 예수를 진짜로 따르는 이들이다. 오늘날 한국 교회에 필요한 사람은 누구인가? 예수를 진정으로 따르는 예수의 제자이다. 참된 제자훈련을 통해 깊어지는 사람들, 그들이 절실하게 필요하다.

13.

하나님나라
복음을 살아낸
역사

회사마다 뽑기 원하는 신입 사원의 유형은 다를 수밖에 없다. 역사가 짧은 기업일수록 당장 도움이 되는 사람을 찾는다. 그러나 역사가 좀 있는 회사는, 그것도 자랑스러운 역사를 가진 회사는 회사의 미래를 이끌어갈 인재를 찾는다. 채용할 직원의 능력을 우선시하는 것은 당연하다. 요즘은 능력뿐 아니라 성품까지 꼼꼼히 살피는 회사가 늘고 있다. 그런데 능력과 성품이 비슷하다면, 어떤 동기로 지원했는지를 보게 된다. 내가 아는 인사 담당 전문가가 말하길, 입사 지원자 대다수가 자신의 경력과 경제적 보상을 위해 원서를 내지만, 간혹 회사의 비전에 동의해 지원하는 사람도 있다고 한다. 이런 지원자는 눈에 띌 수밖에 없는데, 이들은 회사의 역사와 사명과 비전을 이미 잘 이해하고 있다는 것이다. 당연히 신입 사원으로서의 역할도 잘 인지하고 있고, 장차 회사에서 하고 싶은 바도 비교적 선명하게 꿈꾸고 있다고 한다. 이런 젊은이들을 만나는 것은 회사로서도 큰 행운이다. 기업도 능력과 성품만이 아니라, 회사의 철학과 방향에 동의하고 거기에 인생을 걸겠다는 사람을 찾는다. 대학교 강의도 마찬가지이다. 교수의 지도 방향을 이해하고 동의한 학생이 좋은 성적을 받는다. 아무리 열심히 공부해도 교수가 원하는 방향을 무시하면 좋은 학점을 받기 어렵다.

　직장이든 학교이든 어느 집단에나 방향과 흐름이 있기 마련이다. 하물며 역사의 주관자이신 하나님을 믿고 따르는 일은 어떻겠는가? 예수를 따르는 사람들이라면, 하나님께서 어떤 일을 해오고 계신지를 파악하고 있어야 한다. 전 우주와 인간사를 이끌어가시는 하나님께서 무슨 일을 해오셨고, 지금 무슨 일을 하고 계신지, 앞으로 어떤 방향으로 일하실지를 알아야 한다. 하지만 안타깝게도 많은 그리스도인들이 역사history 속에서 일하시는 하나님의 역사work에 무지하고 무관심하다. 이는 개인의 위로와 구원만을 위해 하나님을 믿기 때문이다. 물론 그렇게 신앙생활을 시작할 수 있다. 하지만 주님을 따르며 예수께서 가르치신 하나님나라를 성경을 통해 발견했다면, 당연히 '나'에게서 '하나님'으로 관심이 옮겨갈 것이다.

　하나님나라를 성경에서 발견한 사람은 하나님이 주시는 역사의식 속에 살아간다. 하나님께서 이끌어가시는 역사에서 자기가 감당할 몫을 찾는다. 또한 그 일을 위해 자신을 준비하되, 하나님나라의 방법으로 할 것이다. 이렇게 자신의 삶을 하나님나라 관점으로 이해하면, 때로는 고통스럽게 대가를 치루는 일도 생긴다. 하지만 그런 대가 지불을 오히려 자랑스럽게 여기며 그 과정에서 인내를 배운다. 비슷하게 살아가는 사람들을 만나면 동지 의식을 느끼고, 서로 세워주며 끝까지 이 길을 함께 걷자고 격려한다. 더군다나 주님이 다시 오셔서 하나님나라가 완성될 줄 알고 있기에, 종말론적 소망을 품고 오늘의 삶을 평가하고 방향을 재조정한다. 그렇다면 예수께서 부활하고 승천하신 이후에 하나님나라 운동은 어떻게 전개되고 있을까?

미국에서 신학을 공부할 때 영어 때문에 많이 힘들었다. 한국에서는 영어를 좀 한다고 생각했고, 영어 책도 꽤 많이 읽은 터라 영어로 공부할 만하겠지 하고 생각했다. 읽기는 현지인보다 시간을 더 들이면 되고, 쓰기도 현지인 친구의 도움을 받아 다듬을 수 있었다. 그런데 수업에서 가장 중요한 듣기는 어떻게 할 도리가 없었다. 수업 시간에 다른 미국 친구들이 배꼽을 잡고 웃어도 왜 웃는지를 몰라 힘들었지만 미국식 표현이 워낙 많으니까 그러려니 했다. 하지만 수업 내용을 제대로 이해하지 못해 느끼는 참담함이란 뭐라 표현하기가 힘들 정도였다. 어쩌다 질문이 생겨서 질문을 던지고 난 다음 되돌아오는 교수의 질문 논지를 파악하지 못할 때 정말 곤혹스러웠다. 그래서 때로는 이런 유학 생활이 도움이 될까, 차라리 한글 책을 더 많이 읽는 게 낫지 않을까 하는 의문이 들 때도 있었다.

그러던 어느 날 교회사 책을 읽다가 충격적인 그림을 만났다. 1세기, 2세기, 3세기 말에 교회가 어떻게 분포했는지를 보여주는 그림이었다.[1]

다음 페이지에 있는 그림은 1세기 말의 교회 분포도이다. 교회가 세워진 지 60-70년이 지났을 때라서 유대 지역과 지금의 터키에 해당하는 소아시아에 대부분 분포되어 있다. 나머지는 마케도니아, 아가야, 이탈리아 로마, 북아프리카에 소수의 교회가 있었다. 이들은 사도행전과 요한계시록, 신약성경의 서신서에서 흔적을 찾을 수 있는 교회들이다. 이들 대부분은 예수의 제자들이나 부활하신 예수를 경험했던 1세대가 세운 교회들이다.

그런데 이로부터 약 100년이 지난 2세기 말 즈음에는 유대 근방

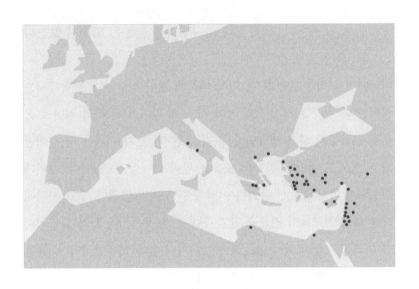

1세기 교회 분포

은 물론이고 지금의 터키 전역에 해당하는 소아시아와 유럽 중앙부, 북부 아프리카 일부에까지 교회가 넓게 퍼져나간다. 초대교회를 이 어받은 성도들과 초기 교부들early church fathers이 세운 교회들이다. 이때부 터 로마제국의 박해가 국지적으로, 때로는 전 제국에 걸쳐 일어났지 만, 그럼에도 교회는 더 왕성하게 뻗어나갔다. 506페이지의 그림은 3 세기 말의 교회 분포도이다.

지금의 영국과 당시 땅 끝으로 여겼던 스페인과 북부 아프리카 까지 이르렀고, 교회 숫자도 괄목할 만큼 많아졌다. 교회가 세워진 지 고작 200-250년이 흘렀지만 들판에 들불이 번져가듯 교회 공동체 는 사방으로 뻗어나갔고 숫자도 셀 수 없을 만큼 많아졌다. 갈릴리의 목수 출신, 서른을 갓 넘긴 청년, 예수라는 종교 지도자가 3년도 안 되는 기간에 활동하며 시작한 하나님나라 운동이 그의 예언대로 당 시 땅 끝이었던 스페인까지 전파되었다. 대다수 종교가 창시될 때는

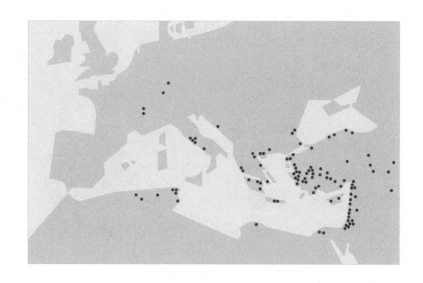

2세기 교회 분포

종교 지도자의 오랜 가르침과 제자 육성, 기득권 세력의 재정적·정
치적 지원을 동반한다. 그러나 예수의 하나님나라 운동에는 이런 것
들이 전혀 없었다. 오히려 유대인들의 종교적 박해와 로마제국의 정
치적 핍박이 이들 앞을 가로막았다. 그런데도 교회는, 하나님나라 공
동체는 '겨자씨'처럼 작게 출발했으나 엄청나게 '자라나서 공중의 새
들이 깃들만큼 성장'했다. 나는 이 그림을 보면서 가슴이 뜨거워졌다.
초대교회 성도들이 자기 세대가 맡은 몫을 묵묵히 감당했을 때 하나
님께서는 그들을 들어서 이토록 놀랍게 사용하셨다.

　이 그림을 만나고 초대교회 상황을 더 깊이 공부하면서, 교회 공
동체는 하나님이 세우신다는 사실을 배웠다. 척박한 환경과 그로 인
한 제약으로 어려움을 겪어도 그런 요소들이 교회의 운명을 가르는
결정적 이유가 되지 못했다. 당시 상황은 교회 공동체를 세우기 어려
운 거의 모든 조건의 총합이었다. 가장 중요한 신약성경은 완성되지

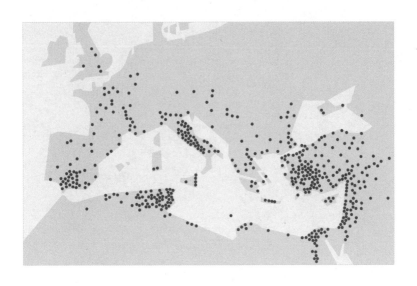

3세기 말 교회 분포

않았고, 교회 지도자를 키워낼 신학교도 없었고, 교회들을 연결하는 교단도 없었으며, 기독교를 지원하는 정치 세력도 없었다. 물론 방송 국이나 출판사도 없었고 심지어 교회 건물도 부재했다. 오히려 유대 인의 박해와 로마제국의 핍박은 엄혹했고, 엎친 데 덮친 격으로 기독 교 관련 이단이 수없이 쏟아져 나왔다.[2] 섬기는 교회가 이런저런 문 제로 힘들다고 말하는 사역자나 성도들을 가끔 만난다. 하지만 초대 교회가 처한 환경과 여건은 그와 비교할 수 없을 정도로 최악이었다. 하지만 하나님께서 당신의 일을 해나가셨기 때문에 교회는 계속 세 워졌고 하나님나라 복음은 땅 끝까지 가열하게 퍼져나갔다. 자기 자 리에서 자기 역할에 최선을 다하는 이들을 통해 하나님은 언제나 일 하셨고, 지금도 일하고 계신다.

이런 역사적 사실을 깨닫고 마음을 다잡을 수 있었다. 내가 지금 처한 어려움을 탓하지 말고 내가 해야 할 일이 무엇인지를 되새기며 공부에 매진하자고 다짐했다. 이후 젊은 나이에 사역을 시작해 지금까지 이어오면서 사역의 여건이나 상황이 힘들 때에도 그것들이 사역의 방해 요소는 될 수 있어도 하나님의 역사를 가로막지는 못한다는 믿음을 가질 수 있었다. 사역의 열매가 기대에 못 미치거나 심지어 실패했다고 여겨져도 상황과 여건에서 이유를 찾기보다 하나님이 하고 계신 일 중에서 내가 어떤 부분을 놓치고 있는지를 먼저 성찰하게 되었다. 하나님께서 하나님의 일을 하고 계시니 나는 내가 해야 할 일을 감당하면 되었다. 하나님은 당신의 일을 과거에도 놓지 않고 계속하셨듯이 지금도 하고 계신다. 중요한 것은 하나님이 무슨 일을 하고 계신지를 알고, 그 일 중에 나의 몫을 조용히 감당하면 되는 것이다. 그렇기에 예수께서 그러셨듯이, 또 바울 사도와 초대교회 지도자들이 그랬듯이, 지금 내가 하고 있는 작은 일과 내 삶을 하나님의 큰 그림 속에서 보는 일은 정말 중요하다.

초대교회의 급진성

앞서 살펴보았듯이 말도 안 되는 환경과 척박한 여건 속에서도 초대교회는 급속도로 퍼져나갔다. 이를 하나님께서 하신 일이라고 단순하게 말할 수도 있다. 종교사회학적으로 다양하게 설명할 수도 있다. 하지만 성경의 가르침에 근거해 이 놀라운 현상을 해석하면, 초대교회가 예수 메시아의 가르침을 제대로 이해하고 받아들였고, 그에 걸맞게 살았기 때문이라는 결론에 이른다. 다음 장에서 더 자세히 다루겠지만, 예수의 제자들은 예수 그리스도의 부활 전까지 하나님나라를 제대로 이해하지 못했다. 예수께서 부활하신 다음에 제자들과 지내면서 한 가장 중요한 일은 하나님나라를 '복습'시키는 것이었다.

제자들은 예수께서 부활하고 승천하신 사건을 겪으면서 하나님나라가 이미 임했다는 사실을 깨달았다. 사복음서의 제자들과 사도행전의 사도들은 같은 사람들인데도 완전히 다른 사람들처럼 보인다. 예수의 부활과 승천 전에는 하나님나라를 상징이나 비유 정도로 받아들였지만, 그 사건을 목격한 후에는 하나님나라가 실제로 역사에 임했다는 사실을 깨달았기 때문이다. 예수께서 공생애 초기에 이사야 61장 1-2절을 인용해 자신의 사역을 설명하시면서, 이 말씀이 그들 가운데 이루어졌다고 선언했을 때에도 아무도 그 말이 무슨 의미인지 깨닫지 못했다.

> "주님의 영이 내게 내리셨다. 주님께서 내게 기름을 부으셔서, 가난한 사람에게 기쁜 소식을 전하게 하셨다. 주님께서 나를 보내셔서, 포로된 사람들에게 해방을 선포하고, 눈먼 사람들에게 눈 뜸을 선포하고, 억눌린 사람들을 풀어주고, 주님의 은혜의 해를 선포하게 하셨다."…예수께서 그들에게 말씀하셨다. "이 성경 말씀이 너희가 듣는 가운데서 오늘 이루어졌다."눅 4:18-19, 21

예수께서는 자신이 구약성경이 약속한 메시아라고 선언하신다. 자신에게 성령이 임했으며, 그리하여 가난한 사람에게 복음을 전하고, 나라를 잃고 유리하는 포로들을 해방해 원래 공동체로 복귀시키고, 있는 그대로의 세상과 진리를 보지 못한 채 살아가는 사람들의 눈을 뜨게 하고, 사회의 구조적 악으로 억압받는 사람들을 풀어주는 일을 이제 시작한다고 선언하신다. 실제로 이 사역들은 메시아 예수께서 완성하신 사역이 아니라 시작하신 사역이었다. 예수께서 가난한 자 일부에게 복음을 전했고 눈먼 자 일부의 눈을 뜨게 해주었지만, 나라를 잃고 포로 된 백성을 해방시키거나 억눌린 자를 풀어주신 적은 없다.³ 이 모든 일은 메시아가 하나님나라의 도래를 선포하며 시작하셨고, 그분을 따르는 메시아 족속이 이어서 감당할 것이라는 암시가 예수의 말씀 속에는 들어 있다.

메시아로 오신 예수께서는 '은혜의 해'를 선포하시는데, 이는 하나님께서 레위기 25장에서 말씀하신 희년의 도래를 뜻한다. 희년은 7년마다 돌아오는 안식년을 일곱 번 지내고(49년) 맞이하는 다음 해를 가리킨다. 희년, 곧 은혜의 해가 선포되었음을 깨닫자 초대교회는 급진성을 띤다. 그들이 급진적이어야 한다고 결정한 것이 아니다. 평범한 사람들이 예수께서 가르치시는 하나님나라의 비범함에 눈을 뜨자, 결코 평범할 수 없는 개인과 공동체로 변했다.

초대교회 성도들은 예수의 부활과 승천 이후에야, 예수께서 희년을 선포하고 희년의 삶을 이 땅에 시작하신다는 누가복음 4장 말씀을 비롯해, 하나님나라에 대한 수많은 가르침의 의미를 제대로 깨달았다. 예수께서 이야기하신 하나님나라가 이미 시작되었고, 메시아를 따르는 자들은 희년의 삶을 살아야 한다는 사실을 깨달은 것이다. 레위기 25장에 따르면 희년의 가장 중요한 정신은 하나님을 두려워함으로 이웃을 부당하게 대우하면 안 된다(17절)는 것이다.⁴ 이웃을 부당하게 대하지 않는 것, 즉 공평하게 대우해야 한다는 것이다. 사고파는 일에서도 공정해야 하며,(14-16절) 땅은 희년이 오면 원래 소유주에게 돌려주어야 한다.(24-34절) 이스라엘 공동체 내의 가난한 자들을 돌보는 일도 게을리해서는 안 되며,(35-39절) 노예가 된 자들은 희년에 해방시켜야 한다.(40-46절) 희년이 되기 전에라도 종살이에서 벗어나기 원하면 그에 상응하는 대가를 지불하고 풀려날 수 있다.(47-52절) 어떤 방법으로도 풀려날 길이 없어도 희년이 되면 노예 된 자와 그의 가족들은 자유의 몸이 된다.(53-55절) 하나님은 희년을 통해 자신이 가나안 땅을 주신 분이

며,[38절] 이스라엘 자손 또한 하나님께 속한 품꾼이라고 선언하신다.[55절]

구약 시대에 제대로 지켜지지 않던 희년을 예수 메시아가 오셔서 선포하셨다. 초대교회 성도들은 예수 메시아로 말미암아 하나님나라가 시작되었으므로 하나님나라 백성끼리는 공평해야 하고 서로 존귀하게 여겨야 한다고 믿었다. 그래서 초대교회는 여유 재산을 처분해 공동체의 가난한 자들을 구제하는 특징을 보인다. 초대교회 성도들은 하나님나라를 받아들인 사람들의 공동체인 교회가 희년의 삶을 추구하는 것이 당연하다고 생각했다. 예루살렘 교회를 소개하면서 헌금[행 5:1-11]과 나눔[6:1-6] 관련 내용을 상당히 비중 있게 다루는데, 이 역시 단지 경제 공동체를 형성했다는 이상의 의미를 지닌다. 그들은 희년을 살고 있는 하나님나라 공동체였다.

예루살렘 교회에서 시작된 성도 간의 나눔은 안디옥 교회에까지 이어진다.[행 11장] 안디옥 교회에서 제자들은 처음으로 그리스도인이라 불렸다.[11:26] 제자들 스스로 붙인 이름이 아니라, 안디옥 사람들이 제자들을 그렇게 부르면서 별명으로 굳어졌다. 별명은 대개 대상의 특성을 반영한다. 그리스도인이라는 단어는 그리스도께 속한 자, 그리스도파, 그리스도주의자라는 뜻이다. 그리스어의 그리스도에 해당하는 히브리어가 메시아이므로, 그리스도인은 메시아에게 속한 자, 메시아파, 메시아주의자, 메시아 족속이라는 말과 같다. 안디옥 교회 성도들이 메시아 족속이라고 불린 이유는 서로 필요에 따라 물건을 나눠 쓰며, 공동체 내부에 가난한 자가 없어지는 등 외부인들이 보기에 메시아가 오신 것처럼, 메시아의 나라가 이미 시작된 것처럼 살았기 때문이다.

그들은 경제적으로 유무상통했을 뿐만 아니라, 여성과 남성을 동등하게 여겼다. 당시 유대인들은 이방인이나 여성으로 태어나지 않은 것에 감사했다. 이 전통은 사람 수를 세면서 여성을 포함하지 않는 사복음서의 기록에서도 나타난다. 이런 시대 상황에서 기독교는 여성을 존중했다. 다소 가부장적이며 마초에 가까웠을 베드로는 말년에 아내를 "생명의 은혜를 함께 상속받을 사람으로 알고 존중하십시오."^{벧전 3:7}라고 말한다. 바울 사도의 사역에서 여성 사역자들이 적지 않은 숫자를 차지한 것을 보면, 그들이 사역을 보조하는 정도가 아니라 중요한 위치를 차지했음을 알 수 있다.^{롬 16장}

더 나아가 초대교회는 노예를 형제로 대한다. 바울은 도망친 노예 오네시모를 골로새 교회로 돌려보내면서 빌레몬에게 "종과 같이 대하지 아니하고, 종 이상으로 곧 사랑받는 형제"로 대해달라고 요청한다.^{몬 1:16, 개역개정} 바울은 당시 경제체제의 근간이었고 고대 철학자들도 문제를 제기하지 않았던 노예제도에 도전한다. 제도 개선이나 혁명 같은 방법이 아니라, 한때 도망쳤으나 지금은 회개한 노예를 메시아 안에서 형제로 여기고, 빌레몬에게도 그를 형제로 받아들이라고 권면하는 방법을 취한다. 초대교회 회심자 가운데 노예가 많은 이유는 그때까지 재산 목록 중 하나에 불과했던 노예를 형제로 대하는, 하나님나라 복음을 받아들인 공동체가 있었기 때문이다. 초대교회의 이런 사상을 바울 사도는 다음처럼 선언한다.

유대 사람도 그리스 사람도 없으며, 종도 자유인도 없으며, 남자와 여자가 없습니다. 여러분 모두가 그리스도 예수 안에서 하나이기 때문입니다.^{갈 3:28}

그리스도 예수, 즉, 메시아이신 예수를 믿어서 하나님의 자녀가 된 사람^{3:26}은 누구나 메시아와 하나가 되어 메시아를 입은 사람^{3:27}이기 때문에 그 사이에 어떤 차별도 없다. 인종적으로 유대 사람인지 그리스 사람인지, 사회적으로 종인지 자유인지, 성별로서 남자인지 여자인지로 차별하지 않는다. 메시아이신 예수 안에서 모두 하나가 되었다고 고백한다. 2천 년이 지난 지금도 선진사회조차 인종과 종교와 성에 따른 차별을 완전히 해소하지 못했는데, 당시 이런 사상은 급진적이다 못해 혁명적이었다. 창조 때 인간을 하나님의 형상대로 만드신 창조 신학, 깨진 세상을 회복하시려는 희년 정신, 이 모두가 메시아이신 예수로 말미암아 드디어 완성되었음을 보여준다.

메시아의 이런 가르침을 자신의 상황과 한계에도 불구하고 받아들여 살아낸 사람들 이야기가 세계 기독교 역사이다. 기독교라는 깃발 아래에서 수많은 역사적 오류를 행한 것도 사실이다. 기독교라는 종교적 허울 아래에서 자기 잇속을 챙기는 사람과 집단은 지난 2천 년간 늘 있었고 지금도 존재하기 때문이다. 하지만 예수의 가르침을 제대로 받아들인 곳에서는 늘 진정한 변혁이 일어났다. 예수의 부활과 승천으로 하나님나라가 임했다는 급진적 소식은 급진적 사람들과 급진적 공동체를 탄생시켰다. 초대교회 성도들은 이 진리를 철저히 믿었기 때문에 놀라운 급진성을 보였다. '선한 일'을 향한 그리스도인들의 여정은 초대교회 때부터 지금까지 지속되고 있다. 예를 들면, 인류 역사만큼이나 오래된 노예제도와 여성·어린이 차별은 기독교 전파와 함께 오랜 투쟁을 거쳐 제거되었다.[5] 21세기에도 여성과 아동의 인권을 무시하는 지역이 있고, 태어나면서부터 계급이 정해지는 나라도 있지만, 기독교의 전파에 따라 인권이 신장되는 현상은 역사에서 보편적으로 나타난다. 구체적으로 노예제도의 경우, 각성한 그리스도인이 개인적으로 자기 노예를 형제로 대하거나 풀어주기도 했지만, 노예제를 사회제도 차원에서 인권 문제로 다루는 일은 18세기에 와서나 가능해졌다. 영국 상원의원 윌리엄 윌버포스^{William Wilberforce}는 회심한 이후에 노예제 폐지를 위해 평생에 걸쳐 투쟁했다. 그의 정치력과 클래팜^{Clapham} 공동체의 지지와 기도가 더해져 1805년에 노예무역폐지 법안이 통과된다. 그럼에도 노예제가 사라지지 않자, 윌버포스는 한 걸음 더 나아가 영국 내 모든 노예를 정부 자원으로 사들여 모두 해방하는 노예해방법안을 1833년에 통과시킨다. 그는 이 법안의 통과 소식을 듣고 사흘 뒤에 눈을 감는다.[6]

모든 사람은 정당하게 대우 받아야 하는 소중한 존재이며, 하나님께서 부여하신 인권이 있다는 사상은 고대 사회 때부터 당연하게 여겨온 노예제와 여성·어린이 차별을 혁파했다. 아직도 모든 인간이 차별당하지 않는 사회는 이루어지지 않았지만, 하나님나라가 시작되었고 그 나라에 자격 없이 들어갔다는 사실을 깨달은 '빚진 자들'의 수고가 지난 2천 년간 이어져오고 있다. 완벽한 정의가 이루어져서, 모든 약자의 눈물과 의인의 고통이 사라지는 날은 예수께서 다시 오셔서 하나님나라가 완성될 때 찾아올 것이다. 그러나 메시아를 따르는 그리스도인들은 그때까지 인권, 교육, 의료 등 모든 영역에서 이름 없이 수고하며 '선한 일'에 매진하고 있다. 이처럼 하나님나라 운동은 지금도 삶의 모든 영역으로 침투해 들어가고 있다.

우리의 하나님나라 운동

초대교회 때부터 오늘날까지 이어지고 있는 하나님나라 운동의 놀라운 역사를 여기서 자세히 살필 수는 없지만,[7] 감격스럽고 놀라운 사실은 유라시아 대륙의 맨 끝 반도인 우리나라에까지 이 복음이 전해졌다는 것이다. 기독교가 우리나라에 전파되었다는 최초 흔적은 통일신라시대에 나타난다. 네스토리우스파의 경교가 당나라를 통해 신라에까지 전해졌다고 추정할 만한 사료가 남아 있다.[8] 천주교는 임진왜란 때부터 조선에 간접적으로 소개되다가 조선 후기에 본격적으로 전래되었고, 기독교의 급진성으로 인해 모진 박해를 받았다.

19세기 후반에 개신교가 우리나라에 전파되기 시작하는데, 이 과정에서 몇 가지 특이한 점이 눈에 띈다. 선교사들이 우리 땅에 들어오기 전에 이미 성경은 우리말로 번역돼 있었다. 중국에서는 존 로스 John Ross 와 존 매킨타이어 John MacIntyre 와 4명의 의주 청년이 《예수셩교 누가복음젼셔》와 《예수셩교 요안니복음젼셔》를 1882년에 펴냈고, 일본에서는 이수정이 《마가젼 복음셔언》을 발행했다. 1911년에 신구약 성경은 번역이 완료되었다. 한글 성경은 민족 복음화에만 영향을 끼친 것이 아니라 한글문화 발전에도 크게 공헌했다.[9] 선교사들은 대개 선교지에서 사역하면서 성경을 번역하는데, 한국은 선교사들이 이미 한글로 번역된 성경을 가지고 들어온, 특별한 나라였다.

당시 성경을 앞장서 보급한 사람은 권서勸書, colporteur라 불린 이들이었다. 이들은 마을에서 마을로 다니며 성경을 보급하고 성경 이야기도 들려주었다. 이들의 숫자를 당시 중국과 인도에서 활동했던 권서의 숫자와 비교하면 깜짝 놀랄 정도이다. 국토나 인구가 조선과는 비교되지 않을 정도로 광대한 중국과 인도의 권서 수는 1916년의 경우, 각각 333명, 159명이었다. 그런데 당시 한국에서 활동한 권서 수는 165명이었다.[10] 이들은 성경을 이해하고 전했을 뿐 아니라, "사회 동향, 국제 정세에까지 민감한 존재들이라 차차 지방의 지도자로 등장했으며", 그중 다수는 신학교에 진학해 교회 지도자가 되었다. 또한 그중 몇몇은 민족 지도자 역할까지 감당한다.[11] 복음을 전하기 위해 조선을 찾은 선교사들은, 이 땅 곳곳에서 이미 예수를 받아들인 사람들을 만났으며, 한 선교사는 자신들이 맺는 열매의 7할은 권서들의 사역에서 직접 기인했다고 보고할 정도였다.[12] 이름도 없이 빛도 없이 한반도 곳곳을 성경 봇짐을 지고 누비며 복음을 전한 권서들은 하나님나라 운동의 무명용사들이다.

한글 성경 번역과 권서들의 헌신적 사역은 성경과 전도를 중시하는 초기 한국 개신교의 특징을 그대로 보여준다. 체계적 성경 연구를 기본으로 하고 그에 성령의 역사가 더해져, 원산 부흥 운동(1903년), 평양 대부흥 운동(1907년)이 일어나면서 복음 전도에 대한 열정은 더욱 강해졌다. 민족적 위기와 절망의 시대를 비추었던 성경의 새로운 사상은 많은 지식인을 교회로 이끌었고, 민족의 고통에 동참한 초기 한국 기독교는 3·1운동에서 그 영향력을 드러냈다. 3·1운동 지도자 33인 중에 그리스도인이 16명이었고, 당시 체포되고 고초를 겪은 사람 중 상당수가 그리스도인이었다. 최근 전수조사 후 발표된 자료에 의하면, 3·1운동으로 기소된 총 7,835명 중 그리스도인은 1,968명으로 25%를 차지한다. 당시 한국 기독교 인구는 29만 명으로 추정되며, 이는 총 인구 2천만 명의 약 1.5%에 해당하니, 한국 교회의 초기 성격이 어땠는지를 보여준다.[13] 한국 기독교는 3·1 운동 이후, 일본제국의 정치적 박해와 이에 동조한 선교사들로 인해 복음 전도와 사회 참여가 분리되는 안타까운 역사를 맞이한다. 그럼에도 절제 운동, 농촌 운동, 사회계몽 운동과 사회사업(병원, 고아원, 양로원 등)과 교육사업(고등학교, 전문학교, 신학교 등)을 전개하며 한국 사회에 큰 영향을 끼친다. 그러나 그 이후 한국 개신교는 안타깝게도 신학적 자유주의와 신사참배, 해방 후 신사참배자들에 대한 치리 문제로 분열을 거듭한다.

냉전 이데올로기가 전 세계를 휩쓴 시기에 남북은 따로 정부를 세우고, 그 결과 한국전쟁이라는 민족상잔의 역사를 피하지 못한다.

이때 기독교는 남과 북에서 이데올로기의 희생양이 될 수밖에 없었다. 북에서 교회는 거의 박멸되었으며, 이러한 핍박을 피해 많은 그리스도인이 월남하였고, 이로 인해 남쪽 기독교는 태생적으로 반공 성향을 띨 수밖에 없었다. 한국전쟁 이후, 남쪽 교회는 산업화와 민주화 속에서 교회 안팎의 다양한 문제와 시련을 통과해야만 했다. 일부 진보적 개신교를 제외하고 대다수 보수 개신교가 독재정권에 침묵하고 교회의 외형적 성장에 치중한 면이 있지만, 한국 교회는 짧은 기간 세계 교회 역사에 유래가 없는 성장을 했고, 세계 선교에도 양적으로 적지 않은 영향력을 끼쳤다. 이러한 성과에도 한국 교회는 여러 문제를 노정하고 있다. 하지만 한 세기가 조금 넘는 동안, 세계가 놀랄 만하고, 세계 교회사에 남을 만큼의 괄목할 성장을 한 것은 분명하다.

한국 교회가 한국전쟁 이후 산업화 과정을 겪는 동안 전도와 교회 성장, 해외 선교에 집중했으나, '평신도'[14]들이 제자훈련과 여러 학습을 통해 성장하면서 관심사와 참여 영역도 확대되었다. 신앙생활이 '교회'에만 국한된 것이 아님을 발견한 그리스도인들이 일터와 신앙을 연결하기 시작했다. 전문직 그리스도인을 중심으로 각자의 영역에서 그리스도인으로 산다는 것이 무엇인지를 질문하는 흐름이 1980년대 중반부터 일어났다.[15] 신앙이 우리 삶터에서 무슨 의미가 있는지를 묻는 질문도 일어나기 시작했다. '예수 믿고 천국 가는 신앙'에서, '예수 믿고 하나님 없는 것 같은 세상에서 어떻게 살지를 고민하는 신앙'으로 확장되었다. 1970년대 말에서 1980년대를 지나면서는 그리스도인이 정치 영역에 어떻게 대응해야 하는가라는 질문이 제기되었으며, 비슷한 시기에 복음 전도와 사회 참여에 대한 논의도 활발해졌다. 같은 맥락에서 경제나 교육에 대한 그리스도인들의 논의도 진행되었다. 더 나아가 이제는 일상에서 그리스도인답게 사는 것을 놓고 고민하는 일도 자연스러워졌다. 이 모든 변화가 하나님나라 신학에 기초하지는 않았지만, 하나님의 주되심을 실제 삶의 영역에서 인정하려는 시도였다. 하나님나라 운동이 건물이나 조직으로서의 교회의 울타리를 벗어나, 삶의 모든 영역으로 확산되고 있다.

운동의 본진인 교회의 변화

지난 2천 년간 하나님나라 복음은 팔레스타인 지역에서 시작해 전세계로 퍼져나갔고, 삶의 모든 영역에 변화를 일으키며 한반도에서도 놀랍게 성장했다. 이와 함께 '교회론' 자체에도 상당한 변화가 있었다. 초대교회는 전문사역자를 공적으로 키워내는 제도가 아직 갖추어지지 않은 성도 중심 공동체였다. 초대교회가 장로와 감독을 어떻게 세웠는지에 대한 자료는 충분치 않지만, 그들은 분명 성도 중 한 사람이었다. 성도와는 본질적으로 다르게 여겨지는, 지금 같은 목회자는 분명 존재하지 않았다. 모두가 공동체의 일원이었고 성도라 불리는 것이 영광스러웠다. 그런데 초대교회로부터 300년 남짓 지난 후 로마제국이 기독교를 공인한다. 콘스탄티누스 황제는 제국을 하나로 통치하기 위한 통치 이념으로 기독교를 공인했을 가능성이 높다. 기독교를 공인한 황제는 기독교에 제국과 같은 일관된 체제가 없음을 발견한다. 그래서 기독교의 교회들로 하여금 제국의 형식을 차용하게 만든다. 이러한 과정에서 성도 중심 공동체였던 기독교는 사제 중심 종교로 바뀐다. 성경의 가르침에서 심각하게 후퇴해 세속화된 결과라 할 수 있다.

사제priest가 생겨나고 평신도laity라는 말이 탄생했다. 평신도는 사제의 도움을 받아야만 하나님의 은혜를 입을 수 있다고 보았고, 성경은 사제가 독점했다. 성경 해석은 사제를 중심으로 한 로마 가톨릭교회만이 할 수 있다고 여겨졌고, 이로 인해 성경을 자유롭게 읽고 연구하고 토론하는 것은 상상조차 하기 어려워졌다. 이러한 상태로 오랜 세월이 흐르고 로마 가톨릭교회가 지닌 한계가 극에 달하자 16세기에 종교개혁이 일어난다. 종교개혁자들은 '오직 성경', '오직 은혜', '오직 믿음'이라는 기치를 들고 성경이 가르치는 진리를 회복하려고 목숨을 바쳤다. 개신교는 성경이 가르치는 바에 집중하고, 초대교회 때의 믿음으로 돌아가 이를 재발견하려고 애썼다. 많은 면에서 진리가 회복되었고, 신앙생활과 예배에도 변화가 생겼고, 사회에도 여러 선한 영향력을 끼쳤다.

그럼에도 불구하고 안타까운 것은 개신교가 구교의 사제주의를 충분히 극복하지 못했다는 점이다. 종교개혁자들이 '전 신자 제사장'the priesthood of all believers을 주장했지만,[16] 교회 내 혼란을 걱정한 일부 종교개혁자들은 중세 교회의 사제주의 요소를 개신교 교회에 유지시켰다. 이로 인해 사제의 역할을 부분적으로 목회자가 이어받아, 여전히 성도가 목회자와 평신도라는 구분은 유지되었다. 종교개혁자들은 그럴 의도가 없었다고 하나, 목회자는 평신도를 지도하고 이끄는 사람을 넘어서 구교의 사제와 비슷한 특별한 계층이 되었다.[17] 앞 장에서 살펴본 대로 목회자들이 교회의 사역을 독점했고, 평신도는 목회의 대상으로 전락해 사역의 주체에서 밀려났으며, 그렇게 다시 오랜 세월이 흘렀다.[18]

종교개혁 500주년을 맞은 요즘에 개신교가 심각하게 논의하고 실천해야 할 교회론 관련 주제 중 하나는 '전 신자 제사장'에 대한 믿음이다. 앞 장에서 논의한 대로 하나님은 교회에 전문사역자를 세우셔서 성도를 준비시키고 사역을 감당케 하고, 그리스도의 몸인 교회를 세우신다. 이런 면에서 지금까지 평신도라 불린 이들이 성도의 이름과 사명을 회복해야 한다. 성도들이 일어나 세상 사람들에게 복음을 전하고, 자신보다 믿음이 어린 성도들을 양육해야 한다. 더 나아가 목회자의 보조자가 아니라, 하나님나라 복음을 스스로 전수하는 하나님나라 운동원으로 살아야 한다. 이는 미완의 종교개혁을 완성하는 것이며, 큰 변화를 이루어내는 것이므로 '제2의 종교개혁'이라고 부를 만하다. 하나님은 교회 안에서도 하나님나라 사상을 지속적으로 확대하고 심화시켜, 이제 모든 성도가 교회를 세우는 주체라는 사명감을 북돋우시며, 실제로 그런 성도들과 함께 교회를 세우시는 놀라운 일을 하고 계신다.

하지만 대다수 개신교 교회는 아직도 목회자 중심이다. 아니면 장로나 임직자 중심이다. 교회는 공동체 구조가 아니라 정치 구조가 되어버려서, 교회 내에서 정치권력을 어떻게 다룰지가 중요한 문제가 되었다. 교회는 권력의 균형이나 분산과 견제 등에 관심을 갖는 대신 어떻게 하나님의 사랑과 다스림을 드러낼지를 고민해야 하는데, 무척 안타까운 일이다. 하나님나라를 받아들인 사람들이 하나님나라를 살아내고 드러내는 교회를 세우려면, 목회자 중심 교회에서 성도 중심 교회로, 또한 제도와 권력 중심 교회에서 소통과 사랑 중심 공동체로 전환되어야 한다. 교회가 하나님나라를 온전히 드러내기에는 아직 많이 부족하지만, 하나님은 지금도 교회 속에서 하나님나라 운동을 진행하고 계신다. 1980년 이후부터 하나님은 한국 교회에 '평신도 운동'을 일으키시고 성도 중심의 가정교회들을 세우시는 등 성도를 교회의 주체로 일으키고 계신다.

예수께서 시작하신 하나님나라 운동은 역동적으로 전개되고 있다. 팔레스타인에서 시작된 운동이 지구 반대쪽에 있는 우리에게까지 이르렀다. 중세 천년 동안 성경은 잠긴 책$^{closed\ book}$으로 읽지도 못했는데, 지금은 목회자뿐 아니라 성도들도 자유롭게 읽고 연구할 수 있다. 더 나아가 교회는 목회자가 사역하는 '곳'이며, 평신도는 목회자에게 순종하고 섬기면서 주님의 뜻을 이루어야 한다는 생각이, 교회는 성도가 세우는 '공동체'이며, 목회자는 이를 위해 성도를 준비시키고 지원해야 한다는 성경의 가르침으로 변화하고 있다. 한 걸음 더 나아가 신앙이 교회 울타리 안에 머물러서는 안 되며, 삶터와 일터에서 말과 행동으로 드러나야 한다는 성경의 가르침이 보편화되고 있다. 이러한 '선한 일'이 사회 제도와 문화의 변화를 이끌어내는 사례들도 생겨나고 있다. 하나님나라 운동이 얼마나 역동적으로 일어나고 있는가? 서른 갓 넘은 목수였던 예수의 말씀이 떠오른다.

> 내가 진정으로 진정으로 너희에게 말한다. 밀알 하나가 땅에 떨어져서 죽지 않으면 한 알 그대로 있고, 죽으면 열매를 많이 맺는다. 요 12:24

> 예수께서 또 다른 비유를 들어서, 그들에게 말씀하셨다. "하늘나라는 겨자씨와 같다. 어떤 사람이 그것을 가져다가, 자기 밭에 심었다. 겨자씨는 어떤 씨보다 더 작은 것이지만, 자라면 어떤 풀보다 더 커져서 나무가 된다. 그리하여 공중의 새들이 와서, 그 가지에 깃들인다." 마 13:31-32

예수께서 가장 자주 하신 비유가 '씨앗'과 관련된 것이었다. 당시 그 자신이 하신 일이 전 인류를 구원하고 만물을 회복하기에는 너무 작아 보였지만, 몸소 가르치고 살아낸 하나님나라 복음이 결국은 모든 사람에게, 더 나아가 만물에까지 이르리라 믿으셨다. 씨앗은 아무리 작아도 그 안에 계속해서 재생산하는 생명력을 품고 있다. 하나

님나라 복음을 재생산하는 것, 그것이 예수의 하나님나라 전략이었
고, 인류 역사에서 그대로 이루어졌으며, 지금도 이루어지고 있다.

하나님나라를 지금 이곳의 삶으로, '하나님나라 복음 DNA'

우리는 지난 2천 년간 이어진 하나님나라 운동의 바통을 이어받았다.
그렇다면 어떻게 전수받은 바통을 다음 세대에 넘겨주어야 할까? 앞
서 간략하게 살핀 하나님나라 운동의 역사에서도 나타났지만, 얼마
나 하나님나라 복음에 천착^{穿鑿}하느냐가 이 운동의 영향력과 성패를
좌우하는 큰 변수이다. 천착이라는 단어는 '뚫어질 때까지 달라붙는
다'라는 의미이다. 하나님나라 운동의 성패는 하나님나라 운동원과
운동원들의 공동체에 달렸다. 이들이 무엇을 붙들고 있느냐가 핵심
이다. 하나님나라 운동을 하는 공동체, 곧 교회와 하나님나라 운동원
인 성도들이 붙들고 심화하며 살아내야 할 것을, 나는 '**하나님나라 복
음 DNA**'라고 부른다.

2001년에 하나님나라 복음에 기초해 교회를 세울 때, 지난 2천
년 동안 믿음의 선조들이 달려온 이어달리기를 제대로 이어받아 다
음 세대에 물려주고 싶었다. 성경의 오래된 가르침을 엄청난 속도로
변화하는 이 시대 가운데서 어떻게 드러내게 할지가 고민이었다. 나
들목교회의 고민과 연구와 실험이 열매를 맺으면 한국 교회와 나눌
수 있게 해달라고 기도했다. 10년간 동굴에서 일하듯 나들목교회라
는 공동체에서 하나님의 일하심을 기대하며 사역했다. 지난 2천 년
간 일하신 하나님이 우리 시대에 일하지 않을 리가 없다는 믿음으로,
고대의 진리를 현대에 살아내는 교회 공동체가 필요하다는 사명감으
로, 하나님나라 복음을 우리 시대에서 어떻게 살아낼지를 놓고 씨름

했다. 10년이 지나자 하나님나라 복음에 기초한 하나님나라 백성이 한 명 한 명 세워지고, 이들의 공동체가 부족하나마 자라나는 모습을 확인할 수 있었다. 그리고 나들목교회라는 현장에서 얻은 열매를 한국 교회와 나누는 일을 시작했다.

그런데 지금도 가끔이지만, 다소 충격적인 이야기를 듣기도 한다. "나들목교회이니까 가능한 거예요." "그건 김 목사이니까 가능한 거예요." 어떤 사역이든 그 현장의 사역자와 성도들이 독특하게 기여하는 바가 있다. 그러나 하나님의 일은 하나님이 하신다. 하나님은 그 백성과 함께 일하시지만, 하나님 없이는 그 어떤 하나님의 공동체도 세워지지 않는다. 그래서 고민하기 시작했다. 사역자와 성도의 기여보다 더 중요한 원리는 무엇인가? 무엇이 나들목교회라는 공동체를 가능하게 했는가? 2012년 가을, 미국 시카고에서 목회자와 신학자 100여 명과 나들목교회에 대해 논의하고 워싱턴으로 날아가면서 이런 고민을 하고 있었다. 비행기 안에서 나들목교회를 가능하게 했던 가장 중요한 요인이 하나님나라 복음이었음을 다시금 확인했다. 그러고는 하나님나라 복음을 성도와 공동체의 삶에 구체적으로 드러나게 하는 다섯 가지 중심 가치[19]를 떠올렸다. 하나님나라가 신학적 개념으로만 머물지 않고 삶에서 구현되도록 중심 가치들이 매개 역할을 하고 있었다. 바로 하나님나라 복음의 DNA였다.

균형 있는 성장

하나님나라 운동을 제대로 하려면 운동원들을 든든하게 세워야 한다. 이 책의 핵심 내용인 '하나님나라 복음으로 사람 세우기'이다. 세상에는 수많은 성경 공부와 제자훈련, 교회 교육 프로그램이 있다. 이 모두가 사람을 세우기 위한 것인데, 어떤 사람을 어떻게 세울지는 자

하나님나라 복음 DNA

료 개발자가 성경의 주제를 뭐라고 생각하느냐에 따라 달라진다. 나는 예수의 핵심 가르침이 하나님나라 복음이며, 바울 사도를 비롯한 초대교회 성도들이 살아내고 전수한 것도 바로 그 하나님나라 복음이라고 확신한다. 하나님나라가 부재한 복음, 세상의 누룩에 취약한 복음으로 사람을 키우는 교회 교육 프로그램은 처음부터 한계가 있을 수밖에 없다. 반면, 하나님나라 복음에 천착하면, 삶의 모든 영역에서 균형 있는 성장이 이루어진다.

예수를 잃어버리지 않았다면 하나님나라 복음을 놓칠 리가 없다. 하나님나라 복음을 제대로 이해했다면 하나님나라 백성으로 살면서 다른 사람도 하나님 백성으로 살게 하는 제자훈련을 놓칠 수가 없다. 그 훈련이 프로그램으로 만들어졌든 아니든, 지난 2천 년간 하나님나라 복음을 전수받아 소박하게, 또는 신학적으로 정돈해가며 '예수를 닮아가는 자'로 산 이들이 있었다. 이들은 자신이 받아들여서 살아냈던 복음을 다음 세대에도 전수했다. 이렇듯 제자훈련은 한 그리스도인의 온 생애 동안 이루어지는 과정이며, 그 훈련에 이름이 있든 없든 모든 세대 모든 성도가 추구하는 삶이었다. 그러므로 하나님나라 운동의 핵심은 전수받아서 전수해야 하는 하나님나라 복음을 얼마나 깊고 온전하게 이해해서 평생 살아내느냐에 있다.

이 책에서 긴 지면을 할애해 우리가 무엇을 잃어버렸는지를 알아보고(1부), 우리가 붙잡고 뿌리를 내려야 할 진리를 다시 살펴본(2

부) 이유가 여기에 있다. 진리의 기초가 단단해야 균형 잡힌 성장을 추구하며 진정으로 영적일 수 있다. 이런 놀라운 복은 반드시 다음 세대에 전달해야 하는 중요한 진리이다. 이를 위해 다양한 방법을 동원해야겠지만, 일대일 만남이야말로 예수와 그 제자들이 사용했던 방법임을 확인했다. 각자가 하나님나라 복음으로 깊이 있는 삶을 살아가면서, 동시에 이러한 개인의 총체적 삶이 모여 하나님나라 운동은 초대교회 때부터 지금까지 가열하게 전개되고 있다. 하나님나라의 핵심에 하나님나라 운동원 개개인의 균형 있는 성장이 자리 잡고 있다. 한 개인이 만물이 충만케 되는 출발점이며, 하나님나라라는 겨자씨를 품은 기초 단위이다.

진실한 공동체

하나님나라 복음으로 하나님나라에 들어가서 하나님나라 백성으로 자라기 시작하면 공동체가 얼마나 소중한지 깨닫는다. 홀로 살아남을 수 없다는 실존적 이유뿐만 아니라, 이미 임한 하나님나라를 받아들인 이들이 공동체를 이루어 하나님의 살아 계심을 세상에 증언하는 일은 인생의 부수적인 일도 아니고, 교회라는 종교 조직에서 하는 프로그램도 아님을 알게 된다. 하나님나라를 받아들인 사람들이 공동체로 살아가는 것은 사명이며 존재 그 자체이다. 앞에서 살핀 대로 초대교회가 열악한 여건과 환경 속에서도 초기 300년 동안 무섭게 성장한 이유는 하나님나라를 살아내는 공동체였기 때문이다. 이들에게는 서로 사랑해야 할 이유가 분명했고, 사랑이 무엇인지를 배웠으며, 사랑하는 방법과 지혜를 연습하고 익혔다.

자신을 있는 그대로 드러내고 그 모습에 기초해 그리스도를 닮아가려면 그 길을 앞서거니 뒤서거니 함께 걸으며 서로 돕는 공동체가 필요하다. 그 진실한 공동체가 교회이다. 그러나 어느새 교회에서 공동체 성격이 휘발되고 조직과 제도만 남아서, 어쩔 수 없이 교회 대신에 진실한 공동체라는 단어를 쓰게 되었다. 진실한 공동체에는 자신의 약함과 악함을 숨기지 않고, 그럼에도 불구하고 그리스도 안에 있음을 믿음으로 고백하고 선언하며, 함께 그리스도를 닮아가려 애쓰는 노력이 있다. 실제로 '균형 있는 성장'은 공동체 환경에서 힘을 발휘한다. 공동체 없이 개인이 제자훈련 프로그램을 진행할 수도 있으나, 제자훈련이 온 생애에 걸친 과정이므로 프로그램을 진행하면서나 마치고 난 다음에 제자의 삶을 견지해줄 수 있는 공동체는 무척 중요하다. 공동체가 있는지 없는지에 따라 그리스도를 닮아가는 여정은 너무나 큰 영향을 받고 달라진다.

진실한 공동체를 어떻게 세울 것인가, 다시 말해 어떻게 공동체로 지어져갈 것인가는 책 한 권이 필요할 정도로 중요하고도 깊은 토론이 필요한 주제이다.[20] 불행하게도 교회를 개척하는 목회자이든 성도이든 공동체 경험이 없는 경우가 많다. 대신 조직이나 교회 정관, 특별한 사역, 건물부터 마련하려는 사람들을 자주 만난다. 하지만 하나님나라 공동체는 조직이나 정관이 없어도, 특별한 사역이나 심지어 건물 없이도 세워진다. 조직, 정관, 사역, 건물이 하나님나라 공동체의 본질이 아니기 때문이다. 하나님나라 공동체는, 하나님나라 복음이 나한테서만 머물지 않고 누군가에게 전달되어 회심을 일으켜서, 회심한 두 사람이 함께할 때 세워진다. 예수께서 "두세 사람이 내 이름으로 모인 곳에는 나도 그들 중에 있다"[마 18:20]고 말씀하셨기 때문이다. 하나님나라 복음을 받아들인 소수가 하나님나라 복음대로 이 세상에서 살도록 서로 섬기고 지켜주며 함께 살아가는 것이 공동체이다. 서로 사랑하고 함께 성장하며 배워야 할 것이 너무 많지만, 하나님나라 복음 공동체는 이렇게 시작한다. 하나님나라 복음과 복음을 받아들인 사람들의 '균형 있는 성장'은 '진실한 공동체'를 만들어 낸다.

찾는이 중심

하나님나라 복음을 받아들인 이들의 진실한 공동체는 안으로는 성도가 삶의 모든 영역에서 그리스도 안에 머물며 성장하도록 도우면서, 밖으로는 하나님나라에 아직 들어오지 못한 이들을 향해 나아간다. 값없이 받은 하나님나라 복음을 어떤 대가를 지불하고서라도 사랑하는 사람에게 전달하려는 것이 회심한 사람의 표지이며, 하나님나라 복음 위에 건강하게 세워진 공동체의 특징이다. 교회의 건강성에 대한 논의가 활발하지만, 주로 조직의 건강성에 초점을 맞추는 것 같아 안타깝다. 재정 사용, 의사 결정 과정, 지도자의 윤리적 삶 등은 일반 사회 조직에서도 건강성 척도로 따지는 항목이다. 하나님나라 복음 공동체인 교회의 건강성을 이런 잣대로 논의하는 것은 부끄러운 일이다. 교회 공동체의 건강성은 안으로는 서로 사랑하는 정도와 깊이로, 밖으로는 하나님나라 복음을 세상 사람들에게 전달해서 회심이 일어나는지로 알 수 있다.

예수께서는 사역을 시작하면서 가난한 자에게 복음을 전하겠다는 사명을 말씀하신다.^{눅 4:18} 또한 십자가를 지기 직전에 여리고의 삭개오 집에 들어가 복음을 선포하시며, 자신이 세상의 잃어버린 자를 찾아 구원하러 왔다고 선언하신다.^{눅 19:10} 교회는 이런 예수를 따르는 메시아 족속이며 그분을 본받는 공동체이다. 따라서 모든 에너지를 동원해 친구와 친지와 이웃이 하나님께 돌아오도록 애를 쓴다. 예수께서 죽음을 앞두고 한 사람을, 그것도 세리 중의 세리인 세리장을 찾아가 그 집에 머물며 복음을 전하셨듯이, 그리고 바로 옆 십자가에 매달린 강도가 "예수님, 주님이 주님의 나라에 들어가실 때에, 나를 기억해주십시오"라고 말하자 죽음의 고통 가운데서도 그를 구원하셨듯이, 교회 공동체는 하나님나라 복음을 전하는 일에 모든 대가를 지불한다.

앞서 살펴보았듯 지난 2천 년간 하나님나라 운동은 한 개인의 모든 삶의 영역과 사회 전반에 변혁의 열매를 선물하면서 오늘날까지 이어졌다. 이와 함께 교회의 끊임없는 갱신도 함께 이루어졌다. 하지만 하나님나라 복음이 믿지 않는 사람들에게 전수되지 않았다면, 이 운동은 오래 전에 끝났을 것이다. 하나님나라 운동이 지금도 가열하게 일어날 수 있는 것은 하나님나라에 새로운 자녀들이 입양되는, 회심의 역사가 일어나고 있기 때문이다.

오늘날 복음이 전해지지 않고 회심이 잘 일어나지 않는 이유는 수없이 많다. 시대가 악하고, 세상 문화는 전에 없이 눈부시고, 돈이 무엇보다 중요한 자본주의가 판을 치고, 객관적 진리가 더 이상 통하지 않는 포스트모던 시대이며, 개인주의는 또 얼마나 강력한지…. 이 외에도 많은 이유가 있겠지만, 지난 2천 년간 복음을 전하기 쉬운 때는 없었다. 더구나 회심을 일으키는 분은 성령이시다. 우리가 우리 삶을 제대로 살아내며, 복음 전수를 위해 연구하고 고민하며 새로운 시도를 끊임없이 한다면, 그렇게 우리 몫을 감당한다면, 하나님나라 복음은 오늘날에도 찾는이들에게 힘 있게 전해질 것이다. 하나님나라 운동에서 찾는이 중심이라는 DNA가 사라지면 이 운동은 바로 다음 세대에서 궤멸할 것이다. 새로운 운동원이 태어나지 않는 운동은 이미 끝난 운동이기 때문이다.

안팎의 변혁

하나님나라 복음 공동체가 안으로는 성도 개개인을 '균형 있는 성장'에 이르게 하고 밖으로는 '찾는이 중심'으로 살면, 교회 공동체 내부에는 끊임없이 변혁이 일어나고 마침내 외부로까지 뻗어나간다. 이를 '안팎의 변혁'이라 부른다. 다른 말로는 총체적 변혁holistic transformation이라 할 수 있다. 공동체 내부에서는 예수의 머리되심이 진정으로 나타나는데, 이는 하나님나라 복음 공동체에서만 목격할 수 있는 놀라운 일이다. 개개인의 의견을 어떻게 조정해 조화를 이루느냐가 아니라, 개개인이 그리스도께 순종해 하나님 뜻을 분별하고 이에 순종하느냐로 내부의 힘이 축적된다. 세상에서는 경험하지 못할 뿐 아니라 절대 경험할 수 없는 일이다. 세상을 변화하겠다고 나섰던 공동체가 자중지란에 빠지고 내부에서부터 무너지는 경우가 자주 있는데, 이는 그리스도의 머리되심을 붙들지 않은 상태에서 외부 사역에 몰두하기 때문이다. 그리스도가 머리가 될 때, 하나님의 뜻을 분별하는 방식, 성도끼리 소통하는 방식, 의견 차이와 대립을 해결하는 방식, 더 나아가 갈등과 분쟁 상황에서 용서하고 용납함으로 평화에 이르는 방식을 배울 수 있다. 이것이 공동체 내부에 일어나는 하나님나라 복음의 변혁이다. 이와 더불어 형제애로 차별이 없어지고, 경제적인 면을 포함해 다양한 영역에서 진정한 공동체를 이루며 살아가는 것도 내부에서 일어나는 변혁이다.

공동체 내부에서 이 같은 변혁이 일어나면 반드시 외부로도 흘러 나간다. 내부의 생명력은 외부로 표출될 수밖에 없다. 하나님나라 복음을 살아내는 교회 공동체는 어떻게 선한 이웃이 될지를 고민하며 공동체가 자리한 삶의 터전에서 '선한 일'을 도모하기 마련이다. '강도 만난 사람들'이 즐비한 세상에서 어떤 부분을 감당할지 기도하

고 고민하고 연구하고 실행하는 일은 건강한 하나님나라 공동체에게
는 너무나 자연스러운 일이다. 공동체의 가용 가능한 인적·물적 자
원을 활용해 이웃을 섬기는 일은 참으로 아름다운 일이며, 앞서 살핀
대로 우리는 이를 위해 부르심을 받았다.엡 2:10 돌봄을 받지 못하는 청
소년, 어르신, 노숙인을 돕는 일은 물론이고 동네마다 필요한 다양한
선한 일을 찾아내 시도할 수 있다. 더 나아가 한 지역에 성도들이 모
여 살면서 마을의 중심을 이룰 수도 있다. 삶터뿐 아니라 개개인의 일
터에서도 어떻게 하면 하나님나라 백성으로 살 수 있을지, 자신의 노
동이 악한 세상에 기여하지 않고 하나님나라 가치를 확산하는 데 쓰
일지를 고민하게 된다. 삶터와 일터에서 하나님의 다스림을 어떻게
드러낼지를 고민하면서 하나님나라 운동은 더욱 깊이를 더해간다.

삶터와 일터에서의 고민은 사회와 지구촌 전반에 대한 거시적
시각으로 우리를 이끈다. 나들목교회에서 처음 노숙인 사역으로 "바
하밥집"을 시작했을 때는 노숙인에게 따뜻한 밥 한 끼를 대접해서
그리스도의 사랑을 간접적으로나마 전하자는 취지였다. 이후 자연스
럽게 노숙인의 갱생과 자활로 이어졌고, 지금은 이들과 함께 살아가
는 '보문 커뮤니티'로 성장하고 있다. 노숙인을 섬기다보니 자본주의
사회의 어두운 이면에도 눈을 뜨게 되고, 사회 체제 전반을 바꿀 수
는 없어도 우리 주변을 바꿔나가는 대안적 삶의 방식을 함께 고민하
게 되었다.21 하나님나라 복음의 변혁력은 그 무엇으로도 가둘 수 없
다. 기대하기는 하나님나라 복음으로 무장된 성도들이 윌리엄 윌버
포스처럼 우리 사회의 심각한 문제를 제도적으로 보완하는 일에도
쓰이길 기대한다.22 교회 공동체는 이러한 일을 위해 성도를 파송하
고 후원하고 지지하며 연대하는 일을 해야 한다. 하나님나라 운동은
이렇게 종횡으로 연결되면서, 지금도 지속적으로 일어나고 있기 때

문이다.

소망하는 예배

다음 장에서 더 깊이 다루겠지만, 하나님나라를 받아들이고 그 나라를 이 세상에서 살아내는 사람은 마침내 완성될 하나님나라를 간절히 소망한다. 그래서 그들은 모일 때마다 이를 바라보며 예배를 드리는데, 이 예배는 결코 자신의 평안과 위로를 위한 것이 아니다. 하나님을 인정하지 않는 악한 세상, 그 깨진 세상에서 이미 임한 하나님나라를 받아들인 그 나라 백성이 감당해야 할 사명을 확인할수록 자기 능력으로는 불가능함을 발견한다. 그래서 성도들은 모일 때마다 고귀한 사명을 감당할 수 있는 힘과 지혜를 달라고 주님께 기도한다. 사명을 감당하면서 쉽게 지치거나 낙담하지 않도록 인내를 더해주시기를 간절히 사모하며, 예배의 주인이신 주님을 바라본다. 세상 사람들과 똑같이 살다가 위로를 받으려 모이는 예배와는 다른, 하나님나라 백성의 예배가 소망하는 예배이다.

소망하는 예배는 이름 그대로, 우리가 선한 일을 이루려 수고하고 애쓴다고 하나님나라가 이 땅에 실현되는 것이 아니며, 예수께서 다시 오셔서 그분의 나라를 시작하실 때 완전한 하나님나라가 임한다는 것을 알고 '나라가 임하길' 소망하며 드리는 예배이다.

이 땅에서 피조물로서 당하는 고통^{롬 8장}과 하나님나라 백성으로 겪는 환난^{롬 5:3-5}은 주님의 다시 오심을 더욱 소망하게 만든다. 그 소망은 세상을 염세적으로 보는 부정적이고 수동적인 자세에서 비롯한 것이 아니라, 세상 속에서 자기 몫을 치열하게 감당하면서 갖는 간절함에서 나온다. 우리는 이미 사랑받은 자로서 강도 만난 이웃을 섬긴다. 더 나아가 그런 이웃이 생기지 않도록 사회 제도와 문화의 변화에도 최선의 노력을 다한다. 하지만 이러한 수고로 하나님을 반역한 세상이 온전히 회복되지 않을 것도 안다. 그래서 주님의 완전한 회복을 갈망하는 것이다. 소망하는 예배가 없는 변혁 사역은 오래가지 못한다. 그리고 사람을 살려내는 일도 제대로 감당하기 어려울 것이다.

"바하밥집"을 시작한 지 채 몇 년 안 되어 노숙인들이 갱생하고 거듭나서 세례를 받았는데, 그 때 밥집 주인장과 나눈 대화를 잊지 못한다. "현일아, 노숙인 사역을 수십 년 해도 회심의 역사가 잘 안 일어나는데, 우리 밥집에서는 몇 년도 안 됐는데 어떻게 이런 일이 일어나지? 그 이유가 뭘까?" 하고 내가 물었다. 그러자 "왜 그러세요? 형님, 다 아시면서"라며 몇 번을 손사래 쳤지만, 내가 정색을 하고 여러 번 되묻자 그는 대답했다. "하나님나라 복음 때문이지요! 다른 게 있나요." 맞다! 하나님나라 복음으로 무장할 때 한 사람이 변화하고, 그들이 공동체를 이루며, 공동체 내부에 변화가 일어날 뿐 아니라, 그 변화가 세상 속으로 흘러들어가 또 다른 변화를 이끌어낸다. 그 과정에서 낙심할 때도 있지만 꺼꾸러뜨림을 당하지 않는 이유는 우리에게 소망하는 예배가 있기 때문이다.

한국 교회의 DNA 교체

불행하게도 오늘날 한국 교회는 하나님나라 복음 DNA가 아닌 다른 DNA를 지닌 듯싶다. 그래서 하나님나라 운동이 교회 공동체를 통해 나타나지 않는다. 교회라는 이름도 똑같고, 복음이라는 단어도 같이 쓰고, 제자훈련도 많은 교회에서 하지만, 하나님나라 운동이 일어나지 않는 이유가 여기에 있다.

찾는이를 초대하기 위해 연구하고 실험하고 고민하기보다는, 어떻게 교인들의 필요를 채워서 다른 교회로 떠나지 않게 붙잡을지를 고민하는 '교인 중심' 교회가 되었다. 성도가 모든 영역에서 균형 있게 성장하도록 돕기보다는, 성과 속을 나누고 교회에서 좋은 교인이면 괜찮다는 '이원론적 영성'이 교회를 지배한다. 진실하게 관계 맺고 함께 성장해나가는 진실한 공동체의 삶을 불편해하고, 큰 교회를 다니든 작은 교회를 다니든 나 홀로 신앙생활 하는 '개인주의 신앙생활'을 선호하는 성도가 늘어나고 있으며, 공동체를 세우도록 부름 받은 목회자도 공동체 생활이 무엇인지 잘 모른다. 하나님이 주신 복으로 자신과 공동체 내부가 변화하고 밖으로도 그 변혁의 힘을 표출하는 대신에, 나와 내 가정이 복 받기 원하는 '기복주의'가 오랫동안 한국 교회를 지배하고 있다. 이러니 세상의 아픔을 품고 자기 몫을 감당하며 다시 오실 주님을 간절히 소망하는 예배 대신에, 현세에 어떻게든 위로받고 복 받는 것에 목매는 '현세 기복적 예배'가 대세를 이루었다.

한국 교회가 지난 2천 년간 흘러온 하나님나라 운동을 제대로 계승하려면, 우리 속에 침투해 있는 '세속적 교회 DNA'를 '하나님나라 복음 DNA'로 하루 빨리 교체해야 한다. 이를 위해 목회자와 성도가 각각의 자리에서 먼저 깨어나야 한다. 서로 탓하면서 책임을 전가하지 말고, 목회자는 전문사역자의 자리에서 하나님나라 복음을 배우고 익혀 예수를 진정으로 따르는 제자의 삶을 회복해야 한다. 자신이 제자로 살지 않는 한 제자를 키워내지 못한다. 조직을 운영하는 목회자 밑에서는 조직원인 교인이 태어날 뿐이다. 성도도 마찬가지이다. 자신의 교회와 목회자를 탓하지 말라. 목회자의 중개 사역 없이 성경을 읽고 하나님나라 복음의 진수를 배우고 익힐 수 있는 길은 얼마든지 있다. 성도 자신이 먼저 제자가 되어 또 다른 성도를 제자로 살아갈 수 있도록 돕는 일이 가능하다. 목회자 없이도 성도가 제

세속적 교회 DNA	하나님나라 복음 DNA
교인 중심	찾는이 중심
개인주의 신앙생활	진실한 공동체
이원론적 영성	균형 있는 성장
기복주의	안팎의 변혁
현세 기복적 예배	소망하는 예배

오늘날 한국 교회를 부지불식간에 지배하고 있는 DNA와
하나님나라 복음 DNA를 비교해 보라. 얼마나 큰 차이가 있는가.

사장이 되어 공동체를 세우고 섬기는 것은 불가능한 일이나 불법이
아니다.[23]

삶의 목적을 어디에서 찾을 것인가? 하나님께서 당신의 형상을
우리 안에서 온전하게 회복하고 계시며[9장] 이를 위해 중요한 하나님
나라 복음 전수[10장]와 그 방법[11장]을 살펴보았다. 이 과정을 통해 우리
는 깊이 있는 사람이 되어간다.[12장] 하나님은 개인 속에서만 일하시지
않고, 복음을 전수하는 이들을 통해 지난 2천 년간 하나님나라 운동
을 가열하게 전개하고 계신다. 각 시대에서 모두가 최선을 다해 예수
께서 가르치신 복음을 이해하고 살아내려 했고, 성령은 이들의 애씀
에 기름을 부으시고 인간의 부족함을 뛰어넘어 지난 2천 년 동안 일
하셨다. 이제 하나님나라와 복음이 분리되지 않고 하나이며 예수께
서 가르치신 핵심임을 선명하게 깨달은 우리가 하나님나라 복음의
DNA를 가지고 살아갈 때이다. 믿음의 선조들이 자신의 달려갈 길을

마친 것처럼, 우리도 우리의 달려갈 길을 끝까지 내달려야 한다. 우리가 깨닫고 누리며 개인과 공동체의 삶을 통해 드러낸 하나님나라의 복음을 다음 세대에 전수해야 한다. 2천 년간 지속해온 하나님나라 운동은 내가 참여하든 하지 않든 하나님께서 그에게 순복하는 그 나라 백성을 통해 지금도 가열하게 전개하고 계신다. 그리고 지금도 우리를 그 놀라운 삶으로 초대하신다.

미래는 있다, 하나님나라 복음이 있다

한국 교회가 이런저런 문제들로 몸살을 앓고 사회적 지탄을 받고 있다. 하지만 여전히 하나님은 일하신다. 지난 2천 년 동안 지속된 하나님나라 운동을 계승하여, 자신의 세대에서 자신의 달려갈 길을 달려가는 사람들과 동역하고 계신다. 이들이 세우는 좀 더 건강하고, 좀 더 하나님나라 복음에 뿌리를 내린 공동체를 축복하고 계신다.

한국 교회의 미래가 암울하기 때문에 현재 다양한 시도가 이루어지고 있다. 반갑고 감사한 일이다. 하지만 수많은 인간의 수고도 하나님께서 하시는 일과 궤를 같이하지 않으면, 모두 잠깐 있다가 사라질 '현상'일 뿐이다. 하나님나라에 대해서 논하는 수많은 사람은 사라지지만, 하나님나라를 살아내고 전수하는 하나님나라 백성은 하나님께 영원히 기억될 것이다. 그렇기에 교회의 조직적 연대와 다양한 협력이 필요하지만, 무엇을 중심으로 연대하고 하나가 될지가 더 중요하다. 하나님나라 운동의 핵심은 하나님나라 복음 그 자체에 있다. 만약에 이 하나님나라 복음을 중심으로 성도와 공동체가 연대한다면, 그리하여 이 시대에도 일하고 계시는 하나님의 역사 속에 한 부분을 각각 감당한다면, 한국 교회에도 미래가 있지 않을까?

제도와 조직으로서의 연대가 아니라, 하나님나라 복음의 DNA를 담지한 성도와 목회자, 그리고 그들의 공동체 간의 실제적 연대가 필요하다. 누군가 통제하는 조직이 아니라, 하나님나라 복음 공동체들의 그리스도 안에서의 연대가 필요하다. 하나님나라의 복음을 공유하고, 각각 자신이 처한 상황context에서 하나님나라 복음 DNA로 씨앗을 뿌리고 꽃을 피우고 열매를 거두고, 그리고 그 소중한 시도를 서로 나누고, 그래서 서로에게 배우고, 또다시 자신들이 심긴 곳에서 하나님나라 복음을 우리 세대와 오는 세대에 전수하는 일이 일어나면 얼마나 기쁠까? 이러한 연대를 통해, 교회의 외형과 규모에 함몰된 목회자와 성도들이 하나님나라 복음으로 교회 공동체를 새롭게 하는 일이 이 시대에 주님께서 하고 계시는 일인 줄 알고 눈뜬다면 얼마나 놀라운 일이 벌어질까? 암울한 상황이지만, 지금이야말로 다시 한 번 '겨자씨 모략'이 필요할 때가 아닐까?[24]

14.

하나님나라
소망으로
살아가는
공동체

한국에 돌아와 사역을 시작한 다음, 기회 닿는 대로 하나님나라에 대해 성도들에게, 특히 청년들에게 열심히 설명하고 가르쳤다. 한국 교회의 다음 세대가 하나님나라 복음에 기초를 놓을 때 한국 교회의 미래가 있다고 믿었기 때문이다. 하나님나라에 대해 이야기하면, 당연히 우리가 지금 살고 있는 '이 세대'의 특징을 설명하게 된다. 하나님을 부인하고 하나님 중심의 세상을 거절하고, 자기중심성self-centeredness에 매몰되어 자신의 영광self-honoring을 위해 사는 것이 죄이며, 이것이 우리가 사는 세상의 본질적 문제라고 설명하면 대부분 납득한다. 이어서 그렇기 때문에 이러한 세상에서 불의한 자들이 성공하고, 선인들이 피해를 받으며, 의인은 고난을 받는다고 이야기하면 사람들은 불편해한다. 예수 믿으면 복 받고 하나님 자녀로 특별 대우를 받을 줄 알았는데, 모든 만물과 함께 신음하는 인생을 피하기 힘들다니, 이런 메시지는 반갑지가 않은 것이다. 한 청년이 강연 후에 찾아와 이런 질문을 했다. "목사님, 지금도 살기가 쉽지 않은데, 앞으로 하나님나라를 위해 살면, 더 힘들면 힘들지 쉽지 않다는 말입니까?" 나는 사랑하는 눈으로 그 청년을 바라보다가 말해주었다. "응!" 그러자 매우 실망한 얼굴로 "목사님, 그럼 무슨 힘으로, 어떻게 깨진 이 세상을 살 수 있는 거죠?"라고 되물었다.

한 중년 직장인은 하나님나라에 대해 듣고서 이렇게 말했다. "신 앙을 갖는 것도 세상살이가 힘들어서, 위로를 받고 세상에서 좀 더 잘 살기 위해서 아닌가요? 하나님나라를 받아들이면, 이제 세상에서 성공하고 잘사는 대신, 하나님나라의 의를 먼저 구해야 하고 고난도 피할 수 없다니, 그게 성경에나 있는 이야기이지, 누가 그렇게 살 수 있나요?" 그러고는 다소 도발적인 표정으로 "목사님은 그렇게 사세 요?"라고 질문한다. 순간 당황했지만, "세상의 성공이나 번영이나 목 회의 성공을 추구했다면, 적어도 지금처럼 살지는 않겠지요"라고 답 했다. 그 중년 직장인은 마뜩찮은 표정으로 "이렇게 힘든 기독교를 누가 믿고 따르겠어요?"라고 말했다.

한 목회자는 하나님나라와 이에 기초한 제자훈련 강의를 듣고 내게 이렇게 말했다. "목사님, 강의는 잘 들었는데, 그렇게 목회하면 언제 교회가 큽니까? 교인들이 교회 부흥시키지 못하는 목사를 가만 둘 것 같습니까? 그렇게 원리원칙대로 교회를 개척하면 언제 교회가 자립합니까? 너무 이상적인 이야기 아닌가요?" 많은 목회자들이 성 경이 가르치는 대로 목회하면 실패할 수밖에 없다고 믿는 상황이라 서 나도 조심스럽게 반문했다. "성경에서 가르치는 것이 실제로 우리 삶에 드러나지 않는다면, 아니 목회자인 우리 삶과 사역 현장에서 드 러나지 않는다면, 우리가 무슨 근거로 우리가 전하는 이야기를 진리 라고 말할 수 있을까요?" 내 대답을 들은 그분 얼굴에는 말은 안 해 도 "당신은 뭐가 좀 되니까 그런 소리하는 거 아닙니까? 그럴만한 여 건도 있고"라고 쓰여 있었다.

많은 그리스도인이 예수를 믿으면 내가 소원하는 바가 이루어질 거라고 기대한다. 특히 예수를 처음 믿을 때에 이런 종교성을 가지고 많이들 시작한다. 그러나 예수를 제대로 만나서 그분의 가르침인 하나님나라에 눈을 뜨면, 예수 믿으며 사는 것이 결코 쉽지 않다는 사실을 발견한다. 믿음이 성공과 번영을 보장해주지 않는다는 것도 배운다. 그런데 하나님의 진리를 가르쳐야 하는 목회 현장에서는 적당히 세상과 타협해야 성공할 수 있다는 생각이 팽배하다. 이런 상황이 보편적인 시대에 하나님나라 복음을 이야기하고 고난을 받으면서도 하나님나라를 살아내자고 말하는 것은 그다지 설득력이 없어 보인다.

성경은 분명 예수 메시아가 오셨고, 그분께서 오심으로 하나님나라가 시작되었으며, 우리가 예수 메시아를 주로 받아들이면 그 나라 백성이 된다고 가르친다. 우리는 하나님나라 백성이 되는 복을 누리지만, 예수께서 다시 오셔서 하나님나라를 완성할 때까지는 이 세대에서 벗어나지 못한 채 살아야 하고, 그래서 고난도 피할 수 없다. 이 세상에 살지만 세상에 속하지 않고 하나님나라에 속하였기에 대가를 지불하며 하나님나라를 살아내는 사람을 통해 하나님께서 역사하신다고 성경은 말한다.

현실성 떨어지는 이런 메시지가 기독교의 핵심이라는데, 도대체 쉽지도 않고 인기도 없을 것 같은 이런 삶의 방식을 누가 따를 수 있겠는가? 사실 예수 당시의 제자들도 각자 무언가를 바라고 예수를 따랐다. 대의를 좇아 민족적 해방을 추구했든,^{행 1:6} 사욕을 좇아 예수께서 왕으로 등극했을 때 높은 자리를 확보하려 했든,^{마 20:20-24} 그들 나름대로 기대하는 바가 있었다. 우리와 너무도 비슷했던 그들이 예수의 부활 승천 이후에는 다른 사람들이 된 것 같다. 이들이 초대교회를 형성하고 하나님나라를 살아냈다. 초대교회 이후에도 교회와 그리스도인은 끊임없는 세속 가치의 위협과 유혹과 싸우며 세상 속에서 하나님나라 백성으로 살았다. 물론 예수께서 예언하신 대로 일부 그리스도인은 말씀을 받되 세상 유혹과 핍박에 무릎을 꿇었고, 그 결과 혼합주의와 배교로 물든 삶을 살며 열매를 맺지 못했다. 그러나 지난 2천 년 역사는 이 고난과 핍박에도 불구하고 하나님나라 복음을 살아내고 살아내게 한 사람들의 이야기이다.

무엇이 이들을 변화시켰고, 번영과 성공은커녕 생명의 안전도 보장해주지 않는 신앙을 지키며 살아가게 만들었던가? 하나님나라 복음의 메시지가 오늘날에도 유효한가? 하나님나라 복음을 받아들이고 살아가는 사람은 무슨 힘으로, 무슨 소망으로 살아가는가? 이 질문에 답하려면 하나님나라 운동이 시작된 시점으로 돌아가야 한다.

첫 번째 교회의 첫 번째 설교

하나님나라 운동은 예루살렘에서 시작되었다. 예수께서 부활하신 이후에 사복음서에 묘사된 그 부족해 보이는 사람들을 통해 예루살렘 교회가 세워졌고, 그 교회는 예수께서 예언하신 대로 "예루살렘과 온 유대와 사마리아와 땅 끝까지 이르러" 예수의 증인이 되었다.^{행 1:8, 개역} ^{개정} 사도행전이 예수를 따르는 이에게 언제나 큰 도전과 감격을 주는 이유는, 평범한 사람들이 예수의 증인이 되어 실제 역사에서 하나님과 동행한 이야기이기 때문이다. 하나님이 2천 년 전과 동일하게 부족하고 평범한 백성과 함께 일하시기 때문이다. 하나님께서는 지금도 평범한 사람을 변화시키셔서 그들을 통해서 일하고 계신다. 숫자의 많고 적음에도 개의치 않으시고, 그분의 뜻을 바로 이해하고 그분을 진정으로 따르는 자들을 통해서 말이다.

이런 면에서 하나님나라 운동의 시발점을 살펴보는 것은 중요하다. 평범한 사람들로 하여금 비범한 역사를 써내려가게 만든 출발점을 자세히 살피면, 우리 같은 평범한 사람이 어떻게 하나님의 역사에 참여해서 결코 살아내지 못할 것 같은 삶을 살아낼 수 있을지에 대한 통찰력을 얻을 수 있기 때문이다. 하나님나라 운동은 예수께서 하나 님나라를 선포하고 가르치면서 시작되었지만, 실제로 하나님나라 운 동이 전 세계로 뻗어나가기 시작한 것은 예수께서 승천하시고 성령 께서 오순절에 강림해 교회가 탄생하고 예수께서 가르친 대로 제자 들이 살아내면서부터이다. 하나님나라 운동의 공동체로서 첫 교회가 탄생하던 날, 베드로 사도는 교회 역사에서 첫 번째 설교라 할 수 있 는 기념비적 메시지를 선포한다. 그의 설교는 초대교회가 하나님나 라 운동을 어떻게 이해하고 있었는지를 잘 보여준다.

먼저 이 설교의 역사적 배경을 이해할 필요가 있다. 예수께서는 부활하신 후에 40일 동안 제자들과 함께 계셨다. 혹자는 왜 이 기간 이 필요했는지, 이 기간에 왜 예수께서는 일반 대중 앞에 나서지 않으 시고 소수의 무리에게만 나타나셨는지 궁금해 하며 여러 질문을 쏟 아낸다. 소수에게만 나타났기 때문에 예수의 부활은 제자들이 조작 한 이야기라는 주장을 펴는, 소위 기독교 신학자도 적지 않다. 예수 께서는 이 기간에 많은 사람의 기대와 달리, 부활이라는 기적을 헤롯 왕, 대제사장 가야바, 빌라도 총독 등 당시 권력자들에게 보여주지 않 으셨다. 예수께서 세상을 세상의 힘으로, 즉 자본과 권력으로 변화시 키려했다면 애초에 말구유에서 태어나지도 않았을 것이다. 예수께서 는 자신이 사랑하는 제자들에게만 부활의 영광을 보여주셨다. 예수 께서는 대중 운동에 별 관심이 없으셨던 것이 분명하다. 소수라도 진 정으로 깨닫는 자들을 원하셨고, 그래서 십자가에서 죽기 전에도 그 러셨고, 부활해서 잠시 세상에 머무르는 동안에도 자신이 택한 소수 하고만 함께하셨다. 이 소중한 기간에 예수께서 무엇을 하셨는지는 사도행전 1장 3-11절에 기록돼 있다. 눈길을 끄는 내용은 1장 3절에 요약된 내용이다.

> 예수께서 고난을 받으신 뒤에, 자기가 살아 계심을 여러 가지 증거로 드러내셨습니다. 그는 사십 일 동안 그들에게 여러 차례 나타나시고, 하나님나라에 관한 일들을 말씀하셨습니다.^{행 1:3}

예수께서 40일 동안 제자들에게 여러 차례 나타나 하신 일은 '하나님나라에 관한 일들'을 말씀하신 것이다. 예수께서 사역 시작 때부터 고난 받을 때까지 줄곧 가르치신 것이 하나님나라였다. 그런데 또다시 그 말씀을 하셨다. 새로운 말씀을 하셨다면 사복음서 저자들이 그 내용을 기록했을 것이다. 부활하신 예수의 하나님나라에 대한 새로운 가르침이 사복음서에 나오지 않는 이유는, 예수께서 십자가와 부활 사건 이전에 하나님나라를 이미 충분히 가르치고 심지어 보여주셨기 때문이다. 다만 제자들이 그때까지도 제대로 이해하지 못했을 뿐이다. '십자가의 죽음과 그 이후의 부활'에 대해 전혀 개념이 없던 제자들은 예수께서 가르치신 하나님나라를 이해할 수 없었다. 마가복음의 짧은 결론은 그들의 혼란을 잘 보여준다.[1]

> 그들은 뛰쳐나와서, 무덤에서 도망하였다. 그들은 벌벌 떨며 넋을 잃었던 것이다. 그들은 무서워서, 아무에게도 아무 말도 못하였다.^{막 16:8}

제자들은 혼란에 빠졌다. 십자가에서 무력하게 죽은 메시아를 받아들일 수 없었고, 사흘 후에 부활할 것이라는 말씀은 상징이나 비유 정도로 여겼음이 분명하다. 그런 사람들이 예수의 부활을 통해 하나님나라가 시작되었다는 비밀을 제대로 이해했을 리 만무하다. 예수께서는 예전에 가르치신 내용을 제자들에게 다시 설명해야 했다. 누가는 엠마오를 향하던 제자들이 "눈이 열려서 예수를 알아보았"고, ^{눅 24:31}"그분이 우리에게 말씀하시고 성경을 풀이하여주실 때에" 마음이 뜨거워지는 경험을 했다고 기록한다.^{눅 24:32} 엠마오로 향하던 제자들이 예수를 만난 후 열한 제자들과 함께한 자들에게 돌아왔을 때 예수께서 나타나셨다. 그리고 "모세의 율법과 예언서와 시편에 나를 두고 기록한 모든 일이 반드시 이루어져야 한다"^{눅 24:44}고 상기시킨 다음, "성경을 깨닫게 하시려고, 그들의 마음을 열어주"셨다.^{눅 24:45} 구약성경부터 예수의 말씀까지가 모두 하나님나라에 대한 증언이었으며, 그 내용을 부활하신 예수께서는 '복습'시키셨다.

40일 동안 예수에게서 하나님나라에 대한 가르침을 다시 들은 제자들은 그럼에도 여전히 '하나님의 큰 계획'을 깨닫지 못하고 민족주의의 한계를 벗어나지 못한다. 그들은 국지적인 순혈주의에 사로잡혀 "이스라엘에게 나라를 되찾아주실 때"^{행 1:6}를 묻는다. 하지만 예수께서는 약속하신 성령을 기다리라고 말씀하시며,^{행 1:4} 성령께서 그들에게 임할 것이라고 약속하신다.^{행 1:8} 예수의 승천 이후, 제자들은 아마도 구약성경, 특히 선지서의 종말론적 비전을 다루는 본문을 함께 읽고 토론하고 묵상하며 기도했을 것이다. 드디어 오순절이 되었고, 한 곳에 모여 있던 제자들에게 성령께서 임하셨다. 그들은 방언으로 예언하기 시작했는데, 그 방언은 알아듣지 못하는 언어가 아니라, 여러 지방에서 온 순례자들의 지역 언어였다. 이런 놀라운 현상을 본 사람들은 제자들이 낮술에 취했다고^{행 2:13} 조롱했는데, 그 앞에 드디어 베드로 사도가 우뚝 서서 첫 설교를 시작한다.^{행 2:14-39}

베드로는 제자들이 술에 취한 것이 아니라 요엘서의 예언이 지금 이루어졌다고 말한다.[행 2:14-15] 오순절에 일어난 사건을 요엘서 2장 28-32절의 성취라고 설명하고,[행 2:16-21] 이 일의 근원이며 출발점인 나사렛 예수의 공생애와 죽음과 부활을 증언한다.[행 2:22-24] 예수께서 주이시며 부활하실 것을 다윗도 예언했다고 설명한다.[행 2:25-31] 결론으로 하나님께서 예수를 다시 살려 주와 그리스도, 곧 메시아가 되게 하셨다고 선언한다.[행 2:32-26] 이 설교는 초대교회의 주 메시지가 되었을 것이다. 초대교회는 역사 가운데 오셔서 활동하신 예수, 죽으시고 부활하신 예수, 주와 메시아가 되신 예수를 전했다.[2] 이 메시지에 예루살렘 사람들은 마음에 찔림을 받고,[행 2:37] 베드로의 회개 요청[행 2:38-40]에 응답해 회개하고 세례를 받는다.[행 2:41] 베드로는 그의 첫 설교를 통해 사람들이 십자가에 죽인 예수를 하나님께서 다시 살리셔서, 주이시며 메시아가 되게 하셨다고 세상에 분명하게 선포했다.

초대교회, 하나님나라에 눈뜨다

베드로가 요엘서를 인용하는 방식을 주의 깊게 살펴볼 필요가 있다. 초대교회 성도들이 구약성경의 선지서를 어떻게 이해했는지, 선지서를 바탕으로 마지막 시대를 어떻게 이해했는지, 즉 하나님나라를 어떻게 이해했는지를 보여주기 때문이다. 이 본문에는 하나님나라라는 단어가 등장하지는 않지만, 하나님나라가 임하는 '주님의 날'과 관련된 단어가 세 번[17, 18, 20절]이나 나온다.

하나님께서 말씀하신다. 마지막 날에 나는 내 영을 모든 사람에게 부어 주겠다. 너희의 아들들과 너희의 딸들은 예언을 하고, 너희의 젊은이들은 환상을 보고, 너희의 늙은이들은 꿈을 꿀 것이다. 그날에 나는 내 영을 내 남종들과 내 여종들에게도 부어주겠으니, 그들도 예언을 할 것이다. 또 나는 위로 하늘에 놀라운 일을 나타내고, 아래로 땅에 징조를 나타낼 것이니, 곧 피와 불과 자욱한 연기이다. 주님의 크고 영화로운 날이 오기 전에, 해는 변해서 어두움이 되고, 달은 변해서 피가 될 것이다. 그러나 주님의 이름을 부르는 사람은 구원을 얻을 것이다. 행 2:17-21, 비교 요엘 2:28-32, 70인역

요엘 선지자는 마지막 날에 하나님의 영이 모든 사람에게 부어져서 그들이 예언하고 환상을 보고 꿈을 꿀 것이라고 예언하다. 아들과 딸들, 젊은이들, 늙은이들, 남종과 여종은 모든 부류의 사람을 가리킨다. 이들이 각각 예언, 환상, 꿈이라는 다른 행위를 하는 것이 아니라, 하나님께서 보여주시는 무언가를 보거나 말한다는 뜻이다. 이렇게 성령께서 임하셔서 모든 믿는 자에게 비전을 보여주시는 '때'를 요엘은 묵시문학 기법으로 설명한다. 피, 불, 자욱한 연기, 해가 변하여 어두움이 되는 것, 달이 변해 피가 되는 것, 이 같은 표현들은 예언서와 묵시문학에 자주 등장하며,[3] 마지막 때가 임박했을 때 사람들이 경험할 고통과 고난을 전형적으로 상징한다. 즉 주님의 크고 영화로운 날이 오기 전에 매우 큰 환난과 고통이 있다는 예언으로 이해할 수 있다. 이런 상황에서 '주님의 이름을 부르는 자', 곧 진정으로 주님을 믿고 의지하는 자는 구원에 이른다.

베드로는 요엘서를 인용해 성령께서 임하면서 나타난 방언의 현상을 설명하고, 그 이후에 일어날 일들을 예언한다. 이 본문은 베드로와 초대교회가 가지고 있던 종말론적 이해의 틀을 보여준다. 곧 부활하신 예수께 다시 배웠던 하나님나라에 대한 이해가 전면으로 부상한다. 17절의 '마지막 날'과 18절의 '그날'은 복수이다.[4] 그런데 20절

의 '크고 영화로운 날'은 단수이다.[5] 안타깝게도 한글로 옮기면서 단·복수 구별 없이 모두 '날'이 되었지만, 그 미세한 차이에 상당한 의미가 담겨 있다. 히브리어로 '욤'이라는 이 단어를, 히브리어로 기록된 요엘서도, 이를 헬라어로 번역한 70인역 성경도, 사도행전의 베드로도 동일하게 앞 절의 '그날들'(복수)과 뒷 절의 '그날'(단수)로 구별한다.[6]

복수로 사용된 '그날들'은 일정 기간을 뜻하는 것으로, 베드로 사도가 사도행전 2장 17절에서 요엘서의 본문을 강조하기 위해 첨가한 '그 마지막 날들'이다. 베드로는 성령께서 임하신 사건을 통해 역사의 마지막 기간이 시작되었다고 주장한다.[7] 그리고 '그 마지막 날들'의 가장 끝 날이 '주님의 크고 영화로운 날'이며, 그 날은 주님이 마지막으로 세상에 나타나셔서 세상을 완전히 회복하시는 때이다. 하나님나라의 종말론적 이중구조가 베드로의 설교 속에서도 발견된다.

베드로 사도는 성령께서 임하신 사건으로 종말이 시작되었다고 선언한다. 드디어 예수께서 선포하신 하나님나라가 시작된 것이다. 예수께서는 "하나님의 나라가 가까이 왔다"막 1:15며 하나님나라가 임박했다고 선포하셨는데, 초대교회 성도들은 예수의 죽음과 부활 승천, 성령의 강림을 통해 그 하나님나라가 이제 시작되었다고 인식했다. 요엘서는 하나님나라가 시작될 때 나타나는 몇 가지 중요한 현상을 알려준다.

첫째, 종말의 시기에 모든 하나님나라 백성은 성령을 받고 하나님의 비전을 볼 것이며,
둘째, 크고 영화로운 주님의 날'(단수)이 오기 전에 환난과 고통이 있겠지만,

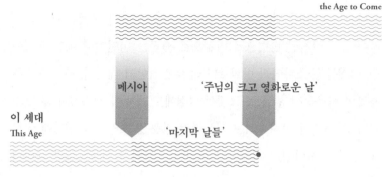

메시아

'주님의 크고 영화로운 날'

'마지막 날들'

하나님나라의 이중구조

하나님나라는 '마지막 날들'을 지나 '주님의 크고 영화로운 날'에 완전히 임할 것이다.

셋째, 하나님을 진정으로 믿고 의지하는 자들은 구원을 얻을 것이다.

구약 시대의 요엘 선지자도 이미 임한 하나님나라로 인해 종말이 시작되고, 그 기간의 마지막에 하나님의 완전한 회복이 있다고 이해했다. 마지막 기간에 일어날 세 가지 현상이 초대교회에서 실제로 어떻게 나타났는지 살펴보면서, 초대교회를 이어가고 있는 오늘날 우리에게도 어떤 의미가 있는지 알아보자.

초대교회, 하나님나라를 바라보다

마지막 기간에 일어나는 첫 번째 일은 성령께서 모든 믿는 자에게 임하시고 하나님께서 비전을 보여주시는 것이다. 그렇다면 초대교회 성도들은 어떤 비전을 보았는가? 사도행전을 살펴보면, 하나님께서 그분의 영을 통해 성도들에게 비전을 보여주시거나 예언하게 한 몇

몇 특별한 사건들을 찾을 수 있다. 여기서 한 가지 주의해야 할 것은 하나님의 비전이 반드시 초자연적 방식으로 보이는 것은 아니라는 점이다. 이런저런 방법으로 마음으로 깨닫는 비전이나 예언도 있는데, 이것들은 초자연적 방식보다 더 주관적이기 때문에, 연구와 토론 자료로 사용하기 힘들고, 그래서 성경에도 특별히 기록하지 않는 것 같다. 아래에서 살펴보려는 사도행전 본문은 초자연적 현상에 국한돼 있지만, 하나님의 비전이나 예언이 초자연적 현상으로만 나타나지는 않는다.

사도행전에서 가장 먼저 등장하는, 무언가를 보는 사건은 사도들이 대제사장들과 사두개파 사람들에 의해 투옥되었을 때 일어난다.^{5장} 이때 주님의 천사가 나타나 옥문을 열어주며 "가서 성전에 서서, 이 생명의 말씀을 남김없이 백성에게 전하여라"고 한다.^{행 5:20} 이어서 7장에서는 스데반이 예루살렘의 유대인들을 향해 설교할 때 놀라운 광경을 본다. 스데반의 증언은 그들을 격발시켰는데, 이때 스데반은 "성령 충만하여 하늘을 우러러 주목하여 하나님의 영광과 및 예수께서 하나님 우편에 서신 것"을 본다.^{행 7:55, 개역개정} 스데반은 놀라운 광경을 보며 감탄하고, 이에 성난 군중은 스데반을 돌로 쳐서 죽인다.^{행 7:56-60} 8장에서는 사마리아 지역에서 활동^{행 8:1-25}하던 빌립에게 주님의 천사가 "일어나서 남쪽으로 나아가서, 예루살렘에서 가사로 내려가는 길로 가거라"^{행 8:26}고 말씀한다. 빌립은 거기에서 에티오피아 환관을 만나 '예수에 관한 기쁜 소식'^{행 8:35}을 전하고 세례를 준다. 복음이 예루살렘을 넘어 사마리아에 당도했고, 땅 끝은 아니지만 땅 끝에서 예루살렘을 찾아온 환관에까지 이르도록 성령께서 빌립에게 특별히 말씀하신 것이다.

사도행전 9장에 이르면 7장과 8장에서 잠깐 등장했던 사울이 회심하는 이야기가 나온다. 주님이 직접 사울에게 나타나 "사울아, 사울아, 네가 왜 나를 핍박하느냐?"라고 하시며, 성 안에 들어가 해야 할 일을 알려줄 사람을 기다리라고 말씀하신다.^{행 9:4-6} 주님은 다마스쿠스에 있던 아나니아에게 환상으로 나타나 앞으로 사울을 어떻게 쓰실지 말씀해주신다.

> 가거라, 그는 내 이름을 이방 사람들과 임금들과 이스라엘 자손들 앞에 가지고 갈, 내가 택한 내 그릇이다. 그가 내 이름을 위하여 얼마나 많은 고난을 받아야 할지를, 내가 그에게 보여주려고 한다.^{행 9:15-16}

하나님의 백성이 스데반의 순교를 보고 예루살렘을 떠났으나 여전히 유대와 사마리아를 벗어나지 못하고 있던 그때에, 하나님은 그들에 앞서 자신의 종을 부르시고 준비시키신다. 동시에 유대인 순혈주의에 빠져 있던 예루살렘 교회도 준비시키신다.

사도행전은 사울의 회심 사건에 이어 베드로 사도의 순회 사역을 소개한다. 10장은 욥바에서 기도하고 있던 베드로가 겪은 환상 사건을 기록한다.^{행 10:1-20} 환상이 세 번이나 반복되었지만 베드로는 '속되고 부정한 것을 잡아먹어라'는 음성을 거절한다. 그러자 하나님께서는 "하나님께서 깨끗하다고 하신 것을 속되다고 하지 말아라"^{행 10:14-15}고 하시고, 그를 고넬료의 집으로 인도하신다. 유대교로 회심했지만 할례는 받지 않았던 고넬료는 베드로의 설교를 듣고 온 집안과 함께 회개하고 세례를 받는다.⁸ 이 사건은 그 중요성 때문에 11장에서 다시 한 번 기록하는데, 이와 함께 예루살렘 교회의 뒤늦은 깨달음도 소개한다. 베드로의 설명을 들은 사도들은 입을 다물고, 비로소 "하나님께 영광을 돌리고 "이제 하나님께서는, 이방 사람들에게도 회

개하여 생명에 이르는 길을 열어주셨다"라고 말하였다."^{행 11:18}

예루살렘에서 이런 일이 일어나고 있을 때, 교회 역사의 두 번째 장이라 할 수 있는 안디옥 교회가 세워진다.

> 그때에 스데반의 일로 일어난 환난으로 말미암아 흩어진 자들이 베니게와 구브로와 안디옥까지 이르러 유대인에게만 말씀을 전하는데 그 중에 구브로와 구레네 몇 사람이 안디옥에 이르러 헬라인에게도 말하여 주 예수를 전파하니 주의 손이 그들과 함께 하시매 수많은 사람들이 믿고 주께 돌아오더라.^{행 11:19-21, 개역개정 9}

평범하고 이름도 알려지지 않은 '하나님나라 무명용사들'이 무슨 이유로 유대인 순혈주의의 벽을 넘었는지는 사도행전에 기록돼 있지 않다. 이름조차 기록하지 않은 것을 보면, 역사 자료를 찾아서 누가복음과 사도행전을 썼던 누가마저도 알아내기 어려웠던 성도였던 것 같다. 이들이 성령의 인도를 받아 어떤 특별한 비전을 보았는지는 알 수 없지만, 주님은 이들의 사역을 기다리고 계셨고, 따라서 '주의 손이 그들과 함께'했으며, '수많은 사람이 믿고 주께 돌아와' 안디옥교회가 출발한다.¹⁰ 그리고 안디옥 교회를 교두보로 삼아 땅 끝까지 복음을 전파하는 일이 이루어진다. 안디옥 교회가 세워진 지 2년 즈음 되던 주후 47년에 안디옥 교회 지도자들이 기도하고 있을 때 성령께서 바나바와 바울을 파송하라고 말씀하신다.^{행 13:1-2} 그때부터 바울의 1차, 2차, 3차 전도여행이 시작된다.¹¹

사도행전 전반부^{1-12장}는 베드로를 중심으로 한 예루살렘 교회의 사역을 주로 소개하고, 후반부^{13-25장}는 안디옥 교회에서 파송한 바울의 사역을 주로 기록한다. 예루살렘의 사도들처럼 바울도 돌에 맞아 죽을 뻔했으며,^{행 14:19} 빌립과 베드로 사도가 사마리아와 땅 끝으로 향할 때 성령께서 나타나셨듯이 지금의 터키 지역에서 주로 사역하고 있던 바울에게도 '마케도니아 환상'을 보여주신다.^{행 16:9-10} 이 환상은 하나님의 매우 중요한 인도였다. 이로 인해 유라시아 대륙의 서쪽, 지금의 터키 지역에서 사역하고 있던 바울 선교팀이 마케도니아와 이탈리아를 거쳐 스페인(서바나) 등 당시의 땅 끝까지 복음을 전파하는 전환기를 맞는다. 이 결정적 인도에 성령의 환상이 있었다. 바울과 일행은 마케도니아로 건너가 빌립보에서 사역하다가 투옥당하고, 예루살렘에서 사도들이 풀려났듯이 풀려나면서, '주 예수를 믿으라'고 도전한다.^{행 16:22-40}

바울은 3차 전도여행을 마치면서 예루살렘으로 가려고 도모한다. 바울이 가이사랴에 이르렀을 때 예언자 아가보가 성령께서 말씀하신 바를 바울에게 전한다. 예루살렘에서 닥칠 결박과 고난에 대한 예언이었다. 바울은 "주 예수의 이름을 위해서 예루살렘에서 결박을 당할 것뿐만 아니라 죽을 것까지도 각오하고 있습니다"라고 천명한다.^{행 21:13} 실제로 바울은 이때부터 로마에 이를 때까지 죄수로 결박되어 예수께서 아나니아에게 말씀하신 대로 "이방 사람들과 임금들과 이스라엘 자손들" 앞에서 메시아이신 예수를 증언한다. 예루살렘 공회 앞에서,^{행 21:37-23:11} 벨릭스 총독 앞에서,^{행 24:1-7} 베스도 총독 앞에서,^{행 25:1-12} 아그립바 왕과 베스도 총독 앞에서,^{행 25:13-27; 26:1-11} 그리고 다시 아그립바 왕 앞에서^{행 26:1-32} 그의 증언은 계속된다. 그 후 바울은 로마로 압송되고 사도행전은 다음 구절로 끝난다.

그는 아무런 방해도 받지 않고, 아주 담대하게 하나님나라를 전하고, 주 예수 그리스도에 관한 일들을 가르쳤다.^{행 28:31}

사도행전은 베드로가 요엘서를 인용하며 증언한 '그 마지막 날들' 동안에 성령께서 그의 종들에게 임하셔서 비전을 보이고, 그 비전을 따라 행하도록 이끈 역사의 기록이다. 그런데 이 모든 비전은 하나님나라 복음이 세상을 향해 침투해 들어갈 때 나타났다. 예루살렘에서, 사마리아에서, 예루살렘 순례객 에티오피아 환관에게서, 이방인의 도시 안디옥에서, 그리고 소아시아를 넘어서 마케도니아로, 예루살렘에서 로마에 이르기까지, 하나님나라 복음이 땅 끝을 향해 중대한 고비를 넘을 때마다 성령께서 성도들에게 말씀하시고 비전을 보여주셨다. 성령께서 임하실 때 우리는 하나님께서 그 시대에 행하시는 일들을 비전으로 보게 된다. 예수께서 죽으시고 부활하신 다음 초대교회가 시작되고, 그 이후 2천 년간 하나님나라 운동이 가열하게 전개된 것은 성령께서 그의 성도들에게 끊임없이 그 시대에 맞는 비전을 보여주셨기 때문이다. 이는 요엘서에 기록된 예언의 성취이며, 베드로 사도가 설명한 '마지막 날들'에 일어나는 가장 중요한 일이다.

다시 한 번 강조하지만, 하나님나라 운동의 핵심은 하나님나라 복음 전수이다. 안타까운 일은 많은 사람들이 하나님나라 복음 전수와 별 상관없는 꿈을 꾼다는 것이다. 하나님은 지난 2천 년간, 아니 인간이 타락한 이후부터 지금까지, 인간을 회복하기 위해 안식일도 없이 일하고 계신다.[요 5:17] 그렇기에 성령께서 역사의 마지막 시기에 하나님의 백성에게 비전을 보여주실 때 그 비전은 하나님나라 복음 전수와 연관될 수밖에 없다. 외아들을 이 땅에 보내 십자가에서 죽게 하는 일이 하나님께도 결코 가벼운 일은 아니었을 것이다. 하나님의 영인 성령께서는 그 역사적 사건과 의미가 사람들에게 알려지고, 값비싼 희생을 통해 하나님나라가 시작되었다는 사실이 땅 끝까지 전해지는 일에 무엇보다 우선순위를 두신다. 그렇기 때문에 성령의 행전이라고 불리는 사도행전에 나타나는 비전과 예언 모두가 하나님나라 복음이 세상으로 침투해 들어가고 전수되는 지점에 집중돼 나타나는 것이다.

혹자는 성령께서 주시는 비전이 꼭 복음 전수하고만 관련 있다고 말할 수 있는가 하고 반문할 수 있다. 성령께서는 세상을 변화시키려 다양한 일을 하고 계시지 않느냐고 질문할 수 있다. 그러나 하나님의 아들의 죽으심과 그로 인한 하나님나라의 시작과 완성에 대한 비전은 다른 어떤 변혁의 열매보다 소중하다. 그러므로 여기에서 복음전도와 사회참여라는 해묵은 논쟁을 되풀이할 필요는 없다. 하나님나라 복음 전수가 일어나면, 그 복음대로 살아내기 위해 더욱더 '선한 일'에 힘을 쓰기 마련이다. 하나님나라 복음 전수가 씨앗을 뿌리는 일이라면, 하나님나라 복음으로 일어나는 선한 일들은 그 열매라고 부를 수 있다. 선한 일이 없는 복음 전수는 그 진정성을 의심해야 하지만, 복음 전수가 없는 선한 일은 결국 다음 세대로 이어지지 못하고 당대에서 끝날 수 있다. 하나님께서는 하나님나라 복음을 전수하고 그것을 살아내는 일을 위해 우리에게 성령을 부어주시고, 하나님나라 복음 전수를 격려하시며, 또한 '선한 일'을 하며 살아내라고 강권하신다. 복음 전수와 선한 일은 분리될 수 없는 하나님나라 복음의 씨앗이며 열매이다.

적지 않은 사람들이 성령의 비전을 잃어버린 채 산다. 구원을 받아 성령을 선물로 받은 모든 사람은 이 놀라운 소식을 전해야 한다는, 또 전하고 싶다는 마음을 갖는다. 이 마음은 성령께서 주시는 마음이다. 이런 마음을 느낀 적이 없다면 진정 회심했는지 묻지 않을 수 없다. 어떻게 이 놀라운 복음을 혼자만 누릴 수 있단 말인가? 결단코 그럴 수 없다. 모든 사람이 복음을 깨닫는 순간, 바울처럼 복음의 빚진 자가 되었음을 깨닫는다.^{롬 1:14} 그런데 많은 사람이 자신의 부족함, 준비되지 않음, 은사 없음 등을 내세우며 우리 속에 비전을 주시는 성령을 무시한다. 성령은 우리에게 여러 모양으로 여러 번 도전하시지만, 불순종이 거듭되면 성령이 우리 속에 주신 비전은 흐려지고 종국에는 사라진다. 그러면서 많은 그리스도인은 자신의 비전을 하나님나라 복음 전수와 별 상관없는 데서 찾는다. 그러나 기억해야 한다. 마지막 때에 성령께서 그의 남종과 여종에게 임할 때. 그들은 비전과 환상과 예언을 받는데, 사도행전에 따르면 이것들은 하나님나라 복음 전수와 직접 연관이 있다!

하나님나라 백성은 기꺼이 대가를 치렀다

초대교회의 가장 큰 특징은 모든 믿는 자가 성령을 받고 성령의 비전을 본 것인데, 그 비전은 놀랍게도 하나님나라가 세상 끝까지 침투해 들어가는 일과 관련돼 있었다. 그런데 비전을 본 사람에게 특별한 일이 일어났다. 그들이 겪은 것은 다름 아닌 환난과 핍박이었다. 이를 요엘서는 여러 묵시문학 방법으로 표현하고 있다. '피와 불과 자욱한 연기'나 '해는 변해서 어두움이 되고, 달은 변해서 피가 될 것' 같은 표현은 실제로 자연계에 일어나는 끔찍한 재앙이나 우주적 파국이 아니라, 사람들이 겪는 고통과 어려움을 가리킨다.

하나님의 뜻을 이해하고 성령의 비전을 본 사도들은 끊임없이 어려움을 겪었다. 5장에서 사도들은 복음을 전하는 일 때문에 투옥된다. 성령의 역사로 탈출했다가 다시 예루살렘의 지도자들에게 소환되어 매 맞는 벌을 받는다. 매 맞고 나오면서 "예수의 이름 때문에 모욕을 당할 수 있는 자격을 얻게 된 것을 기뻐하면서, 공의회에서 물러나왔다."^{행 5:41} 핍박을 당연하게 여기고 오히려 영광스럽게 생각하는 초대교회 성도의 모습을 발견한다. 7장에서는 스데반이 동료 유대인들을 위해 설교하다가 하늘의 놀라운 광경을 보고는, 유대인에게 그리스도를 소개하다가 돌에 맞아 순교한다.

9장에서 주님은 아나니아에게 바울이 "내 이름을 위하여 얼마나 많은 고난을 받아야 할지를, 내가 그에게 보여주려고 한다."^{행 9:16}고 말씀하신다. 사도행전에는 바울이 하나님나라 복음을 전하면서 당했던 고난의 일부가 기록돼 있다. 바울 선교팀이 성령의 보내심을 받아 1차 전도여행을 하면서 비시디안 안디옥를 거쳐 루스드라에 이르렀는데, 거기서 바울이 돌에 맞는 사고가 발생한다. 급기야 바울은 죽었다고 여겨져 성 밖에 내다 버려진다.^{행 14:19-20} 스데반은 돌에 맞아 순교했고 바울은 순교 직전까지 이른다. 마케도니아 환상을 보고 유럽 대륙으로 넘어간 바울 선교팀을 기다린 것은 환대가 아니라 고난이었다. 그들은 빌립보에서 매를 맞고 옥에 갇힌다.^{행 16:22-23}

사도행전 후반부는 바울이 3차 전도여행을 마치고 예루살렘을 경유해 로마로 가는 길을 기록한다. 예루살렘에서 핍박을 당하고 구금된 상태로 여러 당국자들에게 심문을 당한다. 그리고 로마로 가는 항해에서 그와 동행자들은 거의 생명을 잃을 뻔한다. 그 이후의 삶 역시 서신서들을 통해 알 수 있듯이 고난으로 점철돼 있다. 바울이 고린도후서 11장에서 자신의 삶을 회고하면서 언급한 '고난의 목록'^{catalogue of sufferings}을 보면, 주님의 예언대로 바울이 얼마나 큰 대가를 지불하며 살았는지 알 수 있다.

그들이 그리스도의 일꾼입니까? 내가 정신 나간 사람같이 말합니다마는, 나는 더욱 그렇습니다. 나는 수고도 더 많이 하고, 감옥살이도 더 많이 하고, 매도 더 많이 맞고, 여러 번 죽을 뻔하였습니다. 유대 사람들에게서 마흔에서 하나를 뺀 매를 맞은 것이 다섯 번이요, 채찍으로 맞은 것이 세 번이요, 돌로 맞은 것이 한 번이요, 파선을 당한 것이 세 번이요, 밤낮 꼬박 하루를 망망한 바다를 떠다녔습니다. 자주 여행하는 동안에는, 강물의 위험과 강도의 위험과 동족의 위험과 이방 사람의 위험과 도시의 위험과 광야의 위험과 바다의 위험과 거짓 형제의 위험을 당하였습니다. 수고와 고역에 시달리고, 여러 번 밤을 지새우고, 주리고, 목마르고, 여러 번 굶고, 추위에 떨고, 헐벗었습니다. 그 밖의 것은 제쳐놓고서라도, 모든 교회를 염려하는 염려가 날마다 내 마음을 누르고 있습니다.^{고후 11:23-28}

요엘서에 기록된 묵시문학적 표현은 '마지막 날들'을 통과하며 '크고 영화로운 날'이 이르기 전에 겪을 일들이다. 즉 성령께서 하나님나라 복음 전수를 위한 비전을 보여주시는데, 그 비전에 따라 살아가면 끊임없는 박해와 환난을 피할 수 없다는 것이다. 하나님나라 복음을 전수하는 삶에는 고난이 따른다. 바울 사도가 루스드라에서 돌에 맞아 죽을 뻔한 위기를 넘기고 더베까지 가서 복음을 전하고 되돌아오면서, 1차 전도여행에서 얻은 제자들에게 한 말을 우리는 기억한다.

우리가 하나님나라에 들어가려면, 반드시 많은 환난을 겪어야 합니다.^{행 14:22}

예수 그리스도의 복음을 들으면 하나님나라를 발견한다. 온전한 하나님나라에 들어갈 때까지 그 나라 백성답게 살면서 '반드시' 많은 환난을 겪어야 한다고 바울은 말한다. 하나님나라 복음을 전수하는 삶에는 반드시 지불해야 할 대가가 따른다.

이러한 대가 지불은 바울 사도만의 이야기가 아니다. 소아시아에서 나그네로 살고 있는 성도들에게 베드로 사도가 편지를 쓸 때도, 그들이 당하는 고난과 고난에 어떤 자세를 취해야 하는지 수없이 반복해서 이야기한다.[12] 베드로는 잘못한 것이 없는데도 그리스도인들이 억울하게 받는 고난[벧전 2:19]이 있으며, "의를 위하여 고난을 받으면 복 있는 자니"라고 말하고,[벧전 3:14] 누가 이렇게 사는 우리에게 "소망에 관한 이유를 물으면 대답할 것을 준비"하라고 권면한다.[벧전 3:15-16] 그러면서 "선을 행함으로 고난 받는 것이 하나님의 뜻"이라고 말한다.[벧전 3:17] 이러한 과정에서 "잠깐 고난을 당한" 우리를 하나님이 "친히 온전하게 하시며 굳건하게 하시며 강하게 하시며 터를 견고하게 하시리라"[벧전 5:10]라고 약속한다. 초대교회 성도들은 세상 사람과는 달리 살았기에, 즉 하나님나라의 복음을 선포하며 살았기 때문에 끊임없이 고난을 당했다.

오늘날 교회에서 하나님나라 복음 전수가 활발히 일어나지 않는 이유는, 이 세상에서 하나님나라 백성으로 살아가면서 지불해야 할 대가를 지불하지 않기 때문이다. 자신이 메시아를 따르는 메시아 족속, 즉 그리스도인임을 천명하지 않고, 그리스도인다운 삶을 추구하지 않으면 핍박은 없을 것이다. 메시아를 따르는 자로서의 정체성을 드러내고, 메시아가 선포하신 하나님나라 복음을 기꺼이 전하려 할 때 세상의 거부와 조롱은 피하기 어렵다. 대다수 성도는 가족이나 친구, 직장 동료나 이웃이 예수를 알면 좋겠다고 생각한다. 하지만 자신이 어떤 사람인지 그들이 너무 잘 알므로 좀 더 성숙한 다음에 복음을 전해야겠다고 마음먹는다. 또한 예수를 소개하면 관계가 불편해질까 두려워한다. 좀 더 자신이 성숙하기를, 좀 더 관계가 발전하기를 기다린다는 미명 아래 시간만 보내다 결국 복음을 전하지 못한다. 그러나 하나님나라 복음은 긴급한 메시지이며, 우리의 성숙 여부와 무관하게 증언해야 할 내용이다.

또한 복음을 전해본 사람은 복음을 전해서 양육하고 공동체로 이끄는 일까지 많은 시간이 걸린다는 사실을 안다. 지금 섬기는 일도 많다며 복음 전하는 일을 우선순위에서 하향 조정한다. 하나님께서 당신의 아들을 희생하실 만큼 중요하게 여겼던 일을 우리는 시간 내기가 어렵다고 미룬다. 복음을 증언한다고 생명을 잃는 시대가 아니다. 대신 나의 미성숙, 서먹해지는 관계, 시간 투자가 마음에 걸려 복음 전수를 뒷전으로 미루는 시대에 우리는 살고 있다.

복음 전수에서 한 걸음 더 나아가 하나님나라를 깨진 세상에서 드러내려 할 때, 즉 선한 일을 도모할 때는 또 다른 사회적 대가를 지불하게 된다. 다시 한 번 강조하지만, 복음 전수와 선한 일은 하나님나라 복음을 제대로 이해한 사람에게는 분리되지 않는다. 하나님나라를 이 세상에서 드러내려 할 때 세상을 거스르는 일은 피할 수가 없다. 세상은 친구가 될 수 없는 그리스도인들을 멀리하고 힘들게 하고, 더 나아가 핍박한다. 아무리 관용적인 사회라 해도 하나님을 모르는 사람들과 함께 사는 일은 힘들다. 그 수준을 넘어 세상에 속하지 않고 타협하지 않으려 하면 고난이 따른다. 거기서 한 걸음 더 나아가 적극적으로 복음을 나누고 하나님나라를 받아들인 사람들답게 선한 일을 추구하면 더 큰 어려움을 만날 수밖에 없다. 개인 영역뿐만 아니라 공적 영역에서 대안적 삶을 시도하면서, 사회 전반에 팽배한 하나님나라 가치에 반하는 모습들에 대항하면, 정치적이고 사회적인 피해나 핍박도 받을 수 있다. 세상살이를 하면서 고뇌와 갈등이 없다면 이미 세상과 타협한 그리스도인일지일지 모른다. 주님이 다시 오셔서 온전히 회복된 세상을 선사하실 때까지, 우리는 부대끼고 싸우면서 대가를 지불하고 때로는 고난을 짊어져야 한다. 하나님나라 백성의 표지는 하나님나라 복음을 전수하면서 보게 되는 비전과, 그와 함께 찾아오는, 작게는 불편이자 불리함이며 크게는 고난과 핍박이다.

복음 전수자가 무너지지 않았던 비밀

성령으로 말미암아 하나님나라 비전을 본 초대교회 성도는 하나님나라 백성으로 살아가며 지불하는 대가를 당연하게 받아들였다. 그리고 이를 이겨내는 비결도 있었다. 요엘서도 혹독한 어려움이 있겠지만 "주님의 이름을 부르는 자는 구원을 얻을 것이다"^{행 2:21}라고 말한다. 초대교회 성도의 비결은 바로 이 표현, '주님의 이름을 부른다'에 있다. '주님의 이름을 부른다' 또는 '주를 부른다'는 표현은 구약성경에 수없이 등장한다.[13] 특히 아브라함과 이삭과 야곱처럼 하나님의 인도를 받으며 살았던 나그네들의 두드러진 특징이었다. 아브라함은 베델의 동쪽 산간 지방^{창 12:8; 13:4}과 브엘세바^{창 21:33}에서, 이삭은 브엘세바^{창 26:24}에서, 야곱은 세겜^{창 33:20}에서 주님의 이름을 부른다. 그들은 모두 제단을 쌓고, 즉 예배를 드리면서 주님의 이름을 불렀다. 시편에서는 예배를 드릴 때 주님의 이름을 부른다는 표현이 자주 사용되었고,^{시 31:17; 34:6; 50:15; 81:7; 116:2; 144:18} 환난과 위기 속에서 주를 부른다는 표현으로도 자주 등장한다.^{시 4:1; 18:3; 80:19; 99:6; 105:1; 116:2, 4; 138:2}

주님의 이름을 부르거나 주님을 부르는 것은 하나님을 의지하며 살았던 백성이 살아가는 모습이자 비결이었다. 소리 내서 하나님을 부르는 행위만을 가리키지 않는 것은 분명하다. 마음을 다해 하나님을 예배하고 의지하는 것까지 포함한다. 이는 반역한 이스라엘이 더 이상 하나님을 **부르지** 않았고^{사 64:7; 호 7:7} 오히려 이집트를 **불렀기** 때문에^{호 7:11} 선지자들이 분노하고 슬퍼했다는 데서 분명하게 나타난다. 배역한 이스라엘이 하나님을 **불러도** 하나님께서 응답하지 않으실 것이라고 예레미야는 선언한다.^{렘 11:14} 하지만 요엘 선지자는 주님의 이름을 **부르는** 자는 구원을 얻을 것이라고 말하고,^{욜 2:32; 사 55:6} 스바냐와 스가랴 선지자는 결국 여호와의 심판 이후에 뭇 민족이 여호와의 이름을 **부르게** 될 것^{습 3:9; 슥 13:9}이라고 예언한다. 온 세상이 하나님을 왕으로 섬기며 온전하게 회복될 모습이다. 요엘서에서 인용한 "주님의 이름을 부르는 자는 구원을 얻으리라"는 말씀은 창세기부터 선지서까지, 광범위하게 등장하는 표현으로, 하나님을 의지하고 예배하는 것은 하나님나라를 살아내는 나그네들의 표지였다.

이제 신약성경을 살펴보자. 사도행전에서는 스데반이 순교할 때, "'주 예수님, 내 영혼을 받아주십시오'라고 **부르짖는다.**"^{행 7:59} ¹⁴ 문자 그대로 스데반은 순교의 순간에 '주님을 불렀다.' 사울이 다마스쿠스에서 회심할 때 아나니아가 주님께 기도하며 사울을 지칭했던 말 역시 "당신의 이름을 **부르는** 자들을 핍박하던 자"^{행 9:14, 21}였다. 바울 사도가 예루살렘 사람들에게 목숨을 걸고 외쳤던 말씀의 결론은 "주의 이름을 **불러** 세례를 받고 너희의 죄를 씻으라"^{행 22:16, 개역개정}였다. 바울은 로마서에서 하나님께서는 "그를 **부르는** 모든 사람에게 풍성한 은혜를 내려주십니다"^{롬 10:12}라고 말하며, 베드로처럼 요엘서 2장 32절을 인용하면서^{롬 10:13} 주님의 이름을 **부르는** 것과 듣고 믿는 것을 동일시한다.^{롬 10:14} 바울은 고린도 성도들에게 편지를 쓸 때도 "각처에서 우리 주 예수 그리스도의 이름을 **부르는** 모든 이들에게도 문안한다"

고전 1:2고 적었다. 바울이 디모데에게 권면할 때도 "깨끗한 마음으로 주님을 **찾는** 사람들과 함께"딤후 2:2라고 말하는데, 이때 '찾는'은 '부르는'과 같은 단어이다.

아브라함과 이삭과 야곱의 계보를 이어받은, 하나님나라 백성 이스라엘은 마땅히 '주님의 이름을 부르는 자들'이어야 했고, 예수 그리스도의 죽으심과 부활 승천으로 시작된, '이미 임한 하나님나라'의 백성 역시 '주님의 이름을 부르는 자들'이었다. 그들은 마음과 뜻과 정성을 다해 하나님을 주로 모시고 예배하고 섬겼다. 때로 핍박과 죽음이 뒤따랐지만, 주님의 이름을 부르는 자들을 막을 수 없었으며 오히려 그들은 환난을 피해 각처로 퍼져나간다. 메시아이신 주님을 따르는 일은 고귀하지만 늘 지불해야 할 대가가 따랐다. 하나님나라 백성이 나그네로 살면서 하나님을 의지하고 하나님을 찾는 영성은 그들의 삶을 풍성하게 만드는 비밀이었다. 이런 면에서 그리스도인의 예배는 주님이 다시 오실 때까지, 주님이 세상의 주이심을 고백하고, 그 주님을 따르면서 겪는 모든 어려움을 이길 수 있게 해달라고 요청하는 것이다. 더 나아가 주님이 다시 오셔서 하나님나라를 완전히 회복하실 때까지, 자신이 맡은 '복음 전수'와 '선한 일'을 감당할 수 있게 도와달라고 엎드리는 것이다. 주님을 부르는 것, 그것은 하나님나라 백성이 그 나라 백성답게 살아가는 비결이었다.

하나님나라의 모든 백성이 동일하게 고백하겠지만, 나도 예배를 통해 나그네 삶을 살아가는 힘을 얻는다. 공동체가 함께 드리는 공적 예배 때만이 아니라, 매일 하루를 시작하면서 하나님을 우러르며 내가 서 있는 '은혜의 자리'를 묵상한다. 내가 그리스도 안에서 얼마나 놀라운 존재가 되었는지를 되뇌며 찬양한다. 말씀을 통해 하나님이 어떤 분인지 매일 새롭게 발견하고 그분을 예배한다. 하루 중에 시간을 내어 하나님을 바라보고 짧은 시간이라도 주님을 노래하고 내 삶 속에서 흐르는 주님의 은혜에 눈을 뜨려고 한다. 때로 힘들고 지칠 때, 하나님 앞에 나아가 위로부터 내리는 은혜에 샤워하듯 내 전 존재를 맡긴다. 믿음의 선조들은 하루에 세 번이나 다섯 번 하던 일을 멈추고 주를 우러렀다. 그래서 나는 예수를 갓 믿은 성도들에게 10-10-10을 가르친다.[15] 하루에 세 번 10분씩 하나님 앞에 머무르는 법을 배우라고 권한다. 사실 10분은 정말 짧은 시간이지만, 인생이 분주하고 분요한 대다수 사람들은 하루 세 번 10분씩을 내기가 힘들다. 그러나 믿음의 길에 갓 들어선 성도라도 주님의 이름을 부르는 삶을 배우면 영적으로 빠르게 성장한다. 일주일 내내 하나님을 '부르는' 삶을 살 수 있기에 그나마 내 삶을 살아낼 수 있지 않나 싶다. 일주일 동안 주님을 부르며 살았던 하나님의 백성에게 주일의 공적 예배는 일주일 단위로 찾아오는 예배의 정점이 된다.

하나님의 이름을 부르는 예배가 하나님과의 인격적 관계에서 이루어진다면, 하나님의 이름을 부르는 사람들이 일상에서 필요한 것은 '인내'이다. 신약성경 저자들은 이 인내를 그리스도인의 삶의 중요한 요소로 여긴다.[16] 누가는 씨 뿌리는 자의 비유에서 마태와 마가와 달리 인내를 강조한다. "좋은 땅에 떨어진 것들은, 바르고 착한 마음으로 말씀을 듣고서, 그것을 굳게 간직하여 **견디는** 가운데 열매를 맺는 사람들이다"눅 8:15라고 기록했는데, 여기서 '견디는 가운데'는 문자적으로는 '인내 가운데'이다.[17] 예수께서는 제자들이 고난을 당할 것이고 끝까지 '견디는' 자가 구원을 얻을 것이라며, 견딤, 곧 인내가 중요하다고 말씀하셨다.마 10:22; 24:13; 막 13:13 하나님의 말씀이 우리에게 씨앗으로 떨어지고, 그 씨앗을 간직하고 여러 어려움을 견뎌내면 구원을 얻을 것이라는 것이 사복음서가 전하는 예수의 말씀이다.

이 전통을 그대로 이어받은 바울 사도 역시 '믿음으로 의롭다 하심을 받은'^{롬 5:1} 자들은 '하나님의 영광에 이르게 될 소망'^{롬 5:2}을 품고 인내한다고 전한다. 비록 환난을 만나겠지만, 환난이 인내를, 그리고 연단을 낳아 결국에는 소망을 가져오니, 환난조차 즐거워할 수 있다고 고백한다.^{롬 5:3-4} 진리의 말씀, 곧 말씀의 씨앗을 받아들여 인내하면서 환난을 이기게 하는 소망이 부끄럽지 않은 이유는 성령께서 우리속에 하나님의 사랑을 부어주시기^{롬 5:8} 때문이다. 환난과 인내와 소망, 그리고 성령이라는 주제는 로마서 8장에서 선명하게 표현된다.

> 현재 우리가 겪는 고난은, 장차 우리에게 나타날 영광에 견주면, 아무것도 아니라고 나는 생각합니다.…모든 피조물이 이제까지 함께 신음하며, 함께 해산의 고통을 겪고 있다는 것을, 우리는 압니다. 그뿐만 아니라, 첫 열매로서 성령을 받은 우리도 자녀로 삼아 주실 것을, 곧 우리몸을 속량하여 주실 것을 고대하면서, 속으로 신음하고 있습니다. 우리는 이 소망으로 구원을 얻었습니다. 눈에 보이는 소망은 소망이 아닙니다. 보이는 것을 누가 바라겠습니까? 그러나 우리가 보이지 않는 것을 바라면, 참으면서 기다려야 합니다. 이와 같이, 성령께서도 우리의 약함을 도와주십니다. 우리는 어떻게 기도해야 할지도 알지 못하지만, 성령께서 친히 이루 다 말할 수 없는 탄식으로, 우리를 대신하여 간구하여주십니다.^{롬 8:18, 22-26}

바울 사도는, 궁극적 구원은 우리 몸이 속량되는 날 이루어지기 때문에 그 소망을 품고 인내하는 자들이 완성된 구원을 결국 얻을 것이라고 말한다. 그렇기에 눈에 보이지 않는 것을 바라고 **참으면서** 기다려야 한다고 강조한다. 만물과 함께 신음하면서 견디는 우리를 위해 성령께서 대신 간구해주신다. 이처럼 **인내**는 구원이 완성되리라는 소망을 붙든 자들의 삶의 특징이다.

이는 바울이 데살로니가전서 1장 3절에서 기독교의 진리를 간략하게 요약할 때도 동일하게 등장한다. 바울은 데살로니가 교회의 특징이 '사랑의 수고와 믿음의 역사'와 함께 '소망의 **인내**'라고 기억하며 감사를 표한다.^{살전 1:3} 데살로니가후서에서는 그들이 박해 가운데서도 믿음과 인내를 보여줘서 하나님의 여러 교회에 자랑하고 있다고 밝힌다.^{살후 1:4} 그리고 끝까지 주님의 **인내**를 본받으라고 권면한다.^{살후 3:5} 데살로니가 교회에 보낸 편지가 바울의 초기 서신이라면, 인생의 마지막에 쓴 서신에서도 바울은 여전히 **인내**의 중요성을 여러 번 언급한다.^{딤전 6:11; 딤후 2:10, 12; 3:10; 딛 2:2}

바울만 인내를 강조하는 것은 아니다. 베드로 사도는 "선을 행하다가 고난을 당하면서 **참으면**, 그것은 하나님께서 보시기에 아름다운 일"이라며, 그리스도께서 "그의 발자취를 따르게 하시려고 본을 남겨 놓으셨다"^{벧전 2:20-21}고 말한다. 베드로후서에서는 하나님의 성품에 참여하는 자가 되기 위해 열성을 다해 믿음, 덕, 지식, 절제, **인내**, 경건, 성도간의 우애, 사랑을 추구하라^{벧후 1:4-7}고 말하면서, 다시 한 번 인내를 강조한다. 야고보 사도도 인내가 성숙한 사람이 되기 위해 얼마나 중요한지를 이야기하고,^{약 1:3, 4} 이 모든 시험을 '**견디는**' 자는 생명의 면류관을 얻을 것^{약 1:12}이며, 참고 견딘 욥에게 주님께서 나중에 어떻게 하셨는지 알고 있지 않느냐^{약 5:10-11}며 격려한다. 히브리서 저자 역시 약속한 것을 받으려면 지속적인 **인내**가 필요하다고 강조한다.^{히 10:36} 경주하는 자로서 "우리 앞에 놓인 달음질을 **참으면서** 달려갑시다"^{히 12:1}라고 격려하며, 예수 그리스도가 그렇게 **참으시며** 우리에게 본을 보이셨다고 상기시킨다.^{히 12:2, 3}

마지막으로 사도 요한이 기록한 요한계시록에서도 인내는 무척 중요한 단어이다. 요한은 스스로를 **인내**에 참여한 자라고 소개하고,^{계 1:9} 에베소 교회^{계 2:2,3}와 두아디라 교회^{계 2:19}와 빌라델비아 교회^{계 3:10}가 칭찬받는 이유 중 하나로 **인내**를 든다. 요한계시록은 마지막 날 하나님께서 모든 것을 완전하게 회복하시기 전에 성도들이 고난을 받는다고 예고하는데, 요엘 선지자가 예언했던 묵시문학적 표현과 맥을 같이한다. 이때 성도들에게 필요한 것이 무엇이겠는가?

> 하나님의 계명과 예수를 믿는 믿음을 지키는 성도들에게는 **인내**가 필요하다.^{계 14:12, 참조 13:10}

인내는 아직 임하지 않은 하나님나라를 소망하며 이 세상에서 나그네로 살아가는, 그러면서 복음을 전수하고 선한 일을 추구하는 모든 성도에게 반드시 필요하다. 하나님을 부르는 자는 하나님을 예배하며, 인내로 일상을 살아낸다. 영적 아이가 대다수인 오늘날 교회에는 위로의 메시지가 넘쳐난다. 위로받고 싶은 마음이 잘못된 것은 아니다. 실제로 하나님은 우리를 위로하신다. 그러나 하나님께서 우리를 위로하시는 것은 우리가 세상 사람들처럼 세상살이에 지쳐서가 아니라, 세상에서 하나님나라를 살아내면서 어려움과 고난을 겪기 때문이다. 그래서 그 방법도 다르다. "이제 아무 문제 없을 거야" "모두 다 잘될 거야"라는 말씀으로 위로하시지 않고, 진리를 마음에 새기고 종말론적 소망을 놓치지 말고 인내하라고 말씀하신다. 하나님의 진리가 우리를 살렸으므로, 어떤 어려움을 당해도 인내할 수 있도록 그 진리에 더욱 천착하라고 말씀하신다. 인내하면서 예수의 발자취를 따르면, 더욱더 온전하게 예수를 닮을 것이라고 격려하신다. 하나님은 우리가 세상에서 조그만 어려움만 당해도 징징대는 그리스도인이 아니라, 고통과 고난에 점점 의연해지는 강건한 영적 청년으로, 영적 부모로 성장하기 원하신다. 이를 위해 하나님의 영이신 성령은 지금도 우리 속에서 일하시며 우리를 위해 간구하신다. 더 나아가 완전하게 임할 하나님나라를 소망하고, 눈에 보이지 않는 것을 바라면서 인내하고 견뎌내라고 응원하신다.

다시 한 번 바울 사도가 말년에 한 고백을 살펴보자. 그는 하나님나라 비전에 사로잡힌 사람이었다. 그래서 그는 하나님나라 복음을 전수하는 삶을 위해 기꺼이 대가를 지불했으며 이를 두려워하지 않았다.

> 그러므로 나는 하나님께서 택하여주신 사람들을 위해서 모든 것을 참고 있습니다. 이것은 그들도 또한 그리스도 예수 안에 있는 구원을 영원한 영광과 함께 얻게 하려는 것입니다. 이 말씀은 믿을 만합니다. 우리가 주님과 함께 죽었으면, 우리도 또한 그분과 함께 살 것이요, 우리가 참고 견디면, 우리도 또한 그분과 함께 다스릴 것이요, 우리가 그분을 부인하면, 그분도 또한 우리를 부인하실 것입니다.^{딤후 2:10-12}

그는 하나님나라 백성을 위해 "모든 것을 참고 있다"고 고백한다. 그들이 그리스도 예수 안에 있는 온전한 구원에 이르리라는 소망을 붙들고 있었기에 바울은 견디고 있다. 그는 한 걸음 더 나아가, 그 인내로 우리 모두를 초대한다. 우리가 예수와 연합한 사실을 믿음으로 고백하고, 사람들을 사랑하고 살면서 참고 견디면, 그분과 함께 다스릴 것이라고 말한다. 이것이 바울의 소망이었고, 초대교회뿐 아니라 지난 2천 년간 주를 따랐던 수많은 사람들이 붙들었던 소망이었다. 당신에게도 이 소망이 있는가?

그날이 온다

오늘날 그리스도인들이 다시 오실 주님을 간절히 기다리지도 않고, 하나님나라 백성답게 살지도 못하는 이유는, 하나님께서 지난 2천 년 간 이끌어오신 하나님의 거대한 역사 가운데 자신들이 서 있다는 사실을 깨닫지 못하기 때문이다. 하나님의 일하심에 근거한 역사의식이 없으면, 세상에 속해 세상의 지배를 받으면서 더 이상 하나님나라 백성의 삶을 추구하지 않게 된다. 그러나 하나님나라 복음에 기초한 영성을 추구하고, 하나님나라 복음을 전수하면서, 삶이 점점 더 깊어지는 사람들은, 주님이 다시 오실 때 이루어질 완전한 하나님나라를 소망하며 살아가지 않을 수 없다. 하나님나라 복음을 제대로 들으면 하나님나라 복음이 전수되는 비전을 보기 시작한다. 이를 위해 삶에서 여러 대가를 지불하는 것을 당연하게 여기며, 오히려 기뻐한다. 때로 포기하고 싶을 정도로 지치고 힘들 때도 있지만, 이미 "내게 주신 은혜가 족하여"^{고후 12:9} 그 은혜를 누리며 오늘 여기에서 하나님을 부른다. "은혜의 보좌 앞에서 때를 따라 주시는 은혜에 힘입어"^{히 4:16} 하나님나라의 부르심대로 살아가면서, 삶의 현장에서 인내를 키워나간다. 이토록 어려운 삶을 어떻게 살아갈 수 있냐고, 견디며 인내하는 삶을 누가 살겠냐고 질문하지만, 이런 삶의 소중함을 깨닫고 기쁨으로 인내하며 살아갈 수 있는 이유는 온전히 임할 하나님나라에 대한 소망 때문이다. 깨진 세상의 실체와 회복에 대한 하나님의 열정, 메시아를 통해 시작된 하나님나라, 메시아 족속으로서 놀라운 삶과 사역을 계승하는 하나님나라 백성, 그리고 결국은 이 모든 것이 수렴될 완전한 하나님나라에 대한 소망이 지난 2천 년간 평범한 사람들로 하여금 비범한 삶을 살게 했고 하나님의 역사를 이어가게 했다.

영적 어린아이는 이런 소망을 품기 힘들다. 아직도 세상과 하나님을 저울질하며 그 사이에서 요동하기 때문이다. 교회를 아무리 오래 다니고 수많은 봉사를 하고 성경을 열심히 가르쳤다 해도 세상과 하나님나라 사이에서 흔들리고 있다면 아직 영적 아이일 수 있다. 이를 잊지 마라. 주님은 우리가 영적 아이에서 영적 청년을 거쳐 하나님나라의 영적 부모로 성장하기를 간절히 원하신다. 이는 우리에 대한 진실한 관심과 '잃어버린 자들'에 대한 깊은 사랑 때문이다. 하나님은 우리 속에 하나님의 형상이 온전해지기 바라시며, 깊이 있는 사람으로 자라가기 원하신다. 또한 깨진 세상에서 현재의 심판을 겪으며 마지막 심판을 향해 걸어가는 수많은 사람을 우리를 통해 회복하기 원하신다. 그래서 주님은 우리를 진리이신 그리스도를 통해 꾸준히 양육하신다. 하나님을 예배하며 은혜를 누리고, 그 은혜의 힘으로 일상 속에서 인내하는 법을 배우며 대가를 지불하고, 그렇게 우리가 우리 삶을 살아낼 수 있도록 하나님의 영이신 성령을 통해 항상 격려하신다.

나이가 들면서 젊을 때는 당연했던 체력이 점점 약해진다. 체력이 약해지면 하고 싶은 일도, 해야 할 일도 제대로 감당하기 힘들다. 그래서 다시 운동을 시작하면서 몸을 만들려고 애를 쓴다. 내게 운동을 가르치는 코치는 몸을 만드는 원칙을 잘 알고 있다. 아무렇게나 운동해서는 몸이 만들어지지 않는다. 코치는 원칙에 근거해 지구력과 근력과 유연성에 맞는 운동을 시킨다. 조금씩 강도를 높여가면서 지구력과 근력과 유연성을 끌어올린다. 체력이 좋아지려면 약간 부담스러운 무게와 운동 시간과 싸워야 한다. 가벼운 무게와 부담 없는 운

깊어져야 ㅎ
제자의
삶

동 시간으로는 체력을 끌어올릴 수 없다. 내가 힘들게 씨름할 때 코치는 옆에서 힘을 내라고 한 세트만 더 하자고 격려한다. 역기가 무거워 끙끙대고 있을 때 코치가 가볍게 손가락으로 밀어주면 혼자서는 결코 들어 올리지 못했던 무게의 역기도 올라온다. 그러면서 근육이 자란다. 운동은 참 힘이 들지만 견뎌내면 건강한 몸으로 돌아온다는 소망이 있다. 이런 소망을 끊임없이 상기시키고 격려해주는 코치가 있다면, 어려운 순간을 잘 이겨낼 수 있다.

하나님께서 계획하셨던 '풍성한 삶'을 어떻게 해야 우리가 온전하게 누리는지는 누구보다 하나님께서 잘 아신다. '풍성한 삶' 곧 하나님나라 백성의 온전한 삶, 하나님의 형상이 균형 있게 회복되는 인격을 위해, 하나님은 우리에게 진리를 알려주신다. 영적 훈련을 아무렇게나 한다고 성장하는 것이 아니라, 하나님의 진리를 따라 살아야 한다. 하나님은 진리만 주시지 않고, 우리 옆에 영적 코치를 붙여주신다. 성도들을 섬기고, 교회를 세우며, 세상 속에서 선한 일을 하면서 힘에 부칠 때마다, 성령께서는 우리를 위해 기도하시며 격려하신다. 내 힘으로는 도무지 할 수 없는 일도 그분의 도움으로 조금씩 해나간다. 이렇게 우리의 영적 근육은 튼튼해진다. 우리는 초대교회에서 시작된 하나님나라 운동이, 지난 2천 년 역사를 통해 가열하게 전개되고 있음을 발견했다. 우리 각자도 그 선상에 있음을 알았다. 그리고 이 역사의 끝에서 하나님나라가 완성되고, 더 이상 눈물도 한숨도 없는 세상이 이 땅에 올 것이다. 하나님의 진리 되신 그리스도와 보혜사이신 성령이 계시기에, 그날이 올 때까지 우리는 각자의 나그네 삶을 힘차게 살아갈 수 있다.

세월이 흘러가면서 우리는 더욱 '진리와 성령으로 예배하는 것', '주님의 이름을 부르는 것'의 소중함을 알아갈 것이며, 주님이 주시는

'풍성한 삶'을 배우고 누린다. 배우고 누릴수록, 우리는 더욱더 온전한 삶을 사모하며, 이 놀라운 하나님나라 복음을 우리의 소중한 사람들에게 전해주고, 그들도 누리고 또한 우리처럼 나눌 수 있는 자들이 되도록 애쓴다. 하나님나라 운동원들은 그 나라를 세속 속에서 인내로 살아내면서, 더욱 더 간절히 온전히 임하게 될 그날을 소망한다.

이 소망(희망)은 우리를 실망시키지 않습니다. 하나님께서 우리에게 주신 성령을 통하여 그의 사랑을 우리 마음속에 부어주셨기 때문입니다. 롬 5:5

III

깊어져야
제자의
삶

어릴 적 성경을 읽으면서 하나님나라를 '씨앗'에 비유하시는 예수가 참 이상했다. 우주를 지으시고 이끄시는 하나님께서 우리를 영원한 천국, 곧 하나님나라로 이끌어가신다는데, 그 하나님나라가 고작 씨앗과 같다니…. 하나님나라를 성경을 통해 배워가면서, 하나님나라를 공동체와 삶의 현장에서 살아가면서, 하나님나라 역사를 공부하면서, 이제는 정말 하나님나라가 씨앗과 닮았다는 사실을 새삼 다시 발견한다.

놀랍게도 성경의 하나님은 한 사람 한 사람을 돌보셨다. 그들을 온 세상이 받을 복의 출발점으로 삼으셨다. 아브라함의 순종이 이스라엘을 낳았고, 메시아 예수의 순종이 하나님나라를 이 땅에 가져왔다. 공동체의 변화와 성숙, 사회 제도의 개선과 변혁이 모두 필요하지만, 한 사람이 변화하지 않으면, 이 모든 시도는 허약해진다. 하나님나라 '씨앗'은 그래서 늘 한 사람에게 먼저 떨어진다. 그 한 사람으로부터 백 배, 육십 배, 삼십 배의 열매를 거두면서 하나님나라는 자라간다.

한국 교회는 위태로운가? 상황은 그렇다고 고백할 수밖에 없다. 이런 상황을 만든 수많은 이유가 있겠지만 그중 가장 중요한 이유는, 우리가 진리를 잃었고 그 진리를 살아내는 방식을 놓친 데 있다. 우리가 놓친 것은 하나님나라의 복음과 평생에 걸쳐 이루어지는 제자의 삶이다. 나보다 앞서 메시아를 따르며 본받았던 자들을 따르며 성장해서 나도 누군가의 '이끄미'가 되는 것, 내가 하나님나라 복음을 누리며 나의 '따르미' 역시 그 진리를 누리게 하는 것, 그것이 바로 제자훈련이다. 한국 교회가 위태로운 이유는, 우리 전존재의 기초를 놓아야 할 진리가 부분적이고 허술하며, 그 위에 세운 집이 메시아가 가르치고 초대교회가 따른 '좁은 길'이 아니라, 성공을 보장할 듯 보이는 '넓은 길'을 닮았기 때문이다.

그러나 위기는 늘 기회이다. 본질을 놓쳐서 위태로워진 것이 분명하다면, 다시 그 본질에 천착하면 된다. 이 책을 마무리하고 있는 당신이 하나님나라 복음을 확신하고, 하나님나라 복음을 살아내기 시작한다면, 그리고 그 복음을 누군가에게 전수하기 위해 자신을 돌아보며 기도하고, 꿈을 꾸며 인내하고, 주님의 이름을 부른다면, 하나님나라의 놀라운 역사는 당신을 통해 이어질 것이며, 때로는 새롭게 시작될 것이다. 그리스도인 공동체인 교회가 종교 기관이나 제도화된 조직을 넘어서서, 하나님나라 복음을 배우고 익히고 살아내어 전수하는 공동체로 거듭난다면, 머지않은 미래에 한국 교회는 위태로운 상황을 벗어나 풍성한 열매를 거두는 새로운 계절을 맞을 것이다. 지난 2천 년 동안, 척박한 상황 속에서 하나님나라 백성은 개인으로나 공동체로나 늘 그렇게 살아냈다.

제자훈련, 그것은 기독교의 생존 방식이다! 놀랍게도 그것은 우리 한 사람 한 사람에게 달렸다. 바통을 이어받았는가? 떨어뜨리지 말고 꼭 붙들고 달리자! 그리고 확실하게 전달하자! 지난 2천 년간 이 놀라운 계주를 이어가게 하신, 마지막 날에 부어주시겠다고 약속한 성령이 우리와 함께하실 것이다.

추천 도서·주

추천 도서

이 책을 더욱 풍성하게 읽도록 돕는 참고 도서는 '하나님나라복음DNA네트워크' 웹사이트(www.hanabokdna.org)에 지속적으로 업데이트 할 예정이다. 추천하기 원하는 도서가 있으면 웹사이트 관리자에게 제안해도 좋다.

※ 하나님나라 신학 관련 도서

하나님나라 관련 도서는 셀 수 없을 정도로 많다. 아래 목록은 그중에서 성경이 말하는 하나님나라를 연구한, 성서신학 서적 중에서도 교과서에 가까운 책만을 엄선했다. 수록 순서는 성서신학적 가치가 높은 순으로 배열했다.

《신약신학》
조지 엘든 래드 • 대한기독교서회(2001년 개정증보판)

《조지 래드 하나님나라》
조지 엘든 래드 • CH북스

《하나님나라의 복음》
조지 엘든 래드 • 서로사랑

《신약신학》은 고전적인 신약 신학의 완성된 교과서라고 불릴 만한 책이다. 저자의 제자인 도널드 해그너(Donald A. Hagner)에 의해 30주년 증보판이 나왔다. 후배 신학자 R. T. 프란스(R. T. France)와 데이비드 웬함(David Wenham)이 두 장을 덧붙이고 각 장 도입부의 도서목록을 업데이트하면서 원래 본문은 그대로 보전했을 만큼 완성도가 높다. 사복음서의 중심 사상인 하나님나라를 다룬 1부뿐 아니라, 바울 신학을 주로 다룬 2부까지도 각 장에서 설교 수백 편이 나올 만한 설교 원 자료의 보고이다. 최근 래드의 하나님나라 신학만을 다룬 《조지 래드 하나님나라》가 번역되어 나왔다. 《하나님나라 복음》은 쉽게 풀어 쓴 책이다.

《예수와 하나님나라》

조지 비슬리-머리 • CH북스

신약학자인 비슬리-머리는 신약성경 본문 중에서 미래의 하나님나라와 현재의 하나님나라에 대한 본문을 추려서 각각 논한다. 하나님나라 신학으로 성경 본문을 어떻게 해석하고 설교해야 할지 고민하는 목회자들에게 강력 추천할 수 있는 좋은 자료이다. 물론 비슬리-머리의 자료를 기초로 성경 본문과 각자 씨름할 것은 당연한 전제이다.

《마침내 드러난 하나님나라》

톰 라이트 • 한국 IVP

왕성하게 책을 쏟아내고 있으며 현재 다양한 논쟁의 중심에 서 있는 톰 라이트. 그의 많은 책이 하나님나라 신학에 기초하고 있지만, 특히 이 책은 하나님나라를 1세기 상황에서 그릴 수 있게 도와준다. 그의 다양한 대중 저술도 도움이 되지만, 톰 라이트의 사상을 더 깊이 공부하고 싶다면, 지금까지 번역된 그의 4부작에 도전해도 좋다. 《신약성서와 하나님의 백성》, 《예수와 하나님의 승리》, 《하나님의 아들의 부활》, 《바울과 하나님의 신실하심 상·하》(이상 CH북스)

추천 도서

《하나님나라의 비밀》
《왕의 복음》

이상 스캇 맥나이트 • 새물결플러스

하나님나라가 대세인 요즘, 하나님과의 인격적이고 역동적인 관계가 없이도, 세속 사회에서 정의를 실현하고 인권을 향상하는 것이 하나님나라를 살아내는 것처럼 여겨지기도 한다. 성서신학자인 맥나이트는 본문에 대한 성실한 주해를 통해 하나님나라의 본질을 드러낸다. 하나님나라가 무엇보다도 교회에서 먼저 실현돼야 한다는 주장에 전적으로 동의하지만, 콘스탄티누스주의의 폐해 때문인지 하나님나라와 교회를 직결하는 다소 과한 인상을 준다. 그의 전작 《예수신경-예수가 가르친 하나님나라의 메시지》(새물결플러스)를 함께 연구해도 좋다. 《왕의 복음》은 예수와 바울, 베드로가 전한 복음을 이스라엘 이야기의 성취라는 측면에서 강조한 책이다.

《구약신학》

브루스 월트키 • 부흥과개혁사

구약 신학에 근거해 하나님나라 신학을 쓴 개론서를 찾기 쉽지 않은데, 이 책은 구약을 어떻게 읽고 해석하고 가르칠지 고민하는 이들에게는 구약의 하나님나라 입문서라고 할 수 있다. 방대한 책이므로, 1부를 먼저 읽은 후 다른 책들을 받치는 데 사용하다가, 구약성경 각 책을 연구할 때마다 2부와 3부의 해당 내용을 공부하면 된다.

《하나님나라 복음》

김세윤·김회권·정현구 • 새물결플러스

하나님나라 신학으로 성경 전체를 읽을 수 있도록 도와주는 중급 입문서이다. 김회권 교수와 김세윤 교수가 구약과 신약의 두 주제를 각각 맡아 썼고, 정현구 목사가 주기도문과 관련하여 썼다. 구약에 나타난 하나님나라 신학의 특성과 신약의 예수와 바울의 일관된 가르침이 잘 요약되어 있다. 특히 김세윤 교수가 쓴 예수와 하나님나라 복음과 바울과 하나님나라 복음은 내가 책으로 준비하고 있는 주제(마태가 전한 하나님나라 복음, 바울이 전한 하나님나라 복음)와 일치한다.

《복음과 하나님의 나라》

그레엄 골즈워디 • 성서유니온

하나님나라에 대한 초급 입문서라 할 수 있다. 구약성경부터 신약성경까지 관통하는 주제인 하나님나라를 다루고 있다.

《하나님나라—기독교란 무엇인가》

박철수 • 대장간

오래전부터 하나님나라를 가르쳐온 박철수 목사가 하나님나라 신학으로 성경 전체의 주제를 갈음한 책이다. 성경에 충실하면서도 한국 교회가 처한 역사와 사회적 맥락에서 하나님나라 시민으로 어떻게 살아가야 할지에 대한 실천적 통찰을 함께 제공한다.

다음의 책들은 하나님나라 신학에 기초한 설교나 강의가 많이 나오길 기대하면서 추천한다.

《하나님나라 신학으로 읽는 모세오경》
《하나님나라 신학으로 읽는 사도행전 1·2》
《하나님나라 신학으로 읽는 여호수아·사사기·룻기》
《하나님나라 신학으로 읽는 다니엘서》
《하나님나라 신학으로 읽는 사무엘상·사무엘하》
이상 김회권 • 복있는사람

김회권 교수의 연작. 구약성경 여러 책에 나타난 하나님나라 신학을 우리 시대에 맞게 드러내는 작업은 현대 교회에 큰 도전과 통찰을 제공한다.

《청년아 때가 찼다》
《한국 교회가 잃어버린 주기도문》
이상 김형국 • 죠이북스

자신의 책을 추천하는 것이 쑥스럽지만, 전자는 예수의 하나님나라 복음 신학의 요체인 마가복음 1장 15절을 강해한 것이며, 후자는 하나님나라 관점에서 주기도문을 이해한 것이다. 전자가 나의 하나님나라 신학의 기초를 이루었다면, 후자는 20대 후반에 하나님나라 관점으로 주기도문을 이해하면서 기도 생활이 바뀌었는데, 그 계기가 되었던 내용이다. 주기도문에 대한 설교집이 수십 권 나와 있지만, 이상하게도 하나님나라 관점에서 연구하고 설교한 책은 드물다. 김세윤 교수의 《주기도문 강해》(두란노서원)와 스탠리 하우어워스와 윌리엄 윌리몬이 공저한《주여, 기도를 가르쳐 주소서》(복있는사람)와 함께 읽어도 좋겠다.

《하나님나라》
마틴 로이드 존스 • 복있는사람

20세기 최고의 강해 설교자라 불리는 마틴 로이드 존스 목사가 웨스트민스터 채플에서 '하나님나라'를 주제로 12주간 설교한 것을 모은 책이다. 마가복음 1장 14-15절을 본문으로 한 "왕의 선포"에서 히브리서 12장 25-29절을 본문으로 한 "흔들리지 않는 나라"까지 총 12편의 설교를 통해 이 땅에 임한 하나님나라의 의미가 무엇인지를 논하는 한편, 주로 하나님의 통치와 그분의 의로 다스리시는 나라에 초점을 맞췄다.

※ 한국 교회 관련 도서

한국 교회에 대한 비판과 분석은 넘쳐난다. 이는 한국 교회가 어린아이에서 성인 단계로 진입했다는 의미이기도 하다. 아래 책들은 성인 단계에 들어선 한국 교회의 병인(病因)이 무엇인지를 보여준다.

《거룩한 코미디》
곽영신 • 오월의봄

기자 출신 저자는 대형 교회 비리와 스타 목회자 성범죄처럼 뉴스에서 크게 다룬 사건을 중심으로 돈과 권력(1부)을 숭배하며 탐욕(3부)에 빠진 한국 교회의 모습을 객관적이고 심층적으로 보고한다. 한국 교회가 극복해야 할 폐쇄성을 논하며, 정의 회복의 필요를 역설한다(3부).

《고쳐 쓴 한국 기독교 읽기》
박정신 • 여울목

역사학자인 저자는 유교적 조선 사회와 기독교가 만나 '예수 운동'이 확장된 초기 한국 교회를 소개한다. 이어서 '천박한 물량주의', '이기적 기복신앙', '전투적 반공주의'를 한국 기독교의 정체성을 위협하는 요소로 지적하며, 한국의 초기 기독교처럼 예수를 따르는 '겸손과 섬김의 혁명'을 요청한다.

《길 잃은 한국 교회》
정대운 • 밴드오브퓨리탄스

한국 교회의 영지주의적 성격과 혼합주의를 비판한 책이다. 초대교회 이후로 교회가 이단 사상에 어떻게 교리로 대항해왔는지를 살피면서, 한국의 대표적인 단체와 목회자를 비판한다.

《다시, 프로테스탄트》

양희송 • 복있는사람

2007년 전후의 한국 개신교 실상을 열어 보이면서 한국 교회의 문제는 '성직주의'와 '성장주의'라고 지적한다. 이 둘의 결합이 곧 세상에 대한 '승리주의'로 나타났음을 고발한다. 저자는 '상호의존적인 기독교 생태계'를 제안하나, 한국 교회의 실제적 개혁을 이끌어내기에는 다소 개념적인 접근이 아쉽다.

《마케팅에 물든 부족한 기독교》

옥성호 • 부흥과개혁사

마케팅 기법을 '복음 전파', 곧 전도라는 이름으로 둔갑시켜 복음의 핵심을 변질시킨 현대 교회들(특히 윌로크릭교회과 새들백교회)을 비판한다. 마케팅과 심리학이 교묘하게 교회로 파고들어 어떻게 교회성장학에 적용되고 있는지를 분석한다. 마케팅과 심리학의 긍정적인 면은 애써 간과한 듯 보인다.

《맞아죽을 각오로 쓴 한국 교회 비판》

조엘박 • 박스북스

추천 도서

개교회주의, 교단우월주의, 교파 문제, 술과 담배 문제, 성전 건축 문제, 잘못된 설교, 잘못된 기도, 목회자와 교인의 감투 의식, 헌금 문제, 기복 신앙 같은 한국 교회 문제들을 비판하고, 원론적 수준의 대안을 제시한다.

《메가처치 논박》

신광은 • 정연

《메가처치를 넘어서》

신광은 • 포이에마

한국 교회가 메가처치 DNA를 가지고 있다고 저자는 분석한다. 소규모 교회는 물론 개척교회 조차도 가지고 있는 크기에 대한 열망이 얼마나 심각하고 비성서적인지 첫 번째 책에서 논하고, 두 번째 책에서는 이를 좀 더 심층적으로 분석해서 대안을 제시한다. 대안의 실효성과 실현 가능성에 대한 논의보다는, 현재 한국 교회의 문제점을 파고 든 저자의 분석이 메가처치 바이러스에 물든 목회자와 성도에게 깊은 통찰력을 제공한다.

《바벨론에 사로잡힌 교회》
백종국 • 뉴스앤조이

한국 교회가 '사제주의'와 '천민자본주의'라는 두 가지 세속 세력에 사로잡혀 쇠락일로의 길을 걸을 것이라고 경고한다. 이를 극복하기 위한 대안으로 모범적 교회 정관과 성서적 역사의식을 가진 기독 시민을 제시한다.

《시민 K, 교회를 나가다》
김진호 • 현암사

민중 신학자의 눈으로 한국 개신교의 과거와 현재를 살피고 미래를 전망한다. 진보 진영 저자가 보수 진영 교회에게 던지는 쓴소리를 담았다. 비판은 새겨들을 만하나, 대안은 진보적 성경 읽기와 인문학적 소양에 뿌리를 두고 있다.

《아직도 교회 다니십니까》
길희성 • 대한기독교서회

오늘날 한국 교회가 현대인이 이해할 수 있는 기독 신앙을 다시 세우기 위해서는 성서문자주의 신앙, 경직된 교조주의 신앙, 값싼 은총을 남발하는 복음주의 신앙, 저질 기복 신앙을 넘어서야한다고 주장한다. 저자의 기복주의와 반지성주의에 대한 비판은 적극 수용할 수 있으나, 진보적 신학 전제에서 나오는 대안은 비판적으로 검토할 수밖에 없다.

《예수 없는 예수 교회》
한완상 • 김영사

《한국 교회, 이대로 좋은가》가 젊은 한완상의 문제 제기였다면, 이 책은 노숙한 학자요 성도인 한완상의 한국 교회에 대한 애가이다. 실제를 잃어버리고 신화화한 예수, 교리로 박제된 예수를 따르고 있음을 개탄하며 실제 역사 속에 사셨던 예수를 따르는 제자의 삶이 한국 교회의 치유책임을 설파한다. 저자가 사회학자라는 특성상 교리적 예수보다는 역사적 예수에 초점을 맞춘다는 점과 민중 신학과 여성 신학적 요소를 포함한 점이 특징이다.

《일그러진 성령의 얼굴》
《일그러진 한국 교회의 얼굴》
이상 박영돈 • 한국 IVP

저자는 한국 교회의 성령 운동이 종교적 야망을 성취하기 위한 도구로 전락했다고 지적하며, 하나님나라의 올바른 관점과 십자가 신학의 진정한 회복이 필요하다고 역설한다. 성령의 여러 현상에 대해 혼란스러운 한국 상황에 적실한 성서적 성령론을 제공한다. 두 번째 책에서는 한국 교회의 설교에 나타난 문제점을 지적하면서 오늘날 한국 교회에 나타나는 문제를 비평한다.

《저 낮은 곳을 향하여》

한완상 • 전망(1978) · 뉴스앤조이(2003)

이 책은 한국 교회 비판서의 선구라 부를 만하다. 1970년대 사회학자의 눈에 비친 한국 교회의 문제를 날카롭게 비판한 이 책은 2003년도에 6부 '예수 따르미의 삶'이 추가되었다. 1978년의 문제 제기가 25년이 지난 지금도 여전히 유효한 한국 교회의 오래된 숙제와 이를 25년 전에 제기한 선지자적 혜안을 엿볼 수 있다. 이후에 《한국 교회여, 낮은 곳에 서라》(포이에마)로 재구성되어 나왔다.

《전환기의 한국 교회》

김동춘 • 대장간

저자가 주제별로 발표한 논문을 편집한 책이다. 한국 교회가 이원론에서 세속화로 진행하고 있음을 지적하면서 다섯 가지 주제를 논한다. 총체적 복음, 삶의 모든 영역에서 주되심, 역사 변혁적 신앙, 철저한 제자도에 근거한 대안, 다원주의 속에서의 교회. 주효한 통찰이 각 주제에 담겨 있다.

《한국 교회, 개혁의 길을 묻다》

강영안 외 20인 • 새물결플러스

한국 교회를 대표하는 신학자, 목회자, 사역자들이 20가지 주제로 한국 교회 문제의 뿌리와 같은 신학적 문제부터 한국 교회 문화와 구조적 문제에 이르기까지 광범위하게 한국 교회의 문제점를 다룬 한국 교회 문제 개론서이다.

《한국 기독교, 어떻게 국가적 종교가 되었는가》

아사미 마사카즈 · 안정원 • 책과함께

한국 기독교가 지닌 국가적 종교적 특성의 역사적이고 사회적인 이유를 살피고 있다. 현재 한국 교회의 문제에 대한 대안을 원론적 수준에서 제시하고 있다.

《한국 교회의 위기와 희망》

이원규 • KMC

한국 교회의 현실, 위기, 전망, 희망을 종교사회학적 관점에서 서술한 책이다. 문화 사회적 환경 속에 존재하는 한국 교회를 종교 문화, 사회 변동, 도덕성, 사회 경제적 요인 등의 맥락에서 분석하면서 미래의 가능성을 제시한다.

《한국 교회의 종교사회학적 이해》

정재영 • 열린출판사

종교사회학자 정재영 교수가 그간 쓴 논문들을 모으고 덧붙여서 주제별로 나누어 엮은 책이다. 사회적 맥락에서 본 한국 교회에 대한 이해와 교회 직분, 회중, 헌금 등에 대한 사회심리학적 해석, 세속 사회에서 공공성 회복을 위한 종교사회학자의 통찰을 얻을 수 있다.

《한국 교회 이대로 좋은가》

한완상 • 대한기독교서회

1981년에 출간된 이 책은 한국 교회의 무속적 문제를 위시해서, 일반 교회 생활의 문제, 보수 신앙과 진보 신앙의 화해 가능성, 역사 속에서 한국 교회의 역할 등을 논한 선구적 저작이다. 한국 교회의 문제가 얼마나 오래되었는지를 살필 수 있는 고전이다.

《한국 교회, 패러다임을 바꿔야 산다》

이학준 • 새물결플러스

저자는 한국 교회 위기의 근본 원인을 공적 신앙과 영성의 결여에서 찾는다. 삶의 다양한 영역과 시민사회, 타종교와의 관계 등에서 개신교인이 어떻게 살아가야 할지를 알려주는 커리큘럼을 2=10=613(하나님 사랑과 이웃 사랑=십계명=613가지 율법)에 기초해 구성해야 한다고 제안한다.

《2020 2040 한국 교회 미래지도》

최윤식 • 생명의말씀사

저자는 인구 절벽, 저성장 시대, 고령화 문제 등의 사회 문제와 급속도로 발전하는 기술, 이에 따른 가치관과 사고와 신앙의 변화 같은 미래를 예견하며, 앞으로 닥칠 '7년의 흉년'을 대비해야 한다고 주장한다. 한 개인을 소중히 여기고 비전을 새롭게 하고, 하나님의 경제 정의를 회복할 것 등을 대안으로 제시한다.

※ 제자훈련 관련 도서

여러 각도에서 제자도를 분석하고 제시하는 다양한 책들이 있다. 그중에서 성경에 기초하고, 균형 있는 성장을 추구하며, 그러면서도 구체적으로 실천 가능한 책들을 모아서 소개한다. 고전의 반열에 오를 만한 책부터 제자도에 새롭게 접근하는 책까지를 아울러 선정했다.

《교회는 인소싱이다》

추천 도서

랜디 포프·키티 머레이 • 국제제자훈련원

목회 현장에서 여러 시행착오와 발전적 실행을 거치며 깨달은 'TEAMS 패러다임 제자훈련'을 소개한다. '진리'(Truth), '무장'(Equipping), '상호 책임'(Accountability), '선교'(Mission), '간구'(Supplication)는 각각 '지시', '코치', '지원', '위임'으로 대체된다. 여기에 '간구'의 과정을 더해 한 사람의 리더를 길러낸다. 모든 장벽을 넘어 복음의 유전자가 확산되도록 자극하는 성경적이고 효과적인 수단으로 '삶 대 삶 선교적 제자도'(life-on-life missional discipleship)를 소개한다.

《그리스도인의 제자훈련》

오스왈드 챔버스 • 토기장이

저자가 강조하는 제자훈련의 핵심은 하나님 앞에서 하나님을 향한 마음에 집중하는 것이다. 여섯 가지 핵심적인 훈련 '하나님의 인도하심의 훈련, 고난 훈련, 위험 훈련, 기도 훈련, 고독 훈련, 인내 훈련'을 다룬다. 한 사람의 제자로서 자신을 점검하는 데 장점이 있는 책이다.

《남자를 그리스도의 제자로 이끄는 영성훈련》

패트릭 몰리 • 국제제자훈련원

기독교의 기본 교리에서 라이프스타일까지 남자의 영적 성숙에 필요한 필수 요
소를 다룬다. 제자도에 관한 성경의 원리를 삶에 적용하고 실천하는 방법을 구
체적으로 제시한다.

《무엇이 가장 중요한가》

토니 에반스 • 디모데

제자 됨의 필요한 네 가지 절대 요소인 예배, 친교, 성경, 전도를 다룬다. 각 주제
를 개념, 내용, 상황, 보상의 틀로 정리한다.

《복음 중심의 제자도》

조나단 도슨 • 국제제자훈련원

제자도의 정의와 동기, 실천이란 세 범주를 중심으로 제자도를 다룬다. 제자도
의 진정한 정의부터 다시 시작한다. 우리가 직면하고 있는 문제의 중심에 복음
이 빠진 제자도, 예수가 없는 제자도가 있다고 지적한다. 제자는 다시금 복음을
알아야 하고, 생각해야 하며, 행해야 하고, 믿어야 한다고 강조한다.

《사도행전 속의 제자훈련》

리로이 아임스 • 네비게이토

사도행전을 제자훈련의 관점에서 정리하고 있다. 사도들이 어떻게 복음을 전파
하고, 어떻게 새신자를 양육해 믿음에 굳게 설 수 있도록 했으며, 어떻게 하나님
나라를 위한 일꾼들을 무장시켰고, 어떻게 지도자를 훈련시켜 자신의 뒤를 잇게
했는지를 정리해서 보여준다.

《선하고 아름다운 하나님》
《선하고 아름다운 삶》
《선하고 아름다운 공동체》

이상 제임스 브라이언 스미스 • 생명의말씀사

'영혼이 변화하는 제자도 시리즈'(Renovare Apprentice Series)는 달라스 윌라
드가 《하나님의 모략》에서 소개한 "그리스도를 닮아가는 교과 과정"의 구체적
실천 지침이다. 이 시리즈는 예수의 제자로서 하나님을 사랑하며, 삶을 건강하
게 가꾸고, 선하고 아름다운 공동체를 통해 이웃 사랑을 실천하여 하나님나라를

실현하는 것을 목표로 한다.

《세상을 잃은 제자도 세상을 얻는 제자도》
그레그 옥던 • 국제제자훈련원

삶을 변화시키지 못하는 프로그램으로 전락한 제자훈련을 비판하면서 성경적 원리 위에 친밀함과 진리, 책임감이 살아 있는 삶의 방식으로 구성된 제자훈련만이 영적 성장과 변화를 체험할 수 있다고 강조한다. 동반자로서 영향을 주고받는 친밀한 관계의 환경으로 '삼인조 제자훈련'을 제시한다.

《신약성경에 나타난 제자도의 유형》
리처드 N. 론제네커 • 국제제자훈련원

성서신학자 열세 명이 사복음서와 바울 서신 다섯 편, 그리고 히브리서, 야고보서, 베드로 전서, 요한계시록에 나타난 제자도 신학을 성서신학적으로 접근한다. 성경 본문의 다양성과 통일성 속에서 제자도를 공부하고 싶다면 이 책을 지나칠 수 없다.

추천 도서

《영적 성장을 향한 첫걸음 세트》
그레그 옥던 • 국제제자훈련원

제자의 삶을 시작하는 이들을 위한 기초 훈련 교재이다. 성경의 기본 진리 이해, 인격과 삶의 변화, 교회와 세상을 섬기는 것에 관한 기초를 다루고 있다.

《영적 제자도》
J. 오스왈드 샌더스 • 국제제자훈련원

제자도의 기본원칙을 20가지 주제로 나누어 제자로서 갖추어야 할 것과 추구해야 할 것, 버려야 할 것, 제자의 소망에 대해 다루고 있다.

《예수님의 제자훈련》
P. T. 찬다필라 • 한국 IVP

예수께서 제자를 삼으실 때, 어떤 과정을 거쳤으며, 어떤 자질을 특별히 보셨는지를 살핌으로서 제자훈련의 방법론보다는 제자훈련을 하는 자가 어떤 자질과 능력을 갖추어야 하는지를 보여준다.

《예수도》

마크 스캔드렛 • 한국 IVP

오늘날 제자도가 개인주의적이며 지식에 치우쳐 있음을 지적하면서 제자도에도 꾸준한 연습과 실천이 필요함을 강조한다. 입과 머리로만 순종하는 안일한 신앙에서 벗어나 손과 몸이 움직이는 실천적 신앙으로 나아가도록 다양한 경험과 실제 사례를 통해 촉구한다. 예수의 제자도는 영성의 훈련장인 실제 삶에서 연마되고 성숙한다는 사실을 일깨운다.

《온전한 제자도》

빌 헐 • 국제제자훈련원

제자도의 고전이라고 불릴 만한 책이다. 특히 제자훈련이 일어나는 일대일, 소모임, 회중이라는 환경을 목회자가 어떻게 다루어야 하는지에 대한 통찰력을 제공한다.

《의도적으로 제자훈련하는 교회》

에드먼드 챈 • 국제제자훈련원

의도적으로 제자훈련하는 교회란 교회뿐 아니라 세상을 변화시키려는 하나님의 관심사(의도)를 받아들인 교회를 가리킨다. 피상적이고 평범한 수준을 벗어나 하나님의 의도를 자기 것으로 받아들인 사람을 이 책에서는 '바로 그 제자'(a certain kind)라고 부른다. 제자훈련은 바로 이런 사람을 세우는 것이라고 강조한다.

《잊혀진 제자도》

달라스 윌라드 • 복있는사람

제자도를 단순한 프로그램이 아니라 영성 형성의 과정으로 보고, 예수를 닮기 위해서는 몸과 영혼과 지성 모두가 균형 있게 성장해야 함을 보여준다.

《정서적으로 건강한 교회》

피터 스카지로 · 워렌 버드 • 두란노서원

제자훈련이 간과하기 쉬운 정서 영역을 다룬 책이다. 정서적 건강을 과도하게 강조하면서 제자도의 다른 측면을 제대로 다루지 못한 면은 있지만, 제자훈련이 결국 인격을 다루는 것이며, 그 중심 부분 중 하나가 정서이므로 중요한 기여를 했다고 평가할 수 있다.

《정서적으로 건강한 영성》

피터 스카지로 • 두란노서원

《정서적으로 건강한 교회》에 이어서 나온 책으로, 제자도가 개인 영성과 정서적 건강에 국한되는 것으로 오해할 여지는 있으나 '자신과의 관계'를 심화하는 면에서 의미 있는 책이다.

《제자도》

존 스토트 • 한국 IVP

존 스토트의 마지막 저작으로 제자도의 본질을 유언처럼 전한다. 특히 7장의 의존과 8장의 죽음이라는 주제는 제자의 삶이 평생에 걸친 것임을 보여준다. 아흔이 넘은 노선배만이 남길 수 있는 통찰이 돋보인다.

《제자도 신학》

마이클 윌킨스 • 국제제자훈련원

제자도의 의미를 역사적이고 성서적인 맥락에서 살핀 책을 한 권 꼽으라면 주저하지 않고 이 책을 추천하겠다. 구약 시대와 로마 시대, 유대인 공동체의 맥락에서 제자도를 살피고, 복음서와 초대교회에 이어 현대에서의 제자도를 논한다. 제자도에 대한 성경적이고 신학적인 기초를 놓은 책이다.

《제자도와 영성 형성》

달라스 윌라드 외 • 국제제자훈련원

하나님나라의 삶을 영성 형성의 과정으로 보고, 과정적 요소와 신학적 요소라는 두 범주로 나누어 설명한다. 방법론적 제자훈련이 아니라 전인적 제자도를 다룬다.

《제자도의 본질》

플로이드 맥클랑 • 토기장이

예배와 선교, 구제를 제자도의 세 가지 핵심 가치로 다룬다. 자칫 피상적 이해에 머물 수 있는 예배와 선교, 구제를 '예수님을 사랑하는 사람들의 삶의 양식으로서의 예배, 예수님을 모르는 사람들을 사랑하는 선교, 예수님을 믿는 사람들끼리의 깊은 교제'로 제시한다.

《제자도의 7가지 핵심》
마크 베일리 • 디모데

일곱 가지 핵심을 중심으로 참 제자의 모습이 무엇이며, 어떻게 온전한 제자로 설 수 있는지에 대한 구체적인 지도를 제공한다. 일곱 가지 핵심은 예수님에 대한 사랑, 하나님의 말씀, 진정한 권위, 복종과 희생, 그리스도에 대한 충성, 청지기 의식, 그리스도의 사랑 나타내기이다. 자칫 피상적 구호에만 머물 수 있는 핵심을 삶에 적용할 수 있도록 구체화한 것이 장점이다.

《제자 삼는 교회》
빌 헐 • 디모데

제자 삼는 교회란 뛰어난 리더 한 사람이나 목회자가 이끌어가는 교회가 아니라 건강한 리더십 공동체와 목양의 책임을 함께 맡는 소모임이 유기적으로 협력하며 운영하는 교회이다. 제자 삼는 교회의 네 유형으로 예수의 열두 제자, 예루살렘의 초대교회, 안디옥 교회, 리더 그룹이 회중을 이끈 에베소 교회를 소개한다. 저자는 교회의 사정과 규모에 따라 각각 다른 단계에 있겠지만, 에베소 교회를 모델로 삼아 제자 삼는 교회가 되어야 한다고 권면한다.

《제자 삼는 사역의 기술》
리로이 아임스 • 네비게이토

'제자 삼기의 잃어버린 예술'(The Lost Art of Disciple Making)이라는 원제가 강조하는 바는 이 책이 쓰이고 수십 년이 지났지만 여전히 유효하다. 제자훈련 방법론에 꼭 참조해야 할 책이다.

《제자²(제곱)》
프랜시스 챈 • 두란노서원

제자훈련을 교회 공동체 맥락에서 살핀 다음에, 제자훈련에서 성경의 중요성을 강조한다. 특히 구약성경과 신약성경 전체를 조망할 수 있도록 도운 것이 눈에 띄나, 하나님나라를 구약의 한 부분의 주제로 삼은 것은 아쉽다.

《제자훈련 셀프스터디》
빌리그래함센터 전도학교 • 국제제자훈련원

제자훈련을 스스로 한다? 이 책은 영향력 있는 목회자와 설교자의 설교 내용을 주제별로 나누고, 그 내용을 듣고 토론하거나 성찰할 수 있도록 만들어졌다. 멘

토의 역할, 미디어의 사용 등이 눈에 띈다.

《평신도를 깨운다》

옥한흠 • 국제제자훈련원

교회 중심 제자훈련의 교과서이다. 이 책은 지역 교회를 중심으로 해서 제자훈
련의 원리와 실제를 다루고 있다. 제자훈련이 왜 목회 사역의 본질인지, 평신도
를 성숙하도록 훈련하고 사역자로 세우는 것이 왜 중요한지를 강조한다.

《하나님의 모략》

달라스 윌라드 • 복있는사람

현대의 얄팍한 제자훈련에 대한 비판과 함께, 하나님나라를 오늘 여기에서 어떻
게 살아낼지를 다룬, 제자도에 관한 '현대의 고전'이라 할 만한 책이다. 산상수훈
강해를 통해 참된 구원에 대한 이해와 그에 따른 제자의 삶을 도전하며, 이 땅에
건설되고 확장되는 하나님나라 비전을 보여준다.

《하나님의 모략 이후》

추천 도서

달라스 윌라드 · 게리 블랙 • 복있는사람

《하나님의 모략》의 후속편이다. 일터, 전공 분야, 학문 분야에서 그리스도인으로
산다는 것의 의미를 실제적으로 다루고 있다. 특히 전문인으로서의 제자의 삶을
깊이 다룬다.

《훈련으로 되는 제자》

월터 A. 헨릭슨 • 네비게이토

제자훈련 방법론의 고전이다. 신학적 기초가 약한 단점이 있지만, 네비게이토
형제들이 오랜 기간 배우고 익힌 방법론을 가벼이 여기면 안 된다.

《21세기 제자도》

로이스 모디 레이비 · 스티브 레이비 • 복있는사람

기독교 역사는 그리스도인들이 예수의 제자로서 각자의 삶의 정황에서 어떻게
반응하며 응답했는지에 대한 기록이다. 진정한 제자로 살고자 했던 신앙 선배들
의 삶과 실천적 영성이 없었다면, 기독교의 생명력은 그만큼 쇠락했을 것이다.
이 책은 초대교회부터 오늘날에 이르기까지 뜨겁게 예수를 따르며 그렇게 살도
록 돕고자 했던, 제자도에 관한 귀중한 지혜의 글을 한데 모은 책이다.

주

01. 예수, 생명의 밥

1. 〈당대비평〉, 2000년 가을호(12호).

2. 한국갤럽 "한국인의 종교와 종교의식 조사"(1984-2014), 기독교윤리실천운
   동 "한국 교회의 사회적 신뢰도 여론조사" 등을 참조하라.

3. 《메가처치를 넘어서》(신광은, 포이에마), 《바벨론에 사로잡힌 교회》(백종국,
   뉴스앤조이), 《일그러진 한국 교회의 얼굴》(박영돈, 한국 IVP), 《거룩한 코미
   디―한국 교회의 일그러진 맨얼굴》(곽영신, 오월의봄), 《전환기의 한국 교회》
   (김동춘, 대장간) 등을 참조하라. 더 자세한 목록은 앞에 첨부한 한국 교회 관
   련 도서 목록을 참조하라.

4. 《청년아 때가 찼다》(죠이북스)는 마가복음 1장 15절을 여섯 번에 걸쳐 강해
   한 내용이며, 마가복음을 중심으로 예수의 중심사상을 다룬다. 《마가가 전
   한 하나님나라 복음》(가제, 근간)은 동일한 본문을 바탕으로 일반 대중을 위
   해 좀 더 깊게 하나님나라 사상을 소개한다.

5. 여기서 계몽주의 영향을 받아 시작된, 아직도 끝나지 않은 역사적 예수 논
   쟁에 뛰어들 생각은 없다. 성경의 역사성에 회의적 견해를 가진 일부 학자
   들의 주장이 매년 부활절이나 크리스마스 때를 즈음하여 대중 잡지와 언론
   을 통해 일반 대중의 눈길을 끌고는 한다. 가령, 예수 학회(Jesus Seminar)
   는 복음서 중에서 무엇이 역사적 예수가 실제로 한 말이며 행동인지를 빨
   강, 분홍, 회색, 검정 구슬로 투표를 해서 결정하는데, 이들 스스로도 합의된

결론에 도달하지는 못하고 있다. 그들은 이러한 투표를 통해 복음서의 내용 중 역사적 예수가 실제 발언한 것으로 추정되거나, 매우 유사한 발언을 했다고 추정되는 자료는 불과 13.8% 뿐이라고 주장한다. 이외에도, 학자들은 예수에 대해 결코 합의될 수 없는 다양한 의견을 제시하고 있다. 아카디아 신학대학(Acadia Divinity College)의 신약학 교수 크레이그 에반스(Craig A. Evans)는 《만들어진 예수-누가 예수를 왜곡하는가》(새물결플러스)에서 어떻게 현대 학자들이 복음서를 왜곡하여 다루는지를 보여준다.

6. 《신약성경은 신뢰할 만한가?》(F. F. 브루스, 좋은씨앗)를 참조하라.

7. 리처드 보컴(Richard Bauckham)은 《예수와 그 목격자들》(새물결플러스)에서 이러한 사실을 보여준다.

02. 구원, 하나님의 뿌리칠 수 없는 사랑

주

1. 고린도전서 15:1-11; 골로새서 1:13-23; 데살로니가전서 1:9-10; 베드로전서 1:3-9; 1:17-25; 2:1-10; 2:21-25이 기독교의 본질적인 메시지를 정돈해 담고 있는 본문들이다.

2. 《풍성한 삶의 기초》(비아토르)는 이 내용이 담긴 도서와 실제 제자훈련에 사용하는 워크북으로 출판되어 있으며, 관련 동영상 자료는 유튜브(www.youtube.com)와 "하나님나라복음DNA네트워크" 웹사이트(www.hanabokdna.org)에서 찾아볼 수 있다.

3. 문법 구조를 따지는 구문론으로 보면, 7절은 6절의 결과 또는 목적을 나타내는 문장으로 6절에서 이어져 있다. 그래서 7절까지를 두 번째 문단으로 볼 수 있지만, 의미론으로 보면, 7절과 10절이 구원의 목적을 8-9절이 구원의 성격을 설명해준다고 볼 수 있다.

4. 바울은 '전에는-이제는'의 구조를 자주 사용한다(롬 5:8-11; 6:15-23; 7:5-6; 11:30-32; 고전 6:9-11; 갈 1:23; 4:3-7; 4:8-9; 엡 2:1-22; 5:8; 골 1:21-22;

2:13; 3:7-8; 딤전 1:13-14; 딛 3:3-7; 몬 1:11). 베드로전서에서도 2회에 걸쳐 나타난다(2:10; 2:25).

5. 마태복음 5:22-24, 27-28.

6. 2절과 3절 모두 전에 '포테(ποτε)'와 전치사 '카타(κατὰ)'또는 '엔(ἐν)'을 사용하여 그때에(그리스도 밖에 있을 때) 인간이 이들로 인해 지배당하고 있음을 표현한다.

7. 요한복음 3장의 가르침이 예수께서 현재에 임한 심판에 대하여 말씀하신 대표적 본문이다. 예수께서는 니고데모와의 대화에 이어서 인간이 처한 상황이 뱀에 물려 죽어가고 있는 상황이기에 자신이 놋뱀처럼 들려야 한다고 말씀하신다. 이어서 요한복음 3:16을 말씀하시고, 이어 "아들을 믿는 사람은 심판을 받지 않는다. 그러나 믿지 않는 사람은 이미 심판을 받았다. 그것은 하나님의 독생자의 이름을 믿지 않았기 때문이다"(18절)라고 말씀하신다. 이미 죽어가고 있는 자들을 위한 하나님의 치유책을 받아들이지 않으니, 이미 심판을 받았다고 말씀하시는 것이다.

8. 《성공하는 사람들의 7가지 습관》(김영사)에서 스티븐 코비가 원칙의 중요성을 강조하며 사용한 이야기이다.

9. 톰 라이트는《마침내 드러난 하나님나라》(한국 IVP)의 pp.275-286에서 지옥에 대한 전통적 입장인 만인구원론적 입장과 조건주의적 입장을 간략히 소개하고 이를 기반으로 자신의 견해를 피력한다. C. S. 루이스는 소설《천국과 지옥의 이혼》(홍성사)에서 지옥을 '무한히 뻗어 있는 회색 도시'로 묘사한다. 지옥에 대한 다양한 논의는《Four Views on Hell》(eds. Preston Sprinkle and Stanley N. Gundry; Zondervan)을 보라.

10. 헬라어를 분해하면 다음과 같다.

    5 καὶ   ὄντας ἡμᾶς νεκροὺς τοῖς παραπτώμασιν

              συνεζωοποίησεν τῷ Χριστῷ, - χάριτί ἐστε σεσῳσμένοι -

    6 καὶ   συνήγειρεν

      καὶ   συνεκάθισεν ἐν τοῖς ἐπουρανίοις

11. '순네게이렌(συνήγειρεν)'을 새번역은 '살리시고'라고 번역했는데, 앞에 이미 "함께 살리셨다"는 '수네보오포이에센(συνεζωοποίησεν)'이 있고, '에게이로'는 신약에서 부활을 뜻하는 단어로 자주 사용되므로 '일으키셨고'라고 번역하는 것이 옳다.

12. 에베소서 1:20, "하나님께서는 이 능력을 그리스도 안에 발휘하셔서, 그분을 죽은 사람들 가운데서 살리시고(에게이라스, ἐγείρας), 하늘에서 자기의 오른쪽에 앉히셔서서(카티사스, καθίσας)"

13. 예수의 부활과 관련해서는 다음을 참조하라. 마 17:9, 23; 20:19; 26:32; 27:63, 64; 28:6-7; 행 4:10; 5:30; 10:40; 13:30, 37; 26:8; 롬 4:24-25; 6:4, 9; 7:4; 8:11, 34; 10:9; 고전 6:14; 15:12, 13, 14, 16, 17; 갈 1:1; 엡 1:20; 골 2:12; 살전 1:10; 딤후 2:8; 히 11:19; 약 5:15; 벧전 1:21. 신자의 부활에 대해서는 다음을 참조하라. 고전 15:15, 16, 29, 32, 35, 42, 43, 44, 52.

14. '함께 일으키시다'(수네게이로, συνεγειρω)는 그리스도인의 영적 상태를 가리킨다(엡 2:6; 골 2:12; 3:1).

15. 《교회 안의 거짓말》(비아토르)의 2장 "일단 믿어보세요"를 참조하라.

16. 신약성경에서 사용된 '선한 일'은 초대교회 성도들이 보편적으로 사용한 표현이라는 느낌이 들 정도로 자주 발견된다(롬 12:17; 13:3; 고후 8:21; 엡 2:10; 4:28; 골 1:10; 살후 2:17; 딤전 3:1; 5:10; 딤후 2:21; 3:17; 딛 1:16; 2:7, 14; 3:1, 8; 몬 1:14; 히 13:21; 벧전 2:12).

17. 에베소서 2:2에서 공중의 권세를 잡은 통치자를 따라 살았던(페리에파테사테, περιεπατήσατε) 우리가, 에베소서 2:10에서는 선한 일을 하여 살아가도록(페리파테소멘, περιπατήσωμεν) 지음 받았다고 바울 사도는 극명하게 대조한다.

18. 이 단어는 신약에서 2회 사용되었는데, 복수형으로는 로마서 1:20에서 '그

만드신 만물'로 나타난다.

19. 이 책의 8장에서 공동체로서의 '작품'이 어떤 의미인지 더욱 자세히 소개한다.

20. 복음에 대한 반응(Response)으로 기뻐함(Rejoice), 재헌신(Recommit), 영접함(Receive) 사람은 그리스도인으로서 꾸준히 성장해나가야 한다. 그러나 탐구(Research)를 택한 사람들은 성경을 직접 읽거나 지적 질문들에 정직한 답변을 찾으면서 영접에 이를 수 있도록 그리스도인이 도와야 한다. 블로그 '길을 찾는 이들'(www.imseeker.org)의 여러 자료가 도움이 될 것이며,《요한과 함께 예수 찾기》(생명의말씀사)는 요한복음을 읽으면서 예수를 찾을 수 있도록 도와주는 자료이다.

03. 하나님나라, 예수의 중심 사상

1. 최근 해석학은 원문의 본래 의미를 발견하는 일은 불가능하다고 보고, 독자의 해석을 더 중시하는 경향을 보인다. 독자가 가진 선 이해와 역사적·사회적 맥락이 본문의 원래 의미를 있는 그대로 이해하는 일에 방해가 된다는 점에는 동의하지만, 그럼에도 나는 여전히 성경 저자들이 원래 의도한 바가 무엇인지를 탐색하는 것이 가능하며, 그것이 오늘날 우리에게 어떤 의미인지를 찾아가야 한다고 믿는다. 이와 관련해 방대한 논의가 진행 중이지만, 나의 은사이기도 한 케빈 밴후저(Kevin J. Vanhoozer)의《이 텍스트에 의미가 있는가?》(한국 IVP)와 그랜트 오스본(Grant R. Osborne)의《성경 해석학 총론》(부흥과개혁사)을 추천한다. 후자는 성경 해석의 기본 원리를 다루고, 전자는 현대 해석학의 흐름에서 성경을 어떻게 해석해야 하는지를 논한다.

2. 다행히 새번역은 천국을 '하늘나라'라고 번역했다.

3. 요한 사도는 마태·마가·누가복음이 쓰인 때보다 한 세대 정도 후에 그의 복음서(요한복음)를 썼다고 여겨진다. 요한복음은 공관복음(Synoptics, 마태·마가·누가복음)과 차이가 나는데, 세 복음서가 담지 않은 예수의 이야기

를 선별해 기록했을 뿐 아니라 예수의 삶과 죽음에 대한 신학적 해석을 담고 있다. 비록 하나님나라라는 단어가 요한복음에는 단 2회만(3:3, 5) 등장하지만, 하나님나라에 들어가는 것과 3:15-16의 "영생"을 거의 비슷한 개념으로 사용하고 있음을 알 수 있다. 즉 요한복음에는 하나님나라라는 단어가 자주 나오지는 않지만, 그 대신 영생이라는 단어에 같은 의미가 담겨 있다고 할 수 있다.

4. 마태, 마가, 누가 복음에 나타난 세 번의 예고 병행구는 다음과 같다. 마 16:21-28 // 막 8:31-38 // 눅 9:22-27; 마 17:22-23 // 막 9:30-32 // 눅 9:43하-45; 마 20:17-19 // 막 10:32-34

5. 하나님께서 세상을 창조하셨다는 것과, 예수께서 다시 오셔서 세상을 회복하실 것은 성경 계시를 통해 우리가 알고 있지만, 그 구체적인 내용과 방법 등에 대해서는 우리에게 선명하게 계시되어 있지 않다.

6. 하나님나라에 대해 추천할 만한 성서신학 서적들은 많다. 신약의 하나님나라 신학은 조지 앨든 래드(George Eldon Ladd)가 집대성했다고 할 수 있는데, 그가 쓴《신약신학》(대한기독교서회)은 이 주제에 대한 고전이며, 조금 더 쉬운 책으로는《하나님나라의 복음》(서로사랑)이 있다. 더 자세한 도서 목록은 앞의 추천 도서를 참조하라.

7. 이신론(deism)이란 신의 존재는 믿지만, 그 신은 세상을 창조하고, 세상이 스스로 돌아가도록 조치하고 세상에서 멀리 떨어져 있다고 생각하는 세계관을 뜻한다. 그렇기에 신은 실제로 인간 역사에 더 이상 개입하지 않는다고 믿는 것이 이신론적 신 이해인데, 의외로 많은 그리스도인이 무의식적으로 가지고 있는 세계관이기도 하다.

8. 하나님이 선악과를 주신 뜻과 인격적 존재로서 창조된 인간에 대해서는 다음 장에서 자세하게 다룬다.

9. 시편에서 탄원시(저주시 포함)의 개수는 총 47편에 달하며, 시편 전체의 거의 1/3에 해당한다.

10. 출애굽기 19:6의 '제사장 나라'는 칠십인역에서 '바실레이온 히에라테우마
    (βασίλειον ἱεράτευμα)'로 번역되었고, 이를 베드로 사도는 베드로전서 2:9에
    서 '바실레이온 히에라테우마(βασίλειον ἱεράτευμα)'라고 그대로 인용한다.
    안타깝게도 우리말 성경에서는 '제사장 나라'라고 번역하지 않고 '왕 같은
    제사장들'이라고 번역하여 개인적 의미를 강조하지만, 베드로 사도의 원래
    의도는 초대교회 성도들이 한 공동체인 참 이스라엘로서 제사장 나라 역할
    을 하는 것에 강조점을 두고 있으므로, 베드로전서 2:9도 구약성경처럼 '제
    사장 나라'로 번역하는 것이 더 적절하다.

11. '주님의 날'(the day of the LORD)은 사 13:6, 9; 겔 13:5; 30:3; 욜 1:15;
    2:1; 3:1, 14; 암 5:18, 20; 습 1:7-8 등에 나타나고, '주의 진노(또는 분노)의
    날'이라고 이 날이 심판의 날임을 애 2:22과 겔 7:19에서는 강조한다. '그
    날', '그때'는 예언서 곳곳에서 발견된다.

12. 메시아라는 단어는 구약에 45회 정도 나오는데, 주로 '기름부음을 받은 자'
    라는 뜻으로 사용되었다.

13. 성경에서 시간을 뜻하는 단어는 '크로노스(χρόνοος)'와 '카이로스(καιρὸς)'
    가 있다. 전자는 흘러가는 시간을, 후자는 특정한 시간이나 시기를 뜻한다.
    이 본문에는 후자가 사용되었을 뿐 아니라, 관사(호 카이로스, ὁ καιρὸς)가 함
    께 쓰여 '바로 그때'를 가리킨다.

14. 하지만 유대인은 예수를 메시아로 받아들이기 어려웠다. 유대인이 기다렸
    던 메시아는 예수와 달랐고, 또한 간절히 바랐던 하나님나라 역시 예수의
    가르침과는 거리가 멀었다.

15. 마태복음이 정경에서 신약의 첫 책이 된 이유는 아마도, 구약 시대에 메시
    아를 기다리던 소망이 예수를 통해서 성취되었음을 보여주고 메시아의 족
    보를 통해서 구약과 신약을 자연스럽게 연결할 수 있기 때문일 것이다.

16. 마태복음 이외의 사복음서에서 미래적 하나님나라에 대한 내용은 다음 본
    문들에서 찾아볼 수 있다. 막 10:29-31; 12:25; 13장; 눅 13:28; 20:34-
    36; 21장; 요 6:44 등.

17. 하나님나라가 가까웠다는 마가복음 1:15의 '엥기켄(ἤγγικεν)'은 '엥기조(ἐγγίζω)'의 현재 완료로서 다양하게 번역된다. has come near(NRS), is near(NIV, NLT), is at hand(NAU, NKJ), is close at hand(NJB). 사실 이 표현은 하나님나라가 매우 임박했다는 표현으로 볼 수 있다. 동일한 문법 형태로 사용된 경우가 마태복음 26:46-47인데, 예수께서 나를 배신할 자가 '가까이 왔다'고 말씀을 끝내기도 전에, 유다가 도착한 것같이 표현하고 있다. 하나님나라가 가까웠다는 것은 이토록 임박한 도래를 가리킨다.

18. 개역개정은 '너희 안에 있다'고 번역했다.

19. '엔토스(ἐντὸς)'는 신약에서 2회 사용되었고, 마태복음 23:26에서는 '안쪽'이라는 의미로 사용되었다. 영어 성경은 '너희 가운데'(among you, in your midst, NASB, NLT, NRSV)로 번역했고, '너희 안에'(within you, NIV, NKJV)로 옮기기도 했다.

20. 특히 마태복음에서 이 호칭이 두드러지게 사용된다(9:27; 12:23; 15:22; 20:31; 막 10:47-48. 비교. 마 21:9; 21:15; 22:42; 막 12:35).

21. 예를 들어, 막 3:11; 눅 4:11; 마 8:28-34의 병행구절(막 5:1-20; 눅 8:26-39).

22. 구약성경에서도 하나님나라의 이중구조를 예견한 본문을 발견할 수 있다. 예를 들어 이 책의 14장에서 요엘이 마지막 시기에 대해 예언한 내용을 보라.

23. 요아킴 예레미아스, 오스카 쿨만, 헤르만 리델보스 등은 하나님나라의 '현재성'과 '미래성'이라는 두 측면을 상충하는 것으로 보지 않고, 대신 이를 동시에 받아들이면서 그 관계를 설명하려고 노력했다. 특히 조지 래드는 '이미'와 '아직'이라는 하나님나라의 이중적 성격에 대한 논의를 도표로 잘 설명한 바 있다. George Eldon Ladd, 《A Theology of the New Testament》(Revised Edition, Eerdmans, 1993), pp.64-65.

24. 복음을 제대로 이해한다면, 당연히 하나님나라를 제거하고 복음을 이야기

하는 경우가 없을 것이다. 하나님나라를 전제한 경우라면 복음만으로 충분하다. 당연히 십자가 복음은 곧 하나님나라 복음이다. 그러나 불행히도 한국 교회에는 오랜 세월 그리스도의 대속 사역만을 강조하는, 하나님나라가 없는 십자가 복음이 통용되고 있다. 그 심각성을 경고한 내용은 "하나님나라와 복음의 이혼을 넘어서서"를 참조하라. 〈목회와 신학〉, 2013년 5월호(통권 287호), pp.184-195.

04. 제자훈련, 복음 전수의 비밀

1. 하나님의 형상에 대한 다양한 신학적 글이 있지만,《인간: 하나님의 형상》(레날드 메컬리, 한국 IVP)을 참조하라.

2. 존 스토트,《제자도》(한국 IVP)

3. 헬라어 성경은 네 가지 명령문을 하나의 주동사와 세 개의 분사로 표현하면서 '제자 삼는 것'이 중심임을 보여준다.

> πορευθέντες οὖν
μαθητεύσατε πάντα τὰ ἔθνη,
> βαπτίζοντες αὐτοὺς εἰς τὸ ὄνομα···
> διδάσκοντες··· τηρεῖν···

우리말로 다시 분해해보면
> 가서···
제자로 삼아서···
> 세례를 주고···
> 가르쳐···지킬 수 있도록···('지킬 수 있도록 가르치라'는 의미)

4. 원문은 '미메타이 무 기네스테 카토스 카고 크리스투(μιμηταί μου γίνεσθε καθὼς κἀγὼ Χριστοῦ)'이며, "나의 모방자가 되십시오. 내가 그리스도께 그렇듯"으로 직역할 수 있다. 앞의 명령어는 현재형으로 지금 진행되고 있는 일이라는 뜻이며, '-하듯'(카토스, καθὼς)과 함께 동사가 생략된 뒷부분도 바울이 그리스도의 모방자가 지금 되고 있음을 암시한다.

5. 《교회 안의 거짓말》10장 "사람을 왜 봐? 하나님 보고 다녀야지"를 참조하라.

6. 기독교의 역사를 이러한 관점에서 서술한 역사 서적들이나, 흥미 위주의 책들을 자주 만날 수 있다. 십자군이나 마녀 사냥, 종교전쟁, 제국주의의 앞잡이가 된 선교사 등이 주로 등장하는 주제이다. 이러한 비판에는 일정 부분 진실도 있지만, 이러한 현상들이 기독교의 전체인 듯 오도하는 것 역시 정당하지 않은 역사 해석이다.

05. 하나님나라 복음: 로마서 1-4장

1. 로마서 1:1-3의 내용만으로도 바울이 자신의 복음을 어떻게 이해하고 있는지를 알 수 있다. 로마서 1:1-3에 나타난 하나님나라와 복음의 관계는 김세윤 교수의 《칭의와 성화》(두란노서원, pp.95-103)를 참조하라.

2. 사본에 따라 16:25-27이 없기도 하고, 14:23 뒤에나 15:33 뒤에 붙어 있기도 하다.

3. '의'(디카이오수네, δικαιοσύνη)에 대해서는 신학적으로 많은 논의가 있었다. 법정적 의를 강조했던 루터 이후의 종교개혁적 전통적 입장과, 최근 신학계에서 일어난 '바울에 대한 새로운 시각'(new perspective on Paul)에 따라 관계적 의를 강조하는 입장이 있다. 이에 대한 신학적 논의를 면밀히 살피려면 셀 수 없이 많은 책과 논문을 읽어야 할 정도이다. 이에 대한 개관적인 설명은 김세윤의 《칭의와 성화》(두란노서원, pp.15-54)와 "Dictionary of Paul and His Letter"(IVP, pp.517-523)에 실린 알리스터 맥그라스의 글 'Justification'을 참조하라.

4. 《메시지》(복있는사람)는 신구약성경을 현대인들이 이해할 수 있는 언어로 풀어 쓴, 가장 최근의 현대어 성경이다. 때로 풀어 쓴 정도가 심할 때도 있지만 전체적으로 수천 년 전 성경을 현대에 적절한 문화와 언어로 풀어 썼다는 평가를 받는다. 성경 공부용으로는 적절하지 않지만, 전체 흐름을 파악하

는 통독용으로는 추천할 만한 성경이다.

5. 바울 사도는 '알라쏘(ἀλλάσσω)'를 1회, '메타라쏘(μεταλλάσσω)'를 2회 사용해 세 번에 걸쳐 뒤바뀐 것을 강조하고, 이에 '파라디도미(παραδίδωμι)'를 세 번 대응해 인간의 반역과 하나님의 방기를 대조해 표현한다.

6. 23절은 '왜냐하면'(가르, γάρ)으로 시작하는데, 영어 성경은 대부분 이를 for나 since로 번역해 차별이 없어진 근거를 분명히 보여준다.

7. 공관복음에서는 '루트론(λύτρον)'(마 20:28; 막 10:45)가 사용되었고, 바울은 '아포루트로시스(ἀπολύτρωσις)'(롬 3:24; 8:23; 고전 1:30; 엡 1:7, 14; 4:30; 골 1:14, 비교. 히 9:15; 11:35)를 주로 사용하였으며, 디모데전서 2:6에서는 '안티루트론(ἀντίλυτρον)'를 1회 사용하는데, 모두 '값을 치르고 변제하는 비용'을 뜻한다.

8. 속죄 제물로 번역한 '힐라스테리온(ἱλαστήριον)'는 신약성경에서 이 본문과 히브리서 9:5에서 두 번 사용되는데, 죄를 사하는 의미(expiation)나 하나님의 진노를 삭히는 의미(propitiation)인지, 아니면 70인역의 용례처럼 속죄소(시은좌)를 의미하는지에 대해서는 많은 논의가 있었다. 개역개정은 화목 제물로 번역했고, 새번역은 속죄 제물로 번역했다. 이 논의에 대해서는 조지 엘든 라드의 《신약신학》(대한기독교서회, pp.543-544)을 참조하라.

9. 《교회 안의 거짓말》 1장 "예수 믿으면 복 받아요", 3장 "믿고 기도하면 응답 받아요"를 참조하라.

06. 하나님나라 복음 누리기: 로마서 5-8장

1. 고대 사본 중에 평화를 누리고 있다는 이 단어를 '누립시다'(에코멘, ἔχωμεν)라는 청유형으로 기록한 사본도 있어 개역개정은 '누리자'라고 번역했다. 하지만 더 많은 고대 사본이 '누립니다'(에코멘, ἔχομεν)라는 서술형으로 기록하고 있어 새번역은 이를 반영해 '누립니다'로 번역했고, 대다수 영어 성

경도 후자를 택한다.

2. 《교회 안의 거짓말》 4장 "구원의 확신 있으세요?"에서 한국 교회가 구원의 확신을 오용하는 사례를 본문 해설을 통해 설명한 바 있다.

3. '메 게노이토(Μὴ γένοιτο)'는 영역본에서는 by no means(NIV; NRS), of course not(NLT), certainly not(NKJ), may it not be(NAU) 등 강력한 부정으로 번역되어 있다.

4. 바울은 '아그노에오(ἀγνοέω)'(3절), '기노스코(γινώσκω)'(6절), '오이다(οἶδα)'(9절) 등 각각 다른 동사를 사용하지만, 머리로 이해하여 아는 것의 중요성을 본문을 통해 강조한다.

5. 개역개정이 '여겨야 한다'라고 번역하고, 새번역이 '알아야 한다'라고 번역한 '로기조마이(λογίζομαι)'는 '여기다, 평가하다, 간주하다'의 의미이며, '여기다'가 더 적절한 번역이다.

6. 이런 이유로 예루살렘에서 첫 번째로 온 교회가 모여 회의를 했고(행 15:1-29), 바울 사도는 갈라디아서 전체를 통해 이 주제를 다루며, 로마서 7장에서는 율법의 문제를, 9-11장에서는 이방인과 유대인의 관계를 다룬다.

7. 25절 바울의 감사는 삽입구로 보아야 한다. 더글라스 무(Douglas Moo)의 로마서 주석 《Romans 1-8》(Moody Press, p.495)을 참조하라. "그러나 우리 주 예수 그리스도를 통하여 하나님이 나를 건져주신다"(25절)

8. 더글라스 무는 이 본문의 해석 역사를 네 가지 방향direction으로 정리하고 그 주장자들을 검토한다. 방향이라는 단어를 쓴 이유는 네 방향이 자주 결합하여 또 다른 변형된 주장을 형성하기 때문이다(앞의 책 pp.424-26 참조; 토마스 슈라이너(T. R. Schreiner)도 《Romans-ECNT 6》(Baker, pp.379-390)에서 해당 본문에 대한 해석의 역사를 정리한 바 있다). 1) 자전적 방향: 바울의 죄에 대한 각성-아돌프 다이스만(A. Deissmann), 로버트 건드리(Robert H. Gundry); 바울의 회심 전 경험-아우구스티누스(Augustine), 칼뱅(Calvin), 찰스 핫지(Charles Hodge), 앤드류 머레이(Andrew Murray) 2) 아담의 방향:

주

초대 교부 테오도레트(Theodoret), 롱게넥커(Longe-necker) 3) 이스라엘 방향: 크리소스토무스(Chrysostom), 휴고(Hugo), 헤르만 리델보스(Herman N. Ridderbos), 루이스 벌코프(Louis Berkof), 톰 라이트(N. T. Wright, 무가 언급하지는 않았지만 여기에 속한다.) 4) 실존적 방향: 베르너 큄멜(Werner G. Kümmel), 귄터 보른캄(Günter Bornkamm), 제임스 던(James D. G. Dunn, 무가 언급하지 않았지만 여기에 속한다.) 무는 이스라엘과 자전적 방향을 합쳐서, '나'는 이스라엘 자체를 뜻하는 것이 아니라, 이스라엘과 연대한 바울을 가리킨다고 말한다. 즉 율법 아래에서 구원받지 못하고 있는 이스라엘과 자신을 의식적으로(경험적으로가 아니라) 연대하고 있다는 것이다.

9. 장해경은 "변증법적 긴장 속에 사는 크리스천의 삶? 로마서 7:7-25를 재고하며"(《성경과 신학》, 39호, pp.52-86)에서 특히 이러한 해석을 펴는 제임스 던을 비평하면서, 비슷한 견해를 펴고 있는 싱클레어 퍼거슨(Sinclair B. Ferguson)이나 데이빗 피터슨(David G. Peterson)을 예로 든다(pp.54-55 참고). 팀 켈러(Timothy Keller)도 비슷한 입장이다.

10. 특히 제임스 던은 이미 임한 하나님나라와 앞으로 임할 하나님나라 사이에서 겪는 '종말론적 긴장'이라고 주장한다. 이에 대한 비판은 장해경의 위의 글을 참조하라. 장해경은 "로마서 7장의 '나'는 오히려 바울이 그 본문에서 밝히려고 한 내용—즉 모세 율법이 본질적으로 선하고 거룩하지만 실제로 인간 구원에 있어서는 무능하다는 점—을 사실적으로, 그리고 인상 깊게 전달하기 위해 바울이 무대에 등장시킨 연기자(performer)이다"(pp.73-74)라고 주장한다.

11. 대표적 성경 본문으로 이사야 11장, 65:17-25이 있다.

12. 순교자들의 고백은 멀리 갈 것 없이, 한국의 근현대사에서도 찾아볼 수 있다. 손양원 목사의 큰아들인 손동인 씨가 여수·순천 사건 때 순교하면서 다음과 같은 말을 남겼다고 전해진다. "너희가 내 목숨을 빼앗을 수는 있으나, 내 속에 신앙은 빼앗을 수 없다. 너희도 이런 악한 짓 하지 말고, 예수를 믿어야 한다. 너희가 비록 내 육신은 죽일 수 있으나, 내 영혼은 죽일 수 없다"(손동희 권사 녹취문 중에서).

13. 로마서 9-11장은 초대교회의 중요한 주제였던 유대인과 이방인의 관계를 다루고, 12-16장까지는 그리스도인의 구체적인 삶, 특히 공동체의 삶에 대해 가르친다. 1-8장의 연구를 바탕으로 9-11장을 연구하면, 구약성경과 신약성경과의 관계뿐 아니라 하나님께서 인류의 구원 역사를 어떻게 이끌어 가시는지 배울 수 있다. 12-16장에서는 그리스도인의 삶의 실제에 대해 배울 수 있다.

07. 하나님나라, 구원, 성령

1. 이 본문에 사용된 '소세이(σώσει)'를 영어 성경에서는 대부분 "will bring me safely to His heavenly Kingdom"(안전하게 그의 하늘나라에 이르게 할 것이다)라고 번역함으로써, 구원의 의미보다는 '위험 등에서 건져내다'는 일반적 의미를 채용했다. 그러나 이미 '루세타이('ρύσεταί)'라는 단어를 통해 '건져내셨다'(will rescue)는 의미를 전달했기 때문에 본문에서는 신학적 의미를 부각해 "그의 천국에 들어가도록 구원하실 것이다"라고 번역하는 것이 더 적절하다.

주

2. '토이스 아포루메노이스 토이스 소조메노이스(Τοῖς ἀπολλυμένοις τοῖς σωζομένος)'는 둘 다 현재 진행형이어서, 영어 성경은 "to those who are perishing,···to us who are being saved"(멸망당하는 자들에게는···구원을 얻어가고 있는 우리들에게는)라고 번역했다.

3. 성령에 대해서는 아래에서 다시 자세히 설명할 것이다.

4. 바울과 베드로뿐 아니라, 히브리서에서도 이 같은 설명을 발견할 수 있다 (과거-히 2:3; 미래-히 1:14).

5. 마태는 3회(19:16, 29; 25:46), 마가는 2회(10:17, 30), 누가는 3회(10:25; 18:18, 30) 사용했다. 요한의 경우는 17회나 사용한다(3:15, 16, 36; 4:14, 36; 5:24, 39; 6:27, 40, 47, 54, 68; 10:28; 12:25, 50; 17:2, 3). 학자들은 요한이 영생이라는 단어를 사용한 이유를 다음과 같이 이야기한다. 1) 구원의 개인적

측면을 강조하게 위해 공관복음의 하나님나라를 대체한 것이다. 2) 구원의 내면적 경험을 강조하기 위한 것이다. 3) 유대적인 '하나님나라'를 헬라인 청중을 위해 재해석한 것이다(《Dictionary of Jesus and Gospels》, p.380 참조).

6. 다니엘 12:2 "그리고 땅 속 티끌 가운데서 잠자는 사람 가운데서도, 많은 사람이 깨어날 것이다. 그들 가운데서, 어떤 사람은 영원한 생명을 얻을 것이며, 또 어떤 사람은 수치와 함께 영원히 모욕을 받을 것이다."

7. 김세윤의 《복음이란 무엇인가》(두란노서원), pp.37-38, 《하나님나라 복음》 (새물결플러스), p.223.

8. '에스프라기스데테(ἐσφραγίσθητε)'은 '스프라기조(σφραγίζω)'의 수동태 동명사로 '봉하다, 도장을 찍다, 확실한 것으로 증거하다'는 의미로 쓰인다 (마 27:66; 요 3:33; 6:27; 롬 15:28; 고후 1:22; 엡 1:13; 4:30; 계 7:3, 4, 5, 8; 10:4, 20:3; 22:10).

9. '아라본(ἀρραβὼν)'은 '첫 번째 지불, 착수금, 보증금, 예약' 등의 의미로 사용된다(창 38:17, 18, 20; 고후 1:22; 5:5; 엡 1:14).

10. 바울은 '아포루트로시스(ἀπολύτρωσις)'라는 단어를 통해 구원의 한 면을 부각한다(롬 3:24; 8:23; 고전 1:30; 엡 1:7, 14; 골 1:14. 비교. 히 9:15; 11:35). 바울은 구속과 성령을 연결해서 여러 번 언급했는데, 위에서 다룬 에베소서 1:14과 로마서 8:15-23 외에도 아래에서 다룰 에베소서 4:30에서 발견할 수 있다. "하나님의 성령을 슬프게 하지 마십시오. 여러분은 성령 안에서 구속의 날을 위하여 인치심을 받았습니다."

11. 민 24:2; 삼상 10:10; 11:6; 19:20-23; 대하 24:20 등.

12. 요 1:14, 17; 3:21; 4:23, 24; 5:33; 8:32, 40, 44, 45, 46; 14:6, 17; 15:26; 16:13; 17:17, 19; 18:37-38.

13. 《교회 안의 거짓말》5장 "믿음은 좋은데, 왜 저래?"를 참조하라.

14. '호 데 카르포스 투 프뉴마토스(ὁ δὲ καρπὸς τοῦ πνεύματός)'에서 보듯, 열매가 단수로 쓰이고 있다.

15. 이 주제는 14장에서 더 자세하게 다룬다.

16. 바울은 성령과 능력을 연결해 표현한다(롬 15:13, 19; 고전 2:4; 살전 1:5; 딤후 1:7). 일반적으로 하나님의 능력이라는 표현에도 성령의 능력을 암시하는 경우가 많다(롬 1:16; 고전 1:18, 24; 2:5; 고후 6:7, 13:4; 엡 1:19; 골 2:12; 딤후 1:8; 벧전 5:6).

17. 《교회 안의 거짓말》 1장 "예수 믿으면 복 받아요"를 참조하라.

18. 복음주의적 성령 세례와 성령 충만에 대해서는 존 스토트의 《성령 세례와 충만》(한국 IVP)를 살펴보라. 더 깊은 성령론을 공부하려면, 막스 터너(Max Turner)의 《성령과 은사》(새물결플러스)를 참조하라. 오순절적 성령 세례와 성령 충만에 대해서는 R. A. 토리(R. A. Torrey)의 《너희가 믿을 때에 성령을 받았느냐》(한국양서)와 잽 브래드포드 롱(Zeb Bradford Long)과 더글러스 맥머리(Duglas McMurry)가 쓴 《성령의 능력으로 사역하라》(홍성사)를 참조하라.

19. '스베누미(σβέννυμι)'라는 단어는 레위기 6:9, 12, 13에서 제단 불을 끄트리지 말라고 할 때 사용되었고, 신약성경에서도 우리 등불이 꺼져가니(마 25:8), 불화살을 소멸한다(엡 6:16) 등에서 사용된다.

20. Εἰ ζῶμεν πνεύματι πνεύματι καὶ στοιχῶμεν에서 '성령으로'(프뉴마티, πνεύματι)를 반복해서 강조하는 것을 볼 수 있다.

21. 대다수 영어 성경[let us keep in step with the Spirit(NIV); let us also walk by the Spirit(NAU, NKJ); let us also be guided by the Spirit(NRS)]과 달리 NLT는 좀 더 풀어서 "let us follow the Spirit's leading in every part of our lives"(우리의 삶의 모든 부분에서 성령님의 인도를 받읍시다)라고 번역하기도 했다.

08. 하나님나라, 교회, 세상

1. C. H. Dodd, "Ephesians,"《The Abingdon Bible Commentary》, ed. F. C. Eiselen, E. Lewis, and D. G. Downey, pp1224-1225(F. F. Bruce,《The New International Commentary on the New Testament》, Eerdmans, p229에서 재인용).

2. 에베소서 5:5 '그리스도와 하나님의 나라'(테 바실레이아 투 크리스투 카이 테우, τῇ βασιλείᾳ· τοῦ Χριστοῦ καὶ θεοῦ)는 독특한 표현으로 그리스도와 하나님을 동격으로 놓고, 이 두 분의 나라라고 표현한다.

3. '토 프레로마 플레루메누(τὸ πλήρωμα πληρουμένου)'는 현재분사로서 현재 진행되고 있다는 의미를 강하게 나타낸다.

4. '만물 안에서 만물을 충만케 하시는 이'(투 타 판타 덴 파신 플레루메누, τοῦ τὰ πάντα ἐν πᾶσιν πληρουμένου)이라는 표현은 만물과 충만이라는 단어를 두 번씩 중복해 그 의미를 강조한다.

5. '충만케 하시는 이의 충만이다'라는 표현은 충만이라는 단어와 동격인 교회가 바로 예수께서 지금 하고 계시는 일의 열매 자체가 바로 교회라는 의미이다.

6. 이 책의 93쪽과 2장의 16번 주석을 참조하라.

7. '수노이코도메이스테(συνοικοδομεῖσθε)'를 대다수 영어 성경(NAU, NKJ, NIV)에서는 "you are being built together"(여러분은 함께 지어져가고 있습니다)라고 번역하여 현재의 진행 상태를 강조한다. '성령으로'(엔 프뉴마티, ἐν πνεύματι)가 '거하실 처소'를 꾸며주는지, '지어져간다'를 꾸며주는지에 따라 번역이 달라질 수 있다.

8. 5-6절의 동사들이 그리스도 안에서 그리스도와 함께 살리심을 받고(συνεζωοποίησεν; 5절), 함께 일으키심을 받고(συνήγειρεν; 6절), 함께 앉았다

(συνεκάθισεν; 6절)를 강조했다면, 19-22절에서는 함께(동료) 시민(συμπολῖ ται; 19절), 함께(서로) 연결되어(συναρμολογουμένη; 21절), 함께 지어져가고 있다(συνοικοδομεῖσθε; 22절).

9. 이 성경 본문은 개신교뿐 아니라 로마 가톨릭에서도 많은 논의가 이루어졌다. 로마 가톨릭은 이 반석을 베드로에서 시작하는 사도성이라고 보며, 이를 교황이 계승했다고 주장한다. 반면, 개신교는 베드로 자신이 아니라 베드로의 신앙고백이라고 주장한다. 또는 그 고백을 한 제자들의 공동체라고 주장한다.

10. 교회와 하나님나라를 동일하게 보는 시각이 로마 가톨릭에서는 일반화되어 있다. 개신교 내에도 그렇게 주장하는 학자나 교회가 일부 있다. 그러나 예수께서는 베드로의 고백을 반석 삼아 그 위에 교회를 세우겠다며, '너'에게 '하늘나라의 열쇠'를 주신다고 했다(마 16:16-19). 여기서 '너'를 가톨릭에서는 1대 교황 베드로로 해석하지만, '너'는 베드로를 가리키는 것이 아니라 교회 공동체를 대표한 사람으로서의 베드로를 뜻한다. 곧 교회가 하늘나라의 열쇠를 가지고 있다는 것이다. 이런 면에서 교회는 하나님나라가 될 수 없다. 하나님나라를 열고 닫는 열쇠를 가진 존재가 교회이다.

11. 목사와 교사(τοὺς δὲ ποιμένας καὶ διδασκάλους)는 원문에 한 관사가 꾸미고 있기 때문에 목사와 교사는 동어 반복으로 해석하는 것이 옳다. 그래서 '목사이자 교사'는 한 종류의 사역자로 보아야 한다.

12. '디아코니아(διακονία)'는 신약에 34회 나타나며, 사도행전과 바울 서신에서 많이 나타난다. 광범위하게 봉사, 또는 직무라는 의미로 사용되고, 특히 교회 공동체 안에서는 다양한 사역을 의미한다(롬 11:13; 고후 4:1; 6:3; 11:8, 딤후 4:11 등). 그래서 영어 성경에서는 이 구절을 'work of ministry'(NKJ, NRS)나 'work of service'(NAU, NIV)라고 번역했다.

13. 원문은 세 전치사['프로스(πρὸς)'… '에이스(εἰς)'… '에이스(εἰς)'…]를 사용하고 있어, 그 뉘앙스를 살려서 번역하면 "봉사(사역)의 일을 위하여 성도를 준비시켜, 그리스도의 몸을 세우기 위함입니다"로 옮길 수 있다.

14. 천주교와 성공회에서는 일곱 가지 성사[세례성사, 견진성사, 성체성사, 고해성

사, 혼인성사, 병자성사, 성품(신품)성사]를, 개신교에서는 일반적으로 세례식과
성찬식 두 가지를 사제만이 할 수 있다고 규정한다.

15. 벧전 2:9, 계 5:10. 'priesthood of all believers'를 '만인 제사장'이라고
    많이 사용하는데, '전 신자 제사장'이라고 번역하는 것이 더 적합하다.

16. 《교회 안의 거짓말》12장 "난 평신도니까"를 참조하라.

17. 꼭 전문사역자가 전임 사역을 해야 하는 것도 아니다. 목회자의 이중직에
    대한 논의는 전 신자 제사장과는 거리가 먼 논의이다. 바울 사도 역시 자신
    의 손으로 일하는 것을 자랑스럽게 여겼다. 전문사역자가 자기 직업을 가지
    고도 교회를 세우는 일에 헌신할 수 있다면, 상황에 따라 전임 또는 시간제
    근무로 전문사역을 감당할 수도 있다.

18. 관련 주제에 대한 다양한 견해를 비교하며 상호 토론하는 형식의 책들이 많
    이 출간되고 있다. 부흥과개혁사의 "비교신학 시리즈"도 그중 하나이며 참
    조할 만하다.

19. 《풍성한 삶의 기초》에서는 요한일서 4:7-14을 통해, 성경적 사랑의 네 가
    지 원리(희생하는 사랑, 구체적인 사랑, 진실한 사랑, 중심 있는 사랑)를 살피고
    있다.

20. 《풍성한 삶의 기초》5부 "그리스도와 함께하는 세상살이" 중에서 '하나님의
    다스림을 드러내는 세상 경영'(pp.410-456)에서 더 실제적이고 자세한 설
    명을 만날 수 있다.

21. 《정의란 무엇인가》(마이클 샌델, 와이즈베리) 《팀 켈러의 정의란 무엇인가》(팀
    켈러, 두란노서원) 참조.

22. 시 9:14; 약 4:17; 5:1, 4. 《풍성한 삶의 기초》pp.427-429 참조.

23. 가난한 자, 고아, 과부, 나그네 등 사회적 약자에 대한 하나님의 특별한 관
    심이 드러난 대표적 본문은 다음과 같다. 출 22:22-24; 신 15:4; 시 9:12;

68:5, 10, 말 3:5; 약 1:27.

24. 《현대 사회 문제와 그리스도인의 책임》(존 스토트, 한국 IVP) pp.35-36.

25. 존 스토트의 앞의 책과 미로슬라브 볼프의《행동하는 기독교》(한국 IVP)에
는, 여러 사회 문제들에 대해 그리스도인들이 어떤 시각을 가지고 접근해야
하는지가 담겨 있다. 신원하의《시대의 분별과 윤리적 선택》(SFC) 역시 현
대의 첨예한 쟁점들을 그리스도인이 어떻게 바라보고 대응해야 하는지에
대한 지침을 제공한다. 구체적인 사회 참여의 예로는, 노숙인을 돕는 도시
빈민 사역 이야기인《바하밥집》(김현일, 죠이북스)과 세계 곳곳에서 복음 전
도와 사회 사역을 함께 실천한 이야기들을 모은《물 한모금, 생명의 떡》(로
널드 사이더, 한국IVP)을 추천한다.

09. 하나님나라 복음에 기초한 영성

주

1. 영성 형성을 다른 말로는 성화(聖化)라고 할 수 있다. 성화에 대한 기독교
내 다양한 견해를 살펴보려면《성화란 무엇인가》(싱클레어 퍼거슨 외, 부흥과
개혁사, 2010)를 참고하라.

2. 예수와 바울의 가르침이 상충한다는 주장은 지난 세기 동안 큰 논쟁거리였
다. 최근 복음주의 신학계에서는 바울의 가르침에 예수 전승이 풍성하게 드
러나며, 이를 기반으로 두 가르침은 떼려야 뗄 수 없다는 주장이 강력하게
대두하고 있다. 더 자세한 내용은《예수와 바울》(김세윤, 두란노, 2008)과《바
울: 예수의 추종자인가 기독교의 창시자인가》(데이비드 웬햄, CH북스, 2002)
를 참조하라.

3. 바울 사도는 '호 에소 안쓰로포스(ὁ ἔσω ἄνθρωπος)'라는 표현을 에베소서
4:13과 로마서 7:22에서 2회 사용하였고, 고린도후서 4:16에서는 '호 엑소
안쓰로포스(ὁ ἔξω ἄνθρωπος)'의 대조적 개념으로 '안쓰로포스(ἄνθρωπος)'
을 생략하여 '호 에소(ὁ ἔσω)'라고 표현한다. 베드로는 조금 다른 표현 방식
이지만, 비슷하게 '호 크룹토스 테스 카르디아스 안쓰로포스(ὁ κρυπτὸς τῆς

καρδίας ἄνθρωπος)'라고 표현한다.

4. 풍성함은 에베소서 1장의 중요한 주제이다. 신약성경은 일반적으로 '부'(프루토스, πλοῦτος)에 대해 부정적이다. 바울은 '프루토스(πλοῦτος)'에 대한 전통적 사용을 틀어서 독특하게 적용한다. 그는 이 용어를 하나님, 그리스도, 교회 공동체에 적용해 그 의미가 지닌 영적 가치를 잘 보여준다. 예수 그리스도는 본래 '부요하신 자'(프루시오스, πλούσιος)였으나 우리를 위해 가난하게 되신 분이다(고후 8:9). "한 주께서 모든 사람의 주가 되사 저를 부르는 모든 사람에게 부요하시도다(프루톤, πλουτῶν)"(롬 10:12). 하나님의 '길이 참으심의 프루토스(πλοῦτος)'를 멸시해서는 안 된다(롬 2:4). 특히 에베소서는 이 단어를 즐겨 사용한다(1:7, 18; 2:7; 3:8). '영광의 부요함'이란 표현은 로마서 9:23과 골로새서 1:27에서도 등장한다.

5. '카르디아(καρδία)'는 신약에 148회나 나오는 단어로 인격으로 기능하는 존재의 중심부를 가리킨다.

6. '카토이케오(κατοικέω)'는 '카타+오이케오(κατα+οικέω)'로서 '오이케오(οικέω)'의 강조형이라 할 수 있다. '오이케오(οικέω)'는 집(오이코스, οἶκος)과 관련된 동사로서 '집 안에 산다', 즉 '거주한다'는 뜻이다. 그래서 이 단어는 안주와 정착의 의미를 포함한다. '눌러앉다'라고 표현해도 좋다.

7. '온전한'(텔레이오스, τέλειος)은 하나님과 관련된 것에 사용된다. 온전한 하나님의 뜻(롬 12:2), 종말론적 온전함(고전 13:10), 하나님의 뜻 가운데 완전하게 서기를(골 4:12), 손으로 짓지 않은 온전한 장막(히 9:11), 위로부터 오는 온전한 선물(약 1:17), 온전한 율법(약 1:25).

8. 원문의 '에이스 메트론 헤리키아스 투 프레로마토스 투 크리스투(εἰς μέτρον ἡλικίας τοῦ πληρώματος τοῦ Χριστοῦ)'는 번역하기가 쉽지 않다. 영어 성경도 'to the measure of the stature which belongs to the fullness of Christ'(NASB), 'to the measure of the stature of the fullness of Christ'(NKJV), 'to the measure of the full stature of Christ'(NRSV), 'to the whole measure of the fullness of Christ'(NIV)처럼 약간씩 다른 뉘앙스를 준다. 중요한 것은 여기에서 사용된 '헬리키아스(ἡλικίας)'는 예

수의 성장 과정(눅 2:52)뿐 아니라, 실제로도 '키'를 가리킬 때(눅 12:25; 19:3) 사용되었고, 요한복음에서는 '다 큰 사람'이라는 관용구로 사용된다[요 9:21, 23; 헬리키안 엑세이(ἡλικίαν ἔχει) 비교. 히 11:11].

9. 《풍성한 삶의 기초》는 모두 6장으로 구성되며, 각 장 제목은 다음과 같다. 1) 그리스도 안에 있는 새로운 피조물인 나 2) 그리스도를 통한 하나님과의 인격적인 관계 3) 그리스도를 의지한 자기 사랑 4) 그리스도의 다스림 아래에서 살아가는 공동체 5) 그리스도와 함께 하는 세상살이 6) 그리스도에 이르기까지 자라가기

10. 주기도문에 대한 간략한 해설은 《풍성한 삶의 첫걸음》(비아토르)의 6-7장을, 더 깊은 주해를 위해서는 《한국 교회가 잃어버린 주기도문》(죠이북스)을 참조하라.

11. 알리스터 맥그라스, 《종교개혁시대의 영성》, 좋은씨앗, p.63.

12. 경영이라는 단어를 시장경제에서는 기업의 이익 극대화 행위로 축소해 사용하는 경우가 많다. 그러나 본래 경영은 개인이나 집단이 가치를 창출하는 행위 전반을 가리키며, 이러한 맥락에서 '세상 경영'이라고 이야기하는 것이다.

13. 나들목교회가 2006년경 영적 성장 단계를 연구하며 논의할 때, 미국 윌로크릭교회가 정리해 발표한 영적 성장 네 단계를 발견했다(《나를 따르라》, 국제제자훈련원). "그리스도를 중심으로 네 단계의 영적 연속성(a spiritual continuum)": 그리스도를 탐구함(exploring Chrit)—그리스도 안에서 자라감(Growing in Christ)—그리스도께 가까이 감(Close to Christ)—그리스도 중심(Christ-Centered). 그리스도와의 관계를 중심으로 영적 성숙의 연속선을 정의하고, 사회과학적 방법을 통해 성도의 신앙 성숙을 통계적으로 연구 조사해 발표한 결과였다. 《제자훈련, 기독교의 생존 방식》은 하나님나라 복음을 중심 개념으로 영적 성장을 7단계로 나누었다. 윌로크릭교회의 자료가 그리스도 중심이라면, 본서는 하나님나라 복음과 교회 내에서의 역할을 고려한 교회론적 틀(framework)이라 할 수 있다.

14. 영적 성장이 더뎌지는 예외적 경우는 11장에서 자세히 다룬다.

15. 사역자라고 하면, 일반적으로는 신학교에서 신학 과정을 이수하거나 안수 받은 사람이라고 생각한다. 그러나 신약성경에서는 모든 성도가 사역자로서 자기 역할을 감당할 수 있다고 말한다. 앞서 8장에서 다룬 에베소서 4:11-12에서 성도들이 자신의 사역(봉사)의 일을 찾아 교회를 세운다고 할 때, 교회, 곧 하나님나라 공동체를 세우는 자가 바로 이 책에서 이야기하는 '사역자'이다.

16. 종교개혁이 재발견한 '전 신자 제사장'(priesthood of all believers, 만인 제사장이라고도 불린다)에 대해서는 12장에서 더 깊이 다룰 것이다.

10. 하나님나라 복음을 전수하는 삶

1. "서울도시철도공사 고객 만족도 설문"(2012년 8월)에서는 전동차 내 무질서 행위 중 가장 불편한 첫 번째 요소로 '종교 전도'(33%)가 꼽혔으며, "종교교회 제2차 미래포럼 설문조사"(2017년 6월)에서도 교회에 대한 부정적 요소를 묻는 질문에 '가정 방문 전도'(29.0%)가 첫 번째로, '노방 전도'(21.6%)가 세 번째로 조사되었다.

2. 이 본문에서 '먹이다'(보스코, βόσκω)와 '치다'(포이마이노, ποιμαίνω)를 교차해 사용한 것은 동일한 단어를 반복하지 않는 문학적 표현일 뿐 특별한 의미가 있다고 해석할 필요는 없다.

3. 바울 사도는 갈라디아서 1:12에서 "이 복음이 사람에게서 받은 것이 아니고, 배운 것도 아니고 예수 그리스도의 나타나심을 통해서 된 것"이라고 말한다. 또한 고린도전서 15:1-7에서 자신이 전해 받은 것(15:3)을 고린도 사람들에게 전했다고(15:1) 말한다. 이 두 가지가 서로 상반한다고 주장하는 학자들도 있지만, 대다수 학자는 갈라디아서 1:12은 복음의 의미에 대한 깨달음이고, 고린도전서 15:1-7은 복음에 대한 역사적 증거로, 두 가지가 상호 보완한다고 이해한다.

4. '빠라띠테미($\pi\alpha\rho\alpha\tau\acute{\iota}\theta\eta\mu\iota$)'는 신약성경에 19회 정도 사용되었는데, 사복음서와 사도행전에서는 '설명하다'(마 13:31; 행 17:3), '놓다'(수천 명을 먹인 사건 때; 마 13:31; 막 6:41; 8:6(2회), 7; 눅 9:16; 10:8; 11:6; 행 16:34), '맡기다'(눅 12:48; 23:46; 행 14:23; 20:32)라는 의미로 사용되었고, 바울도 '놓다'(고전 10:27)와 '맡기다'(딤전 1:18; 딤후 2:2)라는 의미로 사용했다. 베드로도 '맡기다'(딤전 4:19)라는 의미로 사용했다.

5. '피스튜오($\pi\iota\sigma\tau\epsilon\acute{\upsilon}\omega$, believe)'의 수동태형으로 '맡겨졌다'는 의미로도 쓰인다 (살전 2:4; 딤전 1:11; 딛 1:3).

6. '파라테케($\pi\alpha\rho\alpha\theta\acute{\eta}\kappa\eta$)'는 3회 사용되었는데(딤전 6:20; 딤후 1:12, 13), 귀중품이나 맡긴 물건 등을 뜻한다.

7. 교훈[파랑게리아($\pi\alpha\rho\alpha\gamma\gamma\epsilon\lambda\acute{\iota}\underset{\iota}{\alpha}$) 딤전 1:5, 18; 디다스카리아($\delta\iota\delta\alpha\sigma\kappa\alpha\lambda\acute{\iota}\alpha''$) 딤전 1:10; 4:1, 6, 13; 5:17; 6:1, 3; 딤후 3:10, 16; 4:3; 딛 1:9; 2:1, 7, 10], 복음[유앙겔리온($\epsilon\acute{\upsilon}\alpha\gamma\gamma\acute{\epsilon}\lambda\iota o\nu''$) 딤전 1:11; 딤후 1:8, 10], 말씀[로고스($\lambda\acute{o}\gamma o\varsigma$) 딤전 1:5; 3:1; 4:5, 6, 9, 12; 5:17; 6:3; 딤후 1:13; 2:9, 11, 15, 17; 4:2, 15; 딛 1:3, 9; 2:5, 8; 3:8].

8. 데살로니가 교회는 49년경에 세워졌고, 바울팀은 6개월가량 사역했을 것으로 추정된다. 안식일에 회당에서 세 차례 가르쳤으나 데살로니가전서의 내용으로 미루어 보아 3주보다는 더 길게 사역했을 것으로 보인다. 하지만 사역 기간은 분명 짧았으며, 그래서인지 바울은 데살로니가교회가 걱정되어 디모데를 파송했으며, 고린도에서 보고를 받고 기뻐하며 주후 50년경에 편지를 써서 보냈다.

9. 여기에서 "알고 있다"라고 번역한 '파라코루테오($\pi\alpha\rho\alpha\kappa o\lambda o\upsilon\theta\acute{\epsilon}\omega$)'는 신약에서 3회 사용되었고, '따르다'(딤전 4:6), '가까이에서 조사하여 알다'(눅 1:3) 등의 의미로 사용되었다. 영어 성경은 '따르다'(KJV, NASB) 또는 '알다, 관찰하다'(RSV, NIV, NLT)로 번역했다. 우리말 성경은 '알다'(개역개정) 또는 '따르다'(새번역)로 번역했다.

10. 바울이 47-48년에 겪었던 일을 회상하며 쓴 글로, 아마도 순교하기 직전인 65년경에 쓴 디모데후서의 표현과는 다르다. 하지만 성경은 문자적으로 읽

기보다는 그 사상을 따라 읽어야 한다. 두 구절의 표현은 조금 다르지만 그 사상만큼은 완벽하게 동일하다.

11. 신앙과 문화의 상관관계를 주로 연구하는 미국의 리서치 그룹 바나(Barna) 에서 2009년 실시한 설문조사에 따르면, 자신에게 가르치는 은사가 있다고 답한 그리스도인의 비율은 9%였다.

12. 복음서의 저술 순서에 대해서는 여전히 다양한 의견이 있지만, 다수의 견 해는 '마가 우선설'을 지지한다. 공관복음 성서학자들은 마태의 자료를 '엠'(M), 누가의 자료를 '엘'(L), 마태와 누가가 공통으로 사용했지만 마가복 음에는 없는 자료를 가상의 '큐'(Q)라고 부른다.

13. 초대교회의 다양한 문서가 어떻게 '신약성경'이라는 정경이 되었는지에 대해서는 다양한 자료가 있다. 가장 중요한 점은 특정 권위자들이 선정한 (selected) 것이 아니라, 교회에 의해 권위가 인정된(recognized) 책들이 신 약성경을 이루었다는 것이다. 더 자세한 내용은 《성경의 형성사》(박창환, 대 한기독교서회, 1997), 《성경의 기원》(필립 W. 컴포트 외, 엔크리스토, 2010) 등을 참고하라.

14. Bruce M. Metzger, 《The Text Of the New Testament》, Oxford University Press, pp.67-85.

15. 알리스터 맥그라스는 《기독교, 그 위험한 사상의 역사》(국제제자훈련원)의 9 장 "성경과 개신교"(pp.317-437)에서 종교개혁자들이 성경을 어떻게 다루 고 보급했는지를 자세히 설명한다.

11. 하나님나라 복음으로 한 사람 세우기

1. 찾는이들이 예수를 좀 더 실제적으로 깨닫도록 쓴 책이 《만나지 않으면 변 하지 않는다》(생명의말씀사)이다. 예수께서 얼마나 섬세하게 삶의 현장으로 찾아오시는지를 볼 수 있다.

2. 7절에는 번역하기 난해한 두 단어가 있는데, 그중 하나가 유모로 번역한 '트로포스(τροφὸς)'이다. 이 단어는 신약성경에서 단 한 번 사용되었고, 70인역은 창세기 35:8, 역대하 22:11, 이사야 49:23에서 모두 유모(nurse, nursing mother)로 번역했다. 개역개정(과 NKJV, NRS, NASB)은 유모로, 새번역(과 NIV, NLT)은 어머니로 번역했다.

3. 짐으로 번역한 '바레이(βάρει)'는 무거운 짐이라는 개념으로 신약성경에서 주로 사용되었다(행 15:28; 갈 6:2; 계 2:4; 고후 4:17, 비교: 수고, 마 20:12). 영어 성경은 authority(NAU), demands(NKJ, NRS, NLT), burden(NIV)으로, 우리말 성경은 권위(개역개정, 새번역)로 번역했다. 아마도 사도로서의 권위나 사도로서의 요청, 사도에게 마땅히 지불해야 할 사례비 같은 부담감을 뜻할 것이다.

4. 믿을 만한 사본에 '네피오이(νήπιοι)'와 '에피오이(ήπιοι)'가 있는데, 전자는 아기들(더 오래되고 유력한 사본)로서 어린아이 수준이 되어 아이를 어르는 이미지이고, 후자는 형용사 '유순한'이므로 그리스도인 지도자에게 필요한 온화함을 뜻한다(딤후 2:24, 단 한 번 등장). NLT를 제외한 거의 모든 영어 성경과 우리말 성경이 후자를 택한다.

5. 세 가지 활동 중 마지막 단어인 '마르투로메노이(μαρτυρόμενοι)'는 '증언하다'(행 20:26; 26:22)는 의미가 분명할 때도 있고, 갈라디아서 5:3, 에베소서 4:17, 데살로니가전서 2:12 같은 곳에서는 '증언하여 가르친다'는 의미가 강하다. 영어 번역은 대조를 위해 urge, charge와 같은 강한 표현과 plead, implore와 같은 부드러운 표현을 채택했는데, 이 의미는 단지 자신의 사상을 가르치는 것이 아니라 자신이 전수받은 내용을 증언하듯 가르친다는 의미를 담고 있다고 볼 수 있어, 투박하더라고 '증언하다'라고 번역했다.

6. '여러분이 안다'(오이다떼, οἴδατε)는 데살로니가전서에 여러 번 등장한다(1:5; 2:1, 2, 5, 11; 3:3, 4; 4:2; 5:2).

7. '불레(βουλή)'는 신약성경에서 12회 사용되었으며, 사람의 뜻과 의지(눅 23:51; 행 5:38; 27:12, 42; 고전 4:5)를 뜻하기도 하지만, 하나님의 의도에서 나온 계획이라는 의미로 자주 사용되었고, 특히 누가가 즐겨 사용한 단어이

다(눅 7:30; 행 2:23; 4:28; 13:36; 20:27). 바울은 인간의 뜻(고전 4:5)과 하나님의 목적, 경륜이라는 의미(엡 1:11)로 2회 사용했다(비교. 히 6:17).

8. 여기서 사용된 '파리스테미(παρίστημι)'는 세우다, 만들다 등으로 다양하게 번역되었다. 이 단어에 법정적·제의적 의미가 있다는 논의도 있지만 종말론적 맥락에서 다양하게 사용되므로, 개정개역이나 새번역처럼 "그리스도 안에서 완전한 자로 세우려 한다"라고 번역하는 대신, "각 사람을 온전하게 그리스도 안에서 드리려 한다"고 번역했다. 파리스테미를 종말론적으로 사용한 본문들을 연구하는 것이 저자의 박사학위 논문이기도 하다. Paul's Eschatological Use of παρίστημι and Its Contribution to Eschatology and His Ministry(T.E.D.S at Deerfield, I.L.)

9. 바울은 '판타 안쓰로폰(πάντα ἄνθρωπον)'을 세 번이나 반복한다.

10. 그레그 옥던은《세상을 잃은 제자도 세상을 얻는 제자도》(국제제자훈련원)에서 일대일 제자훈련을 통해 지도자에게 과도하게 영향을 받는 위험을 피하고, 서로 영향을 주고받는 친밀한 동반자 관계를 형성하기 위해 '삼인조 제자훈련'을 제시하기도 한다.

11. 하나님께서 안디옥 교회를 통해 어떻게 일하셨는지는《교회를 꿈꾼다》(비아토르)에서 자세히 다룬 바 있다.

12. 제자훈련의 재생산으로 말미암는 승수의 영향은《훈련으로 되는 제자》(월터 A. 헨릭슨, 네비게이토, 2007)의 11장 "배가를 위한 노력"을 참조하라

13. 빌 헐은《온전한 제자도》(국제제자훈련원)에서 제자훈련이 일어나는 일대일, 소모임, 회중이라는 환경을 목회자가 어떻게 다루어야 하는지에 대한 통찰력을 제공한다.

1. '데메리오오(θεμελιόω)'는 신약에 5회 사용되었다. 위에서 언급하지 않은 본 문은 히브리서 1:10로 하나님께서 땅의 '기초를 두셨다'고 할 때 사용되었 으며 같은 의미이다.

2. 믿음이라는 단어는 신약성경에서 230여 회나 사용되었고, 그중에는 믿음의 행위뿐 아니라 믿음의 내용까지 포함해서 사용한 경우가 있다(롬 1:8; 고전 2:5; 15:24; 살전 1:3, 8; 3:2-10 등).

3. 명사형 '기초'(데메리오스, θεμέλιος)는 누가복음에서 3회(6:48, 49: 위에서 언 급한 마태복음 7장의 병행 본문; 14:29) 사용되며, 이를 포함해 신약성경에서 총 15회 사용된다[롬 15:20; 고전 3:10, 11, 12; 엡 2:20; 딤전 6:19; 딤후 2:19; 히 6:1; 11:10; 계 21:4, 19(2회)].

주

4. 개역개정은 이 구절을 '인침이 있어 일렀으되'라고 번역했으나, RSV는 'bearing this inscription', NIV는 'sealed with this inscription'이라고 번역했으며, 새번역도 '기초에 새겨져 있는 말씀'으로 번역했다.

5. '에포이코도메오(ἐποικοδομέω)'는 신약성경에서 7회 사용되었고, 그중 바울 이 6회 사용했다[고전 3:10(2회), 12, 14; 엡 2:20; 골 2:7, 비교. 유 1:20].

6. '온토스 아크로고니아이우 아우투 크리스투 예수(ὄντος ἀκρογωνιαίου αὐτοῦ Χριστοῦ Ἰησοῦ)'라는 구절은 분사구이며, 개역성경처럼 독립된 문장으로 번 역할 수도 있지만, 대다수 영어 성경처럼 앞 구절의 '기초 위에 세워진'을 꾸 며준다고 보는 것이 자연스럽고, 19-20절은 "성도들과 동일한 시민이며 하 나님의 가족인 여러분은 그리스도 예수께서 친히 모퉁이 돌이 되신, 사도들 과 선지자들의 터 위에 세워진 사람들입니다"라고 번역할 수 있겠다. 즉 사 도들과 선지자들의 터가 중요한데, 이 터의 핵심이 바로 그리스도 예수라는 뜻이다.

7. 하나님나라에 대한 깨달음을 기초로 청년 사역자 시절 '하나님나라 백성의

기도'라는 제목으로 설교했던 내용을 보완해서 낸 책이 《한국 교회가 잃어 버린 주기도문》(죠이북스)이다.

8. 《나를 따르라》(그렉 L. 호킨스, 캘리 파킨스, 국제제자훈련원). 앞서 논의한 '찾는 이-영적 아이-영적 청년-영적 부모'라는 단계가 이 책이 말하는 '그리스도 를 탐험-그리스도 안에서 성장-그리스도께 가까이-그리스도 중심'과 똑같 지는 않지만, 영적 성장의 단계로 보면 유사한 점이 많아 해당 비율을 원용 했다.

9. 앞의 책, p.87.

10. 앞의 책. 성장하는 사람과 정체된 사람의 비율은 다음과 같다. 감정 문제 (42% 대 55%), 다른 사람을 사랑하지 않는다(36% 대 40%), 중독(16% 대 25%), 과거 학대나 트라우마(10% 대 15%), 불건전한 관계(6% 대 10%).

11. 닐 앤더슨의 《내가 누구인지 이제 알았습니다》 시리즈(부정적인 자아상, 우울 증, 자기 의심, 중독 행동을 극복하기 위한)가 좋은 입문서가 될 수 있다. 아치볼 트 하트의 《우울증 이렇게 치유할 수 있다》(요단), 《참을 수 없는 중독》(두란 노서원), 《숨겨진 감정의 회복》(두란노서원) 등도 각각의 상황을 이해하는 데 도움을 줄 수 있는 책들이다.

12. 이 주제와 관련해 새로운 책을 준비하고 있다. 본서가 한 사람을 그리스도 의 제자로 세우는 주제에 집중하고 있다면, 이어서 나올 책은 하나님나라 복음에 기초해 어떻게 공동체를 세울지를 다룬다. 하나님나라 복음의 공동 체는 모든 사람에게 필요하지만, 특히 어려움을 겪고 있는 형제자매들은 성 숙한 하나님나라 복음 공동체가 더욱 절실하다.

13. 갈라디아서의 저작 연대에 대해서는 여전히 논란이 있다. 나는 바울 사도가 1차 전도여행 직후에, 그러니까 사역하고 돌아온 시기인 주후 48-49년경 에 '남부 갈라디아' 지역에서 이 편지를 썼다는 견해를 받아들인다. 어찌되 었든 갈라디아서가 바울 사도의 서신이며, 그의 초기 서신이라는 사실에는 학계에 큰 이견이 없다.

14. '텔레이오오(τελειόω)'는 신약성경에 23회 정도 등장하며, 주로 '마치다', '완성하다', '목표에 도달하다'라는 의미로 쓰였다.

15. 디모데후서에서 바울은 '텔레이오오(τελειόω)'와 동의어라고 할 수 있는 '텔레오(τελέω)'를 사용한다.

13. 하나님나라 복음을 살아낸 역사

1. Tim Dowley, 《Eerdmans' Handbook to the History of Christianity》, Eerdmans, pp.66-67.

2. 알리스터 맥그라스의 《그들은 어떻게 이단이 되었는가》(포이에마)는 초기에 일어난 이단들이 현재에도 어떤 모양으로 영향을 끼칠 수 있는지를 잘 보여준다.

3. 이 때문에 이 본문을 비유나 상징으로, 영적으로 해석하려고 하지만, 메시아가 오셔서 이루어지는 일에 대한 구약성경의 기록은 상징적 묘사가 아니라, 실제로 역사 속에 일어날 일들에 대한 예언이었다.

4. 히브리어 원문은 '이웃을 억압하지 말아야 한다'는 의미인데, 영어 성경은 oppress(NKJ), wrong(NAU), take advantage(NIV, NLT), cheat(NRS) 등으로 번역했고, 우리말 성경은 '속이지 말고'(개정개역) 또는 '부당 이익을 남기지 말라'(새번역)라고 번역했다.

5. 《기독교는 어떻게 세상을 변화시키는가》(제임스 데이비슨 헌터, 새물결플러스)는 기독교가 전해지고 뿌리를 내린 지역에 어떠한 사회 변화가 일어났는지를(1부 기독교와 세계 변혁―5장 역사의 증거) 추적한다. 짐 월리스는 《그리스도인이 세상을 바꾸는 7가지 방법》(살림)에서 지금 현재 기독교로 인해 지구촌에서 일어나고 있는 변화를 증언한다(1장 부흥의 시대: 신앙이 정치를 바꿀때). 참고로 우리나라 각 분야에서 일어난 변화는 《한국 사회의 발전과 기독교》(손봉호 외, 예영커뮤니케이션)에서 만날 수 있다.

6. 윌리엄 윌버포스의 전기는 《어메이징 그레이스》(에릭 메택시스, 국제제자훈 련원)를 비롯해 여러 권이 번역되었지만 대부분 절판된 상태이다. 알리스 터 맥그라스의 《기독교의 역사》, 리처드 포스터의 《기독교 교양》 같은 교회 사 관련 도서에서도 그의 업적을 찾아볼 수 있으며, 영화 〈어메이징 그레이 스〉에서도 확인할 수 있다. 윌버포스의 저서를 통해 그 사상과 삶을 알아가 고자 한다면 《위대한 유산》(요단출판사), 《진정한 기독교》(생명의말씀사) 등을 참조하라.

7. 세계 선교 역사에 대한 간략한 정리는 《간추린 기독교 선교 역사》(최수일, 예 영)을 참조하라.

8. 1956년 경주에서 신라시대 유물 '돌과 동으로 만든 십자가', '마리아 관음 상' 등이 발견되었고, 이 유물들은 숭실대 기독교박물관에 소장되어 있다.

9. 이와 관련된 자세한 내용은 대한성서공회 웹사이트(www.bskorea.or.kr)의 '우리말 성서번역사'에 잘 소개되어 있다.

10. 이만열 교수의 《한국 기독교와 민족의식》의 '권서에 관한 연구'(pp.109-200)을 참고하라. 특히 129쪽의 영국성서공회(British and Foreign Bible Society) '1917년 연례 보고서'를 보면, 당시 전 세계에서 활동하고 있는 권 서의 숫자는 중국, 한국, 인도 순이다.

11. 앞의 책, p.199.

12. 앞의 책, p.156.

13. 2017년 보고된 "기독교 3·1운동 역사문화자료 조사사업" 보고서에 따른 수치이며, 이 조사는 3·1운동 관련 당시 판결문(298건)과 선교사 자료 목록 (464건), 기사 목록(5,947건), 기독교계 3·1운동 일지(685건) 등을 전수 조사 한 결과이다. http://www.nocutnews.co.kr/news/4775107#csidx7ef 8be75353e009b72caffce0af8804

14. 평신도가 가톨릭적 표현이며 성경적 단어가 아님에도 불구하고, 현재 대다

수 한국 개신교회에서 통용되고 있다.

15. 그리스도인 의사, 교사, 변호사 등이 각자의 직업군에서 어떻게 그리스도인으로 살아갈지를 고민하며 한국누가회(CMF), 한국기독교사회(TCF), 기독법률가회(CLF) 등의 모임들을 출범시켰다.

16. '만인제사장'으로도 번역하는데 이는 명백한 오역이다. 모든 사람이 제사장이 되는 것이 아니라 모든 신자가 제사장이라는 의미이므로, 이제라도 '전신자 제사장'이라고 쓰는 것이 옳다.

17. 루터가 농민 전쟁을 경험하면서 초기에는 농민에게 우호적이었으나, 그들의 무정부적 성격을 본 다음에는 비난하는 입장을 취했는데, 이에 대해서는 다양한 평가를 할 수 있다. 그럼에도 루터는 설교자(또는 목회자)를 회중이 선출해야 하며, 필요에 따라 목회자를 교체, 승계하는 모든 권한이 회중에게 있음을 천명했다. 칼뱅 역시 비슷한 입장이었고, 그 자신조차 안수 받은 목회자가 아니라 제네바 시의회로부터 설교할 수 있는 허가를 받은 설교사역자였을 뿐이었다. 그러나 초기의 이런 급진적 입장은 현실적인 대안이 부족하자, 점점 목회자나 성직자의 입지를 강화하는 방향으로 발전했다. 물론 초기부터 급진적 종교개혁을 주장했던 재세례파는 그 전통을 유지했으나, 전문적으로 훈련을 받은 사역자가 적은 형제교회나 회중교회는 나름의 한계를 가질 수밖에 없었다.

18. 《교회 안의 거짓말》(비아토르) 12장을 참조하라.

19. 다섯 중심 가치를 근간으로 나들목교회를 세운 이야기와, 나들목교회가 본뜬 사도행전 11, 13장의 안디옥교회에 대한 강해설교를 담은 책이 《교회를 꿈꾼다》(비아토르)이다. 이 책을 통해 한 공동체가 개척 초기부터 어떻게 하나님나라 복음 DNA를 붙잡고 씨름했는지, 그 DNA가 어떻게 교회 속에 뿌리내렸는지를 살펴볼 수 있다.

20. 《제자훈련, 기독교의 생존 방식》에 이어 《공동체, 기독교의 삶의 방식》(가제)을 준비하고 있다.

21. 김현일이 쓴《바하밥집》(죠이북스)에서는 하나님나라 운동이 어떻게 시작해서 발전해나가는지를 볼 수 있다. 이 책은 하나님나라 운동이라는 신학적 용어를 사용하지 않으면서도 그 복음을 맡은 제자들이 실제 삶의 현장에서 어떻게 살아내는지를 잘 보여준다.

22. 예를 들어 한국 교육의 심각한 상황을 타개하기 위해 기독교 교사 단체들의 연합인 "좋은교사운동"이나 "사교육걱정없는세상" 같은 단체가 생겨나고, 늘어나는 난민들을 위해 "난민인권센터"라는 단체도 등장했다. 장애인, 외국인 노동자, 북한이탈주민 등 하나님나라 공동체가 섬겨야 할 이웃은 도처에 있으며, 이를 위해 다양한 사역 단체와 공동체가 세워지는 것은 감사한 일이다.

23. 교회 공동체를 세운다는 것은 마음 맞는 몇 사람이 교제를 나누는 것과는 다른 것이기 때문에 조심스러운 태도로 진행해야 하며, 무엇보다 교회를 세우시는 주님을 따라야 한다. 또한 성경과 교회 역사를 통해 교회 공동체가 어떠한 길을 걸어왔는지를 깊이 연구하고 배우는 일을 선행해야 한다.

24. 2012년부터 "하나님나라복음DNA네트워크"라는 이름으로 이런 꿈을 공유하고 동역하는 목회자와 성도의 연대가 이루어지고 있다. 자세한 내용은 www.hanabokdna.org를 참조하라.

14. 하나님나라 소망으로 살아가는 공동체

1. 권위를 인정받는 대다수 고대 사본들은 8절에서 마가복음이 끝난다. 오래된 사본 중 하나는 8절 끝에 9절을 덧붙인다. "그 여자들은 명령 받은 모든 일을 베드로와 그와 함께 있는 사람들에게 간추려서 말해 주었다. 그 뒤에 예수께서는 친히 그들을 시켜서, 동에서 서에 이르기까지, 영원한 구원을 담은, 성스러우며 없어지지 않는 복음을 퍼져나가게 하셨다." 그러나 권위가 조금 덜한 많은 고대 사본은 8절 뒤에 곧바로 9-20절의 '긴 끝맺음'을 기록한다. 마가복음의 끝맺음에 대한 논의가 많을 수밖에 없는 이유는 신약성경 사본 중 이렇게 차이가 나는 증거를 가진 경우가 많지 않기 때문이다. 이러

한 차이에도 불구하고 대다수 성경학자들은 짧은 끝맺음, 즉 16:8에서 마가
복음이 끝난다고 생각한다. 이는 문학적 기법으로서, 간결하게 예수를 증언
하던 마가는 부활 직후 제자들의 혼란스러워하는 모습으로 그의 증언을 마
치면서 부활의 충격적 메시지를 증폭할 뿐 아니라, 현재 역동적으로 사역하
고 있는 제자들의 모습과 대조되는 효과를 얻으려 했다.

2. 초대교회 성도들은 자신을 증인, 특히 부활의 증인으로 부르는 일을 즐겨했
   는데, 증인이라는 단어는 순교라는 단어와 어원이 같다. 즉 증인은 생명을
   걸고 자신이 증언하는 바에 책임을 지는 사람이다(증인—행 1:8; 2:32; 3:15;
   5:32; 10:39; 10:41; 13:31; 22:15).

3. 예를 들어, 이사야 13:10; 24:23, 아모스 8:9, 요엘 2:31, 스바냐 1:15, 요한
   계시록 6:12 등에서 만날 수 있다.

4. 17절에 '엔 타이스 에스카타이스 헤메라이스(ἐν ταῖς ἐσχάταις ἡμέραις)'는
   대다수 영어 성경이 번역하듯이 'in those last days'이다. 18절의 '엔 타
   이스 헤메라이스 에케이나이스(ἐν ταῖς ἡμέραις ἐκείναις)', 역시 복수다(in
   those days).

5. '헤메란 큐리우스 텐 메가렌 카이 에피파네(ἡμέραν κυρίους τὴν μεγάλην καὶ
   ἐπιφανῆ)'는 단수로 NIV는 'the great and glorious day of the Lord'로
   번역했다.

6. 실제로 70인역 요엘 2:28에는 히브리 성경 '뵈하야 아하레 켄(וְהָיָה אַחֲרֵי־כֵן)'
   을 따라 '메타 타우타(μετὰ ταῦτα, after this)'라고 쓰고 있으나, 베드로는 이
   를 '엔 타이스 에스카타이스 헤메라이스(ἐν ταῖς ἐσχάταις ἡμέραις, 그 마지막
   말에)'라는 표현으로 대체했고, 2:29의 '엔 타이스 헤메라이스 에케이나이
   스(ἐν ταῖς ἡμέραις ἐκείναις)'는 충실하게 인용하고 있다. 2:29의 히브리어
   는 '바이야밈 하헴마(בַּיָּמִים הָהֵמָּה)'로 복수형임을 알 수 있다. 그러나 2:31에
   서는 '욤 아도나이 학가돌 뵈한노라(יוֹם יְהוָה הַגָּדוֹל וְהַנּוֹרָא׃)'로 단수형을 쓰고
   있다.

7. 17절의 '엔 타이스 에스카타이스 헤메라이스(ἐν ταῖς ἐσχάταις ἡμέραις)'에서

사용된 '에스카토스(ἔσχατος)'는 장소와 관련해서는 작은 또는 끝의 의미(행 1:8, 땅 끝)이지만, 시간과 관련해 사용할 때는 '마지막'을 뜻한다(마 20:8, 12, 14; 요 6:39하; 7:37; 행 2:17; 고전 15:26, 45, 52; 딤후 3:1; 약 5:3; 계 2:19). 이 단어가 예수의 초림에서 재림까지의 기간을 가리킴을 이 구절들에서 알 수 있으며, 종말론이라는 영어 단어, eschatology가 이 단어, 에스카톤에서 유래했다.

8. 하나님을 경외하는 자(God-fearer)는 당시의 특별한 표현으로 이방인으로서 유대교의 믿음을 받아들였지만 할례를 받지 않은 자들로, 성전에도 이들의 순례와 제사를 위한 '이방인의 뜰'이 있었다.

9. 새번역은 중요한 단어인 '그때에'를 번역하지 않아, 여기서는 개역개정을 인용했다.

10. 안디옥교회에 대해서는 《교회를 꿈꾼다》(비아토르)를 참조하라.

11. 이 전도여행은 각 성에 하나님나라 공동체를 세우는 것이 목적이었다. 바울 선교팀이 가는 곳마다 교회의 장로들을 세운 것은 그들의 주목적이 단지 복음을 전하는 것이 아니라, 하나님나라 복음을 전수받고 전수할 공동체가 중요했기 때문이다(행 14:23; 딛 1:5).

12. '파테마(πάθημα)'는 베드로전서 1:11; 4:13; 5:1, 9(비교. 롬 7:5; 8:18; 고후 1:5하; 갈 5:24; 빌 3:10; 골 1:24; 딤후 3:11; 히 2:9하; 10:32)에서, 파스코(πάσχω)는 베드로전서 2:19, 20, 23; 3:14, 17, 18; 4:1, 15, 19; 5:10에서 사용된다. 베드로야말로 그리스도인의 고난과 그리스도의 고난을 연결해 이야기한 초대교회 저자이다.

13. 히브리어의 '크라 베셈 아도나이(קָרָא בְּשֵׁם יְהוָה)'는 70인역에 '에페카레사토 에피 토 오노마티 큐리우(ἐπεκαλέσατο ἐπὶ τῷ ὀνόματι κυρίου)'로 번역되었다. '주님의 이름' 대신에 '주님' 또는 '이스라엘의 하나님'을 쓰는 경우도 있는데, 그 의미는 동일하다.

14. 이 본문을 직역하면 "그들이 그를 돌로 칠 때, 스데반은 '주 예수여, 나의 영

혼을 받아주소서' 소리 질러 말했다"이다. 여기서 '소리 질러'가 '에포노마 조(ἐπονομάζω)'이다.

15. 《풍성한 삶의 첫걸음》에서 하나님과의 인격적 관계를 발전시키기 위한 훈련으로 10-10-10 훈련을 추천한다. 10-10-10 훈련을 어떻게 구체적으로 해 나가는지에 대해서는 소책자로 발간할 계획이다.

16. 인내의 명사형(후포모네, ὑπομονή)과 동사형(후포메노, ὑπομένω)은 신약에서 각각 32회, 17회 사용되었다. 위의 글에서는 대표적 용례만을 다루었다. 이 단어들을 포함한 성경 본문을 깊이 연구하고 묵상하는 것은 오늘날 그리스도인들에게 너무나 필요한 일이다.(후포모네의 용례—눅 8:15; 21:19; 롬 2:7; 5:3하; 8:25; 15:4하; 고후 1:6; 6:4; 12:12; 골 1:11; 살전 1:3; 살후 1:4; 3:5; 딤전 6:11; 딤후 3:10; 딛 2:2; 히 10:36; 12:1; 약 1:3하; 5:11; 벧후 1:6; 계 1:9; 2:2하, 19; 3:10; 13:10; 14:12. 후포메노의 용례—마 10:22; 24:13; 막 13:13; 눅 2:43; 행 17:14; 롬 12:12; 고전 13:7; 딤후 2:10, 12; 히 10:32; 12:2하 7; 약 1:12; 5:11; 벧전 2:20)

17. 마태복음 13:23과 마가복음 4:20에는 인내라는 단어가 등장하지 않지만, 누가는 이를 강조한다.

김형국

연세대학교 사회학과에 입학해 '기독 사회학도의 모임'(Fellowship of Christian Sociologists)을 만들어 활동 했으며, 졸업 후 IVF(한국기독학생회)에서 5년간 간사로 일했다. 이후 미국 시카고의 트리니티 복음주의 신 학교에서 목회학 석사(M. Div.)를 마치고 신약학으로 신학 박사(Ph. D.) 학위를 받았다. 미국 이민 교회인 '새로운 고려장로교회'에서 교육 전도사와 교육 목사로 사역을 시작했고, 3년 동안 1.5-2세 한인 청년들과 함께 '시카고 뉴 커뮤니티 교회'(New Community Church of Chicago)를 개척했으며, 귀국 후 사랑의교회 부목사로 '찾는이' 사역을 시작했다. '성경적이고 현대적인 도심 공동체'를 세우는 것을 하나님의 뜻이라 믿 으며 2001년에 나들목교회를 개척해 지금까지 섬기고 있다. 지은 책으로는 《교회를 꿈꾼다》,《교회 안의 거 짓말》,《풍성한 삶으로의 초대》,《풍성한 삶의 첫걸음》,《풍성한 삶의 기초》,《풍성한 삶의 기초 워크북》,《청 년아, 때가 찼다》,《한국 교회가 잃어버린 주기도문》,《만나지 않으면 변하지 않는다》 외 다수가 있다.

제자훈련, 기독교의 생존 방식

김형국 지음

2017년 11월 7일 초판 1쇄 발행
2023년 2월 3일 초판 5쇄 발행

펴낸이 김도완
등록 제406-2017-000014호
전화 031-955-3183
이메일 viator@homoviator.co.kr

펴낸곳 비아토르
주소 경기도 파주시 문발로 197 102호
팩스 031-955-3187

편집 박동욱
제작 제이오

디자인 이파얼
인쇄 (주)민언프린텍   **제본** 다온바인텍

ISBN 979-11-88255-10-8 03230   **저작권자** ⓒ 비아토르, 2017

이 도서의 국립중앙도서관 출판예정도서목록(CIP)은 서지정보유통지원시스템 홈페이지(http://seoji.nl.go.kr)와 공동목록시스템(http://www.nl.go.kr/kolisnet)에서 이용하실 수 있습니다.(CIP제어번호: CIP2017026996)